Cultura Jurídica Europeia

Cultura Jurídica Europeia

SÍNTESE DE UM MILÉNIO

2019 · Reimpressão

António Manuel Hespanha

CULTURA JURÍDICA EUROPEIA
AUTOR
António Manuel Hespanha
EDITOR
EDIÇÕES ALMEDINA, S.A.
Rua Fernandes Tomás, nºs 76-80
3000-167 Coimbra
Tel.: 239 851 904 · Fax: 239 851 901
www.almedina.net · editora@almedina.net
DESIGN DE CAPA
FBA.
PRÉ-IMPRESSÃO
EDIÇÕES ALMEDINA, S.A.
IMPRESSÃO E ACABAMENTO

Fevereiro, 2019
DEPÓSITO LEGAL
343737/12

Toda a reprodução desta obra, por fotocópia ou outro qualquer processo, sem prévia autorização escrita do Editor, é ilícita e passível de procedimento judicial contra o infrator.

 GRUPOALMEDINA

BIBLIOTECA NACIONAL DE PORTUGAL – CATALOGAÇÃO NA PUBLICAÇÃO

HESPANHA, António Manuel, 1945-

Cultura jurídica europeia: síntese de um milénio
ISBN 978-972-40-4810-9

CDU   340

PREFÁCIO

A última edição deste livro foi lançada há sete anos. Entretanto, saíram uma nova versão italiana (*La cultura giuridica europea*, 2013, trad. Giovanni Damele) e a versão francesa (*La culture juridique européenne. Synthèse d'un millénaire*, 2015, trad. Laure Collet), ambas com algumas reformulações formais do texto, suscitadas pela tradução.

Eu mesmo continuei a reelaborar temas aqui tratados e a acrescentar-lhes novos aspetos. Ainda que, em 2015, publiquei *Como os juristas viam o mundo. 1550-1750. Direitos, estados, coisas, contratos, ações e crimes*, talvez o meu livro mais trabalhoso e de maior fôlego, em que tracei uma descrição global do direito comum do nos sécs. XVI a XVIII, com especial referência à sua versão portuguesa ou, talvez, ibérica. Na sua longa introdução, procurei dar conta das linhas de força deste direito e do modelo construtivo da sua teoria. Em 2017, reuni em três livros temas elaborados ao longo das suas últimas décadas. Em *A ordem do mundo e o saber dos juristas. Imaginários do antigo direito europeu*, reuni textos, uns revistos, outros novos, sobre o direito de Antigo Regime. Foquei-me sobretudo nos juristas letrados, no seu perfil social e na sua cultura jurídica, mas também voltei ao tema da cultura jurídica popular. Em *Sacerdotes do direito. Direito, juristas e poder social no liberalismo oitocentista*, segui esta pista de sondar o poder social atribuído aos profissionais do direito, agora aplicada ao liberalismo, combinando também textos reelaborados e textos inéditos. Em *O direito imaginado para um Estado imaginário: Mitos doutrinais e realidades institucionais do modelo constitucional do liberalismo monárquico português*, o foco foi o do direito público do novo Estado liberal, tal como emergiu na doutrina do direito e se projetou no espaço público oitocentista.

Também a historiografia do direito não parou, estando novamente a passar por um momento de grande renovação. A emergência de fortes correntes historiográficas não europeias alargou o seu olhar às histórias de outros continentes e de outras culturas, pondo em causa o enviesamento eurocêntrico ainda preponderante. A consciência mais vivas da diversidade das culturas do mundo tornou mais aguda a necessidade de encarar a multiculturalidade e a diversidade de manifestações do direito (multinormatividade), enquanto que as diversas agendas identitárias da cultura contemporânea pressionam os historiadores do direito a quebrar com as perspetivas gerais e abstratas da cultura jurídica tradicional. Finalmente, as fronteiras entre história do direito, história social e cultural e ciências humanas e sociais estão a desaparecer, chamando os historiadores a profundas – e profícuas – transações de perspetivas e de métodos.

Na escala que aqui adoto – a de uma descrição muito geral –, não há novidades tão grandes que justifiquem uma revisão do texto, pelo que sugeri à editora que optasse pela alternativa mais económica, a de uma reimpressão. Em todo o caso, gostaria de assinalar algumas novidades que o leitor deve ter em conta.

No plano do enquadramento teórico da história do direito, tem havido desenvolvimentos importantes, correspondendo sobretudo à atenção que as duas últimas décadas têm dedicado, quer à redefinição dos quadros espaciais (à globalização ...), quer à pluralidade cultural do mundo e à complexificação das relações entre as culturas. Creio que um bom observatório sobre o que isso tem representado na reflexão teórica e metodológica sobre a história do direito é o conjunto de estudos reunidos na série *Global Perspectives on Legal History*, do Instituto Max-Planck para a História do Direito Europeu – nomeadamente *Entanglements in Legal History: Conceptual Approaches*, org. Thomas Duve (ed.), 2014; *Spatial and Temporal Dimensions for Legal History. Research Experiences and Itineraries*, org. Massimo Meccarelli, Maria Julia Solla Sastre (orgs.), 2016; e *Diritto: storia e comparazione. Nuovi propositi per un binomio antico*, Massimo Brutti, Alessandro Somma (orgs.), 2018. Uma renovação bastante profunda do modo de organizar a narrativa histórica sobre os direitos da Europa foi recentemente proposta por Thomas Vesting, que – em vários livros sucessivos – vem procurando reorganizar a história do direito como uma descrição dos perfis evolutivos das várias esferas de comunicação jurídica. Também o enciclopédico *The Oxford Handbook of Legal History* (Oxford University Press, 2018) cobre a generalidade das questões metodológicas pertinentes para a história do direito, nomeadamente no ambiente da historiografia jurídica anglo-americana.

No plano das histórias gerais do direito europeu, destacaria o aparecimento de duas: a elegante síntese de Tamar Herzog, *A short history of European law. The Last Two and a Half Millennia* (Harvard University Press, 2018); e uma empresa coletiva em que também participei, *The Oxford Handbook of European Legal History*, dir. por Heikki Pihlajamäki, Markus D. Dubber, e Mark Godfrey (Oxford University Press, 2018). Num domínio setorial, é de referir o aparecimento de uma ótima história do direito comercial – a *História del derecho mercantil*, de Carlos Petit (Marcial Pons, 2016). Creio legítimo lembrar a visão global do direito comum tardio que levei a cabo no livro *Como os juristas viam o mundo, 1550-1750* (Kindle, 2015), que renova a descrição geral desse direito feita, há cerca de 30 anos, por Helmut Coing, mas agora com o foco na versão ibérica e não na alemã, e englobando ramos do direito que Coing deixara de fora (direito público, processual, penal).

Continuo, porém, a pensar que, nos quadros atuais do ensino jurídico no continente europeu, a história do direito, das instituições, da filosofia e da cultura jurídicas continuam a ser um dos instrumentos mais eficazes para combater a visão tecnicista e acrítica que domina a formação dos futuros juristas. Paradoxalmente, parece ser a lição do passado que melhor pode demonstrar como é sensato (e não utópico) pensar que pode haver alternativas para o direito que hoje temos e para o saber com que muitos juristas parece quererem capturar a vida, torná-la monótona e previsível, e blindá-la contra a novidade.

Lisboa, Fevereiro de 2019.

ANTÓNIO MANUEL HESPANHA

INTRODUÇÃO

Este livro tem uma história de alguns anos. Antecederam-no versões anteriores, que ainda circulam nas línguas italiana, castelhana e chinesa. Depois da última edição, a vida levou-me a fazer um incurso mais exigente na teoria do direito. Voltado desse percurso e tendo refletido sobre o que é que isso me tinha trazido para a narrativa histórica, concluí que era preciso escrever uma versão nova deste livro. Não de todo nova, decerto; mas repensada em função de novidades: novas interrogações e novas linhas de interpretação. Pareceu-me que o resultado merecia um novo título, sobretudo em função da sua nova arrumação e da linha narrativa que ela sugere.

Sugiro agora algumas linhas temáticas orientadoras da leitura, pois o texto também evoluiu daquilo que era, basicamente, uma descrição cronológica orientada pelo fio do tempo para uma narrativa que tenta fixar certas perspetivas da história do direito na Europa, desdobrando a narrativa de forma a corresponder a esses ângulos do olhar. Não se trata agora de uma história temática. Mas de uma história que distingue e parcialmente autonomiza enfoques de uma história cultural do direito na Europa.

Uma desses enfoques orientadores é o da relação entre direitos de vocação cosmopolita e os embebidos em âmbitos locais. Talvez mais exatamente, o tema de saber como se construía e desenvolvia, a propósito de direitos que traduziam inevitavelmente os valores de grupos particulares, essa vocação de universalismo que sustentava as suas pretensões expansionistas; e a favor de quem é que isso jogava.

Um outro tema para cuja exploração se fornecem elementos é o dos papéis comunitários dos juristas, sobretudo dos juristas letrados. E, nomeadamente, o das lutas – mais simbólicas ou nem tanto – pelo poder de dizer o direito. Lutas, em contínuo desenvolvimento, sob distintas formas, durante um milénio de história da cultura jurídica europeia. Porém, muitas vezes encobertas pelo mito da neutralidade e do progresso linear da razão jurídica.

Finalmente, a questão de como resgatar as culturas jurídicas subalternizadas, tanto no espaço europeu, como nos espaços coloniais e pós-coloniais que a Europa hegemonizou. Trata-se, frequentemente, de uma história a partir de sintomas e de vestígios quase apagados pelas culturas jurídicas simbolicamente dominantes. Mas, ao mesmo tempo, da história de uma realidade jurídica estatisticamente esmagadora, de um direito subliminar que regulava discreta mas eficazmente o grosso do mundo da vida.

Se abstrairmos destas sugestões de diversificar as leituras, no seu núcleo, a intenção do livro permanece. Ele está concebido como uma introdução histórica ao direito da Europa. Na verdade, um *certo direito* de *uma certa Europa*. Um certo direito. Porque, apesar de todas as voltas que se deram a versões anteriores e de todas as prevenções feitas ao longo do livro, a narrativa continua a privilegiar o direito académico. Uma certa Europa. Por um lado, está dele excluída a Europa de Leste, subsidiária de uma matriz romanista que partilha com o Ocidente, mas marcada por uma cisão, ao mesmo tempo linguística, política e religiosa, que lhe conferiu um perfil histórico absolutamente singular. Depois, o mundo anglo-saxónico ainda pouco é tocado, embora façamos agora um esforço maior para lançar pontes que possam anular a sua peculiaridade, a meu ver bastante construída sobre problemáticas diferenças. Por fim, o mundo do Sul da Europa (incluindo a Ibéria, a Itália e, parcialmente, a França) ganha, na economia desta exposição, um relevo muito pronunciado. Não esqueço, todavia, o peso importantíssimo que tem tido, nas suas configurações jurídicas mais recentes, o contributo das doutrinas alemã e anglo-saxónica do direito e do Estado. Mas também não ignoro que não há, também no mundo do direito, transferências de tecnologias. O facto de as edições mais imediatas serem a portuguesa e a brasileira justifica que se dediquem uns apontamentos de síntese à história jurídica de Portugal e do Brasil, justamente sublinhando alguns aspectos desta apropriação local de conteúdos cosmopolitas.

Na forma, procurei tornar as coisas tão claras quanto soubesse e pudesse. Mas nunca sacrifiquei à simplicidade da escrita a complexidade das coisas. Porque – pode o leitor crer – há coisas que, por muitas voltas que se lhe deem, são mesmo difíceis. O livro acaba por ter um estatuto misto, que não sei se o prejudica ou o valoriza: serve como uma introdução elementar, embora exigente de atenção e de esforço; mas creio que também pode constituir uma base para explorações mais profundas e ambiciosas, quer de historiadores, quer de juristas.

Como já referi, este livro estará disponível no Brasil, desta vez com uma larga difusão assegurada.

A cultura jurídica americana tem sido um prolongamento da cultura jurídica europeia – ou da cultura jurídica do Continente, no caso da América Central e do Sul, ou da cultura jurídica inglesa, no caso da América do Norte. Isto irá deixando de ser assim, à medida que problemas próprios ou diferentes visões do mundo se vão enraizando deste lado do Atlântico. Nos Estados Unidos da América, isso vem acontecendo desde há mais de dois séculos, muito estimulado pelas particularidades de uma cultura bastante libertária de pioneiros, com mais esperanças do que raízes, mas também pela descontinuidade da tradição culta do direito, interrompida pelo largo lapso de tempo em que, nos Estados Unidos, não existiu uma formação jurídica académica, como na Europa. Hoje, o direito norte-americano já é muito diferente, nas suas instituições e na sua cultura, do direito anglo-saxónico da Europa e influencia, autonomamente, direitos de todo o mundo.

Na América do Sul, a dependência da cultura jurídica da Europa foi maior, sem nunca ser absoluta. Sem ignorar que muitas alegadas importações são, na verdade, completas reelaborações locais. Nos últimos anos, parece que este movimento de diferenciação se acelerou, seja por uma influência mais nítida do direito norte-americano, seja, sobretudo, por fenómenos relacionados com as sociedades e as culturas de cada país. Há, porém, fatores comuns de diferenciação que devem ser destacados. Por um lado, aparece-me claro que, na América Latina, a abertura do saber jurídico aos problemas da sociedade e aos direitos vividos é hoje muito maior do que na Europa, na qual permanece – ou, até, se acentua – um formalismo doutrinal que separa o direito da vida e a dogmática jurídica dos outros saberes sociais. Por outro lado, com o reconhecimento mais pleno das componentes sociais e culturais indígenas, o direito de alguns países sul-americanos está a inaugurar uma linguagem nova de traduzir a sociedade em direito, em que a narrativa tradicional do direito europeu cede o passo a uma narrativa que diríamos quase pretendente a um género novo de escrever direito, como se pode ver na Constituição boliviana de 2009.

Seja como for. Pode seguramente falar-se de uma constelação de histórias jurídicas euro-americanas que vem até aos nossos dias. E, então, o estudo das componentes europeias constitui, seguramente, uma contribuição muito importante para compreender o conjunto das culturas jurídicas do lado ocidental do Atlântico.

Aproveitei esta edição para inovar sensivelmente, tornando a narrativa mais clara e ordenada (acho eu...), atualizando referências e bibliografia, usando mais fontes *on line* (correndo o risco do seu estatuto efémero...) desenvolvendo capítulos sobre a história dos juristas e da prática jurídica, dando mais atenção às culturas jurídicas não académicas, refazendo alguma coisa da história jurídica do primeiro quartel do século XIX, que padecia de algumas hipotecas a versões historiográficas mais correntes, e atualizando a parte relativa ao século XX. Também revi a introdução, em que abordava questões de metodologia. Embora considere estas questões importantes, fui aqui mais económico, porque já abundam os trabalhos em que elas aparecem adequadamente tratadas.

Finalmente, este livro vai ter uma vasta difusão no Brasil, graças à disponibilidade generosa da Editora Saraiva. Tomei isso muito em conta na reelaboração do texto. Em Portugal, a minha velha parceira Almedina – onde editei o meu primeiro ensaio de uma história do direito, já dominado pela ideia de que este é, antes de mais, cultura – acolhe-me, com amizade, em mais este projeto.

Para além de continuar a recordar todos aqueles que me foram dando sugestões na melhoria dos textos que antecederam este, alguns capítulos do presente livro foram lidos por amigos pacientes e em quem confio muito. Deixo aqui este agradecimento, assim anónimo e discreto como devem ser todas as coisas importantes das nossas vidas pessoais.

Dedico esta edição à nova escola brasileira de historiadores do direito, cujo trabalho de inovação – nomeadamente em temas de maior visibilidade local (escravatura, estruturas políticas locais, regime da terra, papel social e político dos juristas, punição e controlo social, direito e autoritarismos do século XX) – é muito apreciável. No círculo dos meus interlocutores, eles vão assumindo um lugar de grande destaque.

Quando comecei a trabalhar estes temas e a escrever algumas "camadas" textuais que ainda hoje aqui se notam, tinha casado há pouco, e já tínhamos, eu e a Graça, dois meninos a cirandar pela casa: o João Pedro e a Paula Maria. Esta família cresceu e multiplicou-se um bocadinho. Sob o olhar dos avós, por sua vez vigiados pelos olhares dos pais, os nossos netos fixam intrigados um avô que parece passar a vida a escrever letras e palavras. Nem o Rui Miguel nem a Clara Sofia sabem muito bem porque é que o avô não prefere os *legos*. E não é que o avô, que já fez *legos* para os pais deles, também começa a resistir bastante a continuar a escrever letras e palavras quando há netos e *legos* por perto? Glosas por *legos*; o Bártolo pelo *Lightning McQueen*...

"Creio que o verdadeiro trabalho político, numa sociedade como a nossa, é o de criticar o funcionamento de instituições que parecem neutrais e independentes: criticá-las de modo que a violência política que sempre se exerceu, obscuramente, por meio delas seja desmascarada e possa ser combatida" (Michel Foucault, "Human nature: justice versus power", debate com Noam Chomsky, em *http://www.chomsky.info/debates/1971xxxx.htm*; ou *http://www.youtube.com/watch?v=mj2VJ7oexKc*).

1. A história do direito na formação dos juristas

Muito se tem escrito sobre a importância da história do direito na formação dos juristas. Que ela serve para a interpretação do direito atual; que permite a identificação de valores jurídicos que duram no tempo (ou, talvez mesmo, valores jurídicos de sempre, naturais); que desenvolve a sensibilidade jurídica; que alarga os horizontes culturais dos juristas. Para além disso, a vida de todos os dias ensina-nos que os exemplos históricos dão um certo brilho à argumentação dos juristas e, nesse sentido, podem aumentar o seu poder de persuasão, ou de mitificação do seu saber...

Frequentemente, toda esta discussão acerca do interesse pedagógico da história jurídica se limita à simples afirmação de que ela é uma disciplina formativa para os futuros juristas Mas raramente se diz exatamente porquê.

A opinião aqui adotada é a de que a história do direito é, de facto, um saber formativo; mas de uma maneira que é diferente daquela em que o são a maioria das disciplinas dogmáticas que constituem os cursos jurídicos.

Enquanto as últimas visam *criar certezas* acerca do direito vigente, a missão da história do direito é antes a de *problematizar o pressuposto implícito e acrítico das disciplinas dogmáticas*, ou seja, o de que o direito dos nossos dias é *o racional, o necessário, o definitivo*. A história do direito realiza esta missão sublinhando que o direito existe sempre "em sociedade" (situado, localizado) e que, seja qual for o modelo usado para descrever as suas relações com os contextos sociais (simbólicos, políticos, económicos, etc.), as soluções jurídicas são sempre contingentes em relação a um dado envolvimento (ou *ambiente*). São, neste sentido, sempre *locais* (Geertz, 1983).

Esta *função crítica da história do direito* pode ser seguramente assumida por outras disciplinas, no âmbito da formação dos juristas. A sociologia ou a antropologia jurídicas ou certa teoria do direito (mesmo a semiótica ou a informática jurídicas) podem, seguramente, desempenhá-la. No entanto, o conservadorismo da maior parte das Faculdades de Direito oferece uma resistência muito sensível – que também pode ser explicada sociologicamente (cf. Bourdieu, 1986) – à inclusão destas disciplinas, uma vez que elas poriam em risco essa natureza implicitamente apologética que os estudos jurídicos ainda têm. Além de que – no dizer dos juristas mais convencionais – dissolveriam o *estudo das normas*, de que o jurista se deveria exclusivamente ocupar, no *estudo de factos sociais*, que constitui o tecido dos saberes sociais empíricos, como a sociologia e a antropologia. Uma vez que a *ideia de* rigorosa *separação* (*Trennungsdenken*) entre os factos (*Sein*) e as normas (*Sollen*), provinda da teoria jurídica do século passado (cf. cap. 7.5.5), continua a formar o núcleo da ideologia espontânea dos juristas (Bourdieu, 1986), esta intromissão de conhecimento social empírico no mundo dos valores jurídicos é ainda largamente inaceitável.

Por tudo isto é que, de um ponto de vista tático, a história do direito, que constitui uma disciplina tradicional nos currículos jurídicos, pode preencher – talvez com algumas vantagens adicionais – o papel que aquelas disciplinas indesejadas iriam desempenhar.

Naturalmente que, para desempenar este papel, a história do direito não pode ser feita de qualquer maneira. Pois, sem que se afine adequadamente a sua metodologia, a história jurídica pode sustentar – e tem sustentado – diferentes discursos sobre o direito.

1.1. A história do direito como discurso legitimador

Realmente, a história do direito pode desempenhar um papel oposto àquele que se descreveu, ou seja, pode contribuir para legitimar o direito estabelecido.

O direito, em si mesmo, é já um sistema de legitimação, *i.e.*, um sistema que fomenta a obediência daqueles cuja liberdade vai ser limitada pelas normas. Porém, o próprio direito necessita de *ser legitimado*, ou seja, necessita que se construa um consenso social sobre o fundamento da sua obrigatoriedade, sobre a necessidade de se lhe obedecer. Como se sabe desde Max Weber (1864-1920), a legitimação dos poderes políticos – ou seja, a resposta à pergunta "porque é que o poder é legítimo?" – pode ser obtida a partir de vários complexos de crenças ("estruturas de legitimação"), organizadas em torno de valores como a tradição, o carisma, a racionalização

(Weber, 1956) – ou seja, "porque está estabelecido há muito", "porque é inspirado por Deus", "porque é racional ou eficiente". No âmbito do mundo jurídico, alguns destes processos de legitimação – nomeadamente a legitimação "tradicional" – dependem muito de argumentos de caráter histórico[1].

A história do direito desempenhou este papel legitimador durante um longo período da história jurídica europeia, como se poderá ver neste livro. No Antigo Regime, prevalecia uma matriz cultural tradicionalista, segundo a qual "o que era antigo era bom". Neste contexto, o direito justo era identificado com o direito estabelecido e longamente praticado – como o eram os costumes estabelecidos ("prescritos"), a opinião comumente aceite pelos especialistas (*opinio communis doctorum*, opinião comum dos doutores), as práticas judiciais rotinadas (*styli curiae*, "estilos do tribunal"), o direito recebido (*usu receptum, usu firmatum*), os direitos adquiridos ("*iura radicata*", enraizados), o conteúdo habitual dos contratos (*natura contractus*). Então, a história do direito (o "argumento histórico") desempenhava um papel decisivo de legitimação das soluções jurídicas, pois era por meio da história que essa durabilidade das normas podia ser comprovada. Mas permitia ainda a identificação das normas tradicionais e, logo, legítimas, pois era a história que permitia determinar a sua antiguidade. O mesmo se diga em relação aos direitos que se deviam considerar como adquiridos, qualidade que só o tempo – e, logo, a história – podia certificar. Os primeiros estudos de história do direito – como os de Hermann Conring, *De origine iuris germanici* [sobre a origem do direito alemão], 1643 (v., adiante, cap. 7.2.4) (cf. Fasold, 1987) – tinham claramente como objetivo resolver questões dogmáticas, como a de determinar se certas normas jurídicas tinham tido aplicação no passado e, logo, se estavam vigentes no presente, a de interpretar o seu conteúdo, a de estabelecer hierarquias entre elas, a de determinar a existência de certos direitos particulares, etc.

Um uso da história deste tipo foi corrente até ao século XIX. Mesmo hoje, podemos encontrar propostas semelhantes sobre o interesse da história jurídica. Nomeadamente, quando se diz que ela pode ajudar a definir o conteúdo da Constituição – como pretendeu uma boa parte do

---

[1] Outros sistemas de legitimação da ordem são: a religião (o que Deus [os deuses] quis), a tradição (os "bons velhos tempos"), a natureza (o que tem que ser), a rotina (o que sempre se faz), o contrato (a "palavra dada").

constitucionalismo dos inícios do século XIX[2] –, ou os princípios implícitos numa certa tradição constitucional[3], ou a identidade (ou o "espírito") jurídica ou política de uma nação etc.

O núcleo da filosofia jurídica da Escola Histórica Alemã, no início do século XIX (cf. cap. 7.4.10.2), era precisamente constituído por esta ideia de que o direito surge do próprio espírito da Nação (*Volksgeist*), depositado nas suas tradições culturais e jurídicas. Por isso, a história jurídica devia desempenhar um papel dogmático fundamental, tanto ao revelar o direito tradicional, como ao proteger o direito contemporâneo contra as inovações (nomeadamente legislativas) arbitrárias ("antinaturais", "antinacionais"). Nos anos 30 e 40 deste século, estes tópicos voltaram a ser recuperados pelo pensamento jurídico conservador, ao reagir contra os princípios liberais em nome de valores nacionais imorredoiros ou de conceitos também nacionais de justiça e de bem-estar (cf., *infra*, cap. 7.5.4).

Nos nossos dias, com o impacto da ideia de "progresso", a tradição deixou de ser a principal estrutura de legitimação e, por isso, a história do direito perdeu uma boa parte dos seus créditos como oráculo do espírito nacional.

Encarar a história como uma via para a revelação do "espírito nacional" – se tal coisa de facto existisse[4] – levantaria problemas metodológicos muito sérios. Na verdade, a consciência metodológica está hoje bem consciente de que a história, mais do que descrever, cria (cf., *infra*, 1.2.3). Ou seja, aquilo que o historiador crê encontrar como "alma de um povo", na verdade é ele – com as suas crenças e preconceitos – que o lá põe. A prova a partir da história – sobretudo, a prova histórica de entidades tão evanescentes como o espírito nacional, a cultura jurídico-política nacional ou os grandes princípios de uma tradição constitucional – constitui uma construção intelectual que, portanto, diz mais sobre os historiadores seus autores do que sobre as crenças e as culturas do passado que se supõe estarem a ser descritas.

---

[2] Por exemplo, em Portugal, os primeiros constitucionalistas buscaram na história os modelos para a Constituição a fazer (ou a restaurar, a "regenerar"); cf. Hespanha, 1982a.
[3] É a posição defendida por R. Dworkin, que pretende que, a mais das regras explícitas, a Constituição contém princípios que vão sendo revelados no decurso de uma tradição constitucional; cf. Hespanha, 2009, "Prefácio".
[4] Sobre a difícil sustentabilidade da ideia de "espírito nacional" perante o evidente pluralismo de valores das sociedades, nomeadamente das de hoje, v., *infra*, 7.5.7.5.

De qualquer modo, o argumento histórico não abandonou totalmente os terrenos do raciocínio jurídico, já que ele pode ser inserido noutras estratégias discursivas dos juristas.

Por um lado, a história tem podido ser usada para provar que certa categoria do discurso jurídico – *v.g.*, "Estado", "direito público e privado", "pessoa jurídica" – ou uma solução jurídica – *v.g.*, a proteção legal do feto ou o princípio de que os contratos devem ser cumpridos ponto por ponto – pertencem à "natureza das coisas" ou decorrem de categorias eternas da justiça ou da razão jurídica. Aqui, a história pode servir para mostrar que, por exemplo, até já os juristas romanos ou os grandes doutores medievais teriam estado conscientes destas categorias e lhes teriam dado uma certa formulação.

Numa perspetiva já um tanto diferente – e com uma diferente genealogia ideológica – a história poderia demonstrar, pelo menos, que se foram firmando consensos sobre certos valores ou sobre certas normas, e que esses consensos deveriam ser respeitados no presente. Era a isto que os juristas romanos se referiam quando definiam o costume como *"mores maiorum"* (costumes dos antigos, continuamente ratificado por uma espécie de plebiscito tácito [*tacita civium conventio*]) (D. I, 3, 32-36) e lhe atribuíam, por isso, um valor de norma. A história seria, assim, o fórum de um contínuo plebiscito, em que os presentes participariam, embora numa posição enfraquecida pela soma de "votos" já acumulada pelos passados. De alguma forma, esta ideia de um contínuo plebiscito verificável pela história subjaz também à ideia, a que nos referiremos abaixo, de ela poder documentar o espírito de um povo.

Como se depreenderá de seguida, esta ideia de plebiscito pressuporia que, passados e presentes, estariam a obedecer ao que está estabelecido pelas mesmas razões; ou seja, que dariam o mesmo sentido aos seus "votos". Se isto não puder ser provado, não se pode falar de "consenso".

Embora muitos conceitos ou princípios jurídicos sejam muito mais modernos do que geralmente se supõe, é verdade que há outros que parecem existir, com o seu *valor facial* (*i.e.*, referidos com as mesmas palavras ou como frases), desde há muito tempo. Realmente, conceitos como pessoa, liberdade, democracia, família, obrigação, contrato, propriedade, roubo, homicídio, são conhecidos como construções jurídicas desde os inícios da história do direito europeu. Contudo, se avançarmos um pouco na sua interpretação, logo veremos que, por baixo da superfície da sua continuidade *terminológica*, existem ruturas decisivas no seu significado *semântico*. O significado da mesma palavra, nas suas diferentes ocorrências históricas, está intimamente ligado aos diferentes contextos, sociais ou textuais, de cada ocorrência. Ou seja, o sentido é eminentemente *relacional*[5] ou *local*. Os conceitos interagem em campos semânticos diferentemente estruturados, recebem influências e conotações de outros níveis da linguagem (linguagem corrente, linguagem religiosa, etc.), são diferentemente apropriados em conjunturas sociais ou em debates ideológicos. Por detrás da continuidade aparente na superfície das palavras está escondida uma descontinuidade radical na profundidade do sentido. E esta descontinuidade semântica frustra por completo essa pretensão de uma validade intemporal dos conceitos embebidos nas palavras, mesmo que estas permaneçam.

Alguns exemplos desta falsa continuidade. O conceito de *família*, embora use o mesmo suporte vocabular desde o direito romano (*familia*), abrangia não apenas parentelas muito mais vastas, mas também não parentes (como os criados ou os escravos [*famuli*]) e até os bens da "casa"[6]. O conceito de obrigação como "vínculo jurídico" aparece com o direito romano; mas era entendido num sentido materialístico, como uma vinculação do corpo do devedor à dívida, o que explicava que, em caso de não cumprimento, as consequências caíssem sobre o corpo do devedor ou sobre a sua liberdade (prisão por dívidas). O conceito de "liberdade" começou, na Grécia clássica, por designar a não escravidão, no âmbito da comunidade doméstica, distinguindo os filhos-família dos escravos; mais tarde, na Roma republicana, designa a não dependência de outro privado, no âmbito da comunidade política (na *polis, respublica*); em seguida, com o cristianismo, designa a exclusiva dependência da fé em Deus, sendo compatível, então, com a dependência temporal, mesmo com a escravatura; só muito mais tarde incorpora a ideia de direito de autodeterminação, de liberdade de agir politicamente; ou mesmo, ainda mais tarde, de receber do Estado o apoio necessário (económico, cultural, sanitário) para exercer, de facto, essa virtual autodeterminação[7]. A palavra "Estado" (*status*) era utilizada

---

[5] *I.e.*, relacionado com o de outros conceitos próximos que ocorram numa certa época da história do discurso (*v.g.*, "liberdade" com "escravidão", ou com "despotismo", ou com "anarquia"; "democracia", ou com "monarquia", ou com "aristocracia", ou com "ditadura", ou com "anarquia", ou com "totalitarismo").
[6] Cf. Hespanha, 1984b.
[7] Cf. Barberis, 1999.

em relação aos detentores do poder (*status rei romanae, status regni*); mas não continha em si as características conceituais do Estado (exclusivismo, soberania plena, extensos privilégios "de império" relativamente aos particulares [jurisdição especial, irresponsabilidade civil, privilégio de execução prévia])[8] tal como nós o entendemos. A propriedade já foi definida pelos romanos como uma faculdade de "usar e abusar das coisas"; mas a própria ideia de "abuso" leva consigo esta outra de que existe um uso *normal* e *devido* das coisas, que se impõe ao proprietário, o que exclui a plena liberdade de disposição que caracterizou, mais tarde, a propriedade capitalista[9]. Desde o século XII ao século XVIII, a Europa conheceu um direito comum, que se impunha aos direitos dos principados e dos reinos (cf. 6.6.2); mas o contexto político e jurídico era totalmente diferente daquele em que se gerou e vive o direito da União Europeia. E, por isso, do antigo *ius commune* pouco se pode retirar para a construção do direito comunitário[10].

Assim, essa alegada continuidade das categorias jurídicas atuais – que parecia poder ser demonstrada pela história – acaba por não se poder comprovar. E, caída esta continuidade, cai também o ponto que ela pretendia provar, o do caráter natural dessas categorias. Afinal, o que se estava a levar a cabo era a tão comum operação intelectual de considerar como *natural* aquilo que nos é *familiar* (naturalização da cultura).

Mas a história jurídica pode ser integrada numa estratégia de legitimação ligeiramente diferente. De facto, há quem julgue ser possível usar a história para provar a linearidade do progresso (neste caso, do progresso jurídico).

Partamos de um modelo histórico evolucionista. Ou seja, de um modelo que conceba a história como uma acumulação progressiva de conhecimento, de sabedoria, de sensibilidade. Nesta perspetiva, também o direito teria tido a sua fase juvenil de rudeza. Contudo, o progresso da sabedoria humana ou as descobertas de gerações sucessivas de grandes juristas teriam feito progredir o direito, progressivamente, para o estado em que

---

[8] Cf. Clavero, 1982.
[9] Cf. Grossi, 1992.
[10] Excetuando, por ventura, a ideia de uma ordem jurídica não centrada no poder do Estado (na soberania); de facto, os juristas medievais e modernos quase prescindiram do poder do Estado para explicar a vigência do direito, o qual teria origem em múltiplos polos de regulação social; esta ideia poderá ser útil para reconstruir o saber jurídico hoje, em que também se pensa que o direito é uma ordem normativa plural, provinda de muitos centros de regulação (cf. 6.5.).

hoje se encontra; estado que, nessa perspetiva da história, representaria um apogeu. Nesta história *progressiva*, o elemento legitimador é o contraste entre o direito histórico, rude e imperfeito, e o direito dos nossos dias, produto de um imenso trabalho agregativo de aperfeiçoamento, levado a cabo por uma cadeia de juristas memoráveis.

Esta teoria do progresso linear resulta frequentemente de o observador ler o passado desde a perspetiva daquilo que acabou por acontecer. Deste ponto de vista, é sempre possível encontrar prenúncios e antecipações para o que se veio a verificar (cf., *infra*, 1.2.3). Mas normalmente perde-se de vista todas as outras virtualidades de desenvolvimento, bem como as perdas originadas pela evolução que se veio a verificar. Por exemplo, a perspetiva de evolução tecnológica e de sentido individualista que marca as sociedades contemporâneas ocidentais tende a valorizar a história do progresso científico técnico da cultura europeia, bem como as aquisições político-sociais no sentido da libertação do indivíduo. Deste ponto de vista, a evolução da cultura europeia deixa ler-se como uma epopeia de progresso e a sua história pode converter-se numa celebração disto mesmo. Mas o que se perde é a noção daquilo que, por causa deste progresso, se fechou como oportunidade de evolução ou que se perdeu. Como, por exemplo, o equilíbrio do ambiente, os sentimentos de solidariedade social.

Enfim, a história progressista promove uma sacralização do presente, *glorificado* como meta, como o único horizonte possível da evolução humana e tem inspirado a chamada "teoria da modernização", a qual propõe uma política do direito baseada num padrão de evolução artificialmente considerado como universal. Neste padrão, o modelo de organização política e jurídica das sociedades do Ocidente (direito legislativo, codificação, justiça estadual, democracia representativa, etc.) é proposto como um objetivo universal de evolução sociopolítica, paralelo à abertura do mercado no plano das políticas económicas (Wehler, 1975; Baumann, 1993, 2001).

Estas duas últimas estratégias – a "naturalizadora" e a "progressista" – de sacralização do direito atual por meio da utilização da história repousam numa certa forma de a contar. De facto, as matérias históricas relevantes são identificadas a partir do leque dos conceitos e problemas jurídicos contemporâneos. Isto leva a uma perspetiva deformada do campo histórico, em que os objetos e as questões são recortados a partir do modo de ver e conceber o direito nos dias de hoje. Assim, o presente é imposto ao passado; mas, para além disso, o passado é lido a partir (e tornado prisioneiro) das categorias, problemáticas e angústias do presente, perdendo a sua própria espessura e especificidade, a sua maneira de imaginar a sociedade, de arrumar os temas, de pôr as questões e de as resolver.

Esta ignorância da autonomia do passado leva, pelo menos, a perplexidades bem conhecidas da investigação histórica: como a grelha de interrogação das fontes é a dos nossos dias, é frequente que estas não possam responder às nossas (anacrónicas) questões. Por exemplo, para aqueles que não estejam conscientes de que uma boa parte da teoria constitucional do Antigo Regime tem que ser buscada na teoria da justiça e da jurisdição, as fontes jurídicas doutrinais das Épocas Medieval e Moderna podem parecer mudas sobre a problemática do poder político supremo. O mesmo se diga da teoria da administração, que não poderá ser encontrada nessas fontes doutrinais, a não ser que se procure ou na teoria do *iudicium* (i.e., na teoria da organização judicial) ou na teoria (moral) do governo doméstico (*oeconomia*) (cf., *v.g.*, Cardim, 2000). É também na tratadística moral sobre as virtudes (como a *beneficentia*, a *gratitudo* ou a *misericordia*) que podem ser encontrados os fundamentos da teoria das obrigações, da usura ou, mesmo, do direito bancário (cf., *v.g.*, Clavero, 1991).

Contudo, a vinculação do passado ao imaginário contemporâneo pode levar a consequências ainda mais sérias. Possivelmente, a uma total incompreensão do direito histórico, sempre que a sua própria lógica for subvertida pelo olhar do historiador. Por exemplo, isto acontece quando se leem as cartas régias que, na Idade Média, protegiam a inviolabilidade do domicílio (enquanto expressão territorial do poder doméstico) como antecipações das modernas garantias constitucionais de proteção da privacidade individual. Na verdade, o que então estava em jogo era a autonomia da esfera doméstica frente à esfera política da *respublica*, no âmbito de uma constituição política pluralista, em que os poderes periféricos competiam com o poder central. Bem pelo contrário, nada estava mais fora de causa do que a ideia de proteger direitos individuais, os quais eram então completamente sacrificados no próprio seio da ordem doméstica. Outra ilustração do mesmo erro seria uma leitura "representativa" (no sentido de hoje) das antigas instituições parlamentares (as "cortes" ibéricas ou os parlamentos franceses do Antigo Regime); embora se tratasse de assembleias que "representavam" o reino, a ideia de representação que aqui domina é, não a atualmente corrente na linguagem política, mas antes a corrente hoje na linguagem do teatro – os atores *tornam visíveis (apresentam publicamente)* os personagens, mas não são seus delegados, seus mandatários, não exprimem a sua vontade; do mesmo modo, os parlamentos *visualizam* o corpo político (*místico* e, por isso, de outro modo invisível) do reino. Também o vincar a sistematização contemporânea do direito civil (parte geral, obrigações, direitos reais, direito da família, direito das sucessões) na descrição do direito antigo impõe a este relações sistemáticas que não eram então percetíveis: *v.g.*, as matérias de família não se liam como separadas das matérias sucessórias. Num plano ainda mais fundamental, o direito hoje dito "civil" não se distinguia fundamentalmente do direito hoje dito "público", porque – nos sistemas jurídicos de Antigo Regime – o príncipe não tinha, em geral, as prerrogativas jurídicas especiais que depois foram atribuídas ao Estado (nomeadamente, podia ser chamado por um particular perante a jurisdição ordinária, não podia, em geral, impor unilateralmente o sacrifício de um direito particular); em suma, era, para a generalidade dos efeitos, um particular, cujas relações com os súbditos eram regidas pelo direito comum (civil). Num plano ainda superior, seria completamente absurdo projetar sobre o passado as atuais fronteiras disciplinares entre direito, moral, teologia e filosofia, procurando, por exemplo, isolar o direito dos restantes complexos normativos.

Deve anotar-se que a questão da submissão da narrativa do historiador aos conceitos e representações do presente tem sido muito discutida desde o século XIX. Há quem, com razão, (i) considere que esta situação é inevitável, já que o historiador nunca se consegue libertar das imagens, preconceitos (pré-compreensões) do presente. E há também quem – nomeadamente no domínio da história do direito – (ii) considere que esta leitura "atualizante" (*present mind approach*) da história é a condição para que os factos históricos nos digam algo, sejam inteligíveis e úteis, permitam tirar lições[11]. A primeira posição (i) aponta a impossibilidade radical de um conhecimento histórico objetivo, que subjaz também, de forma muito sensível, a esta nossa introdução metodológica. Só que, do nosso ponto de vista, isto é uma limitação e não uma vantagem do conhecimento histórico. A segunda questão (ii), porém, suscita todas as objeções referidas no texto. Que podem ser resumidas nesta: o alegado "diálogo histórico" que se obtém por uma perspetiva atualista é, de facto, um monólogo entre o

---

[11] Cf. Grossi, 1998, 274, referindo-se a uma obra clássica de Emilio Betti, *Diritto romano e dogmatica odierna*, 1927, hoje publicada em Betti, 1991.

historiador e uns sujeitos históricos desprovidos de autonomia, uns bonecos de ventríloquo em que ele transforma os atores do passado, dando-lhes voz, emprestando-lhe palavras e impondo-lhe pensamentos.

Uma última estratégia legitimadora nos usos da história do direito segue um caminho diferente. O que nesta está em jogo já não é a legitimação direta do direito, mas a da corporação dos juristas que o suportam, nomeadamente dos juristas académicos.

Na verdade, os juristas têm uma intervenção diária na adjudicação social de faculdades ou de bens. Isto confere-lhes um papel central na política quotidiana, embora com o inerente preço de uma exposição permanente à crítica social. Uma estratégia de defesa deste grupo é a de desdramatizar ("eufemizar", Bourdieu, 1986) a natureza política de cada decisão jurídica e, por isso, o seu caráter "político" ("arbitrário", no sentido de que depende de escolhas de quem decide e não de leis ou princípios imperativos). Ora, uma forma de "despolitizar" ("despotenciar", "eufemizar") a intervenção dos juristas é apresentar o veredicto jurídico como uma opção puramente técnica ou científica, distanciada dos conflitos sociais subjacentes.

Esta operação de neutralização política da decisão jurídica tornar-se-á mais fácil se se construir uma imagem dos juristas como académicos distantes e neutrais, cujas preocupações são meramente teóricas, abstratas e eruditas. Uma história jurídica formalista, erudita, alheia às questões sociais, políticas e ideológicas e apenas ocupada de eras remotas, promove seguramente uma imagem das Faculdades de Direito como templos da ciência, onde seriam formadas tais criaturas incorpóreas. A onda de medievismo que dominou a historiografia jurídica continental até aos anos 60 – contemporânea do manifesto de Hans Kelsen no sentido de "purificar" a ciência jurídica de ingredientes políticos (cf., *infra*, 7.4.12) – teve esse efeito de *legitimação pela ciência*, justamente numa época de fortíssimos conflitos político-ideológicos em que os juristas tiveram de desempenhar uma importante função "arbitral"[12].

1.2. A história crítica do direito

Os objetivos gerais de uma história crítica do direito foram evocados antes. Tratar-se-á agora da questão das estratégias científicas e das vias metodológicas mais convenientes (Scholz, 1985; Hespanha, 1986a, 1986b).

---

[12] V., sobre isto, para Portugal, Hespanha, 1981.

A primeira estratégia deve ser a de *instigar uma forte consciência metodológica* nos historiadores, problematizando a conceção ingénua segundo a qual a narrativa histórica não é senão o simples relato daquilo que "realmente aconteceu". É que, de facto, os acontecimentos históricos não *estão aí*, independentes do olhar do historiador, disponíveis para serem descritos. Pelo contrário, eles são *criados* pelo trabalho do historiador, o qual seleciona a perspetiva, constrói objetos que não têm uma existência empírica (como curvas de natalidade, tradições literárias, sensibilidades ou mentalidades) ou cria esquemas mentais para organizar os eventos, como quando usa os conceitos de "causalidade", de "genealogia", de "influência", de "efeito de retorno" (*feedback*). A única coisa que o historiador pode verificar são sequências meramente cronológicas entre acontecimentos; tudo o resto são inferência suas (*v.g.*, transformar uma relação de precedente-consequente numa relação de causalidade [*post ergo propter*] ou de genelogia--influência [*prior ergo origo*]). Os historiadores devem estar conscientes (i) deste artificialismo da "realidade" historiográfica por eles criada, (ii) da forma como os seus processos mentais modelam a "realidade" histórica, ou seja, do caráter "poiético" (criador) da sua atividade intelectual e (iii) das raízes social e culturalmente embebidas deste processo de criação.

Esta estratégia leva naturalmente a uma crise de ideais como o de "verdade histórica", a ponto de alguns autores não hesitarem em classificar a história como um género literário, embora (tal como os outros géneros) dotado de uma organização discursiva específica, ou seja, de regras que permitem escrutinar a validade dos seus resultados (White, 1978, 1987; Hespanha, 1990a). É por esta última razão que a classificação do saber histórico como um género literário não significa que ele repouse na arbitrariedade; significa, antes, que o rigor histórico reside mais numa coerência interna do discurso – numa observância de "regras de arte" convencionais – do que numa adequação à "realidade" histórica. Afinal, esta proposta não representa mais do que a aplicação à própria história jurídica do mesmo método – de desvendar as raízes sociais e culturais das práticas discursivas – que ela pretende aplicar ao discurso que forma o seu objeto – no nosso caso, o discurso jurídico.

A segunda estratégia é a de eleger como objeto da história jurídica o *direito em sociedade*.

Esta linha de evolução, que domina a historiografia contemporânea a partir da *École des Annales* (com a sua ideia de uma "história total") leva a uma história do direito intimamente ligada à história dos diversos contextos (cultura, tradições literárias, estruturas sociais, sistemas económicos, convicções religiosas) com os quais (e nos quais) o direito funciona.

Este projeto – que não põe em causa, como alguns parecem temer – a especificidade da história jurídica, como se verá – pode ser decomposto numa série de linhas de orientação.

1.2.1. A perceção dos poderes "periféricos"

Antes de mais, as normas jurídicas apenas podem ser entendidas se integradas nos complexos normativos que organizam a vida social. Estes sistemas de regulação dos comportamentos são inúmeros – da moral à rotina, da disciplina doméstica à organização do trabalho, dos esquemas de classificar e de hierarquizar às artes de sedução. O modo como eles se combinam na construção da disciplina social também é infinitamente variável.

Algumas das mais importantes correntes da reflexão política contemporânea ocupam-se justamente com estas formas mínimas, apenas persuasivas, invisíveis, "doces", de disciplinar (Foucault, 1978, 1980, 1997; Bourdieu, 1979; Santos, 1980b, 1989, 1995; Hespanha, 1983; Serrano González, 1987a, 1987b; Levi, 1989; Boltanski, 1991; Thévenot, 1992; Cardim, 2000). Muitas delas não pertencem aos cumes da política, vivendo antes ao mais baixo nível (*au ras du sol*, Jacques Revel) das relações quotidianas (família, círculos de amigos, rotinas do dia a dia, intimidade, usos linguísticos). Nesse sentido, estes mecanismos de normação podem ser vistos "direitos do quotidiano" (cf., *infra*, 8.2.1; Sarat, 1993), gerado por poderes "moleculares" (Felix Guattari), "microfísicos" (Michel Foucault), dispersos por todos os nichos das relações sociais, incorporados de tal modo em objetos com que lidamos todos os dias que nos parecem como inevitáveis, como pertencendo à natureza das coisas[13]. Contudo, estes poderes e estes direitos manifestam uma durabilidade e uma (discreta) dureza que falta à generalidade das normas e instituições do direito oficial.

Esta imagem da sociedade como auto-organizada num esquema pluralístico de ordens jurídicas não é novo, como veremos (cf., *infra*, 6.2, 7.4.5 e 7.5.4). Embora bebendo de outras fontes e inspirações, a teoria

---

[13] A expressão *legalfacts*, usada para designar objetos da vida corrente (sinalética, placas de instruções, instruções de uso nas embalagens) que incorporam normas jurídicas, foi criada por Patricia Ewick & Susan S. Silbey, *The common place of law: stories from everyday life*, Chicago, Chicago University Press, 1998.

política mais recente volta a este imaginário pluralista da ordem política e à consequente tendência para descentrar o direito oficial no seio de uma constelação inorgânica de mecanismos de disciplina, sublinhando, em contrapartida, o papel muito eficaz de humildes e discretos mecanismos normativos da vida quotidiana. M. Foucault referiu-se ao caráter molecular do poder, à sua omnipresença na sociedade ("pampolitização") e à necessidade de a teoria política se assumir, para captar o poder em toda a sua extensão, como uma "microfísica" do poder (Foucault, 1978). Da antropologia jurídica, chegou a ideia de "pluralismo", da coexistência de diferentes ordens jurídicas, legais ou costumeiras, no mesmo espaço social (Hooker, 1975; Geertz, 1963, 1983; Chiba, 1986; cf., *infra*, cap. 7.5.7.5). Finalmente, o pós-modernismo trouxe uma nova sensibilidade em relação às formas implícitas, informais e quotidianas de poder (Toffler, 1990; Hespanha, 1992a; Santos, 1994, 1995; Sarat, 1993; Bauman, 1993; cf., *infra*, 8), tendo chamado também a atenção para a forma como o Estado – a grande criação da "modernidade" – procurou desarticular essas formas ou, pelo menos, tornar invisível essa dimensão micro da política[14].

1.2.2. O direito como um produto social

Contudo, o direito em sociedade não consiste apenas em considerar o papel do direito no seio de processos sociais (como o da instauração da disciplina social), mas também em considerar que a própria produção do direito (dos valores jurídicos, dos textos jurídicos) é, ela mesma, um processo social. Ou seja, algo que não depende apenas da capacidade de cada jurista para pensar, imaginar e inventar, mas de um complexo que envolve, no limite, toda a sociedade, desde a organização da escola aos sistemas de comunicação intelectual, à organização da justiça, à sensibilidade jurídica dominante e muito mais.

Este tópico obriga a que se considere o *processo social de produção do próprio direito* na explicação do direito. Sublinhámos "próprio" para destacar que não estamos a aderir a modelos de explicação muito globais, desses que relacionam qualquer fenómeno social com um único centro de causalidade social (*v.g.*, a estrutura económica, como do determinismo economicista de um certo marxismo, ou o subconsciente individual, como do determinismo psicanalítico de Freud) (cf. Bourdieu, 1984).

[14] Cf. Bauman, 2001: páginas de antologia, 26 ss..

Na verdade, parecem muito mais produtivos modelos de explicação sociológica de muito mais curto alcance, que relacionam os efeitos (culturais, discursivos) com a dinâmica específica do espaço (ou nível, instância) social particular em que eles são produzidos. No nosso presente caso, a ideia é a de relacionar o direito com o modo como ele é produzido ("campo", para usar a terminologia de Bourdieu[15], "prática discursiva" ou "dispositivo", para utilizar a de M. Foucault)[16], explicando a partir daí as suas características. Por isso, a história do direito será a história do "campo jurídico", das "práticas discursivas dos juristas", dos "dispositivos do direito", pois todas estas expressões são algo equivalentes. A ideia comum a qualquer delas é a da *autonomia do direito* em relação aos momentos não jurídicos das relações sociais. A que acrescentaríamos mesmo – para realçar o aspeto conformador que o discurso jurídico tem sobre outros discursos (mais numas épocas do que noutras) – a ideia ainda mais forte de que o imaginário jurídico – produzido pelas condições específicas dos discursos e rituais do direito – pode mesmo modelar imaginários sociais mais abrangentes, bem como as práticas sociais que deles decorrem.

Esta última ideia é ainda mais decisiva se considerarmos que os valores jurídicos perduram no tempo. São produzidos uma vez, mas são continuamente (re)lidos (ou recebidos). De acordo com a "teoria da receção" (Holub, 1989), receber um texto (tomada a palavra no seu sentido mais vasto) é (re)produzi-lo, dando-lhe um novo significado, de acordo com a nova

---

[15] Pierre Bourdieu relaciona cada prática de produção de sentido ("práticas simbólicas") com os seus contextos sociais de produção (a que chama "campos") e com as lutas e conflitos entre os agentes de produção que se desenvolvem em cada campo (cf. aplicação ao direito, Bourdieu, 1986).

[16] Em termos muito genéricos, M. Foucault considera que cada discurso tem as suas regras de formação (a sua "ordem") e que esta não depende do autor mas do próprio processo de escrita, sendo que este está relacionado com condições materiais e objetivas ("dispositivos") da escrita (da "criação"), aqui se compreendendo as tradições literárias em que o discurso se desenvolve, o modelo de divisão do trabalho intelectual dominante nesse momento, os objetos que surgem como material de observação, etc. A este estudo do discurso como confluência de determinações externas ao autor chama Foucault "arqueologia" (modelo de estudo que ele opõe ao modelo biográfico, centrado no autor, e ao estudo genealógico, centrado na "influência"). O livro fundamental de Foucault, sobre este tema, é *L'archéologie du savoir*, 1969. Tradução portuguesa de alguns textos importantes de Foucault (nomeadamente, para os efeitos presentes, "A ordem do discurso" e "Omnes et singulatim – para um crítica da razão política", em http://vsites.unb.br/fe/tef/filoesco/foucault/omnes.pdf [2012-01-15]).

maneira como ele é integrado no universo intelectual (e emotivo) do leitor. Como os textos jurídicos participam desta abertura a novos contextos, a história do direito tem de evitar a reificação do significado dos valores, categorias ou conceitos, já que estes – por dependerem menos das intenções dos seus autores do que das expectativas dos seus leitores – sofrem permanentes modificações do seu sentido (contextual).

Mas – neste processo de contínuas releituras – alguma coisa de permanente resiste a estas sucessivas reapropriações; daí o peso da tradição jurídica, com a força das palavras e dos conceitos do passado sobre os seus usos no presente.

É por isso que há uma certa circularidade na hermenêutica histórica dos textos. Eles são apropriados por um leitor formado por uma tradição textual de que os mesmos textos fazem parte (contexto intertextual). Porém, existe também um momento dinâmico neste círculo, pois a nova leitura também é conformada por outros fatores contextuais que estão fora desta tradição textual (momentos extratextuais), empurrando o leitor para outras paisagens intelectuais (outros discursos ou tradições literárias, outros imaginários culturais, outras expectativas sociais, outros interesses, outros *habitus*[17].

1.2.3. Contra a teleologia
A terceira estratégia de uma história crítica do direito é a de insistir no facto de que a história jurídica (como a história em geral) não constitui um desenvolvimento linear, necessário, progressivo, escatológico.

---

[17] O conceito é de P. Bourdieu: "Estrutura estruturante que organiza as práticas e a perceção das práticas; o *habitus* é também uma estatura estruturada: o princípio de divisão em classes lógicas que organiza a perceção do mundo social é, ele próprio, o produto da incorporação da divisão em classes sociais", (*La Distinction*, Minuit, 1979, p. 191); "Os condicionamentos associados a uma classe particular de condições de existência produzem hábitos, sistemas de disposições duráveis e transmissíveis, estruturas estruturadas predispostas a funcionar como estruturas estruturantes, ou seja, como princípios geradores e organizadores de práticas e de representações que podem ser objetivamente adaptadas aos seus fins sem supor a orientação consciente para esses fins e o domínio expresso das condições necessárias para os atingir, objetivamente "reguladas" e "regulares" sem serem, de forma alguma, o produto de obediência a regras e sendo tudo isto coletivamente orquestrado sem ser o produto de uma ação organizadora de um maestro", (*Le sens pratique*, Minuit, 1980, p. 88).

Isto significa, em primeiro lugar, que na história há descontinuidade e rutura – ideia bastante consensual entre os historiadores[18]. Se se destacar a ideia de descontinuidade, o papel da tradição – que sempre foi tido como tão importante em direito – precisa de ser clarificado. Na verdade, na ideia de rutura já estava implícito aquilo que acabámos de dizer acerca da natureza contextual do sentido. Se os sentidos (ou os valores) são relacionais, estando sempre ligados com os seus contextos, qualquer mudança no contexto do direito corta-o da tradição prévia. A história do direito será assim constituída por uma sucessão de sistemas jurídicos sincrónicos, fechados uns em relação aos outros. O sentido de cada instituto ou de cada princípio deve ser avaliado pela sua integração no contexto dos outros institutos e princípios que com ele convivem contemporaneamente; e não nos institutos ou princípios que o antecederam (na sua "genealogia" histórica). Ou seja, o direito recompõe-se continuamente e, ao recompor-se, recompõe a leitura da sua própria história, da sua própria tradição, atualizando-as.

Mas, por sua vez, a tradição é também um fator de construção do direito atual. Porque, se o direito atual recompõe (relê) a tradição, o certo é que é com os instrumentos (intelectuais, normativos, rituais, valorativos) que uma certa tradição intelectual lega ao presente que o direito do presente é pensado. Neste sentido, a tradição parece estar muito presente no direito, e sob diversas formas – tradições literárias, casos decididos, leis que se mantêm no tempo, costumes que continuam vigentes, cerimónias e rituais herdados do passado. E o trabalho de produção de novos efeitos jurídicos (novas normas, novos valores, novos dogmas) é levado a cabo com ferramentas recebidas da tradição: ferramentas institucionais (instituições, papéis sociais), ferramentas discursivas (linguagem técnica, tópicos, modelos de argumentação e de prova, conceitos e dogmas), ferramentas comunicacionais (bibliotecas, redes académicas ou intelectuais). É desta forma que o passado modela o presente. Não pela imposição direta de valores e de normas, mas pela disponibilização de uma grande parte da utensilagem social e intelectual com que se produzem novos valores e novas normas.

Estabelecida esta ideia – com a crítica que ela traz implícita à ideia de progresso linear, de genealogia e de influência –, o presente deixa de ser

---

[18] Pelo contrário, os juristas (e os historiadores do direito) tendem a crer que o direito constitui uma tradição agregativa, em que as novas soluções se somam às mais antigas, aperfeiçoando-as ou atualizando-as.

o apogeu do passado, o último estádio de uma evolução que podia ser de há muito prevista. Pelo contrário, o presente não é senão mais um arranjo aleatório, dos muitos que a *bricolage* dos elementos herdados podia ter produzido.

Contudo, a ideia de descontinuidade, se nos dá uma perspetiva sobre o presente, também influencia o nosso modo de observar o passado. Este deixa de ser um precursor do presente, um ensaiador de soluções que vieram a ter um completo desenvolvimento no presente. E, com isto, deixa de ter que ser lido na perspetiva do que veio depois. O passado é libertado do presente. A sua lógica e as suas categorias ganham espessura e autonomia. A sua diferença emerge majestosamente. Esta emergência da diferença, dessa estranha experiência que nos vem do passado, reforça decisivamente o olhar distanciado e crítico sobre os nossos dias (ou, no nosso caso, sobre o direito positivo), treinando-nos, além disso, para ver coisas diferentes na aparente monotonia do nosso tempo.

2. A importância da história jurídico-institucional como discurso histórico

Como disciplina histórica, a história jurídica e institucional está hoje a recuperar do ostracismo a que tinha sido condenada pela primeira geração da *École des Annales*[19]. A evolução da teoria e metodologia da história institucional – que implicou um redesenho do seu objeto (cf., *supra*, A perceção dos poderes "periféricos") – desempenhou aqui um papel muito importante. Contudo, também os historiadores gerais estão hoje, passada a vaga de economicismo que dominou até aos anos 70, cada vez mais conscientes da centralidade e omnipresença da política e do direito.

Se isto é verdade na sociedade dos nossos dias, é-o mais evidentemente ainda na sociedade de Antigo Regime que, como diremos (cf., *infra*, 6.2), se via e descrevia a si mesma de acordo com imagens e evocações importadas do mundo jurídico e onde a estrutura social se expressava nas distinções e hierarquias do direito[20]. Na sua obra clássica *Das deutsche Genossenschaftsrecht* (O direito alemão das corporações, 1868-1913)[21], Otto Gierke (1841-1921) mostrou como a teoria política medieval e moderna é basicamente expressa com recurso aos termos da teoria jurídica. Mais recentemente, o medievista russo Aron Gurevic destacou que este tom jurídico da imaginação social ("uma sociedade construída sobre o direito") estava difundido por todos os grupos sociais. Por meio de tópicos e clichés, a ideia de que a sociedade e a própria vida eram construções jurídicas tinha embebido até a cultura popular. Se, entre os letrados, a teoria social e política estava contida na teoria da jurisdição e da justiça[22], para os leigos, a mais visível expressão da

---

[19] Cf. Hespanha, 1986c, 211.
[20] Cf., como síntese do estado das questões quanto à historiografia sobre o Antigo Regime, Hespanha, 1984b; Benedictis, 1990; Schaub, 1995.
[21] Tradução parcial inglesa, Maitland, 1938.
[22] Muito mais do que nos escritos políticos, como a *Política* de Aristóteles.

ordem social e do poder era a administração da justiça nos tribunais. Por isso, o processo judicial e a parafernália dos tribunais (rituais, cerimónias, fórmulas) eram tidos como constituindo o modelo mais fiel do exercício do poder político. A própria vida era também expressa na metáfora do processo judicial, culminando num ato tipicamente forense, o Juízo Final[23]. As situações sociais – patrimoniais, mas também pessoais ou mesmo simbólicas, tal como a hierarquia, o título, a precedência – eram reguladas juridicamente (como *iura quaesita* ou *iura radicata*, direitos adquiridos ou enraizados) e podiam ser objeto de reclamação judicial. Por isso, o formalismo documental e a litigiosidade constituem um fenómeno muito visível, a ponto de já ter sido descrito como um traço cultural distintivo desta sociedade que já foi descrita como "a civilização do papel selado" [*civiltà della carta bollata*] (F. Chabod).

Esta centralidade do direito pode ser explicada pela estreita relação que existia entre a ordem jurídica e as outras ordens normativas, muito diferentemente do que se passa hoje.

O primeiro destes sistemas normativos quase jurídicos era a religião. O direito divino (*ius divinum*) – que decorria diretamente da Revelação – estava tão intimamente embebido no direito secular (*ius civile*) que o último não podia contrariar no essencial os comandos do primeiro. Daqui decorriam as limitações ético-religiosas do direito secular (v., *infra*, 6.4.5), a fundamental indistinção entre crime e pecado[24], a competência indistinta de ambas as ordens para lidar com certas situações, bem como o seu apoio mútuo (cf., *infra*, 6.6.1)[25].

O direito mantinha uma relação também muito estreita com a moral. Não apenas a moral religiosa, mas também com a ética secularizada que regulava as virtudes, nomeadamente as virtudes sociais, como a beneficência, a liberalidade ou a gratidão. Dar podia, nesta perspetiva, ser uma quase-obrigação jurídica (*quasi debitum*), em termos de criar um quase-direito a favor dos beneficiários da oferta. Tal era o caso da esmola, que nascia da virtude da caridade e que era frequentemente considerada como devida ao pobre[26]. O mesmo ocorria com o dever de compensar serviços,

---

[23] Cf. Hespanha, 1990c.
[24] Cf. Tomás y Valiente, 1990.
[25] A religião legitimando o direito secular; o último protegendo a primeira e impondo deveres religiosos, Bianchini, 1989.
[26] Cf. Serrano González, 1992; Hespanha, 2010.

provindo da gratidão (*gratitudo*), ou com o dever de generosidade ou de magnificência, provenientes da liberalidade, *liberalitas*, ou da *magnificentia*, que impendiam sobre os ricos e poderosos[27].

Mas – acima de tudo – o direito incorporava ainda ideias muito mais profundamente enraizadas quanto ao modo de organizar e controlar as relações sociais. Isto acontecia, por exemplo, com o chamado direito natural (*ius naturale*), um direito que decorreria da própria "natureza das coisas", i.e., de imagens então evidentes acerca da sociedade e da humanidade. Todas estas imagens, profundamente presentes na consciência social, eram evocadas quando os juristas se referiam às características naturais (*naturalia*) de diferentes papéis sociais (o rei, o pai, a mulher) ou instituições (como os diversos contratos ou a propriedade). Ou quando elegiam a "boa e reta razão" (*bona vel recta ratio*) como critério supremo para avaliar a justiça de uma situação. *Recta ratio*, tanto como *aequitas* (cf., *infra*, 6.6.8.2), eram um equivalente do que hoje chamamos senso comum, do sentido comum sobre a boa ordem e a justiça.

Contudo, o direito e a doutrina jurídica não se limitavam a receber o senso comum e ideias difusas. Uma vez recebidos, desenvolviam e elaboravam estes materiais "brutos" (*ruda aequitas*, equidade rude) numa teoria harmónica e argumentada[28]. De certo modo, os juristas tornavam explícito aquilo que a vida quotidiana mantinha implícito, se bem que ativo. Tal como os psicanalistas, que revelam em discursos explicados o inconsciente individual, eles explicitavam em teorias o inconsciente social. E, feito isto, devolviam-no à sociedade sob a forma de uma ideologia articulada que se convertia em norma de ação, reforçando ainda o primitivo imaginário espontâneo. Muitas vezes, fazem isto sob a forma de uma literatura altamente sofisticada; outras vezes, apenas por meio de ditos soltos (*brocarda*), de mnemónicas, de formulários documentais ou de ritos processuais. De uma forma ou de outra, eles desempenham um papel importantíssimo na reprodução de padrões culturais e na construção de esquemas mentais que permanecerão ativos, durante séculos, na cultura europeia. E é por isto que a história do direito não pode ser ignorada sempre que se tenha em vista a compreensão, global ou setorial, da antiga sociedade europeia[29].

---

[27] Cf. Pissavino, 1988; Hespanha, 1993d; Clavero, 1991; Cardim, 2000.
[28] Vallejo, 1992.
[29] Sobre a importância da história do direito para a compreensão da sociedade de Antigo Regime, v. Schaub, 1995; 1996.

3. Linhas de força de uma nova história política e institucional

Uma magnífica miscelânea iluminada de textos judaicos, composta na região de Metz nos finais do século XIII, contém uma iluminura do rei Salomão, representado como juiz na célebre disputa entre a verdadeira e a falsa mãe[30].

A sua imagem é a de um rei cristão da Baixa Idade Média, com os atributos de realeza próprios da época. Também os trajos das duas mães que disputam o filho, bem como a do oficial que se prepara para cortar a criança ao meio, são os dessa época. O contexto cénico da narrativa foi atualizado.

Porque é que os artistas que ilustravam cenas históricas as representavam assim, cheias de anacronismos, deturpando aquilo que realmente se passara? Porque colocavam o julgamento de Salomão, não no contexto original, mas no seu próprio contexto, projetando nesse passado longínquo as suas próprias imagens sobre a realeza, sobre a simbologia da Justiça, sobre o que se vestia na corte?

Esta tendência para dar do passado versões atualistas pode ter elementos conscientes e intencionais, que tornem a história mais fácil de entender. Mas, muito frequentemente, tratava-se apenas de que, inconscientemente, quem escreve história pensa que o seu modo de ver as coisas (entendida a palavra "ver" num sentido muito vasto, que abranja perceção, emoção,

---

[30] V. North French Hebrew Miscellany, fol. 518a (em http://search.babylon.com/imageres.php?iu=http://www.facsimile-editions.com/shared/images/nf/2B.1.jpg&ir=http://www.facsimile-editions.com/en/nf/&ig=http://t0.gstatic.com/images?q=tbn:ANd9GcRbenk5WYlcQb47rR2ZxihThP4LA-xHLpEjNqYBHO3vlKQrr1aKA79Suw&h=303&w=300&q=kingsalomontrial&babsrc=home).

razão, relacionação) é natural, de todos os tempos e, assim, projeta-o para trás, imaginando que os agentes históricos partilhavam dele.

Na história do direito isso significa supor que o direito do passado tinha as mesmas funções sociais e políticas que tem hoje, que era revelado pela mesma forma, cultivado pelos mesmos grupos sociais, regulava os mesmos universos humanos, de acordo com os mesmos grandes princípios.

No seu extremo, esta aplicação ao passado dos entendimentos contemporâneos do que é o direito pode mesmo impedir que se reconheça como direito o direito de então. No caso do direito, isto pode levar ao desconhecimento da relevância jurídica, em certas culturas, de discursos mágicos, de provérbios e canções populares, de discursos de tipo religioso ou moral, de propostas de organização socioeconómica.

Isto acontece tanto mais frequentemente quanto a cultura jurídica que queremos descrever é mais longínqua da nossa, exprimindo-se por formas que nos parecem estar abaixo dos limites mínimos exigidos para formalizar o direito: que teria de ser escrito, expresso de forma genérica e abstrata, numa linguagem distanciada, dotado de uma coercibilidade externa garantida pelo Estado. Muito do direito subalterno (*i.e.*, não dominante) da cultura europeia não cumpria estes requisitos. E, por isso, não se torna visível se o historiador o tentar ler de acordo com as categorias atuais de classificação do jurídico. Havemos de encontrar neste livro este fenómeno de ocultação de práticas jurídicas que são tornadas invisíveis pelo facto de estarmos a tentar percebê-las de acordo com atributos, categorias e conceitos que não eram os seus, mas nossos. Veremos que isso acontece com o direito das populações camponesas, estranhas ao mundo do direito usado nas cidades e nos centros cultos. Ou com o das populações indígenas do Ultramar.

Estudando um período mais recente, Elciene Azevedo mostra[31] como a ideia mais comum de que o direito é constituído por leis e códigos fez com que se desconhecessem várias décadas de lutas pela abolição da escravatura no Brasil. Tratava-se de lutas jurídicas travadas nos tribunais, usando expedientes do direito mais antigo (nomeadamente ações de liberdade), por escravos e pequenos advogados. Não de leis solenes da autoria das elites políticas, discutidas pelos grandes juristas da época, como aconteceu várias décadas depois, pelos anos 70 do século XVIII.

[31] Em Azevedo, 2010.

Ou seja, uma contextualização historicamente inadequada, projetando para o passado os contextos e conceitos do direito de hoje, atualizante, impede que se capte o sentido jurídico originário daquilo que se passou.

Estes exemplos sobre os equívocos de uma história pouco pensada obrigam a sublinhar algumas ideias sobre o trabalho do historiador.

Fazer história é aparentemente uma coisa simples. Basta contar aquilo que realmente se passou. Mesmo quando contamos aquilo que se passou connosco damo-nos conta de que o que se passou nem sempre o contamos da mesma forma. Há coisas que não recordamos bem e de que não guardámos apontamentos porque não nos pareceram *então* tão importantes; há outras que *hoje* interpretamos de forma diversa; outras ainda parecem não ter *hoje* o relevo que então lhes atribuímos. Tudo isto aponta na direção de que o nosso presente tem um enorme impacto no modo como reconstruímos o passado e o contamos na história. Há muito quem ache que este é um problema incontornável, de que até podemos tirar partido. Afinal, não fazemos história para nos entendermos a nós mesmos, hoje? Em contrapartida, outros acham que, se significamos por história a descrição de tempos passados, de uma certa etapa na evolução, então o que interessaria era isolar essa etapa dos desenvolvimentos futuros e narrá-la como um período independente da atualidade.

Na história do direito passa-se o mesmo. Se uns procuram nela resposta para os problemas atuais e a fazem na perspetiva dos problemas que são postos pelo direito de hoje; outros, porventura aqueles menos satisfeitos com a situação atual do direito, gostam tanto mais da história jurídica quanto ela mais nos mostrar configurações diferentes e alternativas do direito. Independentemente dos gostos de uns e de outros, o historiador que leve a sério o seu mester de descobrir o passado há de querer conhecer e contar esse passado como ele realmente aconteceu. E ele aconteceu realmente em contextos de vida que não são os de hoje.

"Contexto" é uma expressão muito ampla, que designa tudo o que rodeia um encadeamento de factos, tudo aquilo serve de pano de fundo a uma tessitura de eventos, a uma história. Se esta história for um discurso – oral ou escrito – sobre o que é justo ou injusto, o contexto deste discurso é constituído por imagens, sentimentos, ideias, cerimoniais sobre o justo; por práticas de enunciação do que é justo ou injusto – leis, costumes, textos doutrinais, mas também histórias, lendas, poesia, recursos linguísticos, vocabulares e de oratória, bem como recursos comunicacionais (suportes de comunicação, como livros, formulários, refrães ou *brocardos*); e por práticas que aplicam essas enunciações às práticas sociais – julgamentos, mas também atos de repressão ou de resistência.

Para contar a história do direito de acordo com as regras da arte do historiador, tal como hoje a entendemos, temos de tentar reconstruir o contexto próprio dos eventos que queremos contar. E não no contexto em que decorrem eventos do memo tipo nos dias de hoje. Ou seja, se queremos contar eventos do direito medieval, não podemos contá-los como se eles acontecessem nos nossos dias, rodeados pelas imagens, interesses, expectativas, doutrinas, textos e instituições que envolvem o direito atual. Não fazer este esforço de fidelidade ao passado – por muito difícil que ele seja e por muito dececionantes que sejam os resultados em relação ao que dele esperávamos para melhorar o nosso direito – é fazer uma história jurídica mal feita, cheia de mal-entendidos e de falsificações.

A questão da contextualização adequada constitui um problema central da comunicação humana, da história dos homens, e também da história do direito. Em geral, para percebermos o outro, temos de entender o sentido para ele daquilo que ele diz. Porém, esta perceção do sentido originário do que outros dizem coloca muitas questões e questões muito difíceis, porventura insolúveis.

Primeiro, existe o problema de saber o sentido *para ele* daquilo que outrem diz. Como não estamos dentro da sua alma, como não pensamos nem sentimos como ele, como não temos as suas memórias, como as nossas referência e experiências da vida são diferentes das suas, como não atribuímos exatamente os mesmos sentidos às palavras, reconstituir este seu sentido originário pressupõe uma reconstituição muito difícil do mundo mental e social de que depende o sentido que ele dá ao que diz ou escreve.

Podemos desistir de perceber aquilo que há de mais pessoal nas mensagens dos outros, fixando-nos na mensagem em si, com o sentido que ela teria no contexto social (comunicativo) em que foi emitida. Há alguma simplificação, mas os problemas centrais permanecem, porque teremos de fazer outro grande esforço, o de reconstituir o sentido que aquela mensagem tinha na época (ou naquele particular ambiente social, cultural, comunicacional).

Finalmente, podemos desistir de tudo isto e dar à mensagem o sentido que ela tem para nós, a partir das nossas convenções quanto à estrutura do mundo, quando ao sentido das palavras, quanto à maneira de ler as mensagens dos outros. Ou seja, assumindo uma de duas coisas: (i) ou que há elementos invariáveis, naturais, na comunicação humana, comuns a quaisquer comunicantes, e que, por isso, no fundamental nos entendemos sempre; (ii) ou que o que nos interessa é o sentido que as mensagens têm para nós, o modo como respondem às nossas dúvidas.

Também na interpretação da história – e, mais em particular, da história do direito – oscilamos entre estas conceções extremas da interpretação. Ou mergulhamos no projeto utópico de uma recuperação integral dos sentidos originários; ou assumimos as dificuldades metodológicas da interpretação, procurando atingir alguns sentidos não aparentes, mantendo registo daquilo que ficou fora do nosso alcance; ou sossegamos na ideia otimista de que, como somos todos humanos, todos nos entendemos suficientemente; ou, finalmente, escolhemos uma atitude predatória sobre a comunicação, desprezando os sentidos do outro e reduzindo o que nos é dito ao sentido que nos interessa.

O segundo caminho – o de inventariar as dificuldades metodológicas da interpretação, procurando tomar medidas que garantam o máximo de conhecimento do outro sobre o outro (*i.e.*, no caso presente, de conhecimento histórico com o seu sentido histórico) – é aquele que parece estar mais de acordo com a tarefa da história e do historiador. Na história, não nos queremos ver ao espelho, não queremos saber mais do mesmo. Embora nos queiramos entender melhor, queremos fazer isso por meio da observação de outros, agindo e comunicando em contextos diferentes, sendo esta alteridade dos atores e dos contextos que aumenta o nosso conhecimento sobre os homens e as sociedades.

Se seguirmos este caminho de recuperação metódica de um conhecimento histórico quanto possível liberto das imposições ao passado dos sentidos atuais e quanto possível fiel aos sentidos originais, temos de inventariar cuidadosamente os mecanismos que transvestem o passado com características do presente e de encontrar metodologias para, ao mesmo tempo, evitar essas distorções e realçar as particularidades inesperadas e surpreendentes desse passado.

É isso que faremos de seguida.

3.1. O modelo estadualista e a sua crise
Nunca foi fácil nem unânime definir o que fosse o poder ou mesmo as instituições. No entanto, passando por cima das inquietações e dúvidas

sempre latentes em correntes menos conformistas, a teoria política liberal tinha, de mãos dadas com o positivismo jurídico, estabelecido um conceito segundo o qual o poder político tinha a ver com o "Estado", sendo relevantes do ponto de vista da história e da ciência política apenas as instituições, os mecanismos, as organizações, as normas de comportamento, instituídospor ele[32].

Há cerca de 20 anos, o antropólogo James C. Scott reuniu num livro uma série de ensaios seus[33] sobre diversos temas, mostrando o que quis dizer "estabelecer o Estado" e quais as consequências disto na maneira de ver e organizar o mundo. Estabelecer o Estado consistiu em alargar os espaços de domínio, construindo unidades políticas maiores. Mas este alargamento do espaço político foi acompanhado de técnicas de governar "em grande", que obrigaram a aumentar a escala de observação, a homogeneizar as situações a governar, a estabelecer procedimentos regulares de governo, a promulgar normas gerais de comportamento; numa palavra, a "racionalizar" a política. "Ver como o Estado" significa, portanto, perceber a sociedade como um todo organizado "em grande", abstraindo de detalhes "locais", sujeitando tudo a uma regulação universal, geral e abstrata. Embora J. C. Scott não inclua no livro nenhum capítulo sobre o direito, descreveremos no livro as consequências desta visão estatalista no plano do poder, das instituições e das normas jurídicas (cf. cap. 7). Como se foi impondo como o modelo evidente e natural de perceber a sociedade, o modelo estatalista também se impôs como filtro de observação da realidade histórica. De modo que, quando se procurava poder político e regulação jurídica, apenas se prestava atenção ao que correspondia às "texturas" atuais do político e do jurídico, ao Estado e à lei.

Há décadas, porém, que, debaixo dos nossos olhos, a instituição Estado, tal como tinha sido construída pela teoria política liberal, se dissolve e desaparece. E, com ela, uma série de modelos estabelecidos de viver a política ou de ter contacto com o poder (o sufrágio, os partidos, a justiça oficial, a lei, a soberania)[34]. Também o imaginário da "modernidade"[35], ao que se

[32] Cf. Chevalier, 1978.
[33] Scott, 1989.
[34] Cf. Hespanha, 1992a, 1993a, 2009.
[35] Sobre o conceito de modernidade, v. A. Giddens, 1990; sobre a ligação entre modernidade e Estado, v. J. C. Scott, 1998; sobre o trânsito da pré-modernidade para a modernidade, com suas consequências na distribuição social do poder, v. Z. Bauman, 1997; Grossi, 2003. V., adiante, caps. 7, 7.3, 7.4, 7.5.6, 8.

ligava intimamente o paradigma Estado, está em crise: a igualdade, como objetivo político, vê-se confrontada com as pretensões de garantia da diferença; o interesse geral tende a ceder perante as pretensões corporativas ou particularistas; o centralismo debate-se com todas as espécies de regionalismo; o império da lei é atacado, tanto em nome da irredutibilidade de cada caso e da liberdade de apreciação do juiz a isso ligada, como invocando princípios superiores de justiça a que a lei estaria submetida, como ainda com base nas ideias de concertação e de negociação, que fazem com que a lei seja, cada vez mais, um contrato pastado entre o Estado e grupos particulares, ou seja, afastada por formas autónomas de regulação; a intenção "racionalizadora" do Estado capitula diante das pretensões liberais mais radicais. O próprio Estado, a braços com crises de eficiência e de legitimidade, parece que não pode, não carece de, e não quer, manter a sua tradicional função ordenadora e racionalizadora de pulsões sociais díspares[36]. Apesar de todas as dúvidas que recentes crises têm lançado sobre a bondade da desregulação ou da simples autorregulação, o Estado parece abandonar o proscénio do imaginário político.

Este modelo Estado tinha sido desenhado de acordo com uma arquitetura precisa[37], que previa:

(i) a separação rigorosa entre a "sociedade política" (a *polis*, i.e., o Estado e as suas instituições munidas de *imperium*) e a "sociedade civil" (o quotidiano e os seus arranjos "privados", contratuais, de poder);

(ii) a distinção da natureza dos poderes, consoante se trata de poderes de que o Estado é titular (poderes públicos) ou poderes na titularidade dos particulares (poderes privados);

(iii) a instituição de uma série de mecanismos de mediação, fundados no conceito de "representação" (concebido como um produto da vontade, instituído por contrato [mandato]), por meio dos quais os cidadãos, vivendo na sociedade civil, participavam na sociedade política;

(iv) a identificação do direito com a lei, concebida como exprimindo a vontade absoluta do Estado, corporizando a vontade geral dos cidadãos ou uma transindividual vontade da *Nação*;

(v) a instituição da justiça oficial, como a única instância de resolução de conflitos.

---

[36] Bauman, 1995, 138 ss.
[37] V., sobre o desenho liberal do Estado, Chevalier, 1978; Zagrebelsky, 1992; Grossi, 2011b.

Este modelo político – que corresponde ao espírito macro-organizador, centralista, racionalista e "progressista" da modernidade – nunca teve uma tradução institucional e política integral.

3.2. O pós-estatalismo: diferenciação, localismo, pluralismo e micro--história

Nos anos 60 do século XX, Michel Foucault vinha a trabalhar sobre os condicionamentos que se exercem sobre os sujeitos de forma geralmente impercetível – as regras implícitas nos discursos, os sistemas de produzir saberes socialmente reconhecidos, os modelos do gosto ou da ordem, os constrangimentos sentidos por quem se sente observado, etc. Tudo isto afetava a soberania do sujeito, embora a um nível que não afetava a sua autoimagem de seres livres e autodeterminados, porque nenhum destes mecanismos aparecia com as características daquilo que era considerado "poder" – imposição visível, externa, a cargo de instituições "públicas". A sua conclusão foi a de que o poder estava, afinal, disperso por toda a sociedade ("pampolitização"), pelo que a teoria política se devia transformar numa "micro-física" do poder (Foucault, 1978).

Mais ou menos pela mesma época, da antropologia jurídica chegou a ideia de "pluralismo", da coexistência de diferentes ordens jurídicas, legais ou costumeiras, no mesmo espaço social (Hooker, 1975; Chiba, 1986; cf., *infra*, 6.5.).

Esta ideia combinou-se com a de que o arranjo entre os vários sistemas de poder variava de comunidade para comunidade, segundo arranjos "locais" (Geertz, 1963, 1983). Como eram estas combinações mútuas de ordens normativas que definiam o âmbito de cada uma delas, nenhuma tinha uma natureza (âmbito, finalidade, tradução institucional) fixa e imutável, todas dependendo dos contextos em que estavam integradas. Todas eram configurações "locais".

A crítica dos padrões civilizacionais da modernidade trouxe também uma nova sensibilidade em relação às formas implícitas, informais e quotidianas de poder[38]. Se a modernidade se tinha organizado de acordo com modelos tidos como universais e racionais, considerando como antiquadas ("tradicionais") e irracionais (parciais, paroquiais) as organizações baseadas no particularismo e na diferença, a crítica da modernidade, em

---

[38] Toffler, 1990; Hespanha, 1992a; Santos, 1994, 1995; Sarat, 1993; Bauman, 1993; cf., *infra*, cap. 8.

contrapartida, chamou a atenção para o modo como o Estado – a grande criação da "modernidade" e o grande modelo de observação do mundo ("*Seeing like the State*")[39]– procurou desarticular essas formas ou, pelo menos, tornar invisível essa dimensão micro da política (Scott, 1998; Bauman, 2001: páginas de antologia, 26 ss.).

Algumas das mais importantes correntes da reflexão política contemporânea sublinham justamente o enorme impacto regulador dos sistemas que, desde a perspetiva "forte" que hoje temos de direito, são os menos visíveis, embora possam ser, na prática, os mais difundidos e mais eficazes: as formas mínimas, apenas persuasivas, invisíveis, "doces", de disciplinar[40]. Muitas delas não pertencem aos cumes da política, vivendo antes ao mais baixo nível (*au ras du sol*, Jacques Revel[41]) das relações quotidianas (família, círculos de amigos, rotinas do dia a dia, intimidade, usos linguísticos). Nesse sentido, estes mecanismos de regulação podem ser vistos como "direitos do quotidiano" (cf., *infra*, 8.2.1; Sarat, 1993), gerado por poderes "moleculares" (Felix Guattari), "microfísicos" (Michel Foucault), dispersos por todos os nichos das relações sociais, incorporados de tal modo em objetos com que lidamos todos os dias que nos parecem como inevitáveis, como pertencendo à natureza das coisas[42]. Contudo, estes poderes e estes direitos manifestam uma durabilidade e uma (discreta) dureza que falta à generalidade das normas e instituições do direito oficial.

Foi a ação convergente destas intuições teóricas que lançou a perspetiva estadualista numa fase de profunda erosão, a braços com ataques que lhe são dirigidos de diversas frentes. Critica-se o gigantismo e impessoalidade da política ao nível do Estado, considerando-se que ela torna impossível a participação dos cidadãos. Rejeita-se a ideia de representação sufragística, que parece artificial e limitada. Desconhece-se a lei, defrauda-se a sua letra, contestam-se as suas imposições em nome de interesses particulares e procura-se substituí-la por pactos (concertação) entre o Estado,

---

[39] Scott, 1998.
[40] Foucault, 1978, 1980, 1997; Bourdieu, 1979; Santos, 1980b, 1989, 1995; Hespanha, 1983; Serrano González, 1987a, 1987b; Levi, 1989; Boltanski, 1991; Thévenot, 1992; Cardim, 2000.
[41] Revel, 1989.
[42] A expressão *legalfacts*, usada para designar objetos da vida corrente (sinalética, placas de instruções, instruções de uso nas embalagens) que incorporam normas jurídicas, foi criada por Patricia Ewick & Susan S. Silbey, *The common place of law: stories from everyday life*, Chicago, Chicago University Press, 1998.

os grupos sociais e os indivíduos. Suspeita-se da justeza da justiça oficial, propondo-se a sua substituição por outras formas de composição ou por arbitragem em que os interessados escolhem a norma de decisão. Rejeita-se o primado da lei, preferindo-se-lhe o primado da Justiça ou de princípios de um direito ou de uma ética superiores ao direito posto pelo Estado.

Por outro lado, mesmo no plano institucional, a soberania do Estado e da sua forma característica de regular – a lei – vão sendo sujeitas a instâncias supraestaduais de regulação. Não apenas as criadas pró-tratados, para os quais contribui a vontade dos Estados – ONU, União Europeia, Mercosul, FMI, OIT, OMS, entre outros –, mas também por organismos de origem não estadual e que, todavia, emitem normas com a pretensão de vigorar no interior dos Estados, independente da sanção estadual – FIFA, inúmeras entidades não governamentais, que regulam diversos âmbitos de questões sociais a que se dedicam (ambiente, gestão de recursos energéticos, telecomunicações, normas de segurança, etc.)[43]. A estas normas acrescem ainda a regulação proveniente de grupos económicos monopolistas ou oligopolistas; das chamadas "leis do mercado", do impacto regulador dos meios de comunicação social, das agências de normalização ou de notação/avaliação[44].

Se o imaginário estadualista quase forçava uma leitura dos sistemas políticos e jurídicos do passado, retendo deles apenas aquilo que correspondia aos modelos da centralização estadual do poder e do monopólio legalista do direito, o recuo desse imaginário permitia selecionar de outra forma, valorizar de outra forma, contextualizar de outra forma, a política e o direito de outras épocas (ou, também, de outras culturas). Correspondentemente, se o imaginário que temos tido do poder e do direito privilegiava os mecanismos de regulação e de coerção visíveis, explícitos, oficiais, um primeiro cuidado a ter agora, ao estudar os arranjos dos sistemas normativos do passado, é o de compensar esta perspetiva espontânea que valoriza o poder explícito com um especial esforço para visibilizar as múltiplas formas menos aparentes de regular e de disciplinar – da moral à rotina, da disciplina doméstica à organização do trabalho, dos esquemas

---

[43] Literatura especializada neste fenómeno do pluralismo regulamentador ou jurisdicional refere a existência, na comunidade internacional da primeira década do milénio, de mais de 150 instâncias jurisdicionais (Tamanaha, 2008).

[44] Sobre o seu impacto sobre as políticas estaduais, cf. o testemunho de um *insider* em Soros, 2000, 2002; Ferrrarese, 2000, 2002.

de classificar e de hierarquizar à organização social, dos rituais da amizade e do amor às regras sobre a vida virtuosa. O modo como estes vários sistemas se combinam na construção da disciplina social também é infinitamente variável.

Foi daqui que resultou a sensível tendência atual dos historiadores do direito para alargarem o seu campo de pesquisa para além do âmbito do direito oficial, integrando nele todos os fenómenos de normação social, independentemente das suas habituais etiquetas (direito, usos, etiqueta, boas práticas, moral, ideias de vida boa). Desde as normas religiosas aos costumes, desde as regras de organização (*management*) às formas mais evanescentes e difusas da ordem. Esta vaga teve um grande impacto na historiografia do direito – em que a ideia de pluralismo jurídico desafia cada vez mais ousadamente a antiga ideia de que o direito se reduzia à Constituição, ao código e à lei do Estado –, sendo de destacar como ela modificou radicalmente o que se escreve sobre a história jurídica e política do Antigo Regime: o direito das comunidades rústicas e camponesas (*v.g.*, Hespanha, 1983, 2002, 2005), o amor e a amizade como sentimentos políticos (Clanchy, 1983, 1993b; Clavero, 1993; Cardim, 2000), a organização do saber (Avellini, 1990; Petit, 1992), a organização do discurso (Grossi, 1992; Costa, 1969, 1986; Beneduce, 1996; Petit, 2000), a disciplina doméstica (Frigo, 1985a), a caridade e a assistência (Serrano González, 1992), o direito dos indígenas colonizados (cf. 7.2.9)[45].

Esta imagem da sociedade como auto-organizada num modelo pluralístico e frouxamente interligado de ordens políticas jurídicas é a perspetiva que permite resolver alguns factos aparentemente paradoxais da história da política e do direito das sociedades europeias da Época Medieval e da primeira Época Moderna (cf., *infra*, 6.2, 7.4.5 e 7.5.4).

Sem esta perspetiva mais plural da ordem, seria muito difícil de entender várias coisas que as fontes históricas claramente dizem.

Uma delas é a exiguidade dos aparelhos burocráticos dependentes da Coroa, nos reinos europeus quase até às grandes reformas político-administrativas dos séculos XVIII e XIX. Em meados do século XVII, os funcionários do rei de Portugal na metrópole não chegavam a 10% do número total de funcionários do reino; a sua relação com o número de habitantes será de c. de 1 para 4000. Ao passo que o direito real, legislado, cobria

---

[45] Sobre esta evolução, cf. Benedictis, 1990; Schaub, 1995.

uma pequeníssima parte das matérias a regular[46]. Muito frequentemente, mesmo o direito régio existente não se aplicava. Um estudo sobre a aplicação da pena de morte – frequentissimamente prevista nas *Ordenações* do reino – era muito rara, sendo preferíveis outras formas de disciplina dos criminosos[47]. No Ultramar, o grau de efetividade do mando e do direito real era muito baixo[48]. Tudo isto só se torna compreensível se concluirmos que a perspetiva de que a política se reduz ao Estado, a governação ao governo, o direito à lei, nos oculta múltiplos polos de disciplina e de regulação sociais, a cargo dos quais estava a gestão global e complexa da sociedade.

3.3. A "textura" da comunicação política

Há ainda outras medidas que o historiador tem de tomar para assegurar a máxima abertura possível aos sentidos que vêm do passado. Dizem agora respeito à abertura a todas as formas de manifestação do direito.

Numa recente obra, o historiador indiano Sanjay Subrahmanyam mostrou como os estudiosos europeus da Índia, nos séculos XVIII e XIX, estavam tão convencidos que o modo europeu de fazer história era o único possível, que não reconheciam que, nas cultura indiana, narrar o passado se podia fazer usando outros géneros literários e outras formas de discurso que, para os europeus, seriam poesia, drama, mitos, historietas, mas nunca a história como ela deveria necessariamente ser feita. No seu livro *Texture of time* (Rao, 2003), este autor defende que assumir que as texturas de um certo discurso especializado – a história, o direito, o folclore – são necessárias e a-históricas leva a que nem sequer possamos reconhecer formas diferentes – no género literário, na língua ou vocabulário usados, nas formas de argumentar e de raciocinar – de tratar certos temas. No caso do direito, isto pode levar ao desconhecimento da relevância jurídica, em certas culturas, de discursos mágicos, de provérbios e canções populares, de discursos de tipo religioso ou moral, de propostas de organização socioeconómica.

Esta questão da "textura" do discurso do direito – entendida a expressão como significando as características formais dos textos jurídicos ou dos textos sobre o direito – merece referência. Na verdade, também a

---

[46] Para mais indicadores deste tipo, Hespanha, 1994.
[47] Cf. Hespanha, 1988.
[48] Cf. Hespanha, 2007b.

cultura espontânea dos historiadores – e, principalmente, dos historiadores do direito – assume como natural que falar sobre o direito exige uma certa forma e, mesmo, um tipo determinado de suportes da comunicação. Por exemplo: do direito fala um grupo social especializado – os juristas; falam dele por escrito, em prosa, numa linguagem técnica, de forma distanciada e não emocional, assumindo um tom neutro e arbitral[49]. Os próprios textos ou livros jurídicos deveriam ter certas características materiais: escritos em papel especial (*v.g.*, papel selado, papel "de 25 linhas"), certa disposição da página, margens grandes, capas sóbrias, encadernação vermelha)[50].

Para o historiador, estas características formais são importantes porque também elas carregam sentidos, contribuindo, nomeadamente, para conferir dignidade aos textos ou para introduzir filtros (económicos, de cultura) à utilização e à sua difusão sociais e, nesta medida, contribuir para selecionar os utilizadores do direito. O direito escrito está menos geralmente disponível do que o direito oral; mas, em contrapartida, têm um raio geográfico de vigência mais alargado, facilitando a "colonização jurídica"; o direito escrito numa língua técnica, como o latim, restringe o seu uso a uma elite, cujo monopólio sobre o direito se fortalece, mas permite que esta elite internacionalize a sua influência.

Porém, deve ser claro que as características formais não são atributos naturais, necessários, do discurso jurídico, de tal modo que pudessem ser excluídos da história do direito, por não pertencerem a ele, os discursos que não cumprissem os requisitos formais exigidos ao direito em certa época. Consoante as épocas, o direito pode ser apenas oral, dito em forma rimada, expresso em liturgias gestuais, contido em códices, impresso em livros de pequeno formato. Claro que uma destas formas de comunicação terá consequências para o sentido dos textos e para a sua distribuição social; mais do que isso, pode acontecer que alguma delas seja considerada, em certo período ou contexto, como imprópria para comunicar ou divulgar o direito, mas nenhuma delas faz parte de uma natureza formal da comunicação jurídica.

3.4. Produção, receção, reutilização, tradição dos discursos jurídicos
A importância dos contextos na fixação do sentido das várias manifestações históricas do direito – a que nos referimos antes – já aponta no sentido de

---

[49] Sobre o "estilo jurídico", v. Bourdieu, 1986.
[50] Em certas épocas, muito disto estava codificado: Hespanha, 2007a.

que a história jurídica (como a história em geral) não constitui um desenvolvimento linear, necessário, progressivo, escatológico.

A natureza contextual do sentido faz com que a teoria dos saberes tenda progressivamente a substituir a perspetiva do autor e da criação pela do leitor, da receção, da apropriação, como entidades ou momentos de fixação do sentido. Todas estas perspetivas são fundamentalmente equivalentes. A substituição do autor pelo leitor, quando se quer fixar o sentido de um texto, significa que o contexto original (de produção) é substituído pelo contexto atual (de receção) desse texto, que o seu sentido não é o original mas, sucessivamente, o das suas (re)leituras (Eco, 2000) ou receções (Holub, 1989; remetendo para as ideias de R. Jauss e W. Iser, criadores de uma "teoria da receção" no âmbito dos estudos de estética literária). Nos textos jurídicos, que normalmente são usados durante períodos longos, esta referência metodológica é importante, sobretudo para entender como o sentido de um mesmo texto vai mudando, por vezes radicalmente, ao longo da história. Exemplos típicos são os das receções dos textos de direito romano, primeiro no período justinianeu, depois na Idade Média, finalmente, na Época Moderna (pandectística); ou o da releitura das assembleias de estados medievais pelo constitucionalismo oitocentista. Em todos estes casos, a reutilização dos materiais históricos só foi possível a partir de uma reinterpretação (*duplex interpretativo*) que atualizou o seu sentido em conformidade com novas visões do mundo e do direito, tornando possível a apropriação de textos ou instituições do passado para fundamentar soluções jurídicas mais modernas e que obedeciam a uma outra lógica.

Se esta ideia de leitura, receção, apropriação prejudica decisivamente a ideia de continuidade, já é compatível com a ideia de *tradição*. Enquanto a primeira pressupõe uma continuidade de um sentido fixado no momento da criação do texto, a segunda incorpora no sentido um elemento dinâmico, em virtude do qual o sentido, não deixando de ser portador de algo que lhe vem desde a origem, vai sofrendo modificações que derivam da diversidade dos sucessivos contextos culturais em que a mensagem original é lida.

3.5. A ideia de continuidade e a subordinação da história à política
Em 1967, um grande historiador alemão do direito, Franz Wieacker, dedicou um excurso num dos primeiros capítulos da sua *História do direito*

privado moderno[51] a uma dupla questão posta pela continuidade no tempo (com a tradição) de normas e conceitos jurídicos. Por um lado, poderão os sentidos passados destes conceitos, as intenções originárias destas normas, ser usados pelos juristas para esclarecer as suas ocorrências no presente? Por outro lado, poderão os historiadores do direito usar os sentidos atuais das normas e dos institutos para os entender nas suas ocorrências passadas? O direito romano conhecia a figura do furto (*furtum*), de família (*família*), de Estado (*statum*). É útil para o direito atual tomar em consideração os sentidos desses institutos para descobrir o seu conteúdo hoje? E, do lado dos historiadores, ajuda o conhecimento do direito romano utilizar os conteúdos atuais destes conceitos, bem como o modo como eles se relacionam com outros na atualidade, para analisar o seu sentido, função, lugar sistemático, então?

A resposta a estas questões relativas ao conceito de "continuidade" (*Kontinuitätsbegriff*) foi um tema de discussão clássico no início do século XX pelos historiadores do direito, pelos historiadores da cultura e pelos filósofos, como se depreende da síntese feita por F. Wieacker. Na verdade, a questão da continuidade envolve questões filosóficas antigas e fundamentais relativas ao que "continua" e ao que "muda" no processo temporal. O que é que continua na "família" desde o tempo dos romanos: apenas uma palavra, um núcleo de normas, um modelo permanente de solidariedade humana continuamente idêntico e diferenciado de outros? A distinção que hoje fazemos entre fraude, furto e roubo expressa uma categoria de pensamento útil para distinguir os institutos jurídicos romanos pertencentes ao mesmo campo semântico (*fraus, furtum violentum, furtum manifestum, latrocinium*)?

Já nos anos 20 e 30 do século XX, alguns romanistas, reagindo justamente contra a apropriação atualizante do direito romano, operada pela pandectística[52], tinham denunciado o erro que seria o ignorar do trabalho criativo, poiético, das diversas receções dos textos romanísticos, o seu progressivo distanciamento em relação aos sentidos originais. Desta denúncia, do caráter ilusório das aparentes continuidades terminológicas decorria a ilegitimidade de aplicar, no trabalho histórico, as categorias jurídicas

---

[51] Wieacker, 1967 (pp. 35-38, na tradução portuguesa).
[52] Cf. cap. 7.4.10.3.

atuais.[53] Desde a Escola dos *Annales* (c. 1940 – c. 1970) que os historiadores exprimem esta desconfiança em relação à continuidade trans-histórica, insistindo no conceito, oposto, de "rutura"[54], entendido como uma quebra radical de sentidos vindos do passado em virtude das modificações dos contextos históricos.

Costuma dizer-se que as ideias de familiaridade e de continuidade entre o direito histórico e o direito do presente são formas ideológicas de justificar a conservação do direito do passado, de naturalizar os modelos estabelecidos de poder, pretendendo que eles são o produto de um espírito humano transtemporal, que instruía o presente com as lições do passado. A história teria, então, um papel essencialmente legitimador, esclarecendo e justificando os dogmas políticos e jurídicos contemporâneos a partir das suas manifestações na história. A história, por sua vez, ganhava também com esta perspetiva: como saber que lida com o tempo, ela teria a função de permitir a comunicação entre as épocas, tornando possível o diálogo espiritual entre os de hoje e os de ontem. Nesse diálogo, o presente enriquecia-se mas, sobretudo, justificava-se. Porque o passado, ao ser lido (e, portanto, apreendido) através das categorias do presente, tornava-se uma prova muito convincente do caráter intemporal – e, portanto, racional – dessas mesmas categorias. "Estado", "representação política", "pessoa jurídica", "público/privado", "direito subjetivo", eram – lendo a história desta maneira – encontradas por todo o lado na história. Não podiam, por isso, deixar de ser formas contínuas e necessárias da razão jurídica e política. Que esta continuidade fosse o produto do próprio olhar do historiador era questão de que não se parecia estar consciente.

Mas, além de poder ser lida neste registo da "permanência", a continuidade também podia ser lida no registo da "evolução". Neste caso, trata-se de assistir ao nascimento e secular aperfeiçoamento de um conceito ou de um instituto. A "continuidade" era, então, concebida semelhante

---

[53] O preço pago por esta orientação foi uma inevitável "historicização" das correntes romanísticas e a sua perda de peso nas Faculdades de Direito. Por isso, alguns setores romanistas propuseram um estudo "jurídico" (atualizante) do direito romano, reativando as intenções dogmáticas da pandectística (*zurück zu Savigny, zu dem heutigen System des römischen Rechts*). V., neste último sentido, o "manifesto" de Cruz, 1989b, 113-124. Para a crítica, v., *infra*, 6.4.1.2.

[54] A ideia de rutura também revolucionou a história das ciências, quando Thomas Kuhn (*The structure of scientific revolutions*, 1962) fez dela o elemento dinâmico da evolução do conhecimento científico.

à continuidade dos seres vivos, que crescem e desabrocham, em flores e, finalmente, em frutos. A sabedoria político-jurídica da Humanidade, justamente porque continuaria o passado e não perderia os seus ensinamentos, aperfeiçoar-se-ia – *i.e.*, progrediria linearmente por acumulação. A partir desta ideia, institui-se uma visão *progressista* da história do poder e do direito, que transforma a organização institucional atual num ponto final da civilização política e jurídica. O Estado liberal-representativo e o direito legislado (ou, melhor ainda, codificado) constituiriam o fim da história, o termo último de todos os processos de "modernização". A visão histórica, ainda aqui, servia para documentar essa saga, essa contínua luta pelo direito (*Kampf um Recht*). Os dogmas do direito histórico não são já, como no caso anterior, testemunhos da justeza dos dogmas jurídicos atuais. Mas testemunhos da atividade de libertação da Razão jurídica em relação à força, aos preconceitos e às doenças infantis.

A ideia de continuidade era, num caso ou noutro, o pressuposto deste uso legitimador da história. Ou seja, a ideia de que o saber do presente se enraizava no saber do passado e que recebia deste as categorias fundamentais sobre as quais trabalhava. A chave do sucesso da tradição romanística, desde os glosadores até à pandectística alemã do século XIX, foi sempre a reivindicação da continuidade do seu saber sobre o direito romano, mascarando o caráter inovador de cada época desta continuidade, cada qual repousando sempre sobre uma leitura inovadora da tradição herdada.

3.6. A ideia de rutura e a recuperação da alteridade do direito do passado. Algumas ilustrações

Hoje, em contrapartida, acha-se que esta ideia de continuidade parte de um modo errado de entender a evolução dos saberes no tempo. Com efeito, ignorava-se que a tradição de leitura e reutilização sucessiva dos textos, conceitos, construções dogmáticas, ia criando novos conteúdos ou sentidos, em virtude da interação entre as figuras do texto e os sucessivos contextos. E que estes novos sentidos iam novamente acomodar-se a contextos novos, numa cadeia contínua de reinterpretações e de contextualizações. Ao contrário do que supunham, as figuras textuais, uma vez criadas, não ficavam inertes, congeladas, prisioneiras de uma racionalidade jurídica sempre igual a si mesma, independente da história, quer da história dos textos, que sucessivamente se reorganizavam em arquivos (*playlists...*) diferentes, quer da história do ambiente não textual dos textos, que os envolve em práticas, estratégias, objetivos sociais, sempre diferentes. Esta crença na intemporalidade (imutabilidade) do sentido conduzia a um achatamento ou a uma negação da profundidade histórica e a um sentido de familiaridade com o passado que, por sua vez, levavam a uma trivialização da "diferença" que nos separa dos agentes históricos, do seu modo de pensar, de sentir, de deitar contas à vida, de estabelecer estratégias de ação e de reação.

No domínio da história do direito, a crítica da continuidade prometia maiores dificuldades, de tal modo essa continuidade era essencial para certas figuras da metodologia do direito. Antes de tudo, a ideia de continuidade era a principal demonstração de que a razão do direito (*ratio iuris*) era intemporal. E, no ambiente jurídico europeu dos meados do século XX, a ideia de que existia uma razão jurídica indiscutível constituía a base de legitimação do saber jurídico europeu e da sua pretensão de poder expandir-se para outras culturas e perdurar por cima das mudanças da sociedade e dos conflitos de regimes políticos. Se esta firmeza de convicções na racionalidade do direito e do saber jurídico fosse substituída pelo relativismo, pela ideia de que o direito, os seus valores e os seus métodos, dependem de descontinuidades inexplicáveis, esse projeto de universalização da cultura jurídica letrada europeia estava certamente ameaçado.

Foi justamente este tipo de desafios que explicou as tensões que acompanharam o aparecimento, em 1977, de um número da revista *Ius commune*, publicação institucional de um dos templos da historiografia jurídica alemã, o *Max-Planck-Institut für europäische Rechtsgeschichte*, de Frankfurt/Main, coordenado por um investigador do Instituto, Johannes-Michael Scholz, e subordinado ao tema *Vorstudien zur Rechtshistorik*[55]. A intenção iconoclasta desse volume de reflexão metodológica sobre a história do direito estava abertamente exposta no estudo de abertura de J.-M. Scholz[56]. A proposta de Scholz era justamente a de "historicizar a história do direito", importando para a disciplina as sugestões metodológicas da Escola dos *Annales*, nomeadamente a de promover a observação do direito no seu contexto social e, com isso, a de introduzir a consciência da rutura na história do direito. O passado jurídico devia ser lido de forma a dar conta da sua alteridade, ou seja, do caráter "local" das soluções jurídicas e dos

---

[55] V. Klostermann, Frankfurt/Main, 1977.
[56] "Historische Rechtshistorie. Reflexionen anhand französischen Historik" [Uma história histórica do direito. Reflexões a propósito da historiografia {historicizante} francesa], 1-175.

instrumentos técnico-dogmáticos utilizados para as justificar. Já o convite a um comércio mais intenso com a história social provocava mal-estar a uma historiografia que vivia sobre a ideia de "separação" (*Trennungsdenken*, O. Brunner) entre o direito e a sociedade, entre "dever ser" e "ser"[57]. Mas, por cima disto, o corte com as continuidades da tradição jurídica dissolvia a permanência dos dogmas jurídicos do passado e fazia correr o risco de introduzir um relativismo historicista que afetava a legitimação do direito do presente como emanação de uma razão intemporal. Se o direito do passado aparecesse como o produto arbitrário de um certo contexto histórico, e não como uma manifestação de valores perenes, o direito do presente teria a mesma natureza: tal como o passado nos parece estranho a nós, o presente pareceria estranho aos nossos antepassados e, porventura, parecerá estranho aos nossos descendentes As propostas metodológicas de J.-M. Scholz dirigiam-se, antes de tudo, contra a história dos dogmas (*Dogmengeschichte*), que cria na possibilidade de fazer um estudo dos conceitos jurídicos, como se estes fossem construções intelectuais que se iam desenvolvendo, paulatinamente, no tempo, alheios às conjunturas envolventes, aperfeiçoando progressivamente o seu rigor e aproximando-se assim de uma versão puramente racional e liberta do tempo.

*

O programa que J.-M. Scholz traçara neste seu "manifesto"[58] estava já a ser levado a cabo, no domínio da história do direito privado, pelo jus--historiador florentino Paolo Grossi, um dos exemplos mais interessantes de uma historiografia jurídica que, mantendo cuidadosamente todas as distâncias em relação à *Dogmengeschichte* tradicional, levava a sério os textos[59]. Ou seja, Grossi recusava-se a ver nos textos históricos do direito e nas suas figuras discursivas os antecedentes de uma história futura. Nem sobrestimava as aparentes continuidades formais, nem subvalorizava os

---

[57] Mais tarde (cf. 7.4.12.), veremos como a "ideia de separação" estava de acordo com teorias jurídicas que propunham uma nítida separação entre o estudo do "ser" (*Sein*; a sociedade) e o "dever ser" (*Sollen*; o direito).

[58] E que ilustrava com alguns artigos de jus-historiadores "de ruptura".

[59] Sobre Grossi e outros representantes desta historiografia jurídica "de ruptura" (Hespanha, Petit, Clavero, Grossi), v. Vallejo, 1995; Albaladejo, 2000.

elementos estranhos e inesperados que ocorriam nas fontes[60]. O interessante do método é justamente o facto de desatender a continuidade aparente dos conceitos familiares (como o de *dominium*, propriedade), sublinhando, de um só golpe, como ele evoca coisas diferentes, se liga diferentemente a outros conceitos, em cada um dos diferentes contextos em que aparece, nomeadamente o sistema dogmático do direito medieval e o do direito liberal, respetivamente. Ao fazer isto, P. Grossi não fica prisioneiro, nem dos quadros dogmáticos atuais (que ele recusa como grelha de reconstrução histórica), nem dos da época. Limita-se a observar estes últimos, buscando as suas origens no seio do discurso da teologia e do direito, e evidenciando as suas consequências no plano da perceção das relações sociais. Em suma, põe em prática essa leitura dos textos "por de cima do ombro daqueles que os escreveram", de que falam os antropólogos. Lê o que eles liam, com um olhar paralelo; mas lê, também, o próprio ato de leitura (ou de escrita) original.

*

Para dar um outro exemplo deste género de "leitura participante", provinda também do grupo brilhante de discípulos de Paolo Grossi, poder-se-ia citar o exemplo de Pietro Costa, autor, nos já longínquos anos sessenta, de um livro inesperado que, ao contrário dos ensaios correntes de história das ideias políticas, procurava apanhar as categorias do político num lugar diferente do que se esperava: não os tratados de política, mas os tratados jurídicos sobre a jurisdição[61]. O empreendimento historiográfico de

---

[60] Os seus estudos sobre os direitos sobre as coisas (*maxime*, no seu livro *Le situazione reali nell'esperienza giuridica medievale*, 1968, continuado em *Il dominio e le cose. Percezione medievali e moderne dei diritti reali*, 1992; temas retomados em *La proprietà e le proprietà nell'officina dello storico*, Napoli, Scientifica, 2006 [publicado no Brasil como *A propriedade e as propriedades*, Rio de Janeiro, Renovar, 2006]) inauguram, neste domínio, uma forma nova de tratar a dogmática jurídica medieval e moderna. Partindo do estudo da dogmática medieval sobre as relações entre os homens e as coisas e relacionando-a com as suas raízes na teologia, P. Grossi tenta desvendar um sistema diferente do contemporâneo de pensar estas relações. Um sistema em que, entre os homens e as coisas, se tecem laços variados e sobrepostos, muito mais complicados do que os laços biunívocos (uma coisa é propriedade de uma pessoa, uma pessoa é proprietária de uma coisa) do modelo liberal de uma propriedade concebida como um poder exclusivo de uso.

[61] Cf. Costa, 1969.

P. Costa era duplamente inovador. Em primeiro lugar, ele reconstituía, na sua alteridade, o sistema medieval do saber relativo ao poder, mostrando, assim, que o lugar do discurso político, no seio de uma sociedade que se cria fundada sobre a justiça, se arrumava no lugar onde se tratava da capacidade para fazer a justiça, ou seja, no discurso dos juristas sobre o poder de dizer o direito, a jurisdição. E, consequentemente, considerava que o lugar central da prática política era o sítio onde o direito era dito, o tribunal; o que explica muito da importância e extensão da litigiosidade no quadro das lutas políticas[62]. Depois, ele revela a eficácia, textual e contextual, dos sistemas vocabulares (dos campos semânticos) contidos nos textos jurídicos, como, *v.g.*, o vocabulário jurídico medieval sobre o poder, ou essas fugas intermináveis de definições e de classificações em torno de palavras como *iurisdictio* ou *imperium*. Era no seio destes jogos vocabulares que era apreendida e encerrada toda a realidade social, aí sujeita a operações de tratamento intelectual que obedeciam a uma lógica estritamente textual. E, de novo, era proposta "ao mundo" como um modelo, uma matriz, destinada a enquadrar as questões políticas e a servir de norma para elas[63].

*

Uma das principais consequências desta revalorização da alteridade do passado, colhida de uma leitura adequada das fontes históricas, foi o abandono dos pontos de vista historiográficos que apenas consideravam (na história ou na sociologia do poder) o nível estatal do poder e o nível oficial (legislativo, doutrinal) do direito.

A crítica da ideia de continuidade produziu resultados importantes na história do direito e das instituições.

Um exemplo foi o da renovação da história política e institucional europeia no decurso dos anos 70 do século XX. Apesar da diversíssima identidade ideológica dos atores, não parece muito arriscado dizer-se que se tratou de um movimento de crítica do triunfalismo da política estabelecida – o Estado liberal-representativo, que antes aparecia como o produto de uma evolução longamente maturada, durante os últimos 800 anos da

---

[62] Cf. Hespanha, 1993e, 451 ss.
[63] Eu próprio documentei esta função política das classificações doutrinais do *imperium* e da *iurisdictio* em Hespanha, 1984a (versão castelhana em Hespanha 1993b); v. a sua ulterior valorização por Vallejo, 1992.

história da Europa Ocidental. E, por ter beneficiado dessa insubstituível experiência de aperfeiçoamento, como um modelo perfeito, destinado a durar para sempre[64]. O que, de vários lados, se tentou fazer a partir dos anos 70, foi "libertar" o passado, mostrando como ele, se o deixassem falar a sua própria linguagem, se dessolidarizaria das formas estabelecidas do presente e exprimiria a inenarrável variedade e mobilidade da organização política das sociedades humanas, mesmo apenas no Ocidente. Esta tarefa tinha sido preparada pelos trabalhos pioneiros de Otto Brunner[65] – que, tal como Otto v. Gierke, Émile Lousse ou Julius Evola, pertencia a grupos ideologicamente tradicionalistas, críticos da "situação política" –, ao destacar a alteridade das representações de Antigo Regime sobre o poder e a sociedade[66]. A influência de Brunner, combinada com sugestões anteriores e disseminada por esta nova historiografia, provocou um movimento historiográfico muito amplo, de problematização da justeza de aplicar categorias e pré-compreensões contemporâneas à história do poder das Épocas Medieval e Moderna[67].

Na verdade, antes da brutal redução do imaginário político operada pela ideologia estatalista, no início do século XIX, a Europa vivera num universo político e jurídico plural[68]. Mas, sobretudo, estava consciente disso. Consciente quer da multiplicidade dos vínculos sociais, quer da diversidade dos níveis de normação social, quer das diferentes tecnologias pelas quais as normas eram impostas.

Coexistiam, em primeiro lugar, diferentes centros autónomos de poder, sem que isto pusesse problemas, nem de ordem prática, nem de ordem teórica. A sociedade era concebida como um corpo; e esta metáfora ajudava a compreender que, tal como no corpo, há muitas relações, dependências e hierarquias funcionais. Nem tudo estava dependente, única e

---

[64] V., no mesmo sentido, embora com diferente argumentação, Levi, 1998.
[65] Indicações bibliográficas, avaliação global e nota sobre os precursores, Hespanha, 1984b, 31 ss.
[66] A fortuna que este autor veio a ter na historiografia da Época Moderna (séculos XV-XVIII) deve bastante à sua receção pela historiografia político-institucional crítica (mas, desta vez, predominantemente "de esquerda") italiana dos anos 70 e ao destaque que é dado à sua obra nos prefácios de duas antologias que então estiveram muito em voga, a de Schiera-Rottelli e a de A. Musi (Rottelli, 1971; Musi, 1979). O mesmo destaque lhe foi dado por mim (Hespanha, 1984b).
[67] V. Blockmans, 1993.
[68] Sobre o tema, muito expressivo, Clavero, 1991.

exclusivamente, da cabeça. Também se compreendia facilmente que os diferentes órgãos corpóreos, assim os diversos órgãos sociais, pudessem dispor da autonomia de funcionamento exigida pelo desempenho da função que lhes estava atribuída na economia do todo[69].

Depois, neste mundo de poderes – sobrenaturais, naturais e humanos – distintos e autónomos, a normação realizava-se a vários níveis. Existia uma ordem divina, explicitada pela Revelação. Mas, independentemente desta ordem primeira, a própria Criação estava ordenada, possuindo "as coisas" uma tendência natural de organização, que as relacionava espontaneamente entre si, independentemente da vontade dos homens. Finalmente, os homens tinham acrescentado a estas ordens supra-humanas diversos complexos normativos particulares. Embora houvesse uma hierarquia entre estas diferentes ordens, ela não privava as inferiores da sua eficácia própria, que predominava nos âmbitos que lhes eram próprios.

Bartolomé Clavero, um dos mais interessantes historiadores do direito dos nossos dias[70], desenvolveu, a partir de 1979 (*Derecho común*, Sevilla, 1979), um modelo alternativo e não anacrónico para descrever o universo político do Antigo Regime. Esse modelo encontrou-o ele, quase explícito, na literatura jurídica da época. Esta literatura não falava do Estado, mas antes de uma pluralidade de jurisdições e de direitos, direitos no plural, estreitamente dependentes de outras ordens normativas (como a moral religiosa ou os deveres de amizade). Nos seus trabalhos, Clavero insiste em dois tópicos:

- a ordem jurídica de Antigo Regime tem um caráter natural-tradicional; o direito, uma vez que não é o produto do Estado, mas de uma tradição literária, tem fronteiras fluidas e movediças com outros saberes normativos (como a ética ou a teologia);
- a *iurisdictio*, faculdade de dizer o direito, *i.e.*, de assegurar os equilíbrios estabelecidos e, portanto, de manter a ordem aos seus diferentes níveis, é vista como dispersa na sociedade, não sendo a jurisdição suprema (*summa iurisdictio*) senão a faculdade de harmonizar entre si os níveis mais baixos da jurisdição.

---

[69] Sobre isto, v., em síntese, Hespanha, 1993b, 122 ss.
[70] Cf. Vallejo, 1995.

O resultado é um modelo intelectual do mundo político que se adequa muito bem aos dados das fontes e muito explicativo em relação ao universo institucional da época. A partir daqui, a autonomia dos corpos (família, comunidades, Igreja, corporações), as limitações do poder da Coroa pelos direitos particulares estabelecidos, a arquitetura antagonística da ordem jurídica, a dependência do direito em relação à religião e à moral, deixam-se compreender sem esforço[71-72].

Para a historiografia tradicional, mesmo para aquela que concedia que o poder temporal se organizava de forma compósita e pouco centralizada, a Igreja ofereceria, em contrapartida, um modelo de organização política centralizado e hierárquico, sobretudo a partir da reforma gregoriana (século XII). Também neste plano, a historiografia mais recente tem procurado uma leitura menos dependente do imaginário que a Igreja formou de si mesma em épocas muito mais recentes, quando se insistia na "soberania do Papa", no seu primado absoluto sobre a Igreja, na regular e sistemática aplicação do direito canónico. Na opinião destas correntes renovadoras, a reforma gregoriana deixou, em contrapartida, muito às dinâmicas institucionais locais, à apreciação casuística das situações, à mobilidade das soluções jurídicas[73].

*

---

[71] A influência deste modelo é hoje grande em Itália, Espanha, Portugal, América Latina, sobretudo entre os modernistas (cf. apreciação, em Benedictis, 1990; Schaub, 1995; Levi, 1998). A historiografia inglesa sempre lhe esteve mais próxima, como também certas correntes da historiografia alemã. Em todo o caso, tanto na Alemanha como em França, o modelo estatalista tende a dominar (Schaub, 1996). Para uma panorâmica dos pontos de vista mais recentes sobre o "Estado moderno", v. Blockmans, 1993.

[72] Os efeitos desta leitura da história jurídico-política são chocantes para os partidários de uma história jurídica, institucional e política centrada sobre o Estado e que insista na ideia de centralização, como característica das monarquias europeias da Época Moderna. Em Espanha, esta imagem era tributária do centralismo político da época de Franco (*España, una, grande, libre*). Mas alguma da historiografia pós-franquista não deixa de comungar desta visão centralizadora. Na América Latina, o estadualismo anda, frequentemente, ligado a usos comemorativos da emancipação colonial, em que o centralismo representa a opressão da metrópole sobre as sociedades coloniais (v. Nascimento, 2002; Hespanha, 2007b).

[73] Cf. Rust, 2011; para interpretações contrastantes da Igreja católica da Época Moderna, Vincentiis, 2006.

Esta visão pluralista do poder e do direito atrai, desde logo, a atenção para universos institucionais claramente não estatais, como a família e a Igreja.

Já é trivial sublinhar a importância da redescoberta, por Otto Brunner[74], de um facto que seria evidente, se não fossem os efeitos de ocultamento da ideologia estatalista – a centralidade política do mundo doméstico. Não apenas como módulo autónomo de organização e disciplina sociais dos membros da família, mas também como fonte de tecnologias disciplinares e de modelos de legitimação utilizados noutros espaços sociais[75]. No que diz respeito à Igreja, os estudos sobre as suas tecnologias disciplinares próprias multiplicaram-se. Em primeiro lugar, estudos sobre os mecanismos institucionais de coerção típicos da Igreja, como a confissão, as visitas paroquiais ou a inquisição[76]. Depois, estudos sobre o modelo de legitimação do poder eclesiástico, que tanto se baseava no facto de a Igreja e a sua cabeça, o Papa, fazerem as vezes de Deus na terra, como na imagem da Igreja como mãe dos fiéis, que disciplinava por meio de tecnologias específicas de controlo, como o amor, e das formas de correção usadas na família (a *fraterna correctio*)[77].

A descoberta de mundos alternativos de exercer o poder e de estabelecer a regulação também é uma consequência deste cuidado metodológico em não observar qualquer forma de organização política na perspetiva do modelo estadual. O amor ou a solicitude não são, claramente, mecanismos de disciplina típicos do Estado. Apesar de um imaginário "carinho" ou "cuidado" (*careness*) posto em voga pelo Estado-providência[78], o Estado não oferece nem pede amor aos cidadãos. O Estado impõe e obriga, autoritariamente, sob a ameaça de castigos. As coisas são diferentes nas comunidades domésticas, ou naquelas que se apresentam como tal (igreja, comunidades monásticas, "repúblicas índias" ou comunidades de catecúmenos [cf. 7.2.9]). Para entender esse modelo de exercício do poder, foi necessário estudar a eficácia disciplinar dos sentimentos, como o amor, a amizade, a liberalidade, a caridade, a gratidão. Foram os historiadores do direito canónico que inauguraram este campo de investigação sobre a

---

[74] Cf. Brunner, 1939, 1968a, 1968b.
[75] Este papel modelar da família e da disciplina doméstica foram objeto de estudos recentes de – para citar um exemplo notável – Daniela Frigo (1985a, 1985b, 1991).
[76] Cf. Turchini, 1985; Turrini, 1991; e, sobretudo, Prosperi, 1996.
[77] Sobre esta relação entre amor divino, graça e poder, v. Prodi, 1992; Hespanha, 1997.
[78] Cf. Serrano González, 1987a.

disciplina dos sentimentos ou a disciplina pela educação sentimental. Já Max Weber e Norbert Elias tinham chamado a atenção para os mecanismos de interiorização da disciplina social (*Disziplinierung*), que transformavam a submissão num sentimento interno de obediência devida. Depois, vários autores salientaram como a liberalidade e a graça geram sentimentos de obrigação (gratidão, retribuição) que originam comportamentos de submissão. Houve autores, como Clyde Mitchel e G. Boisevain[79], que estudaram as redes de amigos na Sicília contemporânea, explorando os efeitos disciplinares das normas da moral tradicional (nomeadamente de Aristóteles e de S. Tomás; mas ainda muito presentes em certas bolsas tradicionalistas da Europa de hoje) e do modo como esta construía cadeias de deveres mútuos a partir de relações em que uma pessoa beneficiava outra. Num texto de há uns anos (Hespanha, 1993e), tentei mostrar de que forma um campo tão importante como o da liberalidade régia estava sujeito a uma gramática rígida, que criava deveres tanto à liberalidade régia como à gratidão do vassalo. Ao mesmo tempo, Bartolomé Clavero publicava o seu livro *Antidora [...]*, que explorava, na sequência de trabalhos anteriores, a teoria jurídica da usura na Época Moderna, encontrando aí um exemplo magnífico desta criação de deveres como que jurídicos ("antidorais"), não a partir de normas de direito, mas antes de modelos morais de comportamento. Nesse livro, que também revolucionou muito o campo da história do pensamento económico, Clavero mostrou como a disciplina de instituições hoje tão "amorais" e impessoais como os bancos e o empréstimo de dinheiro repousava sobre as normas ligadas a modelos de sensibilidade social – à graça e ao dom – e não sobre as normas clássicas do direito[80].

Ao falar de amizade, de liberalidade, de gratidão, estamos a falar de disposições sentimentais que não podem ser observadas diretamente. Por isso, as correntes historiográficas que têm de se ocupar delas são obrigadas a trabalhar sobre os textos filosóficos, éticos, religiosos, de psicologia, sobre os sentimentos e as emoções. A hipótese de que se parte é a de que estes textos modelam, em primeiro lugar, o modo como entendemos e classificamos os nossos estados de espírito e, depois, os comportamentos que daí resultam. Mas também a literatura jurídica, nuns domínios mais do que noutros, se ocupa dos sentimentos, das emoções ou dos estados de espírito.

[79] Cf. Mitchell, 1973; Boisevain, 1978.
[80] Clavero, 1991.

Os exemplos clássicos são, no domínio do direito penal mas também do direito civil, os estados psicológicos como a culpa (*culpa*), o dolo (*dolus*), o estado de necessidade (*necessitas*), a mentira, a loucura, a amizade, etc. Referindo-os e utilizando-os, como pressupostos para a aplicação de normas jurídicas, o direito institui uma "anatomia da alma" (uma "geometria das paixões", Mario Bergamo) que fixa os contornos de cada sentimento. Ao fazê-lo, o discurso já não se limita a descrever, antes estabelece também normas que disciplinam a sensibilidade e os comportamentos. Este modelo normativo não tem a "textura" [Subrahmanyam] que nós hoje reconhecemos como jurídica: os seus enunciados não se apresentam como os das normas do direito de tipo estadual, como normas imperativas garantidas pela coerção, mas antes como descrições de uma psicologia correta dos afetos.

Em certos modelos de poder, é esta a textura do direito – e não a coerção explícita – que sustenta as obrigações políticas. Isto passa-se, como vimos, no ambiente eclesiástico e das famílias, mas também nas redes "de amigos" ou mesmo no plano do Estado, quando este se assume como o protetor, como uma espécie de "grande pai" dos cidadãos[81].

*

Se listámos exemplos de formas "não jurídicas" de controle e de normação, todas elas originárias do mundo medieval e moderno, isto não quer dizer que só então se possam encontrar estas formas "doces" de disciplina. Também a Época Contemporânea está cheia delas. No século XIX, os pensadores liberais referiram-se a elas utilizando a expressão "mão invisível", cunhada por Adam Smith para descrever as regras da economia de mercado, tal como eram então entendidas na Época Moderna[82]. E, de facto,

---

[81] Sobre o contexto emocional e afetivo da política, v. também Ansart, 1983; ou, fundamental, Bauman, 1995, 82-109. Por último, exaustivo tratamento, para Portugal, em Cardim, 2000.
[82] "Every individual necessarily labours to render the annual revenue of the society as great as he can. He generally neither intends to promote the public interest, nor knows how much he is promoting it... He intends only his own gain, and he is in this, as in many other cases, led by an invisible hand to promote an end which was no part of his intention. Nor is it always the worse for society that it was no part of his intention. By pursuing his own interest he frequently promotes that of the society more effectually than when he really intends to promote it. I have never known much good done by those who affected to trade for the public good." (*An Inquiry into the Nature and Causes of the Wealth of Nations*, 1776).

o Estado liberal apenas pôde propor um programa de não intervenção, de deixar de regular diretamente pela lei, porque os seus adeptos contavam com os mecanismos automáticos de autorregulação da sociedade, alguns dos quais eram – apesar do seu alegado automatismo – promovidos pela educação e ela imposição de estritas regras de comportamento moral ou cívico. Lembremo-nos do moralismo da "época vitoriana"[83]. Por outro lado, o Estado contemporâneo, se não regula por leis, cria meios de permanente observação dos cidadãos – o censo, o registo civil, os registos policiais e outros variados registos; sistemas de observação, desde as câmaras de videovigilância até ao fomento das denúncias[84] – e de indução de sentimentos que promovem a autodisciplina (amor da pátria, solidariedade republicana, culto da bandeira e do hino). Foi Michel Foucault quem sublinhou esta transição nos métodos de controlo estadual, da sociedade da disciplina legal nas monarquias absolutas, para a observação e a afetividade política nos Estados contemporâneos.

3.7. A via para o conhecimento da alteridade – uma leitura densa das fontes

O texto que temos citado sobre a diversidade de texturas que o direito pode revestir em diversas épocas ou culturas sugere que a investigação da história jurídica esteja preparada para usar métodos que permitam ler o direito nessas roupagens formais diferentes das que são identificadas como jurídicas pela nossa cultura.

Ao referir a obras de historiadores conscientes da multiplicidade de formas de direito, sublinhámos a sua especial metodologia de leitura das fontes, nomeadamente das fontes jurídicas. Salientámos então como eles *tomavam os textos a sério*, mesmo quando eles diziam coisas que não se pareciam

---

[83] Sobre a evolução dos mecanismos de disciplina económica do capitalismo nos finais do século XX, cf. o expressivo livro de Jean-Luc Boltanski, *Le nouvel esprit du capitalisme*, 2000 (Boltanski, 2000).

[84] Cf. o chamado *tips program*, projetado nos EUA depois dos atentados de 11 de setembro de 2001, convidando os cidadãos a denunciarem às autoridades atividades suspeitas. TIPS (Terrorism Information and Prevention System): "Most leads that neighbors would pass along in the government's proposed network of anti-terrorism tipsters will produce little, a top Justice Department official predicted Saturday. Assistant Attorney General Michael Chertoff, the administration's lead anti-terrorism prosecutor, defended the program as a legitimate way to protect Americans, despite criticism it infringed upon their civil liberties" (Associated Press, 11/08/2002).

nada com aquelas que os nossos textos de direito dizem. Não os desvalorizavam como metáforas, nem como contendo sentidos figurados; não os liam através das categorias do presente; não esperavam encontrar todo o direito nos textos de leis, de decisões judiciais, de professores de direito, mas procuravam-no também em textos de teologia, em tratados de medicina ou de economia doméstica. Com isto, pretendiam preservar a lógica original das formas alternativas de direito, mesmo que estas não coincidissem com as atualmente hegemónicas. A frescura da visão que delas colhiam decorria justamente desse esforço em não deformar os testemunhos do passado filtrando-os pelas categorias do senso comum do historiador.

Na verdade, os textos que constituem a tradição literária europeia sobre o poder e o direito têm sido objeto de um constante trabalho de reinterpretação, nomeadamente os textos jurídicos.

Uma tradição centenária de juristas, que acreditavam que nestes textos se depositava a *ratio scripta*, foi-os relendo sob a influência de novos contextos e procurando encontrar neles os sentidos "adequados" a estes novos contextos. Por outras palavras, foi-os *inovando*. Por sua vez, uma tradição de historiadores, sobretudo de historiadores do direito, educados na lição da história dos dogmas jurídicos (*Dogmengeschichte*), foi-os lendo retrospetivamente, procurando neles a prova de que os conceitos e institutos atuais já tinham aflorado no passado. Por outras palavras, foi-os *recuperando*.

Hoje, a frescura do sentido original está por isso obscurecida por camadas sucessivas de *inovação* e *recuperação*. O estranho converteu-se em familiar, o inesperado em banal, o chocante em esperado. A leitura corrente encontra as palavras esperadas nos lugares previsíveis. As palavras estão cheias do sentido comum, o que quer dizer que já não têm qualquer sentido específico ou original. O presente olha para o passado e encontra lá a sua imagem, como quem se vê ao espelho.

A obra, já citada, de Paolo Grossi sobre as situações reais na experiência medieval é significativa do que acaba de ser dito. As fontes em que ele reencontrou os sentidos antigos que fazem da sua narrativa uma novidade não tinham cessado de ser invocadas, ao longo dos últimos duzentos anos, embora reinterpretadas ao sabor das sucessivas conceções do mundo, justamente para provar o caráter tradicional, ou mesmo natural, dos conceitos (dogmas) vigentes, neste caso, do conceito de direito de propriedade[85].

---

[85] Li há bastantes anos que, quando elaborava o borrão da encíclica *Quadragesimo anno*, o cardeal De Gasperi, preocupado em encontrar uma fundamentação histórica e tradicional

A arte de Paolo Grossi foi a de saber ultrapassar os falsos sentidos sucessivamente evidentes, em busca dos sentidos perdidos.

Uma outra forma de banalizar os textos históricos foi *eufemizar* o peso do que era dito, atribuindo-lhe o estatuto de metáfora ou dispositivo meramente retórico: o autor originário não poderia querer mesmo, literalmente, dizer aquilo que disse. Estaria a utilizar uma imagem, a enfeitar o discurso com um artifício de eloquência ou, mesmo, a querer enganar o leitor, escondendo a dura realidade com o manto diáfano da fantasia. Caberia, então, ao historiador interpretá-lo habilmente, descobrindo, sob o que era dito, aquilo que era pensado, dando-lhe o seu "verdadeiro" sentido. Um exemplo desta leitura "perspicaz" é a que normalmente é feita das contínuas referências que se encontram nos textos jurídicos à ética e à religião. Uma atitude comum dos historiadores do direito, para não falar dos historiadores do social que frequentam os textos jurídicos, é a de considerarem estas referências, completamente estranhas à atual compreensão de um direito e de um poder completamente secularizados, como artefactos retóricos desprovidos de sentido "real" ("prático")[86]. Ora, pelo contrário, no caso dos textos de direito medievais e modernos, essas referências são o sinal de uma ligação que eles entendiam como ontológica entre o direito e a religião, sem a qual esses textos não podem ser entendidos no seu sentido original; tal como não pode ser compreendido o sentido global da ordem jurídica, nem muitos dos seus detalhes[87]. O mesmo se passa no que diz respeito às referências ao amor. Neste caso, a operação de *banalização* apresenta duas vertentes. Por um lado, reinterpreta-se o conceito de amor. Com efeito, amor não haveria senão um, o que corresponde à nossa gramática dos sentimentos, o amor pelo amante, quando muito pelos pais ou pelos filhos. Já um amor pelos governantes, pela ordem, pela justiça, um amor que está na origem da ordem ou na origem da justiça, não seria mais

---

para a doutrina da Igreja de defesa da propriedade privada contra os "erros" do comunismo, saudara com uma entusiástica anotação *"Ecco il diritto di proprietà!"* um passo de S. Tomás onde se falava de *dominium* no sentido não exclusivista e não individualista que o termo então tinha. É um exemplo de como as preocupações contextuais agem sobre a leitura. Mas, geralmente, os processos de contextualização social da leitura são menos diretos.

[86] Ou melhor, dotados de um sentido pragmático (*i.e.*, destinado a comover o leitor) e não semântico (*i.e.*, destinado a denotar objetos).

[87] Cf., neste sentido, o testemunho do principal responsável pela disseminação, em termos novos, desta ideia, Bartolomé Clavero (Clavero, 1991).

do que maneiras metafóricas de dizer, dispositivos retóricos sem conteúdo social. Esta aproximação que então se fazia de sentimentos afetivos (e das correspondentes atitudes) em relação a pessoas tão diferentes como o rei, os pais, os companheiros de viagem ou os amantes não diria nada da realidade política "real", podendo ser deixada de lado na análise histórica dos efeitos políticos[88].

Pelo contrário, uma leitura em profundidade (uma leitura "densa", para retomar uma terminologia já proposta para descrever preocupações do mesmo género[89]), que respeite *tudo* o que é dito (e não dito), que recuse o sentido comum, que subverta uma leitura calmante do passado, mostrará como estes textos que se referiam ao amor repousavam sobre (construíam, difundiam) uma diferente gramática dos sentimentos, uma outra *anatomia dell'anima* (Mario Bergamo), que constituía o impensado do direito, bem como do conjunto dos saberes sobre o homem e a sociedade, e dava, portanto, um sentido específico ("local") às suas proposições.

O trabalho de recuperação dos sentidos originais é, como se vê, penoso. O sentido superficial tem de ser afastado para deixar lugar às camadas sucessivas de sentidos subjacentes. Como na arqueologia, a escavação do texto tem de progredir por camadas. Os achados de cada uma delas têm de fazer sentido *a esse nível*. O modo como eles foram posteriormente reinterpretados pode também ser objeto de descrição; mas isso é já uma outra história – é a história da tradição textual.

A cada nível, portanto, o esforço é o de recuperar a estranheza, não a familiaridade, do que é dito; o esforço de evitar deixar-se levar por leituras pacíficas; o de ler e reler, pondo-se porquês a cada palavra, a cada conceito, a cada proposição, a cada "evidência" e procurando as respostas, não na nossa lógica, mas na própria lógica do texto. Até que o implícito deste se tenha tornado explícito e possa ser objeto de descrição. Nessa altura, o banal carrega-se de sentidos novos e inesperados. O passado, na sua escandalosa diversidade, é reencontrado[90].

---

[88] Para a análise do amor como sentimento político, v. Legendre, 1974; Boltanski 1990; Cardim, 2000; Hespanha, 1997.
[89] Cf. Geertz, 1973; Medick, 1984.
[90] Autores ligados à história da escrita, da imprensa e do livro têm vindo a salientar que o sentido original, para ser encontrado, tem de ser objeto de múltiplas contextualizações: não é apenas necessário conhecer o contexto autoral, cultural, textual em que a obra é produzida; é preciso ainda conhecer o seu contexto "escribal" – ou seja, os sentidos que a própria

Este escutar das profundidades do texto é também uma sondagem às zonas limite do universo da interpretação. Podemos – e se sim, como – reconstituir a geometria da alma dos agentes históricos, essa geometria que explica as suas reações?

Na verdade, na base dos comportamentos ou das práticas passadas encontram-se opções humanas em face de situações. Estas situações são avaliadas pelos agentes de acordo com disposições espirituais, cognitivas ou emocionais. São estas que ditam também o tipo das suas reações. A menos que se adira aos pontos de vista de uma natureza inata e comum destas disposições, elas estão fora do alcance do nosso conhecimento exterior, pois estão encerradas no seu mundo mental, que não é o nosso. O máximo que, então, se pode fazer, nesta hermenêutica das raízes da prática, é anotar as manifestações exteriores, sejam elas comportamentos ou discursos (nomeadamente discursos que autorrepresentem os estados de espírito), descrevê-los com todo o detalhe e fidelidade e, a partir daí, tentar identificar as disposições espirituais aí embebidas, a origem dos sentidos autênticos das práticas[91]. Mas, dada a não correspondência entre o seu mundo mental e o nosso, os resultados desta empresa são problemáticos. Ao fim e ao cabo, quase não poderemos fazer mais do que supor que por

materialidade do suporte do que é escrito cria nos leitores. Donald Francis McKenzie, um dos maiores representantes da chamada "bibliografia material", salienta esta função do escrito (impresso) físico, afirmando (McKenzie, 2002) que "a forma afeta o sentido" (p. 13): "the physical forms through which texts are transmitted to their readers (or their auditors [censors, ideological police]) affect the process of the construction of meaning" (p. 28) e propondo que a sociologia dos textos se ocupe tanto da sociologia da criação, como desta sociologia da bibliografia, que abarcaria a fixação do sentido em textos com uma certa materialidade, uma certa difusão, um certo mercado, um certo público (cf. McKenzie, 1997, 2002). Esta atenção à materialidade dos suportes do sentido remonta aos estudos de Marshall McLuhan (McLuhan, 1962), Walter Ong (Ong, 1958), Jack Goody (Goody, 1977) e Roger Chartier (Chartier, 1987), que a teorizaram largamente, com resultados muito importantes, mas ainda pouco explorados, também para a história do direito. Aplicação ao direito, Hespanha, 2007a.

[91] Cf. (no mesmo sentido de um trabalho, não de reconstituição dos sentimentos, mas de leitura das formas simbólicas – palavras, imagens, instituições, comportamentos – a partir das quais as pessoas se veem umas às outras) Geertz, 1986a, 75. Esta proposta apresenta, evidentemente, problemas epistemológicos sérios, pois não é fácil encontrar um fundamento, neste plano, para o otimismo de se conseguir atingir esse nível irredutivelmente individual em que se funda cada ação. Em todo o caso, em cada cultura as pessoas comunicam sentimentos por meio de comportamentos; isso faz com que exista um padrão externo para avaliar disposições anímicas internas. Igualmente cético, embora por razões diferentes, Levi, 1985.

detrás dos seus atos estavam intenções diferentes das nossas e, por isso, desconfiar da aparente continuidade do sentido entre as suas reações (os seus comportamentos, os seus escritos) e os nossos.

3.8. A educação da alma como fonte de um direito antes do direito

Há quem pense que, se existem fontes para revelar o impensado social da Época Moderna, uma das mais importantes é justamente a dos textos da teologia, da moral e do direito, onde se descrevem virtudes, deveres, conflitos interiores, que estão na origem de comportamentos exteriores.

Esta é a posição de Bartolomé Clavero, nas suas repetidas propostas de uma antropologia da Época Moderna fundada nos textos jurídicos[92] ou, na versão mais recente, também nos textos teológico-morais[93].

A partir do conjunto de preceitos da literatura ético-jurídica e do levantamento da lógica política profunda da sociedade pré-contemporânea que ela permite, obter-se-ia a mesma sensação experimentada por Leonardo Sciascia em relação à sociedade siciliana: uma vez descoberta a sua chave mental, as surpresas, ao nível das atitudes habituais, acabam. Tudo se torna lógico e previsível[94].

Porquê?

Desde logo, a teologia moral e o direito constituem, até ao século XVIII, os saberes mais importantes relativos ao homem e à sociedade. Saberes prolixos, de mais a mais. Basta um relance de olhos sobre a bibliografia dos títulos impressos ao longo da Época Moderna para nos darmos conta do domínio esmagador destes saberes no conjunto do teatro dos conhecimentos. Na verdade, a teologia moral e o direito representavam, então, uma tradição longamente sedimentada. Ou seja, uma tradição na qual se recolhem esquemas culturais de representação do homem e do mundo construídos a partir da observação e da reflexão contínua sobre os sentimentos e os comportamentos das pessoas. O facto de a religião cristã

---

[92] Cf. Clavero, 1985.
[93] Cf. Clavero, 1991, "Prefácio". O pessimismo que repassa este texto não deriva de dúvidas "locais" quanto ao valor histórico dos textos ético-jurídicos para a reconstrução do imaginário social moderno, mas de dúvidas "gerais" quanto à pertinência de qualquer reconstrução de um mundo "local" alheio.
[94] No plano pedagógico, isto tem a vantagem de permitir a substituição de uma exposição atomista da história institucional, em que cada instituição é descrita *per se*, por uma exposição dos grandes quadros da cultura institucional subjacente.

encarar a salvação como pessoal levava-a a interessar-se por cada um, a tentar entender as razões profundas, os sentimentos e comportamentos pessoais. Em todo o caso, como se tratava de apresentar preceitos e normas para uma generalidade de pessoas, os textos teológicos e morais fixavam-se naquilo que se pensava ser a sensibilidade mais geral. Por outro lado, o mesmo caráter antigo e continuado desta tradição textual fizera com que ela tivesse embebido os esquemas mais fundamentais de "ver" e pensar, instituindo grelhas de distinção e de classificação, maneiras de descrever, constelações conceituais, regras de inferência, padrões de valoração, modelos de expressão de sentimentos, que se tornaram largamente partilhados. Modelos que se tinham incorporado na própria linguagem; que se tinham vulgarizado numa literatura menor, dirigida aos menos cultos; que se tinham incorporado em *loci communes, brocarda, dicta*, regras, *opiniones communes*; que se exteriorizavam em manifestações litúrgicas, em programas iconológicos, em práticas cerimoniais, em dispositivos arquitetónicos. E que, por isso, tinham ganho uma capacidade de reprodução que ia muito para além da dos textos originais, cujo auditório era limitado a elites cultas. A precetiva (normativa) destes textos era enorme, tanto porque as suas proposições apareciam ancoradas, ao mesmo tempo, na natureza e na religião, como porque a sua intenção não era descrever o mundo, mas transformá-lo. De facto, o que aparece descrito nos livros de teologia e de direito aparece ou como dado inevitável da natureza ou como dado inviolável da religião. Os estados de espírito dos homens (*affectus*), a relação entre estes e os seus efeitos externos (*effectus*), eram apresentados como modelos forçosos de conduta, garantidos tanto pela necessidade da natureza como pelos comandos de Deus.

Neste sentido, a ação normativa da tradição literária da ética, da moral e do direito promovia um conjunto de esquemas intelectuais profundos que acabavam por modelar a totalidade da apreensão da vida social, mesmo antes (ou independentemente) dos comandos formais do direito. Estes textos tinham, ao nível da sociedade, uma estrutura semelhante à do *habitus*, tal como é concebido por Pierre Bourdieu. Por um lado, constituíam uma descrição daquilo que se considerava como a vida espiritual das pessoas normais, que tinha vindo a ser observada por uma tradição de especialistas (confessores, teólogos, médicos, naturalistas)[95]. Mas, por outro lado, estes textos

---

[95] Esta é uma vantagem deste corpo literário sobre a tradição literária ficcional ou puramente ensaística. É que, aqui, os mecanismos de controlo de adequação prática das proposições ou

tinham um efeito estruturante que continuava a operar para o futuro, inculcando esquemas de apreensão, avaliação e ação. Como se disse, estes textos dispunham de "interfaces de vulgarização" muito eficazes (a parenética, a confissão auricular, a literatura de devoção, a liturgia, a iconologia sagrada, para a teologia; as fórmulas notariais, a literatura de divulgação jurídica, os brocardos, as decisões dos tribunais, para o direito), por meio dos quais os textos originais eram tornados acessíveis a uma grande multiplicidade de auditórios. Ou seja, os textos teológicos e morais, mesmo antes de inspirarem normas jurídicas, já funcionavam diretamente como uma fonte de regulação dos sentimentos e, depois, comportamentos. Nesse sentido, já eram direito, devendo ser considerados como tal pela história jurídica.

*

A vocação da literatura teológico-jurídica para chegar a soluções consensuais, a que nos referimos, não excluía, porém, que na sociedade moderna convivessem representações diversas dos valores que, por sua vez, comandavam práticas de sentidos diversos ou até abertamente conflituais.

A sociedade moderna – tal como qualquer sociedade – não era, evidentemente, uma sociedade unânime. As pessoas não atuavam sempre da mesma maneira, mesmo em contextos práticos objetivamente equivalentes. Ou seja, os seus sistemas de apreensão e avaliação do contexto, bem como os de eleição da ação e de antecipação das suas consequências, não eram sempre os mesmos.

Alguns destes conflitos situavam-se a um nível mais superficial de avaliação e decisão, no seio de um espaço de variação deixado pelos modelos mais profundos de representação e de avaliação veiculados pela tradição teológico-jurídica. Ou seja, os atores sociais tiravam partido da própria natureza argumentativa do discurso teológico, ético e jurídico, optando por um ou por outro ponto de vista, em função das suas particulares sensibilidades (v.g., a mundividência nobiliárquica, a mundividência feminina, a mundividência plebeia).

Estes submodelos de avaliação do mundo são opções possíveis dentro de um quadro mais profundo de categorias comuns de apreensão da

não existem ou têm muito menos força reestruturante. Uma personagem psicologicamente inverosímil não obriga necessariamente o autor a reescrever uma novela.

realidade. Pode optar-se pela preferência das "armas" sobre as "letras" ou, pelo contrário, pela das "letras" sobre as "armas" e construir-se, sobre cada uma das opções, uma estratégia discursiva e prática própria. Mas o catálogo dos argumentos a favor de cada posição e até as formas alternativas de os hierarquizar estão fixadas num metamodelo comum que contém as bases culturais de consenso que, justamente, permitem que as suas posições dialoguem. Ou seja, há diferentes "dialetos normativos"; mas a língua de referência é a mesma.

Existem, evidentemente, modelos de representação estranhos ao discurso dos teólogos e dos juristas. Uns pertencem ainda ao mundo da cultura culta, partilhando até algumas referências comuns. Por exemplo, para a Época Primo-Moderna peninsular, o modelo dos chamados "políticos" (basicamente, inspirados em Maquiavel), fundado em valores (como o da oportunidade ou da eficácia, concebidas como adequação a um único ponto de vista)[96], ou o modelo da "dissimulação"[97], que são claramente antipáticos aos fundamentos da imagem da sociedade que enforma o discurso estabelecido da teologia moral e do direito. Outros, como o discurso teológico e moral culto dos hereges ou dos judeus, também compartilham ainda uns poucos tópicos comuns[98], mas já não têm quase pontos de entendimentos com o discurso "católico". Totalmente fora dos consensos em que este último assenta estão os discursos das culturas excluídas ou fortemente subalternas – bruxas, rústicos, nativos das colónias. Com estes padrões valorativos não há qualquer intenção de contemporização. A estratégia era, nestes casos, a da completa assimilação ou do completo extermínio (conversão forçada, *compellere eos intrare*).

O discurso dos teólogos e dos juristas apenas permite o acesso a estas outras constelações cognitivas e valorativas "dissidentes", na medida em que, por exemplo, com elas polemiza[99]. Naturalmente que estes modelos

---

[96] *V.g.*, a oportunidade ou eficácia do ponto de vista do interesse da Coroa, deixando inatendidos os pontos de vista de outros interesses, cuja consideração conjunta e equilibrada constituía, precisamente, a justiça.

[97] Cf. Villari, 1987.

[98] V., sobre o aparecimento de um discurso da indiferença e da tolerância nos meios populares ibéricos da Época Moderna, Schwartz, 2008.

[99] Como acontece com o "direito dos rústicos", ignorado ou referido depreciativamente como os usos dos ignorantes ou dos rudes; cf. Hespanha, 1983; ou com o mundo mental de outras categorias sociais subalternas (mulheres, pobres, crianças, etc.; v. Hespanha, 2010).

"variantes" ou "alternativos" devem ser considerados pelo historiador ao traçar o quadro dos paradigmas de organização social e política da sociedade moderna. Porém, os respetivos peso e difusão sociais – e, logo, a sua capacidade para dar sentido (para "explicar") as práticas – devem ser tidos em conta. Ora, pelas razões já antes referidas, parece-me que os discursos alternativos aos discursos dominantes na teologia moral e no direito são, na cultura católica da Época Moderna, francamente minoritários. Não devendo ser sobrevalorizados quando se trata de descrever condutas massivamente dominantes, são, em todo o caso, muito importantes para explicar as resistências aos poderes estabelecidos, para dar conta dos conflitos culturais profundos, para avaliar as políticas de assimilação, marginalização ou extermínio dos "outros".

*

Mas não será que justamente este intuito precetivo da teologia, da moral e do direito prejudica a relevância dos seus textos como testemunhos das relações sociais? Ou seja, a intenção de regular sentimentos e comportamentos de acordo com um padrão considerado correto não fará estes textos reproduzirem uma visão idealizada da sociedade, mais atenta ao *dever ser* do que ao *ser*? Não lhes dará uma coloração mistificadora, "ideológica", que os inutilize como fontes idóneas da história? Cremos que não. Esta dimensão normativa era, como vimos, a tradução de ideias comuns sobre o que devia ser; e não o produto de propostas singulares. Tratava-se, por outras palavras, de modelos normativos largamente aceites e incorporados na cultura comum; e que, por isso, davam conta de valores difusos e de atitudes comuns. Esses modelos constituem, por assim dizer, o ser do dever ser.

*

O modelo aqui referido, da "economia da alma" católica, não é o único exemplo que poderia ser dado do impacto de um certo modelo interior como forma de disciplinar os grupos sociais, orientando os seus sentimentos e dirigindo os seus comportamentos. Edwar Palmer Thompson não explicou outra coisa no seu famoso artigo "The Moral Economy of the English Crowd in the 18th Century"[100] que o comportamento das multidões populares na Inglaterra setecentista era causado por um universo de valores e de sentimentos próprios da cultura tradicional camponesa. Mas isto também é seguramente extensível aos modelos de educação das classes elevadas do período liberal ("moral vitoriana", "*liberal education*") que terão desempenhado um papel mais decisivo na regulação social do que as leis dos Estados[101]. Ou para a atual cultura hiperindividualista que, neste caso, desregula ainda mais do que as políticas estaduais desreguladoras, ao criar uma geral desvinculação em relação a todos os valores que não sejam o interesse próprio[102].

3.9. Economia moral e constrangimentos práticos

Alguma historiografia opõe a uma história dos modelos de ação – sejam eles éticos, jurídicos ou, genericamente, culturais (se é que a distinção faz sentido) – aquilo a que se poderia chamar os "condicionalismos práticos", as "situações concretas", os "interesses da vida", as "condições objetivas" ou a "força das coisas". Com qualquer uma destas expressões pretende-se referir circunstâncias "objetivas", "forçosas", que se impõem ou condicionam a avaliação e livre decisão dos sujeitos "em situação": os seus interesses objetivos, a lógica da realidade, uma maneira de agir ou de reagir disparada pelo contexto concreto.

A explicação histórica precisa de ter em conta ambas as coisas. Tudo está em saber em que proporção. A historiografia mais habitual costuma sobrevalorizar os elementos externos que condicionam a ação, porventura porque estes parecem mais efetivos e, também, mais identificáveis do que os motivos interiores. Neste sentido, poderíamos também incluir estes constrangimentos práticos na história do direito, pelo menos como molduras externas do direito ("força das coisas", "instituições"). Porém, existem argumentos para uma valorização maior das disposições internas. Por um lado, os contextos da ação são sempre subjetivamente avaliados; os interesses decorrem de traçados pessoais de estratégias, enfim, de opções; e, por outro lado, as "coisas" têm a força que os sujeitos lhes decidem atribuir. A perspetiva aqui proposta visa, justamente, reagir contra várias formas de

[100] Thompson, 1971; extensão, 1993.
[101] Cf. Barry, 1996.
[102] Cf, por exemplo, a análise de um "liberal com valores", Callahan, 2004.

mecanicismo objetivista que tendem a explicar a ação humana a partir de um jogo de determinantes puramente externas, sejam elas a necessidade fisiológica, as leis do mercado, os ritmos dos preços, as curvas de natalidade ou as estruturas de produção.

Insistimos, pelo contrário, em que as práticas de que a história se ocupa são práticas de homens, de alguma forma decorrentes de atos de cognição, de afetividade, de avaliação e de volição. Em qualquer destes níveis da atividade mental pressuposta pela ação se encontram momentos irredutíveis de escolha, em que os agentes constroem versões do mundo exterior, as avaliam, optam entre formas alternativas de reação, representam os resultados e antecipam as consequências futuras. Todas estas operações pertencem à esfera do mundo interior. São operações irredutivelmente intelectuais, baseadas em representações construídas a partir de estímulos (de natureza e impacto muito variados) recebidos do exterior, e que geram diversos utensílios mentais como grelhas de apreensão e de classificação, sistemas de valores, processos de inferência, baterias de exemplos, modelos típicos de ação, etc. Enfim, tudo representações. Quando, por exemplo, Karl Polanyi insiste no caráter "antropologicamente embebido" do mercado não está a salientar outra coisa senão que as "leis do mercado" não constituem lógicas de comportamento forçoso, decorrentes ou de uma lógica das coisas ou de uma razão económica, mas modelos de ação que se fundam sobre sistemas de crenças e de valores situados numa cultura determinada (de uma época, de um grupo social)[103]. Do mesmo modo, quando M. Bakhtin defende que o mundo não pode ser apreendido senão como um texto[104] e que, portanto, a relação entre "realidade" e representação tem de ser necessariamente entendida como uma forma de comunicação intertextual, está apenas a insistir nesta ideia de que todo o contexto da ação humana, ao qual esta ação necessariamente responde, é algo que já passou por uma fase de interpretação, de atribuição de sentido[105]. A realidade, ao ser apreendida como contexto de ação humana, é consumida pela sua representação subjetiva.

Há, porém, uma ideia que convém ainda salientar, agora para afastar qualquer tipo de idealismo ou de essencialismo psicologista. Estas raízes

---

[103] Polanyi, 1944 (apreciação recente, Fazio, 1992, *maxime*, 107-116).
[104] Cf., sobre esta ideia de pantextualidade, Zyma, 1980 (cap. "Gesellschaft als Text").
[105] Que a transformou em "texto"; ou seja, em realidade significativa, dominada por um código.

mentais da prática não são inatas, mas externamente dependentes de contextos externos. As operações intelectuais e emocionais comportam momentos de relação com o mundo exterior (a que alguns chamam momentos cognitivos). Nesta medida, a mente está sujeita a processos de incorporação de dados ambientais, processos a que, simplificadamente, chamaríamos "de aprendizagem" – ou, mais radicalmente, no sentido de um construtivismo proposto, por exemplo, por Humberto Maturana ou por Niklas Luhmann[106] –, "de construção" ou de autopoiésis.

E é justamente a ideia de existência de tais quadros mentais de avaliação (de tais "horizontes de leitura" das situações, de tais "guiões" [*scripts*, Schank, 1977] de ação) que exclui a ilimitada liberdade de escolha, de opção, de justificação, de discurso, dos agentes em situação, pressuposto por alguns dos defensores mais radicais do método dos *case studies* ou (hiper) micro-história. E que, por isso, permite considerar a economia da alma como uma forma de regulação heterónima, logo, como direito.

Mas esta mesma ideia de que há modelos intelectuais (ou de sensibilidade) que condicionam a ação humana, a montante mesmo dos circunstancialismos externos, leva também a uma posição crítica em relação a uma boa parte das tentativas de interpretação sociológica das formas políticas e jurídicas (nomeadamente "Estado moderno"[107], "liberalismo", etc.). Na verdade, descontando já a simplificação brutal a que muitos dos modelos obrigam (mas que poderá ser conatural a qualquer tentativa de modelização), a contextualização que aí normalmente se faz das formas políticas e jurídicas consiste em inseri-las em ambientes económicos, geodemográficos, tecnológicos, militares. Ausente está quase sempre o contexto específico deste universo de entidades mentais que constituem a forma de "ler", representar, imaginar, as relações de poder, pois este contexto específico é formado por outras representações mentais, vizinhas ou a montante. E, por isso mesmo, tudo se passa, nesses ensaios, como se as condições

---

[106] Maturana, 1979; Hejl, 1978; Luhmann, 1982, 1984. Boa introdução ao sistemismo construtivo em Schmidt, 1988. Para o direito, Teubner, 1993; cf., *infra*, 8.3.

[107] Para uma visão panorâmica actualizada, v. Blockmans, 1993, *maxime* os artigos de Wim Blockmans; G. Galasso; Ch. Tilly; M. Bentley; W. Weber; R. Evans; P. F. Albaladejo; e C.-O. Carbonell. Eu próprio já ensaiei tentativas do género, tanto no artigo "O Estado absoluto. Problemas de interpretação histórica", em *Estudos de homenagem ao Prof. J.J. Teixeira Ribeiro*, Coimbra, 1978; como no manual *História das instituições [...]*, 1982, *maxime*, 107 ss. e 187 ss. (Hespanha, 1982).

externas agissem diretamente, por um processo não explicado e dificilmente explicável, sobre as disposições interiores dos agentes políticos.

Em que é que se distingue, então, este processo de interpretação, que valoriza a "economia moral", dos métodos das disciplinas tradicionais no domínio da história do direito, quando a entendiam, antes de tudo, como uma história das ideias jurídicas e dos grandes juristas[108]? Justamente por uma atitude que aquelas não cultivavam e que é central nesta última – o "distanciamento" (*Entfremdung*) do historiador em relação ao seu objeto de estudo. Na verdade, a crítica mais pertinente que se pode fazer à história jurídica tradicional é a do seu *dogmatismo*; ou seja, o de impedir toda a contextualização histórica, pois as construções interiores são consideradas como construções exclusivamente intelectuais necessárias (e, logo, a-históricas), decorrentes da natureza das coisas ou da evidência racional. Em contrapartida, a orientação proposta relativiza os modelos mentais, como resultado de vários processos interiores – desde os racionais aos emotivos – e, também, de uma "educação sentimental" exercida pelo meio externo, pelos *contextos práticos*[109].

Pode acrescenta-se, ainda, que a história das ideias cultiva uma centralidade do sujeito (do "autor") que está completamente ausente da perspetiva aqui proposta. Ao sujeito substituiu-se o discurso, os contextos dos discursos, a força dos textos como esquemas que modelam a perceção e a avaliação dos autores, os próprios dispositivos materiais de comunicação (a forma impressa, o modelo de paginação, etc.). Nada pode estar mais longe da conceção tradicional de que o *autor* era decisivo na compreensão da história dos saberes[110].

---

[108] Sobre uma visão do que hoje é corrente fazer-se em "história das ideias", Duso, 1999; Pocock, 1972; Kosellek, 1975; Kelley, 1990.

[109] Para um modelo de contextualização, que ainda me parece razoavelmente válido, do discurso jurídico, v. Hespanha, 1978a. Há uma certa proximidade entre o modelo aqui proposto e o modelo da *Begriffsgeschichte*, de O. Brunner, W. Conze e, sobretudo, R. Kosellek (sobre o qual, por último, Corni, 1998, Mazza, 1998 e Duso, 1999).

[110] Como já se disse, confluem aqui tópicos que vêm de Foucault, de Bakhtin, de Luhmann, de McKenzie ou de Chartier.

4. Uma nota sobre "relativismo metodológico" e "relativismo moral"

O que nesta introdução se insinua sobre o direito (e mesmo sobre a história) é de um relativismo bastante acentuado: não há valores permanentes, sendo a justiça ou injustiça das situações produto de avaliações (leituras) "locais" ou "contextuais". Não há um progresso histórico, fluindo a história em geral (e a história jurídica, em particular) segundo um percurso marcado pelo arbitrário das ruturas. Nem, em rigor, há um conhecimento "verdadeiro" do passado, pois a história é uma permanente construção e reconstrução dos seus objetos pelo olhar do historiador.

No meio de toda esta incerteza sobre o justo e o verdadeiro, parece não sobrar espaço para qualquer projeto de "racionalização" da sociedade, de uma sua re(organização) sobre valores jurídicos objetiva e indubitavelmente justos, um projeto muito característico da política do direito e das intenções dos juristas. Tudo aparece com mutável, dependente de tempos, lugares e culturas. Enfim, tudo aparece como relativo, impossibilitando estabelecer o direito sobre uma base firme, liberta das contingências e das opiniões.

A primeira observação que deve ser feita é que do que aqui se trata é de um "relativismo metodológico". Ou seja, da crença de que é aparentemente impossível fundamentar os valores jurídicos na "natureza", na "razão" ou na "ciência". Mas já não se afirma que não se possam fundamentar na crença (nomeadamente nas crenças religiosas; mas também nas convicções político-ideológicas), no senso comum, na tradição.

A segunda observação a fazer é a de que este tipo de relativismo metodológico é muito antigo e tem sido muito permanente na tradição cultural europeia, sendo hoje largamente partilhado pela teoria das ciências, e não apenas das ciências sociais. Realmente, as próprias ciências físico-naturais abandonaram a ideia de verdade como correspondência com uma realidade exterior fixa (*adequatio intelelectus rei, i.e.*, o conhecimento como cópia intelectual de coisas exteriores), substituindo-a pelas ideias de "coerência [ou consistência] interna", de "paradigma" (como modelo [mutável] de saber), de "universo de crenças", de "eficácia ou elegância explicativas".

E, no entanto, nem no passado, nem nos dias de hoje, deixou de haver juízos éticos, empenhamentos científicos e compromissos políticos, mesmo da parte daqueles que assumem estes pontos de vista relativistas.

É que o relativismo metodológico não impede a adesão pessoal a valores, nem enfraquece a força desta adesão. Como também não prejudica a observância de regras metódicas convencionais (ou geralmente aceites) de investigação (aquilo a que se chama *regulae artis*, regras da arte). Nem, por fim, constitui um obstáculo à aceitação pragmática de valores consensuais. Tudo reside, afinal, no modo como se entendem esses vários padrões de conduta.

Realmente, as certezas que nos fazem mover não têm de ser certezas verificáveis pelo método científico. Algumas das mais fortes e quotidianas – como os afetos, a fé, os gostos, as regras dos jogos – são impossíveis de fundar de forma objetiva. E, no entanto, impõem-se, subjetivamente, com uma força capaz de se ser capaz de morrer por elas. São as tais razões do coração que a razão desconhece e que fazem com que – paradoxalmente, como refere Zygmunt Bauman (Bauman, 1993) –, mesmo numa era de grandes incertezas (como a nossa), nas grandes questões pessoais normalmente não tenhamos grandes dúvidas.

Assim, o relativismo metodológico não tem nada a ver com o relativismo moral e, longe de constituir um fator de dissolução e permissividade, esta atitude metodológica contém uma forte carga ética[111].

Em primeiro lugar, pelo que comporta de risco pessoal. Os valores afirmados por cada um, na base da sua experiência subjetiva, constituem uma "opção", um "lance", um "risco", para o qual não temos nenhuma garantia objetiva. A responsabilidade por eles recai totalmente sobre nós e por eles teremos de responder sem quaisquer álibis (como a Ciência, a Verdade,

---

[111] Em contrapartida, as atitudes baseadas em valores *necessários* são eticamente tão pobres como aquelas que "tomamos" por constrangimentos físicos ou fisiológicos (respirar, comer, andar com os pés assentes na terra).

o Direito Natural...). Por isso é que, do ponto de vista ético, o relativismo promove a coragem e a autorresponsabilização na afirmação dos valores de cada um. E obriga, evidentemente, a cautela e reflexão dobradas sobre as opções ou propostas pessoais[112]; no caso concreto dos juristas, sobre as avaliações quanto à justiça ou injustiça das situações ou sobre as propostas quanto à política do direito.

Em segundo lugar, o relativismo metodológico constitui um princípio de tolerância. As opções e os valores são apenas evidências pessoais. Não se podem impor. Nem se podem fazer passar por algo mais do que aquilo que são. Nomeadamente, não se podem apresentar como valores universais ou naturais, desqualificando os dos outros como "errados" ou "anormais". É justamente esta exclusão da certeza objetiva que deixa espaço para a afirmação das certezas subjetivas, de que já se falou. De tal modo que, num mundo que cultive este relativismo metodológico, não seja, de facto, preciso que ninguém "morra pelas suas crenças". Na história do direito, como se verá, as épocas dominadas pela ideia de uma razão única e unidimensional foram épocas de violência (explícita ou surda, estadual ou difusa) sobre a pluralidade das razões de cada um, de violência do direito sobre os direitos (cf. Clavero, 1991b). O que se explica bem: porque, se se crê que há possibilidade de provar a existência de valores humanos naturais – isto é, comuns a todos os seres dotados de natureza e razão humanas –, então todos os dissidentes desses valores ou não são homens ou, sendo-o, são irracionais (dementes, anormais). E, de facto, o discurso sobre a demência dos dissidentes tem uma história trágica e recente, e não apenas na ex-União Soviética. Resta acrescentar – para que nos demarquemos de algum "liberalismo totalitário" que quer à força educar toda a gente a ser liberal (tal como entendem a palavra, claro está) – que a violentação das consciência não provém apenas do Estado, através da lei; pode provir também da sociedade, através da imposição de cânones opressivos de comportamento (regras "de pensar" e de "atuar politicamente", regras "de decência", regras "de trato", "de vestir", "de falar", etc.), tal como tem acontecido naquilo a que se pode chamar um "fascismo social"[113].

---

[112] Para utilizar um expressão de Boaventura Sousa Santos, promove uma "razão indolente" (Santos, 2000); ou uma razão reflexiva.

[113] V., recente, o capítulo "Outros mundos possíveis: a ameaça do fascismo social", em Santos, 2011.

Finalmente, o relativismo, se é o fundamento da tolerância, é também o fundamento do diálogo, pois a aquisição de posições comuns, que permitam a convivência das diferenças individuais, só pode ser obtida pelo confronto de opiniões, pela transação de compromissos, pelo ganho de consensos, abertos, pragmáticos e provisórios.

Mas, sendo assim, que lugar fica para o direito, para a imposição de valores de convivência social? Embora esta seja uma questão que não pertence ao campo da história do direito, o tema será debatido nas últimas páginas do livro, a propósito da cultura jurídica contemporânea.

Apenas se adianta um princípio de resposta.

A convivência exige a existência de um mínimo de regras comuns.

Estas devem ser, por um lado, consensuais. E, quanto a isto, os problemas que se colocam não são poucos. Consensuais não quer dizer, por um lado, únicos, simplificadores da variedade social, opressores da liberdade dos indivíduos ou dos grupos que compõem a sociedade. Consensuais quer dizer, desde logo, que foram objeto de uma negociação política, em que todos tiveram a oportunidade de participar de forma equilibrada, ou seja, com a igual possibilidade de exprimirem os seus pontos de vista e com a igual oportunidade de serem atentamente ouvidos. Estas condições não se realizam automaticamente, ou seja, não se verificam sem uma intervenção da "república" no sentido de "melhorar as oportunidades de vida e de maximizar a liberdade humana" (Bauman, 2001, 140, citando Jeffrey Weeks). Consensuais não quer dizer, por outro lado, "plebiscitários", obtidos por qualquer meio *empobrecido*[114] de sondagem da opinião pública, que ratifique, no plano político, o predomínio de um senso comum não refletido e manipulador. Porque isto não conduz a um reforço da autonomia individual, mas antes à desorganização dos indivíduos perante forças que, essas sim, permanecem organizadas, à expressão individualizada das angústias

---

[114] Com *empobrecido* quer-se dizer qualquer meio que não corrija o desenraizamento, a atomização, a desorientação, a superficialidade dos indivíduos na atual sociedade massificada, imersa no excesso e consequente relativização e indiferença da informação. Neste sentido, pobres são os referendos ou eleições partidocráticos, as sondagens de opinião, a medida das audiências televisivas. Ricas serão, em contrapartida, todas as formas de discussão política substancial, informada, que coloque as pessoas face a face e as provoque a uma discussão política profunda sobre temas que abarquem, mas dos quais se possa partir conscientemente para generalizações.

e da insegurança, não atendendo às suas raízes sistémicas[115]. Consensuais quer dizer obtidos a partir da multiplicidade dos pontos de vista pessoais, entendidos como pontos de vista sobre o bem comum, mas seguidos de uma discussão política "substantiva", que confronte essas perspetivas e as avalie através da discussão.

Por outro lado, estas regras de convívio devem ser minimamente substanciais (quase integralmente processuais), para deixarem conviver valores diversos. Por outro lado, devem ser tidos como provisórios, suscetíveis de revisão e, eventualmente, afináveis no momento da sua aplicação, ou seja, variáveis de acordo com uma cuidada interpretação de cada situação[116].

Perante princípios deste género, os juristas poderão ter dois importantes papéis a desempenhar.

Por um lado, como especialistas, o de garantir a vigência destes princípios – a que chamaremos constitucionais – contra a sua deterioração (deturpação, manipulação) quotidiana. Sem prejuízo de que se trata de princípios mutáveis e abertos, eles constituem um núcleo muito firme de regras de convivência, cujo estabelecimento (positivação, constitucionalização) foi rodeado de uma série de cautelas, destinadas justamente a garantir que eles exprimem o sentido comum da "república". A sua

---

[115] Cf., ainda aqui, Bauman, 2001, 125 ss. (numa suma de todo o livro que, por sua vez, já condensa o que ele escrevera em *The individualized society*, 2001), sobre a individualização ("cada um por si") como a condição para o exercício de novas formas de poder e de dominação e sobre as políticas públicas dirigidas para a satisfação das ansiedades individuais como "to seek biographical solutions to sistemic contradictions" (cita Ulrich Beck).

[116] A proposta permanece, evidentemente, um pouco vaga. No intuito de a esclarecer um pouco, volto a recorrer a Z. Bauman, na sua descrição do processo de encontrar valores comuns: "[It] implies the solidarity of explorers: while we all, singly or collectively, are embarked on the search for the best form of humanity, since we would all wish eventually to avail ourselves of it, each of us explores a different avenue and brings from the expedition somewhat different findings. None of the findings can *a priori* be declared worthless, and no earnest effort to find the best shape for common humanity can be discarded in advance as misguided and undeserving of sympathetic attention. On the contrary: the variety of findings increases the chance that fewer of the many human possibilities will be overlooked and remain untried. Each finding may benefit all explorers, whichever road they have themselves chosen. It does not mean that all findings are of equal value; but their true value may only be established through a long dialogue, in which all voices are allowed to be heard and *bona fide*, well-intentioned comparisons can be conducted. In other words, recognition of cultural variety is the beginning, not the end, of the matter; It is but a starting point for a long and perhaps tortuous, but in the end beneficial, political process" (Bauman, 2001, 135-136).

alteração é possível, mas deve obedecer a processos refletidos e inclusivos. Não pode decorrer de juízos de oportunidade conjuntural de uma maioria no poder; nem de "processos espontâneos de regulação", interessados, pouco testados ou emocionais.

Aos juristas cabe esta vigilância para que o estrutural e permanente não flutue ao sabor de interesses parciais ou de modas conjunturais. Isto supõe identificar e descartar, de entre os valores emergentes, aqueles que correspondem ou (i) a meras reivindicações de apenas uma parte da sociedade; ou (ii) a valores efémeros (por exemplo, o desejo exacerbado de segurança que acompanha um estado de insegurança social); ou (iii) a valores oportunistas dos que governam (*v.g.*, a necessidade e urgência para justificar a omissão das formas constitucionais; a alegação de que os garantes da legalidade são "forças de bloqueio). Descartados estes falsos valores comuns, restam os outros, como base mais estável da convivência.

Esta tarefa de fixar normas de convivência e de bom governo é ainda mais importante no mundo de hoje, em que a globalização (em termos espaciais) e a superabundância e a frenética sucessão dos sentidos (em termos temporais)[117] criaram, a partir da diferença dos valores, uma indiferença sobre os valores. Ao mesmo tempo que, no plano da normação social, a ilusão da livre escolha fez com que impulsos individuais que são o produto da manipulação valessem como expressão de anseios refletidos, realmente livres e suscetíveis de ser debatidos de forma refletida.

É, então, importante reencaixar as pessoas em valores comuns assentes numa reflexão comum e reconstruir, assim, a ordem social (e o sentido de comunidade e de segurança).

Os juristas – embora não só eles – podem participar nesta tarefa de construção de uma ordem social consensual para a generalidade das pessoas. Para isto, tiram partido da sua especialização técnica; mas apenas se esta se traduzir não apenas na mera técnica jurídica isolada dos sentimentos sociais sobre o justo e o injusto, mas num conhecimento e reflexão sobre o direito *em sociedade*, pois só a combinação da técnica jurídica com o conhecimento do seu impacto na sociedade podem viabilizar uma avaliação adequada dos valores a eleger como valores constitucionais da ordem social. A referência ao direito *em sociedade* envolve também o reconhecimento, por parte dos juristas, da sua própria inserção social e da natureza

---

[117] O *zapping* dos valores tem uma certa similitude com o *zapping* dos canais de televisão.

politicamente comprometida (em vários planos) do seu discurso. Para que, reduzidas as parcialidades e enviesamentos, a cultura jurídica dos juristas possa aspirar a valer como um referencial neutro e inclusivo de todos os pontos de vistam que pode criar consensos sociais.

Por outro lado, cabe aos juristas procurar estabelecer rotinas para aplicação destes princípios. Ou seja, ir testando sequências de processos e de raciocínios (*regulae artis*) que garantam maior probabilidade na boa aplicação desses princípios jurídicos. Distinguindo situações, interpretando casos, testando a aplicação de regras, formulando conceitos que sintetizem resultados adquiridos. Sempre tendo presente a ideia de que todos estes processos e conceitos são provisórios, não tendo, tão-pouco, um sucesso garantido no $n+1$ caso (o caso futuro, não experimentado).

A história do direito, colecionando experiências jurídicas, permitindo a observação do funcionamento do direito e dos juristas em diferentes contextos sociais, permite reconhecer os bons (consensuais, estabilizadores) e os maus (parciais, desestabilizadores) usos sociais do direito, bem como o que levou a uns e a outros. Como o conhecimento é o princípio da prevenção, à história do direito cabe este papel de diagnóstico que prepara a terapêutica orientada para formas mais justas (ajustadas, consensuais, inclusivas) de direito e para uma deontologia dos juristas que se adeque a esta finalidade.

5. Âmbitos cronológico, territorial e temático

A estrutura deste texto é bastante clássica: segue uma linha cronológica de exposição, que se inicia por volta do século XII e que vem até à atualidade. O período anterior, nomeadamente o da vigência do direito romano e da primeira tradição romanista, mal é tratado, por se pensar que a receção dos textos romanos, a partir do século XII, quer pelo direito canónico, quer pelas escolas jurídicas medievais, representa uma recriação desses textos, que são objeto de uma seleção (nem tudo é recebido), de uma hierarquização (não se dá a mesma importância ao que é recebido, nem se respeita nesta hierarquia as precedências que se faziam na Antiguidade) e, sobretudo, se se recebe a letra dos textos (mesmo assim, com alterações ou interpolações), infundem-se nela novos sentidos, enquanto os antigos se perdem com o esquecimento do seu contexto original[118].

O âmbito geográfico é o da Europa Ocidental Continental e suas extensões, decorrentes ou da colonização (nomeadamente na América Latina) ou da influência cultural da Europa e da sua cultura jurídica em outras zonas do mundo. Por limitações do autor, o mundo jurídico da Europa Oriental – cuja matriz jurídica ancestral é também o direito romano, mas do Império Romano do Oriente –, a tradição romana bizantina, transmitida em grego, ficam também de fora, com o que se perde muito para uma visão mais integrada do direito da Europa e para a explicação de divisões e tensões europeias ainda hoje muito visíveis[119]. O mesmo se passa com

---

[118] Cf. cap. 6.4.1.
[119] Cf. Hamza, Gábor, *Wege der Entwicklung des Privatrechts in Europa. Römischrechtliche Grundlagen der Privatrechtsentwicklung in den deutschsprachigen Ländern und ihre Ausstrahlung auf*

o direito anglo-saxónico, porventura menos distante da tradição jurídica continental do que frequentemente se pensa[120]; mas, de qualquer modo, com uma cultura jurídica que se vai progressivamente diferenciando, a ponto de não ser facilmente enquadrável num esquema narrativo que foi pensado para a Europa Ocidental Continental. Como se verifica que esse direito é hoje um objeto sedutor para os juristas continentais, seria muito oportuno, para não nos "perdermos na tradução" ou em crenças otimistas na possibilidade de transferências de institutos ou normas de um para o outro modelo jurídico, descrever a formação destes dois cânones jurídicos e explicar as suas diferentes lógicas. Porém, não poderemos avançar muito neste caminho, no âmbito desta síntese.

Explicitados os limites, cronológicos e espaciais, convém dizer algo sobre os limites temáticos.

A cultura jurídica de que se fala no título é a cultura dos juristas letrados[121]. Não ignoramos que existem culturas jurídicas não letradas, leigas ou populares; nem que elas desempenham um papel importantíssimo nas representações jurídicas comuns, gerando continuamente direito ("direito dos rústicos", direito popular [*pop law*], direito do quotidiano[122]). Algumas delas formavam mundos fechados ao contacto com as culturas dominantes, também no campo do direito, constituindo, assim, esferas culturais e jurídicas alternativas, incompreensíveis para o direito erudito, e que este subalternizava ou procurava ignorar. Isso passou-se com as culturas camponesas – o "mundo dos rústicos"[123] – e, a partir da expansão colonial europeia, com as culturas dos povos indígenas[124]. Em ambos os casos, a cultura erudita criou uma série de conceitos e de regras cujo objetivo era desvalorizar as normas de convivência destas sociedades subalternas,

---

Mittel- und Osteuropa, Passau, Schenk Verlag, 2007 (trad. francesa da 1ª versão do livro: Hamza, Gábor, *Le développement du droit privé européen. Le rôle de la tradition romaniste dans la formation du droit privé moderne*, Budapeste, *Biblioteca Iuridica* de l'Université Loránd University, 2005).

[120] Cf. caps. 6.6.8.2.1, 7.2.5. A obra clássica de Rescoe Pound, *The spirit of common law*, 1921 (Marshall Jones Company, Francestown, New Hampshire; existe versão eletrónica) é, em parte, responsável pela visão particularista do direito comum. Mas já a tradição literária que destacava a singularidade da "Constituição de Inglaterra" (desde Montesquieu até Walter Bagehof, *The English Constitution*, 1867) tinha estabelecido em termos fortes esta diferenciação.

[121] Cf. cap. 6.6.9.

[122] V. cap. 8.2.1.

[123] Cf. Hespanha, 1983, 2006.

[124] Cf. Clavero, 1993, 2000.

considerando-as como produto da incapacidade, da ignorância, da rudeza ou da selvajaria[125]. Mais adiante, dir-se-á algo sobre elas[126]. No entanto, um panorama alargado sobre as culturas jurídicas populares europeias carece de uma organização dos conhecimentos já disponíveis que não foi possível fazer para já, embora não esteja fora do meu horizonte. A exposição foi então centrada na cultura jurídica erudita. Também tendo em conta a força modeladora que esta tinha sobre as culturas subalternas, já antes referida.

Este efeito modelador da cultura jurídica letrada sobre as visões do mundo dos leigos aponta para dois temas centrais que podem orientar a leitura deste livro e que constituem traços específicos da cultura da Europa Continental Centro-Ocidental.

Um deles é esta centralidade da cultura jurídica.

Como o direito, neste mundo cultural europeu, tende a ser considerado como o saber sobre a ordem das coisas, e a justiça como a virtude ou qualidade que atalha a desordem e repõe a ordem, a cultura jurídica é a chave para a compreensão e direção das relações humanas de todo o tipo – a reivindicação de uma coisa, de um lugar na sociedade, de um comportamento ou mesmo de um sentimento por parte dos outros, tudo são questões de direito e de justiça. Pleiteia-se por uma terra, por um tratamento de cortesia, por uma precedência numa cerimónia, pelo reconhecimento da qualidade de filho de alguém, por uma manifestação de respeito, pelo direito de usar um certo traje, mesmo por um amor. Pleiteia-se pelo direito de fazer a guerra, pelo direito de resistir a ela, pela recompensa por favores ou serviços, pelo direito de navegar no mar alto, pelo de não obedecer a uma lei. E mesmo as coisas – como os animais, as cores, as plantas e as pedras preciosas – podem reclamar direitos[127]. Por isto, também a técnica intelectual de decidir sobre quase todas as coisas problemáticas ou conflituais obedecia ao modelo usado pelos juristas: recolher todos os pontos de vista possíveis, discuti-los com base nos argumentos que se podiam produzir a respeito de cada um deles, ponderar estes argumentos uns em relação aos outros, e decidir de acordo com o peso relativo que esses argumentos tivessem naquele ambiente cultural[128]. A esta centralidade dos modelos intelectuais próprios do direito erudito correspondia também um lugar

---

[125] Cf. Hespanha, 2010.
[126] V. cap. 7.2.9.
[127] Hespanha, 2002, 2006.
[128] Cf. cap. 6.9.3.

central da literatura jurídica no âmbito da literatura sobre a sociedade. Isto foi muito visível até aos meados do século XVIII: em Portugal, na Espanha e na Itália, a temática jurídica ocupava o quarto lugar no assunto dos livros publicados (depois da teologia, da história e da literatura). Este peso diminui no século XIX e, ainda mais, no século XX; mas, mesmo então, as Faculdades de Direito continuam a ocupar um lugar de destaque na formação dos quadros dirigentes das sociedade europeias ocidentais (e sul-americanas). As profissões jurídicas são consideradas profissões de poder ("profissões imperiais", Eduardo Campos Coelho, 1999)[129], pois tendiam a ter o monopólio das decisões sobre conflitos de interesses, assim como continuavam, até meados do século XX, a dominar nos cargos políticos e dirigentes[130].

Esta é uma das características duráveis da cultura e da política europeias. Daí que, nas lutas pelo poder social, o grupo dos juristas tenha estado sempre na primeira linha. Durante séculos, os juristas disputaram com outros grupos a legitimidade para dizer o direito e, assim, estabelecer as normas que haveriam de regular a vida social, bem como decidir os conflitos que surgissem. Numa primeira fase, a sua luta pela hegemonia na função de dizer o direito (jurisdição, *iuris+dictio*) travou-se com as assembleias dos principais (*seniores*, homens bons, "gente da governança") que, nas comunidades europeias da Idade Média e da Idade Moderna – tal como acontecerá, depois, nas colónias –, tinham funções quer de regulação da vida local, quer de resolução de conflitos. Mas, ao mesmo tempo, os juristas tinham de disputar também aos príncipes – que, a partir do século XI, começavam a querer imitar os imperadores romanos, reclamando para a sua vontade a força de lei (*quod principi placuit legis habet vigorem*, aquilo que agrada ao príncipe tem força de lei) – o poder de estabelecer o direito. Não conseguiram impedir a legislação real; mas criaram uma série de mecanismos que os tornava árbitros decisivos para a interpretação desta, para julgar da sua legitimidade e para estabelecer o lugar dela no quadro das várias fontes de direito. Na verdade, em sociedades com vários direitos – como foram as sociedades medievais e modernas – eram os juristas que, de acordo com regras doutrinais por eles formuladas, decidiam da

---

[129] V. ainda Carvalho, 1980, 1988.
[130] Cf., *v.g.*, para os ministros, Almeida, 2006: Portugal, 38; Espanha, 118; Itália, 146, 159. Em todos os casos, uma esmagadora maioria de juristas, até aos meados do século XX.

hierarquia dos vários direitos, da aplicabilidade de cada um ao caso concreto (real ou imaginário), e do sentido que as normas deviam ter. Consideravam-se a si mesmos como *sacerdotes da Justiça*, especialistas em distinguir o justo do injusto, com base numa capacidade especial que teriam de reconhecer "as coisas divinas e humanas". E, na doutrina do direito contida nos seus livros, construíam instrumentos adequados a garantir que tivessem a última palavra sobre a declaração do direito. Para isto, muito contribuíram a teoria do conselho, segundo a qual o conselho dos juristas era essencial para que a vontade do príncipe pudesse valer como lei; a teoria da justiça, segundo a qual um dos requisitos de validade de qualquer norma jurídica era a sua conformidade com a justiça, tal como era definida por juristas (e teólogos); a teoria hermenêutica jurídica, que opunha ao sentido literal e aparente das normas o seu sentido profundo (*littera occidit, spiritus vivificat*); a teoria estatutária, que atribuía à doutrina jurídica o poder de decidir que direito se devia aplicar, no caso de vários se sobreporem na regulação de certa matéria.

Este predomínio dos juristas nas sociedades de Antigo Regime provocou fortes tensões, quer das populações, quer do poder dos príncipes. No Continente – tal como em Inglaterra e nas colónias inglesas da América do Norte –, desenvolveu-se uma forte cultura adversa aos juristas profissionais, que desembocou numa extensa literatura contra os juristas (em Itália, nos séculos XVI e XVIII; em Inglaterra, durante a Guerra Civil seiscentista; na América do Norte, entre os primeiros colonos, sobretudo *quakers* e puritanos)[131]. O Iluminismo e as revoluções liberais recolheram esta tradição e tentaram transformá-la em medidas políticas e legislativas que limitassem drasticamente o poder dos juristas, nomeadamente quanto à interpretação da lei, quanto à supremacia da doutrina sobre a lei e quanto ao monopólio dos tribunais por juristas de formação[132]. Porém, quase imediatamente, os juristas conseguiram tirar partido de correntes culturais e ideológicas que punham em causa a legitimidade da lei, mesmo democrática, e do exclusivismo da regulamentação jurídica pelo Estado. Reclamaram a vigência supralegal de princípios de direito natural – que continuavam a crer poder identificar melhor do que ninguém; insistiram na ideia romântica de que o direito devia provir do espírito do povo, do

---

[131] Cf. em síntese e com referências ulteriores, Friedman, 1973, 94-104 (da 2ª ed., 1985).
[132] Cf. cap. 7.2.7.

qual se reclamaram porta-vozes[133]; equipararam a dogmática jurídica a uma ciência e reclamaram para ela a autoridade dos saberes científicos.

Esta tensão continua nos nossos dias, quando os juristas reclamam uma autoridade para descobrir princípios constitucionais não explícitos, para julgar de acordo com *standards* não expressos na lei, para identificar direitos humanos, para interpretar a lei conforme a padrões jurídicos extralegais, para criar direitos específicos, adequados ao caso ou à vontade das partes (como sucede na arbitragem). Muitas das polémicas jurídicas atuais (positivismo *vs.* pós-positivismo, constitucionalismo *vs.* neoconstitucionalismo, separação de poderes *vs.* governo de juízes, direitos nacionais *vs.* direito global) podem ser lidas como episódios recentes de uma disputa de séculos.

[133] Cf. cap. 7.4.10.2.

6. Modernidade, pré-modernidade, pós-modernidade. A pré-modernidade jurídica

Pré-modernidade, modernidade e pós-modernidade são termos correntes na teoria social contemporânea para designar – embora com indecisões e discrepâncias temporais e conceituais – grandes épocas de autocompreensão do mundo humano, pelo menos durante o último milénio. Têm sido aplicados à arte, à arquitetura e ao urbanismo, à política, aos modelos de gestão empresarial, à organização da produção, etc.

A oposição mais habitual é a que se tem feito entre a modernidade e a sua superação pela pós-modernidade, um tema que tem estado de moda nos últimos quarenta anos por se referir a um alegado corte civilizacional que estaríamos a viver. A outra oposição tem tido menos impacto. Tratar-se-ia de distinguir a modernidade daquilo que a antecederia e com que contrastaria – a pré-modernidade. Também essa oposição nos interessa aqui muito, não apenas porque terá sido na pré-modernidade que decorre uma grande parte da nossa narrativa, como também porque a emergência da modernidade parece ser um fenómeno muito relacionado com o direito e a política. Tanto que há quem tenha definido essa modernidade como um "olhar" sobre o mundo "semelhante ao do Estado" (James C. Scott, *Seeing Like a State: How Certain Schemes to Improve the Human Condition Have Failed*, 1998); enquanto outro autor célebre usa metáforas jurídicas para definir os intelectuais típicos de cada uma destas épocas – "legisladores", para a modernidade; "intérpretes", para a pré-modernidade" (Zigmunt Bauman, *Legislators and interpreters. On modernity, post-modernity and intellectuals*, 1987).

O enorme êxito, em temas tão diversos, desta organização da narrativa histórica, a capacidade que ela tem para destacar sensibilidades muito difundidas e muito profundas e a sua particular proximidade de temas centrais neste livro, tudo isso nos leva a organizá-lo a partir daqui para orientar a exposição de uma história da cultura jurídica do Ocidente da Europa.

Nos lugares próprios, elaboraremos um pouco mais sobre as características de cada época. Neste momento, interessa caracterizar a pré-modernidade e, ainda antes dela, a modernidade, pois este é o conceito a partir do qual os outros surgiram, por contraste.

A típica visão moderna do mundo é a de uma sociedade ordenada segundo um plano global, acessível, melhorável. O plano do mundo humano é, por isso, também um projeto humano, racional e otimista; embora, como coisa artificial, tenha de ser imposto. No plano intelectual, pela verdade da ciência. E, no plano político, pela vontade científica do Estado. O controlo intelectual – previsão científica – está aliado à ação reguladora – provisão política. Um e outra farão deslocar a sociedade ao longo de um perfil de evolução único e com um sentido: do caos para a ordem, do erro para a verdade, do irracional para o racional, do paroquialismo para o cosmopolitismo, da carência para a abundância, do sofrimento para a felicidade, da guerra para a paz. O modernismo é um progressismo, uma crença na *modernização* e na sua bondade. Sendo um progressismo, em que a história caminha num sentido certo, incorpora também a crença na possibilidade de conhecer o fim da história e os valores finais para que se evolui – o bem. Nesse sentido, é uma forma de dogmatismo, para o qual é possível conhecer e afirmar os valores corretos, bem como condenar os falsos.

A estratégia de trabalho intelectual tipicamente moderna é caracterizada por Bauman através de uma metáfora jurídica – a do "legislador". Consiste esta em fazer afirmações autoritárias que arbitram controvérsias de opinião e adotam opiniões que, tendo sido as escolhidas, se tornam justas e obrigatórias. A autoridade para arbitrar é, neste caso, legitimada por um conhecimento superior (objetivo) ao qual os intelectuais possuem melhor acesso do que o setor não intelectual da sociedade. O acesso a tal conhecimento é melhor graças a regras de procedimento que asseguram o alcance da verdade, a chegada a um julgamento moral válido e à seleção do gosto artístico adequado. Tais regras de procedimento possuem validade universal, tal como os produtos da sua aplicação. O emprego de tais regras de procedimento torna as profissões intelectuais (cientistas, filósofos morais, estetas) detentoras coletivas de conhecimento de relevância direta e crucial para a manutenção da perfeita ordem social. Tal como o conhecimento que produzem, os intelectuais não são limitados pelas tradições localizadas e comunitárias. São, tal como o seu conhecimento, extraterritoriais, cosmopolitas. Isto confere-lhes o direito e o dever de validarem (ou invalidarem) crenças que podem ser sustentadas em diversos setores da sociedade. De facto, como observou Popper, é com a demonstração da falsidade ("falsificação", K. Popper) de perspetivas mal fundamentadas ou infundadas que se progride para a verdade.

Não é por acaso que Z. Bauman utiliza o conceito do legislador para descrever o tipo de intelectual ideal da Idade Moderna. Na verdade, os legisladores modernos – aqueles que inventaram e depois difundiram por todo o mundo a lei rígida, geral e abstrata do Estado – encaixam perfeitamente na descrição acima apresentada:

i) Um intelectual autoconfiante e autoritário;
ii) Proprietário exclusivo de um conhecimento verdadeiro e geral [tanto supraempírico como extraterritorial (ou extracomunal)] sobre a natureza, a sociedade e a moral;
iii) Agressivamente cego em relação a acordos normativos preexistentes ou a abordagens alternativas (nomeadamente enraizadas, tradicionais, comunitárias) à ordem social estadual;
iv) Capaz de reafirmar a ordem das coisas (ou melhor, capaz de impor uma ordem às coisas);
v) Capaz de decidir controvérsias de acordo com padrões monótonos extraídos da lógica do sistema legislativo.

Esta visão moderna do mundo social rompia com a visão pré-moderna, que os modernos classificavam de "selvagem", "primitiva", "arcaica", "tradicional". As culturas pré-modernas reproduzir-se-iam a cada nova geração sem uma intenção consciente, ou sem reflexão. Tal como os ambientes silvestres (ou selvagens), as comunidades da pré-modernidade reproduzem-se segundo equilíbrios naturais, próprios de cada ambiente particular, não planeados globalmente e apenas dependentes de condições estabilizadas e de hábitos estabelecidos. São comunidades tradicionais, respeitadoras da ordem das coisas e dos tempos, avessas às mudanças, aos projetos, a qualquer forma de engenharia social. Os equilíbrios sociais manter-se-iam espontaneamente se se cuidar em que eles não sejam alterados artificialmente por um facto externo ou pelo comportamento *contra natura* de um elemento. Por isso, o seu pessoal político é diminuto e não especializado. Ou melhor, apenas é especializado nos ritmos da natureza e na forma de os manter ou restaurar. Como os couteiros, os juízes e os médicos, cuja arte se baseia na observação do que existe e na restauração do que se afastou do que se viu estar estabelecido.

Aplicando este modelo ao mundo jurídico, os especialistas do direito, nestas comunidades, seriam bem designados como *"prudentes"*, ou seja, especialistas num saber prático, colhido da observação, de agir em cada caso concreto no sentido de manter ou restaurar os equilíbrios locais. Seriam, portanto:

i) peritos no escrutínio de ordens diferentes e quase entrelaçadas (*diviniarum atque humanarum rerum notantes*);
ii) derivando a ordem de arranjos "naturais" existentes (*ius naturale est quod natura [id est, Deus] omnia animalia docuit*);
iii) assumindo a natureza derivada, local e limitada das suas arbitragens (*non ex regula ius sumatur, sed ex iure quod est regula fiat*);
iv) reivindicando um papel de mediadores (tradutores, intérpretes) entre diferentes sistemas normativos (religião, piedade, graça, amizade, usos comunitários, vontade régia) através de conceitos-ponte (como *pietas, natura, gratia, utilitas, usus, potestas absoluta, debitum quasi legalis*) que permitem o diálogo bilateral entre essas ordens locais.

O seu papel não seria o de criarem ou retificarem a ordem. Nem o de determinarem autoritariamente o equilíbrio justo. Seria antes o de o induzirem da natureza, tirando proveito de todos os recursos (*virtutes*) da sensibilidade humana (*amor, bonitas, intellectus, sensus*) numa era em que os métodos intelectuais da definição do direito não estavam ainda privados de abordagens não "racionais"[134]. Assim, os juristas desempenhavam o seu papel assumindo o direito como um dado adquirido, deixando-o ser tal como era, já que emergiria das disposições espontâneas das coisas (nomeadamente as coisas humanas). A criação do direito não seria responsabilidade deles. Responsabilidade deles seria a de observarem, refletirem, sentirem, acreditarem, lembrarem, meditarem e interpretarem as ordens existentes dentro, fora, acima e abaixo deles. Para entenderem bem, tão completamente quanto lhes fosse possível, o sentido de Deus, dos homens e da natureza. E para encontrarem formas de a apresentarem de um modo que pudesse receber um consenso comunitário.

[134] Hespanha (1992f e 1997b) (de um modo geral, todos estes estudos estão incluídos em Petit, 1997).

Foi esta a visão do mundo que triunfou, em geral, na cultura europeia até aos finais da Época Medieval, momento a partir do qual uma nova autoconsciência de grupos intelectuais se começa a formar, em torno de um novo projeto de ordem social, assente na reflexão racional e na sua capacidade para imaginar um sistema social universal e eterno, proposto por intelectuais e imposto por um poder alargado no espaço e sustentado no tempo. Uma distinção nova surge, subjacente a uma violenta empresa de marginalização e de aniquilamento dos portadores da cultura pré-moderna – os rústicos, selvagens, bárbaros. Z. Bauman descreve-a com brilhantismo no seu livro que vimos citando[135]. A sua descrição corresponde ponto por ponto ao súbito esquecimento e à impiedosa repressão da cultura jurídica pluralista mais antiga por parte das elites cultas e, progressivamente, das elites políticas do Iluminismo e do liberalismo. As frentes mais vivas desta luta foram a da redução dos "selvagens de dentro" – as populações camponesas da Europa – e a da submissão dos "selvagens de fora" – os nativos das terras coloniais, a partir do século XVI. A cobertura ideológica das duas empresas esteve estreitamente ligada. Num e noutro casos, falou-se de missão (cristianizadora, civilizadora), num e noutro casos combinou-se a violência com a "proteção" de menores e com uma paterna solicitude[136].

A visão do mundo tipicamente pós-moderna tem traços comuns com a pré-moderna. Também é, em princípio, a de um ilimitado número de modelos de ordem, cada um deles gerado por um conjunto de práticas localizadas e relativamente autónomas. A ordem não precede as práticas e, desse modo, não pode servir como garante da sua validade. Cada um dos diversos modelos de ordem faz sentido apenas em face das práticas que o validam; tem uma legitimidade (uma eficiência) apenas local. Em cada caso, a validação traz consigo critérios que são desenvolvidos dentro de uma tradição particular; são sustentados pelos hábitos e crenças de uma "comunidade de significados" e não admitem quaisquer outros testes de legitimidade de contextos mais vastos. Não existem critérios de avaliação de práticas locais que se situem fora das tradições, fora das "localidades", o que leva à relatividade do conhecimento (ou seja, a sua "inscrição" nos seus próprios contexto e tradição).

---

[135] A construção dos intelectuais modernos ("legisladores") (pp. 55-109), os intelectuais pré-modernos ("intérpretes") (pp. 110-148); a cultura popular tradicional (pp. 63 e ss.); a nova hierarquia entre razão, interesse e paixão (pp. 55 e ss.).

[136] Sobre a assimilação entre atividades missionárias e disciplina entre os *rustici* europeus e os índios americanos, v. Prosperi, 1996.

A estratégia do trabalho intelectual tipicamente pós-moderna é melhor caracterizada pela metáfora do papel do "intérprete". Consiste na tradução de afirmações realizadas no interior de uma tradição de base comunitária, de modo que possam ser entendidas no interior do sistema de conhecimento baseado noutra tradição. Em vez de estar orientada para a seleção da melhor ordem social, esta estratégia visa facilitar a comunicação entre participantes autónomos (soberanos). Preocupa-se em impedir a distorção do significado no processo da comunicação. Para tal fim, promove a necessidade de penetrar profundamente o sistema de conhecimento alheio, a partir do qual a tradução deverá ser realizada (por exemplo, a "descrição densa" de Geertz, 1973), e a necessidade de manter o equilíbrio delicado entre as duas tradições em diálogo, de modo que a mensagem não seja distorcida (em relação ao significado nela investido pelo emissor) e seja compreendida (pelo recetor) [*id., ibid.*, pp. 4-5].

Mais adiante, teremos de voltar ao pós-modernismo. Para já, precisamos apenas de uma rápida ideia.

6.1. O imaginário pré-moderno da sociedade e do poder
6.1.1. Imaginários políticos

Uma conceção ingénua do direito tende a vê-lo apenas como um sistema de normas destinadas a regular as relações sociais, assegurando aqueles padrões mínimos de comportamento para que a convivência social seja possível. Neste sentido, o direito limitar-se-ia a conferir uma força vinculativa garantida pela coerção a valores não jurídicos (prejudicados).

Na verdade, a eficácia criadora (*poiética*) do direito é muito maior. Ele não cria apenas a paz e a segurança, com base em valores prejudicados. Cria, também, em boa medida, os próprios valores sobre os quais essa paz e segurança se estabelecem. Neste sentido, o direito constitui uma atividade cultural e socialmente tão criativa como a arte, a ideologia ou a organização da produção económica.

De facto, antes de a organizar, o direito *imagina* a sociedade. Cria modelos mentais do homem e das coisas, dos vínculos sociais, das relações políticas e jurídicas. E, depois, paulatinamente, dá corpo institucional a este imaginário, criando também, para isso, os instrumentos conceituais, formativos e de coerção necessários para o implantar na comunidade. Entidades como "pessoas" e "coisas", "homem" e "mulher", "contrato", "Estado", "soberania", etc., não existiram antes de os juristas os terem imaginado, definido conceitualmente e traçado as suas consequências institucionais. Neste sentido, o direito cria a própria realidade com que opera. O "facto" não existe antes e independentemente do "direito". Os "casos jurídicos" têm realmente muito pouco a ver com os "casos da vida", como aliás se torna evidente logo que se transpõem as portas de um tribunal ou do escritório de um advogado.

O grande poeta inglês P. B. Shelley (1792-1822) não deixou de intuir este aspeto essencialmente criativo do direito, ao definir as grandes construções políticas e jurídicas romanas como obras-primas da tradição poética do Ocidente. E, nos nossos dias, este aspeto criador do direito e do saber jurídico tem sido destacado quer por antropólogos como Clifford Geertz[137], quer por sociólogos como Niklas Luhmann[138].

É por isto que, ao longo deste curso, a descrição das grandes etapas da evolução do saber jurídico no Ocidente é antecedida por um panorama do imaginário mais profundo que dá sentido à criação jurídica. Imaginário que, durante quase toda a história do pensamento social e político europeu, foi, em grande parte, da responsabilidade dos próprios juristas, como "poetas" e pensadores da sociedade e do poder, podendo ser colhido por uma "interpretação densa" (*thick interpretation*, C. Geertz) das suas obras.

---

[137] "A tomada de consciência de que os factos jurídicos são fabricados e não nascem assim, são socialmente construídos, como diria um antropólogo, por todo um conjunto que inclui regras de prova, a etiqueta do tribunal e as tradições de acertamento do direito, até às técnicas de alegação, a retórica dos juízes e a escolástica da formação nas Faculdades de Direito [...] [O direito como] uma forma de imaginar o real [...] um mundo em que as descrições jurídicas têm um sentido" (Geertz, 1986b, 214-215).

[138] Sobre este importantíssimo sociólogo do direito dos nossos dias e a sua conceção do direito como um sistema "autopoiético", v., em síntese e com outra bibliografia, Hespanha, 2007c; cf., *infra*, cap. 8.3.

6.2. A conceção corporativa da sociedade

O pensamento social e político europeu[139-140] é dominado, até ao século XVIII, pela ideia da existência de uma ordem universal (*cosmos*), abrangendo os homens e as coisas, que orientava todas as criaturas para um objetivo último que o pensamento cristão identificava com o próprio Criador[141]. Assim, tanto o mundo físico como o mundo humano não eram explicáveis sem a referência a esse fim (*telos*) que os transcendia[142]; o que transformava o mundo na mera face visível de uma realidade mais global, natural e sobrenatural, cujo (re)conhecimento era indispensável como fundamento de qualquer proposta política.

6.2.1. Ordem e Criação

Numa sociedade profundamente cristã, o próprio relato da Criação (*Génesis*, I) não pode ter deixado de desempenhar um papel na gestação desta ideia de ordem do mundo. Aí, Deus aparece, fundamentalmente, *dando ordem* às coisas: separando as trevas da luz, distinguindo o dia da noite e as águas das terras, criando as plantas e os animais "segundo as suas espécies" e dando-lhes nomes distintos, ordenando as coisas umas para as outras (a erva para os animais, estes e os frutos para os homens, o homem e a mulher, um para o outro e ambos para Deus).

---

[139] A descrição dos grandes paradigmas do pensamento político medieval, com continuidade na Época Moderna, está magistralmente feita por Villey, 1961, 1968 (com o que se pode, em grande parte, dispensar a leitura de clássicos como Otto v. Gierke ou Émile Lousse). Há, no entanto, outras obras: umas clássicas (Kantorowicz, 1957; Brunner, 1939; Post, 1964), outras de exposição sistemática (Gilmore, 1941; Burns, 1997), mais recentes, mas com revisões importantes das questões (Wyduckel, 1984; Bertelli, 1990; Prodi, 1993; Krynen, 1993; Grossi, 1995; Donelly, 1998, Fioravanti, 1999; Grossi, 2001; Hespanha, 2010). Dolcini, 1983, constitui uma síntese elegante. Wieacker, 1980 (ou, mais recente e especificamente, de Stolleis, 1988, 2001), trata dos pensadores políticos centro-europeus da Época Moderna.

[140] Para Portugal, as obras de base para a história do pensamento político-social moderno são as seguintes. Para os séculos XVI e XVII, Albuquerque, 1968, 1974; Torgal, 1981. Dispensam, em geral, a consulta de autores anteriores. Para o século XVIII, Moncada, 1949; Langhans, 1957; Dias, 1982; Pereira, 1982, 1983. V., ainda, Hespanha, 1992, 71 ss.

[141] Sobre várias manifestações da ideia de ordem no pensamento político ocidental pré-contemporâneo, v. Donnelly, 1998; Grossi, 2001; Hespanha, 2010.

[142] "*Justitia est constans et perpetua voluntas jus suum cuique tribuendi. Jurisprudentia est divinarum atque humanarum rerum notitia, justi atque injusti scientia*" (D., 1,1,10,2; I., 1,1).

Esta narrativa da Criação – ela mesmo resultante de uma antiquíssima imagem do caráter espontaneamente organizado da natureza – inspirou seguramente o pensamento social medieval e moderno, sendo expressamente evocada por textos de então para fundamentar as hierarquias sociais. Nas *Ordenações Afonsinas* portuguesas (1446), esta memória da Criação/ /Ordenação aparece a justificar que o rei, ao dispensar graças e, com isso, ao atribuir hierarquias políticas e sociais entre os súbditos, não tenha de ser igual para todos: "Quando Nosso Senhor Deus fez as criaturas assi razoáveis, como aquelas que carecen da razão, não quiz que dois fossen iguais, mas estabeleceu e ordenou cada uma em sua virtude e poderio departidos, segundo o grau em que as pôs. Bem assim os Reis, que em lugar de Deus na terra são postos para reger e governar o povo nas obras que hão-de fazer – assim de justiça, como de graça e mercê – devem seguir o exemplo daquilo que ele fez [...]" (*Ord. Af.*, I, 40, pr.).

Também a tradição da filosofia clássica – grega e romana – confirmava este caráter naturalmente organizado do universo natural e humano.

Para Aristóteles (384 a.C. – 322 a.C.), o mundo estava organizado em função de finalidades (causas finais). As coisas continham na sua própria natureza uma inscrição (um gene, por assim dizer) que "marcava" os seus lugar e função na ordem do mundo e que condicionavam não somente o seu estado atual, mas também o seu futuro desenvolvimento em vista de finalidades. Era este gene que criava nas coisas "apetites" ou "hábitos" (*affectus, amor, philia*) internos que as encaminhavam espontaneamente para a ocupação dos seus lugares naturais e para o desempenho das suas funções no todo. No caso dos homens, este gene determinava o seu instinto gregário (*affectio societatis*)[143] e o desempenho dos seus papéis políticos no seio de uma sociedade organizada em vista do bem comum. Neste sentido, cria-se que existia um equilíbrio natural ou um *justo por natureza* (*dikaion physikon*) (cf. Villey, 1968). Os estoicos insistiam na existência de um poder criador e ordenador (*pneuma, logos*), que daria movimento ao conjunto caótico das coisas e que o transformaria num mundo ordenado (*cosmos*)[144].

O pensamento medieval herda tudo isto, fundindo as várias conceções num sincretismo por vezes difícil de deslindar. Fundamentalmente, na

---

[143] A sua tendência natural para viver em povoações organizadas (*polis*), ou seja, a sua natureza política.
[144] Villey, 1968, 428-80.

famosa polémica "dos universais", entre "realistas" e "nominalistas", que domina o pensamento escolástico no século XIV, o que os "realistas" querem sublinhar é que da essência das coisas faz parte a sua natureza relacional, no conjunto do todo da Criação. Que – em particular –, no mundo humano, não há "indivíduos", isolados, sem qualidades distintivas, socialmente intermutáveis. Mas que há pessoas embebidas na sociedade política – "pais", "filhos", "professores", "alunos", "homens", "mulheres", "franceses", "nobres", "escravos" –, essencialmente relacionadas umas com as outras por meio de laços essenciais – predicados, atributos – que as referiam, por essência, umas às outras, que marcavam, por natureza, o seu lugar e função no seio da cidade.

O direito, como em geral a organização da cidade (em grego, *polis*), tinham como fundamento a ordem divina da Criação, a que equivalia esta ordem inscrita na natureza. Por isso, os juristas identificavam a justiça com a natureza e esta com Deus. Num célebre texto do *Digesto* (D.,1,1,1,3) em que se define o direito mais fundamental e inderrogável – o chamado "direito natural" – explica-se que "o direito natural é o que a natureza ensinou a todos os animais" (*ius naturale est quod natura omnia animalia docuit*). E um comentador medieval do texto esclarece, numa curta glosa à palavra "natureza", que esta não é senão Deus (*natura, id est Deus*). Daí o êxito de um outro texto do *Digesto* que definia a prudência (= saber prático) do direito (que, então, desempenhava o papel de teoria política) como uma "ciência do justo e do injusto, baseada no conhecimento das coisas divinas e humanas" (*divinarum atque humanarum rerum notitia, iusti atque iniusti scientia*, D., 1,1,10,2). E foi por isso também que os juristas foram tidos como quase sacerdotes, também na esteira de um texto do início do *Digesto*[145].

6.2.2. Ordem oculta, ordem aparente

Para além das conceções refletidas dos filósofos e dos juristas, a ideia de uma ordem objetiva e indisponível das coisas dominava o sentido da vida, as representações do mundo e da sociedade e as ações dos homens. Antes

---

[145] "O direito é a arte do bom e do equitativo. Pelo que há quem nos [aos juristas] chame sacerdotes [...]"; sobre este caráter quase sacerdotal da profissão jurídica, cf. Ajello, 1976a, 341 s., com citações muito impressivas (*v.g.*, "*magistratus a Deo positi sunt, diique vocantur*" [os magistrados são postos por Deus e chamam-se deuses], N. Topius, 1655, citado por Ajello, *op. cit.*).

de provir de uma norma de direito formal, a ordem era um facto espontâneo da vida.

Honestidade, honra, verdade e *bondade*, palavras centrais na linguagem política e jurídica da época, remetiam para esta ideia corrente de que o comportamento justo era o que guardava a proporção, o equilíbrio, o modo (moderação) ou a verdade do mundo, das pessoas, das coisas. Viver honestamente – que passava por ser um dos preceitos básicos do direito (cf. D., 1,1,10, pr.) – era aderir à natureza das coisas, à ordem natural do mundo. Ser honrado era respeitar a verdade das coisas e esta era a sua natureza profunda, à qual devia corresponder a sua aparência. Porque o comportamento manifestava a natureza, a honestidade e a verdade eram as qualidades daquele que se portava como devia, como lhe era pedido pela sua natureza. Assim, o nobre não se devia comportar como plebeu, se queria manter a honra. Que a mulher honesta (que respeita a sua natureza) se devia comportar como tal, sob pena de não ser tida como honrada. E por aí adiante. Ao passo que a bondade – a qualidade de quem era capaz de intuir o sentido da ordem – era a qualidade principal daquele que tivesse o encargo de julgar.

Deste imperativo de honestidade e de verdade resulta a importância atribuída aos dispositivos que visam tornar aparente a ordem essencial das coisas e das pessoas: títulos e tratamentos, trajes "estatutários" (*i.e.*, ligados a um estatuto – clérigo, cavaleiro de ordem militar, juiz, notário, mulher honesta, prostituta), hierarquia de lugares, precedências, etiqueta cortesã. As cortes e sociedades ibéricas eram justamente célebres pelo seu pontilhismo formalista e classificatório. A linguagem corrente das sociedades de Antigo Regime é, por isso, muito rica nas formas de tratamento (de classificação, de hierarquização)[146].

Condenáveis (mesmo penalmente) eram, assim, todas as formas de falsidade: falsificar documentos, moeda, metais ou pedras preciosas, mas também usar nomes ou títulos alheios, travestir-se de outro sexo ou de outra qualidade, simular a gravidez. Condenável era também esse tipo de cultura da afetação e do simulacro conhecida como a *dissimulação*, que os círculos intelectuais das cortes italianas (Baldasare Castiglione [1478-1529],

---

[146] O português, em particular, caracteriza-se por ter conhecido até há muito pouco uma enorme variedade de formas de se dirigir aos outros (vossa excelência, vosselência, o senhor, o senhor doutor, o sr. dr., vossa mercê, vossemecê, você, etc.).

Il cortegiano [1528]) começaram a propor como modelo de comportamento áulico (cf. Villari, 1987). Contra ela reagiam, em Espanha, Portugal e Itália, as vozes casticistas, opondo a esta cultura cortesã da mentira a simples e verdadeira cultura aldeã ("corte de aldeia", *v.g.*, António de Guevara, *Menosprecio de corte e alabanza de aldea*, 1539; Francisco Rodrigues Lobo, *Corte de aldeia ou noites de inverno*, 1618). No Portugal nostálgico do início do século XVII, lamentavam-se ainda as novidades suspeitas das modas de corte importadas de Madrid, como os cabelos compridos dos homens ou a profusão de rendas nos seus trajos, ambas contrárias ao que se designava como "o estilo severo português antigo", a capa e o chapeirão negros.

6.2.3. Ordem e vontade

Uma outra forma de invenção, que nos remete já para uma problemática diferente, era reinventar uma ordem para o governo do mundo, a golpes de imaginação ou vontade política ou de textos legais.

Salientava-se então, de facto, a ideia do caráter natural da constituição social, *i.e.*, de que a organização social depende da natureza das coisas e de que está, por isso, para além da arbitrariedade da imaginação ou da vontade de cada um. As leis fundamentais ("Constituição") de uma sociedade (de um reino) dependeriam tão pouco da vontade como a fisiologia do corpo humano ou a ordem da natureza. É certo que soberano e vassalos podem temporariamente afastar-se das leis naturais de ordenação social, pela tirania ou pela revolução; mas o mau governo é sempre um episódio político passageiro. O que os povos já poderão é eleger – embora de acordo, também, com características objetivas das várias nações, por sua vez ligadas às particularidades da terra e do clima – as formas de governo: a monarquia, a aristocracia, a democracia ou qualquer forma de governo misto, proveniente do cruzamento destes regimes-tipo, já referidos por Aristóteles. Como podem explicitar e adaptar às condições de cada comunidade, através do direito civil (*ius civile*, isto é, do direito da cidade), os princípios jurídicos decorrentes da natureza das sociedades humanas (direito natural, *ius naturale*). Mas a constituição natural conserva-se sempre como um critério superior para aferir a legitimidade do direito estabelecido pelo poder, sendo tão vigente e positiva como este[147].

[147] Cf. Hespanha, 2000.

Nestes termos, o direito – todo ele, mas sobretudo o natural – desempenha uma função constitucional. Impõe-se a todo o poder. Não pode ou, pelo menos, não deve ser alterado. E isto porque se funda nos princípios necessários de toda a convivência humana (*affectio societatis*). E não porque se fundamente num pacto primitivo ou num pacto histórico estabelecido, por exemplo, em cortes, como supõem os historiadores que sobrevalorizam o "pactismo" medieval ou moderno. Em virtude desta função constitucional do direito, toda a atividade política aparece subsumida ao modelo "jurisdicionalista". Ou seja, toda a atividade dos poderes superiores – ou mesmo do poder supremo – é tida como orientada para a reposição da boa ordem, resolvendo conflitos entre conceções particulares acerca do respetivo lugar (direitos e deveres) na ordem da cidade. Ao poder competia, portanto, "fazer justiça". Se o poder, em vez de fazer respeitar a ordem do mundo, tentasse criar uma ordem nova, o governo seria tirania (tirania quanto ao exercício, *tyrania in exercitio*), podendo (e devendo) ser objeto de resistência.

A intervenção da imaginação e da vontade nas coisas do governo, ainda que não estivesse excluída de princípio, deveria ser mínima. Neste contexto, o príncipe só excecionalmente – como que à maneira dos (raros) milagres de Deus – se devia desviar da razão dos peritos na ordem natural das coisas (conselheiros, juristas), seguindo a sua vontade impetuosa e arbitrária. O bom governo era o governo ordinário.

"O Supremo Senhor – escreve o jurista luso galaico João Salgado de Araújo, citando Frei Juan de Santa Maria –, por quem reinam os Príncipes da terra, fez causas principais do governo deste mundo visível os anjos, céus, estrelas e elementos, obrando por estas causas segundas os efeitos naturais, a não ser que queira mostrar a sua omnipotência. E por imitar a Deus os Príncipes, encarregaram o governo de seus Impérios, e Reinos a sábios e prudentes varões, deixando correr o despacho pelo o curso ordinário da consulta e sábias determinações que tomam os seus conselheiros, ainda quando o Príncipe fazia alguns milagres, obrando sem dependências, como dono do governo, para que soubesse o povo, que o seu Rei tinha caudal para tudo, e que era poderoso para fazer por si só o que no seu nome fazia o mais destro conselheiro"[148].

---

[148] Juan Salgado de Araújo, *Ley regia de Portugal*, Madrid, 1627, n. 120 , p. 44.

Deste texto (diretamente inspirado na teoria escolástica das causas segundas) resulta claro que o governo ordinário – *i.e.*, dirigido à manutenção da ordem das coisas e organizado segundo os procedimentos estabelecidos e ordinários – deve constituir a norma. E que, ao revés, a inovação, a criação de feitos políticos inusitados, a eleição de vias singulares de governo, são como que milagres que o rei deve utilizar apenas como *ultima ratio*. Eram considerações deste tipo que condenavam os projetos e estilos políticos dos *arbitristas*. Estas figuras típicas do pessoal político ibérico do século XVII imaginavam planos e expedientes (*artifícios*) para reformar a política. A própria designação deste género de literatura política ("alvitre", do latim *arbitrium*) já denota o seu caráter artificial e artificioso – *i.e.*, não natural, já que *arbitrium* se opõe a *ratio*, razão, equilíbrio, sentido da ordem.

6.2.4. Ordem e desigualdade

A unidade dos objetivos da Criação não exigia que as funções de cada uma das partes do todo, na consecução dos objetivos globais da Criação, fossem idênticas às das outras. Pelo contrário, o pensamento medieval sempre se manteve firmemente agarrado à ideia de que cada parte do todo cooperava de forma diferente na realização do destino cósmico. Por outras palavras, a unidade da Criação não comprometia, antes pressupunha, a especificidade e diferenciação dos objetivos de cada uma das "ordens da Criação" e, dentro da espécie humana, de cada grupo ou corpo social.

Nesta ordem hierarquizada, a diferença não significa – pelo menos numa perspetiva muito global da Criação, que tem em conta a sua origem primeira e o seu destino último – imperfeição ou menos perfeição de uma parte em relação às outras. Significa antes uma diferente inserção funcional, uma cooperação, a seu modo específica, no destino final (escatológico) do mundo. Assim, em rigor, subordinação de uns a outros não representa menor dignidade dos primeiros, mas antes apenas o reconhecimento de que cada qual tinha um específico lugar na ordem do mundo, que importava a submissão funcional a outras coisas. Os próprios anjos, seres perfeitos, não escapavam à ordem, estando organizados em nove graus distintos.

No plano da teologia política, esta ideia da idêntica dignidade de todos os homens levava a uma explicação otimista dos laços de submissão. Estes não decorreriam do pecado original (como queria a teologia política alto-medieval) mas antes da própria natureza ordenada do mundo.

Esta compatibilização entre a perfeição do homem e a existência de desigualdades e de hierarquias políticas não deixava de criar um aparente paradoxo. De facto, como se explicaria que Deus, o Ser Perfeito, criando o homem à Sua imagem e semelhança, tivesse introduzido diferenças entre os homens? Por outras palavras, como explicar que os homens, que antes da queda eram a imagem da perfeição, tivessem conhecido entre si a desigualdade. Como se explica que houvesse dissemelhanças entre seres que eram a imagem da Identidade?

Francisco Suarez trata este tema no seu curto tratado *De Deo uno et trino* (1599), como introdução a uma discussão sobre o modo de viver dos homens no estado de inocência, isto é, se não tivesse havido pecado original (cf. l. V, *"De statu quem habuissent in hoc mundo viatores, si primi parentes non peccassent"* [Da condição que teriam os passantes neste mundo se os seus primeiros pais não tivessem pecado]; cf. também S. Tomás, *Summa theol.*, IIIa, I, qs. 91 a 95)[149]. Mesmo nesta ordem perfeita, Suarez imaginava que haveria desigualdade de estados, assim como governo político. No entanto, a desigualdade de estados não poderia derivar de alguma imperfeição intrínseca, pois os homens seriam todos perfeitos. Derivava antes "da circunstância dos elementos, da influência dos céus, da diversidade dos alimentos e dos humores" (n. 3). O governo e sujeição políticos (*dominium iurisdictionis*) – que também implicam desigualdade (desde logo, entre governantes e governados) – decorreriam, por sua vez, das vantagens da associação (entre pessoas diferentes e complementares) e da necessidade natural de governo que a associação supõe (n. 11, p. 238). Este governo num mundo perfeito não era coativo (porque os homens perfeitos não poderiam sofrer penas), mas só diretivo e aceite espontaneamente por mero desejo de perfeição (p. 238). A ordem, e a desigualdade que ela comporta, seriam, assim, compatíveis com a plenitude e a perfeição, não significando um menor valimento de uns seres em relação aos outros. O mesmo tipo de raciocínio já ocorria em S. Tomás de Aquino, quando ele discute a compatibilidade entre a perfeição e unidade da Igreja e a existência de diferentes estados no seu seio (cf. S. Tomás, *Summa theol.*, IIa.IIae,

---

[149] Há muito de curioso neste ensaio de imaginação antropológica. Como se reproduziriam, que comeriam, como se vestiriam, como consumiriam o tempo, os homens em estado de natureza perfeita. Por outras palavras, o que seria a *perfeição humana*. Neste momento, interessa-nos sondar brevemente o ideal de perfeição política na pristina utopia imaginada por Suarez. Cf. Migliorino, 2004.

q. 183, a. 2). Como aí se explica, a diferenciação dos estados corresponde à única forma de traduzir, no plano das coisas naturais, a imensa perfeição de Deus: "nas coisas da natureza, a perfeição, que em Deus se encontra de forma simples e uniforme, na universalidade das criaturas não pode encontrar-se a não ser pela diferença e multiplicidade" (*ibid.*).

Esta ideia de que todos os seres se integram, com igual dignidade, na ordem divina, apesar das hierarquias aí existentes, explica a especialíssima relação entre humildade e dignidade que domina o pensamento social e político da Europa medieval e moderna. O humilde deve ser mantido na posição subordinada e de tutela que lhe corresponde, designadamente na ordem e governo políticos. Mas a sua aparente insignificância esconde uma dignidade igual à do poderoso. E, por isso, o duro tratamento discriminatório no plano social (na ordem da natureza, do direito) é acompanhado de uma profunda solicitude no plano espiritual (no plano da graça, da caridade, da misericórdia). Este pensamento – que se exprime na parábola evangélica dos lírios do campo e se ritualiza nas cerimónias do lava-pés – explica, ao lado das drásticas medidas de discriminação social, jurídica e política dos mais humildes (*miserabiles personae*, pobres, mulheres, viúvas, órfãos, rústicos, indígenas africanos ou americanos), a proteção jurídica e a solicitude paternalista dos poderes para com eles, proteção que inclui uma especial tutela do príncipe sobre os seus interesses: foro especial, tratamento jurídico mais favorável (*favor*), por exemplo em matéria de desculpabilização perante o direito penal, de prova, de presunção de inocência ou de boa-fé.

6.2.5. Ordem e "estados"

Qualquer que tenha sido a força desta ideia de que todos os seres tinham, no plano global da ordem da criação, uma igual dignidade, uma avaliação mais matizada exige que se diga que a ideia de ordem sugeriu também outras perspetivas mais hierarquizadoras. Nomeadamente a perspetiva de que a Criação era como que um corpo, em que a cada órgão competia uma função, e que estas funções estavam hierarquizadas segundo a sua importância para a subsistência do todo.

Este tópico já levava a uma visão diferente da Criação, legitimando uma distinção das coisas e das pessoas em termos de hierarquia e de dignidade.

As criaturas não eram apenas diferentes. Eram também mais ou menos dignas, em função da dignidade do ofício que naturalmente lhes competia.

MODERNIDADE, PRÉ-MODERNIDADE, PÓS-MODERNIDADE. A PRÉ-MODERNIDADE JURÍDICA

Isto queria dizer que, existindo na Criação um modelo de perfeição que é o próprio Deus, este modelo não se refletia igualmente em todas as criaturas. O homem, por exemplo, fora criado "à imagem e semelhança de Deus". Já a mulher não teria essa natureza de espelho do divino. A sua dignidade seria menor; a sua face podia (e devia) andar coberta, enquanto que a face do homem – imagem de Deus – não deveria ser velada. E entre os homens, alguns – os nobres e ilustres – teriam uma especial dignidade, constituindo a parte mais sã da sociedade a que devia pertencer o governo (*respublica a saniore [meliore, digniore] est gubernanda*).

No plano do direito, as diferenças entre pessoas eram traduzidas pelas noções de "estado" e de "privilégio", ou direito particular.

"O estado é a condição do homem que é comum a vários" ensina Antonio de Nebrija (*Vocabularium*, 1601). Em princípio, um estado – palavra que remete, na sua origem etimológica, para a ideia de equilíbrio, de posição estável – corresponde, como vimos, a um *lugar* na ordem, a uma tarefa ou dever (*officium*) social.

Na sociedade tradicional europeia, identificavam-se três ofícios sociais: a milícia, a religião e a lavrança. "Defensores são huns dos tres estados, que Deus quis, per que se mantivesse o mundo, ca bem assy como os que rogan pelo povo se llaman oradores, e aos que lavran a terra, per que os homes han de viver, e se manteem, são ditos mantenedores, e os que han de defender são llamados defensores", pode ler-se nas *Ordenações Afonsinas* portuguesas (1446), inspiradas nas *Partidas* (I, 2, 25, pr.).

Mas esta classificação das pessoas podia ser mais diversificada e, sobretudo, menos rígida. De facto, ela era apenas uma fórmula, muito antiga na cultura ocidental (Dumézil, 1967), de representar a diversidade dos estatutos jurídicos e políticos das pessoas. No domínio da representação em cortes, manteve-se basicamente a classificação tripartida até aos finais do Antigo Regime. Já noutros planos da realidade jurídica (direito penal, fiscal, processual, capacidade jurídica e política), os estados eram muito mais numerosos. Nos distintos planos do direito, constituíam-se, assim, estatutos pessoais ou estados, correspondentes aos grupos de pessoas com um mesmo estatuto jurídico (com os mesmos privilégios).

A conceção do universo dos titulares de direitos como um universo de "estados" (*status*) leva à "personificação" dos estados. Ou seja: a considerar que uma mesma pessoa tem vários estados e que, como tal, nela coincidem várias pessoas. É isto que explica a ideia de que o rei tem mais de um corpo (o "público", o "privado", os de príncipe de cada um dos territórios a que se estender o seu império), estudada no célebre livro de Ernst Hartwik Kantorowicz sobre os vários corpos do rei (Kantorowicz, 1957). O exemplo teológico deste desdobramento da personalidade era o do mistério da Santíssima Trindade, em que três pessoas distintas coexistiam numa só verdadeira. O mesmo se passava no exemplo, já evocado, dos "corpos do rei", "cada qual retendo e conservando a sua natureza e qualidades, devendo ser consideradas como independentes umas das outras"(cf. Pegas, 1669). Mas esta pluralidade de estatutos jurídicos num só indivíduo era algo de muito mais geral; como escreve o jurista português Manuel Álvares Pegas (Pegas, 1669, XI, ad 2, 35, cap. 265, n. 21), "nem é novo, nem contrário aos termos da razão, que um e o mesmo homem, sob diferentes aspetos, use de direitos diferentes".

Frente a esta multiplicidade de estados, a materialidade física e psicológica dos homens desaparece. A pessoa deixa de corresponder a um substrato físico, passando a constituir o ente que o direito cria para cada aspeto, face, situação social em que um indivíduo se lhe apresenta. "Pessoa – escreve ainda o tradicionalista Lobão no século XIX (Lobão, 1828, I, tit. 1, 1) – é o homem considerado como em certo estado", ou seja, considerado sob o ponto de vista de certa qualidade "conforme à qual [...] goza de direitos diversos dos que gozam outros homens" (*ibid.*). Afinal, tal como decorre do significado original da palavra *persona*[150], a "pessoa" é o homem (ou mulher) enquanto desempenha um "papel social".

Então, se são as "qualidades" (os papéis sociais), e não os seus suportes corporais-biológicos, que contam como sujeitos de direitos e obrigações, estes podem multiplicar-se, dando carne e vida jurídica autónoma a cada situação ou veste em que os homens se relacionem uns com os outros. A sociedade, para o direito, enche-se de uma pletora infinita de pessoas, na qual se espelha e reverbera, ao ritmo das suas multiformes relações mútuas, o mundo, esse finito, dos homens. A mobilidade dos estados em relação aos suportes físicos é tal que se admite a continuidade ou identidade de uma pessoa, ainda que mude a identidade do indivíduo físico que a suporta. Tal é o caso da pessoa do defunto que, depois da morte, incarna no herdeiro; mas é também o caso do pai, que incarna nos filhos,

---

[150] Que designava a máscara teatral (grega), com a qual um *actor* se transformava num *personagem*.

mantendo a sua identidade pessoal ("O pai e o filho são uma e a mesma pessoa no que toca ao direito civil", Valasco, 1588, cons. 126, n. 12). A relação entre estado e indivíduo chega a aparecer invertida, atribuindo-se ao estado (à qualidade) o poder de mudar o aspeto físico do indivíduo; diz-se, por exemplo, que o estado de escravidão destrói a fisionomia e majestade do homem (cf. Carneiro, 1851, p. 69, nota a).

Nestes casos, a realidade jurídica decisiva, a verdadeira pessoa jurídica, é esse estado, que é permanente; e não os indivíduos, transitórios, que lhe conferem momentaneamente uma face (cf. Clavero, 1986, *max.*, 36). Homem que não tenha estado não é pessoa. De facto, há pessoas que, por serem desprovidas de qualidades juridicamente atendíveis, não têm qualquer *status* e, logo, carecem de personalidade. Tal é o caso dos escravos ("Quem não tenha nenhum destes estados [civil, de cidadania ou familiar, *status civilis, civitatis, familiae*] é havido, segundo o direito romano, não como pessoa, mas antes como coisa", escreve Vulteius (Vulteius, 1727, cit. por Coing, 1985, I, 170).

Esta é a imagem da *sociedade de estados (Ständesgesellschaft, società per ceti, sociedad estamental*), característica do Antigo Regime e que antecede a atual sociedade *de indivíduos*.

6.2.6. Ordem e pluralismo político

Ligada a esta, estava a ideia da indispensabilidade de todos os órgãos da sociedade e, logo, da impossibilidade de um poder político "simples", "puro", não partilhado. Tão monstruoso como um corpo que se reduzisse à cabeça, seria uma sociedade em que todo o poder estivesse concentrado no soberano.

O poder era, por natureza, repartido; e, numa sociedade bem governada, esta partilha natural deveria traduzir-se na autonomia político-jurídica (*iurisdictio*) dos corpos sociais. A função da cabeça (*caput*) não é, pois, a de destruir a autonomia de cada corpo social (*partium corporis operatio propria*, o funcionamento próprio de cada uma das partes do corpo), mas, por um lado, a de representar externamente a unidade do corpo e, por outro, a de manter a harmonia entre todos os seus membros, atribuindo a cada um aquilo que lhe é próprio (*ius suum cuique tribuendi*); garantindo a cada qual o seu estatuto ("foro", "direito", "privilégio"); numa palavra, realizando a *justiça* (*iustitia est constans et perpetua voluntas ius suum cuique tribuendi* [a justiça é a vontade constante e perpétua de dar a cada um o que é seu], D., 1,1,1,10,1). E assim é que a realização da justiça – finalidade que os juristas e politólogos tardo-medievais e primo-modernos (séculos XIV-XVI) consideram como o primeiro ou até o único fim do poder político – se acaba por confundir com a manutenção da ordem social e política objetivamente estabelecida[151].

Por outro lado, faz parte deste património doutrinal a ideia, já antes esboçada, de que cada corpo social, como cada órgão corporal, tem a sua própria função (*officium*), de modo que a cada um deve ser conferida a autonomia necessária para que a possa desempenhar. A esta ideia de autonomia funcional dos órgãos anda ligada, como se vê, a ideia de autogoverno que o pensamento jurídico medieval designou por *iurisdictio* – capacidade para dizer o direito, entendido como ordem que fixa o conjunto de normas que asseguram a realização da função do órgão – e na qual englobou o poder de fazer leis e estatutos (*potestas lex ac statuta condendi*), de constituir magistrados (*potestas magistratus constituendi*) e, de um modo mais geral, julgar os conflitos (*potestas ius dicendi*) e emitir comandos (*potestas praeceptiva*). A esta multiplicidade de jurisdições se chama *pluralismo jurídico*.

Mas pode falar-se de pluralismo ainda num outro sentido – o de que a ordem tem várias fontes de manifestação, não podendo ser reduzida ao direito formal.

Realmente, um aspeto da ordem era o de estabelecer vínculos tão necessários entre as coisas que se podia dizer que os comportamentos correspondentes a estes vínculos se convertiam em comportamentos *devidos* em virtude da própria "natureza das coisas".

É nesta perspetiva que S. Tomás define o *débito* como "ordem de exigir, ou necessidade de alguém em relação ao que está ordenado [= posto em ordem]" (*Summ. theol.*, Ia, q. 21, 1 ad 3). Como existe uma ordem entre as criaturas que cria dívidas recíprocas entre elas, pode dizer-se que as relações estabelecidas nessa ordem constituem deveres. E, logo, que a ordem institui um direito, um *direito natural*. E como a soma dos deveres das criaturas entre si é também devida à ordem, ou seja, a Deus, o cumprimento dos deveres recíprocos é, em certa medida, um dever para com Deus e, logo, o tal direito natural acaba por ser um *direito divino*: "É devido a Deus que se realize nas coisas aquilo que a sua sapiência e vontade estabeleceu e que a sua bondade manifesta... É devido a cada coisa criada que se lhe

---

[151] Cf. Petit, 1994, III, 732 ss.

atribua o que lhe foi ordenado [...] e, assim, Deus faz justiça quando dá a cada um o que lhe é devido segundo a razão de sua natureza e condição" (cf., também, *Summ. theol.*, Ia-Iae, q. 111, 1 ad 2).

Este caráter natural da ordem fazia com que ela se manifestasse de muitas formas – pelas tendências naturais (*amores*), com o tempo concretizadas em costumes (*consuetudines vel mores, practicae, styli*), pelas virtudes morais (*amicitia, liberalitas*), pela Revelação divina e também pelo direito formalizado pelos juristas, como peritos na observação e memória das coisas sociais, ou mesmo pela vontade do rei, como titular de um poder normativo de origem divina[152].

6.2.7. A dissolução do corporativismo e o advento do paradigma individualista

Embora se lhe possam encontrar antecedentes mais recuados (oposição entre filósofos estoicos e aristotélicos, entre a teologia inspirada em Santo Agostinho e a inspirada em S. Tomás de Aquino), a genealogia mais direta do imaginário individualista da sociedade e do poder deve buscar-se na escolástica franciscana quatrocentista (Duns Scotto, 1266-1308; Guilherme d'Ockham, 1300 - c. 1350)[153]. É com ela – e com uma célebre querela filosófica, a questão *"dos universais"* – que se põe em dúvida se não é legítimo, na compreensão da sociedade, partir do indivíduo e não dos grupos. Na verdade, passou a entender-se que aqueles atributos ou qualidades ("universais") que se afirmam ou negam em relação aos indivíduos (ser *pater familias*, ser escolar, ser plebeu) e que descrevem as relações sociais em que estes estão integrados não são qualidades incorporadas na sua essência, não são "coisas" sem a consideração das quais a sua natureza não pudesse ser integralmente apreendida – como queriam os "realistas". Sendo antes meros "nomes", externos à essência, e que, portanto, podem ser deixados de lado na consideração desta. Se o fizermos, obtemos uma série de indivíduos "nus", incaracterísticos, intermutáveis, abstratos, "gerais", iguais. Verdadeiros átomos de uma *sociedade* que, esquecidas as

---

[152] Sobre este pluralismo de fontes, v., *infra*, 7.5.7.5.

[153] A escolástica franciscana representa uma visão teológica difundida por teólogos franciscanos (sobretudo, séculos XIV e XV) que, no plano do conhecimento de Deus, valoriza a fé em detrimento da razão; e que, no conhecimento das coisas naturais, desvaloriza a ideia de ordem em relação à de individualidade de cada coisa. A sua inspiração teológica mais longínqua pode encontrar-se em Santo Agostinho.

tais "qualidades" agora tornadas descartáveis, podia também ser ignorada pela teoria social e política. Ignorada a sociedade, *i.e.*, o conjunto de vínculos interindividuais, o que ficava era o indivíduo, solto, isolado, despido dos seus atributos sociais.

Estava quase criado, por esta discussão aparentemente tão abstrata, um modelo intelectual que iria presidir a toda a reflexão social durante, pelo menos, os dois últimos séculos – o indivíduo, abstrato e igual. Ao mesmo tempo que desapareciam de cena as *pessoas concretas*, ligadas essencialmente umas às outras por vínculos naturais; e, com elas, desapareciam os grupos e a sociedade (cf., *infra*, 7.3.2.1).

Para se completar a revolução intelectual da teoria política moderna só faltava desligar a sociedade de qualquer realidade metafísica, laicizando a teoria social e libertando o indivíduo de quaisquer limitações transcendentes[154].

Essa revolução levou-a a cabo um novo entendimento das relações entre o Criador e as criaturas. A teologia tomista, sobretudo através da "teoria das causas segundas" – ao insistir na relativa autonomia e estabilidade da ordem da Criação (das "causas segundas") em relação ao Criador, a "causa primeira" –, garantira uma certa autonomia da Natureza em face da Graça e, consequentemente, do saber temporal em face da fé. Mas foi, paradoxalmente, uma recaída no fideísmo, na conceção de uma completa dependência do homem e do mundo em relação à vontade absoluta e livre de Deus, que levou a uma plena laicização da teoria social. Se Deus se move pelos seus "impulsos" (teoria do *impetus*, de raiz estoica), se estes – tal como os seus desígnios – são insondáveis, não resta outro remédio senão tentar compreender (por observação empírica ou por dedução racional) a ordem do mundo nas suas manifestações puramente externas, como se Deus não existisse, separando rigorosamente as verdades da fé daquilo que os homens podem ver ou inferir. É justamente esta laicização da teoria social – levada a cabo pelo pensamento jurídico e político desde Hugo Grócio a Tomás Hobbes (v., *infra*, 7.3.2) – que a liberta de todas as anteriores hipotecas à teologia moral, do mesmo passo que liberta os indivíduos de todos os vínculos em relação a outra coisa que não sejam as suas evidências racionais e os seus impulsos naturais.

---

[154] Uma análise fundamental das implicações políticas e morais desta revolução do imaginário social foi magistralmente feita por Zygmunt Bauman (1987, 1995).

MODERNIDADE, PRÉ-MODERNIDADE, PÓS-MODERNIDADE. A PRÉ-MODERNIDADE JURÍDICA

Esta laicização da teoria social e a colocação do indivíduo no seu centro – um indivíduo genérica e abstratamente definido, igual, livre e sujeito a impulsos naturais, tem consequências centrais para a compreensão do poder. A partir daqui, o poder não pode mais ser tido como fundado numa ordem objetiva das coisas. Vai ser concebido como fundado na *vontade*. Numa ou noutra de duas perspetivas. Ou na vontade soberana de Deus, manifestada na Terra, também soberanamente, pelo seu lugar-tenente – o príncipe (providencialismo, direito divino dos reis). Ou pela vontade dos homens que, ameaçados ou pelos perigos e insegurança da sociedade natural, ou pelo desejo de maximizar a felicidade e o bem-estar, instituem, por um acordo de vontades, por um *pacto*, a sociedade civil (contratualismo). A vontade (e não um equilíbrio – *ratio* – preestabelecido)[155] é, também, a origem do direito. Guilherme d'Ockham descrevera-o ou como o que Deus estabeleceu nas Escrituras, ou como o que decorre racionalmente de algum pacto. E, laicizada a teoria jurídica, Rousseau (cf. cap. 7.3.2.3) definirá a lei como "uma declaração pública e solene da vontade geral" ("une déclaration publique et solennelle de la volonté générale sur un objet d'intérêt commun", *Lettres écrites de la Montagne*, I, 6)[156].

Perante este voluntarismo cedem todas as limitações decorrentes de uma ordem superior à vontade (ordem natural ou sobrenatural). A Constituição e o direito tornam-se um produto da vontade e do pacto, não podendo a sua legitimidade ser questionada em nome de algum critério normativo de mais alta hierarquia. Daqui se extrai (na perspetiva providencialista) que Deus pode enviar tiranos para governar os homens (pecadores, duros), aos quais estes devem, apesar de tudo, obedecer. Extrai-se também que as leis fundamentais, como todos os pactos, são disponíveis, *i.e.*, feitas e alteráveis pelos homens, num dado momento histórico. E, finalmente, que todo o direito positivo, bem como todas as convenções, enquanto produto direto ou indireto de pactos, são justos ("positivismo jurídico")[157].

---

[155] Na verdade, os nominalistas deixaram também de crer na existência de qualquer vínculo entre *vontade* e *razão*. Uma vez que existia, no plano epistemológico, uma radical diferença entre a realidade objetiva e a sua representação mental (cf. Coleman, 1991), não existia nenhum *apetite* natural pelo bem, nenhuma direção da vontade pela razão, como queria S. Tomás. V., sobre este tema, Sève, 1991, 64 ss.

[156] Mas, já antes dele, Marsílio de Pádua a definira como "preceito coercitivo" e Samuel Pufendorf como "comando proveniente da vontade do legislador".

[157] Note-se, no entanto, que a ideia de um pacto na origem das sociedades civis não era estranha à teoria política tradicional. Só que, como vimos, este pacto apenas definia a forma de

Para além destes pontos comuns, o paradigma individualista e voluntarista na conceção da sociedade e do poder desdobra-se em certas correntes típicas.

Por um lado, no *providencialismo*, que concebe o poder como produto da livre vontade de Deus, exercitada na terra pelas dinastias reinantes, que assim eram revestidas de uma dignidade quase-sagrada.

Por outro lado, no *contratualismo absolutista*, que concebe o pacto social como transferindo definitivamente para os governantes todos os poderes dos cidadãos. Tendo os direitos naturais sido transferidos para o soberano e não se reconhecendo outra fonte válida de obrigações (nomeadamente a religião), o soberano ficava, então, livre de qualquer sujeição (a não ser a de manter a forma geral e abstrata dos comandos, o que distinguiria o seu governo da arbitrariedade do governo despótico).

Por fim, o *contratualismo liberal*, para o qual o conteúdo do contrato social estaria limitado pela natureza mesma dos seus objetivos – instaurar uma ordem social e política maximizadora dos instintos hedonistas dos homens – pelo que os direitos naturais permaneceriam eficazes mesmo depois de instaurada a sociedade civil[158].

Também no domínio do direito privado, o individualismo vem a ter as suas consequências. Desde logo, a dissolução da ideia de que os pactos e contratos tinham uma natura (*natura, substantia*) indisponível, ligada à própria natureza das coisas. Depois, que as mesmas coisas, de que os homens se serviam, tinham usos naturais que não podiam ser ignorados e, portanto, que a propriedade tinha limites, podendo, assim, ser objeto de "abuso" (um dos quais seria, por exemplo, o não uso absoluto, privando a comunidade das utilidades que decorriam do normal uso das coisas, das suas "funções sociais").

6.3. A receção do direito romano e a formação do "direito comum"

O direito da Europa Ocidental entre os séculos XII e XVII tem recebido designações muito variadas – "bartolismo", "escolástica jurídica", "*mos italicus*", etc.; mas a designação hoje mais usada é a de "*direito comum*" por se referir à característica central deste direito: a de que ele tende para a

---

governo (que Aristóteles considerara mutável); não já a forma do poder. E mesmo aquela, uma vez estabelecida, consolidava-se em direitos adquiridos (*iura radicata*) impossíveis de alterar.
[158] Sobre estas correntes, com desenvolvimento e bibliografia suplementar, Hespanha (& Xavier), 1993e, 127. Sobre as escolas do pensamento político moderno, *ibid.*, 127 ss.

unidade – (i) quer enquanto *unifica* as várias fontes do direito (direito justinianeu [cf., *infra*, 6.4], direito canónico [cf., *infra*, 6.4.2] e direitos locais); (ii) quer enquanto constitui um direito tendencialmente *único* (ou comum) a todo o espaço europeu ocidental; (iii) quer ainda enquanto "trata" este direito de acordo com os cânones de um saber jurídico *comum*; (iv) forjados num ensino universitário do direito que era *idêntico* por toda a Europa; e (v) vulgarizados por uma literatura escrita numa língua então *universal* – o latim[159].

Embora esta ideia de uma comunidade do direito na área do centro-ocidental da Europa seja correta, tem de se precisar duas coisas. A primeira é a de que esta unificação (ou comunicação) diz respeito, fundamentalmente, ao direito dos círculos da cultura jurídica universitária (que então se forma), esbatendo-se à medida que vamos abandonando esses círculos em direção às culturas jurídicas leigas e populares (ou, mais tarde, nas colónias, às culturas jurídicas coloniais "de fronteira" ou às culturas jurídicas indígenas). A segunda precisão é a de que unidade (ou comunicação, comunhão) não significa, neste contexto, homogeneidade, pois, mesmo neste nível da alta cultura, a ideia de um direito comum compatibilizava-se com o reconhecimento de particularidades jurídicas regionais (*iura propria*), as quais eram tidas em conta no edifício do *ius commune*. Estas especificidades resultavam de vários fatores: ou da existência, por toda a Europa, dessas extensas áreas sociais em que o direito culto não entrava, vigorando aí direitos populares de âmbito espacial mais ou menos vasto; ou do desejo dos príncipes e senhores de estabelecerem, nos seus estados, um direito próprio. A própria Igreja conhecia estas tendências para opor ao direito eclesiástico de toda a Igreja direitos particulares de comunidades eclesiásticas particulares, como as igrejas provinciais, as dioceses, as ordens religiosas, as confrarias de fiéis, as paróquias, etc.

Para a formação desta comunidade jurídica europeia contribuíram vários fatores.

Por um lado, uma constelação de fatores que gera uma certa *tendência para a unidade dos vários ordenamentos jurídicos europeus*.

Um deles é a reconstituição do Império; primeiro, do Império de Carlos Magno (século IX); depois, do Sacro Império Romano-Germânico (século X); dando origem, num caso como noutro, à ideia de que estes impérios

---

[159] Teorização do conceito em Calasso, 1970, *maxime* 33-136.

sucediam ao Império Romano, um "império universal" (*urbs et orbis*), de que os novos imperadores, francos ou germânicos, seriam os sucessores[160]. Outro é a existência, no plano religioso, de uma Igreja universal (ecuménica[161], *catholica*[162]) que reunia toda a cristandade. Quer o Império, quer a Igreja, tinham os seus ordenamentos jurídicos, que coexistiam paralelamente. Daí que a tríade "uma religião, um império, um direito" (*una religio, unum imperium, unum ius*) parecesse apontar para algo de natural na organização do género humano – uma certa comunidade de governo temporal e espiritual (*respublica christiana*) e uma certa unidade do direito (*ius commune*).

Por outro lado, o sentimento de unidade do direito foi – em grau não menor – suscitado pela homogeneidade da formação intelectual dos agentes a cargo de quem esteve a criação do saber jurídico medieval – os juristas letrados. Tratava-se de universitários com uma disposição intelectual comum, modelada por vários fatores que se verificavam em toda a área cultural europeia centro-ocidental. Primeiro, o uso da mesma língua técnica – o latim –, o que lhes criava, para além daquele "estilo" mental que cada língua traz consigo, um mesmo horizonte de textos de referência (numa palavra, a tradição literária romana). Depois, uma formação metodológica comum, adquirida nos estudos preparatórios universitários, pela leitura dos grandes "manuais" de lógica e de retórica[163] utilizados nas Escolas de Artes de toda a Europa. Finalmente, o facto de o ensino universitário do direito incidir unicamente – até à segunda metade do século XVIII – sobre o direito romano (nas Faculdades de Leis) ou sobre o direito canónico (nas Faculdades de Cânones), pelo que, nas escolas de direito de toda a Europa Central e Ocidental, desde Cracóvia a Lisboa, desde Upsala a Nápoles, se ensinava, afinal, o mesmo direito. O mesmo direito, na mesma língua, com a mesma metodologia. É do trabalho combinado destes fatores – a unificação dos ordenamentos jurídicos suscitando e possibilitando

---

[160] Cf. de um edito imperial de 864 (*Edictum postensis*): "Naquelas regiões nas quais se julgava segundo a lei dos romanos, os litígios continuarão a ser julgados por essa mesma lei, pois os nossos antecessores não estabeleceram qualquer capitular suplementar ou contrária a essa lei, nem nós mesmos [de Carlos II, imperador dos francos] o fizemos" (*apud* Calasso, 1970, 41).
[161] Do grego *oikomen(ikos)*, significando "o mundo habitado".
[162] Do grego *katholikos*, significando "universal".
[163] Dos quais o principal foi, até ao século XVI, as *Summae logicales* do português Pedro Hispano (depois, Papa João XXI, m. 1272).

um discurso jurídico comum, este último potenciando as tendências unificadoras já latentes no plano legislativo e judiciário – que surge o direito comum, *ius commune*[164].

6.4. Fatores de unificação dos direitos europeus
Vejamos, mais detidamente, a primeira série de fatores, *i.e.*, as circunstâncias a partir das quais se foi gerando a unificação dos ordenamentos jurídicos europeus.

6.4.1. A tradição romanística
6.4.1.1. Direito romano clássico, direito bizantino e direito romano vulgar
A memória do direito de Roma foi, porventura, o principal fator de unificação dos direitos europeus.

Entre os séculos I a.C. e III d.C., o Império Romano estendeu-se por toda a Europa Meridional, tendo ainda atingido algumas zonas mais a norte, como a parte norte da Gália (a atual França) e o sul de Inglaterra. No Oriente europeu, o Império Romano estendia-se pelos Balcãs e pela Grécia e prolongava-se, depois, pela Ásia Menor, pelo Próximo Oriente e pelo Norte de África.

O cultivo intelectual do direito – a pouco e pouco, mas pela primeira vez, conceitualmente separado de outras ordens normativas – por um grupo de especialistas (os juristas) com grande autoridade social e política, tornou-se a partir de então a principal tecnologia de governo no Ocidente[165].

---

[164] Note-se, desde já, que o *direito comum* é um fenómeno mais de natureza doutrinal do que legislativa. Isto é notório quando, a partir da Baixa Idade Média (séculos XIII e ss.) se cria uma espécie de *costume doutrinal* (*opinio communis doctorum*) que passa a ser decisivo – mais do que as próprias fontes dos direitos dos reinos – na orientação da jurisprudência. Em Portugal, por exemplo, apesar de as *Ordenações* conferirem ao direito romano um lugar apenas subsidiário no quadro das fontes do direito (*Ord. Fil.*, III, 64), na prática ele era o direito principal, sendo mesmo aplicado contra o preceito expresso do direito local (Cruz, 1955, 10; Costa, 1960, 25; e Merêa, 1939, 539 ss.). Como o direito romano constituía a base da formação dos juristas e juízes de então e era o direito veiculado pela doutrina vigente e aceite nos tribunais, forma-se um costume doutrinal e judicial *contra legem*, mas dotado de verdadeira *opinio iuris* (*i.e.*, sentido como obrigatório).

[165] Sobre a história do direito romano, suas épocas e principais características, v. Gilissen, 1988, 80-100. Para maiores desenvolvimentos, D'Ors, 1973; Kaser, 1959. Visão profundamente renovada, no sentido que se regista no texto, em Schiavone, 2005.

Na base de umas poucas leis – desde a arcaica Lei das XII Tábuas (meados do século V a.C.) até às leis votadas nos comícios no último período da República (séculos I e II a.C.)[166] – e das ações (*legis actiones*, ações da lei) que elas concediam para garantir certas pretensões jurídicas, o pretor, magistrado encarregado de administrar a justiça nas causas civis, desenvolvera um sistema mais completo e mais maleável de ações (*actiones praetoriae*), baseado na averiguação das circunstâncias específicas de cada caso típico e na imaginação de um meio judicial de lhes dar uma solução adequada.

Nesta tarefa de extensão e de afinação do arcaico "direito dos cidadãos", *ius civile* – formalista, rígido, desadaptado às novas condições sociais –, os pretores criam um direito próprio, o "direito dos pretores", *ius praetorium*. Inicialmente, socorrem-se dos seus poderes de magistrados (*imperium*), dando às partes *ordens* que modificavam as circunstâncias de facto e que, por isso, excluíam a aplicação de uma norma indesejável ou possibilitavam a aplicação de outra mais adequada à justiça material do caso[167]. Mais tarde, a *Lex Aebutia de formulis* (149 a.C.) atribui ao pretor a possibilidade de criar ações não previstas na lei (*actiones praetoriae*). Cada ação consiste numa *formula*, espécie de programa de averiguação dos factos e da sua valorização jurídica. A partir daí, é a fórmula elaborada para cada situação jurídica típica, e não a lei, que dita a solução para o caso em análise. Com isto, a jurisprudência dos pretores autonomiza-se completamente das leis e torna-se uma fonte imediata de direito. A partir dos meados do século II d.C., os pretores completam a sua tarefa de renovação do velho *ius civile*. O *Edictum perpetuum* (c. 125-138 d.C.) codifica as ações do direito pretório.

O direito ganha, desta forma, um caráter casuístico que incentiva uma averiguação muito fina da justiça de cada caso concreto. Para além disso, o momento da resolução dos casos é muito criativo, pois a lei não amarra, de modo nenhum, a inventiva do magistrado, que fica bastante livre para imaginar soluções específicas para cada situação. Isto explica, porventura,

---

[166] Existiam ainda, como fonte de direito, alguns resíduos de direito consuetudinário, as determinações legislativas do Senado, os *senatusconsulta* e os mandatos (*edicta*) dos magistrados (mais tarde, do imperador, *constitutiones imperiales*).

[167] Ordens deste tipo são: as *stipulationes praetoriae* [efetivação de promessas forçadas pelo pretor], as *restitutiones in integrum* [ordem de reposição do estado anterior], as *missiones in possesionem* [entregas forçadas], os *interdicta* [proibições de agir ou ordens de exibir, restituir]. Com elas, o pretor criava situações de facto que alteravam os pressupostos de aplicação do direito.

o desenvolvimento de uma enorme produção literária de juristas, treinados na prática de aconselhar as partes e o próprio pretor, que averiguam e discutem a solução mais adequada para resolver casos reais ou hipotéticos. Designam-se a si mesmo como técnicos na distinção entre o justo e o injusto, sabedores práticos do direito (*iuris-prudentes*) e produzem, na época áurea da sua atividade (entre 130 a.C. e 230 d.C.) centenas de milhares de páginas de consultas e opiniões, de resolução de questões, de regras de direito, de comentários ao édito do pretor.

Fora de Roma, no entanto, este direito letrado e oficial pouca aplicação teria. Aí, pontificavam usos locais e formas tradicionais de resolver os litígios. Em algumas províncias de cultura mais específica, como o Egito ou a Grécia, o direito local tinha particularidades muito importantes que resistiam aos padrões do direito romano clássico. Noutras, menos romanizadas (como a Germânia, certas zonas da Gália e da Hispânia), o direito oficial de Roma mal chegava. Deste modo, a *iurisprudentia* romana clássica, se contribuiu para a unificação dos direitos europeus até aos dias de hoje, não foi por causa da sua difusão pelo Império, no período do seu maior brilho, mas porque constituiu um tesouro literário em que, mais tarde, se vieram a inspirar os juristas europeus.

A crise do Império Romano, a partir do século III d.C., e a ulterior queda do Império do Ocidente (em 476) põem em crise este saber jurídico, cujo rigor exigia uma grande formação linguística, cultural e jurídica, e cujo casuísmo impedia uma produtividade massiva. Num império vasto, com poucos técnicos deste direito erudito, longe da ação dos pretores urbanos de Roma, o que progressivamente foi ganhando mais importância foram as leis imperiais (*constitutiones principum*). O direito como que se burocratizou. De um saber de uma elite cultivada numa longa tradição intelectual passou para uma técnica burocrática de aplicação, mais ou menos mecânica, de ordens do poder[168]. Ganha em generalidade e automatismo aquilo que perde em fineza casuística e apuramento intelectual. Dizer o direito torna-se uma atividade menos exigente e mais simplificada, acessível mesmo aos leigos. O saber jurídico perde o rigor e a profundidade de análise. O direito vulgariza-se. Esta vulgarização é mais pronunciada nas províncias, em virtude das corruptelas provocadas pela influência dos direitos locais. Aí, forma-se um direito romano vulgar (*Vulgarrecht*), que

---

[168] Petit, 1994, III, 728 ss.

está para o direito romano clássico como as línguas novilatinas ou românicas estão para o latim.

No Império Oriental, por sua vez, o direito clássico deixou-se contaminar pelas influências culturais helenísticas e pelas particularidades do direito local. Muitos dos comentadores passaram a escrever em grego, a língua oficial da corte bizantina. Em todo o caso, o gosto pela reflexão intelectual em matérias jurídicas não se perdeu, continuando a produção doutrinal dos juristas clássicos a ser apreciada.

Tanto que, nos meados do século VI, o imperador Justiniano, um apaixonado pela cultura clássica e um nostálgico das antigas grandezas de Roma, empreende uma tarefa de recolha de textos jurídicos da tradição literária romana, desde as obras dos juristas romanos clássicos, que mandou reunir numa compilação a que chamou *Digesto* (*i.e.*, resumo, seleção) ou *Pandectas* (*i.e.*, obra enciclopédica), 533 d.C., até à legislação imperial dos seus antecessores, que foi recolhida no *Código* (*i.e.*, livro), 529 d.C. A sua obra de recolha foi completada por um manual de introdução, as *Instituições*, 530 d.C., e por uma compilação póstuma, as *Novelas*, 565 d.C., as "constituições novas" promulgadas pelo próprio Justiniano depois da saída do *Código*.

É este conjunto de livros – a que, a partir do século XVI, se dá o nome de *Corpus iuris civilis* – que vai constituir a memória medieval e moderna do direito romano, pois a generalidade das obras dos jurisconsultos clássicos, que foi guardada nas grandes bibliotecas do Próximo Oriente (Beirute, Alexandria, Constantinopla), perdeu-se posteriormente, nomeadamente com a conquista árabe desses centros[169].

---

[169] A tal ponto que, até aos inícios do século XIX – data em que se descobre um manuscrito das *Institutiones* de Gaio, um jurista dálmata do século III –, não se conhecia nenhuma obra completa, dos milhares das provavelmente escritas por juristas romanos.

6.4.1.1.1. Súmula cronológica da evolução do direito romano[170]

753 a.C.	Fundação de Roma. O direito baseava-se exclusivamente nas "ações" previstas e tipificadas na lei (nomeadamente na Lei das XII Tábuas, *legis actiones*).
367 a.C.	Criação da magistratura dos pretores, encarregada da administração da justiça nas causas civis. Início do *ius praetorium*, constituído pelas modificações introduzidas pelo pretor no direito civil, com base nos seus poderes genéricos (*i.e.*, comuns a todos os magistrados) de *imperium*, *i.e.*, de dar ordens (*stipulationes praetoriae* [promessas], *restitutiones in integrum* [reposição no estado anterior], *missiones in possesionem* [entregas forçadas], *interdicta* [proibições de agir ou ordens de exibir, restituir]).
242 a.C.	Criação do pretor peregrino; fim do período de vigência exclusiva do *ius civile*.
149 (?) a.C.	*Lex Aebutia de formulis* – atribui ao pretor a possibilidade de redigir uma *formula*, espécie de programa de averiguação dos factos e de sua valorização, segundo a qual o *iudex* levava a cabo o *iudicium* (ou fase *apud iudicem*, junto do juiz, do processo), ou julgamento do diferendo; a partir daqui, o pretor leva a cabo a sua missão de corrigir e adaptar o *ius civile* com recurso a meios propriamente "judiciais" (*i.e.*, com base em poderes que lhe são específicos – a *iurisdictio* – e não comuns a todos os magistrados – como era o *imperium*).
130 d.C.	Compilação do *Edictum perpetuum*, a cargo de Salvius Iulianus, que constitui uma codificação, com caráter definitivo, dos éditos anuais dos pretores e que, deste modo, representa uma consolidação do *ius praetorium*.
230 d.C.	Termo convencional da época clássica (130 a.C. – 230), o período de vida e atuação dos maiores juristas, como Q. M. Scaevola († 132 a.C.), Labeo († c. 10), Iavolenus († 98), Iulianus († 168), Gaius († c. 180), Papinianus († 212), Paulus († c. 226), Ulpianus († 228), Modestinus († 240).
395	Divisão definitiva do Império.
426	Lei das Citações, limitando a autoridade da jurisprudência aos juristas Papiniano, Paulo, Ulpiano, Modestino e Gaio, e erigindo Papiniano em critério de decisão, no caso de empate.
438	*Codex Theodosianus*.
530	Início do reinado de Justiniano I.
530-565	Elaboração do *Corpus iuris civilis*.

[170] Boa síntese *on line*, incorporando a tradição romanística medieval: http://faculty.cua.edu/pennington/law508/law508.html.

6.4.1.1.2. Súmula das épocas históricas do direito romano

Época arcaica (753 a.C. – 130 a.C.)	
Indistinção *ius-fas-mos*. A Lei das XII Tábuas (c. 450 a.C.)	• O primado do costume. A natureza apenas explicitadora das leis. • O caráter sacral do direito: • Rituais jurídicos – a *emptio venditio fundi*. • Fórmulas mágicas – a *stipulatio*. • Inderrogabilidade e formalismo dos instrumentos jurídicos – as *legis actiones*. • O saber jurídico prudencial: • A natureza oracular do discurso jurídico – pontífices (*pontem facere*) e juristas. • A aprendizagem do direito pela prática junto dos peritos.

Época clássica (130 a.C. – 230 d.C.)
 	
Ascensão e auge do direito pretório (*ius praetorium est quod praetores introduxerunt adiuvandi vel corrigendi vel supplendi iuris civilis gratia propter utilitatem publicam*, Papinianus, D.,1,1,7,1).
 	
Decadência do direito pretório:
• a ossificação do direito pretório – o *Edictum perpetuum* (130 d.C.);
• a generalização da cidadania romana (com Caracala, 212 d.C.).
 	
A inventiva doutrinal (*iurisprudentia*): *non ex regula ius sumatur, sed ex iure quod est regula fiat*
	• Expedientes do pretor baseados no *imperium*: ex. a *stipulatio praetoria*, as *restitutiones in integrum* (*ob metum, ob dolum, ob errorem, ob aetatem*), os *interdicta possessoria* (*uti possidetis, unde vi*).
	• Expedientes baseados na *iurisdictio* (depois da *Lex Aebutia de formulis*, c. 130 a.C.):
	  • *actiones praetoriae* (*in factum conceptae, utiles*);
	  • a fórmula (*Titius iudex esto. Si paret Numerium Negidium Aulo Agerio centum dare oportere, condemnato. Si non paret, absolvito*);
	  • *exceptiones*.

Época pós-clássica (230-530) Vulgarização: • Oficialização (lei e critérios oficiais de valorização da doutrina); • Codificação. Helenização.	A eficácia disciplinar do direito legislado: • centralização; • generalidade; • codificação (*Codex Theodosianus*, 438 d.C.[172]) A ratificação imperial (< *imperium*) da autoridade (*auctoritas*) dos juristas: o *ius respondendi ex auctoritate principis* (Augusto, c. 25 a.C.); a equiparação da doutrina à lei (Adriano, c. 120 d.C.); a Lei das Citações (426 d.C.).

[171] Versão *on line* (latina): http://webu2.upmf-grenoble.fr/Haiti/Cours/Ak/Codex_Theod.htm.

MODERNIDADE, PRÉ-MODERNIDADE, PÓS-MODERNIDADE. A PRÉ-MODERNIDADE JURÍDICA

6.4.1.1.3. Sistematização e método de citação do *Corpus iuris civilis*[172]

Instituições (533 d.C.) – 4 livros (*personae, res, obligationes, actiones*): • divididos em títulos e estes, por vezes, em parágrafos; • citação: I[nst.], [liv.] 1, [tit.] 10, [parag.] pr[oemium][174]; • cit. antiga: (Inst.), l[ex]. pr., *De nuptiis*[175].	*Código* (534 d.C.) – 12 livros[176]: • divididos em títulos, estes em constituições ou leis e estas, por vezes, em parágrafos; • citação: C[odex Iustinianit.], [liv.] 9, [tit.] 7, [constituição] 5, [parag.] 1[177]; • cit. antiga: (Cod. Iust.), l[ex]. 1, *Si quis imperatori maledixerit*.

Digesto (ou *Pandectas*) (533 d.C.) – 50 livros[178]:
• divididos em títulos (salvo os livros 30 a 32, *De legatis et fideicommissis*), estes em fragmentos (ou "leis") e estes, por vezes, em parágrafos;
• citação:
  • D., 2,1,3: D[ig.], [liv.] 2, [tit.] 1, [frag.] 3, [parag.] - (frag. não dividido em parágr.);
  • citação antiga: l. *Imperium*[179], ff[180] *De iurisdictione*[181];
  • D., 1,1,10,1: D[ig.], [liv.] 1, [tit.] 1, [frag.] 10, [parag.] 1(frag. dividido em parágr.);
  • citação antiga: l. *Iustitia*, ff *De iustitia et de iure*;
  • D., 31,6: D[ig.], [liv.] 31, [frag.] 6, [parag.] – (livro não dividido em títulos[182]);
• citação antiga: l. *grege*, ff *De legatis et fideicommissis*.
	Novelas (534-565 d.C.):
	• divididas em constituições ou leis;
	• a mais importante das coleções medievais de novelas é o *Liber Authenticum*, composto por 134 novelas latinas.

---

[172] Versão *on line* (latina): http://www.thelatinlibrary.com/ius.html; versão inglesa (parcial) *on line*: http://www.constitution.org/sps/sps.htm.; http://faculty.cua.edu/Pennington/Law508/Roman%20Law/DigestCode.html; http://www.fordham.edu/halsall/sbook-law.asp.

[173] O *proemium* ou *principium* é, de facto, o primeiro parágrafo. O parágrafo 1 é, portanto, o segundo na ordem do texto.

[174] *De nuptiis* é a epígrafe do tít. 10 do livro 1 das *Institutiones*.

[175] Na Idade Média, os três últimos livros do *Código* eram frequentemente agrupados nos chamados *tres libri*, formando, juntamente com outras fontes menores (*Institutiones, Authenticum e Libri feudorum*) o *Volumen parvum* (livrinho).

[176] Como antes se disse, o parágrafo 1 é, de facto, o segundo na ordem do texto.

[177] Na Idade Média, o *Digesto* aparecia dividido em *Digestum Vetus* (livs. 1-24,3,2); *Digestum Novum* (livs. 39-50) e *Digestum Infortiatum* (livs. 24,3,3-38).

6.4.1.2. Os estudos romanísticos no quadro da formação dos juristas

Na economia desta exposição, o direito romano interessa-nos apenas como uma experiência histórica, culturalmente localizada. E, sobretudo, na medida em que constituiu uma referência, sempre relida e reinterpretada, da ulterior tradição jurídica.

No entanto, há outras perspetivas sobre o seu interesse, que aqui interessa avaliar.

O estudo do direito romano, como disciplina "dogmática" – *i.e.*, dotada de um interesse formativo de natureza "prática" – no âmbito das licenciaturas de direito tem sido justificado fundamentalmente com base em dois argumentos: o da perfeição do direito romano e o da importância do seu legado ainda no direito atual.

Com o tópico da "perfeição do direito romano" quer-se dizer que os romanos tiveram uma especial sensibilidade para as coisas do direito, tendo criado conceitos e soluções cuja justeza (no sentido de adequação, ajustamento, à natureza das coisas ou das relações humanas) ou justiça (no sentido de conformidade com um padrão ideal do justo) se teriam imposto à usura do tempo[182].

Com o tópico da importância do direito romano na conformação do direito europeu (ou, mais em geral, ocidental) de hoje pretende-se sublinhar o interesse do direito romano para a interpretação do direito atual (no âmbito da chamada "interpretação histórica" ou "elemento histórico" da interpretação).

A ideia de uma especial perfeição do direito romano (ou de qualquer outro direito histórico ou atual) repousa na ideia de que existem padrões universais de justiça na regulação das relações humanas, dos quais as várias épocas ou culturas se aproximariam mais ou menos. Tratar-se-ia, então, de uma perfeição "material". Ou, vendo as coisas de um ponto de vista "formal", que existiriam técnicas também intemporais de tratar as questões jurídicas, tais como maneiras de organizar a justiça (*v.g.*, a valorização

---

[178] Primeira palavra da "lei".
[179] O nome grego do *Digesto* começava pela letra Π (pi) que, manuscrita, se assemelhava a dois *ff*. E foi assim que os copistas medievais a grafaram.
[180] Epígrafe do título.
[181] E fragmentos não divididos em parágrafos.
[182] Emblemático, na defesa destes pontos de vista, Cruz, 1989a, "Prólogo" e "Razões justificativas da utilidade do ensino do direito romano nas atuais Faculdades de Direito"; Cruz, 1989b.

da decisão do juiz sobre um caso concreto), modelos de raciocínio (*v.g.*, o raciocínio a partir de casos), formas de repartir as funções entre os vários operadores do direito (juristas, magistrados, legisladores; *v.g.*, a autonomização da *autoridade racional* dos juristas em relação à *vontade política* do legislador). A ideia da existência de padrões universais e eternos de justiça baseia-se, por sua vez, na de que existe uma natureza humana transtemporal e transcultural.

Da perspetiva das correntes de pensamento que destacam o caráter *construído, cultural, local*, das representações e dos valores que dominam cada época (muito comuns entre os historiadores, os antropólogos e os sociólogos) tem sido destacada a dificuldade de valores, de princípios ou de técnicas jurídicas que tenham vencido o tempo ou a diversidade cultural. O princípio da reciprocidade nas prestações (*do ut des* [dou para que dês]), que é a chave da atual ideia de justiça (justiça "comutativa"), não valeu em sociedades em que se entendia que bom e justo era dar sem pedir nada em troca, distribuir *livre* ou *arbitrariamente* (princípio da "liberalidade", da "graça" ou do "dom"; justiça "distributiva"). O princípio do caráter sagrado e indisponível da vida humana também não vigorou nem vigora nas culturas que sobrepõem ao respeito pela vida humana outros valores, como a segurança social, a retribuição do mal praticado. Conceitos fundamentais do direito atual, como os de direito subjetivo, de pessoa jurídica, de relação jurídica, de generalidade da norma, de não retroatividade das leis, de igualdade jurídica e política, de primado da lei, de Estado, são relativamente modernos na cultura jurídica europeia, não existindo de todo noutras culturas jurídicas.

Frequentemente, esta descontinuidade e inovação na história jurídica é encoberta pela própria maneira de fazer história.

Os historiadores do direito fazem, frequentemente, uma leitura do direito passado na perspetiva do atual, procurando lá os "prenúncios", as "raízes" dos conceitos, dos princípios e das instituições atuais. Por exemplo, se estudam o Estado, procuram nos direitos da tradição europeia, nomeadamente no direito romano, entidades que dispusessem de certos atributos (mas não de outros, como o monopólio de criação do direito, ou um poder de plena disposição em relação à ordem jurídica) do Estado atual (por exemplo, o conceito de *populus romanus*, o conceito de *imperator*); ou, se estudam a propriedade, pegam na história do *dominium* sobre as coisas, conceito que, em algumas definições romanas (*ius utendi ac abutendi*), parece corresponder à atual propriedade individualista. Num caso ou noutro, um estudo da lógica originária do conceito, bem como da sua integração no seu contexto conceitual ou institucional de então, mostraria que, se se respeitar a autonomia do conceito histórico, este não corresponde, de forma alguma, ao atual.

Outras vezes, os historiadores ocupam-se do estudo dos conceitos ou instituições com um nome igual ("obrigação-*obligatio*", "representação-*repraesentatio*", "matrimónio-*matrimonium*"). Também aqui, um estudo mais preocupado com os conteúdos do que com os nomes chegará facilmente à conclusão de que, por detrás da continuidade das palavras, se verificaram ruturas decisivas de conteúdo. As próprias palavras evocavam, então, ideias e imagens diferentes, que nem sequer nos ocorrem hoje.

Também a utilidade do estudo do direito romano para a interpretação do direito atual é problemática.

É certo que o direito atual é o herdeiro, nas suas palavras, nos seus conceitos, nas suas instituições, de uma longa tradição na qual os textos de direito romano tiveram um lugar central. Mas a primeira coisa que é preciso dizer é que, ao longo dessa longa tradição, os textos romanos sofreram reinterpretações contínuas, ao mesmo tempo que, da imensa mole de textos disponíveis, os que protagonizavam o discurso jurídico iam sucessivamente mudando. Pode mesmo dizer-se que, se não fosse essa contínua alteração silenciosa do direito romano invocado pela tradição romanística, este não teria podido sobreviver às enormes transformações culturais e sociais da sociedade europeia durante mais de dois milénios. O "herdeiro" do direito, formalista, romano não foi o mesmo do direito linhagista, feudal e senhorial ou do direito, igualitarista, da Época Contemporânea. A "equidade" romana clássica, inspirada na filosofia aristotélica ou estoica, não foi a mesma dos direitos cristianizados, pós-clássico, medieval ou moderno, nem a mesma do direito, individualista e laicizado, dos nossos dias. Isto apesar de as palavras "herdeiro-*heres*" e "equidade-*aequitas*" – e os textos romanos que se lhes referiam – terem estado continuamente presentes na reflexão jurídica de dois mil anos.

No entanto, o que é importante realçar é que cada instituto jurídico ou cada conceito de direito faz parte de um sistema ou contexto, do qual recebe o seu sentido. Mudado o contexto, os sentidos das peças isoladas recompõem-se, nada tendo a ver com o que elas tinham no contexto anterior. Isto mostra já até que ponto são frágeis os argumentos históricos na interpretação das normas jurídicas. Pode mesmo dizer-se que só porque esquecemos os sentidos originários dos conceitos ou das instituições é que elas podem continuar a funcionar, nesta contínua readaptação que é a sua história. Só porque esquecemos o sentido originário das palavras romanas que significam "obrigação" (*obligatio* – atar em volta de) ou "pagamento" (*solutio* – desatar) é que alguns textos de direito romano que se lhes referem podem continuar a ser invocados (depurados, como é evidente, dos seus sentidos, explícitos ou implícitos, originais). Só porque esquecemos o conteúdo originário de conceitos romanos como *paterfamilias* (ou mesmo *familia*) ou *actio* (ação) é que podemos continuar a tirar partido de alguns princípios de direito romano que se lhes referem. A própria idealização que por vezes se faz, por exemplo, da natureza criativa e autónoma da jurisprudência (no sentido, originário, de doutrina) ou da atividade do pretor só é ainda hoje atraente porque se esquece todo o seu contexto político e social. Seguramente que não poderíamos hoje aceitar que um grupo de juristas dispusesse de uma quase total discricionariedade de conformação do direito, nem que um magistrado utilizasse a sua autoridade burocrática para decidir em que casos garantia proteção jurídica (como o fazia o pretor através da concessão ou negação de *actiones praetoriae*[183]) ou para nos forçar a praticar atos que alterassem o nosso estatuto jurídico ou o estatuto jurídico das nossas coisas (como nos expedientes do pretor baseados no seu *imperium*[184]).

Como se pode, então, justificar o lugar que ainda vem sendo atribuído ao direito romano nas Faculdades de Direito de um grande número de países, nomeadamente na Alemanha, em Itália, em Espanha e em certos países da América Latina? Desde logo, pelo peso da tradição e das próprias estruturas universitárias, pois a própria existência de cátedras, com o seu pessoal, é um fator de continuidade.

Depois, pelo impacto do argumento de que o direito romano tinha características que o recomendam como inspirador de correções a fazer no direito de hoje.

No imediato pós-guerra, a crise provocada pela constatação da impotência do direito, mesmo no país clássico dos estudos jurídicos (a Alemanha), para impedir a implantação de regimes que negavam alguns dos princípios

[183] V. Cruz, 1989a, 332 ss.
[184] *Ibid.*, 302 ss.

básicos da cultura jurídica ocidental, fez surgir projetos de reforma profunda do direito. No quadro destes projetos, os romanistas apresentaram então o direito romano, com a sua estrutura antilegalismo e com o seu embebimento ético (?), como um possível modelo capaz de evitar aquele "totalitarismo da lei" ("absolutismo da lei", chama-lhe Paolo Grossi), com o qual se tinham relacionado os males ocorridos. Tratava-se de uma época em que se reagia fortemente contra a redução do direito à lei, contra a inexistência de critérios suprapositivos para aferir da legitimidade das leis, contra a dissolução da especificidade do caso concreto numa abstrata norma geral. O direito romano – com o seu caráter doutrinal e jurisprudencial; com as suas referências à *aequitas*, à *natura rerum* (natureza das coisas) e ao *ius naturale* (direito natural); com o seu casuísmo – seria justamente o antídoto contra tais males[185]. Contemporaneamente, surgiram, porém, correntes de pensamento jurídico – as que valorizavam métodos casuístas (J. Esser), as que propunham processos apenas "probabilistas" de raciocínio (Th. Viehweg), as que criticavam o papel conservador da dogmática jurídica estabelecida e propunham uma intervenção mais criativa dos juízes ("uso alternativo do direito") – que propunham vias de superação da crise que não passavam por um mais que problemático retorno a um direito de há dois milénios.

Também hoje, quando a unificação europeia criou uma forte tendência para imaginar que o futuro jurídico da Europa está num direito europeu, têm aparecido sugestões de que isto aconselharia a buscar no Império Romano e no seu direito a inspiração para esse futuro *Ius Europaeum*[186]. Há nesta opinião vários equívocos. O primeiro é o de supor que o direito romano constituía uma unidade jurídica homogénea, abrangendo todo o Império; já vimos que não era assim. Depois, o ignorar que o que deu uma certa unidade doutrinal à área jurídica euro-ocidental não foi tanto o direito romano, mas a sua sucessiva e continua reelaboração, desde o século XII até ao século XX, reelaboração que o foi pondo de acordo com as culturas europeias, frequentemente tendo também em conta diferenças sociais, políticas e culturais entre as distintas áreas europeias. Se desfizermos

---

[185] "O principal objeto da nossa docência deve ser libertar o jurista moderno da servidão do positivismo legalista e instruí-lo nos hábitos mentais de uma jurisprudência cuja independência continua a ser exemplar" (D'Ors, 1973).

[186] Cf. Zimmermann, 2000. Que, em todo o caso, contempla também a tradição romanística medieval e moderna, o que já faz mais sentido.

estes equívocos, teremos de reconhecer que nem o direito romano, nem mesmo a tradição romanística ("*the civilian tradition*") poderão contribuir significativamente para um futuro direito europeu, se as coisas se encaminharem, de facto, nesse sentido...

Ao direito romano fica, porém, um inegável interesse *histórico*, nos quadros de uma história do direito de intenção *crítica*, ou seja, que vise mostrar o caráter apenas *local* da atual cultura jurídica, revelando o caráter radicalmente diferente e alternativo de outros modos de imaginar e pensar o direito.

Ora o direito romano é, justamente, um bom exemplo de uma cultura jurídica *diferente*. Nos seus pressupostos culturais, na sua técnica de lidar com os problemas jurídicos, nos seus conceitos e princípios, nas suas instituições e, finalmente, na forma de organizar a prática jurídica. As melhores exposições de direito romano são, por isso, aquelas que, libertando-se das categorias jurídicas atuais, conseguem dar uma visão, historicamente mais autêntica, do direito romano como um sistema jurídico dominado por uma lógica alternativa, ou mesmo oposta, à do atual. Basta ler os primeiros parágrafos de um manual como o do prestigiado romanista espanhol Álvaro d'Ors[187] para nos darmos conta de que modo era diferente a maneira de pensar o direito e de organizar o seu estudo entre os romanos: o direito consistia na doutrina jurídica; direito, verdadeiramente, era só o direito privado; a sua exposição centrava-se no direito processual; a "sistematização germânica" do direito civil era desconhecida.

Esta alteridade do direito romano não exclui que ele tenha inaugurado um paradigma do governo social que se manteve até hoje – o governo pelo direito, como ordem separada de outras (o costume, a religião). E, neste sentido, que tenha marcado os primórdios da modernidade[188]. Mesmo quanto a isto, não é prudente enfatizar muito a novidade, pois o próprio direito romano mantinha vínculos fortes com ordens normativas de diversas origens, desde a natureza das coisas (*rerum natura*) até à religião (*rerum divinarum*). E este modelo de vinculação do direito à natureza, à religião e à tradição (*mores maiorum*) constitui também um importante legado deixado à cultura jurídica europeia.

---

[187] D'Ors, 1973, 3 ss.
[188] V., neste sentido, Schiavone, 2005.

CULTURA JURÍDICA EUROPEIA

No quadro seguinte, sintetizam-se algumas dessas diferenças.

Direito romano	Direito atual
Crença num *direito imanente* (*natura rerum, ius naturale*) – "é da natureza das coisas que aquele que beneficia das vantagens sofra também os inconvenientes" (D., 50,17,10).	Conceção positivista-voluntarista do direito: – o direito como vontade (arbitrária, artificial) do poder expressa em declarações solenes (leis).
Casuísmo: a justiça como a solução ajustada de um *caso concreto*[189]. – "a regra é aquilo que enuncia brevemente uma coisa. Não é a partir da regra que se extrai o direito; mas é a partir do direito que existe que se faz a regra [...]; a qual, quando se não verifica em alguma coisa, perde a sua força" (D., 50,17,1). – "toda a definição em direito civil é perigosa, pois é raro que não possa ser subvertida" (D.,50,17,202).	Normativismo (a justiça como critério geral e abstrato): – o direito como norma geral e abstrata; – o justo como critério genérico.
Caráter jurisprudencial ou doutrinal: o direito como criação dos juristas, a partir do seu saber prático.	Caráter legal.
Autonomia da autoridade dos juristas (*ex propria auctoritate*).	Dependência da autoridade dos juristas (*ex auctoritate principis*): – o juiz como longa mão da lei; – o jurista como aplicador da lei; – o saber jurídico como técnica de aplicação da lei.
O direito como um *saber prático* (como uma *prudentia* ou arte de agir).	O direito como a expressão de uma vontade ou como um saber especulativo. – o direito como ciência ou das leis (positivismo legalista) ou dos princípios gerais de direito (positivismo conceitual).

[189] Apesar da raiz casuísta da "invenção jurídica" romana, deve notar-se o esforço "construtivo" da *jurisprudentia*, procurando estabelecer modelos gerais (*regulae*, figuras, tipos ou

6.4.1.3. A receção do direito romano

Com a restauração do Império do Ocidente (Carlos Magno, 800 d.C. [Império Carolíngio]; Otão I, 962 d.C. [Sacro Império Romano-Germânico]), surge a ideia de que o antigo Império Romano voltara a nascer, o seu poder político transferido para os novos imperadores (*translatio imperii*). Para mais, o Império aparecia como uma criação providencial ("*qui est a Deo*", que deriva de Deus, dirá o jurista Baldo de Ubaldis [século XIV]), destinada a ser o suporte político (o "gládio temporal") da Igreja, correspondendo a universalidade do Império à *catolicidade* (*i.e.*, caráter ecuménico ou universal) da Igreja[190].

Os resíduos de direito romano que sobreviviam na área do antigo Império do Ocidente e, sobretudo, os livros do *Corpus iuris* bizantino, redescobertos no Centro de Itália no século XII, são então tidos como direito dos novos impérios do Ocidente europeu, sucessores do antigo Império dos Romanos; e o direito romano como o *direito comum* da Europa Ocidental que, *grosso modo*, correspondia quer ao antigo Império Romano do Ocidente, quer aos novos impérios medievais.

No entanto, o território destes impérios não era um espaço politicamente homogéneo. A ideia de império apontava para um poder supremo que se exercia num plano superior ao de outras entidades políticas (reinos, principados, ducados, condados, cidades), as quais mantinham a sua entidade política, embora reconhecessem o poder superior do Império. Tão-pouco era um espaço juridicamente vazio. Nos jovens reinos medievais, nas cidades (sobretudo em Itália), nos senhorios, nas comunidades camponesas e noutras corporações de base pessoal (universidades, corporações religiosas, corporações de artífices), existiam e continuavam em pleno desenvolvimento direitos próprios, fundados em tradições jurídicas romano-vulgares[191], canónicas e germânicas[192], na vontade dos seus

---

conceitos), a partir dos quais as soluções particulares ganhassem coerência e fossem explicáveis de uma forma generalizante.

[190] Sobre a formação e evolução do direito comum, v. Calasso, 1970; Clavero, 1979, 17-84; Cavanna, 1982, 33-75; Wieacker, 1993, 15-96; Caravale, 2005. Materiais e cursos sobre direito comum: http://faculty.cua.edu/pennington/law508/law508.html.

[191] *I.e.*, com origem no direito romano vulgarizado (ou deturpado) em vigor no Ocidente da Europa depois do século V (*Vulgarrecht*).

[192] Os direitos das várias "nações" ou tribos germânicas que invadem e percorrem a Europa, entre os séculos III e VIII, eram de natureza consuetudinária. Mas foram frequentemente

senhores de criarem um direito próprio ou, simplesmente, nos estilos locais de governo, de regulação e de resolução de litígios. Assim, a pretensão de validade universal do direito comum do Império (então identificado ainda apenas com o direito romano) – defendida pelo imperador e, também, pelos juristas universitários que o ensinavam – não podia deixar de originar tensões. Nos meados do século XIV, ainda em Portugal havia queixas de que juízes locais se opunham à aplicação do direito canónico e do direito romano. Nas Cortes de Elvas, de 1361, o clero queixa-se de que "muitas vezes nom querem guardar o Direito Canonico, o que todo Chrisptaão devia guardar, porque era feito polo Padre Santo, que tinha vezes de Jesu Chrispto, e era mais razom de o guardarem em todo o nosso Senhorio pola dita razom, que as *Sete Partidas feitas per ElRey de Castella*, ao qual Regno de Portugal nom era sobjeito, mas bem livre, e izento de todo". Ao passo que os estudantes da Universidade de Coimbra pedem ao rei providências contra o juiz privativo da Universidade (conservador), que também preferia o texto das *Partidas* aos textos de direito romano explicados nas aulas ("quando acontece que elles allegam em alguuns fectos perante uos seus djreitos per *seus liuros* que lhes nom queredes delles conhecer saluo se uos mostrarem esses djreitos em *liuros de partida*")[193].

A vigência dos direitos locais foi inicialmente fundada numa pretensa permissão (*permissio*) ou reconhecimento tácito (*tacitus consensus*) do imperador[194]. Depois, dir-se-á que o rei (ou a cidade) que não reconhece superior é como imperador no seu território (*rex superiorem non recognoscens in regno suo est imperator*, Azo, Guilherme Durante), com isto se justificando a pretensão dos príncipes dos reinos da Europa Ocidental (França,

---

coligidos em compilações que imitavam as codificações de constituições imperiais romanas do Baixo Império (séculos IV e V). Chamou-se, mais tarde, a estas compilações "leis dos bárbaros" (*leges barbarorum*). São exemplo delas as *leges visigothorum*, dos reinos visigodos de França e da Península Ibérica; a *lex baiuvariorum*, dos bávaros do Sul da Alemanha; a *lex borgundionum*, dos brunidos ou borgonheses do Leste da França; a *lex salica*, dos francos; o *Edito de Rotário*, dos lombardos, etc. V. on line http://www.dmgh.de/de/fs1/object/display/bsb00000852_meta:titlePage.html?sortIndex=020:020:0001:010:00:00.

[193] Ambos os exemplos em Cruz, 1975 (cito a ed. de 1981), 280 ss.

[194] O texto invocado era um dos capítulos da Paz de Constância: "Nós, Frederico, Imperador, e o nosso filho Henrique, Rei dos Romanos, concedemo-vos, a vós cidades, lugares e comunidades, os nossos direitos reais e costumes [...] de modo que nessa cidade tenhais tudo como até agora tendes ou tenhais tido [...]" (*Liber de pace Constantiae* [nas ed. medievais e modernas do *Corpus iuris civilis*], 2).

Inglaterra, Sicília; depois, as monarquias ibéricas, como Castela e Portugal), tanto a não reconhecerem a supremacia imperial (*exemptio imperii*, isenção em relação ao Império) nem, consequentemente, a obrigatoriedade política do seu direito, como a promulgarem leis, imitando as constituições imperiais dos imperadores romanos. Finalmente, com base num texto do *Digesto* – a "lei" *omnes populi* (D.,1,1,9), que se tornará central para a forma de conceber as relações entre direito comum e direitos próprios –, acaba por se reconhecer que os povos – os seus "principais" (*meliores, seniores*) – têm, naturalmente, a capacidade de estabelecer o seu próprio direito. Já no século XIV, o jurista italiano Baldo exprimirá de forma acabada este caráter natural do poder normativo (*iurisdictio*) dos corpos políticos infraimperiais – "os povos existem por direito das gentes [*i.e.*, natural] e o seu governo tem origem no direito das gentes; como o governo não pode existir sem leis e estatutos [*i.e.*, leis particulares], o próprio facto de um povo existir tem como consequência que existe um governo nele mesmo, tal como o animal se rege pelo seu próprio espírito e alma".

A vigência do direito comum tem, assim, de se compatibilizar com a vigência de todas estas ordens jurídicas reais, senhoriais, municipais, corporativas ou mesmo familiares. Esta compatibilização não pode ocorrer senão por uma forma. Considerar que, no seu domínio particular de aplicação, os direitos próprios têm a primazia sobre o direito comum, ficando este a valer não apenas como *direito subsidiário*, mas também como *direito modelo*, baseado nos valores mais permanentes e gerais da razão humana (*ratio scripta, ratio iuris*), dotado, por isso, de uma força expansiva que o tornava aplicável a todas as situações não previstas nos direitos particulares e, ao mesmo tempo, o tornava um critério tanto para julgar da razoabilidade das soluções jurídicas nestes contidos, como para reduzir as soluções, variegadas e dispersas, dos direitos locais a uma ordem "racional".

A partir do século XIII, primeiro em Itália e, depois, um pouco por toda a parte, o direito romano passa a estar integrado no sistema de fontes de direito da maior parte dos reinos europeus, mesmos naqueles que não reconheciam a supremacia do imperador, embora, teoricamente, apenas quando se verificasse não estar a matéria em causa regulamentada pelo direito local. As questões jurídicas deviam, portanto, ser resolvidas "*secundum formam statuti, ubi sunt statuti, et statutis deficientibus, secundum legus romanae*" (Estatutos de Novara, 1227). Em Castela, as *Siete Partidas* de Afonso X, obra doutrinal de forte influência romanista, adquirem, em

1348, a força de direito subsidiário. Em Portugal, D. João I (1426) põe em vigor uma parte do *Código* de Justiniano, com a correspondente glosa de Acúrsio e comentário de Bártolo, embora a validade geral – se bem que subsidiária – do direito justinianeu só venha a ser formalmente consagrada nas *Ordenações Afonsinas* (1447), consagração ratificada, mais tarde, nas *Ordenações Manuelinas* (1521) e *Filipinas* (1603). O mesmo aconteceu na Alemanha, onde a receção foi mais tardia (séculos XV/XVI). Todavia, apesar de o princípio ser o de que o direito comum só vigorava na falta de direito próprio, o facto é que os juristas formados nas universidades só estudavam os direitos cultos (romano e canónico) e, por isso, tendiam a preferi-los aos direitos locais.

Esta receção do direito romano nos direitos dos reinos europeus pode ser explicada a partir de várias circunstâncias.

Na perspetiva de uma história "social" do direito, costuma dizer-se que a receção do direito romano estava de acordo com as formas de vida económica em desenvolvimento na Europa de então. Os séculos da receção (XIII-XVI) são, de facto, os do desenvolvimento inicial da economia mercantil e monetária europeia[195]. A este novo tipo de relações económicas seriam necessárias três coisas no plano jurídico – um direito *estável*, que garantisse a segurança jurídica e institucional necessária à *previsão* e ao *cálculo* mercantil; um direito *único*, que possibilitasse o estabelecimento de um comércio indo-europeu; e um direito *individualista*, que fornecesse uma base jurídica adequada à atividade do empresário, livre das limitações comunitaristas que os ordenamentos jurídicos medievais tinham herdado do direito germânico. O direito romano constituiria, precisamente, um ordenamento jurídico dotado de todas estas características: a sua abstração (*i.e.*, o facto de as situações visadas pelas normas estarem nelas descritas através de formas muito estilizadas e, portanto, gerais) opor-se-ia ao casuísmo dos direitos da Alta Idade Média; depois, era aceite como direito subsidiário comum a todas as praças comerciais europeias, constituindo uma *língua franca* de todos os mercadores, usada desde as cidades da Hansa, nas costas europeias do Báltico e do Mar do Norte, até às da faixa mediterrânica. Por último, os grandes princípios do sistema jusromanista coincidiriam, no fundamental, com a visão capitalista das relações mercantis – liberdade de ação negocial, garantida pelo princípio da

---

[195] Cf., *breviter*, Ellul, 1956, vol. II, 207 ss. e 263 ss.

autonomia da vontade[196]; possibilidade de associações maleáveis e funcionais, facultada pelas figuras romanísticas da personalidade jurídica ou coletiva (*universitas, corpora*, etc.); extensão ilimitada do poder de lançar os bens e capitais no giro mercantil, facultada por um direito de propriedade que desconhecia quaisquer limitações sociais ou morais ao uso das coisas[197].

Não parece, em todo o caso, que se deva insistir muito nestes tópicos. Na verdade, o direito romano nem se caracterizava (tal como o direito comum), como veremos, pelo seu caráter abstrato; nem era ele que garantia a comunicação jurídica entre as grandes praças comerciais europeias[198]; nem, finalmente, o direito romano conseguira fazer inverter o sentido anti-individualista dos direitos medievais europeus, antes servindo bem o seu reforço.

As causas são possivelmente de buscar noutros planos.

Por um lado, a já referida restauração do Império Ocidental, no século IX, gerara a ideia – assim expressa pelo bispo Agobardo de Lion – de que "*ut sub uno piissimo rege una lege omnes regerentur*" (como os súbditos vivem sob a autoridade de um piíssimo rei, devem reger-se todos pela mesma lei); ou seja, de que a unidade política e até religiosa do Império exigia a sua unidade jurídica[199]. E esta não podia ser construída senão sobre o direito do império por excelência, o Império Romano.

Por outro lado, onde a autoridade do direito romano não pudesse provir da autoridade do imperador – por lhe não ser devida vassalagem – aquele continuava a impor-se em virtude da superior perfeição que lhe era atribuída. Realmente, as fontes do direito romano eram muito mais completas e sofisticadas do que as dos direitos germânicos alto-medievais ou dos direitos locais. Com a sua fina e riquíssima casuística, cobriam a generalidade das situações. Tinham, além disso, sido objeto de uma elaboração doutrinal. As suas soluções apareciam "explicadas" e "justificadas" pelos juristas. Estes tinham, por outro lado, elaborado uma série de argumentos

---

[196] Ourliac, 1957, 97 ss.
[197] Sobre a inadequação do direito medieval ao individualismo e "amoralismo" da economia capitalista, v. Villey, 1961, 106-107.
[198] Nas matérias comerciais, o direito comummente usado, a título principal ou a título subsidiário (*lex mercatoria*), era, mais do que o direito romano (*lex Rhodia*), o direito de algumas praças comerciais europeias mais importantes (*v.g.*, o *Livro do Consulado do Mar*, de Barcelona, ou os *Costumes de Oleron*).
[199] Calasso, 1954, 152.

gerais, como a razão do direito (*ratio iuris*), a equidade (*aequitas*[200]), a utilidade (*utilitas*), que constituíam como que linhas de orientação do saber jurídico, permitindo dar coerência às várias soluções casuísticas e encontrar outras novas. Por tudo isto, o direito romano respondia – diretamente ou mediante interpretação extensiva – à generalidade das questões; mas, além disso, respondia-lhes de forma razoável e convincente. Devido a esta perfeição ou racionalidade, o direito romano podia valer não apenas em virtude da submissão política (*ratione imperii*, em razão do império), mas também pela aceitação (voluntária) da sua razoabilidade (*imperio rationis*, por imperativo da razão).

Esta crença na perfeição do direito romano era, para mais, ainda potenciada pelo empenhamento dos juristas letrados, formados no saber jurídico universitário baseado no direito romano[201]. Que, naturalmente, divulgavam nos círculos mais elevados do poder (imperial, papal, real, citadino) a excelência das fontes jurídicas com que trabalhavam. O direito romano, ao lado da filosofia grega, das belas letras clássicas e da medicina greco-romana, integrava assim um modelo intelectual que os círculos cultos europeus, mesmo antes do Renascimento, nunca deixaram de venerar.

6.4.1.4. A influência do direito romano na legislação local

Mas mesmo nos domínios regulados pelo direito local, a uniformização estava em marcha, provocada por uma influência crescente dos princípios romanistas sobre o próprio legislador.

Inicialmente, tal influência processava-se através das coletâneas legislativas da Alta Idade Média, *v.g.*, o *Breviário de Alarico* (ou *Lex romana wisigothorum*), uma coletânea de direito romano organizada, no início do século VI, por ordem de um rei visigodo, para a população romanizada do seu reino, ou partes do *Código* de Justiniano. Alguns notários utilizavam também conhecimentos rudimentares de direito, obtidos em textos de direito romano vulgar, para redigirem fórmulas negociais. Reunidas em coletâneas, essas fórmulas circularam por toda a Europa Ocidental. Nas mãos de notários e escrivães, constituíram, entre os séculos V e X, os únicos documentos de uma cultura jurídica escrita, altamente prestigiada num

---

[200] Não a *ruda aequitas* (equidade rude) do povo comum, mas a equidade extraída das fontes elaboradas do direito (a *aequitas civilis*, a equidade "civilizada").
[201] Sobre as universidades ibéricas e a receção, v. Pérez Martin, 1980.

mundo em que dominava o analfabetismo[202]. Mais tarde, a receção do direito romano vai ter como agentes os letrados presentes nas chancelarias reais, que utilizam as fórmulas deste direito para fazer valer as pretensões políticas de reis e imperadores. Assim, se nos aparecem fontes de direito régio fortemente imbuídas de princípios romanistas, sobretudo a partir do século XIII[203], surgem também enfáticas afirmações doutrinais, de juristas formados no direito romano, de que este deve ser o modelo segundo o qual se interpretava o direito próprio dos reinos.

6.4.1.5. O direito romano na história do direito português

O direito romano vigente na Península Ibérica, a partir do início da romanização (218 a.C.) era:

a) Para os cidadãos romanos, estabelecidos nas cidades romanas (*colonias*, municípios), o *ius civile*. Após o edito de Caracala (212 d.C.), que outorgou a cidadania a todos os habitantes do Império, o *ius civile* passou a ter uma vigência tendencialmente generalizada. O direito civil era adaptado às características da vida provincial pela atividade do magistrado encarregado de administrar a justiça (governador, *praeses provinciae*), dando origem a um direito provincial com bastantes especificidades. Por outro lado, era menos técnico, socorrendo-se de formas simplificadas (direito romano vulgar, *Vulgarrecht*).

b) Para os não-cidadãos (a maioria), os seus direitos, quase sempre costumeiros, pois apenas os tartesos (na costa SE da Península) parecem ter tido leis escritas. Estes direitos eram reconhecidos pelos romanos, nos termos de declarações unilaterais ou dos tratados de paz estabelecidos com as comunidades indígenas.

c) Para as relações entre romanos e não romanos, o *ius gentium*, que os romanos reconheciam como um direito comum a todas as nações (*gentes*).

---

[202] Cf., sobre o tema, Padoa-Schioppa, 1995, 161 ss.; ver *sites* com versões *on line* destas fontes em http://www.profesores.ucv.cl/aguzman/imaginaria%20BIBLIOTHECA.htm.

[203] V.g., o *Liber Augustalis* (ou *Constitutiones* de Melfi, 1231, http://faculty.cua.edu/pennington/law508/histlaw.htm) de Frederico II von Hohenstaufen; a legislação inglesa de Eduardo I (meados do século XIII); a lei dinamarquesa de 1241; e, na Península, o *Fuero Real* (1250--1260), (http://books.google.com/books?id=jdkipttZyDgC&printsec=frontcover&hl=pt-PT#v=onepage&q&f=false) e as *Siete Partidas* (1265) (http://www.archive.org/details/lassietepartidas01castuoft). Em Portugal, esta influência é muito notória na legislação de Afonso III. Mas verificava-se já desde os inícios do século XIII.

A história do direito romano na Península Ibérica tem sido abordada quer por historiadores espanhóis, quer por portugueses. Quanto aos primeiros v., por último e com indicações bibliográficas, Juan Antonio Alejandre Garcia, *Derecho primitivo e romanización jurídica*, Sevilla, 1979; Francisco Tomaz y Valiente, *Manual de historia del derecho español*, Madrid, Tecnos, 1981 (3ª ed.), 71-96. Quanto aos segundos, Nuno Espinosa Gomes da Silva, *História do direito português*, Lisboa, Gulbenkian, 1985, 31-36; A. M. Hespanha, *História das instituições. Épocas Medieval e Moderna*, Coimbra, Almedina, 1982, 69-80.

As fontes jurídicas específicas da Península (*leges* de colónias e municípios) estão publicadas nas *Fontes iuris romani ante iustiniani* (FIRA), Firenze, 1941, I. *Leges* (2ª ed., a cargo de Riccobono)[204]. Também tiveram uma edição portuguesa em *Coleção de textos de direito peninsular. I. Leis romanas*, Coimbra, 1912. As *Leges metalli Vipascenses* têm tido várias edições, traduzidas e comentadas, a última das quais é a de C. Domergue, em "La mine antique d'Aljustrel (Portugal) et les tables de bronze de Vipasca", *Conimbriga*, 22 (1983) 5-193. O *Codex theodosianum* foi editado por Mommsen e Meyer, *Theodosiani libri XVI, cum constitutionibus sirmondianis et leges novellae ad Theodosianam pertinentes*, 2 vols., Berolini, 1905 (reimpr. 1954)[205]. Do *Corpus iuris civilis* existe uma edição crítica, a cargo de Mommsen, Krüger, Schöll e Kroll (revisão de W. Kunkel), 3 vols., Berolini, 1965. Existe uma tradução espanhola recente, dirigida por A. d'Ors (Pamplona, 1965 ss.)[206]. Muitos excertos das fontes jurídicas (e literárias) romanas, com a respetiva tradução, foram incluídos na *Antologia de fuentes del antiguo derecho* (= *Manual de historia del Derecho*, II vol.), de Alfonso Garcia Gallo, Madrid, Taurus, 1967. Muitas outras estão hoje na Internet, em latim ou com traduções (*maxime*, inglesa)[207].

---

[204] Cf. *on line*: http://webu2.upmf-grenoble.fr/Haiti/Cours/Ak/bibliographi.htm#bef; http://bcs.fltr.ucl.ac.be/slfrag3.html; http://www.profesores.ucv.cl/aguzman/imaginaria%20BIBLIOTHECA.htm.

[205] *On line*: http://webu2.upmf-grenoble.fr/Haiti/Cours/Ak/Codex_Theod.htm.

[206] Versão *on line* (latina): http://www.thelatinlibrary.com/ius.html; versão inglesa (parcial) *on line*: http://www.constitution.org/sps/sps.htm.; http://faculty.cua.edu/Pennington/Law508/Roman%20Law/DigestCode.html; http://www.fordham.edu/halsall/sbook-law.asp.

[207] Cf. http://www.profesores.ucv.cl/aguzman/imaginaria%20BIBLIOTHECA.htm; http://faculty.cua.edu/pennington/law508/law508.html.

6.4.2. A tradição canonística

O direito canónico é o direito da Igreja cristã[208].

Como instituição, a Igreja sempre teve um direito. Inicialmente, decorreu quase inteiramente da vontade de Deus, revelada nos livros sagrados (Antigo e Novo Testamentos). Nos tempos apostólicos, os cristãos alimentaram a esperança de poder resolver quer os problemas de disciplina interna da Igreja, quer as relações entre os crentes, apenas com base na palavra de Deus, nos ensinamentos de Cristo e nas exigências do amor fraternal. O caráter clandestino do cristianismo nos seus três primeiros séculos tornava, de resto, praticamente impossível a existência de aparelhos jurídicos e judiciários. A Igreja curava, então, mais da difusão da Palavra (dos dons "proféticos") do que das matérias organizativas e disciplinares[209].

Tudo se modificou, porém, com a outorga da liberdade de culto pelo imperador Constantino, em 313 d.C. A jurisdição do Papa e dos bispos sobre os fiéis pode, agora, ser abertamente exercida, sendo mesmo fomentada pelo poder imperial, que atribui força de julgamento às decisões episcopais sobre litígios que lhes tivessem sido voluntariamente sujeitos e reserva para a jurisdição eclesiástica o julgamento das infrações puramente religiosas. A partir do século V, o Império – e, depois, os restantes poderes temporais – reconhece à Igreja o privilégio de foro, atribuindo-lhe uma jurisdição privativa sobre os clérigos. No século X, a Igreja arroga-se a jurisdição sobre todas as matérias relativas aos sacramentos, nomeadamente sobre o casamento.

Esta progressiva extensão do domínio jurídico jurisdicional da Igreja foi ainda facilitada pela derrocada das estruturas políticas, jurídicas e jurisdicionais no Ocidente europeu consequente à queda do Império Romano do Ocidente (476 d.C.) e às invasões germânicas. Cada vez mais prestigiada culturalmente, pelo seu domínio quase exclusivo da cultura escrita, e prosseguindo uma política – embora hesitante e cheia de concessões[210] –, a Igreja tende a hegemonizar os mecanismos políticos e jurídicos, procurando

---

[208] Sobre o direito canónico, v., em síntese, Gilissen, 1988, 133-160; para maiores desenvolvimentos, v. Le Bras, 1955; Garcia y Garcia, 1967; Berman, 1983; breve curso *on line*: http://faculty.cua.edu/pennington/canon%20law/historycanonlaw.html (Ken Pennington).
[209] Sobre a história da Igreja, realçando estas oposições entre profetismo e disciplina, v. o fundamental livro de H. Küng, 2001, nomeadamente cap. C.II.
[210] V. Rust, 2012. Avaliação da "centralização papal" na Baixa Idade Média (sobretudo das teses opostas de M. Caravale, 1978, e P. Prodi, 1982), De Vincentiis, 2002.

impô-los aos reis e tutelar as organizações políticas periféricas (cidades e comunidades locais).

Esta expansão institucional da Igreja obriga-a a constituir um corpo normativo muito mais complexo do que o dos primeiros tempos, pois o conteúdo dos Livros Sagrados já não pode regular uma sociedade com problemas e cultura diferentes dos da sociedade hebraica dos tempos bíblicos ou mesmo das comunidades neojudaicas/paleocristãs romanas dos primeiros séculos.

Uma das fontes desta nova regulação são os decretos dos concílios, ecuménicos, regionais, provinciais ou diocesanos, assembleias dos bispos de toda a cristandade ou de uma região, província ou diocese particulares, respetivamente. Em cada diocese, podem ainda ser promulgados constituições ou estatutos diocesanos, aprovados pelos sínodos (assembleias de eclesiásticos) locais.

Outra fonte do direito canónico é constituída pelas determinações papais. De facto, embora inicialmente o poder normativo da Igreja estivesse atribuído aos órgãos coletivos que eram os concílios e o Papa apenas interviesse para esclarecer ou aplicar concretamente as normas conciliares, a política papal tende a alterar-se – socorrendo-se frequentemente da imagem, paralela, do imperador e das prerrogativas deste segundo o direito romano –, aumentando, progressivamente e de forma não linear[211], a sua capacidade de edição do direito, emitindo *decretais* ou *constituições pontifícias*. De acordo com uma tipologia que tem tanto a ver com as temáticas como com as suas finalidades, as constituições podem designar-se por *encíclicas*, *bulas* ou *breves*. Este crescente poder legislativo dos papas – e a inerente capacidade para derrogar o direito tradicional – constitui, por sua vez, um modelo para os monarcas medievais e uma fonte de legitimação da sua reivindicação de inovar, por via legislativa, os ordenamentos jurídicos dos reinos.

A partir de certa altura, este novo direito escrito da Igreja passa a constituir uma mole normativa apreciável, a necessitar de compilação e de concatenação. Isso é feito, por iniciativa privada, durante os séculos VI a VIII, destacando-se delas uma coleção feita no reino visigótico da Hispânia (*Collectio hispana*, século VII). No século XII, um monge professor de teologia

---

[211] V. a leitura muito dubitativa e prudente que Leandro Rust (Rust, 2012) faz da alegada centralização gregoriana da Igreja.

em Bolonha, Graciano, elabora uma compilação que se iria impor a todas as anteriores e permanecer como um grande repositório de direito canónico praticamente até à atualidade – a *Concordantia discordantium canonum* [concórdia dos cânones discordantes, c. 1140], mais conhecida por *Decretum Gratiani* [Decreto de Graciano]. Aí reúne cerca de 4000 textos de relevância jurídica, desde passos de Padres da Igreja até cânones conciliares, organizados por matérias e brevemente comentados ou apenas sintetizados (num *dictum*)[212].

Com o contínuo desenvolvimento do direito da Igreja, o *Decreto* foi-se desatualizando, tornando necessárias compilações complementares. Em 1234, Gregório IX encarrega o dominicano espanhol Raimundo de Penhaforte, também professor em Bolonha, de completar a compilação de Graciano. O resultado foram as *Decretales extra Decretum Gratiani vacantes* [Decretais que extravasam o Decreto de Graciano], divididas em cinco livros[213]. Em 1298, Bonifácio VIII completa-as com mais um livro, o chamado *Liber sextum* (ou simplesmente *Sextum*). Clemente V acrescenta-lhes as *Clementinas* (1314). João XXII, as *Extravagantes de João XXII* (1324). E, nos finais do século XV, aparece ainda uma outra coleção oficial, as *Extravagantes comuns*. Ao conjunto destas coleções passou a chamar-se *Corpus iuris canonici*, à semelhança do nome dado à compilação justinianeia de direito civil[214].

---

[212] Graciano é contemporâneo dos primeiros glosadores (v., *infra*, 6.7.1); os seus *dicta* correspondem às glosas ao *Corpus iuris civilis*.

[213] Esta sistematização tornou-se um modelo para compilações jurídicas seguintes. É, por exemplo, a utilizada nas *Ordenações* portuguesas.

[214] O *Corpus iuris canonici* manteve-se em vigor até 1917, data de publicação do *Codex iuris canonici* [Código de direito canónico].

6.4.3. Sistematização e método de citação do *Corpus Iuris Canonici*

Decreto (c. 1140).	*Decretais* (1234) – 5 livros.
• divisão:	• divididas em títulos e capítulos.
1ª parte – 101 *distinctiones*;	• citação:
2ª parte – 36 *causae*, divididas em *quaestiones*;	c. [nº do capítulo], X (ou in X), nº do tit. ou suas primeiras palavras.
3ª parte (*De consecratione*) – 5 *distinctiones*.	ex.: c. 1, X, V, 7 (= c. 1, in X, De haereticis)
• citação:	*Sextum* (= Liber sextum *Decretalium*) (1298)
1ª parte – c. [nº do cânone], d. [nº da dist.]	– 5 livros.
ex.: c. 13, d. XXXVIII	• dividido em títulos e capítulos.
2ª parte – c. [nº do cânone], C. [nº da causa], q. [nº da *quaestio*]	• citação:
ex.: c. 8, C. XII, q. 2	igual ao anterior, sendo a sigla VI ou in VI
3ª parte (*De consecratione*) e 2ª parte, *Tractatus de poenitentia.* – c. [nº do cânone], d. [nº da dist.], De cons. (ou De poen.).	*Clementinas* (*Clementis V constitutiones*) (1314) – 5 livros.
ex.: c. 46, d. 1, De poen.	• divididas em títulos e capítulos.
• citação antiga: a indicação dos números dos cânones, *distinctiones* ou *quaestiones* é substituída pela das suas primeiras palavras, o que obriga a recorrer a índices que acompanham as edições.	• citação: igual ao anterior, sendo a sigla Clem. ou in Clem.
	Extravagantes[216] *de João XXII* (1234).
	• divididas em títulos; sigla – Extrav. Iohann. XXII
	Extravagantes comuns (séc. XV).
	• divididas em títulos; sigla – Extrav. Comm.

6.4.4. O lugar do direito canónico no seio do direito comum

O direito comum[216] foi basicamente o produto da combinação das doutrinas romanística e canonística, apesar de nele estarem também inseridos institutos dos direitos tradicionais dos povos europeus (cf., *infra*, 6.6.1). No seu seio, o direito canónico desempenhou um papel menos importante do que o direito romano[217]. Em todo o caso, a sua influência foi determinante em alguns pontos, que nem sempre se relacionavam com a religião ou com a fé. Na verdade, o direito canónico representava não apenas o direito da Igreja e das coisas sagradas, mas ainda um direito mais recente do que o

---

[215] "Extravagntes" < *quae extra vagant*, ou seja, que aparecem fora [das compilações existentes].
[216] Versão *on line*: (pesquisável por palavra) – http://digital.library.ucla.edu/canonlaw/ ou http://digital.library.ucla.edu/canonlaw/toc.html
[217] Sobre o direito canónico medieval, v., por último, Berman, 1983, *maxime* 199 ss.

direito romano, uma espécie de direito romano reelaborado e adaptado às condições da sociedade alto-medieval.

Assim, é notória a influência canonística: (i) em matéria de relações pessoais entre os cônjuges; (ii) na valorização da vontade (em vez da forma) no direito dos contratos; (iii) na desformalização do direito sobre as coisas (valorização da posse em relação à propriedade); (iv) na valorização da sucessão testamentária e na desformalização do testamento; (v) na exigência de boa-fé para a prescrição[218]; (vi) na valorização das soluções de equidade (*aequitas*) contra as decisões de direito estrito (*stricti iuris, rigor iuris, apices iuris*) (cf., *infra*, 6.6.8.2); (vii) em matéria processual, na promoção da composição amigável e da arbitragem; (viii) em matéria processual penal, no estabelecimento do processo inquisitório, com uma maior preocupação da averiguação da verdade material[219].

6.4.5. O direito canónico como limite de validade dos direitos temporais

A teoria canónica das fontes de direito proclamava a subordinação dos direitos *humanos* (secular e eclesiástico) ao direito *divino*, revelado pelas Escrituras ou pela tradição[220]. Estes direitos humanos eram considerados como dois modos complementares de realizar uma ordem querida por Deus.

Todavia, este precário equilíbrio entre os dois direitos terrenos rompeu-se com as grandes lutas que opuseram o imperador e o Papa (séculos X a XII)[221], o primeiro tentando estabelecer uma tutela sobre a Igreja (reclamando, nomeadamente, a investidura e a deposição dos bispos), o segundo procurando salvaguardar o autogoverno eclesiástico. Na teoria canónica das fontes de direito, esta rutura não podia deixar de ser no sentido de estabelecer a supremacia do direito canónico que, pela sua própria origem

---

[218] A fonte são duas decretais, uma de Alexandre III, outra de Inocêncio III, Ajello, 1976b, 333.
[219] Fundam-se na *aequitas*: a interpretação não literal da lei (*v.g.*, a partir da *ratio legis*), a exigência da culpa nos delitos, a valorização da boa-fé e da intenção das partes no direito negocial, a admissão do caráter verdadeiramente jurídico e acionável dos *nuda pacta* (*i.e.*, dos contratos informais).
[220] A "tradição" é constituída pelo conjunto de costumes ou de escritos dos Padres da Igreja que vão interpretando a verdade *revelada* nas Sagradas Escrituras.
[221] O auge desta luta é constituído pela contenda entre o imperador Henrique IV (1056-1106) e o Papa Gregório VII (1073-1085), a propósito das investiduras, que termina pela submissão, embora apenas temporária, do imperador.

e destino, estaria mais próximo do direito divino[222]. E, assim, o Papa Gregório VII estabelece, num conjunto de proposições normativas (*Dictatus Papae*, 1075), o primado do Papa (da Igreja de Roma) sobre os bispos[223]; a autonomia da Igreja e dos clérigos face aos poderes temporais, bem como, por último, a sujeição destes à tutela de Roma. Estes dois últimos pontos eram, do ponto de vista das relações entre os direitos canónico e civil, os mais importantes. A autonomia da Igreja e do clero em face dos poderes temporais, se excluía a nomeação e deposição dos bispos e padres pelos leigos (reis, senhores ou simples particulares), fundamentava a isenção dos clérigos em relação ao foro temporal e a consequente reclamação de um "foro especial" ou "privilégio de foro" para os eclesiásticos. A sujeição dos poderes temporais ao poder eclesiástico atribuía ao Papa o poder de depor os reis ou de libertar os súbditos do dever de lhes obedeceram[224].

Em todo o caso, esta supremacia do direito canónico – típica da doutrina jurídica de Santo Agostinho (século VII) e retomada, agora, pelos Papas Nicolau II, Gregório VII e Urbano II e pelos primeiros canonistas, nos séculos XI e XII – é posta em causa no século XIII, quando a teologia começa a insistir na ideia de que, na esfera temporal, se prosseguem fins próprios, que não têm a ver com a salvação *post mortem*, mas apenas com a boa ordem terrena. Começa então a ser claro que a intervenção corretiva do direito canónico apenas deveria verificar-se quando a regulamentação temporal pusesse em causa aspetos decisivos da ordem sobrenatural; tal como a intervenção de Deus (pelo milagre) apenas tinha lugar quando, de todo em todo, o funcionamento da ordem da natureza comprometia o plano da salvação[225].

---

[222] Cf. o já citado pedido do clero português nas Cortes de Elvas, de 1361: "[...] o Direito Canonico, o que todo Chrisptaão devia guardar, porque era feito polo Padre Santo, que tinha vezes de Jesu Chrispto [...]".

[223] *Dictatus Pape*: "Só o Pontífice Romano se diz, por direito, universal" (c. 2); "Só ele pode depor bispos e readmiti-los" (c. 3); "O legado do Papa preside a todos os bispos nos concílios"; "As causas mais importantes de qualquer igreja devem ser trazidas à Sede Apostólica" (c. 21); "A Igreja Romana nunca errou" (c. 22); "Não é católico aquele que não estiver de acordo com a Igreja Romana" (c. 23).

[224] *Dictatus Pape*: "Os príncipes só devem beijar os pés ao Papa" (c. 9); "É lícito ao Papa depor os imperadores" (c. 12); "O Papa pode libertar os súbditos dos injustos de lhes obedecerem" (c. 27). Foi o que aconteceu com D. Sancho II, declarado *rex innutilis* e deposto por Inocêncio IV no I Concílio de Lyon (em 1245). O mesmo aconteceu, no mesmo concílio, a Frederico II.

[225] Sobre isto, v. Villey, 1968, 109 ss.

Na sequência disto, canonistas e civilistas[226] procedem a uma elaboração mais cuidada da questão e – embora afirmando a independência mútua dos ordenamentos civil e canónico *("nec papa in temporalibus, nec imperator in spiritualibus se debeant immiscere"* [nem o Papa se deve imiscuir nas matérias temporais, nem o imperador nas espirituais], afirma o jurista Acúrsio, cf., *infra*, 6.7.1) – reconhecem que, nos casos em que entre eles surgisse um conflito grave, a última palavra pertencia ao ordenamento da Igreja. Assim, o direito canónico apenas vigoraria, como padrão superior, nos casos em que da aplicação das fontes jurídicas terrenas resultasse pecado ("critério do pecado", inicialmente formulado por Bártolo[227], um destacado jurista do século XIV [cf., *infra*, 6.7.2].

Tudo isto, e ainda a ideia muitas vezes afirmada de que entre o direito dos reis e o direito da Igreja deve existir uma *"specialis coniunctio"* (especial parentesco) – pois, aos olhos dos teólogos e dos juristas cristãos da Idade Média, o Império e a Igreja *"dicuntur fraternizare"* (diz-se que são irmãos, Bártolo) –, constituíam fatores muito poderosos no sentido da uniformização dos direitos locais, à sombra de um modelo único, que, sob este aspeto ultimamente focado, era mais o direito canónico do que o romano (ou, dado que o direito romano fornecia a ossatura do canónico, continuava a ser o direito romano através do modelo do canónico).

Reforçando esta superioridade do direito canónico, a partir de c. 1363, o Papa passou a proclamar solenemente, do alto de uma janela do seu palácio romano, perante o colégio dos cardeais, a famosa Bula da Ceia (*In cœna Domini*), que continha uma lista dos atos dos poderes temporais

---

[226] As primeiras gerações de civilistas (ou legistas) mostram um relativo desprezo em relação ao direito canónico, que careceria de um contínuo recurso ao direito romano (*"legum suffragio implorare"*; mais duros eram, ainda, em relação aos modestos ordenamentos comunais, que Odofredo classificava como "escritos por burros" (*In Dig. Vet.*, I, 3, de leg. et senatusc.; *apud* Calasso, 1970, 59).

[227] Bártolo: *"aut loquimur in spiritualibus et pertinentibus ad fidem et stamus canoni...; aut loquimur in temporalibus, et tunc in terris subiectis Ecclesiae, et sine dubio stamus decretalibus; aut in terra subiectis Imperio, et tunc, aut servare legem est inducere peccatum... et tunc stamus canonibus...; aut non inducit peccatum...et tunc stamus legi..."* [ou nos referimos a coisas espirituais e pertencentes à fé e observamos os cânones...; ou falamos de coisas temporais e estamos em terras sujeitas ao poder temporal da Igreja, e então observamos sem dúvida as decretais, ou estamos em terras sujeitas ao Império e então, se observar as suas leis induzir em pecado, observamos os cânones; ou, se não induzir, observamos a lei] (*Super Cod.*, I, 2 de *sacr. eccles.*, 1 *priv.*). Sobre isto, bem como sobre a restante matéria desta alínea, Calasso, 1954, 177-9 e 487-90. cf., em Portugal, *Ord. Fil.*, III, 64.

que davam lugar à excomunhão. Esta lista foi aumentando. Na sua versão final (Urbano VIII, 1627), incluía atos decisivos de governo, como a criação de novos impostos ou o aumento dos já existentes, a aliança com inimigos da Cristandade, a violência contra cardeais e legados do Papa, a admissão de recursos dos tribunais eclesiásticos para os seculares, a sujeição de clérigos a tribunais leigos, a imposição de impostos à Igreja ou aos eclesiásticos, etc. Na verdade, a bula tinha menos impacto do que o pretendido, porque muitos monarcas reagiam contra ela ou proibiam a sua divulgação nos seus reinos (como aconteceu em Portugal e em Espanha). Mas também isto era motivo para excomunhão, devendo os confessores dos príncipes perguntar aos confessados sobre o respeito pela bula.

6.4.5.1. O direito canónico na história do direito português
A evolução do direito canónico em Portugal corresponde, nos seus traços gerais, à europeia. Há algumas notas a destacar.

O beneplácito régio foi introduzido em Portugal pouco antes de 1361, data em que os prelados já se queixam dele em Cortes (Elvas, 1361, doc. em J. Gilissen, *Introdução...*, doc. 8, p. 156), embora D. Pedro o mantenha, tal como fará o seu filho, nas Cortes de Santarém de 1427 (v. doc. em J. Gilissen, *Introdução...*, doc. 9, p. 156), e D. Afonso V. (*Ord. Af.*, II, 12: onde se especificam os casos normais de denegação – falsidade, sub-repção, ofensa da jurisdição e direitos do rei). Abolido em 1487, foi, na prática, restabelecido em 1495 e sucessivamente estendido no seu âmbito (cf. *Ord. fil.*, II, 14 e 15; *Const. 1822*, art.º 123º, XII; *Carta const.*, art.º 75º, § 14); entre os muitos documentos pontifícios a que foi negado (lista em Bernardino Joaquim da Silva Carneiro, *Elementos de direito eclesiástico portuguez*, Coimbra, 1896, 25), conta-se a célebre "Bula da Ceia" (*In coena Domini*, na ceia do Senhor). Bibliografia: Gabriel Pereira de Castro, *Tractatus de manu regia*, I, Lugduni, 1673, 363; Manuel Chaves e Castro, *O beneplácito régio em Portugal*, Coimbra, 1885; Marquês de S. Vicente, *Considerações relativas ao beneplácito*, Rio de Janeiro, 1873; art.º "Beneplácito régio" no *Dicionário de história de Portugal* (dir. Joel Serrão), Porto, 1963.

Quanto aos privilégios do foro. Embora em Portugal tenham sido recebidos os respetivos princípios do direito canónico, desde cedo o poder temporal reclamou para si a competência jurisdicional sobre eclesiásticos, em certas circunstâncias. Uma lei dos meados do século XIV, transcrita no *Livro de leis e posturas* (p. 380), bem como os artigos das concordatas dos tits. 1 a 7 do Liv. II das *Ord. Af.* são significativos da política real de restrição da jurisdição da Igreja. *As Ord. Fil.*, II, I fazem uma listagem extensa destes casos (cf. doc. em J. Gilissen, *Introdução...*, doc. 10, p. 157). Os princípios gerais na matéria são os seguintes. Quanto à sujeição (ou não) ao direito temporal: completa isenção nas matérias puramente espirituais e eclesiásticas, submissão nas temporais. Quanto ao foro competente: isenção completa nas matérias temporais, mesmo nas patrimoniais e penais. As exceções, neste último plano, são as constantes do citado texto das *Ord. Fil.* (II, 1). É só no século XIX que a Igreja perde o principal da sua jurisdição: os privilégios de foro são abolidos pela *Const.* 1822, art.º 9º e pela *Carta Const.*, art.º 145º, §§ 15 e 16; os casos *mixti fori* são abolidos pelo art.º 177º do decº 24, de 16/3/1832 e, depois, pela *Reforma Judiciária*, parte II, art.º 70º. Bibliografia: Baptista Fragoso, *Regimen reipublicae christianae*, Colonia Allobrogum, 1737, pt. I, 1. II, d. IV; Gabriel Pereira de Castro. *Tractatus...*, cit.; Pascoal de Melo Freire, *Institutiones iuris civilis lusitani*, Conimbricae, 1818, I, tit. V *(maxime,* §§ 14 e 15); Alves de Sá, *O catholicismo e as nações catholicas – das liberdades da Igreja portuguesa*, Coimbra, 1881; Bernardino Joaquim da Silva Carneiro, *Elementos de direito eclesiástico...*, cit. Quanto às relações entre o direito civil e o direito canónico, matéria abundantemente tratada pela historiografia, v., por último, Guilherme Braga da Cruz, "O direito subsidiário na história do direito português", *Rev. port. hist.* 14 (1973); António Manuel Hespanha, *História das instituições. Épocas Medieval e Moderna*, Lisboa, 1982; *Portugal moderno. Político e institucional*, Lisboa, Universidade Aberta, 1994 (= António Manuel Hespanha, *O direito dos letrados*, Florianópolis, Fundação Boiteux, 2006); Nuno Espinosa Gomes da Silva, *História do direito português*, cit.; Martim de Albuquerque e Ruy de Albuquerque, *História do direito português*, Lisboa 1984/5; Nogueira, 1990, 1994. Sobre as relações entre direito temporal e direito canónico depois do Concílio de Trento, v. Manuel de Almeida e Sousa (Lobão), *Notas [...] a Melo*, ed. util. Lisboa, 1865, I, 132; Marcelo Caetano, "Receção e execução dos decretos do Concílio de Trento em Portugal", *Rev. Fac. Dir. Lisboa*, 19 (1965). As principais fontes do direito eclesiástico estão reunidas nas citadas obras de Pereira de Castro e de Silva Carneiro e ainda em Joaquim dos Santos Abranches, *Bullae et breviae pro Lusitaniae...*, Ulissipone, 1856, 2 tom.; *Fontes do direito ecclesiastico portuguez. Summa do bullario portuguez*, Coimbra, 1895; António Garcia Ribeiro de Vasconcelos, "Nova chronologia das constituições diocesanas portuguesas até hoje impressas", *O Instituto*,

58 (1911) 491-505; Avelino de Jesus Costa e Maria Alegria Fernandes, *Bulário português: Inocêncio III: 1198-1216*, Coimbra, INIC, 1989. Sobre a canonística portuguesa medieval, António Garcia y Garcia, *Estudios sobre la canonística portuguesa medieval*, Madrid, Fundación Universitaria Española, 1976 (*maxime*, "Canonistas portugueses medievales"), 95-134.

6.5. Resultado: uma ordem jurídica pluralista

Dos parágrafos anteriores já resulta que, na sociedade europeia medieval, conviviam diversas ordens jurídicas – o direito comum temporal (basicamente identificável com o direito romano, embora reinterpretado), o direito canónico (direito comum em matérias espirituais) e os direitos próprios[228], de vária natureza e de diversa hierarquia, alguns deles quase que excluídos do conceito de direito[229].

A esta situação de coexistência de ordens jurídicas diversas no seio do mesmo *ordenamento jurídico* chama-se *pluralismo jurídico*[230]. Por pluralismo jurídico quer-se, portanto, significar a situação em que distintos complexos de normas, com legitimidades e conteúdos distintos, coexistem no mesmo espaço social. Tal situação difere da atual – pelo menos tal como ela é encarada pelo direito oficial –, em que uma ordem jurídica, a estadual, pretende o monopólio da definição de todo o direito, tendo quaisquer outras fontes jurídicas (*v.g.*, o costume ou a jurisprudência) uma legitimidade (e, logo, uma vigência) apenas derivada, ou seja, decorrente de uma determinação da ordem jurídica estadual[231].

Para a visão medieval do mundo, a ordem era – como se disse – um dom originário de Deus. S. Tomás de Aquino, que exerceu enorme influência, antes e depois do Concílio de Trento (1545-1563), e mesmo nos países

---

[228] Note-se que, também no seio do direito canónico, se podem distinguir direito comum (as normas emanadas de uma jurisdição geral, como o Papa e os concílios ecuménicos) e direitos próprios (emanados de autoridades eclesiásticas regionais, como os concílios regionais, os bispos, etc.; o mesmo se passando com os direitos próprios, para um dos quais – o direito real – se reclamava frequentemente a validade como direito comum do reino.

[229] Era o que se passava com o direito dos rústicos, dos selvagens e da maior parte dos que viviam para além dos limites da *respublica christiana*.

[230] Sobre o tema da arquitetura do ordenamento jurídico medieval, exemplarmente, Grossi, 1995; Costa, 1999. O conceito pode ser confrontado com o conceito moderno (cf., *infra*, cap. 7.5.7.5).

[231] A unidade e exclusividade do direito oficial correspondem à unidade e indivisibilidade do poder político (*soberania*), tal como o concebe o imaginário estadualista.

reformados, tratou detidamente o tema da ordem. A ordem mantinha-se, antes de mais, pela existência dessas forças íntimas que atraem as coisas umas para as outras, de acordo com as suas simpatias naturais (*amores, affectiones*), transformando a Criação numa rede gigantesca de simbioses ou empatias. Numa *quaestio* sobre o amor (*Sum. theol.*, IIa.IIae, q. 26, a. 3, resp.), S. Tomás define o amor como o afeto das coisas pela ordem do todo. Sublinha que:

- estes afetos não são monótonos, mas decorrentes da diferente natureza de cada coisa, da sua diferente relação, quer com o todo, quer com as outras coisas; e
- exprimem-se através de diferentes níveis de sensibilidade (intelectual, racional, animal ou natural).

Esta ideia central de uma ordem global, sustentada por impulsos naturais e plurais, constitui a chave para entender o lugar do direito nos mecanismos da regulação do mundo.

Explica, desde logo, a proximidade e estreita relação entre mecanismos disciplinares que hoje são vistos como muito distantes (direito, religião, amor e amizade).

Uma vez que a instituição da ordem foi um ato de amor e que as criaturas estão ligadas umas às outras por afetos, o direito humano (civil) constitui apenas uma forma externa, rude e grosseira, de corrigir défices ocasionais dessa simpatia universal. Para os níveis mais elevados – e mais internos – da ordem, existem mecanismos mais subtis, como a fé ou as virtudes, que disparam sentimentos (de amizade, de liberalidade, de gratidão, de sentido de honra, de vergonha) ordenadores. Num certo sentido, estes mecanismos estão ainda muito próximos da justiça, como virtude que "dá a cada um o que é seu" (*ius suum cuique tribuit*), ou do direito natural, como aquele que a natureza ou Deus ensinaram a cada animal (*quod Natura [gl. id est Deus] omnia animalia docuit*). É por isto que os teólogos e os juristas definem este conjunto de deveres como quase-legais (*quasi legales*) (cf. Clavero, 1991; Hespanha, 1993c), esbatendo as fronteiras entre os respetivos territórios normativos.

Os juristas são os guardiões deste mundo multiordenado e auto-ordenado. O seu papel não é o de criar ou retificar a ordem. Nem tão-pouco o de declarar o justo de uma forma autoritária e dogmática. Mas antes o de sondar o justo a partir da natureza, tirando partido de todos os recursos (*virtutes*) da sensibilidade humana (*amor, bonitas, intellectus, sensus*), numa época em que se achava que tanto a razão como as emoções e os sentimentos serviam para descobrir o justo e o injusto[232].

A *criação* do direito não é com eles. Com eles é observar, anotar, inquirir, sentir, crer, lembrar, ruminar e interpretar ordens existentes, interiores e exteriores, acima ou abaixo do humano. É com eles, por outras palavras, levar a cabo uma hermenêutica ilimitada de Deus, dos homens e da natureza. E explicar os resultados deste trabalho de interpretação em fórmulas que reunissem o consenso da comunidade.

6.6. Uma constelação de ordens normativas

O amor era, como se viu, o principal cimento da ordem do mundo e, também, da ordem das sociedades humanas (cf., *supra*, 3.7). Mais exato seria, no entanto, falar de amores (*philiae*), cada um dos quais correspondendo a um tipo de relação (comunicação, comunhão) social.

S. Tomás de Aquino (*Summa theologica*, IIa.IIae, q. 26) lista um leque vasto de afetos humanos:

- O amor familiar, surgido da comunicação da família natural;
- O amor filial ou parental, fundado na geração;
- O amor por contrição, promovido por uma infância e criação comuns;
- O amor por eleição, baseado em empreendimentos comuns;
- O amor por vassalagem, que decorre da instituição do governo da república;
- O amor por concidadania, que existe entre os patrícios de uma mesma república;
- O amor por camaradagem, que se tece entre companheiros de armas.

Todos estes amores criavam obrigações. E a estas ainda se podiam acrescentar as que surgiam da religião (ou seja, do amor para com Deus e, através dele, para com todas as suas criaturas, animais, plantas e seres inanimados incluídos). Bem como as afeições que Deus imprimiu nas nossas mentes (afetos intelectuais) ou nos nossos desejos (afetos sensitivos)[233].

Entre todos estes amores existia uma hierarquia, à qual S. Tomás dedica justamente a *quaestio* acima referida da *Summa theologica*. Em princípio, a

---

[232] Cf. Hespanha, 1992a, 1997 (v. os ensaios incluídos em Petit, 1997).
[233] Sobre o relevo da ordem amorosa no direito, cf. Hespanha (1992a; 1997b).

proximidade em relação à fonte da ordem (Deus, natureza) era um critério decisivo para estabelecer esta hierarquia. A revelação e o direito divinos deveriam, por isso, ocupar um lugar de topo no conjunto das ordens normativas. Seguia-se o direito canónico "positivo", dado que era mais externo à natureza íntima das coisas e mais dependente da vontade dos homens. Em alguns casos, como veremos, a ordem divina afastava a ordem humana (v. 6.4.5), como nos casos em que esta induzisse a pecar[234]. Noutros casos, a ordem divina apenas atenuava o rigor da ordem civil (como no caso da adequação do direito civil às posições mais maleáveis da *aequitas canonica*).

Depois do direito divino, vinham estas ordens normativas em que a natureza "fala grosso", como a ordem doméstica, parcialmente subsumida à anterior ordem divina, devido ao caráter sacramental do casamento. Aqui, as normas decorriam da própria "natureza" (*natura, honestas*), sendo transcritas para o corpo do direito os comandos nela contidos (na sexualidade, na feminilidade, na masculinidade "naturais") – *v.g.*, a fraqueza, a indignidade e a maldade das mulheres; a natureza da sexualidade humana (monogâmica, hetero, vaginal: *vir cum foemina, recto vaso, recta positio*); a natureza da comunidade doméstica (unitária, patriarcal)[235].

Como a família não era a única instituição natural, outras relações humanas tinham pretensões "naturais" em relação ao direito; mesmo no caso daquelas instituições que a cultura atual considera como exclusivamente dependentes da vontade, como os contratos. O conceito cunhado para exprimir estas normas implícitas e forçosas contidas em certos tipos de relações era o de "natureza dos contratos" (*natura contractus*) ou de "vestes" dos pactos (*vestimenta pacti*, como que dizendo que, sem certos atributos formais, os acordos [nus] não podiam valer)[236].

A transcrição de normas de uma ordem na outra tornava-se possível pela existência de conceitos genéricos que serviam como que de "canais de comunicação" entre elas. As importações e exportações entre o direito e a política faziam-se através de canais como "utilidade pública" (*publica utilitas*), bem comum (*bonum communem*), poder absoluto ou extraordinário (*absoluta vel extraordinaria potestas*); entre o direito e o que estava estabelecido na comunidade, por meio de noções como posse de estado (*possessio*

---

[234] Mesmo aqui, a regra não era absoluta: a prostituição, embora pecado, era permitida para evitar uma difusão ainda mais promíscua e desregulada da sexualidade (*coïtus vagus*).
[235] Cf. Hespanha, 1993g; Hespanha, 1994b.
[236] Cf. Grossi, 1968; Beneduce, 1990; Violante, 2001.

status), direitos adquiridos (*iura quaesita*), estabilidade das decisões jurídicas (*stare decisis*), razão jurídica (*ratio iuris*); entre o direito e a natureza, pelo recurso à natureza das coisas (*natura rerum*), ou a expressões que indicassem a força das coisas (*necessitas, notorietas, evidentia*); entre o direito e a religião, pela invocação da piedade (*pietas*), da moral (*aequitas*), da caridade (*charitas*).

Como as hierarquias entre as diferentes ordens normativas eram sensíveis ao contexto e os modelos de transferência (ou transcrição) não eram fixos, o resultado era uma ordem entrecruzada e móvel, cujas particularizações não podiam ser antecipadamente previstas. É a isto que se pode chamar a "geometria variável" do *ius commune*. Em vez de um sistema fechado de níveis normativos, cujas relações estavam definidas de uma vez por todas (como os sistemas de fontes de direito do legalismo contemporâneo), o direito comum constituía uma constelação aberta e flexível de ordens cuja arquitetura só podia ser fixada em face de um caso concreto.

Nesta constelação, cada ordem normativa (com as suas soluções ou seus princípios gerais: *instituta, dogmata, rationes*) era apenas um tópico heurístico (ou perspetiva) cuja eficiência (na construção do consenso comunitário) havia de ser posta à prova. Daí que coubesse ao juiz fornecer uma solução prudencial ou arbitrada. Por isso, o arbítrio do juiz não era... arbitrário: embora a questão não tivesse uma solução precisa no direito (*"Arbitrium iudex relinquitur quod in iure definitum non est"* [o arbítrio do juiz limita-se àquilo que não tem fronteiras precisas no direito]), este continha orientações que o juiz devia pôr em confronto para, de forma metódica e argumentada, chegar a uma solução quanto possível explicável e suscetível de obter consenso[237]; uma solução que harmonizasse princípios jurídicos conflituais (*interpretatio in dubio est faciendam ad evitandam correctionem, contrarietatem, repugnantiam* [nos casos duvidosos, a interpretação deve ser feita de modo a evitar a alteração, a contrariedade ou a oposição])[238]. Recordemos, de seguida, os distintos componentes do conjunto, bem como as suas articulações mútuas.

---

[237] V. Meccarelli, 1998.
[238] Ou seja, a interpretação deve ser estabilizadora e fomentar o consenso. Cf. Hespanha, 2009b.

6.6.1. Direito canónico e direito civil

Num plano superior, está o direito canónico que, como direito diretamente ligado à autoridade religiosa, pretende um papel de critério último de validação das outras ordens jurídicas, em obediência ao princípio da subordinação do governo terreno aos fins sobrenaturais de salvação individual. Assim, em princípio, o direito canónico deveria prevalecer em assuntos relacionados com a ordem sobrenatural, deixando ao direito civil as matérias de natureza temporal. Porém, como já vimos, esta regra não era geral nem automática, pois, mesmo em matérias temporais, podia acontecer que devesse vigorar o direito canónico, desde que a solução do direito civil contrariasse gravemente princípios de convivência impostos pela ordem religiosa, legitimando atitudes pecaminosas ("critério do pecado"; cf., *supra*, 6.4.2). Assim, só caso a caso se podia determinar o modo de resolver conflitos entre direito civil e direito canónico.

6.6.2. Direito comum e direitos dos reinos[239]

Como "direito geral", vigorava o *ius commune*, constituído por um enorme conjunto de normas tidas como provenientes da razão natural (cf. D., 1,1,9: "Todos os povos, que se governam por leis e costumes, usam de um direito que em parte lhes é próprio e em parte comum a todos os homens. É que aquilo que cada povo para si estabelece em comum como direito é próprio dessa mesma cidade e chama-se direito civil, como que a significar próprio da mesma cidade. Pelo contrário, aquilo que a razão natural estabelece entre todos os homens é observado por toda a parte e chama-se direito das gentes [*ius gentium*], como que a significar o que todas as nações [*gentes*] usam"). O facto de provirem da razão não garantia a estas normas uma vigência *superior*, pois da mesma razão decorria a faculdade de cada cidade ou de cada nação corrigir ou adaptar, em face da sua situação concreta, o princípio racional estabelecido em geral. Embora a razão natural tivesse em vista aquilo que resultava justo na generalidade dos casos, a realidade era tão variada[240] que bem se podia conceber que alguma utilidade particular exigisse a correção da norma geral (D.,1,2,16: "o direito singular é aquele que foi introduzido pela autoridade do legislador, tendo em

---

[239] Cf. Grossi, 1995, 223-236.
[240] "*Plures sunt casus quam leges*" (os casos da vida são mais do que as leis); "nem as leis nem os senatusconsultos podem ser redigidos de forma a compreender todos os casos que alguma vez ocorram; basta que contenham aqueles que ocorrem o mais das vezes", pode ler-se em D.,1,2,10.

vista alguma utilidade particular, contra o teor da razão"). Embora neste texto se aponte para o contraste entre autoridade (do legislador) e razão, a decisão "autoritária" do legislador – tal como a decisão "arbitrária" do juiz – tinha de se fundar em dados objetivos (neste sentido, racionais). Por isso, a legitimidade dos poderes para dizer o direito (*iurisdictio*) estava vinculada à realização da equidade (*potestas de publico introducta cum necessitate iuris dicendi, et aequitatis statuendae*: poder público de dizer dada a necessidade de direito e de estabelecer a equidade), segundo Azo[241], o qual também fazia depender a validade da lei da sua conformidade com a justiça[242].

Assim, o direito comum vigoraria apenas para os casos em que um direito particular não o tivesse afastado; ou seja, vigoraria apenas como *direito subsidiário*.

Mas, sendo fundado na razão, acabava por ter uma vigência *potencialmente geral*. Isto queria dizer que, em primeira linha, se aplicava a todas as situações não cobertas pelos direitos próprios ou particulares. Porém, estes não deixavam de sofrer as consequências da sua contradição com o direito comum. Não deviam ser aplicados a casos neles não previstos (por analogia); não podiam constituir fundamento para regras jurídicas gerais (D.,1,2,14: "aquilo que foi recebido contra a razão do direito não pode ser estendido às suas consequências [indiretas]"); deviam ser interpretados de forma estrita. Embora existisse um princípio segundo o qual "as regras do direito [comum] não podem ser seguidas naqueles domínios em que foi estabelecida [por um direito particular] uma contradição com a razão do direito" (D., 1,2,15), o certo é que os juristas, formados na dogmática do direito comum e crentes na sua intrínseca racionalidade, tendiam a aplicar ao direito particular os cânones interpretativos e conceituais do direito comum.

---

[241] Azo di Bologna (1150 – c. 1225), um célebre jurista civilista: "Chi non ha Azo non vada a Palazzo" (quem não tem [a obra de] Azo, não vá a tribunal).

[242] "*Lex est commune praeceptum virorum prudentium consultum [...] Quandoque ponitur pro rationabili large omni statuto. Vnde et dicitur lex est sanctio sancta, iubens honesta prohibens contraria*" (a lei é um ensinamento comum prescrito por homens prudentes [...] Por vezes, a designação usa-se em sentido lato para qualquer estatuto [norma imposta pela autoridade] racional. Daí que também se diga que a lei é uma ordem santa, mandando fazer o que é conforme à natureza e proibindo o que lhe é contrário) (cf. http://faculty.cua.edu/pennington/lex%20and%20ius.htm#_ftn15).

Assim, o direito comum coexistia, em equilíbrio indeciso, com os direitos próprios. Completava-os nas suas lacunas. Mas, uma vez que estes não continham uma teoria própria da norma jurídica, a decisão sobre existência ou não de lacunas cabia ao direito comum. Também cabia ao direito comum a formulação de todas as teorias gerais, que não podiam ser deduzidas de normas particulares. O que queria dizer que pertencia ao direito comum (à doutrina nele fundada) a constituição do fundamental do aparelho dogmático do direito.

Em todo o caso, como veremos, a teoria que o direito comum criou sobre as suas relações com os direitos particulares não deixa de ter aspetos favoráveis a estes últimos. Na verdade, a Glosa [de Acúrsio], ao tratar da decisiva questão da validade dos direitos feudais (recolhidos nos *Libri feudorum*, séculos X e XI), regista que "os costumes em matéria feudal sobrepõem-se às leis", embora se acrescente "no entanto, entendo isto dos costumes justos, e não dos injustos" (*consuetudo in feudis vincit leges [...] sed hoc intelligo de aequa, non de iniqua consuetudine*) (glosa a *Libri feudorum*, 2, 1, *de feudi cognitione*). O mesmo acontecia com a relação entre lei, *ius commune* e costumes, em que, a despeito de algumas restrições, tende a prevalecer o princípio de que "o costume tem a força de lei" (*consuetudo habet vim legis*)[243].

O próprio direito comum não era único. Pois, ao lado do direito comum geral, existiam direitos comuns especializados, referentes a certas matérias. Tal é o caso do direito canónico, que era comum em matérias atinentes à religião, ou o direito mercantil (*lex mercatoria*), que era comum no que respeitava à regulação da atividade mercantil. E, como veremos a seguir, o direito dos reinos podia chegar a reclamar a dignidade de direito comum, dentro do reino. Entre estes direitos comuns, nem tudo era harmonia, existindo entre eles princípios contraditórios.

"Direitos próprios" são uma realidade também plural, já que sob este conceito podem ser subsumidos: (i) os direitos dos reinos; (ii) os estatutos das cidades; (iii) os costumes locais; (iv) os privilégios territoriais ou corporativos.

---

[243] "*Lex est sanctio sancta, sed consuetudo est sanctio sanctior, et ubi consuetudo loquitur, lex manet sopita*" [a lei é uma sanção santa, mas o costume ainda é mais santo, e onde fala o costume, cala-se a lei] (*Consuetudines amalfitenses*); Cf. Hespanha, 1989, 291 ss.; 1994, 304, 362 ss. O texto invocado para atribuir ao costume um valor equivalente ao da lei era C., 13,53,2 e sua glosa (cf. Hespanha, 1994, 304 n. 9).

6.6.3. Direitos dos reinos e direitos dos corpos inferiores

Comecemos pelos direitos dos reinos. Desde o século XI que os direitos dos reinos pretendem, no domínio territorial da jurisdição real, uma validade absoluta, semelhante à do direito do Império (*rex superiorem non recognoscens in regno suo est imperator* [o rei que não reconhece superior é imperador no seu reino], Azo, Guillaume Durand), definindo-se como "direito comum do reino"[244]. O fundamento doutrinal desta ideia pode encontrar-se num texto do *Digesto* que afirma que "o que agrada ao príncipe tem o valor de lei; na medida em que pela *lex regia*, que foi concedida ao príncipe sobre o seu poder político [*imperium*], o povo lhe conferiu todo o seu poder e autoridade" (S*ed et quod principi placuit legis habet vigorem, cum lege regia quae de imperio eius lata est, populus ei et in eum suum imperium et potestatem concessi*, D.,1,4,1)[245].

Isto não tinha grandes implicações práticas nas relações entre o direito do reino e o *ius commune*. Levava, decerto, a uma afirmação de que este último não vigorava internamente por força de critérios políticos, mas apenas por força da sua racionalidade intrínseca ("*non ratione imperio sed imperio rationis*", não em razão do império, mas por império da razão), o que eventualmente acabaria por conduzir à distinção entre normas do direito comum conformes à boa razão e outras que não o eram[246]. Como levava à conclusão de que, sendo *comum*, o direito do reino continha, tal como o *ius commune*, uma *ratio iuris* que vigorava no seu seio[247] e da qual se podiam extrair consequências normativas, com o que o direito do reino adquiria alguma da força expansiva do direito comum imperial. Mas, com as limitações daqui decorrentes, todas as anteriores regras relativas às relações entre *ius commune* e *iura propria* se aplicavam ao direito reinícola.

---

[244] Cf. Wyduckel, 1979, 1984; Cavanna, 1982, 70; Pennington, 1993; Dondorp, 2000 (mais especificamente, sobre a influência do direito canónico no reforço do poder legislativo dos príncipes, incluindo o Papa).

[245] Ou seja, nomeadamente todo aquele poder de estatuir direito que, nos termos da lei "Omnes populi" (D.,1,1,9), lhe cabia.

[246] As primeiras eram incorporáveis no direito do reino, mas não as segundas. Esta consequência subjaz à teoria do direito da escola do *Usus modernus pandectarum* e é afirmada, em Portugal, pela Lei da Boa Razão, de 18/08/1769.

[247] Que, em todo o caso, não anulava a *ratio iuris communis*, que permanecia como critério superior (*ius naturale*).

MODERNIDADE, PRÉ-MODERNIDADE, PÓS-MODERNIDADE. A PRÉ-MODERNIDADE JURÍDICA

Note-se, porém, que a estreita relacionação entre o direito dos reinos e o poder real fazia com que, nas relações entre o direito real e os direitos locais inferiores, vigorassem normas que não funcionavam nas relações entre direitos próprios e *ius commune*, já que a supremacia deste não decorria da superioridade política, mas do seu enraizamento na natureza. Assim, a supremacia do poder real sobre os súbditos (*"superioritas iurisdictionis"*, superioridade quanto à jurisdição) não tinha paralelo nas relações entre *ius commune* e direito real. Daí que o princípio de que "a lei inferior não pode impor-se à lei superior" (*"lex superior derrogat legem inferioris"*, a lei superior derroga a inferior; *"inferior non potest tollere legem superioris"*, o inferior não pode derrogar a lei do superior), válido para as relações entre o direito régio e os direitos locais, não se aplicava ao direito comum nas suas relações com o direito real. E, portanto, o direito do reino é, politicamente, supraordenado aos direitos emanados de poderes inferiores do reino, o que não acontecia com o *ius commune* em relação aos direitos dos reinos não submetidos ao imperador (*rex superiorem non recognoscens imperator est in regno suo*).

Porém, esta supraordenação em termos políticos não exclui a acima referida preferência do especial em relação ao geral. Sendo o direito do rei o direito comum do reino, valem em relação a ele as mesmas regras que valiam quanto ao *ius commune* nas suas relações com os direitos próprios. E, assim, a afirmação da supremacia política não excluía que, desde que esta não estivesse em causa, pudessem valer dentro do reino, nos seus respetivos âmbitos, direitos especiais de corpos políticos de natureza territorial ou pessoal. A salvaguarda da supremacia política do rei seria garantida, então, por um *princípio de especialidade*, segundo o qual a capacidade normativa dos corpos inferiores não podia ultrapassar o âmbito do seu autogoverno[248].

Esta prevalência dos direitos particulares dos corpos tinha um apoio no direito romano. De facto, a "lei" *Omnes populi*, do *Digesto* (D., 1,1,9) reconhecia que "todos os povos usam de um direito que em parte lhes é próprio, em parte comum a todo o género humano". No entanto, a primeira geração de legistas fora muito prudente em retirar daqui um argumento em favor da supremacia dos direito comunais[249] que, quando muito, valeriam

---

[248] Para além de se reconhecer que todo o súbdito, mesmo integrado num corpo jurídico inferior, tinha o direito de apelar para o rei, caso se sentisse injustiçado; mas o rei teria de decidir de acordo com o direito corporativo desse súbdito.
[249] Que o jurista Odofredo (m. 1265), depreciativamente, dizia "serem feitos por burros".

numa esfera estritamente local. Finalmente, o que estava em causa não era apenas a subversão do novo direito imperial (em relação ao qual alguns juristas nem sempre eram muito respeitosos), mas sobretudo a autoridade do próprio direito romano, do estudo do qual eles tiravam o seu prestígio social e político.

É preciso esperar pelo célebre Baldo de Ubaldis (1327-1400) para que a validade do direito local adquira uma justificação teórica robusta: *"Populi sunt de iure gentium, ergo regimen populi est de iure gentium: sed regimen non potest esse sine legibus et statutis, ergo eo ipso quod populus habet esse, habet per consequens regimen in suo esse, sicut omne animal regitur a proprio spiritu et anima"*[250] ("os povos existem por direito das gentes [*i.e.*, direito natural] e o seu governo tem origem no direito das gentes; como o governo não pode existir sem leis e estatutos [*i.e.*, leis particulares], o próprio facto de um povo existir tem como consequência que existe um governo nele mesmo, tal como o animal se rege pelo seu próprio espírito e alma")[251].

6.6.4. Direito comum e privilégios

Abaixo do plano do reino, proliferavam as ordens jurídicas particulares já referidas, todas elas protegidas pela regra da preferência do particular sobre o geral. A designação comum para estas ordens jurídicas particulares era a de privilégio, cuja alegada etimologia remeteria para a ideia de "lei privada" ou "lei particular" (*quasi privata lex* [como que uma lei privada]).

Privilégios eram, por exemplo, os estatutos (ou direitos das comunas, cidades, municípios), considerados, nos termos da lei *"omnes populi"*[252], como *ius civile* (*"dicitur ius civile quod unaqueque civitas sibi constituit"*, [diz--se direito civil o que cada cidade institui para si], Odofredo, m. 1265), ou seja, com dignidade igual à do direito de Roma. Ou o costume (nomeadamente o costume local), cujo valor era equiparado ao da lei ("também aquilo que é provado por longo costume e que se observa por muitos anos, como se constituísse um acordo tácito dos cidadãos, se deve observar tanto como aquilo que está escrito", D.,1,3,34; v. também os frags. 33 a 36 do mesmo título). Ou, finalmente, os direitos especiais de pessoas ou de grupos particulares, cuja revogação por lei geral ou sem expressa referência

---

[250] *In Dig. Vet.*, I, 1, *de iust. et iure*, 9, n. 4; *In Dig. Vet.*, I, 1, *de iust. et iure*, 9, n. 4.
[251] Cf. Calasso, 1970, 59 ss.
[252] Cf. Hespanha, 1989, 239 s., 285 ss.

não era admitida; em alguns casos, o direito estabelecia mesmo a sua irrevogabilidade pura e simples, como acontecia com os privilégios concedidos por contrato ou, quase contratualmente, em remuneração de serviços ("*privilegia remuneratoria*")[253].

Por isso, em todos estes casos, ainda que as normas particulares não pudessem valer contra o direito comum do reino enquanto manifestação de um poder político superior (quase imperial), podiam derrogá-lo enquanto manifestação de um direito especial, válido no âmbito da jurisdição dos corpos de que provinham. E, nessa medida, eram intocáveis. Pois decorrendo estes corpos da natureza, a sua capacidade de autogoverno e de edição de direito era natural e impunha-se, assim, ao próprio poder político mais eminente.

Neste sentido, o direito comum era uma ordem muito garantista, que garantia os direitos particulares contra o direito geral, de origem doutrinal ou legal. Neste sentido, os direitos estavam antes e acima do direito. Isto anteciparia o mais radical do liberalismo surgido nos finais do século XVIII, se estes direitos protegidos fossem concebidos como direitos gerais, que competiriam às pessoas em virtude da sua natureza (direitos naturais, direitos humanos, direitos fundamentais). Não era, porém, o que acontecia. Os direitos protegidos pelo direito comum eram direitos particulares de uma pessoa ou de uma comunidade, adquiridos pela tradição ou por concessão individualizada do poder, diferentes de titular para titular. Representam, por isso, a consolidação, no plano do direito, dos equilíbrios sociais estabelecidos. Os direitos de cada um eram a tradução jurídica da situação de que cada um gozava naquela sociedade hierarquizada.

6.6.5. Direito anterior e direito posterior

Se o ordenamento jurídico era pluralista no sentido de que nele conviviam normas emanadas de centros normativos coexistentes no mesmo espaço, era-o também no sentido de que a própria sucessão das leis no tempo não implicava, como hoje, a cessação da vigência de umas quando sobreviessem leis novas em contrário. A lógica de combinação temporal das normas jurídicas permitia que as leis antigas conservassem uma certa vigência no presente. De facto, considerava-se que as leis antigas sobreviviam nas mais recentes e que as mais recentes deviam ser harmonizadas

---

[253] Cf. Hespanha, 1989, 399 ss.

com as mais antigas, a menos que abertamente as contradissessem[254]. Isto porque, para o pensamento jurídico de então, as leis não eram senão explicitações de normas de direito que estavam inscritas na natureza das coisas. Por isso, existiam desde sempre, embora até certo momento implícitas. Logo, direito novo e direito antigo, ainda que divergentes, testemunham uma ordenação íntima das coisas, que vai sendo revelada a pouco e pouco, por atos legislativos, por costumes que se firmam, por decisões dos tribunais a propósito de casos que ocorrem. As normas jurídicas acumulam-se em camadas sucessivas, podendo ser conjuntamente chamadas a resolver um certo caso.

6.6.6. Direito recebido e direito tradicional

A tensão entre direito anterior e direito posterior tornou-se mais viva com a receção, na cultura jurídica letrada da Europa Ocidental, da tradição do direito do antigo Império Romano. Realmente, a receção do direito romano na Europa Ocidental medieval não foi um facto trivial. Pelo contrário. Por muito forte que tivesse sido a romanização dos direitos dos povos europeus durante a Alta Idade Média, os costumes gerais ou locais (*iura propria*) contrastavam fortemente, em muitos domínios, com o direito romano.

O mesmo acontecia com a legislação dos senhores que não tivessem um superior temporal, a quem um brocardo medieval muito difundido atribuía os poderes políticos – incluindo o de legislar – dos antigos imperadores (*rex superiorem non recognoscens in regno suo est imperator*). Os reis não deixaram de usar abundantemente deste seu poder, logo desde o século X, desenvolvendo um direito próprio de cada reino. Mais tarde, os próprios juristas contribuem para a importância desta legislação real ao afirmarem que, no reino, o direito do monarca era direito comum[255].

Num breve conspecto, podemos identificar algumas áreas normativas em que este contraste se verificava[256].

No domínio do direito das pessoas, o direito europeu alto-medieval caracterizava-se pela diferenciação dos estatutos jurídicos pessoais,

---

[254] D.,1,3,26: *Non est novum ut priores leges ad posteriores trahantur* (não é inédito que as leis antigas devam dar lugar às leis ulteriores); *Leges posteriores ad priores pertinent, nisi contrariae sint* (As leis posteriores complementam as anteriores, a não ser que lhes sejam contrárias).
[255] Sobre as relações entre direito próprio e direito comum, com muitos exemplos textuais, http://faculty.cua.edu/pennington/law508/histlaw.htm.
[256] Nesta listagem seguimos, basicamente, Coing, 1985, I, 25-34.

MODERNIDADE, PRÉ-MODERNIDADE, PÓS-MODERNIDADE. A PRÉ-MODERNIDADE JURÍDICA

típica daquilo a que se tem chamado uma sociedade de estados (*ständische Gesellschaft*). As pessoas apareciam repartidas em "estados", uns ligados à dignidade (nobres *vs.* vilãos), outros à religião (clérigos *vs.* leigos), outros às profissões (militares, estudantes, lavradores, profissões vis), outros ao sexo e idade (homens, mulheres, anciãos). Por outro lado, entre as pessoas podiam estabelecer-se laços de dependência que limitavam o estatuto jurídico dos subordinados (senhores, vassalos; marido, mulher). Em contrapartida, o direito romano, embora conhecesse o instituto da escravidão e diferenciasse os estrangeiros dos cidadãos, era basicamente igualitário quanto ao estatuto destes últimos, mesmo no que diz respeito ao tratamento relativo de homens e mulheres.

No domínio dos direitos patrimoniais, os direitos locais europeus caracterizavam-se por estabelecerem fortes restrições à disponibilidade do património, nomeadamente da terra (*bens de raiz*). Este encontrava-se frequentemente vinculado a uma família, não podendo ser dela alienado *inter vivos* sem o consentimento dos parentes e estando reservado para estes na altura da sucessão por morte do seu detentor. Frequentemente, eram estabelecidas, por contrato (*v.g.*, por convenção antenupcial, contrato de enfiteuse, etc.) ou por testamento, normas quanto à sucessão dos bens (fideicomissos, morgados), vinculando-os a uma determinada linha sucessória. Nestes casos, o proprietário acabava por ser apenas um administrador vitalício de uma massa de bens que devia manter íntegra para um sucessor prefixado. Mas um bem podia ainda estar sujeito a pessoas diferentes que dele usufruíam rendas ou outras utilidades (cultivo, caça, apanha de lenha, pastoreio). Como todos tinham um certo poder de disposição sobre a mesma coisa, esta estava sob o domínio de vários (o domínio estava "dividido", a coisa "servia" vários) e não podia ser usufruída ou alienada plenamente por ninguém. A liberdade contratual e testamentária de bens imóveis estava, por isso, fortemente limitada. Já o direito romano atribuía ao proprietário uma capacidade de plena disposição, sendo o *dominium* definido como o direito de usar e de abusar da coisa (*ius utendi ac abutendi*). O direito de propriedade presumia-se não dividido e liberto de quaisquer servidões a favor de outrem ou da coletividade. A liberdade de testar era a regra e a ordem sucessória, na falta de testamento, estava estabelecida em geral e não dependia da natureza dos bens.

Ainda neste domínio das relações patrimoniais, o direito medieval conhecia uma íntima relação entre o domínio sobre as coisas e o domínio político sobre as pessoas. Referimo-nos àquilo a que se costuma chamar a "patrimonialização dos direitos políticos". Os direitos políticos (*Hoheitsrechten*, direitos de comando, jurisdicionais, fiscais) são concebidos como atribuições patrimoniais dos senhores, incorporadas no seu património e suscetíveis de serem objeto de negócios jurídicos (compra e venda, doações, cessões precárias, arrendamentos, penhores). Em contrapartida, a titularidade de direitos sobre a terra incorpora, frequentemente, atribuições de natureza política. Esta mistura entre direitos sobre o solo e direitos políticos é tal que se dizia que não existia propriedade que não fosse senhorio, pelo que toda a terra tinha um senhor (*nulle terre sans seigneur*). O direito romano, pelo contrário, mantinha uma distinção nítida entre as prerrogativas públicas (do Senado e do Povo Romano [SPQR, *Senatus PopulusQue Romanus*], do imperador) e os direitos dos particulares sobre os seus bens, não concebendo que as primeiras pudessem ser objeto de negócios jurídicos de direito privado.

A estas divergências normativas entre o direito romano e os direitos locais, soma-se ainda uma outra dificuldade na receção do primeiro. Ao contrário do direito atual, sistemático e codificado, constituindo, por isso, um *package* normativo que pode ser transmitido e recebido globalmente[257], o direito romano consistia numa coleção de soluções casuísticas, fracamente estruturadas entre si. A sua receção pressupunha, por isso, uma incorporação atomizada, caso a caso, não decidível ou regulável por um ato do poder político. Só um paulatino trabalho doutrinal e jurisprudencial podia estabelecer, casuisticamente, as soluções do direito romano, criando entre os homens de direito e, em geral, entre os destinatários do direito, um consenso acerca da bondade de cada uma delas. Os próprios glosadores, embora basicamente romanistas, tinham em conta o vizinho direito lombardo, que algumas constituições imperiais tentavam definir – muito convenientemente – como "*ius commune*"[258].

Em todo o caso, e como já se disse, esta busca de equilíbrios casuísticos entre o direito tradicional e o direito recebido (o romano e o canónico) não deixava de ser bastante limitada por uma crescente tendência para a

---

[257] Por exemplo, pela adopção, por via legislativa, de um código estrangeiro, como o que aconteceu com o Código Civil germânico de 1900 no Japão.
[258] Cf. Calasso, 1970, 51 ss.

unificação jurídica, sob a égide dos direitos cultos, que aspiravam a uma validade universal[259].

6.6.7. Normas de conflito de "geometria variável"

A ordem jurídica apresentava-se, assim, como um conglomerado de normas de proveniência diversa, eventualmente incompatíveis, desprovido, por outro lado, de um conjunto fixo de normas de conflitos, *i.e.*, de regras que decidissem, de forma sistemática, qual a norma a aplicar num caso concreto. É certo que existiam princípios gerais, aos quais já nos referimos, que estabeleciam algumas diretivas (o "critério do pecado"; o princípio de que a norma especial derroga a geral; o princípio de que o direito comum é subsidiário em relação ao direito próprio[260]; o princípio de que o costume tem a mesma dignidade que a lei, etc.). Mas, mesmo assim, coexistiam normas contraditórias, sem que a preferência de nenhuma delas pudesse ser decidida definitivamente por estes princípios.

Na arquitetura do *ius commune*, a primeira preocupação não era reduzir à unidade esta pluralidade de pontos de vista normativos. A primeira preocupação era torná-los harmónicos na sua diversidade, sem que isso implicasse que alguns deles devessem ser absolutamente sacrificados aos outros (*"interpretatio in dubio facienda est ad evitandam correctionem, contrarietatem, repugnantiam"*, a interpretação deve ser feita, em caso de dúvida, no sentido de evitar a correção [de umas normas pelas outras], a contradição, a repugnância). Pelo contrário, todas as normas deviam valer integralmente, umas nuns casos, outras nos outros. Assim, cada norma acabava por funcionar, afinal, como *uma perspetiva* de resolução do caso, mais forte ou mais fraca segundo essa norma tivesse uma hierarquia mais ou menos elevada, mas, sobretudo, segundo ela se adaptasse melhor ao caso em exame[261]. Ou seja, as normas funcionavam como "sedes de argumentos" (*topoi, loci*, v., *infra*, 6.8), como apoios provisórios de solução; que, no decurso da discussão em torno da solução, irão ser admitidos ou não, segundo a aceitabilidade da via de solução que abrem.

---

[259] Cf. Calasso, 1970, 40-49.
[260] Outros princípios (por vezes contraditórios entre si!): *"lex superior derrogat inferior"*; *"lex tendens ad bonum publicum praefertur tendenti commodo privatorum"*; *"lex specialis derrogat generali"* (D.,50,17,80); *"lex posterior derrogat priori"*; *"leges in corpore pareferuntur extravagantes"* (cf. Coing, 1989, I, 128 s.).
[261] Sobre a estratégia casuísta, v. a límpida exposição de Tau Anzoategui, 1992.

A regra mais geral de conflitos no seio desta ordem jurídica pluralista não era, assim, uma regra formal e sistemática que hierarquizasse as diversas fontes do direito, mas antes o *arbítrio do juiz* na apreciação dos casos concretos (*"arbitrium iudex relinquitur quod in iure definitum non est"*, fica ao arbítrio do juiz aquilo que não está definido pelo direito). Era o juiz que, caso a caso, ponderando as consequências respetivas, iria decidir do equilíbrio entre as várias normas disponíveis. Este arbítrio era, no entanto, guiado pelos princípios gerais a que já nos referimos[262]. Mas, sobretudo, pelos usos do tribunal ao julgar questões semelhantes (*stylus curiae*), usos que, assim, se vêm a transformar num elemento decisivo de organização (casuística) do complexo normativo deste direito pluralista.

É sobre este ordenamento que vai incidir a atividade de uma doutrina jurídica europeia, obedecendo aos mesmos cânones metodológicos, e potenciando, portanto, a tendência para a unificação.

6.6.8. Uma ordem jurídica flexível

Já antes (cf., *supra*, 6.6) referimos a flexibilidade como a primeira característica de ordem jurídica pluralista do direito comum. Explicaremos agora melhor quais os procedimentos técnicos através dos quais essa flexibilidade era conseguida.

6.6.8.1. Flexibilidade por meio da graça

A flexibilidade jurídica não decorria apenas da pluralidade de ordens normativas e do caráter aberto e casuístico da sua hierarquização.

Resultava também da ideia de que o território do direito era uma espécie de "jardim suspenso", entre os céus e a vida quotidiana. Entre o domínio sobrenatural da religião e o domínio das normas jurídicas terrenas.

Na verdade, as normas jurídicas, as máximas doutrinais e as decisões judiciais constituíam as regras da vida quotidiana. Normalmente, cumpriam bem o seu papel. No entanto, elas não constituíam o critério último de normação.

Passava-se com o direito o que se passava com a natureza. Tal como a lei que Deus imprimira na natureza (*causae secundae* [causas segundas], *natura rerum* [natureza das coisas]), também o direito positivado (nas instituições, nos costumes, na lei, na doutrina comum) instituíra uma ordem razoavelmente boa e justa para as coisas humanas.

---

[262] V. Meccarelli, 1998.

No entanto, acima da lei da natureza, tal como acima do direito positivo, existia a suprema, embora frequentemente misteriosa e inexprimível, ordem da Graça, intimamente ligada à própria divindade (*Causa prima, Causa incausata*).

Por causa da sua influência na compreensão desta relação entre os níveis da ordem, é útil relembrar aqui a teologia da Criação, tal como foi exposta pelos grandes teólogos ibéricos (e italianos) da primeira Época Moderna. Servimo-nos de Domingo de Soto (*De iustitia et de iure*, Cuenca, 1556, liv. I, q. 1, art.º 1º). O ato de Criação, como ato primeiro, fora um ato incausado e livre, um ato de pura (absoluta) vontade, um ato de Graça. No entanto, uma vez que Deus é a Suma Perfeição, a Criação não constituíra um processo arbitrário. É certo que a Criação não é boa por corresponder a uma bondade anterior a Deus e que este tivesse que ter em conta; mas também é, paradoxalmente, verdade que Deus, sendo Bom, não podia ter querido outra coisa senão o bem. Em suma, a Criação, não sendo "devida", sendo e livre e "gratuita", não é arbitrária. Pois há como que uma ordem, uma regra, nos próprios atos arbitrários.

Para além deste ato primeiro de Criação, pelo qual Deus estabeleceu (gratuitamente, livremente) a ordem do mundo, esta ficou a valer, tanto em relação às coisas não humanas, como às coisas humanas. E, dentro destas, deu origem a um direito – o direito natural. De facto, Ulpianus define o direito natural como "[...] aquele que a natureza ensina a todos os animais. Na verdade, este direito não é próprio do género humano, mas comum a todos os animais que vivem na terra e no mar, incluídas as aves. Daqui decorre a união entre macho e fêmea, a que chamamos *matrimónio*, a procriação e educação dos filhos. Vemos, na verdade, que os restantes animais, mesmo as feras, mostram ter conhecimento deste direito" (D., 1,1,1,3). Outros juristas acrescentavam como pertencentes a este direito que a natureza ensinou aos homens (*ius gentium* [direito das gentes], que restringiam ao género humano): o amor por Deus, pelos pais e pela pátria (Pomponius, D., 1,1,2); a autodefesa, de onde decorria que aquilo que se fizeste em defesa do próprio corpo seria legítimo; a proibição da falsidade no seio das relações humanas (Florentinus, D.,1,1,3); a liberdade humana (Ulpianus, D.,1,1,4); o direito da guerra, a divisão das nações, a constituição dos reinos, a divisão da propriedade, a generalidade dos contratos (Hermogenianus, D.,1,1,5). Porém, esta ordem "estabelecida" não era finita, porque Deus desenvolvia a ordem (acrescentava continuamente mais ordem à ordem) por meio de outros atos, também *não devidos* ou livres, outros atos de Graça (dos quais se destacam os milagres).

A tendência geral da teologia católica, depois do Concílio de Trento, foi a de restringir o arbítrio divino, tornando-o menos soberano no domínio dos atos de Graça (menos soberano "no dar"), ao insistir no caráter justificador (logo, condicionador das dádivas de Deus, nomeadamente da dádiva da Salvação) das ações dos homens[263]. Para a sensibilidade católica[264], as ações constituíam factos palpáveis, contabilizáveis, objetivos, que forçavam a vontade de Deus na sua "gestão da Graça".

No nível político-constitucional, os atos incausados (como as leis ou os atos de graça do príncipe), reformatando ou alterando a ordem estabelecida, são, por isso, prerrogativas extraordinárias e muito exclusivas dos vigários de Deus na terra – os príncipes. Usando este poder extraordinário (*extraordinaria potestas*), eles imitam a Graça de Deus, fazendo como que milagres (cf., *infra*, 6.7.1) e, como fontes dessa graça terrena, introduzindo uma flexibilidade quase divina na ordem humana[265].

Como senhores da graça, os príncipes:

- criam novas normas (*potestas legislativa*) ou revogam as antigas (*potestas revocatoria*);
- tornam pontualmente ineficazes normas existentes (dispensa da lei, *dispensatio legis*);
- modificam a natureza das coisas humanas (*v.g.*, emancipando menores, legitimando bastardos, concedendo nobreza a plebeus, perdoando penas);
- modificam e redefinem o "seu" de cada um (*v.g.*, concedendo prémios ou mercês).

De certo modo, esta prerrogativa constitui a face mais visível do poder taumatúrgico dos reis, a que a tradição europeia tanto recorre[266]. Teorizando esta atividade "livre e absoluta" dos reis, João Salgado de Araújo,

---

[263] Sobre a natureza dos atos de Graça e sua relação com o direito, v. Hespanha, 1993f.
[264] Sobre o caráter estruturante da religião católica nos países da Europa Meridional, justamente no domínio do direito, Levi, 2000.
[265] Cf. Hespanha, 1993b, 1993f.
[266] De facto, era corrente acreditar-se, durante a Idade Média, que os reis estavam dotados do poder de fazer milagres, mesmo no plano físico, como curar doenças (Bloch, 1924).

um jurista português dos meados do século XVII, usa expressamente a palavra "milagre" (cf. Araújo, 1627, p. 44), enquanto outro declara que o príncipe, através da graça, "pode transformar quadrados em círculos" (*mutare quadratos rotundis*, cf. Pegas, 1669, t. IX, p. 308, n. 85.), na sequência de fórmulas que vêm dos primeiros juristas medievais que discutiram os poderes dos papas e dos reis (cf., *infra*, 6.7.1).

No entanto, esta passagem do mundo da Justiça para o mundo da Graça não nos introduz num mundo de absoluta flexibilidade. Por um lado, a graça é um ato livre e absoluto (*i.e.*, como se diz do poder absoluto ou pleno do rei: *plenitudo potestatis, seu arbitrio, nulli necessitate subjecta, nullisque juris publicis limitata*, [um poder ou vontade absolutos, livre de qualquer necessidade, não limitado por quaisquer vínculos do direito público], Cod. Just., 3, 34, 2). Mas, por outro lado, a graça não é uma decisão arbitrária, pois tem de corresponder a uma causa justa e elevada (*salus & utilitas publica, necessitas, aut justitiae ratio*). Nem isenta da observância da equidade, da boa-fé e da reta razão ("*aequitate, recta ratio* [...], *pietate, honestitate, & fidei data*"), nem do dever de indemnizar por prejuízos colaterais causados a terceiros[267]. Em contrapartida, pode tornar-se como que "devida", em face de atos também gratuitos (favores, serviços) que os vassalos tenham feito ao rei, e que, assim, geravam o sentimento natural de gratidão, forçando os reis à atribuição de recompensas ou mercês[268].

Como a graça não é o puro arbítrio e antes configura um nível mais elevado da ordem, a *potestas extraordinaria* dos príncipes aparece não como uma violação da justiça, mas antes como uma sua versão ainda mais sublime[269]. Para Salgado de Araújo (*Ley regia de Portugal*, Madrid, 1627), o governo por estes meios extraordinários da graça – ou seja, tirado fora dos mecanismos jurídico-administrativos ordinários – representa uma forma última e eminentemente real de realizar a justiça, sempre que esta não pudesse ser obtida pelos meios ordinários (Araújo, 1627, 46).

Este tipo de flexibilidade correspondia, portanto, à existência de vários e sucessivos níveis de ordem. Quanto mais elevados eles estivessem, tanto mais escondidos, inexplicitáveis e não generalizáveis seriam.

---

[267] Cf., com mais detalhes, Hespanha, 1993f; Dios, 1994, 264 ss.
[268] Sobre esta economia da mercê, v., por último, Monteiro, 1998, *maxime*, 545 ss.
[269] Por isso é que a graça corresponde à justiça distributiva, que não se pauta – como a comutativa – por uma regra automática e geral.

A flexibilidade era, então, a marca da insuficiência humana para esgotar, pelo menos por meios racionais e explicáveis, o todo da ordem da natureza e da humanidade.

6.6.8.2. Flexibilidade por meio da equidade

A equidade era um outro fator de flexibilidade. A discussão sobre a equidade foi longa na tradição jurídica europeia[270], relacionando-se com várias questões.

No século XII, Graciano ligou esta questão à da legitimidade dos privilégios, *i.e.*, normas singulares que se opunham à norma geral: "Por isso, concluímos do que antecede que a Santa Madre Igreja pode manter a alguns os seus privilégios e, mesmo contra os decretos gerais, conceder benefícios especiais, considerada a equidade da razão, a qual é a mãe da justiça, em nada diferindo desta. Como, por exemplo, os privilégios concedidos por causa da religião, da necessidade, ou para manifestar a graça, já que eles não prejudicam ninguém" (*Decretum de Graciano*, II, C. 25, q. 1, c. 16).

A equidade aparece aqui como uma "justiça especial", não geral e não igual, mas mais perfeita do que a justiça igual (da qual a equidade seria a mãe).

Um passo suplementar e mais elaborado é dado por S. Tomás, na sua discussão sobre equidade e justiça (*Summa theologica*, IIa.IIae, q. 80, art.º 1º). O ponto de partida é a declaração de Aristóteles de que a equidade (*epieikeia*) era uma virtude anexa à justiça. Usando a sua peculiar técnica de raciocinar (*quaestio*, progredindo de um problema particular para questões cada vez mais gerais)(cf., *infra*, 6.9.3), S. Tomás interroga-se sobre uma questão mais geral acerca da natureza de um tipo de conhecimento que designa por *gnome* (IIa.IIae, q. 51, no. 4, "Se a *gnome* é uma virtude especial"): "Respondo que os hábitos de conhecer são distintos, conforme se baseiam em princípios mais elevados ou menos elevados. Por isso, o conhecimento das coisas especulativas lida com princípios mais elevados do que os das ciências. Essas coisas que estão para lá da ordem dos princípios inferiores ou causas estão evidentemente dependentes da ordem dos princípios mais elevados: por exemplo, se a explicação dos monstros [*i.e.*, criaturas monstruosas, sem a forma característica daquela espécie] está para lá da ordem das forças ativas do sémen, isso quer dizer que ela se situa no nível de

[270] Vallejo, 1992; Padoa-Schioppa, 1999.

princípios mais elevados, como a influência dos corpos celestes ou, para além disso, a ordem da Providência divina [...] No entanto, acontece às vezes que é necessário fazer algumas coisas que estão acima da ordem dos atos comuns [...] e, por isso, neste caso devemos julgar as ações por princípios que estão acima das normas comuns [...] Para julgar de acordo com estes princípios mais elevados, necessita-se de uma outra virtude judicativa, chamada *gnome*, a qual requer uma particular perspicácia de julgamento [...]".

Este relance sobre as conceções psicológicas implícitas de S. Tomás – que confirma o que se disse sobre os distintos níveis da ordem – permite também uma distinção mais rigorosa entre justiça (geral) e equidade (particular)[271]. Ou seja, ao passo que a justiça geral era o produto de uma forma menos refinada e profunda de conhecimento, a justiça particular (ou equidade) decorria dessa forma superior de entendimento das coisas que alcançava níveis superiores e mais escondidos da ordem do mundo – a *gnome* – e que permitia entender, a partir daí, soluções jurídicas que não podiam ser explicadas pela regra geral.

Depois da secularização do mundo e do triunfo do racionalismo (cf., *infra*, 7.3.2), perdeu o sentido a ideia de uma esfera de ordem sobrenatural e oculta, da qual fluíam os critérios para temperar o rigor da lei. A graça, como um critério ilimitado de ajustar a lei geral ao caso particular, foi expulsa do direito. Aquilo que dela restou (*v.g.*, os institutos do perdão e da amnistia) foi atribuído apenas ao poder supremo (chefe de Estado), um pouco como resíduo daqueles anteriores poderes taumatúrgicos dos reis. Mas, mesmo aqui, limitadamente, de acordo com critérios objetivos e gerais.

Em contrapartida, no Antigo Regime, esta ideia de perceções não racionais, não argumentáveis (ou discutíveis) e não generalizáveis, que permitiam entender os níveis supremos da ordem, estava na base de certas teorias jurídicas fundamentais: da teoria do direito concebida como uma teoria argumentativa (cf., *infra*, 6.9), da verdade jurídica como uma verdade "aberta" e "provisória", da teoria do poder de criação jurídica dos juízes (*arbitrium iudicis*[272]), bem como dos traços fundamentais da teoria dos deveres dos juristas[273].

---

[271] Sobre o tema, v. ainda S. Tomás (*Summa theologica*, IIa.IIae, q. 80, art.º 1º, n.ºˢ 4 e 5; IIa.IIae, q. 120, art.º 2º).

[272] Cf. Hespanha, 1988f, Meccarelli, 1998.

[273] Cf. Tao Anzoategui, 1992.

6.6.8.2.1. A equidade (*equity*) no direito inglês

O conceito de equidade (*equity*) teve uma evolução e impacto muito particulares no direito inglês[274].

Um pouco como no direito civil (*ius civile*) romano, o direito medieval inglês (*common law*) – de origem normanda – era, sobretudo, um sistema muito estrito e formalizado de ações (*writs*). Um queixoso não poderia fazer valer os seus direitos se não encontrasse uma ação na qual pudesse integrar a sua pretensão (*ubi remedium ibi jus* [só se houver um remédio processual, haverá um direito]). O grande jurista inglês Henry Bracton, no seu *Tractatus de legibus et consuetudines Angliae*, (c. 1256; 1ª ed. impressa 1569[275]), refere que "há tantos géneros de ação [de processos de garantir direito] quantas as fórmulas dos *writs*" (*"tot erunt formulae brevium quot sunt genera actionum"*, fl. 413 b)[276]. Já nos finais do século XVIII, Adam Smith considerava, com orgulho, que a liberdade dos ingleses repousava principalmente no escasso poder dos juízes, ao explicar, alterar ou estender, corrigir o sentido das leis, e na grande exatidão com a qual estas têm de ser observadas de acordo com o significado literal das suas palavras ("the little power of the judges in explaining, altering, or extending or correcting the meaning of the laws, and the great exactness with which they must be observed according to the literal meaning of the words, of which history affords us many instances" (*Lectures on jurisprudence* [10/3/1763])[277].

Este sistema – que se manteve até aos *Judicature acts* (1873-1875) – provocou uma grande rigidez no direito, tanto mais que se começou a manifestar,

---

[274] Cf., sobre o tema, Plucknett, 1956, 671 ss.
[275] Versão *on line*: http://hls15.law.harvard.edu/bracton/Common/SearchPage.htm; http://www.archive.org/stream/bractondelegibu00histgoog/bractondelegibu00histgoog_djvu.txt.
[276] É muito interessante a semelhança com o sistema romano das ações pretórias, em que a tutela do direito estava dependente da concessão de uma fórmula processual pelo pretor [*actionis datio*].
[277] E continua: "The first cause of the great strictness of the law is the ordinary method of proceeding in the courts, which must be commenced by taking out a writ in Chancery, according to which they must form the suit and pronounce sentence without any deviation from the exact words of the brief; or if the action be founded on any particular statute, the words of the statute must be adhered to exactly. Nor can they alter or falsify any thing in the proceeding or the sentence different from the brief, as the records which are kept very exactly must bear it openly. Another thing which curbs the power of the judge is that all causes must be tried with regard to the fact by a jury. The matter of fact is left intirely to their determination."

por volta do século XIV, uma resistência dos senhores feudais à concessão de novos tipos de ações (*writs*), nos quais viam potenciais garantias de direitos das populações que poderiam limitar o seu arbítrio. A forma de superar este conservadorismo jurídico foi um progressivo recurso à equidade[278], que – embora com alguma expressão mesmo nos tribunais clássicos do *common law* – teve um impacto maior naqueles tribunais em que os juízos de oportunidade ou a pretensão régia de corrigir o direito em função da justiça (v., *supra*, 6.6.8.1) eram dominantes. Isto passava-se, nomeadamente, com tribunais reais mais especializados, como o *King's Council* ou a *Court of Chancery* (tribunais reais por excelência) ou a *Court of Admiralty* (que lidava com matérias comerciais, normalmente usando o direito da tradição romanista continental). Dada esta separação institucional, a *equity* acabou por se constituir num ramo de direito relativamente autónomo em relação ao *common law*[279].

6.6.9. Juristas e saber jurídico numa ordem jurídica pluralista

Um direito como o que vimos descrevendo não permite uma aplicação automática. As suas normas não são, frequentemente, claras ou expressas; não vigoram em geral; sobrepõem-se e contradizem-se. Os aplicadores do direito – juízes – ou os especialistas em direito – juristas – não se limitam a aplicar a regra geral à situação concreta e a extrair, automaticamente, uma solução, como acontece na dedução silogística, em que a conclusão decorre da simples subsunção da premissa menor à premissa maior. Em rigor, eles não *aplicam* o direito geral ao particular; eles *criam* o direito para os casos concretos. Antes desta criação, o que existe são apenas orientações genéricas e provisórias, cuja justeza tem de ser avaliada no concreto. Por isso, um direito deste tipo atribui um papel muito importante aos juízes e aos juristas na realização do direito e, a partir daí, na configuração da ordem social. E, justamente porque eles têm de decidir muitas coisas que afetam

---

[278] Teorizada, sobretudo, por Christopher St. Germain (em *Doctor and student*, 1523-1530), que propunha a equidade – na esteira de Aristóteles e do direito canónico – como uma forma de compatibilizar o direito com a variabilidade dos tempos e das situações. V., sobre o tema, Caenegem, 1999.

[279] Do ponto de vista político, a *equity* esteve por detrás dos intentos absolutistas dos últimos Tudors e dos Stuarts que, por outro lado, também tendiam a apoiar-se nas máximas do direito romano, contrapondo-as às limitações que o *common law* impunha à atividade legislativa (quer do rei, quer do parlamento).

os direitos e deveres de cada um, as suas decisões só serão aceites se eles dispuserem de uma grande autoridade social. Se isso não acontecer, os seus critérios de decisão começarão a ser questionados; e, não sendo claros ou explicáveis, começarão a ser considerados como arbitrários ou interessados.

Assistimos a tudo isto na história do direito europeu, durante a vigência do direito comum[280].

A autoridade social dos juízes começou por se basear no seu prestígio social. Eles eram escolhidos pelas populações, de entre as elites das comunidades ("homens bons", patrícios, *meliores terrae*). Eram aqueles a quem a comunidade reconhecia uma liderança natural, pela sua idade (*seniores* > senhores), por pertencerem a uma família que tradicionalmente andava no governo local, pela sua autoridade civil ou religiosa. Ocupavam-se da justiça, mas também do governo local. As suas decisões jurídicas fundavam-se no direito tradicional da terra que, em geral, era comunitariamente reconhecido[281]. Daí que, pelo prestígio de que gozavam e pela habitualidade (ou consensualidade) das decisões que proferiam, a sua autoridade para

---

[280] Não existe uma boa história social dos juristas na Idade Média. Elementos dispersos podem ser colhidos nas sínteses de história do direito. Alguma bibliografia de orientação. Obras clássicas: Thomaso Diplovataccio, *Liber de claris iurisconsultis*, 1511, ed. contemporânea curantibus Fritz Schulz, Hermann Kantorowicz [e] Guiseppe Rabotti, Roma, Institutum Gratianum, 1968; Sarti, Mauro, 1709-1766; Fattorini, Mauro; Albicini, Cesare, conte, 1825-1891; Malagola, Carlo, 1855-1910, *De claris Archigymnasii bononiensis professoribus a saeculo XI usque ad saeculum XIV*, Bononiae, Merlani, 1896.(http://www.archive.org/details/declarisarchigy01albigoog; http://books.google.com/ebooks/reader?id=02vT2cxyCf8C&hl=pt-PT&printsec=frontcover&output=reader); Savigny, K. F., *Geschichte des römischen Rechts im Mittelalter*, Heidelberg, 1831: http://books.google.pt/books?id=q4QDAAAAQAAJ&pg=PA213&lpg=PA213&dq=diplovataccius&source=bl&ots=vf8KMKRYcC&sig=nTAnXZct4Byw3IGUpqgOiZBlJfI&hl=pt-PT&ei=OzjCTrvrPMPN8QPUk7mfBA&sa=X&oi=book_result&ct=result&resnum=4&ved=0CCoQ6AEwAzgK#v=onepage&q=diplovataccius&f=false. Trad. franc., *Histoire du droit romain au moyen âge*, Paris, 1839 (http://books.google.pt/books?id=q4QDAAAAQAAJ&pg=PA213&lpg=PA213&dq=diplovataccius&source=bl&ots=vf8KMKRYcC&sig=nTAnXZct4Byw3IGUpqgOiZBlJfI&hl=pt-PT&ei=OzjCTrvrPMPN8QPUk7mfBA&sa=X&oi=book_result&ct=result&resnum=4&ved=0CCoQ6AEwAzgK#v=onepage&q=diplovataccius&f=false). Principais ensaios de interpretação social e política: Sbricolli, 1969; Ascheri, 1989; Brundage, 2008; Krynen, 2009; dicionários ou coleções de biografias (excedendo a época que aqui interessa): MacDonell, 1914; Stolleis, 1995; Arabeyre, 2007.

[281] Para Portugal, v. *Ord. Fil.*, I, 65 ("juízes ordinários"): eleitos pelas elites locais, frequentemente analfabetos, aplicando o direito local (posturas, costumes; embora devessem, teoricamente, possuir as *Ordenações* do reino); cf. Hespanha, 1994, 170 ss., 365 ss.

dizer o direito sofria uma pequena usura, a menos que se desviassem dos padrões de decidir reconhecidos ou demonstrassem, pela sua conduta no tribunal ou fora dele, que usavam da sua jurisdição em proveito próprio ou de forma desigual (*suam litem facere*, usar o pleito judicial como coisa sua, em seu proveito [e não em proveito da justiça]). Nas comunidades, podia haver, ao lado dos juízes, especialistas de direito local, a que chamavam assessores ou procuradores (*proctores, solicitors, attorneys*[282]). Não eram juristas letrados, mas pessoas com experiência prática do direito: notários, escrivães, mestres-escola, clérigos que exerciam cargos de chanceleres, escribas, arquivistas ou leitores, antigos juízes, pessoas que conhecessem as tradições de julgar. Esta tradição de juristas práticos, sem uma formação letrada, que tiravam o direito ou de uma aprendizagem prática ou "da sua consciência" (da sua "ideia": *judices idiotae, judices sine litteras*), vinha já das épocas mais antigas do direito romano, em que os candidatos a juristas estagiavam junto de juristas mais velhos e prestigiados. Esta tradição foi corrente na Europa antes da receção do direito romano, mantendo-se, depois, em muitas regiões, sobretudo rurais; na Alemanha, estes juristas "populares" dominaram até ao século XVI; e, em Inglaterra, a formação por longos estágios nos tribunais (*Inns of court*) constituiu, até muito tarde, a via normal da educação dos juristas e dos juízes.

Os juristas letrados, em contrapartida, são um produto da receção do direito romano e do seu ensino nas universidades, a partir do século XII. A curto prazo, como vimos, a sua autoridade como especialistas de direito estendeu-se por toda a Europa Ocidental. Ela provinha de um saber académico (*scientia*), que se opunha tanto ao conhecimento da prática do direito (*Prudentia*) como à intuição da justiça por parte de quem tinha uma consciência reta e um coração bom (*bonitas*, bondade).

O choque entre a tradição de juristas práticos e este novo ideal de saber jurídico não podia deixar de se verificar.

Os novos juristas letrados, titulares do saber do direito comum, tentavam desalojar os juristas tradicionais, depositários de tradições jurídicas locais consuetudinárias. O seu argumento é, como vimos, o da perfeição, racionalidade e tecnicismo do direito romano, que opunham à rusticidade dos direitos locais e à parcialidade, ignorância e irracionalidade dos juízes

---

[282] Em Portugal, avindores, procuradores do número; cf. Hespanha, 1994, 179.

e juristas tradicionais[283]. As práticas locais eram consideradas como abusos e deturpações; os juízes locais, como parciais e dominados por grupos[284]; os juristas leigos, como "rábulas"[285] ignorantes e manhosos. Ou seja, a literatura jurídica académica procurava continuamente desvalorizar o mundo dos direitos locais e tradicionais como um "mundo dos rústicos"[286] e os seus técnicos de direito como selvagens e ignorantes, ao mesmo tempo que celebrava o esplendor e a perfeição do direito dos letrados. O direito académico seria o que revelava o verdadeiro direito escondido nas coisas da vida, revelado por um saber especializado a cargo de verdadeiros sacerdotes, capazes de revelar regras gerais de convivência, mas também a extensão e os limites de exceções particulares a essas regras. Vivendo num mundo cosmopolita (um imaginado Império e uma Igreja universal), os juristas eram também capazes de encontrar a articulação justa entre o universal e o particular, podendo, por isso, tanto declarar o direito comum, como exprimir de forma adequada os direitos próprios.

Por sua vez, o mundo jurídico local reagia às inovações do direito comum, à sua distância do mundo jurídico tradicional, ao caráter e à própria natureza escrita e hermética do saber jurídico académico. Em alguns casos, a reação contra os juristas cultos de formação cosmopolita (direitos romano e canónico) foi liderada por outros juristas cultos, formados nas práticas dos altos tribunais da Coroa. É o que se passa em Inglaterra, onde os juristas de formação académica (civilistas e canonistas, educados em Oxford e em Cambridge, *civilian lawyers*), eram acusados de desconhecer o direito inglês, preferindo a este um outro direito que ofenderia a Constituição de Inglaterra e os direitos dos ingleses. Em geral, porém, a reação contra os letrados do *ius commune* tinha um recorte mais popular. Os povos revoltam-se contra a subversão do direito tradicional, contra o secretismo do saber dos juristas letrados, contra o modo como este encobriria manhas, enganos, corrupção e desonestidade dos juristas e dos seus clientes, contra a incerteza e arbitrariedade do direito letrado e contra a impossibilidade de escrutinar as razões dos seus técnicos. Os novos juristas seriam palavrosos, vazios, formalistas, arbitrários, subversivos da ordem

---

[283] Cf. Hespanha, 1983.

[284] O que justificaria a nomeação de juízes régios, letrados (como foi acontecendo em Portugal, a partir de meados do século XIV: "juízes de fora").

[285] *Pettifogger, sycophant, picapleitos, leguleyo.* Sobre este mundo, em Inglaterra, Brooks, 1986.

[286] Cf. Hespanha, 1983.

estabelecida. Este discurso alimentava revoltas populares contra os "doutores" e os símbolos do seu saber: universidades, direito escrito, cartórios e arquivos, magistrados letrados[287].

Este despique estende-se por vários séculos, durante os quais estes dois mundos opostos produzem um resultado comum. O de colocar os juristas ("populares" ou letrados) no centro do direito. Uns ou outros – nos respetivos níveis de ação – declaravam o direito. A sua liberdade criativa era enorme, pois os seus critérios de decisão eram estabelecidos por eles mesmos, ou invocando "o que estava estabelecido pelos antigos", ou remetendo para "a opinião comum dos doutores". A autoridade social dos juízes (e juristas) populares[288] manteve-se mais, porque eles encarnavam práticas jurídicas e sentimentos de justiça enraizados nas comunidades. Por sua vez, os juristas letrados vão estabelecendo progressivamente a sua autoridade como técnicos, nas esferas do direito oficial (dos reinos, das grandes cidades, da Igreja). Mas, à medida que isto acontecia e a sua intervenção na vida jurídica e política local se intensificava, crescia também a oposição popular ao seu saber e à sua prática. Literatura e teatro popular, provérbios, anedotas e sátiras transmitem esta péssima fama dos juristas, como manipuladores do direito e vendilhões da justiça. Enquanto a história documenta a animosidade (que chegava à revolta, à sua expulsão ou mesmo assassínio) com que eram recebidos nas periferias os funcionários reais encarregados de averiguar os abusos dos magistrados locais[289].

6.6.9.1. Direito do reino em Portugal. Épocas Medieval e Moderna
6.6.9.1.1. Direito visigótico
A história do direito visigótico na Península Ibérica tem sido abordada por historiadores alemães, espanhóis e portugueses. Dos espanhóis, por último e com indicações bibliográficas, Luís Garcia Valdeavellano, *Curso de historia de las instituciones españolas*, Madrid, 1973 (5ª ed.), 163-216; Francisco Tomaz y Valiente, *Manual de historia del derecho español*, Madrid, 1981 (3ª ed.), 97-112. Quanto aos segundos, Nuno Espinosa Gomes da Silva,

---

[287] Sobre a posição social dos juristas em várias zonas da Europa, Prest, 1981 (importantes as sínteses dedicadas a Inglaterra, França e Espanha); em geral, cf. Ranieri, 1988.
[288] Em Portugal, juízes ordinários (ou juízes "pela Ordenação") e advogados e procuradores não letrados (em Portugal, "procuradores do número"; em Goa, "advogados provisionários" [Oliveira, 2011]).
[289] Em Portugal, corregedores, ouvidores.

História do direito português, Lisboa, 1985, 37-64; Carlos Sardinha, *Alta-traição e lesa-majestade. Germanismo e romanismo na história do direito visigótico primitivo*, Lisboa: Universidade Católica Editora, 2011.

As fontes jurídicas visigóticas foram editadas: a *Lex romana wisigothorum*, por G. Hanel, *Lex romana wisigothorum*, Leipzig, 1849; os códigos visigóticos por K. Zeumer, *Leges wisigothorum antiquiores. Monumenta Germaniae Historica*, Hannover-Leipzig, 1849; ou, entre nós e de forma mais cómoda, por Manuel Paulo Merêa, *Textos de direito visigótico*, I (*Codex Euricianus, Lex wisigothorum sive Liber Iudiciorum*), Coimbra, 1923, e II (*Glosas ao Liber iudiciorum, Lei de Teudis, Fragmentos de Holkham, Fórmulas visigóticas*, etc.), Coimbra, 1920. Existe uma versão castelhana do *Liber*..., em *Los códigos españoles concordados y anotados*, Madrid, 1872-3, ou em *Fuero juzgo en latin y castellano*, Madrid, 1815. Versões *on line*: http://pt.scribd.com/doc/25252840/Fuero-Juzgo-Parte-3-Forum-Judicum-Latin; Cod. Recesvindianus (*Liber iudicum*): http://libro.uca.edu/vcode/visigoths.htm (trad. inglesa); http://www.documentacatholicaomnia.eu/03d/0506-0506,_AA_VV,_Leges_Romanae_Visigotorum_%5BScott_JP_Curatore%5D,_EN.pdf (*idem*); http://pt.scribd.com/doc/25252840/Fuero-Juzgo-Parte-3-Forum-Judicum-Latin; http://www.brepols.net/publishers/pdf/Brepolis_MGH_EN.pdf (*Monumenta Germaniae Historica*); http://www.mgh.de/dmgh/ (*idem*).

6.6.9.1.2. Feudalismo e direito feudal

A questão da existência ou não do feudalismo em Portugal constitui um debate clássico da historiografia portuguesa.

O termo "feudalismo" foi utilizado para descrever o sistema político e social medieval português ainda no século XVIII. Pascoal de Melo, por exemplo, usa-o (com conotações negativas) para classificar as prestações forais. Mas é o eco que a obra de Francisco Cárdenas (*Ensayo sobre la historia de la propriedad territorial en España*, 1873-5) origina em Alexandre Herculano ("Da existência ou não do feudalismo nos reinos de Leão, Castela e Portugal", *Opúsculos*, V) que lança entre nós o debate. Herculano pronuncia-se negativamente; o mesmo faz Gama Barros (*História da administração pública*..., I, 162 ss.), fundando-se:

a) na não obrigatoriedade do serviço militar nobre;
b) na não hereditariedade dos feudos;

c) na utilização excecional, nas fontes, da palavra "feudo";
d) na permanência dos laços de vassalagem "geral", *i.e.*, na sujeição de todos os habitantes do reino ao rei, como seu senhor "natural";
e) e na consequente não assunção, pelos senhores feudais, de todos os direitos majeitáticos *(Regalia, Hoheitsrechte)*.

Manuel Paulo Merêa e Torquato de Sousa Soares aderiram às anteriores posições, ficando estabelecida entre nós a opinião da especificidade dos modelos portugueses da organização político-social na Idade Média – dominados por um modelo "senhorial", mas não "feudal". Importa realçar – pois não se tratará de um facto acidental na sua fortuna – a adequação desta ideia de uma especificidade da sociedade medieval portuguesa à ideologia dominante nos círculos politicamente moderados ou conservadores durante os séculos XIX e XX: o alegado papel unificador, regulador e arbitral da Coroa (do Estado, cf., *infra*, 7.5.4) legitimou, sucessivamente, a idcologia monárquica do cartismo ("poder moderador"), o cesarismo dos fins do século XIX (v. *O Príncipe Perfeito*, de Oliveira Martins), o nacionalismo monárquico do *Integralismo Lusitano* (o rei, fundador e protagonista da "consciência nacional"), a ideologia integracionista, antiplutocrática e "estadualista" do corporativismo fascizante dos anos 30 e 40 (o rei, ao lado do "povo", contra o "egoísmo" dos nobres; o rei, garante do equilíbrio social e do interesse nacional).

Os anos 60 e 70, pelo contrário, são marcados pela influência entre nós da reflexão dos historiadores e teóricos marxistas sobre o feudalismo, compendiada no célebre caderno do *Centre d'Études et recherches à la lumière du marxisme, Sur le féodalisme*, 1963, e aplicada a Portugal pela obra de Álvaro Cunhal ("La lutte de classes en Portugal à la fin du moyen age", em *Recherches internationales à la lumière du marxisme*, 37 (1963) 93-122; trad. port., 1974). As especialidades do nível jurídico-político foram desvalorizadas, a distinção "senhorialismo-feudalismo" foi obliterada e a estrutura social portuguesa foi subsumida ao modelo geral de um sistema económico-social "feudal". Nesta perspetiva convergiram as interpretações de, entre outros, A. H. Oliveira Marques *(História de Portugal*, I, Lisboa, 1972), Armando Castro *(Evolução económica de Portugal...*, I, 146 ss., 324 ss.), António Borges Coelho (por último, *Questionar a história. Ensaios sobre a história de Portugal*, Lisboa, 1983) e A. M. Hespanha *(História das instituições. Épocas Medieval e Moderna*, Lisboa, 1982); nesta obra, no entanto, não só se punha em causa o modelo marxista clássico do feudalismo (definindo – com um acerto problemático... – a coerção "extraeconómica" como uma característica "não essencial" – de degenerescência – do sistema, p. 92 ss.), como se apontava para outras tipologias classificativas dos sistemas "de dominação" (*Herrschaftsysteme*), de raiz weberiana (*v.g.*, a oposição entre "feudalismo" e "patrimonialismo" – ou "patriarcalismo" –, como subtipos da "dominação tradicional" (*traditionale Herrschaft*), [p. 87]).

Coube a José Mattoso o mérito de (por último, em *Identificação de um país*, Lisboa, 1985, *maxime* 1, 47 ss., 83 ss.) ter renovado a colocação do problema, ao distinguir dois planos: o das relações entre os grupos sociais dominantes e os grupos sociais dominados (pelas quais os primeiros se apropriam, nomeadamente dos excedentes produzidos pelos segundos) e o das relações que estruturam o interior dos grupos dominantes (que organizam o bloco social dominante). O primeiro plano seria o domínio de vigência do regime "senhorial", com uma definição próxima da que lhe é dada pela historiografia marxista (temperado, apenas, o exclusivismo economicista de algumas das suas versões). O segundo, o da vigência do regime "feudal", como forma de organização interna dos grupos dominantes, neste plano sem diferenças decisivas em relação aos modelos centro-europeus.

A explicação de José Mattoso é, na sua simplicidade, muito produtiva, pois tem a vantagem de se harmonizar com processos conhecidos da teoria social e, até, da teoria social marxista que, frequentemente, lida com esta ideia de que os grupos sociais dominantes possuem processos internos de organização (*v.g.*, no capitalismo concorrencial, o regime parlamentar) com os quais, ao mesmo tempo, se desorganizam os grupos dominados. Alguma especificidade (debilidade) do sistema feudal português apenas obrigaria a estudar a eficácia, entre nós, de formas vicariantes de organização das classes dominantes (como, *v.g.*, as estruturas familiares ou a ação reguladora e mediadora da Coroa).

As *Partidas* (v. doc. em J. Gilissen, *Introdução*..., doc. 2, p. 193), bem conhecidas em Portugal no século XIV, definem o feudo como "bien fecho queda el Señor algund ome, porque se torne su vassalo, e el faze omenaje dele ser leal. (IV, 26, 1: cf. a definição dos feudistas – *feudum est benevola concessio libera et perpetua rei immobilis, vel aequipolentis, cum transactione utilis dominii, proprietate retenta, cum fidelitatis prestatione, et exhibitione servitii* [Curtis]; *feudum sive beneficium est benevola actio tribuens gaudium capienti, cum retributione servitii* [Baldo]). Distinguem depois entre o feudo sobre bens de raiz, irrevogável salvo comisso, e o feudo "de câmara", consistindo numa quantia e revogável *ad nutum*. Na lei seguinte, as *Partidas* fixam-se no foro de Espanha e nos correspondentes peninsulares (castelhanos) das concessões feudais. A "terra" seria o correspondente do feudo "de câmara"; a honra, o correspondente do feudo sobre bens de raiz. Com uma diferença: ao contrário dos vassalos ultrapirenaicos, os vassalos por foro de Espanha não estariam obrigados a serviços concretos, especificados no pacto feudal ("postura"), mas antes sujeitos a uma obrigação genérica de serviço leal.

O mais famoso comentador das *Partidas*, o quinhentista Gregório Lopez bem observou [*glosa d*) a IV, 26, 2; cf. doc. em J. Gilissen, *Introdução...*, doc. 2, p. 193] que esta distinção não estava certa, pois o direito feudal comum conhecia feudos sem especificação de serviço (*feuda recta*; nos *franca et libera* não haveria, pura e simplesmente, obrigação de serviço, cf. *glosa e*) à mesma lei). Mas esta ideia da especialidade do regime vassalático peninsular fez curso. Também S. Tomás [*De rebuspublicis et principum institutione*, ed. cons. Lugduni Batavorum, 1651, I,3, c. 22, p. 293] a corrobora, ao afirmar que, nas Espanhas, e principalmente em Castela, todos os principais vassalos do rei se chamam ricos-homens, porque o rei provê com dinheiro a cada barão segundo os seus méritos, não tendo a maior parte deles jurisdições ou meios bélicos senão por sua vontade, pelo que o seu poder depende absolutamente das quantias dadas pelo rei. Embora as situações de facto não sejam fundamentalmente diferentes das ultrapirenaicas, a imagem de um regime vassalático diferente plasma-se enfaticamente, como veremos, na legislação portuguesa quatrocentista sobre as concessões de bens da Coroa, nomeadamente na Lei Mental, e permanece como um tópico corrente da doutrina seiscentista.

A Lei Mental (*Ord. Man*, II, 17; *Ord. Fil.*, II, 35) fixa, desde os inícios do século XV, o regime das concessões vassálicas, em termos muito próximos do regime das concessões feudais do direito comum.

Aplica-se apenas às concessões beneficiais com obrigação de serviço nobre, excluindo – tal como a doutrina do direito comum (cf. doc. em J. Gilissen, *Introdução...*, doc. 5, p. 198) – as concessões contra uma prestação económica (como as enfitêuticas, cf. *Ord. Fil.*, II, 35, 7).

Quanto ao serviço, adota o "costume de Espanha" referido nas *Partidas*, estabelecendo (*Ord. Fil.*, II, 35, 3) que o donatário não seria obrigado "a servir com certas lanças, como por feudo, porque queria que não fossem havidas por terras feudatárias, nem tivessem a natureza de feudo, mas fosse obrigado a servir, quando por elle fosse mandado".

Quanto à devolução sucessória, afasta-se, primeiro, do direito feudal lombardo (compilado nos *Libri feudorum*), que permitia a divisibilidade dos feudos, e adota (decerto por atração do regime de sucessão da Coroa e do princípio aristotélico, recebido pelo direito comum, de que *dignitates et iurisdictiones non dividuntur*), a solução da indivisibilidade e primogenitura, que já era usada entre nós para a sucessão em jurisdições, e que dominava, também, o direito feudal franco e siciliano.

Depois, consagra a exclusão da linha feminina, em consonância, também, com a solução das *Partidas*.

A Lei Mental favoreceu, por fim, o princípio de que os bens da Coroa, embora doados, nunca perdiam esta natureza, não podendo ser alienados sem licença do rei *(Ord. Fil.*, II, 35, 3).

Pouco depois, no tempo de D. João II, estabeleceu-se a regra de que as doações deviam ser confirmadas, quer à morte do donatário (confirmação por sucessão), quer à morte do rei (confirmação de rei a rei). Dois outros títulos das Ordenações *(Ord. Af.*, II, 24; II, 40; *Ord. Man.* II, 15; II, 26; *Ord. Fil.*, II, 26; II, 45) interessam à definição das relações feudo-vassálicas na Idade Moderna. O primeiro lista os direitos reais, ou seja, os direitos próprios (naturais, mas nem sempre exclusivos) do rei; o segundo fixa o princípio de que tais direitos e as jurisdições não podem ser tituladas senão por carta, fixando, suplementarmente, algumas regras de interpretação destas cartas. Contra o que era admitido pelo direito comum (recebido, por exemplo, em Castela), o nosso direito exclui, portanto, a aquisição das jurisdições e direitos reais por prescrição, ainda que imemorial.

Na prática, a Lei Mental constituiu uma moldura legal muito complacente, sendo frequentemente dispensada, no sentido de autorizar a sucessão de parentes inábeis (nomeadamente de mulheres). Também a política de confirmações foi sempre generosa, mesmo nos momentos de maior tensão política. As casas nobres puderam perpetuar-se (amparadas pelo princípio da indivisibilidade, por vezes reforçado com a instituição de morgados de bens da Coroa). Também os direitos reais e as jurisdições foram magnanimamente doados, incluindo os de maior relevo, como a isenção de correição. Para além da doação de prerrogativas claramente majestáticas – como a legislação, apelação e a moeda –, a única coisa que a Coroa evitou com diligência foi a subenfeudação – já no tempo de D. João I, contra tentativas do Condestável Nuno Álvares Pereira, seu genro, mas depois, no século XVI, contra práticas idênticas da casa de Bragança. A organização interna do grupo dominante teve, então, de se basear nas solidariedades familiares e na ação reguladora da Coroa (que, por exemplo, devia aprovar os casamentos dos donatários, em certos casos).

Nestes termos, não se pode falar de um direito feudal em Portugal, justamente porque aos senhores de terras nunca foram concedidos os instrumentos para o instituir. Por um lado, poder de fazer leis. Por outro, o poder de julgar em última instância, o que permitiria criar práticas jurisprudenciais eventualmente específicas.

Todo este regime entrou em crise nos finais do século XVIII. A lei de 19/7/1790 regulou muito restritivamente as justiças senhoriais e as isenções de correição; os restantes direitos reais, nomeadamente os direitos de foral e as banalidades, são abolidas na sequência da revolução liberal[290].

6.6.9.1.3. O costume

A história do elemento consuetudinário na história do direito português tem sido objeto obrigatório de tratamento nos nossos manuais de história do direito. Vejam-se, a este propósito, como últimos exemplos: Guilherme Braga da Cruz, "O direito subsidiário na história do direito português", *Rev. Port. Hist.* 14 (1975) 177-316; Nuno Espinosa Gomes da Silva, *História do direito português, 1. Fontes de direito*, Lisboa, 1985, 106 s., 114 ss., 229 ss., 276 ss.; Martim de Albuquerque e Ruy de Albuquerque, *História do direito português*, I, Lisboa, 1984-1985, 161 ss.

Os forais, até 1279, estão publicados nos *Portugalliae monumenta historica. Leges et consuetudines*, Olisipone, 1856-1868. Uma edição mais cómoda foi elaborada por Caeiro da Mata, *Collecção de textos de direito português. I – Foraes*, Coimbra, 1914, 184 pp.[291]. Lista de (quase) todos os forais, publicados ou não, Francisco Nunes Franklin, *Memoria para servir de indice dos*

---

[290] Para além da bibliografia citada, v., sobre a Lei Mental, Manuel Paulo Merêa, "Génese da 'Lei mental' (algumas notas)", *Bol. Fac. Dir. Coimbra*, 10 (1926-8), 1-15. Sobre o regime senhorial na Idade Média, José Mattoso, *Identificação de um país*, cit., 101 ss.; para a Idade Moderna, v. as minhas obras *As vésperas do Leviathan. Instituições e poder político (Portugal, séc. XVIII)*, Coimbra, Almedina, 1994, e *História de Portugal moderno. Político-institucional*, Lisboa, Universidade Aberta, 1995. Sobre as jurisdições senhoriais nos finais do Antigo Regime, v. Ana Cristina Nogueira da Silva, *O modelo espacial do Estado moderno. Projetos portugueses de reorganização nos finais do Antigo Regime*, Lisboa, Estampa, 1998. Para a literatura do Antigo Regime, v., para além da obra de Domingos Antunes Portugal adiante citada (doc. em J. Gilissen, *Introdução...*, doc. nº 7), Manuel Álvares Pegas, *Commentaria ad Ordinationes*, cit., tomos X e XI, e Manuel da Costa, *Tractatus circa maioratu, seu successionum bonarum regiae Coronae*, Conimbricae, 1569.
[291] Versão *on line:* http://purl.pt/12270.

foraes das terras do reino de Portugal e seus dominios, Lisboa, 1816, VII + 259 pp. Alguns dos foros extensos que não se encontram nos *P.M.H.* podem encontrar-se na *Colleccão de livros ineditos da historia portugueza dos reinados de D. Dinis, D. Afonso IV, D. Pedro I e D. Fernando*, vols. IV (1816) (Santarém, S. Martinho de Mouros, Torres Novas), V (1824) (Garvão, Guarda, Beja) e vol. não concluído (s. l., s. d.) (Castelo Branco)[292]. Mais bibliografia em A. M. Hespanha, "Introdução bibliográfica à história do direito português. II", *Bol. Fac. Dir. Coimbra*, 49 (1974), secção 6.2.

Um ponto que, na literatura corrente sobre o tema, merece, a nosso ver, revisão é o dos padrões de julgamento dos juízes locais; pois, dado o seu frequente analfabetismo, não poderiam aplicar o quadro de fontes de direito escrito e letrado (v., sobre o tema, A. M. Hespanha, "Savants et rustiques. La violence douce de la raison juridique", *Ius Commune*, 10 (1983), Frankfurt-Main, 1-48 (versão castelhana em A. M. Hespanha, *La gracia del derecho*, Madrid, C.E.C., 1993); *As vésperas do Leviathan. Instituições e poder político (Portugal, séc. XVIII)*, Coimbra, Almedina, 1994, *maxime*, 362 ss.; 439 ss.). É provável que se tenha de atribuir ao direito consuetudinário local – parcialmente constituído por regras "de bom senso" ou por regras "do precedente" – um papel bem mais importante do que até hoje lhe tem sido reconhecido, mesmo para a Época Moderna.

6.6.9.1.4. A legislação

Apesar de muita da historiografia portuguesa do direito se ocupar da história das fontes, há muitas questões em aberto na história da legislação portuguesa.

Para a Idade Média, começa por não se dispor de uma edição sistemática e crítica dos textos relevantes: os *P.M.H.* recolhem os anteriores a 1279 (deixando por resolver muitos problemas de datação e de reconstituição da tradição textual); a partir daí, apenas conhecemos, fundamentalmente, as leis inseridas em coleções tardo-medievais (*Livro das leis e posturas*, publicado em 1971, e *Ordenações de D. Duarte*, publicado pela Fundação Gulbenkian em 1988). Das chancelarias medievais, contêm muitas "leis" inéditas ou já conhecidas, mas de datação incerta; estão publicadas as de Afonso Henriques (por Abiah Elisabeth Reuter *et al.*, Lisboa, Instituto Alemão, 1928) e as de D. Afonso IV (vols. I a III, Lisboa, Instituto Nacional de Investigação

---

[292] Versão *on line*: http://purl.pt/307.

Científica/Centro de Estudos Históricos da Universidade Nova de Lisboa, 1990 a 1992), de D. Pedro I, (*id.*, 1984), de D. João I (vols. I a IV, *id.*, 2004 a 2006), de D. Duarte (vols. I a III, *id.*, 1998 a 2002). Existe um recente ensaio sobre compilações do conjunto destas fontes de direito (Domingues, 2012). As *Ordenações (Afonsinas, Manuelinas [1521] e Filipinas* estão hoje publicadas em *fac-simile* de edições anteriores, pela Fundação Calouste Gulbenkian. A edição de 1512-1513 das *Ordenações Manuelinas*, considerada quase totalmente perdida, foi encontrada por José Alves Dias e publicada em *fac-simile* (Dias, 2002). Há um recente estudo sobre as *Ordenações Afonsinas* (Domingues, 2009), com pontos de vista originais, mas a carecer ainda de amplo debate (tal como acontece com o seu estudo sobre a codificação do direito régio até ao século XV [Domingues, 2012]).

O problema do "conceito de lei" não foi satisfatoriamente resolvido. Alexandre Herculano aborda-o, no prefácio dos *P.M.H* (*Leg.* I, 145 ss.), mas fá-lo em termos historicamente errados, projetando sobre o passado os elementos do conceito oitocentista: generalidade, origem parlamentar, permanência, "dignidade" das matérias (emanação da soberania).

A doutrina jurídica medieval não punha, desde logo, estas exigências: cf., por exemplo, a alargada definição contida nas *Siete Partidas*: "estabelecimientos porque los omes sepan biuir bien, e ordenadamente, segun el plazer de Dios" (1,1,1), "leyenda q(ue) faze ensenamento, e castigo escripto que liga, e apremia la uida del hombre que no faga mal" (I, 1,4). Se o interesse do historiador é o de detetar a medida da intervenção do poder eminente (imperial, real, condal, etc.) na constituição da ordem jurídica, então parece de adotar um conceito que realce (i) o papel determinante, unilateral e *constitutivo* da vontade do titular desse poder e (ii) a intenção genérica de regulamentar *ex novo* as relações sociais. Isto permitirá distinguir a "lei" do "costume", do direito "pactado" local (em Portugal, "acordos", pouco frequentes), mas também da "jurisprudência" do tribunal da corte (que pode não instituir "direito novo", nem decorrer da vontade, mas de "estilos", de normas doutrinais ou de autoridades jurídicas).

Em todo o caso, não foi este o critério das fontes históricas que nos transmitiram os textos. As principais fontes utilizadas pela nossa historiografia para reconstituir a legislação medieval parecem ser o produto da atividade de juízes (da corte: *Livro das leis e posturas, Ordenações de D. Duarte*, ou locais: *Foros da Guarda*), pelo que aí estão reunidos os textos suscetíveis de aplicação judicial no âmbito do respetivo tribunal, qualquer que fosse a sua natureza. No fundo, um critério semelhante ao de posteriores fontes do mesmo tipo ("livros de assentos", "livrinhos ou livros de leis"). Em uns e outros não faltam textos de natureza claramente doutrinal ou jurisprudencial (e não "legislativa")[293].

Em Portugal, até aos finais do século XIII estão identificadas cerca de 250 "leis" (posturas, degredos, estabelecimentos, ordenações, mais raramente, constituições). Cerca de 220 situam-se entre 1248 e 1279 (embora esta estatística seja problemática, pois muitos dos textos não estão datados). Por sua vez, o *Livro das leis e posturas*, da primeira metade do século XV, contém pouco menos de 400 "leis". Pelo que, numa aritmética grosseira, caberiam ao século XIV e ao início do século XV cerca de 150 "leis".

Este conjunto de "leis" reparte-se por vários temas:

(i) determinações régias no uso do seu poder "imperial" (*merum imperium, scil., officium nobilis iudicis expeditum reipublicae utilitatis respiciens, ou potestas gladii ad animvertendum facinorosos homines*, poder visando a utilidade da república, nomeadamente quanto à repressão dos criminosos): aqui se incluem as leis penais e as "pazes" (instituição de juízes, proibição da vingança privada), de que se aproxima o conjunto de leis da cúria de 1211; progressivamente, a ideia de "paz" vai-se alargando à de "bom governo", abrangendo a intervenção "positiva" do rei em matéria de governo e administração (mas, predominantemente, de administração judiciária): "*super statu regni et super rebus corrigendis et emendandis de suo regno*", sobre o estado do reino ou sobre a correção e emenda do seu reino: lei das Cortes de Leiria de 1254, *P.M.H., Leg.*, I, 183;

(ii) disposições do rei sobre as suas próprias coisas (de acordo com o modelo das *leges rei suae dictae)*: acerca dos reguengos, dos cargos do paço, dos ofícios régios; na medida em que a confusão entre o património do rei e o próprio reino se vai instituindo (a partir da perda das conceções "estatais" visigóticas e reto-romanas), a separação entre este tipo e o tipo (i) esbate-se frequentemente;

---

[293] Em sentido diferente, Domingues, 2012 (este autor defende a opinião de que as coleções de leis que chegaram até nós, bem como outras perdidas, se inserem numa política real de consolidar a legislação real, como *ius proprium* do reino, frente ao direito prudencial dos juristas do *ius commune*).

(iii) disposições de cortes, representando "acordos" do rei e dos *optimata ou proceres regni;* formalmente, constituíam decisões unilaterais do rei, embora "a pedido", pelo que a sua irrevogabilidade nunca foi de direito; no entanto, a doutrina, mesmo a da Época Moderna, admitia uma especial dignidade das leis "de cortes"[294], que não poderiam ser revogadas tacitamente;

(iv) normas de decisão do tribunal da corte: muitas vezes, trata-se de preceitos doutrinais ou costumeiros ("costume he em casa del rey", "custume he per magistrum julianum e per magistrum petrum"); mas, outras vezes, parece ter havido uma decisão real ("estabelecimento", "postura"), embora nem sempre resulte clara a intenção de se ir além da certificação de um estilo interno, adotando uma norma dirigida ao "público" externo.

A distribuição das espécies conhecidas por estas categorias não é equilibrada. A esmagadora maioria pertence às duas últimas categorias; mas, sobretudo, à última. Nas leis contidas nos *P.M.H.*, dois terços são normas de julgamento do tribunal da corte; apenas em cerca de um terço se distingue claramente a intenção real de estabelecer direito novo. Mas só um estudo detalhado da tradição textual, da cronologia e das fontes inspiradoras, tudo em ligação com a conjuntura política, permitirá avançar num diagnóstico claro da função legislativa dos reis portugueses na Idade Média.

Quanto à Época Moderna, também são insuficientes os conhecimentos acerca da função legislativa.

No que respeita às suas formas, aos seus domínios temáticos, aos seus ritmos.

A doutrina jurídica moderna distingue (a partir de quando?) uma série de tipos bem identificados de atos "legislativos" – cartas de lei, regimentos, alvarás, provisões, cartas régias, portarias, decretos, avisos, assentos (v., sobre eles, a minha *História das instituições,* cit., 423). Mas não está estudado o uso de cada uma destas formas ao longo dos séculos XV a XVIII ou a sua articulação mútua; nem, muito menos, o significado jurídico, político

---

[294] Algumas publicações: Joaquim Leitão, *Cortes do reino de Portugal,* Lisboa, 1940; *Cortes portuguesas: reinado de D. Afonso IV (1325-1367),* Lisboa, INIC, 1982; *[...] reinado de D. Pedro I (1357-1367),* Lisboa, INIC, 1986; *Cortes portuguesas: reinado de D. Fernando I (1367-1383),* 2 vols., 1990-1993; *[...] reinado de Duarte (1436-1438),* vol. II, Lisboa, INIC, 2004; *[...] reinado de D. Manuel I,* Lisboa, INIC, 2001-2002.

ou simbólico da preferência por uma delas (v.g., a expansão do "alvará", a partir dos meados do século XVI, poderá relacionar-se com a intenção de evitar o controlo do chanceler-mor, que podia recusar o registo dos diplomas que passassem pela chancelaria, v.g., as cartas de lei; também o uso da "portaria" visa iludir o processo ordinário de despacho, curto-circuitando os competentes tribunais da corte). O que é certo é que, no conjunto, o número dos diplomas legislativos "por natureza", as cartas de lei, é muito escasso: menos de 200 entre 1446 e 1603, incluindo as 45 leis das Cortes de 1538; cerca de 200 durante os séculos XVII e XVIII; o que representa, para este arco de tempo, menos de um décimo das providências normativas da corte.

Sobre os domínios temáticos de intervenção da legislação real, muito está por fazer. Quanto às *Ordenações*, sabe-se que elas cobriam a regulamentação da administração central e local (sobretudo no domínio da "justiça", com o âmbito "administrativo" que então a expressão também tinha; mas não já no domínio fiscal-financeiro), livro I; a das relações entre a Coroa e os restantes poderes (nomeadamente Igreja, senhores, grupos privilegiados), livro II; o processo, livro III; algumas matérias de direito civil (compra e venda, doações, fianças, regime de bens do casamento, tutelas e curatelas, sucessões, criados e serviçais, alugueres, aforamentos, etc.), livro IV; o direito penal, livro V. Quanto à legislação extravagante, ela incide, sobretudo, em temas administrativos (sempre, mas sobretudo entre 1530 e 1650 e, depois, a partir de 1750), fiscais-financeiros (sempre, mas com especial incidência no reinado de D. Manuel e, depois, entre 1630 e os finais do século XVII e no período iluminista), de organização judicial (sobretudo entre 1530 e 1600), penais e de polícia (sobretudo a partir de 1730). As espécies dedicadas ao direito privado são raras: cerca de uma dezena entre 1446 e 1603 (c. 5%), dezena e meia (c. 7%) para os dois séculos seguintes, incluindo as providências pombalinas (c. 10 espécies) em matéria de direito da família, das sucessões e da propriedade (morgados, enfiteuse, servidões).

Ou seja, parece que, passado o período filipino, se legisla progressivamente menos, até se atingir o período iluminista e, dentro deste, o pombalismo, onde se situam os "picos" modernos de atividade normativa da Coroa.

Quanto aos ritmos, é difícil proceder a estudos estatísticos, mesmo baseados nas fontes incluídas nas coletâneas ou índices dos finais do século XVIII, pois os critérios de compilação são incertos e não homogéneos, neles se incluindo diplomas de natureza muito diversa, desde as cartas de lei, genéricas, a portarias e avisos, individuais, passando por assentos, tratados e outras fontes.

Em todo o caso, baseando-nos em duas coletâneas gerais (*CCL – Colecção chronologica de legislaçao*; *IChr – Indice chronologico...*, de João Pedro Ribeiro) e computando todas as espécies aí referidas, obtínhamos os seguintes perfis de evolução quantitativa (médias anuais de diplomas emitidos, por quinquénio, de trinta em trinta anos).

Anos	CCL	IChr.
1603-1607	6,4	-
1633-1637	1,8	131,2
1663-1667	0,6	84,4
1693-1697	3,8	87
1723-1727	0,4	76,2
1753-1757	-	314,8
1783-1787	-	157,6

Ou seja: descontando anos anormais (como o de 1539, em resultado das Cortes do ano anterior), mostra-se que a atividade propriamente legislativa é regular e relativamente elevada entre 1520 e 1620 (ou seja, nos reinados de D. João III, de D. Sebastião, de Filipe I e de Filipe II); retoma, até a níveis superiores, com a Restauração (1641-1655); cai com D. Afonso VI, mas volta a crescer com D. Pedro II, sobretudo na fase "real"; depois, decai até aos anos centrais do pombalismo (1770-1776).

Embora esta estatística seja muito grosseira para diagnosticar, com precisão, os períodos de uma política "intervencionista" nos domínios do direito e administração (basta lembrar que muitas intervenções legislativas importantes revestiam outras formas, nomeadamente a de "regimento" ou mesmo, a de "alvará"), ela pode, no entanto, fornecer algumas pistas de estudo.

Quanto às questões mais correntes da história legislativa (relações da lei com as outras fontes de direito, compilação e codificação legislativas, publicação das leis, interpretação e integração), remetemos para estudos monográficos ou manuais citados.

Das fontes escritas de direito local, devem distinguir-se as que consistem em cartas de privilégios concedidas pelos senhores da terra (forais), as resultantes de acordo dos vizinhos ou dos órgãos dos concelhos (posturas, acordos) e as que resultam da redação dos costumes locais, por iniciativa do concelho, de magistrados ou, até, do rei (estatutos, foros longos).

Sobre estas fontes, para além dos manuais antes citados, nas secções respetivas, v. a bibliografia citada nas secções 6.2 e 7.2 da bibliografia final do meu livro *A história do direito na história social*, cit., 186 ss. e 192 ss. e, ainda, Franz-Paul de Almeida Langhans, *As posturas*, Lisboa, 1938[295].

6.7. A unificação pela "cientificização". As escolas da tradição jurídica medieval

6.7.1. A Escola dos Glosadores

Na primeira metade do século XII, o monge Irnerius começou a ensinar o direito justinianeu em Bolonha, dando origem à "Escola dos Glosadores"[296], posteriormente continuada por discípulos seus[297]. Estes dispersam-se

---

[295] Bibliografia geral sobre este capítulo: Em geral, Marcelo Caetano, *História do direito português*, Lisboa, 1981, 240 ss., 344 ss., 529 ss. A. M. Hespanha, *História das instituições...*, cit., *maxime*, 181 ss., 328 s., 374 n.° 768, 421 ss., 524 ss.; Martim de Albuquerque e Ruy de Albuquerque, *História do direito português*, I, Lisboa, 1984/1985, cit., *maxime*, 128 ss.; Nuno Espinosa Gomes da Silva, *História do direito português*, Lisboa, 1985, 119 ss.; 167 ss., 190 ss., 224 ss., 276 ss. (nova ed., reelaborada, 2000); J.-M. Scholz, "Portugal", *in* H. Coing, *Handbuch der Quellen zur europaeische Rechtsgeschichte*, cit., II.1 (*Neuere Zeit, 1500-1800*), "Gesetzgebung und Rechtsprechung", 204-309; trad. port., "Legislação e jurisprudência em Portugal nos sécs. XVI a XVIII. Fontes e literatura", *Scientia Iuridica*, 25 (1976), 1 ss. Para os finais do Antigo Regime, v., do mesmo, "Portugal", *ibid.*, III.1 ("Das 19. Jarhundert. Gesetzgebung zum allgemeinen Privatrecht"), 687-861 e 2242-2488. Para a legislação medieval, v., ainda, Alexandre Herculano, prefácio e notas aos *P.M.H.*, *Leges*, nomeadamente I, 165 ss.; J. Mattoso, *Identificação de um país. Ensaio sobre as origem de Portugal. 1096-1325*, II, 78 ss. (*maxime*, 84 ss.); Homem, 1999; Nogueira, 2006; Domingues, 2009, 2012. Para as fontes, v., para além de J.-M. Scholz, o guia bibliográfico incluído no meu livro *A história do direito na história social*, Lisboa, 1978, e Martim de Albuquerque, "Para a história da legislação e jurisprudência em Portugal", *Bol. Fac. Dir. Coimbra*, 58 (1982), II, 623-654.

[296] Sobre os *"glosadores"* v., por todos, Calasso, 1954, 503 ss.; Wieacker, 1980, 38 ss. e 45 ss.; Bellomo, 1988; síntese, Clavero, 1979, 34 ss. Para Portugal, v., por todos, Silva, 1991, 181 ss. Para o seu pensamento político e jurídico, Brugi, 1915, 41-9; Calasso, 1957; Cavanna, 1982, 105-136; Dolcini, 1983.

[297] É natural que tenha havido algum ensino especializado de direito (lombardo e franco, mas com referências ao direito justinianeu) no Norte de Itália (nomeadamente em Pavia)

MODERNIDADE, PRÉ-MODERNIDADE, PÓS-MODERNIDADE. A PRÉ-MODERNIDADE JURÍDICA

primeiro pela Itália (*citramontani*), depois pela França (*ultramontani*), onde, sob a influência da escolástica francesa, se elaboram as primeiras sínteses. Por volta de 1240, Acúrsio (c. 1180 – c. 1260) reúne a elaboração doutrinal da Escola na célebre *Magna Glosa, Glosa Ordinária* ou, simplesmente, *Glosa*.

As características mais salientes e originárias do método bolonhês são a *fidelidade ao texto justinianeu* e o *caráter analítico* e, em geral, *não sistemático* dos textos.

Quanto ao primeiro aspeto, é de realçar a ideia, comum entre os glosadores, de que os textos justinianeus tinham uma origem quase sagrada[298], pelo que seria uma ousadia inadmissível ir além de uma atividade puramente interpretativa destes textos. A atividade dos juristas devia consistir, portanto, numa interpretação cuidadosa e humilde, destinada a esclarecer o sentido das palavras (*verba tenere*) e, para além disso, a captar o sentido que estas encerravam (*sensum eligere*).

Por outro lado – e entramos agora no segundo aspeto –, uma atividade intelectual deste tipo não podia desenvolver-se senão em moldes predominantemente *analíticos*. Ou seja, os juristas faziam uma análise independente de cada texto jurídico, realizada ao correr da sua "leitura", quer sob a forma de glosas interlineares ou marginais, quer sob a de um comentário mais completo (*apparatus*); sem que (pelo menos, ao princípio) houvesse a preocupação de referir entre si vários textos analisados.

A "glosa" – explicação breve de um passo do *Corpus iuris* obscuro ou que suscitasse dificuldades – era, portanto, o modelo básico do trabalho desta escola[299]. No entanto, ela cultivou uma gama muito variada de tipos literários: desde a simples glosa interpretativa ou remissiva até ao curto tratado

---

desde os meados do século XI (cf. Padoa-Schioppa, 1995, 168 ss.). Segundo Odofredo – que, nas suas lições sobre o *Corpus iuris* (de 1234 a 1265), inseria pequenas e por vezes divertidas historietas sobre o ensino jurídico em Bolonha –, teria sido Irnerius o iniciador destes estudos (*"quia primus fecit glosas in nostros libros, vocamus eum lucerna iuris"* [como foi o primeiro que fez glosas aos nossos livros, lhe chamamos lâmpada do direito]; *"Sed Dominus Irnerius, dum doceret in artibus in civitate nostra, cepit per se studere in libris nostris et studendo cepit legere in legibus... fuit primus illuminatur scientie"* [No entanto, foi o Senhor Irnério, quando ensinava artes liberais na nossa cidade, com aqui chegaram os livros de leis, que começou a estudar pelos nossos livros e, ao estudar, começou a ensinar (ler) direito"] (*apud* Grandi, 1982, 23). Sobre o estudo bolonhês, v. Bellomo, 1979; sobre Odofredo, Tammasia, 1967, 335-461.

[298] Os glosadores pensavam que Justiniano (século VI d.C.) fora contemporâneo de Cristo (*"Iustinianus regnabat tempore nativitis Christi"*, *Glosa* de Acúrsio).

[299] Cf. Dolezalek, 2000.

sintetizando um título ou um instituto (*summa*), passando pela formulação de regras doutrinais (*brocarda, regulae*), pela discussão de questões jurídicas controversas (*dissenssiones doctorum, quaestiones vexatae ou disputatae*), pela listagem dos argumentos utilizáveis nas discussões jurídicas (*argumenta*), pela análise de casos práticos (*casus*). Em alguns destes tipos literários, as preocupações de síntese e de sistematização eram já sensíveis[300].

De qualquer modo, cabe aos glosadores o mérito de terem recriado, na Europa Ocidental, uma linguagem técnica sobre o direito. Não se trata mais de descrever ou reproduzir algumas normas ou fórmulas de direito romano, com intuitos exclusivamente práticos, como tinha sido relativamente comum nos estudos de arte notarial usuais em algumas chancelarias eclesiásticas ou seculares. Trata-se, agora, de começar a fixar uma terminologia técnica e um conjunto de categorias e conceitos específicos de um novo saber especializado – a jurisprudência[301].

O impacto prático da Escola dos Glosadores não é – como refere F. Wieacker[302] – fácil de explicar. Na verdade, as intenções do seu trabalho não eram, predominantemente, práticas. A principal intenção dos primeiros cultores do direito romano era, na verdade, mais um objetivo teórico dogmático – o de demonstrar a racionalidade (não a "justeza" ou "utilidade prática") de textos jurídicos veneráveis – do que um objetivo pragmático, como o de os tornar diretamente utilizáveis na vida quotidiana do seu tempo. Isto explica, por um lado, o labor devotado a explicar institutos e magistraturas que já não existiam, bem como o distanciamento dos

---

[300] Sobre todos estes géneros literários, cf. Calasso, 1954, 531-536; Mortari, 1958, 78 ss.; e Weimar, 1973, 140 ss., Berman, 1983, 129 ss. (que transcreve o início de um curso de Odofredus: "Primeiro, dar-vos-ei um sumário de cada título [do *Digesto*], antes de prosseguir com o texto. Depois, porei tão clara e explicitamente quanto possa exemplos das leis [fragmentos] contidas no título. Em terceiro lugar, repetirei o texto, com uma opinião que corrija este. Em quarto lugar, repetirei brevemente o conteúdo das leis. Em quinto lugar, resolverei as contradições, adicionando princípios gerais comummente chamados brocardos, bem como distinções ou questões delicadas e úteis, com as respetivas soluções, tanto quanto a Divina Providência me-lo permita. E se alguma lei pareça merecer, pela sua celebridade ou dificuldade, uma repetição [uma lição especial], reservá-la-ei para uma *repetito* da tarde." Todo este processo expositivo é intimamente inspirado pela estrutura usada na dialética, como veremos adiante, onde a exposição (cf. 6.9.3) ia e vinha entre afirmação e contradição, dúvidas e soluções, proposições particulares e formulações gerais.

[301] V., neste sentido, enfaticamente, Crescenzi, 1992.

[302] Nas impressivas páginas que dedica a este tema, em Wieacker, 1980, *maxime*, 66.

glosadores em relação à vida jurídico-legislativa do seu tempo – que classificavam depreciativamente[303] e da qual quase não tratavam, exclusivamente dedicados, como estavam, à exegese dos textos romanos.

Assim, pelo menos os civilistas, negavam que o texto escrito (o direito doutrinal do *Corpus iuris* ou o novo direito imperial do Sacro-Império) necessitasse de ser confirmado pelo uso (*usu utentium*, uso dos utilizadores). O que se traduzia, por exemplo, em começarem por tender a negar a vigência dos costumes contra o direito escrito, pelo menos contra o direito "dos seus livros".

Se acabavam, portanto, por influir fortemente na vida jurídica e política do seu tempo, isto deve-se não ao seu empenhamento prático, mas à eficácia da autoridade intelectual do saber que cultivavam[304]. De facto, justamente porque falavam com a autoridade de um direito imperial e creditado, além disso, com um prestígio quase sagrado, a sua palavra acabou por ser decisiva, mesmo ao nível da alta política da época.

O imperador Frederico II, então lutando por submeter as cidades italianas, entendeu isso perfeitamente. Primeiro, em 1220, passou por Bolonha e discutiu aí direito longamente com os "quatro doutores", discípulos de Irnério, os quais deixou surpreendidos com a sua perícia no novo direito imperial. Na verdade, o ensino destes juristas reconhecia – por influência do direito romano do Baixo-Império – ao imperador um amplo poder legislativo ("*Tua voluntas est ius, secundum dicitur: Quod principi placuit, legis habet vigorem*" [a tua vontade é direito, segundo é dito – no *Digesto*: aquilo que o príncipe quer tem força de lei], disse um letrado ao imperador, na dieta de Roncaglia, em 1158). Por isso, a maior parte dos juristas mais eminentes advogam superioridade política dos imperadores em matéria temporal[305]. Em contrapartida, e também como forma de valorizar estes

---

[303] "Escrita como que por burros", como dizia Odofredo; ou "leigos rústicos ou pouco educados" [*laici rustici et modice educati*], como escreve um anónimo c. 120 (cf. *Ocultus pastoralis*, cit., por Pennington, 1993, 39).

[304] Detalhadamente, sobre as relações entre Frederico II e o *Studium* bolonhês, nomeadamente em torno da questão do poder imperial, v. Pennington, 1993, 14 ss. V. ainda, mais em geral sobre a valorização doutrinal da lei imperial e real, Costa, 1969 (agora, numa reedição com apreciações críticas de O. Capitani e B. Clavero, 2002); Wyduckel, 1979, 35-62; Berman, 1983, 405-519. Por último, bela síntese em Descimon, 2002, 27-51.

[305] Uma historieta chegou até nós, em várias versões: Frederico passeava a cavalo, acompanhado por Martinho e Búlgaro, dois dos quatro discípulos de Irnério. No decurso da conversa, perguntou-lhes se, de acordo com o direito, ele era ou não senhor do mundo. Búlgaro

seus aliados políticos, o imperador Frederico II concede aos estudantes de direito de Bolonha, "particularmente aos estudiosos das leis divinas e sagradas", garantias de proteção e imunidade (*Autentica habita*, 1158)[306]. Em 1224, o imperador, para maior segurança, resolveu estabelecer uma universidade imperial em Nápoles, sobre a qual podia exercer um controlo mais efetivo[307]. O Papa Onório II (1216-1227) também reconheceu

respondeu-lhe que, à maneira de proprietário, não o era. Martinho, pelo contrário, respondeu-lhe (*timore vel amore*, comenta Acúrsio, maldosamente) que sim. O imperador, satisfeito, ofereceu o cavalo que montava a Martinho, perante o que Búlgaro, fazendo um trocadilho em latim, comentou: *"Amisi equum, quia dixit aequum, quod non fuit aequum"*. [Perdi um cavalo (*equuus*), pois disse o que era justo (*aequum*), o que não foi justo (*aequum*)] (cf. uma das versões em Pennington, 1993, 16). Esta pergunta sobre o senhorio do mundo é ainda a base da discussão sobre os títulos sobre as terras descobertas, invocados pelos reis de Espanha e de Portugal com fundamento na doação papal. Mas, de facto, a opinião de Búlgaro, que excluía o poder dos reis sobre as terras dos seus reinos *tanquam proprietatem* foi a que veio a triunfar, sobretudo depois de uma decisiva distinção de Baldo de Ubaldis "na verdade, não têm a mesma razão e condição o direito público do imperador (sobre o reino) e o das pessoas privadas (sobre as suas propriedades)", *Proemium in Dig. Vet*, § Omnem, *apud*. Canning, 1987, 37; já Acúrsio ensaiara a mesma distinção: "É mais verdadeiro dizer que são suas [do imperador] todas as coisas que estão na sua disposição, como as fiscais e patrimoniais [...]. De onde se conclui que o meu livro não é dele e que é a mim e não a ele que é concedida a *reivindicatio* [ação de recuperar uma coisa própria sua] *directa*", Acúrsio, Glosa ad C., 7,37,3, *Bene a Zanone*, v. *omnis principis* (cf. também Nicolini, 1952, 91 ss.).

[306] "Estabelecemos portanto com esta lei universal e que deverá valer para toda a eternidade, que daqui para o futuro ninguém seja tão atrevido como para fazer alguma ofensa aos escolares, e muito menos por causa de alguma dívida em relação a alguém da mesma província, o que ouvimos acontecer em virtude de um costume preverso [...] E aos que ousarem violar esta sagrada lei, e a quem os dirigentes do lugar deixarem de punir, saibam que se deverá exigir a restituição em quádruplo das coisas indevidamente exigidas, e aplicada a pena de infâmia com todo o rigor da lei e serão privados para sempre dos seus lugares e dignidades" (texto em Giorgini, 1988).

[307] Umberto Eco, no seu romance *Baudolino* (2000), dá uma impressiva versão das relações entre o imperador e os doutores bolonheses e das estratégias políticas envolvidas nesta questão: "Foi dar com o imperador triste e iroso, andando para trás e para a frente nos seus aposentos, e a um canto Reinaldo de Dassel esperava que ele se acalmasse. Frederico a certa altura parou, fixou Baudolino nos olhos e disse-lhe: «Tu és testemunha, meu rapaz, de quanto me tenho atormentado a pôr sob uma única lei as cidades de Itália, mas de todas as vezes tenho de recomeçar do princípio. Será errada a minha lei? Quem me diz que a minha lei é justa?». E Baudolino, quase sem pensar: «Senhor, se começas a pensar assim nunca mais acabas, e afinal o imperador existe mesmo para isso; ele não é imperador por lhe virem as ideias justas, mas as ideias é que são justas por virem dele, e basta». Frederico fitou-o, e depois disse a Reinaldo:

«Este rapaz diz as coisas melhor que vós todos! Se estas palavras fossem postas em bom latim, seriam admiráveis!» «*Quod principi placuit legis habet vigorem*, o que agrada ao príncipe tem vigor de lei», disse Reinaldo de Dassel. «Sim, soa muito sábio, e definitivo. Mas seria preciso que estivesse escrita no Evangelho, senão como se pode persuadir todos a aceitarem esta belíssima ideia?» «Bem vimos o que aconteceu em Roma», disse Frederico, «se me fizer ungir pelo papa, admito *ipso facto* que o seu poder é superior ao meu, se agarrar o papa pelo pescoço e o atirar ao Tibre, torno-me um flagelo de Deus que nem Átila que Deus tem». «Onde diabo arranjo alguém que possa definir os meus direitos sem pretender pôr-se acima de mim? Não existe no mundo». «Talvez não exista um poder assim – disse-lhe então Baudolino. Mas existe o saber». «O que queres dizer?». «Quando o bispo Otão me contou o que é um *studium*, disse-me que estas comunidades de mestres e alunos funcionam por sua própria conta. Os alunos vêm de todo o mundo e não importa quem é o seu soberano, e pagam os seus mestres, que assim dependem só dos alunos. Assim se passam as coisas com os mestres de direito em Bolonha, e assim também já acontece em Paris onde primeiro os mestres ensinavam na escola catedral, e portanto dependiam do bispo, depois um belo dia foram ensinar para a Montanha de Santa Genoveva, e tentam descobrir a verdade sem darem ouvidos nem ao bispo nem ao rei». «Se fosse o rei deles, eu é que os ensinava...». «Mas mesmo que assim fosse? Seria assim se fizesses uma lei a reconheceres que os mestres de Bolonha são de facto independentes de qualquer outra autoridade, tanto de ti como do papa e de todos os outros soberanos, e estão só ao serviço da Lei. Uma vez que estão investidos desta dignidade, única no mundo, eles afirmam que, de acordo com a reta razão, a luz natural e a tradição, a única lei é a romana e o único que a representa é o Sacro Romano Imperador e que, naturalmente, como tão bem disse o senhor Reinaldo, *quod principi placuit legis habet vigorem*». «E porque deveriam dizê-lo?». «Porque tu em troca lhes dás o direito de poderem dizê-lo, e já não é pouco. Assim ficas satisfeito tu, ficam satisfeitos eles, e como dizia o meu pai Gagliaudo, estais os dois na mesma barca». «Eles não aceitarão fazer uma coisa do género», resmungou Reinaldo. «Pelo contrário, sim – iluminou-se o rosto de Frederico –, digo-te eu que aceitarão. Salvo que antes têm de fazer aquela declaração, e depois dou-lhes eu a independência, senão todos pensam que o fizeram para pagar uma doação minha». «Na minha opinião, nem que seja para virar o bico ao prego, se alguém quiser dizer que combinastes tudo, di-lo-á na mesma», comentou com ceticismo Baudolino. «Mas sempre quero ver quem se levanta a dizer que os doutores de Bolonha não valem nada, depois de até o próprio imperador ir humildemente pedir-lhes um parecer. Nessa altura o que eles tiverem dito é Evangelho». E foi assim que correu tudo, nesse mesmo ano em Roncaglia, onde pela segunda vez houve uma grande dieta. Para Baudolino foi acima de tudo um grande espetáculo. Como Reinaldo lhe explicou – para que não pensasse que tudo o que via era apenas um jogo circense com bandeiras desfraldadas por toda a parte, insígnias, cortinas coloridas, mercadores e jograis –, Frederico mandara reconstruir, numa margem do Pó, um típico acampamento romano, para recordar que era de Roma que provinha a sua dignidade. No centro do campo estava a tenda imperial, como um templo, e a fazer-lhe de coroa as tendas dos feudatários, vassalos e vassalos destes. Do lado de Frederico estavam o arcebispo de Colónia, o bispo de Bamberga, Daniel de Praga, Corrado de Augusta, e outros mais. Do outro lado do rio, o cardeal legado da cadeira apos-

que "do Estudo bolonhês saíam os chefes que dirigem o povo do Senhor" (Grandi, 1962, 25). A própria Comuna de Bolonha – a quem os legistas prestaram serviços jurídicos valiosos –, quer defendendo-a do Império, quer do Papado, e a quem o Estudo Geral dava renome e proventos económicos, procura cativar estudantes e professores[308], proibindo a exportação de livros jurídicos como se matéria de espionagem se tratasse[309].

tólica, o patriarca de Aquileia, o arcebispo de Milão, os bispos de Turim, Alba, Ivrea, Asti, Novara, Vercelli, Terdona, Pavia, Como, Lodi, Cremona, Placência, Reggio, Modena, Bolonha e sabe-se lá quantos mais. Presidindo a esta assembleia majestosa e realmente universal, Frederico deu início às discussões. Em resumo (disse Baudolino para não enfastiar Niceta com as obras-primas da oratória imperial, jurisprudencial e eclesiástica), quatro doutores de Bolonha, os mais famosos, alunos do grande Irnério, haviam sido convidados pelo imperador a exprimir um insindicável parecer doutrinal sobre os seus poderes, e três deles, Búlgaro, Jacopo e Ugo de Porta Ravegnana, exprimiram-se como Frederico queria, ou seja, que o direito do imperador assentava na lei romana. De opinião diferente tinha sido apenas um tal Martino. «A que Frederico deve ter mandado arrancar os olhos», comentou Niceta. «De modo nenhum, senhor Niceta – respondeu-lhe Baudolino – vós, romeus, arrancais os olhos a este e aquele e já não percebeis onde está o direito, esquecendo o vosso grande Justiniano». Logo a seguir Frederico promulgou a *Constitutio Habita*, em que se reconhecia a autonomia do estudo bolonhês, e se o estudo era autónomo, Martino podia dizer o que quisesse e nem sequer o imperador podia tocar-lhe num pelo. Que se lho tivesse tocado, então os doutores já não seriam autónomos, se não fossem autónomos o seu juízo não valeria nada, e Frederico arriscava-se a passar por usurpador" (trad. port., Lisboa, 2002).

[308] "Estabelecemos e ordenamos que as pensões e casas nas quais habitem escolares não possam ser destruídas... por causa de dívidas, rebeliões, multas ou condenações dos donos das casas, nem possam ser ocupadas por outros para serem habitadas, mas antes sejam deixadas livres para eles por todo o ano" (*Estatutos de 1288*, VIII, 4); "Estabelecemos além disso que a nenhum artesão ou gramático (professor de primeiras letras, cujos alunos liam em voz alta, fazendo barulho) sejam alugadas casas junto às dos estudantes ou das escolas" (*Estatutos de 1288*, VIII, 16); "Que os estudantes possam comprar trigo para si e para os seus criados segundo as suas necessidades... apesar das proibições ou limitações feitas ou a fazer... aos preços impostos aos vendedores" (*ibid.*, 16); "Que os livreiros sejam obrigados a ter os exemplares bem corrigidos e que não façam pacto com algum doutor para suprimir qualquer 'aparato' ('comentário' antigo) e que os mesmos não vendam nem comprem por si ou interposta pessoa nenhum livro sem conhecimento dos vendedores" (*Estatutos de 1250*, VII, 14).

[309] "Se alguém chegar a esta cidade, vindo de outra, a fim de induzir os estudantes a mudar-se para outro lugar, será denunciado ao *podestà* e retido até pagar 100 liras de dinheiro imperial" (*Estatutos de 1250*, VII, 10); "Se se encontrar alguém a fazer ou a ter feito qualquer conspiração para transferir o *Studium* da cidade de Bolonha para outro lugar será banido perpetuamente, sendo os seus bens, tornando-se todos os seus bens propriedade da comuna, ficando metade para o acusador" (*Estatutos de 1250*, VII, 11).

Os seus colegas das outras faculdades, nomeadamente os filósofos, invejam-nos, ao constatarem que "a ciência [filosófica] pouca utilidade presta aos seus professores, enquanto, em contrapartida, a ciência das leis e a medicina lhes dão grandes proventos, pelo que a reputam de verdadeira ciência, ao passo que não dão grande crédito nem à ciência filosófica nem aos filósofos" (*ibid*., 26).

Basicamente, o *Studium* era uma corporação (*universitas*, nome técnico do direito romano para um conjunto de pessoas ou de bens dotado de uma identidade jurídica) de estudantes, que contratavam (e pagavam) professores para os ensinarem, elegendo os reitores (um, para os estudantes de "nação" italiana [*citramontani*], outro para os de "nação" *ultramontana*) e atribuindo os graus de bacharel (*bachalauretaus, graduatus, laureatus*). Ao lado, existia uma associação de professores, que atribuía o grau de doutor, meramente académico (*doctor*, o que ensina).

Os estudos jurídicos eram, em rigor, do tipo daquilo a que hoje se chamaria de pós-graduação, já que os estudantes tinham que cursar, primeiro, as chamadas *artes liberales* (gramática, lógica, aritmética, geometria, astronomia e música), o que explica a contínua presença de referências não jurídicas – aquilo que os juristas romanos tinham designado por *rerum humanarum atque divinarum notitia*, ou, mais simplesmente, por *natura rerum*, natureza das coisas – no raciocínio jurídico.

Os dois juristas mais famosos desta escola foram, sem dúvida, o seu fundador – Irnério – e Acúrsio, o compilador final de toda a sua produção doutrinal – na *Magna Glosa* ou *Glosa de Acúrsio* (c. 1250). Outros, no entanto, tiveram vasta influência. Refiram-se, sobretudo, os diretos discípulos de Irnério (os "quatro doutores": Martinho, Búlgaro, Jacobus, Hugo), o "civilista" Azo (m. c. 1220; autor de uma popularíssima *Summa codicis*) e Odofredo (m. 1265; escritor arrebatado e usual contador de historietas, mas também jurista de mérito), o "canonista" Henrique de Susa (m. 1271), mais conhecido como o "cardeal Hostiense"[310], ou Giovanni d'Andrea (m. 1348).

Entre si, mantinham opiniões contrárias que, quando incidiam sobre questões de grande impacto político – como os poderes do imperador, a

---

[310] Dentre os espanhóis, citem-se os "decretistas" (comentadores do *Decretum*) João e Lourenço Hispano e os "decretalistas" (comentadores das *Decretais*) Vicente Hispano e Raimundo de Penyafort. Cf. Weimar, 1973, 155 ss.; Silva, 1991. Em Portugal foi grande a influência de Acúrsio, de Azo e do Hostiense, a avaliar pelas cópias aqui existentes das suas obras, cf. Pereira, 1964, 7. Sobre a influência de Acúrsio, Costa, 1966, 41.

validade do direito comunal frente ao do império ou ao direito romano –, ficaram na memória do *Studium* como controvérsias entre "escolas". A este propósito, já aludimos à questão da conceptualização do poder do imperador sobre o mundo. Outra questão crítica era, também, a da titularidade do poder supremo (*merum imperium*). Azo pergunta-se sobre "se o mero império só compete ao príncipe ? Pois dizem que só ele o tem. Diz-se deste poder ser mero (simples) pois se exerce sem outorga (*prelatura*) de ninguém. Mas certamente que os magistrados *sublimes*[311] têm mero império, se é correta a definição da lei a que nos referimos [uma constituição imperial transcrita no *Código* de Justiniano, C., 3, 13]. Pois também os governadores das províncias têm o direito de punir [*ius gladii*...], não o tendo já os magistrados municipais [...]. Daí que eu diga que a jurisdição plena ou pleníssima apenas compete ao príncipe, mas o império mero compete também a outros magistrados sublimes; apesar de, com isto, se ter perdido um cavalo, o que não foi justo"[312-313].

Este texto dá-nos uma boa ideia do método de trabalho dos glosadores. Azo não discute as situações jurídicas do seu tempo. Discute, sim, a interpretação de conceitos (*imperium merum, plena vel plenissima potestas, magistratus sublimes*) contidos em textos de direito romano, muitas vezes com referências a magistrados, problemas ou situações já inexistentes. Do que se trata, depois, é de saber como encaixar a vida corrente, com os seus interesses concretos, naqueles esquemas conceptuais. Sendo, porém, certo que, para estes juristas, a legitimação das soluções decorria não da sua adaptabilidade à vida, mas da sua coerência com um modelo do mundo considerado como racional e eterno.

De eminente interesse político era, também, a questão do caráter vinculante das leis para quem governava. Ou seja, a questão de saber se a vontade do príncipe podia alterar a ordem (ou razão) do direito ("*An in iure pro ratione stat voluntas*" [se, em direito, a vontade vale como razão], era como eles formulavam a questão). Intimamente conexa com esta, estava a questão de saber se o poder do príncipe (do Papa) era pleno, puro ou absoluto. Lourenço Hispano (c. 1215) aborda a questão, a propósito do poder do Papa, dizendo. "Por isso se diz que [o Papa] goza do arbítrio divino

---

[311] Trata-se de uma classificação do direito bizantino, de problemática aplicação às magistraturas medievais, cf. Hespanha, 1984a.
[312] Referência à anedota de Martinho e Búlgaro, antes referida.
[313] Azo, *Summa super Codicem*, ad Cod., 3, 13 *(De iurisdictione omnium judicum), apud* Pennington, 18.

[C.,1,1,1,1]; como também é grande o poder do príncipe, pois pode mesmo mudar a natureza das coisas, aplicando a substância de uma coisa a outras [C., 6,43,2], podendo tornar injusta a mesma justiça, como quando corrige algum cânone ou lei, pois quando exprime a sua vontade, esta faz as vezes da razão [I, 1,2,6]. Em todo o caso, ele deve conformar o seu poder àquilo que é exigido pela utilidade pública" (*Ad Compilationem* III, 1,5,3, v. *puri hominis, apud* Pennington, 1993, 46 [trad. minha]). Posta em relação ao Papa, a questão parecia mais clara (sobretudo aos *curialistas*), dada a origem divina do seu poder; embora a concessão de um poder absoluto prejudicasse as prerrogativas episcopais (também de instituição divina e, para muitos, anterior ao primado do bispo de Roma) e, por isso, não fosse aceite por todos os canonistas, nomeadamente pelos *conciliaristas*. Posta em relação aos reis, a questão era menos clara. Porém, a assimilação entre os poderes dos príncipes e os do Papa começava a ser frequente. Henrique de Susa, num comentário a uma *Novella* de Inocêncio IV[314], formula uma série de imagens que ficarão na tradição jurídica do regalismo até ao fim do Antigo Regime e que justificarão o poder dos reis para se afastarem das leis, não tanto revogando-as (pois a legitimidade para revogar as suas próprias leis correspondia a uma *potestas legislativa* dos reis, desde cedo geralmente reconhecida), mas, sobretudo, dispensando-as, *i.e.*, não as aplicando em casos concretos[315]. Era isto que permitia aos príncipes realizar autênticos milagres, como legitimar bastardos, emancipar menores, perdoar criminosos, embora tudo isto devesse ter em vista não uma modificação arbitrária do direito, mas o aperfeiçoamento da justiça nos casos concretos (cf., sobre esta flexibilização do direito por meio da graça régia, 6.6.8.1)[316].

---

[314] "Não é de admirar que estas coisas [os poderes de "graça"] apenas sejam concedidas ao príncipe, pois elas são quase como milagres e contra a natureza [...] costuma dizer-se que o príncipe, uma vez que é a lei viva, pode transformar os quadrados em círculos e dispor de tudo enquanto senhor, salva a violação da fé [...]" (cit. por Pennington, com uma tradução que me parece mais fiel ao pensamento do Hostiense, 54).

[315] *Dispensatio legis*; tratava-se, por isso, de um privilégio (ou lei particular, sobre a aplicação de uma lei geral).

[316] Sobre o estilo de trabalho dos glosadores, com ilustrações textuais, v. o curso de Kenneth Pennington (http://faculty.cua.edu/pennington/law508/histlaw.htm Role of the Jurists in the Ius commune).

6.7.2. A Escola dos Comentadores

O surto urbanista e mercantil dos séculos XIII e XIV começa por se traduzir, no plano jurídico, por uma valorização dos direitos locais (especialmente dos "estatutos" das comunas italianas) frente à tradição romanística cultivada pelos letrados e dominante, por seu intermédio, nas chancelarias reais. Se os juristas universitários estavam dispostos a aceitar a (relativa) fixidez do direito comum, baseado em fontes imutáveis (*"olim... ergo hodie"*, se vigorou no passado, vigora também hoje), já os estatutos das cidades afirmavam, enfaticamente, a inevitável evolução da vida e do direito[317].

Com a progressiva extensão deste novo tipo de vida económica e social a regiões cada vez mais vastas e com o estabelecimento de laços comerciais intercitadinos e interestaduais, tornou-se necessário que estes princípios de direito novo introduzidos pelos *iura propria* nas cidades italianas fossem integradas no saber jurídico até aí centrado nos dois corpos de direito, o *civilis* e o *canonici*. E que este saber abrangesse também as fontes jurídicas locais, formando um discurso orientado por princípios coerentes, embora, como dissemos, respeitando os pontos de vista dissonantes das várias ordens jurídicas a que se referia[318]. Está, portanto, em pleno desenvolvimento um processo de integração de princípios novos – oriundos de necessidades de novos estímulos sociais (aqui incluídos os culturais) e inicialmente incorporados nos direitos próprios, mais sensíveis à vida – no primeiro *ius commune*, mais orientado para as fontes justinianeias e canónicas. O ideal de concórdia legislativa é perseguido pelos juristas não só no âmbito do direito romano-justinianeu (objetivo que, como vimos, não era de todo estranho aos glosadores) e do direito canónico, mas agora relativamente a todo o ordenamento jurídico. A contínua referência, a partir do século XIV, ao direito antigo e ao direito novo e, sobretudo, ao problema das suas relações mútuas, reflete plenamente o processo histórico de atualização e alargamento do sistema do direito comum.

Esta foi a tarefa de uma nova geração de juristas eruditos – que a historiografia tem designado por *pós-glosadores, práticos, consiliadores* ou *comentadores*; juristas a quem, pelo seu papel e influência (até ao século XVIII) na

---

[317] Lê-se no prefácio dos estatutos de Gaeta: "Se as próprias leis são contingentes, em virtude de se modificar o modo de ser das épocas (*temporum qualitate*), porque admirar-se se os estatutos de vez em quando requerem modificação de algumas disposições particulares?" V. Calasso, 1954, 492.

[318] Sobre isto, v. Villey, 1968, 540; Wieacker, 1980, 78 ss.

história jurídica europeia, Franz Wieacker não hesita em chamar "arquitetos da modernidade europeia", ao lado de Dante, Giotto e Petrarca (de quem, de resto, são contemporâneos).

O fundador da escola foi Cino de Pistóia (1270-1336 [m. em Pistóia, em cujo *Duomo* jaz]) – contemporâneo e conterrâneo do grande poeta italiano do Pré-Renascimento Dante Alighieri –, jurista, pré-humanista e poeta do *dolce stil nuovo*. Mas o jurista mais influente da escola foi, sem dúvida, o seu discípulo Bártolo de Sassoferrato (1314-1357), de Perugia, jurista ímpar (*lumina et lucerna iuris*, luz e lanterna do direito, como lhe chamaram os contemporâneos) na história do direito ocidental. Numa vida de pouco mais de trinta anos, produziu uma obra monumental. A sua influência na tradição jurídica europeia durou até ao século XVIII, a ponto de se ter criado o dito *"nemo jurista nisi bartolista"* (ninguém é jurista se não for bartolista). Outros juristas famosos desta escola foram Baldo de Ubaldis (1327-1400), homem de grande cultura filosófica, correntemente citado ao lado de Bártolo; Paulo de Castro (m. 1441), já influenciado pelas inovações intelectuais (muito relevantes para o pensamento jurídico) da escolástica franciscana (G. Ockham, D. Scotto, cf., *supra*, 6.2.7); Jasão del Maino (1435--1519 [Pavia]), já contemporâneo da decadência da escola; e, ainda, Raffaele Fulgosio (1367-1427 [Pádua]), o já referido bolonhês Giovanni d'Andrea (c. 1270-1275), intermediando glosadores e comentadores, e Nicolau de Tudeschi (mais conhecido pelo "Abade Panormitano"; 1401-1467 [Siena]).

São estes juristas que, debruçando-se pela primeira vez sobre todo o corpo do direito (direito romano, direito canónico, direito feudal, estatutos das cidades) e orientados por finalidades marcadamente práticas, vão procurar unificar o direito e adaptá-lo às necessidades normativas dos fins da Idade Média[319].

Na raiz da nova atitude intelectual dos comentadores, nesta equiparação do direito "vivido" ao direito contido nas fontes da tradição, está uma nova atitude perante a tensão entre o mundo ideal e o mundo real, atitude que podemos relacionar com o advento da escolástica tomista.

No ambiente cultural e filosófico da Idade Média, a escolástica (filosofia e teologia ensinadas nas escolas) representa, de facto, uma reação contra

---

[319] Sobre a Escola dos Comentadores, v., por todos, Wieacker, 1980, 78 ss.; Calasso, 1954, 469-563. Para Portugal, Silva, 1991, 181 ss. Para o seu pensamento jurídico e político, além de algumas das obras já referidas, v. Woolf, 1913 e 1901; a bibliografia citada por Widuckel, 1979, 63 ss. e Dolcini, 1983.

aquelas correntes "integristas" que queriam reduzir todo o saber válido e legítimo ao saber contido nos textos da autoridade e que recomendavam, para a resolução de todos os problemas, práticos e teóricos, uma atenção exclusiva à verdade revelada ou ao argumento da autoridade, desvalorizando a razão e toda a atividade racional. Assim, as ciências e artes laicas (e entre elas o direito) só eram estudadas enquanto tivessem qualquer utilidade para a interpretação da tradição dotada de autoridade (nomeadamente: no plano religioso, as Escrituras; no plano jurídico, o *Corpus iuris civilis*).

No século XII, porém, verifica-se uma profunda mutação no panorama cultural e filosófico, conhecida como "renascimento do século XII" ou "revolução escolástica", provocada imediatamente pela descoberta de novos textos lógicos de Aristóteles.

Esta descoberta, juntamente com o progressivo reconhecimento de que os textos das Escrituras eram insuficientes para a resolução de todos os novos problemas sociais e culturais, veio provocar o restabelecimento da crença na razão e o renascimento, por todo o lado, das ciências profanas. Embora, no campo da teologia, a intromissão dos processos racionais aprendidos dos filósofos pagãos, gregos e romanos, seja suspeita, nas disciplinas mundanas, desde o direito e moral até à filosofia e ciências naturais, a livre investigação intelectual é de regra.

Instaura-se, portanto, uma atitude filosófica que poderemos classificar de *realista* e de *racionalista*. De realista, porque se propõe investigar não o que os textos sagrados ou da autoridade dizem das coisas, mas a própria natureza das coisas. De racionalista, porque procura levar a cabo esta investigação com o auxílio de processos racionais, processos estes cuidadosamente disciplinados por regras de "pensar corretamente" (lógica) aprendidas dos filósofos clássicos (sobretudo de Aristóteles).

Todavia, a ideia de que o direito – repositório da experiência, leitura da natureza (divina) das coisas – consistia num conjunto de normas que o intérprete pouco poderia alterar fazia com que, para os comentadores, como antes para os glosadores, a ordem jurídica representasse um dado basicamente indiscutível, ainda que ela se mostrasse contraditória e desatualizada. Portanto, a tarefa de atualização e de sistematização do direito teria de ser fundamentalmente realizada no interior de uma ordem prefixada autoritariamente, aparecendo formalmente como uma tarefa de mera interpretação.

Ao serviço da interpretação são agora colocados meios lógico-dogmáticos imponentes, a maior parte deles provenientes da renovação lógica (*Lógica nova*) subsequente à redescoberta de importantes textos aristotélicos (*Tópicos e elencos sofísticos*).

Foi esta rutura no plano dos instrumentos intelectuais que permitiu aos comentadores criar inovações dogmáticas que, por corresponderem também às aspirações normativas do seu tempo, se vieram a tornar dados permanentes da doutrina posterior.

Se, simplificando um pouco, se pode dizer que a atividade dos glosadores era sobretudo académica, já a dos comentadores – também simplificadamente, pois quase todos foram professores universitários – foi mais frequentemente orientada para a prática, como consultores de magistrados e de particulares. De facto, a partir dos meados do século XIII, tinha surgido a doutrina – naturalmente favorecida pelos próprios juristas – de que os magistrados, frequentemente pouco sabedores de direito (comum) e sem dinheiro para pagar a um bom assessor permanente, "deviam, por direito e bons costumes" aconselhar-se com um especialista, de tal modo que, como escreveu o português João de Deus (m. 1253), "é também costume aprovado que a sentença não se torne definitiva senão depois de conselho dos peritos" [*est etiam approbata consuetudo ut non feratur diffinitiva [sententiam] sine consilio sapientium*][320-321]. Esta literatura consiliar seria, de resto, mais rica do que a meramente escolástica, pois, ao passo que esta última podia reproduzir apenas a opinião singular do professor, a opinião do consulente tinha de dar conta do estado da questão, segundo as opiniões mais recebidas ["seja o que for que digam ao dar aulas, ao julgar, quando há várias opiniões dos doutores, é de seguir a que for comprovada por mais testemunhos", Jasão del Maino][322-323].

---

[320] *Apud* Lombardi, 1975, 127, onde se pode ver uma completa exposição da teoria do *consilium sapientium* no direito comum. Como fonte: Pace Scala, *De consilio sapientis in forensibus causis adhibendo*, Venetiis, 1540; Tiberius Decianus, *Apologia pro iuris prudentibus qui responsa sua edunt imprimenda* [...], Venetiis, 1579.

[321] Mais tarde, dir-se-á também que se presume feita sob erro a lei do rei promulgada sem ouvir o conselho dos juristas.

[322] Cit. por Lombardi, 1975, 145 n. 123. Sobre esta questão da opinião comum dos doutores, v., *infra*, 7.2.2.

[323] Em contrapartida, os detratores da literatura consiliar destacam a falta de independência e a parcialidade do consulente, face à independência do professor (v. Lombardi, 1975, 141 ss.).

Este novo modelo de pensar sobre o direito esteve na origem de teorias e figuras dogmáticas novas. Entre elas, as seguintes:

i) A *teoria da pluralidade das situações reais* (*i.e.*, das relações entre os homens e as coisas, *res*). Ao contrário do que hoje acontece, em que a relação entre o homem e os bens é configurada como uma relação exclusiva e absoluta entre o sujeito e a coisa[324], o direito medieval concebia o *dominium* (*i.e.*, o direito sobre uma coisa) como podendo ser não exclusivo, podendo coexistir com outros direitos de outros titulares incidindo sobre a mesma coisa. Na verdade, pensava-se que as coisas, se tinham uma substância única, tinham, em contrapartida, diversas *utilidades*. Eram suscetíveis de vários planos de utilização, entre si compatíveis. Sobre cada um destes planos podia existir um direito absoluto (embora limitado a esse plano) a favor de uma pessoa. Embora o domínio sobre todas as utilidades da coisa (a *propriedade*) fosse a situação real mais completa e de hierarquia superior, a faculdade de usufruir de alguma utilidade particular não deixava de ser uma forma de *domínio*, com a mesma dignidade que a propriedade.

Isto aplicava-se, nomeadamente, a situações muito comuns na constituição fundiária medieval, como a enfiteuse, o feudo, o arrendamento por longo prazo, o censo, a situação do administrador do morgado; ou seja, a situações em que sobre a mesma coisa coexistiam direitos titulados em diversas pessoas que permitiam a cada uma delas usufruir de uma utilidade[325].

Baseada na referida "leitura" da natureza das coisas, a doutrina jurídica dos comentadores pôde construir a teoria do *domínio dividido*, segundo a qual era possível conceituar como verdadeiros donos (*domini*, titulares de *dominium*) todos estes titulares. Uns eram-no por terem um direito sobre a própria substância da coisa, embora este direito pudesse ser apenas formal (*v.g.*, uma simples inscrição cadastral). Eram os titulares do *dominium directum*, titulares de uma *actio directa* (ação fundada no direito formal) para proteção dos seus direitos. Outros eram-no por, em face da situação em que estavam de usufruir permanentemente de uma utilidade da coisa,

---

[324] A propriedade é definida como um poder de usar e de abusar (*i.e.*, de usar sem quaisquer limites, naturais ou éticos) de uma coisa, com a faculdade de excluir desse uso todos os outros.
[325] O cultivo, como na posição do rendeiro ou do enfiteuta; a perceção de uma prestação periódica relativa ao terreno, como nas posições do senhor, do senhorio enfitêutico ou censítico; a cobrança dos tributos fundiários, como na situação do feudatário; a mera administração e fruição, como no caso do administrador do morgado.

serem como que designados pela própria coisa (não pelo direito formal) como seus "donos úteis", titulares de um *dominium utile* e da respetiva *actio utilis* (ação baseada num direito que brota da própria relação de utilização). Apesar de a substância da coisa ser uma só, o facto de o direito brotar da realidade da vida sugere que uma coisa possa ter vários donos, já que o *dominium* incide sobre usos plurais das coisas e não sobre a sua essência[326].

ii) *Aplicação espacial dos ordenamentos jurídicos* (teoria "estatutária"). O mesmo tipo de realismo caracteriza a solução que é dada aos conflitos espaciais de normas jurídicas. O direito alto-medieval identificava o problema da aplicação espacial do direito com o da pertinência a uma "nação", a um grupo humano (*Personenverband*). Assim, o âmbito de aplicação de um direito coincidia com o âmbito de uma tribo ou de uma comunidade ligada por laços de sangue e de tradição. Ou seja, o direito tinha uma aplicação pessoal. Com a constituição dos reinos europeus, durante os séculos IX a XII, tendeu-se para considerar o direito como uma emanação do poder político (*iurisdictio*) que o tivesse editado, devendo a hierarquia das normas corresponder à hierarquia dos poderes políticos. Assim, tendeu-se então para uma concepção territorial do poder, segundo a qual as leis deviam vigorar territorialmente, independentemente da naturalidade dos sujeitos a que se devessem aplicar, da situação dos bens a que se referiam, do lugar de celebração dos negócios jurídicos ou do direito do foro que conhecia a causa.

Qualquer destas duas concepções quanto ao âmbito de aplicação dos direitos levava à adoção de critérios rígidos, indiferentes à variedade das situações e às propostas de solução que elas mesmas continham. Os comentadores – que vivem numa época em que estes problemas se multiplicam, ao acentuar-se a mobilidade das pessoas – vão precisamente escutar esta variedade das situações da vida, formulando critérios casuísticos e desamarrando a questão dos conflitos de leis dos critérios únicos da pertença "nacional" ou da sujeição política. Embora partissem da regra de que a lei só se aplicava, em princípio, aos súbditos[327], introduziam todavia limitações

---

[326] Sobre o tema, v. Grossi, 1968; Hespanha, 1995, cap. 2.3.
[327] O texto de arranque era C., 1,1,1, *Cunctos populos*...: "Queremos que todos os povos, regidos pelo império da nossa clemência [...]". Este princípio partia ainda da identificação entre conflito de leis e conflito de poderes políticos, embora definisse doutra forma (segundo critérios pessoais e não territoriais) o âmbito do poder político. Sobre este tema, v. Coing, 1989, I, 106-107.

inspiradas por soluções casuísticas contidas nos textos romanos, bem como por razões de equidade. Assim, os contratos e testamentos reger-se-iam pela lei do local da sua celebração (*lex actus*); o processo, pela lei do foro (*lex fori*); o estatuto pessoal, pela lei do interessado; a situação jurídica de imóveis, pela lei da sua localização (*lex rei sitae*); os atos exprimindo o poder político (*v.g.*, punição, fiscalidade, administração, etc.) estavam sujeitos ao direito do senhor sob cujo poder fossem praticados. Estas soluções podem ser resumidas na fórmula de que o alcance de aplicação das normas está ligado ao alcance do poder de quem as edita: assim, no caso de bens imóveis, coincide com o território, no caso de pessoas, coincide com o universo dos súbditos[328]. Novamente, uma enorme atenção ao plano dos factos, que se traduz na adoção de soluções casuísticas e na recusa de esquemas rígidos, abstratos e imobilistas.

iii) A *teoria da naturalidade do poder político (iurisdictio)*. Outro campo em que se manifestou esta sensibilidade dos comentadores em relação à ordem implícita na própria realidade e à variabilidade que esta comporta (à "oficina das coisas") é o da teoria da origem e legitimação do poder político, nomeadamente da faculdade de editar normas jurídicas e de declarar o direito ("*ius dicere*"). Anteriormente, como vimos, dominava uma conceção autoritária do poder normativo e jurisdicional, segundo a qual este era um atributo do príncipe, como sucessor do imperador ou como vigário de Cristo (*nulla potestas nisi a Deo* [não há poder senão o que vem de Deus], formulação típica do augustinianismo jurídico-político). Todos os poderes exercidos na sociedade teriam esta fonte, sendo produtos de uma permissão ou de uma delegação da jurisdição (*delegatio iurisdictionis*). A *Glosa* ainda insiste neste caráter publicístico do poder, ao definir a *iurisdictio* como "*potestas de publico introducta cum necessitate iurisdicendi, et aequitatis statuendae*" (poder introduzido pela autoridade pública com a faculdade de dizer o direito e estatuir a equidade)[329]. Na sociedade medieval, no entanto,

---

[328] Coing, 1989, I, 138 ss. Em Portugal, a teoria estatutária vigorou até ao século XIX. Cf. *Ord. Fil.*, II, 55, 1-3.

[329] Também Bártolo sublinha este caráter público (*i.e.*, relacionado com interesses coletivos) do poder político acrescentando à definição a expressão "enquanto pessoa" pública (*tanquam persona publica*), o que excluiria da *iurisdictio* os poderes que alguém detém sobre outro, em vista da consecução de interesses privados (*v.g.*, o poder do pai sobre os filhos, do senhor sobre os servos). É daqui que decorre a distinção entre *iurisdictio, coertio* e *dominium*,

isto não correspondia à realidade. Existiam poderes diversos e de diferente hierarquia e âmbito, sem que se pudesse dizer que a sua existência decorria de uma permissão do imperador. A novidade introduzida pelos comentadores (sobretudo, Baldo) foi a de afirmar que os poderes existentes na sociedade tinham uma origem *natural*, independente de qualquer concessão superior, pois a própria existência de corpos sociais implicaria naturalmente a sua ordenação íntima e esta a faculdade de autorregulação. Daí que se tenha começado a tender para uma conceção do poder político como algo pertencente à própria ordem das coisas, que, ao instituir corpos humanos organizados, lhes tinha, implicitamente, outorgado a faculdade de autopromoção ("os povos [as comunidades] existem em virtude do direito das gentes [do direito natural]; mas o governo não pode existir sem leis e estatutos; por isso, pelo mesmo facto de os povos existirem, têm um governo implícito no seu próprio ser, tal como todos os animais se regem pelo seu espírito e alma", Baldo, comentando a lei *Omnes populi*, D.,1,2,1). Mas, assim pulverizado e dividido no seio da mesma sociedade, o poder não pode ter sempre o mesmo conteúdo, pelo que a teoria tardo-medieval da *iurisdictio* é levada a distinguir vários níveis e âmbitos de poder. Assim, no seio da *iurisdictio* genericamente concebida, os juristas distinguem entre a *ordinaria* (estabelecida pela lei ou pelo costume, abarcando a universalidade das causas) e a *delegata* (concedida, por rescrito ou privilégio, para um tipo especial de causas ou para certa causa individualizada). Mas distinguem ainda, segundo o âmbito de poderes que encerram, sucessivos subtipos de *iurisdictio*[330].

O primeiro é o *imperium*, conjunto de poderes que o juiz (o titular do poder político) exerce por sua iniciativa para defender a utilidade pública. O *imperium* encontra-se, por sua vez, subdividido em *merum imperium* ("a jurisdição que se exerce por iniciativa própria ou mediante acusação, visando a utilidade pública"[331-332]), englobando as faculdades políticas

a primeira visando interesses coletivos, os segundos interesses privados; v., sobre a distinção entre *iurisdictio* e *dominium*, Grossi, 1992, 316, 323. Sobre *iurisdictio* e *coertio* [*domestica, herilis*], Hespanha, 1984, 8-9; 1995, cap. 4.4.

[330] Esta conceção de *iurisdictio* como um conjunto hierarquizado de esferas de poder exprime-se, graficamente, sob o aspeto de uma árvore ramificada (*arbor iurisdictionis* [árvore da jurisdição]).

[331] Esta definição, como as seguintes, são de Bártolo, no *Comm. in Dig. Vet.*, tit. *De iurisd. omnium iudicum*, pr., v. "*iurisdictio*".

[332] O *merum imperium* ainda aparece subdividido em seis graus. O *imperium maximum* (mero império máximo) inclui os poderes supremos do príncipe (*regalia maiora*), como fazer leis,

superiores que visam a utilidade da comunidade no seu todo; e *mixtum imperium* ("o que se exerce por iniciativa própria visando alguma utilidade privada"), correspondente às faculdades de atuação autónoma do juiz tendo em vista a realização de um interesse, não já comum, mas particular[333].

Quanto à *iurisdictio* em sentido estrito – que consistia na faculdade de dizer o direito numa causa em que dois interesses particulares e contrapostos entravam em conflito –, ela incluía também os mesmos seis graus, definidos agora a partir da importância da causa ou questão[334]. Em suma, esta conceção naturalista e hierarquizada do poder político dava conta da pluralidade e coexistência de poderes numa sociedade corporativa, como a medieval, permitindo que eles coexistissem harmonicamente dentro das respetivas esferas de vigência.

reunir cortes, confiscar bens, criar notários, etc. O *imperium maius* (mero império maior) abarca, nomeadamente, o poder punitivo (*habere gladii potestatem ad animadvertendum facinorosos homines*, "ter o poder de gládio para castigar os facínoras", D.,2,1,3) relativo às penas capitais (morte ou decepamento de membro, perda da liberdade, perda da cidadania). O *imperium magnum* (mero império grande) inclui a deportação. O *imperium parvum* (mero império pequeno), o desterro e a perda da qualidade de vizinho. Os dois últimos graus (*imperium minus* e *minimum*), a faculdade de aplicar atos de coerção menores (*modica coertio*), como multas e repreensões.

[333] Também o *mixtum imperium* se encontra dividido em seis subtipos, de acordo com a importância dos efeitos produzidos e o grau de conhecimento da causa suposto pelo seu exercício. O *mixtum imperium magnum* integrava os expedientes que implicavam a derrogação de uma norma geral em vista do interesse particular, ou seja, os casos em que o príncipe (único titular desta faculdade) dispensava de uma norma jurídica certo caso particular (como nos casos da emancipação, da legitimação, da concessão de bens comuns a particulares). O *maius* incluía o poder de conhecer, em recurso, decisões dos tribunais ordinários. O *magnum*, os decretos do poder visando a utilidade particular (como os remédios possessórios: *interdicta, missiones in possessionem*, etc.). O *parvum*, decretos visando a mesma finalidade, mas desprovidos de efeitos coercitivos (*v.g.*, a *datio tutoris* [nomeação de um tutor]). Finalmente, os dois últimos graus, aquelas ordens que apenas mobilizavam meios de poder mínimos (como a faculdade de ordenar certos atos processuais: *missio in possessionem ex primo decreto* [autorização para a manumissão]).

[334] No primeiro grau (*iurisdictio maxima*) entravam as causas que diziam respeito ao estatuto das pessoas (liberdade, cidadania) ou à sua fama. No segundo grau (*iurisdictio maior*), as causas que podiam levar à aplicação de penas corporais no caso de incumprimento da decisão do tribunal (*v.g.*, prisão por dívidas). No terceiro (*iurisdictio magna*), a decisão das causas de valor elevado (300 *aurei*). Nos restantes graus, outras causas de incidência patrimonial, mas de valor sucessivamente menor.

Mas o impacto mais decisivo da atividade e do saber dos comentadores sobre a vida jurídica, política e social europeia foi constituído, mais do que pelas suas inovações dogmáticas, pelo seu contributo para a constituição de uma categoria social, à qual passou a ficar atribuída a resolução dos diferendos sociais com recurso a uma técnica intelectual especializada, demasiado hermética para estar ao alcance do homem comum. A categoria dos juristas – pois a ela nos referimos – passa, então, a desempenhar um papel central no equilíbrio político e social europeu; inicialmente, na administração central e na diplomacia, lidando, portanto, com as grandes questões políticas da sociedade; mais tarde, na administração local e na aplicação da justiça, assumindo então um papel arbitral no quotidiano da vida social.

6.8. O modelo discursivo do direito comum europeu
6.8.1. Génese do modelo do discurso jurídico medieval

A origem do direito, a natureza do justo, sempre constituíram, em todas as épocas e em todas as sociedades, questões em aberto. Para lhes dar resposta têm-se elaborado mitos e doutrinas filosóficas de muitos matizes. Fundamentalmente, as posições têm oscilado entre o *voluntarismo* e o *(jus)naturalismo*.

Para o voluntarismo, o direito é o produto de uma vontade – a vontade divina, a vontade do legislador ou do príncipe, a "vontade geral" (cf. 7.3.2.3) – cujo conteúdo é, em princípio, arbitrário. Daí que o jurista apenas tenha uma forma de descobrir o que é justo – interpretar a vontade da entidade que *quis* o direito, apagando-se perante ela, de modo a não usurpar ilegitimamente essa jurisdição originária. O direito torna-se, assim, um dado indisponível, que o intérprete apenas tem de esclarecer.

Para o naturalismo, pelo contrário, o direito constitui uma ordem pré-estabelecida – inscrita na natureza das coisas, na ordem da Criação ou na natureza humana. É uma ordem que pode ser observada e que, além disso, tem uma estrutura que pode ser entendida; quem tiver a experiência ou a formação apropriada pode ter a pretensão de chegar a conhecê-la, se para isso usar de um processo intelectual adequado. Neste caso, o direito também não depende nem da vontade dos detentores do poder político, nem de quem estuda ou aplica o direito. Mas quem estuda ou aplica o direito pode usar da técnica de pensar dos juristas para propor uma interpretação da ordem do justo e do injusto. Interpretação que, não sendo forçosamente correta (*i.e.*, sendo discutível, argumentável, problemática), é, em todo o caso, legítima.

Os efeitos de uma ou de outra atitude são opostos.

Nas épocas em que predominam conceções do primeiro tipo, parece haver uma pequena margem para se exercitar uma atividade doutrinal autónoma sobre o direito, pois esta consiste num processo intelectual ou metodológico de chegar ao conhecimento do que é "justo" (de que solução é justa ou jurídica). Para o voluntarismo, pelo contrário, o justo corresponde a uma vontade do poder, cujas razões ou não se podem conhecer ou não podem ser discutidas. Toda a *ars inveniendi* (*i.e.*, a técnica de encontrar a solução jurídica) se reduzirá, portanto, a interpretar, de forma mais ou menos subserviente, as fontes de direito sem qualquer intuito de criação jurídica autónoma. A atitude do voluntarismo não é, de modo algum, *pensar* o direito mas, em vez disso, *obedecer* ao direito.

Já nas épocas em que domina uma conceção naturalista do direito, se propõem técnicas intelectuais, mais ou menos rigorosas, de encontrar o justo. Como se acredita que o direito pode ser encontrado raciocinando, toda a preocupação dos juristas é fixar o caminho, o curso, que a razão terá de percorrer (discurso) para encontrar a solução jurídica. E vai surgir, assim, uma intensa atividade metodológica tendente a descobrir as regras corretas do pensamento jurídico.

Mas, por outro lado, a questão tem outra face, documentada pela história. Esta demonstra, efetivamente, que algumas das grandes épocas da dogmática jurídica (*i.e.*, aquelas de que data a maior parte dos instrumentos lógicos, dialéticos e conceituais ainda hoje usados) são aquelas em que domina uma conceção voluntarista e positivista do direito, aquelas em que as normas jurídicas *postas* eram dotadas de um prestígio excecional que impedia que se opinasse sobre a sua bondade ou, inclusivamente, que se afastassem as que não correspondessem aos padrões de justiça do intérprete[335]. Como nem sempre a solução normativa estabelecida autoritariamente correspondia às necessidades normativas vigentes no momento da sua aplicação e dada a impossibilidade de afastar, sem mais, a norma indesejada, nada restava à doutrina senão modificar o conteúdo desta norma a pretexto de que se estava a interpretá-la. Isto obrigava a formas muito sofisticadas de interpretação, implicando a utilização de instrumentos

---

[335] Assim aconteceu na época clássica do direito romano, em que os juristas se afirmam uns seguidores estritos da letra e do espírito da lei; no pensamento jurídico dos comentadores; e, já próximo de nós, no positivismo conceitual.

argumentativos complexos. Por meio deste arsenal de instrumentos intelectuais o que se está é a alterar a norma indesejada, simulando que apenas se está a levar a cabo a sua interpretação.

Concluindo. O nascimento da dogmática jurídica liga-se tanto a uma crença na possibilidade intelectual de conhecer o justo como a uma necessidade prática de usar instrumentos intelectuais para atualizar, sub-repticiamente, normas consideradas inderrogáveis. É isto mesmo que podemos verificar na formação do saber jurídico medieval. Se, por um lado, a podemos ligar à "libertação da razão" consequente à revolução escolástica[336], não parece menos correto relacioná-la com a atitude respeitosa dos juristas perante os textos da tradição jurídica, o que os obrigava a uma atividade que, sendo profundamente inovadora, se desenrolava sob a capa de uma "mera interpretação", que mobilizava, no entanto, um aparelho argumentativo imponente.

Sintetizando as duas posições, podemos dizer que convergem na produção do ambiente favorável à constituição da doutrina jurídica medieval dois tipos de fatores: (i) fatores "filosóficos", que contribuem para a crença na capacidade intelectual para conhecer o justo, e (ii) fatores ligados ao modo de ser do sistema das fontes de direito, que obriga os juristas a "torcer", à força de argumentos, as fontes de direito que não podiam afastar. Para além destes, são ainda relevantes (iii) fatores "institucionais", os quais vêm constituir o ambiente institucional favorável ao exercício e ao desenvolvimento da "razão jurídica".

6.8.2. Fatores filosóficos

Toda a Alta Idade Média até ao advento da escolástica aceitou, sem grandes desacordos, a síntese teológica e filosófica de Santo Agostinho (354-430 d.C.). O augustinianismo jurídico traduz-se precisamente num voluntarismo. Na verdade, para o bispo de Hipona, a única fonte de direito é a vontade de Deus; vontade em geral *insondável* e imperativa, mas revelada parcialmente pelas Escrituras e manifestada em cada momento pela ordenação providencial da história. Daqui decorrem várias consequências.

A primeira é a da inexistência de uma ordem jurídica objetiva, *natural*, na qual certos atos estivessem inevitavelmente condenados e outros necessariamente permitidos. Assim, Santo Agostinho acaba por admitir

---

[336] É o ponto de vista de Villey, 1961, 4.

a legitimidade de certos atos (à primeira vista injustos) por se inserirem num plano divino da Salvação inacessível à razão humana. Nesta perspetiva, as coisas *não são queridas por Deus porque sejam justas*, mas são *justas porque são queridas por Deus*.

A segunda consequência é a da impotência da razão para atingir o critério da justiça. Efetivamente, este critério consiste na vontade (digamos) arbitrária de Deus e esta – já o dissemos – não pode ser atingida por meios humanos, restando apenas, como último recurso, a submissão aos Livros Sagrados e aos poderes espirituais e seculares constituídos na terra por graça da Providência.

Por último, esta aceitação dos poderes constituídos (postos), que retiram a sua autoridade de uma espécie de mandato divino ("É por Mim que os tiranos reinam"), implica a aceitação dos direitos positivos terrenos (por injustos e imorais que sejam), pois eles teriam uma razão de ser escondida, um sentido oculto, na história da Salvação.

Voluntarismo, anti-intelectualismo, positivismo – tais são os ingredientes que o augustinianismo traz ao entendimento do direito da primeira Idade Média[337]. Todos eram adversos à constituição de uma "ciência do justo e do injusto". De facto, a esta luz, a única atividade legítima do jurista era a leitura e obediência em relação ao direito revelado ou positivo ("Aderindo a Ele viveremos com justiça; e somos tanto mais ou tanto menos justos, quanto mais ou menos a Ele aderimos", *Ep.*, 120, 4)[338].

Todo este panorama se modifica, nos finais do século XII, com o renascimento do ensino laico, com a revalorização dos saberes mundanos e, no domínio filosófico, com o advento da escolástica (ou "saber das escolas").

No entanto, a filosofia medieval mantinha da época anterior a ideia de que a razão era limitada, de que – em muitos domínios – não podia haver uma *posse definitiva* da verdade das coisas. Mas que apenas se podia *peregrinar* para a verdade. Por isso, não se podia excluir, de antemão, qualquer ponto de vista dogmático sobre um certo problema.

---

[337] Sobre as teorias jurídicas de Santo Agostinho, v., por todos, Villey, 1961, 69 ss.
[338] O augustinianismo está na origem do pensamento filosófico e filosófico-jurídico dos franciscanos Duns Scotto e Guilherme d'Occam, os quais, como muito bem nota Villey, estão na origem do pensamento jurídico moderno, concretamente, das orientações positivistas dos dois últimos séculos; ainda nesta direção, a filosofia jurídica da Reforma (Lutero e Calvino). Sobre todos estes autores, Villey, 1961.

A investigação intelectual adquire, assim, um tom dialogante, em que as várias opiniões são confrontadas e em que, mais do que uma solução definitiva, interessa pôr a questão[339]. O alcance da verdade é encarado não como tarefa que possa ser levada a cabo isoladamente por meio da razão individual, mas como uma obra coletiva em que todos colaboram, na discussão e no confronto de opiniões. É esta humildade perante a "verdade" das coisas que torna simpático o pensamento medieval, embora não seja deste género a ideia que dele se faz, comummente.

Assim, o pensamento medieval dos séculos XII e XIII – e, concretamente, o seu pensamento jurídico – é um pensamento de tipo *problemático*, e não *dogmático* ou *sistemático*. Isto é, não propõe uma única solução para um problema (uma solução *que devesse ser ensinada*), nem se preocupa com que as várias soluções dadas aos problemas surgidos num dos ramos do saber sejam coerentes entre si (ou seja, constituam um sistema). Mais do que o caráter forçoso da solução ou a perfeita integração das soluções numa unidade lógica e sistemática, interessa-lhe a adequação destas aos dados concretos do problema a que visam responder. Daí que o ensino e a própria literatura teórica não se apresentassem com a forma – hoje corrente – de exposições que pretendem a verdade indiscutível ou dotadas duma arquitetura lógica impecável, mas como coletâneas de soluções controversas e alternativas de problemas em aberto (*casus, quaestiones disputatae*, etc.), soluções essas que devem ser testadas umas contra as outras quanto às suas capacidades para resolver adequadamente o problema[340].

---

[339] Abelardo (século XII), um dos expoentes do pensamento "escolástico", na sua célebre obra *Sic et non*, dá-nos um dos exemplos mais vivos do que acabamos de dizer. Aí, partindo do princípio de que "a primeira chave da sapiência é uma assídua ou frequente interrogação [...] pois pela dúvida chegamos à interrogação e, pela interrogação, aprendemos a verdade", organiza uma coletânea "de opiniões opostas contidas em diversos textos" ("*pro qua quidem contrarietate, haec compilatio sententiarum 'Sic et Non' appellatur*" [pela qual contradição, esta compilação de proposições se chama "Sim e Não"]) a fim de exercitar os seus leitores em busca da verdade. E seguem-se vários títulos em que, depois de enunciada a questão, se coligem vários textos contraditórios, sem se tirar qualquer conclusão (ex., XXXII, *Quod omnia possit Deus, et non*; XXXIV, *Quod Deus non habeat liberum arbitrium, et contra*). Como se vê, trata-se menos de formular soluções do que de convidar o leitor a continuar esta obra social de construção do saber. A mesma organização por questões (*quaestiones*) ou problemas surge na *Summa theologica*, de S. Tomás de Aquino, embora aí o autor não permaneça neutro.

[340] Sobre a oposição entre pensamento problemático e pensamento sistemático e sobre a caracterização do pensamento medieval, Viehweg, 1953.

Tudo isto se reflete no pensamento jurídico.

Agora que a elaboração intelectual tem a sua "carta de alforria", a teoria augustiniana das fontes do direito deixa de ser aceitável. Para o pensamento escolástico, cuja figura maior é S. Tomás de Aquino, o direito contido nas Escrituras (*direito divino*) ou aquele editado pelos reis (*direito positivo*) não eram os elementos decisivos para encontrar o *iustum*, a solução justa, que constituía o corpo do direito (*ius est quod iustum est*, o direito é o que é justo). Esse *iustum*, esse direito decisivo, era anterior a todo o direito positivo, estava inscrito numa *ordem natural*, estabelecida por Deus, mas à qual Ele próprio obedecia[341]. E esta ordem podia ser progressivamente descoberta com recurso a processos intelectuais corretos (*recta ratio*), *i.e.*, por um uso das capacidades intelectuais disciplinado por certas regras de discorrer.

O direito, portanto, deixava de estar *todo pronto* nas fontes de direito (escriturais ou legais), onde só faltasse ir colhê-lo. Pelo contrário, a solução jurídica devia ser encontrada em cada momento, através de uma específica e precisa técnica de investigação (*ars inveniendi*, arte de encontrar) que, já sabemos, concedia um importante papel à discussão e à investigação casuísticas. São os processos específicos desta *ars inveniendi* que explicarão, juntamente com outras razões referidas, o modo de ser do pensamento jurídico, do ensino jurídico e da literatura jurídica dos séculos XII e XIII, como também dos seguintes.

6.8.3. Fatores ligados à natureza do sistema medieval das fontes de direito

Dissemos que o nascimento do saber jurídico medieval – e as suas formas concretas de desenvolvimento – não se podia explicar unicamente a partir do ambiente filosófico da época. Notámos até que o aparecimento do saber jurídico não podia ser seguramente explicado senão encarando, conjuntamente com os fatores filosóficos, o modo de ser do sistema das fontes de direito. Ou seja, o lugar proeminente aí ocupado pelo direito justinianeu, cujo prestígio impedia qualquer distanciamento ou atitude crítica por parte dos juristas.

---

[341] É a teoria escolástica das "causas segundas" segundo a qual Deus, causa primeira de tudo, se abstém de agir sobre cada facto particular; como por economia de meios, entrega uma parte da Sua tarefa ao funcionamento automático das leis naturais que imprimiu na natureza, só as violando em caso de milagre (cf. *De gubernatione rerum*, I^a, q. 103 ss.).

Como dissemos, as características mais salientes e originárias do método dos glosadores eram a *fidelidade ao texto justinianeu* e o *caráter analítico e disperso da literatura jurídico-científica*. Por isso, a sua atividade doutrinal não podia desenvolver-se senão em moldes predominantemente anotativos e analíticos. Isto é, o trabalho dos juristas consistia numa análise independente de cada texto jurídico, realizada ao correr da sua "leitura", quer sob a forma de glosas interlinhadas ou marginais, quer sob a de um comentário mais completo (*apparatus*), sem que, pelo menos de princípio, houvesse a preocupação de referir entre si os vários textos analisados.

Esta conceção do saber jurídico como uma atividade puramente interpretativa (ou exegética) – e o modelo do discurso que daí decorre – é frequentemente ligada à "atitude espiritual própria da Idade Média", propensa à aceitação respeitosa das autoridades, quer estas fossem religiosas, filosóficas ou jurídicas.

Todavia, para além dos fatores já antes enumerados, de aceitação da autoridade do direito romano, esta atitude de "apagamento" explica-se também por razões de natureza metodológica. É que ir além do magro comentário cingido ao texto e abalançar-se a uma atividade sintética ou a extração de regras (*regulae, brocarda*) exigiam técnicas intelectuais que o pensamento medieval desta altura não possuía e de que só viria a dispor depois da chegada à Europa Ocidental de novos textos dos filósofos e lógicos da Antiguidade, nomeadamente de Aristóteles[342].

A evolução da vida europeia não iria permitir, por muito mais tempo, um respeito tão absoluto e exclusivo pelos textos romanísticos. Todavia, e apesar das tendências reformistas já referidas, mantém-se bem viva, até ao fim da Idade Média, a ideia de que o direito consiste num conjunto de normas legadas por uma tradição dotada de grande autoridade, que o intérprete só dificilmente pode alterar ao sabor da sua inventiva. Também aqui, o ideal de "livre exame" ainda estará para chegar.

---

[342] Isto não quer dizer que os glosadores – mas não decerto os primeiros – não tenham iniciado um importante trabalho de organização dos materiais jurídicos romanos. Aliás, tinham sido eles próprios a dar à compilação justinianeia a designação de "*corpus*", pelo que lhes competia atuar de acordo com esta ideia, debruçando-se sobre as contradições que povoavam o *Corpus iuris*. Na sua fase incipiente, tal tarefa consistia na elaboração de concordâncias e discordâncias textuais (Calasso, 1954, 531); depois, à medida que o trabalho de exegese ia progredindo e a capacidade lógica dos exegetas ia crescendo, surgiam as *definitiones*, as *regulae*, os *brocarda* e, num período já de transição para os novos tempos, as *summae*. Sobre estes tipos, Mortari, 1958, 78 ss.

Para os comentadores, como para os glosadores, a ordem jurídica justinianeia representava um dado quase indiscutível, cujo valor autoritário era o reflexo da autoridade jurídica, a meta jurídica que os juristas medievais atribuíam ao *Corpus iuris civilis* na sua totalidade. Portanto, toda a tarefa de atualização e sistematização do direito terá de ser realizada no interior de uma ordem prefixada autoritariamente, aparecendo formalmente como uma tarefa de mera *interpretação*.

É ao serviço desta interpretação que será colocada a nova lógica da escolástica. A argumentação dos juristas, o modo de estes organizarem o seu discurso, adquire agora um tom muito particular. Surgem conceitos, modelos de raciocínio, temas intelectuais, que só por eles são usados. Em suma, é um novo domínio do saber que se constitui – a doutrina ou dogmática[343] jurídica, cujos criadores são estes juristas dos séculos XIII e XIV.

6.8.4. Fatores institucionais

Agora que, como acabamos de ver, falar sobre o direito se torna uma tarefa difícil, dotada de regras lógico-dialéticas que cumpre observar, implicando o uso de conceitos especiosos, é impossível a qualquer um encetar, sem mais nem menos, o exercício da função jurídica. Esta exige uma aprendizagem teórica muito complexa que deixa de estar ao alcance do prático. O direito vai precisar da escola. Ao espontaneísmo ou à *prudentia* aurida da prática vai suceder-se a aprendizagem teórica nas escolas universitárias que então se multiplicavam por toda a Europa. Em todas elas, o ensino do direito ocupou um lugar muito relevante; mas temos de convir que elas ocuparam um lugar ainda mais relevante (imprescindível mesmo) na evolução do direito e, através disso, na evolução da própria sociedade. Em boa parte, a Europa moderna é o produto de uma imaginação social cultivada nas Faculdades de Direito.

Por outro lado, as características do ensino universitário de então potenciaram ainda certas orientações metodológicas atrás referidas.

Assim, se – como já vimos – o modo de ser da tarefa "interpretativa" dos Comentadores exigia a utilização de uma utensilagem lógico-dialética muito sofisticada, a vizinhança interdisciplinar cultivada nas universidades

---

[343] Por dogmática entende-se aquilo que deve ser ensinado. Não se trata, porém, de um saber puramente teórico, antes de um saber inspirado pela prática de aplicação do direito e destinado a servir essa aplicação, Herberger, 1981.

medievais facilitava, convidava até, a que os juristas importassem para os seus domínios os métodos utilizados pelos seus colegas filósofos, lógicos e teólogos das Faculdades de Artes e de Teologia.

Do mesmo modo, o caráter argumentativo e tópico que é justamente reconhecido ao saber jurídico medieval não pode deixar de ter sido influenciado pela própria prática da discussão, da discussão livre e generalizada – *quodlibética*[344] – no seio das instituições universitárias.

É a partir daqui que podemos considerar a fundação das universidades como um fator institucional do aparecimento do saber jurídico na Baixa Idade Média.

6.9. A estrutura discursiva

Como dissemos anteriormente, toda a obra de atualização e sistematização do direito exigida pelas novas condições da vida social europeia e levada a cabo, sobretudo, pelos comentadores tinha de o ser sob a forma de uma interpretação do direito romano-justinianeu em vigor. Efetivamente, excetuando o parêntese constituído pelo sentido geral da obra de S. Tomás, o pensamento jurídico medieval era – como já vimos – favorável à identificação do direito com a vontade do legislador. A leitura dos textos romanísticos e, bem assim, o curso da vida política da época – bastante marcada pelas tentativas de monopolização pelos príncipes do poder de estabelecer o direito –, sugeriam uma conceção monárquica do direito, em que o estabelecimento deste tendia a ser considerado como um poder exclusivo do rei (*quod principi placuit legis habet vigorem* [aquilo que agrada ao rei tem a força de lei])[345].

Posto, assim, diante da realidade concreta de um sistema jurídico baseado sobre normas com origem numa tradição dotada de enorme autoridade, o jurista, na sua tarefa de conseguir uma regulamentação jurídica adequada à nova realidade social, devia inevitavelmente partir dos textos considerados como "autoridade". Deste modo, o saber jurídico coincidia, formalmente, com a interpretação; embora, no fundo, os juristas tivessem

---

[344] As discussões quodlibéticas (da expressão *quodlibet = de quod libet* [acerca do que se quiser]) eram discussões praticadas periodicamente em todas as universidades medievais, em que, depois de um debate generalizado, sobre quaisquer questões levantadas pelo auditório, o professor dava a sua opinião e rebatia os argumentos em contrário.

[345] Reflexos teóricos e filosóficos na filosofia franciscana: Duns Scotto e Guilherme de Ockham; cf. Mortari, 1958, 52-57 e Villey, 1961.

em vista muito mais do que a simples interpretação dos textos. Na verdade, o fim principal da exegese não consistia em averiguar a intenção do autor histórico do texto, mas o sentido que melhor correspondesse ao contexto em que o texto era aplicado. Isto é, a interpretação tendia à descoberta (à colocação...), nas palavras da lei, de valores jurídicos que pudessem ser consensuais no contexto de aplicação do texto.

A realização de uma tarefa deste tipo, que, no fundo, consistia em fazer dizer ao legislador aquilo que ele não tinha, de modo algum, querido dizer, exigia, como já se disse, meios dialéticos adequados. A eles dedicaremos agora alguma atenção[346].

6.9.1. A oposição do "espírito" à "letra" da lei

Uma primeira forma de proceder a uma interpretação inovadora era a oposição entre o texto da lei (*verba*) e o seu espírito (*mens*) e a atribuição de um valor decisivo a este último.

Tal distinção baseava-se na filosofia medieval da linguagem, para a qual as palavras tinham sido criadas pelo homem para levar aos outros *o conhecimento dos seus pensamentos* ("na verdade, as palavras [...] são os sinais daquilo que está na alma" escreve Giason del Maino, século XV). A atribuição de um valor decisivo ao espírito da lei procurava apoio, quer na máxima de S. Paulo *"littera occidit, spiritus vivificat"* (a letra mata, o espírito dá vida), quer no preceito do *Digesto "scire leges non est verba earum tenere sed vim ac potestate"* (saber as leis não é dominar a sua letra, mas o seu sentido e intenção), Celsus, D., 1,3,17.

Mas, para além destas razões de ordem teórica, justifica este procedimento interpretativo o facto de ele ser o único processo de tornear as dificuldades postas por alguns textos, literalmente opostos aos interesses normativos que os intérpretes queriam prosseguir. Assim, perante uma regra que, nos novos tempos, não podia ser aceite em toda a sua extensão, o intérprete afirmava que a letra de tal regra excedia a vontade presumível (racional) do legislador. E, a partir daí, interpretava restritamente tal regra, não a aplicando a certos casos; noutras situações, pelo contrário, estendia o preceito legal a casos que ele, de acordo com o seu teor literal, não visava.

[346] Sobre o discurso jurídico medieval, para além de Villey, 1961, e Mortari, 1958, v. Berman, 1983, 143 ss.; Anzoategui, 1992.

6.9.2. A interpretação lógica

Mas, para além desta tarefa de atualização normativa, realizada através da oposição entre a letra e o espírito da lei, realiza-se também, em sede interpretativa, um importante trabalho de sistematização, posto em prática a partir da *interpretação lógica* dos preceitos.

A interpretação lógica foi um procedimento hermenêutico aplicado inicialmente à Sagrada Escritura e que constituía um meio-termo entre a interpretação literal (agarrada ao elemento filológico e gramatical dos textos) e a espiritual (que quase desprezava o texto, envolvendo-se em divagações simbólicas). A interpretação lógica, pelo contrário, partia do texto, mas considerava-o como expressão de uma ideia geral (*ratio*) do seu autor que, por certo, não deixaria de estar presente noutros passos da sua obra. Deste modo, o texto não podia ser entendido senão pela sua integração no contexto da obra. Só esta integração permitiria a extração das ideias informadoras (*dogmata*) de cada contexto normativo ("instituto" como hoje dizemos), ideias essas que constituem o apoio indispensável para a interpretação de um preceito isolado. Daí a afirmação de Baldo (século XIV) de que a "*scientia (legum) consistit in medula rationis, et non in cortice scripturarum*"(a ciência das leis consiste na medula da razão e não na casca das palavras escritas)[347].

A investigação da *ratio legis* era conseguida através dos procedimentos da dialética aristotélico-escolástica, nomeadamente dos expedientes, adiante mais detidamente analisados, da *definição*, *divisão* e da a*nalogia* ("o processo teórico correto de proceder é triplo, isto é, define, divide e progride por exemplos", diz Baldo). Através deles eram isoladas: a essência (*substantia*) dos institutos; as instituições ou figuras jurídicas mais vastas em que eles se enquadravam (*genera*); os carateres específicos que continham em relação a outros institutos enquadrados nos mesmos géneros (*differentiae*); as analogias formais ou materiais que mantinham entre si (*similitudines*). Tudo isto efetuado, como já se disse, nos limites da interpretação lógica e com o recurso às regras da dialética de Aristóteles, que passa a ser o filósofo mais citado entre os juristas.

Em face do que acabamos de dizer, logo se reconhece que, sob a capa de uma interpretação lógica, a doutrina estava a levar a cabo um trabalho altamente criador. "Forçando" os textos com auxílio de instrumentos

---

[347] Cit. por Mortari, 1958, 67.

lógico-dialéticos finamente elaborados, ela ia construindo um sistema de conceitos jurídicos adequados a responder às necessidades da vida sua contemporânea. No trabalho dos comentadores, é essencial realçar, não tanto a dependência em relação ao texto por eles sempre reafirmada, mas, principalmente, a progressiva distanciação em relação ao conteúdo originário da letra. Paralelamente com esta distanciação (ou, talvez melhor, em virtude de ela existir), vai-se desenvolvendo uma crescente confiança nas possibilidades do raciocínio e, consequentemente, uma progressiva valorização da atividade doutrinal dos juristas ("o direito, na verdade, não pode prosperar se não houver algum jurisconsulto que o torne melhor pela sua interpretação", Luca de Penna, século XIV; "Sem Bártolo e certos outros intérpretes seus o nosso direito não existiria", Alciato, século XVI)[348].

6.9.3. A utilização da dialética e, especialmente, da tópica

No número anterior falámos de dois expedientes utilizados pelos juristas medievais, sobretudo pelos comentadores, para, a pretexto de interpretação dos textos jurídicos de autoridade, levarem a cabo uma obra profundamente inovadora de atualização e de sistematização do direito do seu tempo. Um desses expedientes – a interpretação lógica – implicava, como dissemos, a utilização de métodos intelectuais bastante sofisticados, com auxílio dos quais se atualizava e se dava consistência a normas muito antigas e frequentemente contraditórias[349]. Esses métodos foram facultados pela dialética de Aristóteles, reelaborada pela escolástica medieval.

A dialética é, para a tradição greco-romana (Aristóteles, Cícero, Quintiliano), *a arte de discutir*. A *discussão* caracteriza-se por procurar decidir entre posições diferentes sobre assuntos em relação aos quais não há certezas (assuntos *discutíveis*), produzindo proposições que sejam aceites como prováveis sobre esses assuntos[350]. Distinguia-se, por exemplo, da *oração* (*oratio*) – a que vulgarmente chamamos "discurso" e a cuja regulamentação se dedica a retórica –, que visava apenas persuadir a aceitar uma certa

---

[348] Mais tarde, nos fins do século XVI, haverá já quem escreva, anunciando novas épocas do pensamento jurídico, que "o modo de ser do nosso tempo e dos nossos tribunais é, na verdade, muito diferente do dos romanos...", Tiberio Deciani, cit. por Mortari, 1958, 72.

[349] Na verdade, o complexo normativo conhecido, a partir do século XIII, por "direito comum", era constituído por normas de várias origens, animadas, por vezes, por princípios contraditórios.

[350] V., para desenvolvimentos, o livro fundamental de Heinrich Lausberg (Lausberg, 1998).

proposição, sem a confrontar com outras diferentes; ou da *demonstração* – cujas regras são estudadas pela analítica –, visando demonstrar o caráter certo ou verdadeiro de uma proposição. Enquanto a oração se caracteriza por apenas ter em vista persuadir o auditório de uma proposição, sem que se produza mais saber nessa persuasão, a discussão e a demonstração visam produzir uma conclusão com elementos novos; distinguindo-se entre si porque, na primeira, a base de que se parte para a conclusão é constituída por afirmações somente prováveis, não necessárias, numa palavra, suscetíveis de discussão (*v.g.*, os homens têm uma alma imortal; o direito é a arte do bem e do equitativo); enquanto, na segunda, o raciocínio desenvolve-se a partir de afirmações indiscutíveis (*v.g.*, o homem é um animal racional, o direito é um facto social, a linha reta é a distância mais curta entre dois pontos). Se, nos saberes teóricos, os resultados dos raciocínios têm de ser certos ou verdadeiros, já nos saberes práticos, naqueles com que orientamos as nossas ações, basta que os resultados sejam provavelmente corretos, pois nunca se consegue excluir dos atos da vida prática toda a incerteza, que decorre da variedade das situações e dos agentes.

Este aspeto é fundamental para a caracterização da dialética. Uma vez que não há, nos assuntos sujeitos à dialética, afirmações indiscutível e definitivamente verdadeiras, que cortem definitivamente as questões (pois então a própria discussão seria impensável) e indiquem soluções indubitavelmente verdadeiras, é sempre possível encarar os problemas a partir de vários pontos de vista. Ou seja, há sempre vários caminhos distintos ou até opostos na vida, segundo as perspetivas com que encaremos as suas situações. A discussão é, portanto, um andar à volta da questão, perspetivando-a de diversos pontos de vista, atacando-a a partir de diferentes considerações (ou *argumentos*), para decidir de verosimilhança ou probabilidade da conclusão tirada a partir de cada uma destas perspetivas.

Sendo assim, a tarefa mais importante da teoria da discussão (ou teoria da argumentação, ou dialética) é encontrar os pontos de vista, os argumentos, a partir dos quais as questões podem ser consideradas. Tal tarefa é designada, na linguagem de Aristóteles e, mais tarde, de Cícero, por *ars inveniendi*[351] ou *tópica*, sendo esses pontos de vista que orientam a argumentação designados por *lugares* (*loci*) ou *tópicos* (*topoi*).

---

[351] Arte de encontrar (os argumentos que servirão de base à argumentação).

O pensamento jurídico da Baixa Idade Média recorreu continuamente aos processos dialéticos e, nomeadamente, aos métodos propostos pela tópica para encontrar os argumentos. E não por acaso.

Já vimos, de facto, que a grande tarefa do pensamento jurídico desta época foi a integração dos direitos romano, canónico, feudal e urbano num todo coerente, orientado por princípios jurídicos que traduzissem também as exigências da vida económico-social de então. Todavia, cada um destes ordenamentos jurídicos tinha os seus próprios pontos de vista e, mais do que isso, a sua própria fonte de legitimidade. Eram, por outras palavras, ordenamentos eventualmente contraditórios entre si. Tal como os diversos pontos de vista no âmbito de uma discussão. Daí que a sua compatibilização num único ordenamento constituísse uma das tais tarefas típicas da arte da discussão que, partindo de perspetivas diferentes, tenta organizar o consenso entre elas. Um consenso, em todo o caso, que não reduz a especificidade e autonomia de cada um dos diversos e opostos pontos de vista. De alguma forma, a prática da discussão vai organizando, em etapas sucessivas, princípios consensuais de âmbito sucessivamente mais genérico. No entanto, à medida que se vai subindo em generalização, o consenso vai-se tornando mais superficial. O acordo já não diz respeito a situações carregadas de conteúdos concretos – a situações "espessas" (*thick*, M. Walzer) –, mas a fórmulas gerais e muito esvaziadas de referências concretas (*thin, id.*)[352].

A teoria do discurso e a metodologia jurídicas de então tinham consciência desta debilidade das formulações muito genéricas, insistindo em que "da regra [genérica] não se pode extrair a solução jurídica [concreta], sendo antes destas que se deve inferir a regra" (*non ex regula ius sumatur, sed ex iure quod est regula fiat*, D.50,16,1[353]) ou em que "toda a definição [*i.e.*, formulação genérica] é perigosa" (*omnis definitio periculosa est*). E, por isso, estavam bem longe de propor uma axiomatização do saber jurídico, ou

---

[352] Walzer, 1994.
[353] "*Regula est, quae rem, quam est, breviter enarrat. Non ut ex regula ius sumatur, sed ex iure, quod est, regula fiat. Per regulam igitur brevis rerum narratio traditur, et (ut ait Sabinus) quasi causa conjectio est: quae, simul cum in aliquo vitiata est, perdit officium suum*" (A regra é aquilo que descreve resumidamente uma coisa. De tal forma que da regra [genérica] não se pode extrair a solução jurídica [concreta], sendo antes desta que se deve inferir a regra. Por isso, apenas se transmite com a regra uma breve narração das coisas, sendo (como diz Sabino) como que uma presunção, a qual, na medida em que algo se não verifica, perde o seu efeito).

seja, uma equiparação do processo de achamento da solução jurídica a uma dedução axiomática do tipo das que se utilizam na geometria.

No entanto, se virmos as coisas de uma perspetiva histórica, o que as escolas tardo-medievais vão levar a cabo é a construção daqueles princípios mais gerais de direito que, mais tarde, nos séculos XVII e XVIII, irão ser tomados, pelas escolas jusracionalistas, como axiomas jurídicos a partir dos quais se possa proceder dedutivamente. Assim, historicamente, o período compreendido entre os séculos XIV e XVII corresponde à *formação* "indutiva" de princípios gerais, capazes de constituírem pontos de apoio para um raciocínio jurídico dedutivo.

A partir do século XVIII, o sistema está perfeito, os seus axiomas elaborados, e o pensamento jurídico limita-se a explicá-los dedutivamente – é o que fazem o jusracionalismo (cf. cap. 7.3.2) e, mais tarde, a *pandectística* (cf. 7.4.10.3). Tanto mais que, por via da laicização do direito e da sua separação em relação à religião e à moral, o direito se torna uma ordem jurídica "fechada".

Uma tal tarefa de unificação de normas e institutos jurídicos por vezes muito diferentes exigia um esforço penoso, tendente a *encontrar o ponto de vista* a partir do qual se pudesse achar alguma unidade ou ligação lógica entre eles. Ora uma técnica de encontrar pontos de vista que destacassem aquilo que havia de comum entre vários institutos ou normas era a tópica. Seguindo as suas regras metodológicas, os juristas serão capazes de encontrar as várias perspetivas segundo as quais um instituto jurídico pode ser enfocado e, dentre todas elas, escolher aquela que melhor permita pôr em destaque a sua ligação a um outro instituto ou grupo de institutos. Vejamos alguns exemplos.

Uma primeira perspetiva de um instituto jurídico pode ser obtida através da sua *definição*, realizada nos moldes aristotélico-escolástico. A definição (*"oratio quae id quod definitur explicat quid sit"*, proposição que explica o que é aquilo que se define, Cícero, *Topica*, V, 26) era a expressão da essência de uma coisa e devia ser formada *ex genere et differentia*: ou seja, devia consistir na indicação da categoria geral a que pertencia o definido (*género*), acrescida da característica que o distinguia de outras realidades pertencentes à mesma categoria (*espécie*)[354]. Encarar um instituto jurídico através

---

[354] Ex.: *"Doação* (definido) é um contrato (género) pelo qual uma pessoa *transfere para outrem gratuitamente uma parte dos seus bens* (diferença)". Por sua vez, a entidade que era género nesta

da sua definição contribui para o enquadrar num princípio de sistematização, numa sistematização, por assim dizer, "regional". Efetivamente, a definição *ex genere et differentia* implica a formação de conceitos genéricos (como relação jurídica, negócio jurídico, etc.), desconhecidos da dogmática romanística, em função dos quais se relacionam certas figuras jurídicas até aí isoladas[355]. Esta relacionação, por outro lado, põe a nu as semelhanças e as diferenças existentes entre elas e permite a individualização de subgéneros (ou géneros menos gerais). A perspetiva da definição (ou "lugar da definição")[356] era, portanto, utilíssima para levar a cabo uma primeira tarefa de sistematização, pois considerava os vários institutos jurídicos integrados em géneros mais vastos, os quais, por sua vez, se ordenavam noutros ainda mais compreensivos. Definir consistia, portanto, em enquadrar um instituto num sistema de conceitos logicamente hierarquizados[357].

definição (contrato) pode ser também objeto de definição: *"contrato* (definido) é uma *relação jurídica* (género) em que *cada uma das partes é simultaneamente titular de um direito e de um dever recíproco* (diferença)". Nestes exemplos se vê claramente que o *género* é a categoria geral de que o definido é *espécie*; a *diferença*, a característica que distingue o definido das outras espécies que, com ele, integram o género (no 1º exemplo, compra e venda, locação, mútuo, etc.; no 2º, relações jurídicas em que só há deveres ou direitos para uma das partes).

[355] Assim, o aparecimento da noção genérica de *contrato* permite encontrar alguma relação entre várias figuras jurídicas, até aí isoladas, como a compra e venda, a locação, o mútuo, etc. Tal relação consiste no facto de estes institutos apresentarem elementos essenciais comuns, elementos esses que são aqueles que integram a noção genérica de "contrato".

[356] Trata-se do chamado *locus a deffinitione*. Os antigos diziam que estas perspetivas de enfoque das questões ("lugares" ou "tópicos") eram *"sedes argumentorum"*. E efetivamente assim é: a perspetiva (o lugar) donde observamos uma questão fornece-nos argumentos para a resolvermos – é, portanto, um "depósito" de argumentos, alguns dos quais podem servir para os fins dialéticos em vista. No nosso caso, o fim em vista – unificação e sistematização do direito – pode ser auxiliado, como acabamos de ver no texto, considerando os institutos a partir da sua definição.

[357] Um outro processo dialético adequado a revelar a relação lógica entre os vários institutos era a *distinção* ou *divisão*. Se a definição consistia em procurar integrar o instituto no género a que, com outros, pertencia, a divisão considera-o como um género e tenta individualizar as espécies distintas que o compõem. Assim, pega na noção de contrato e distingue contratos consensuais e formais, unilaterais e bilaterais, etc. O processo da divisão, que contribui – tanto como o da definição – para um enquadramento lógico dos institutos jurídicos, teve um enorme prestígio no pensamento jurídico desta época, a ponto de se vir a afirmar que *"qui bene distinguit, bene docet"* (quem bem distingue, bem ensina); a este brocardo vir-se-á a opor, numa época em que estes processos dialéticos já não se justificam, o princípio de que *"ubi lex non distinguit nec nos distinguere debemus"* (onde a lei não distingue, também nós não devemos distinguir).

Vimos a grande importância que a definição podia ter na sistematização do sistema jurídico; mas nem sempre este processo era suficiente para uma tarefa tão árdua. Muitas vezes, era preciso procurar outras perspetivas dos institutos sob as quais se pudesse levar a cabo ligações que o ponto de vista da definição não permitia. Assim, por exemplo, a perspetiva das *causas* do instituto. Sabe-se como Aristóteles distinguia entre *causa material* (ou substância genérica), *causa formal* (ou existência concreta), *causa eficiente* (ou elemento genético) e *causa final* (ou finalidade). Uma vez que a causa material era equiparada ao *genus* e a causa formal à *differentia*, as únicas perspetivas novas eram as das causas eficiente e final. Efetivamente, ainda que não fosse possível relacionar os institutos do ponto de vista da sua essência (manifestada através da definição), talvez o fosse através dos fatores que lhes deram origem (causa eficiente) ou das suas finalidades (causa final). Assim surgiu, por exemplo, a noção de "declaração de vontade", causa eficiente de todos os negócios jurídicos; ou de "interesse", como causa final da regulação jurídica.

Ainda uma outra perspetiva que contribui para o surgir de concatenações lógicas entre os institutos é a sua simples *comparação*. Claro que muitas ligações entre as figuras jurídicas obtidas por via da comparação seriam possíveis por qualquer dos dois processos dialéticos anteriores[358]. Mas, muitas vezes, a comparação encontrava relações que não eram patenteadas pelo *locus a deffinitione* ou pelo *locus a causis*. Além disso, a comparação permitia a utilização dos argumentos "por paridade de razão" (*a pari*)[359], "por maioria da razão" (*a fortiori*)[360], e do raciocínio *por analogia*, utilização essa que é um importante fator de unificação da regulamentação jurídica e de saneamento das contradições normativas dentro de uma mesma ordem jurídica[361].

[358] Isto é, muitas semelhanças entre os institutos proviriam de eles pertencerem ao mesmo género, de terem idênticas finalidades (a mesma causa final) ou a mesma génese (a mesma causa eficiente).
[359] "Sendo semelhantes os institutos A e B, se em A se verifica certa consequência jurídica, em B deve verificar-se igualmente".
[360] "Sendo a característica "X" mais nítida no instituto A do que no B e andando certa consequência jurídica verificada em B ligada a tal característica "X", ela deve verificar-se em A por maioria de razão".
[361] Outra forma próxima de proceder à uniformização normativa é a utilização do *argumentum ab exemplis*: trata-se de aplicar ao instituto considerado a regulamentação aplicável a um outro (*exemplum*) que com ele mantenha uma certa semelhança, embora não essencial (e por

Finalmente, uma outra perspetiva útil para os fins tidos em vista pelo saber jurídico era aquela que consistia em encarar os institutos e figuras jurídicas através daquilo que os autores tinham dito deles – é a perspetiva das autoridades (*locus ab auctoritate*). Num saber em que a verdade era apenas provável[362], a opinião do maior número ou dos melhores era a que, pelo menos estatisticamente, tinha mais probabilidades de ser a certa. Então, os juristas, na sua tarefa de atualização e de sistematização do direito, deixam de partir dos próprios textos jurídicos e baseiam-se nos comentários destes textos feitos pelos juristas anteriores mais comummente aceites ou de maior autoridade.

O recurso ao argumento da autoridade é muito característico do pensamento jurídico medieval. Teoricamente, o valor deste argumento baseava-se na presunção de que o autor invocado era um profundo conhecedor daquela matéria (*doctor est peritus* [o doutor é um perito]). Todavia, o seu parecer não era forçoso, só valendo até ser infirmado por um outro de valor superior[363]. Assim, enquanto não intervierem fatores de decadência, a invocação do argumento de autoridade e da *opinio communis doctorum* [opinião comum dos doutores] não significa, como muitos pensam, um dogmatismo que cristalizava a ciência jurídica. Antes sugeria uma atitude mental aberta

---

isso se distinguia do expediente de comparação, em que a semelhança entre os casos era essencial) – "o exemplo [...] não toma em consideração nenhuma característica bem elaborada (*exquisita*) da coisa considerada [...] ao passo que o argumento por analogia (*a simili*) observa profundamente as características da coisa", Ottomanno, século XVI). A utilização do "lugar do exemplo" implicava a investigação de casos paralelos, nomeadamente de precedentes judiciais. A ponto de, com o tempo, tais precedentes começarem a ser aceites acrítica e passivamente, sendo necessário reagir contra tal utilização do exemplo: "*non exemplis sed legis est judicandum*" (não se deve julgar a partir de exemplos, mas da lei).

[362] A noção de "probabilidade" subjacente é a de uma probabilidade estatística (*id quod plerumque accidit*, aquilo que acontece o mais das vezes). Ou seja, a solução é tanto mais digna de crédito quanto mais vezes se mostra adequada ou é definida pelos peritos. Este conceito é de origem aristotélica (Aristóteles, *Tópicos*, I, 1). Não foi a única conceção de probabilidade em vigor na Idade Média. Até cerca de 1250, vigorou a ideia de que a probabilidade de correção de uma opinião não aumentava pelo facto de ela ter muitos sequazes. Para esta última conceção não tinha grande sentido a busca de uma *opinio communis*, pelo que, efetivamente, a invocação desta só irá ter lugar depois do século XIII. Sobre isto, Giuliani, 1961, 115, e Mortari, 1954, 461 ss.

[363] "Depois de relembrar os escritos de muitos, ensinei a *minha* doutrina", Cino de Pistóia, século XIV; "da autoridade dos doutores deriva uma presunção de verdade porque se presume que o doutor é probo e perito", Coratius, século XVI.

em que, por não se reconhecerem verdades definitivas, importava, a todo o momento, confrontar os pontos de vista dos vários autores. Torna-se, portanto, claro como a invocação do argumento *ab auctoritate* se liga à natureza dialética, não definitiva, das soluções jurídicas. Uma vez que estas admitiam sempre discussão e eram apenas *prováveis*, importava reforçar essa probabilidade mostrando que a solução proposta era admitida pela maior parte dos autores. Todavia, essa probabilidade nunca se tornava uma certeza, ainda que se invocasse milhares de opiniões a corroborá-la ("disseram-no os Doutores da Glosa, e o mesmo Rodoffredus, e por muitos que fossem, ainda que mil o dissessem, todos errariam", Cino de Pistóia, século XIV).

Descrito o fundamento teórico do *locus ab auctoritate*, importa averiguar qual a função que ele desempenhava na ciência jurídica medieval. A principal função da invocação da *communis opinio* e do *argumento de autoridade* era a de introduzir alguma disciplina na interpretação do direito.

De facto, já vimos a amplitude dos processos de argumentação e de raciocínio postos ao dispor dos juristas para a sua tarefa de atualização e sistematização do direito. Ora, um uso desordenado de tais processos podia ser catastrófico. Dada a liberdade interpretativa quase total de que os juristas dispunham, se não se impusesse alguma disciplina ao seu esforço teórico, em vez de uma obra de sistematização do direito, a doutrina levaria a cabo a sua pulverização ainda maior, pois cada autor perfilharia uma interpretação pessoal dos textos. A invocação das autoridades tinha, precisamente, por função canalizar a atividade teórica dos jurisconsultos naqueles sentidos socialmente mais convenientes e que, por o serem, tinham sido os tomados pelos juristas mais influentes (*i.e.*, aqueles que melhor tinham sentido as necessidades da época). Através desta invocação, os juristas eram convidados a não se afastarem facilmente das soluções já admitidas e provadas[364], embora as devessem aceitar criticamente[365].

[364] "Aquilo que a Glosa determinar deve ser mantido, pois nas decisões das glosas raramente se encontram erros"; "ao aconselhar sobre os casos o melhor é seguir a glosa" (Baldo, séculos XIII-XIV). Cf. Ermini, 1946, 186, e Mortari, 1954, 462. Raffaele Fulgusius (início do século XIV) escrevia: "Cino dizia que a Glosa era de temer pela condenável idolatria que lhe era tributada pelos advogados, significando que, assim como os antigos adoravam os ídolos em vez de Deus, assim os advogados adoram os glosadores em vez dos evangelistas. Ora eu antes quero ter por mim o glosador do que o texto; é que, se alego o texto, dizem os advogados da outra parte e mesmo os juízes: Julgas tu que a Glosa não viu esse texto como tu e que o entendeu tão bem como tu?" (citado por Ermini, 1946).

[365] Só assim, gozando duma autoridade limitada, é que o argumento da autoridade desempenhava a sua função. De facto, sendo as exigências da vida mutáveis, um apego exagerado às

6.9.4. Conclusão

Vimos, nos números anteriores, quais os expedientes utilizados pelos juristas da Baixa Idade Média para levar a cabo a atualização e sistematização do direito então em vigor. Por aí podemos avaliar como, sob a capa de uma tarefa interpretativa, era de facto realizada uma obra de libertação em relação ao texto. Primeiro, opondo um alegado "espírito" da lei (que, mais do que na mente do legislador, estava na dos intérpretes) à sua "letra". Depois, dissolvendo cada preceito num contexto normativo, e procurando os princípios informadores desse contexto (*dogmata*). Depois ainda, referindo os vários institutos entre si e procurando concatená-los logicamente, através das noções de género, espécie e diferença, de causa eficiente e causa final, recorrendo – sempre que não fosse possível encontrar semelhanças essenciais – às noções menos rigorosas de analogia, lugar paralelo, exemplo. E, quando o texto, de todo em todo, não consentisse qualquer manipulação, alicerçando a tarefa de renovação, não já sobre ele, mas sobre a anterior atividade doutrinal (*opinio communis*) de que tivesse sido objeto e que, compreensivelmente, era mais fácil de orientar num sentido "moderno".

Este método de discorrer sobre o direito vem descrito por Gribaldo de Mopha (1541) na seguinte mnemónica: 1) *Praemitto*, 2) *scindo*, 3) *summo*, 4) *casumque figuro*, 5) *perlego*, 6) *do causas*, 7) *connoto*, 8) *et obiicio*. Nela se contêm todas as operações anteriormente descritas: 1) Introdução à análise do texto considerado, primeira interpretação literal; 2) divisão do texto nas suas partes lógicas, com a definição de cada uma das figuras aí referidas e sua concatenação lógica, através das noções dialéticas de género, espécie, etc.; 3) com base nesta ordenação lógica, reelaboração sistemática do texto; 4) enunciação de casos paralelos, de exemplos, de precedentes judiciais; 5) leitura "completa" do texto, *i.e.*, leitura do texto à luz do contexto lógico e institucional construído nos estádios anteriores; 6) indicação da natureza do instituto (causa material), das suas características distintivas (causa

---

autoridades tradicionais daria origem a uma doutrina disciplinada, é certo, mas divorciada das aspirações normativas do seu tempo. Só uma contínua renovação da *opinio communis* garantiria uma direção da doutrina consoante com a vida. Como veremos mais tarde, um dos mais frequentes motivos de crítica do *mos italicus* tardio foi, precisamente, a sua aceitação passiva dos grandes juristas de quatrocentos (nomeadamente de Bártolo), que, tendo refletido nas interpretações que propunham os anseios normativos da sua época, estavam completamente ultrapassados em relação às exigências normativas dos séculos XVI e XVII; disciplinada por estes mestres, a doutrina logo perdeu o contacto com a vida.

formal), da sua razão de ser (causa eficiente) e das suas finalidades (causa final); 7) ulteriores observações, indicação de regras gerais (brocardos) e de opiniões de juristas célebres (*dicta*); 8) objeções à interpretação proposta, denotando o caráter dialético das opiniões sobre problemas jurídicos, e réplicas, com larga utilização do instrumental da dialética aristotélico--escolástica[366].

Através destes processos – que constituem ainda hoje uma componente importante do estofo do discurso jurídico[367] –, os comentadores levam a cabo uma obra de construção dogmática que permanece de pé, sem grandes alterações, até hoje.

6.9.5. Uma aplicação: a interpretação na teoria jurídica do *ius commune*

O direito era tido – como se viu – como provindo da natureza ordenada das coisas. Esta tinha muito de evidente para qualquer pessoa. Mas, em aspectos menos óbvios, tinha de ser revelada pelas regras emanadas do legislador ou do trabalho dos *práticos do direito* (*jurisprudentes*). Dada a autoridade de que os escritos destes últimos gozaram na cultura jurídica do Ocidente, a autoridade do legislador e a dos jurisconsultos (romanos) eram equiparadas, chegando a designar-se as normas emanadas de uns e outros como *leges*.

Daí que a explicitação do direito fizesse parte de uma hermenêutica geral, que consistia em extrair dos indícios postos na natureza ou na revelação (no "livro da vida"...) regras de conduta, moral, jurídica ou prática. Isso constituía um trabalho contínuo e infindável, recolhido pela memória, sob a forma de tradição. Era a própria experiência – negativa ou positiva – da busca do direito na natureza que ia pondo à prova a bondade das soluções encontradas. Se prevalecessem, se fossem aceites e se, assim, se integrassem nos usos da vida ou na praxe dos tribunais, era porque correspondiam a uma leitura correta da natureza das coisas. Era por isto que a constituição jurídica da sociedade se manifestava na tradição.

Neste contexto, a distinção – que, muito mais tarde, irá constituir uma categoria do pensamento e do método jurídicos – entre "ser" (*Sein*) e "dever

---

[366] Calasso, 1954, 594, e Viehweg, 1953 (trad. italiana, 81). Confronte-se com o método descrito por Odofredo (cf., *supra*, 4).
[367] Os juristas de hoje ainda utilizam – mas já maquinalmente e, por vezes, sem a consciência da sua historicidade – o aparelho lógico e conceitual forjado pelos comentadores. Quer os argumentos, quer os conceitos e princípios gerais (dogmas), quer o modo de os extrair apresentam, na verdade, uma impressionante continuidade.

ser"³⁶⁸ (*Sollen*) não fazia, por ora, sentido. O mundo era uma ordem que devia ser mantida, desde logo por corresponder à Criação divina³⁶⁹; como a natureza era ordenada, e o caos lhe repugnava, no íntimo do ser havia uma lei, um *dever ser*, um *direito natural*, definido pelo jurista romano Ulpiano (século II d.C.) – numa fórmula que será continuamente citada durante mais de um milénio e meio – como "aquilo que a natureza³⁷⁰ ensinou a todos os animais [...]" (D., 1,1,1,3).

Não existe uma metodologia específica para interpretar este direito ínsito nas coisas. Existe, sim, um método geral de ir interpretando o mundo, procurando alcançar não uma verdade definitiva, mas uma verdade provisória e provável, cuja fiabilidade se estabelece e vai aumentando pelo confronto dos pontos de vista (*teoria dos status*, tópica, retórica). Assim, este método não procurava tanto produzir uma solução *certa*, mas apenas pôr à disposição do orador argumentos que favorecessem os vários pontos de vista.

A opção por um ponto de vista devia basear-se em critérios objetivos (até mesmo, verificáveis). Uns formais, como a aceitação pelo uso (*usu receptio*³⁷¹), a adoção pela prática dos tribunais (*stylus curiae*), a opinião favorável dos especialistas (*opinio communis doctorum*). Outros substanciais (ou materiais), como evitar o absurdo ou o inútil (*absurda vel inutilia vitanda*); ou promover a harmonia do direito (*elegantia iuris*); ou favorecer a oportunidade e o bem comum (*utilitas, bonum commune*).

---

[368] Esta distinção surge, com um grande impacto metodológico, no início do século XX. O seu sentido é, então, o de reagir contra a aplicação de métodos explicativos semelhantes aos das ciências naturais (nomeadamente a sociologia) aos fenómenos da cultura – como o direito –, cujo sentido não reside na sua materialidade fáctica, mas nos seus sentidos interiores. Já esta cisão entre exterioridade e interioridade seria bastante incompreensível para alguém que visse globalmente na natureza uma criação do Espírito (de Deus), orientada para finalidades espirituais (louvor de Deus).

[369] "As coisas que provêm de Deus estão ordenadas" (*Quae a Deo sunt, ordinatae sunt*), escreveu S. Tomás de Aquino. Lembremo-nos de que, de acordo com os versículos do *Génesis* sobre a Criação, ao fim de cada um dos seus sete dias, Deus olhava para o que tinha criado e, invariavelmente, achou que a Criação estava bem (*Gen.*, I, 1-2).

[370] A natureza também é definida por Cícero (século I d.C.) como uma *norma*: "*Lex vera atque princeps, apta ad jubendum et ad vetandum, est ratio recta summi Jovis*" [a lei verdadeira e principal, apta para mandar e proibir, é a reta razão do grande Júpiter] (*De legibus*, 2, 8-13).

[371] D., *De legibus*, 37. *Optima est legis interpres consuetudo*; *ibid.*, 23: *minine sunt mutanda, quae interpretationem certam semper habuerunt*. Seleção cómoda em M. Dupin, *Manuel des étudiants en droit et des jeunes avocats* [...], Bruxelles, 1835 (1ª ed. [francesa], 1807).

Embora o direito não coincidisse com os textos, mas com algo que estava antes deles (a ordem do mundo, a justiça, fonte mediata ou matéria, do direito), estes dispunham de uma grande autoridade (chamavam-lhes a razão escrita, *ratio scripta*), constituindo um critério decisivo para identificar o direito (fontes imediatas, ou formais, do direito). Daí que alguns dos problemas de achamento do direito coincidissem com problemas de interpretação de textos escritos. Embora não nos devamos esquecer de que, para as conceções da época, tudo podia valer como um "texto", desde que contivesse indícios de sentidos ocultos. Neste sentido se falava do "livro da natureza" ou do "livro da vida". Por isso, quando os juristas falam dos *status legales*[372] como constituindo a soma dos problemas de interpretação do direito, eles não se estão a referir apenas àquilo que nós hoje chamamos "interpretação das leis", mas a algo de muito mais abrangente, que poderíamos definir como "leitura da ordem do mundo".

Os próprios textos do *Corpus iuris civilis* sobre a lei e a sua interpretação[373] – originária ou sucessivamente estendidos, na sua doutrina, a outras fontes que não eram lei, em sentido estrito – propunham, em geral, uma interpretação muito atenta ao espírito da lei, à vontade do legislador, ou mesmo à letra da lei[374-375]. Isto porque, como já se disse, é necessária uma mediação, dotada de alguma autoridade, para revelar (*ex-plicare*) o sentido, por vezes culto, das leis naturais. Esta ideia da mediação do direito natural pela sua positivação por um ato de autoridade acabou tendo uma

---

[372] Os *status legales* (problemas de interpretação do direito) eram os seguintes: 1. oposição *scriptum/sententiam*: o sentido comum das palavras do texto coincide ou não com o sentido querido pelo autor?; 2. Concordância entre *leges contrariae*: como proceder perante leis contraditórias?; 3. Resolução da *ambiguitas*: como revolver a ambiguidade de um texto?; 4. Desenvolvimento da *raciocinatio*: deve-se concluir analogicamente do disposto num texto normativo para um caso idêntico mas nele não previsto?

[373] As regras para revolver os problemas (*status*) encontram-se, por exemplo, no *Digesto* (D., 1,3; D., 50,17); sobre a analogia, D., 1,3,12.

[374] D., 3,17: *Scire leges non est verba earum tenere, sed vim ac potestatem*; D., 50,16,219: *Voluntatem potiusquam verba spectari oportet*; D., 10,4,19: *Non oportere ius civile calumniari [I.e., Falso et scienter impugnare, Gothofredus], neque verba captari; sed qua mente quid dicitur animavertere convenire*; D., 27,1,13.2: *Et si maxime verba legis hunc habeat intellectum, aliquando tamen mens legislatoris aliud vult [Quoties ex verbis legis simpliciter intellectis, praefertur iniquum aequo, recedimus a verbis, et stamus menti rationique legis, Baldus, Gothof.]*.

[375] Em sentido contrário: D., 1,3,20-21: *Non omnium quae a majoribus instituta sunt, rationem reddi potest. Et ideo rationes eorum quae constituuntur inquiri non opportet. Alioquin multa ex his quae certa sunt subvertuntur.*

importância argumentativa muito forte, criando um filão doutrinal que, mais tarde, será apropriado por aqueles que, esquecida a lei da natureza, vão identificar o direito com a lei dos homens (positivismo legalista). Este filão contribuiu para atribuir um certo protagonismo aos textos de direito romano tardio que reservavam a interpretação da lei para o imperador[376], embora a generalidade dos juristas interpretasse estes textos restritivamente, defendendo que eles apenas se referiam a uma interpretação com força de lei (interpretação autêntica), mas não à interpretação doutrinária (*doctrinalis, scholastica*), válida apenas *in academia*, ou jurisprudencial (*usualis*), limitada ao caso *sub judice*. De qualquer modo, mais limitadamente, este respeito pelo texto levou a que a interpretação *corretiva* do texto (fosse ela *extensiva*, *restritiva* ou *ab-rogatória*) constituísse uma matéria muito mais delicada do que a simples interpretação *declarativa*.

Porém, como as próprias regras de interpretação não constituíam, propriamente, *uma teoria*, mas apenas uma coleção de tópicos ou perspetivas a serem usadas pelo intérprete segundo ponderações variáveis, a par com o tópico legalista conviviam tópicos de natureza oposta, como o da "interpretação usual" (que favorecia a prevalência das correntes jurisprudenciais – "*jurisprudence des arrêts*", praxística), o da invocação da equidade, da misericórdia ou da graça, como deveres deontológicos dos julgadores, no sentido de afinar a justiça às circunstâncias, encontrando um direito do caso concreto.

De qualquer modo – quer justamente em virtude deste caráter aberto e indeterminado tanto do direito como do complexo de regras da sua interpretação, quer de enormes problemas postos aos juristas pela coexistência de vários sistemas jurídicos (direito romano, direito canónico, direito dos reinos, direitos municipais e corporativos, etc.) –, pode dizer-se que se encontra na literatura jurídica desta época tudo aquilo que a ulterior teoria da norma irá utilizar. Princípios como: o da derrogação da lei inferior pela lei superior, da lei geral pela especial, da lei anterior pela lei posterior; expedientes como os da interpretação restritiva, extensiva, da interpretação racional (ou segundo o espírito da lei), da interpretação pela causa ou fim (interpretação teleológica; Decretais, 2,24,26: "*cessante causa, cessant eius effectus*"), da interpretação analógica (D.,1,3,2: "*plures sunt casus quam leges*"; como ainda uma vastíssima cópia de argumentos que cumprem todas as funções que a teoria da interpretação mais tarde será chamada a atender (argumentos *a maiori*, *a minori*, *a contrario*, *a simile*, *a causis*, etc.).

---

[376] C., 1,14,12,3: "O imperador é o único legislador e intérprete das leis."

7. O direito moderno

7.1. A modernidade jurídica

As marcas mais características da modernidade já antes (cf. cap. 6) foram enunciadas: racionalidade, generalidade e abstração, macro-organização. No plano da política e do direito, a racionalidade equivale a antitradicionalismo; a generalidade e abstração, a uma sociedade de pessoas iguais perante o direito e a um direito geral que abolisse privilégios e diferenças estatutários ou regionais; a macro-organização, à centralização do poder e à extensão do direito à totalidade dos territórios políticos. No plano, ainda mais concreto, do direito e da política na Europa, equivale, fundamentalmente, ao colapso da sociedade de ordens e do particularismo jurídico correspondente aos privilégios. Estes movimentos começam a perfilar-se a partir do século XVI[377].

7.2. A alta modernidade: a transição: a crise do século XVI e as orientações metodológicas subsequentes

O século XVI marca, em muitos aspetos, o início do processo de colapso do mundo tradicional. No plano jurídico, a evolução da sociedade, mas também a política dos príncipes para modernizar e para centralizar e homogeneizar o seu poder (para o tornar "territorial", independente do estado das pessoas ou dos privilégios das comunidades), fazem *surgir novas normas e*

---

[377] Para um relance rápido, http://en.wikipedia.org/wiki/Modernity; http://plato.stanford.edu/entries/enlightenment/. Clássico: Giddens, 1990. Exemplos de perspetivas modernas, também sobre o governo (mas não sobre o direito), Scott, 1998. Sobre o processo histórico da modernização, Bauman, 1997; sobre as consequências sociais, Bauman, 2000, 2001.

institutos jurídicos. No plano do saber jurídico, o seu *desenvolvimento interno* veio tornar caducos antigos processos intelectuais, propondo outros novos, o que significou uma crise profunda na doutrina europeia do direito.

A alta modernidade jurídica corresponde justamente a esta fase de crise e experimentação. Muito do direito mais antigo, tradicional e particularista, continua a vigorar. Mas surgem realidades jurídicas novas, como a lei geral ou um saber mais evidente e metódico, que, pela sua eficiência política e social, ou pela sua acessibilidade intelectual, se colocam numa posição de vantagem na regulação social e na difusão popular.

7.2.1. Uma nova realidade normativa

Como antes dissemos, o século XIV, a que corresponde a atividade doutrinal dos comentadores, é a altura em que os *iura propria* são plenamente integrados no direito romano-justinianeu e em que o saber jurídico procura reduzir este cúmulo a uma unidade. Todavia, a evolução social e o progresso do movimento de centralização do poder político acaba por modificar o equilíbrio do sistema das fontes de direito, abrindo para uma aberta supremacia do direito próprio dos reinos e das cidades (que passa a ser o verdadeiro direito comum) sobre o *ius commune* elaborado pelos juristas do século XIV[378].

Isto acontece, antes de mais, naqueles ramos em que o direito romano não podia trazer grande contributo (dada a maior evolução do estilo de vida) – como o direito público, o direito criminal e o direito comercial. Se, no primeiro, ainda foi possível encontrar algum paralelo entre a organização do poder do Baixo Império romano (séculos IV-V) – contida nos três últimos livros do *Código* de Justiniano (desde muito cedo estudados pela ciência jurídica medieval, sob a designação de *Tres libri*) – e a dos estados

---

[378] Recapitulando, lembremos que se podem individualizar três fases no desenvolvimento do regime das fontes de direito na Europa medieval e moderna. A primeira corresponde aos séculos XII e XIII e é caracterizada pelo predomínio do direito romano (e canónico) sobre todas as outras fontes concorrentes, cuja validade só é admitida desde que não estejam em contraste com a norma de direito comum. A segunda fase estende-se do século XIV até ao fim do século XVII, nela se notando a afirmação dos *iura propria* como fonte primária dos ordenamentos particulares, cujo valor se equilibra com o direito comum. A terceira, por fim, marca a independência completa do direito dos reinos, que se torna a única fonte do direito e relega o direito comum para a posição de direito subsidiário. Cf. Mortari, 1958, 369, e Calasso, 1954, 125-126.

italianos, nomeadamente a do reino normando-siciliano de Frederico II, o mesmo não aconteceu no direito criminal, matéria em que a compilação justinianeia não podia oferecer grande coisa[379], e, principalmente, no direito comercial, filho de exigências sociais novíssimas e a propósito do qual já Bártolo dizia: "sabe-se como nos tribunais dos mercadores se deve julgar segundo a equidade, omitidas as solenidades do direito [romano--justinianeu, entenda-se]"[380].

Mas o abandono dos princípios da doutrina romanística nestes domínios particulares é o reflexo de uma submissão mais vasta do direito comum aos novos direitos nacionais, cuja codificação começa, a partir do século XV, a estar em marcha, e que traduzia, no campo jurídico – como já se disse – as políticas reais de concentração do poder de estabelecer o direito[381].

Em França, a redação dos costumes é ordenada sucessivamente por Carlos VII (1454), Luís XI (1481) e Henrique III (1587); em Espanha, uma codificação dos costumes, ordenada por Isabel, a *Católica* (as *Ordenanzas Reales de Castela*), aparece em 1484, enquanto a codificação da legislação real é realizada em 1567. Nos Países Baixos, a recolha escrita do direito local é empreendida sob Carlos V (1531) e, na Bélgica, com o *Édit Perpétuel* (1611). Na Alemanha, o duque Guilherme IV da Baviera leva a cabo a codificação das principais fontes normais do direito bávaro (*Reformacion*, 1518), ao mesmo tempo que unifica o processo (*Gerichtsordnung*, 1520) e reúne a legislação ducal em matéria administrativa e económica (*Buch der gemeinen Landpot-Landsordnung*, 1520). Pouco depois (1532), a *Constitutio Criminalis Carolina* (ou *Halsgerichtsordnung*), da Carlos V, unifica o direito penal alemão. Em Portugal, a compilação da legislação é realizada em 1446-1447 (*Ordenações Afonsinas*), retomada em 1512-1514 (*Ordenações Manuelinas*) e em 1603 (*Ordenações Filipinas*), ao passo que os forais são objeto de uma reforma a partir de 1497[382]. Mesmo em Inglaterra, reis (Isabel I, 1533-1603) e juristas (*v.g.*, Francis Bacon, 1561-1626) manifestaram a intenção de "consolidar" o tradicional e disperso *common law*, elaborando uma compilação que reunisse e harmonizasse aquilo que fora sendo reconhecido como direito primordial e fundamental do reino desde o último rei saxão (Eduardo I,

---

[379] Calasso, 1965, 451.
[380] Calasso, 1965, 455. Já vimos (*supra*, cap. 6.6.8.2.1) como, em Inglaterra, é precisamente na *Court of Admiralty* que a equidade ganha mais cedo um grande relevo.
[381] Cf., para o conjunto, Ascheri, 2009.
[382] Cf. Hespanha, 2001q.

o *Confessor*, 1003-1066) e, com isto, tornando o direito mais certo e mais claro e valorizando a alegada unidade do seu "espírito"[383].

É certo que a novidade de muitas destas compilações é muito problemática. Por um lado, até aos finais do século XVII, elas não representarão uma intenção de monopólio de estabelecimento do direito por meio da lei régia, mas antes um desejo de corresponder aos pedidos dos povos de, pondo o direito consuetudinário tradicional por escrito em textos dotados de autoridade, o tornar mais certo e mais controlável, quer pelo poder, quer pelos destinatários[384]. Neste sentido, este movimento de promoção da legislação real não significa ocaso do pluralismo medieval, que apenas ocorrerá muito mais tarde, quando a lei reclamar o monopólio ou uma eminência absoluta. Para além disso, muitas destas compilações estavam fortemente repassadas de princípios e instituições de direito comum[385-386]; em Inglaterra, entendia-se mesmo que elas não podiam inovar em relação ao *common law* imemorialmente recebido pelos tribunais ou reconhecido pelo parlamento. Em todo o caso, importa salientar que, daqui em diante, a tendência é para que este direito compilado ganhe em prestígio a aplicabilidade prática, pois tornava-se mais acessível, menos incerto e menos sujeito a contradição ou controvérsia. Muitas das compilações reclamam mesmo a supremacia sobre qualquer outro direito, que valeria apenas quando nelas não se encontrasse um preceito aplicável ao caso em apreciação (ou seja, como direito subsidiário). Embora as disposições deste género não passassem de votos pios, uma vez que a formação dos juristas letrados os levava a aplicarem o direito que

---

[383] Cf. Pocock, 1957 (sobre os esforços dos juristas "antiquaristas" – *v.g.*, Edward Coke, 1552--1634: *Reports* [...], 1600-1615; *Institutes of the laws of England*, 1628-1644 – para reuniram provas históricas sobre o conteúdo do reconhecimento pelos tribunais (prescrição) de preceitos do *common law*, consuetudinário e imemorial). Sobre o movimento de consolidação do *common law* (com destaque para as propostas de Francis Bacon): Shapiro, 1975; Shapiro, 1980.

[384] V., para Portugal, o meu cit. artigo sobre a reforma dos forais (Hespanha, 2001q), em que todas as garantias foram dadas de respeito pelos direitos tradicionais dos concelhos. Para a Flandres, a mesma é a conclusão do último estudo de conjunto do *Edito perpétuo*, de 1611 que, nos seus primeiros artigos, manda registar e homologar os costumes locais (cf. Martyn, 2000), nomeadamente I.4 e II.1. Para a França, Cosandey, 2002, 52 ss.

[385] Saber até que ponto a codificação dos direitos locais utilizou a contribuição romanística é um assunto que não está definitivamente esclarecido, v. Coing, 1985, 15-16.

[386] Em relação às *Ordenações* portuguesas, só uma cuidada edição crítica – que constituiria uma útil tarefa – permitiria destrinçar as várias influências aí detetáveis. Algumas indicações podem colher-se em Gordo, 1792.

tinham aprendido nas escolas – *i.e.*, o direito comum – e não os direitos próprios contidos nas compilações régias que iam surgindo.

Seja como for, esta mudança da realidade do direito não pode deixar de influir no modo de ser do saber jurídico. Pode-se mesmo dizer que a substituição do objeto tradicional da *scientia iuris* pelo moderno a lançou numa grave crise de que só se irá recompor no século XVIII.

O que se compreende. O saber jurídico académico estava orientado para uma *interpretação* dos textos de direito comum (sobretudo dos textos justinianeus), considerados como de autoridade indiscutida. Por isso, o edifício do saber jurídico académico tradicional não podia deixar de ruir no momento em que a autoridade dos alicerces romano-justinianeus sobre que fora construído fosse abalada ou desafiada pela do direito próprio dos reinos, principados e cidades. Todo aquele esforço de subtil interpretação dos textos, necessário à modernização do direito romano, deixava de ter sentido em relação às disposições, elas mesmas já modernas, dos novos direitos próprios. Todo o afirmado (se bem que, na prática interpretativa, pouco atendido) respeito pelo direito romano se tornava absurdo quando o direito efetivamente vigente se distanciava, progressivamente, dos textos do *Corpus iuris* e mesmo da sua reinterpretação medieval.

Perante isto, a orientação da doutrina foi tríplice[387].

Segundo uma corrente (aquela que vem a ser conhecida sob a designação de *mos gallicus* ou *Escola culta, humanista* ou *elegante*, cf., *infra*, 7.2.4), passa-se a encarar o direito romano-justinianeu com um interesse apenas histórico-filológico, negando, implícita ou explicitamente, o seu caráter de direito vigente. Ao mesmo tempo, procura-se reduzi-lo à sua pureza originária, da época clássica do direito romano, limpando-o dos "acrescentos" das sucessivas interpretações atualizantes, levadas a cabo por justinianeus ou medievais. O que, como se dirá, prejudicava decisivamente a sua aplicabilidade prática, que era justamente possibilitada pelas interpretações atualistas.

Outra corrente, vivaz naqueles domínios e naqueles países em que os direitos próprios eram demasiado vivos para serem escamoteados pelo saber jurídico tradicional, o pensamento jurídico dedicou-se a uma inserção desses direitos nos quadros conceituais dos comentadores, utilizados até onde eles fossem adequados à nova matéria e supridos no restante, com

---

[387] Sistematização semelhante em Silva, 1964, 55 e 59.

figuras dogmáticas novas. É o *usus modernus Pandectarum* (uso moderno das *Pandectas* [= *Digesto*]; cf. 7.2.4), corrente que *refundiu* (pondo-o de acordo com os novos direitos próprios) e *completou* (desenvolvendo os princípios que ele levava implícitos) o sistema de direito construído pelos comentadores.

Se o humanismo jurídico vigorou, especialmente em França e nos Países Baixos, o *usus modernus Pandectarum* corresponde a uma orientação predominantemente alemã. Ela tem origem na nítida desvalorização do direito romano consequente à quebra da ideia do império e à desagregação do próprio Império Alemão após a Guerra dos Trinta Anos (1618-1648). Estes factos não podem, na realidade, deixar de ter influência sobre o prestígio de um direito cuja vigência, teoricamente, se fundava na continuidade existente entre o Império Romano e o Germano-Alemão medieval. Foi Hermann Conring (1606-1681) quem, pela primeira vez (em 1643), tirou as consequências da rutura da continuidade do império e fez a crítica da ideia de receção automática e global do direito romano na Alemanha (cf., *infra*, 7.2.4), defendendo que, não havendo a tal continuidade do império e do seu direito, a vigência do direito romano no Império Alemão tinha antes origem numa receção caso a caso, cuja prova histórica tinha de ser feita.

Nos domínios da civilística e, principalmente, naqueles países em que, como nas Penínsulas Itálica e Ibérica e no Sul de França, o direito civil era, quase exclusivamente, baseado no *ius commune*, é mantido e desenvolvido o saber jurídico dos comentadores, continuando-se a usar as suas técnicas de construção dogmática. De qualquer modo, em virtude do aumento e consolidação do direito próprio (nomeadamente da legislação real, agora progressivamente recolhida em códigos e compilações) e da estabilização da jurisprudência dos altos tribunais (*praxis curiae*, prática do tribunal) – que passa a ter um grande peso na motivação de decisões futuras –, aumenta muito a importância do direito culto local (direito do reino), embora integrado na construção doutrinal do direito comum. É o "bartolismo tardio" (ou "praxística") que, no Sul-Ocidente da Europa[388],

---

[388] Também em Inglaterra, a autoridade dos juristas italianos permaneceu até muito tarde, sobretudo em virtude da receção que deles fizera Bracton, sobretudo na primeira parte do seu *Tractatus de legibus et consuetudines Angliae*; cf. Wijffels, 1992. Mas a verdadeira romanização do sistema expositivo do direito inglês só se dá, de facto e com grande impacto, com os *Commentaries on the laws of England*, de William Blackstone (1765-1769).

domina a doutrina civilística (com tendência a expandir-se a toda a atividade jurídico-doutrinal) até ao século XVIII (cf., *infra*, 7.2.8).

Na Inglaterra, este equilíbrio entre direito comum canónico-romanista e o direito próprio apresentou uma configuração distinta.

A Inglaterra sempre afirmara a sua independência, tento em relação à jurisdição do Papa, como em relação à jurisdição do Império (*exemptio imperii*)[389]. Quer o direito romano, quer o direito canónico não podiam ter aí senão uma autoridade de tipo intelectual, como saberes prestigiados, cultivados por especialistas e ensinados nas universidades. O direito era aquilo que estava imemorialmente estabelecido, nomeadamente aquilo que se usava no período anglo-saxónico, e que fora aceite pelos conquistadores normandos. Era neste direito "prescrito" que se fundavam as ordens reais (*writs*) para remediar infrações, quer se tratasse de ordens incondicionais ("*executive writs*"), ou de ordens semelhantes às fórmulas (v. 6.4.1.1.1) dos pretores romanos, em que a ordem estava condicionada à verificação por um júri de certa situação de facto ("*judicial writs*")[390]. Este direito real não substituía o direito tradicional aplicado pelos tribunais ordinários locais ou senhoriais; mas instituía, para as situações contempladas por *writs*, uma via judicial extraordinária, tutelada pela Coroa, mais expedita e mais certa. Deste modo, o direito régio, criado por ordens régias que abrangiam cada vez mais situações e que eram objeto de exposições doutrinais a cargo de juristas da corte (por vezes com formação canonista ou romanista), foi ganhando a natureza de um direito comum do reino e ligado às especificidades da "Constituição inglesa"[391]. O estilo de educação jurídica contribuía ainda para esta primazia do direito próprio. O ensino do direito romano, nos moldes em que era feito em Bolonha, começou cedo nas duas grandes universidades inglesas medievais (Oxford e Cambridge). Ainda no século XII, Roger Vacarius (1120-1200?), um italiano formado em Bolonha,

---

[389] Cf., *supra*, cap. 6.6.8.2.1.
[390] Esta evolução dos *writs* para algo estruturalmente semelhante às *actiones per formulas*, além de introduzir a figura do júri para apuramento da matéria de facto, centrou – como tinha acontecido no direito romano clássico – a atividade e o saber jurídicos na vertente processual e não na vertente normativa. O êxito de uma pretensão jurídica traduzia-se na existência de um meio processual (*writ/actio*) com que o tribunal pudesse dar resposta àquele tipo de pretensão, e não na existência de uma norma legislativa que, abstratamente, a considerasse como correspondendo ao direito. Sobre o assunto, Plucknet, 2001, 354 ss.; Berman, I, 445.
[391] Cf. sobre esta relação entre *common law* e Constituição inglesa, Pocock, 1957.

começou a ensinar direito romano em Oxford em 1149, atraindo muitos estudantes. A sua súmula do *Codex Justinianus*, orientada para a resolução de questões jurídicas comuns, tornou-se um manual popular entre os estudantes (*Liber pauperum*). Todavia, este ensino universitário do direito romano defrontava-se com resistências nos meios da corte, pois não correspondia à política do direito dos reis ingleses. Em 1234 (e, de novo, em 1259), são mandadas fechar escolas de direito em Londres, porventura porque o seu ensino não se adequava ao que era praticado nos grandes tribunais da corte. Em 1292, um *writ* de Eduardo I determinou uma nova organização de ensino jurídico, situando-o junto destes tribunais e reservando a prática do foro para os que o tivessem seguido. Este ensino não universitário do direito concentrou-se, mais tarde, nas *Inns of courts* (*Lincoln's Inn, Inner Temple, Middle Temple, The Gray's Inn*), sobre as quais há documentação a partir do último quartel do século XIV[392].

Esta ligação do saber jurídico à prática judicial marca o destino da tradição romanística em Inglaterra e também o caráter do direito inglês para o futuro. Por um lado, centrava o direito nas normas adotadas nas decisões judiciais dos tribunais reais: os costumes que prevaleciam na corte régia, a sua declaração por legislação real e parlamentar e os decretos régios que determinavam a solução a dar a cada tipo de questões (*writs*). Por outro lado, diminuía muito o impacto do direito comum continental, baseado na doutrina académica formada a partir do direito canónico e do direito romano. Se o direito canónico ainda pode ter exercido alguma influência, por via do alto oficialato eclesiástico de Londres, Canterbury ou Westminster, já a influência do direito romano se limitava ao ensino universitário de Oxford e Cambridge, muito isolado da realidade dos altos tribunais e visto com desconfiança pelos círculos da corte. Assim, embora o direito inglês acabasse por ganhar uma estrutura casuística, centrada nos remédios processuais e muito próxima do *agere per formulas* do *ius praetorium* romano, e tenha incorporado conceitos do *ius commune* continental[393], desenvolve-se nos meios jurídicos ingleses uma forte convicção de que se trata de um direito muito diferente do do Continente, avesso à centralização papista e imperial, garante das instituições e liberdades tradicionais dos

---

[392] Pluknett, 2001, 215 ss.

[393] Nomeadamente nas obras de Ranulf de Glanvill (m. 1190, *Tractatus de legibus et consuetudinibus regni Angliae*) e Henry de Bracton (1210-1268, *De Legibus et Consuetudinibus Angliae* c. 1235).

ingleses[394], vinculado a uma Constituição pactada ainda no período saxónico e ulteriormente sucessivamente ratificada por pactos entre o rei e o reino, como a *Magna Charta* de 1215 ou a contínua partilha do poder de dizer o direito entre o rei e o parlamento (*the king in parliament*). Apesar disso, alguns altos tribunais ingleses julgavam de acordo com o direito romano: era o caso do *Court of Admiralty*, que aplicava o direito do mar da tradição romanística[395].

7.2.2. O desenvolvimento interno do sistema do saber jurídico

Como dissemos de início, não foi apenas a renovação do ordenamento jurídico durante os séculos XV e XVI que provocou a crise do saber jurídico medieval.

Se a mutação do estilo da doutrina é, em parte, causada por uma profunda modificação na natureza do seu objeto (a já referida substituição do direito comum pelos direitos nacionais no quadro das fontes), ela não pode, por outro lado, ser separada de um fator ligado à própria lógica interna do saber jurídico[396].

Efetivamente, o saber jurídico dos comentadores tinha posto em movimento uma lógica de unificação e harmonização internas do ordenamento jurídico, lógica essa que, como se viu, se ia realizando com o recurso a processos da lógica medieval, já referidos. A complexidade destes processos correspondia à dificuldade do trabalho de harmonizar componentes, por vezes muito diversas, do conglomerado jurídico do *ius commune*.

Chegado o século XVI, tinha-se atingido o fim do princípio. Através dos vários processos antes referidos, tinha-se conseguido construir um discurso jurídico que incorporava, de forma coerente, soluções não coincidentes ou, pelo menos, que estabelecia as bases que permitiam que as

---

[394] De que o *jury* era a concretização institucional. Note-se que, no processo romano *per formulas*, a decisão sobre a matéria de facto, na fase *apud iudicem*, também estava a cargo de particulares escolhidos pelas partes. É o direito canónico, com o processo inquisitório, que entrega ao magistrado este apuramento da verdade processual.

[395] O direito escocês, em contrapartida, estava muito mais próximo, sobretudo a partir do século XV, dos direitos continentais, aceitando, como estes, a vigência supletiva do *ius commune* e dando origem a um sistema misto: cf. Merryman, 2007, Palmer, 2007.

[396] Em cada momento da sua história, as disciplinas científicas são orientadas por uma intenção (ou estratégia) geral que implica um certo *sentido* de evolução do seu discurso (cf., sobre este conceito, Foucault, 1969, 85 ss.). O sentido (ou estratégia) do saber jurídico da Baixa Idade Média era, já o vimos, o da construção da *coerência interna* ou "*sistematicidade*" do direito.

diversas normas fossem discutidas e ponderadas entre si. Começam, agora, a aparecer obras que coligem aquilo que é comummente aceite: linhas estratégicas de orientação da discussão (os "axiomas"); argumentos cuja validade era consensual, acompanhados das situações argumentativas em que podiam ser usados ("lugares-comuns"); significados estabelecidos para os conceitos jurídicos[397]. É o que se faz, em Portugal, por exemplo nos tratados de Agostinho Barbosa, *De axiomatibus. De significatione verborum. De locis communibus* (ed. 1699)[398], com uma enorme difusão europeia, e no mais modesto *Axiomata et loca communia* (ed. 1686), de Simão Vaz Barbosa.

O primeiro livro é característico deste progresso, ainda muito longe de estar consumado, na construção de princípios gerais. A propósito de cada termo, colecionam-se regras frequentes na doutrina jurídica, acerca da interpretação (*v.g.*, *in claris non fit interpretatio*, não se deve interpretar aquilo que é claro), dos negócios jurídicos (*v.g.*, *Nemo plus juris ad alienum transferre potest quam ipse habet* [ninguém pode transferir para outrem mais direitos do que aqueles que tem]), da forma de argumentar em direito (*ab beneficio ad officium* [pode argumentar-se a partir do benefício eclesiástico para o ofício secular]), etc. Porém, mesmo nestes contextos localizados, as regras listadas são frequentemente opostas, significando que, frequentemente, os autores tinham ideias contraditórias sobre aquele ponto, pelo que a regra, na discussão, estava sempre sujeita a ser confrontada com a regra oposta. As regras eram, desde logo, de natureza diferente. Nos *axiomas* reúnem-se regras jurídicas doutrinais relacionadas com um vocábulo jurídico[399]. Na secção "significado das palavras" (*appelativa verborum*),

---

[397] Surgindo, portanto, os primeiros dicionários jurídicos, sob o modelo daquele esboçado no *Digesto* (D., 50,16). Um famoso é o de António de Nebrija (1444-1522), *Vocabularium utriusque iuris* (1559; oitenta edições, a partir de ca. 1473; cf. http://books.google.com/books/about/Vocabularium_utriusque_iuris.html?id=xuOq0dWiZuMC [27/10/2011]).

[398] Cf. http://books.google.com/books?id=8NQ_AAAAcAAJ&printsec=frontcover&dq=inauthor:%22Agostinho+Barbosa%22&hl=pt-PT&ei=ESqpTo32C8v_-gbI--WgDw&sa=X&oi=book_result&ct=result&resnum=4&ved=0CD8Q6AEwAw#v=onepage&q&f=false [27/10/2011].

[399] Por exemplo, sob a palavra *Interpretatio* (interpretação), reúnem-se regras como: uma coisa é interpretar, outra coisa é estabelecer uma norma; a faculdade de interpretar cabe ao autor do texto; a interpretação deve ser feita de modo a não tornar o texto inútil ou absurdo; a interpretação deve ser feita de acordo com o espírito do autor, só não dispondo deste recurso, se devendo atender ao mero significado corrente da palavra; a interpretação deve atender à natureza do assunto sobre que incide [deve ser "local", contextualizada].

dão-se elementos parciais para a definição de uma palavra, mas também regras jurídicas que se extraem destes elementos; não se trata, por isso, de uma mera interpretação descritiva, pois a descrição do significado produz regras sobre regimes jurídicos relacionados com aquela palavra[400]. Na secção sobre os pontos de apoio para a argumentação (loca commnia argumentorum), indicam-se as regras de uso de cada argumento[401]. Na secção sobre o alcance de certas cláusulas comuns em textos jurídicos (contratos, leis) (de clausis usufrequentibus), indicam-se os efeitos da sua inclusão num documento jurídico[402]. Finalmente, na secção sobre o significado de proposições e advérbios[403], esclarece-se o sentido jurídico do seu uso e o modo como expressões tão singelas podem influenciar o alcance de uma proposição jurídica.

Este tipo de literatura mostra que começara, portanto, a ser possível dar mais um passo na tarefa da unificação do saber jurídico – *a construção de "sistemas" jurídicos progressivamente mais gerais, estruturados a partir dos princípios "locais" que se iam obtendo*. A reunião e a confrontação destes

---

[400] Por exemplo, sob a palavra *Lex* (lei) dispõem-se elementos definitórios de lei: a vontade do príncipe tem força de lei; o príncipe diz-se lei viva na terra; o contrato do príncipe tem força de lei; ao costume aplica-se o nome de lei; o pacto diz-se ser a lei dada a um negócio; aos ensinamentos dos jurisconsultos chama-se lei; os capítulos de paz entre cidades livres são leis; num estatuto que fale de lei compreende-se no termo a opinião comum.

[401] Por exemplo, no argumento *a lege* (a partir da lei) indica-se que "o argumento vale" (ou seja, pode estender-se o que se diz da lei às situações a que se estende a sua validade): da lei para o pacto; da lei para a vontade do testador, da lei animada à lei inanimada, das leis comuns dos romanos à sucessão ordinária dos reinos. Ou *a liberto* (a partir da situação jurídica do liberto) vale para o vassalo (e o contrário). A propósito do argumento *a verosimili* (a partir da verosimilhança), diz-se que ele inverte o ónus da prova (o que é verosímil não tem de ser provado, sendo o adversário que tem de provar não ocorrência do que é verosímil).

[402] Por exemplo, acerca da cláusula *de plenitudo potestatis* (de pleno poder), diz-se que o pleno poder é aquele de que não se pode pedir ao príncipe a razão pela qual o usa; que é o mesmo que poder absoluto; que não se presume nos atos dos príncipes; que tal cláusula é odiosa [deve ser entendida como apenas válida nos casos em que é expressa]; que equivale às clausulas "não obstante" [quaisquer direitos adquiridos ou quaisquer regras de direito em contrário] e "de ciência certa" [sobre qualquer impedimento que possa existir à decisão de pleno poder]; que se subentende sempre que, de outro modo, o ato do príncipe não valesse, etc. Nota-se, neste como noutros casos, o registo de opiniões opostas quanto ao alcance da cláusula, o que revela o caráter problemático e argumentativo do saber jurídico.

[403] Por exemplo, *Id est* (isto é, ou seja): pode ter um significado geralmente restritivo [de uma lista fechada] ou, por vezes, exemplificativo [de uma lista aberta].

princípios de curto alcance iam permitindo o lançamento de um movimento de síntese, pelo qual todo o direito fosse reunido num sistema teórico orgânico, submetido a axiomas e regras de largo alcance. Ao modelo do *Digesto* (compilação enciclopédica, mas caótica, de resoluções de casos isolados) tende a substituir-se o modelo das *Institutiones*, um tratado de caráter mais sistemático, em que todo o direito aparecia exposto de forma ordenada, segundo afinidades temáticas e parentescos conceptuais[404].

Assim, não é de admirar que tenham começado a aparecer autores reclamando, ou realizando mesmo, obras deste tipo[405]. Derrer escrevia (*Jurisprudentiae Liber*, 1540): "[...] o direito ainda não foi descrito de uma forma devida. Isto é, de tal modo que tudo seja posto no lugar próprio e natural, disposto sob a sua ordem. Daí que não possa ser reproduzido por quem apenas seja mediocremente versado nesta arte"[406].

Estabelecidos, assim, os axiomas fundamentais e arrumados logicamente no seio de um sistema coerente e sintético, tudo está pronto para fazer o sistema caminhar pelos seus próprios meios, sem necessitar de apoio permanente dos textos da tradição romanística. Por outras palavras: neste estádio de elaboração do "sistema jurídico", *já é possível utilizar os mecanismos do raciocínio dedutivo*, achando a solução jurídica conveniente, não através de uma complicada "interpretação" dos textos, mas através de um raciocínio de tipo dedutivo, a partir de princípios jurídicos correntemente admitidos, de âmbito mais geral ou mais local.

Prepara-se a época do *direito natural racionalista*, em que se acredita que os princípios superiores do direito são um produto da razão que, ao elaborá-los, revela uma ordem universal. Nós já sabemos, porém, que tais princípios não são universais, nem necessários, nem anteriores à atividade intelectual que os descobre. Pelo contrário, eles correspondem a objetivos normativos exigidos pelas condições sociais, institucionais e culturais de uma certa época. O pensamento jurídico não se limitou a *descobri-los*, mas *pô-los lá*, laboriosamente, através de uma árdua tarefa de "interpretação"

---

[404] Para justificar este modelo sistemático de exposição do direto, invocava-se também uma obra perdida de Cícero (se é que alguma vez foi escrita) na qual ele teria efetuado uma redação ordenada (*in artem*) do *ius civile*.

[405] *Chansonette* (*Cantiuncula*); no século XVI, Hegendorff, Derrer, Ugo Donnelo, Freigio, e, principalmente, Oldendorp (*Isagoge seu Elementaria Iuris Naturalis* [...], 1539) e Althussius (*Dicaelogicae libri tres, totum et universum ius* [...], 1617-1618).

[406] Cf. Mortari, 1958, 384.

das fontes do *ius commune* orientada por objetivos normativos próprios da época. Se eles, agora, parecem "naturais", isso só mostra até que ponto a tarefa da sua *construção artificial* foi conseguida e adequada à mundividência da época[407].

Atingida, portanto, esta fase de construção sistemática do direito, impunha-se uma remodelação dos métodos de pensar o direito, no sentido da sua simplificação, pois as subtilezas da ciência jurídica dos comentadores, além de desnecessárias, tornavam-se opressivas e incómodas. Por exemplo, a sofisticação da argumentação, que tinha sido necessária para compatibilizar, sem destruir mutuamente, textos jurídicos contraditórios mas de idêntica hierarquia (textos romanos, canónicos ou estatutários), fazia agora com que o direito se tivesse tornado uma selva de opiniões e de distinções especiosas, em que toda a certeza e eficácia se diluíam. Nesta altura, começa a desenhar-se uma reação muito forte contra a complexidade do discurso jurídico.

Agora que o trabalho intelectual mais árduo dos juristas tinha atingido os objetivos da harmonização dos direitos eruditos no seio do direito comum, o arsenal argumentativo era incómodo, sendo possível desmobilizá-lo e voltar aos processos de discorrer simplificados e naturais. Isto faz com que o discurso jurídico do século XVI viesse propor o *repúdio da complicada dialética aristotélico-escolática* e a adoção de uma *dialética jurídica simplificada, natural, próxima do senso comum*. Assim, um jurista alemão dos meados de quinhentos convidava os seus colegas a abandonar as complicadas argumentações dialéticas dos bartolistas e a tratar os problemas de uma forma "popular" (*populariter*), ao alcance do povo ("abstenhamo-nos, na verdade, daquelas discussões que não estão nos usos e costumes da vida e dos povos, porque já Aristóteles advertiu seriamente que a estes não agradam tanto as sentenças e interpretações que são subtis e argutas, quanto as simples e próprias, as quais podem ser usadas na vida comum com maior frequência", Elen, século XVII)[408]. É este o significado do novo interesse dos juristas do século XVI pelas questões da lógica e da dialética, apoiando-se, especialmente nas obras da *Nova lógica*, de Pierre de La Ramée (Petrus Ramus)[409].

---

[407] Sobre a época do "jusracionalismo", v., por todos, Wieacker, 1980, 279 ss.
[408] Mortari, *Dialettica e giurisprudenza [...]*, 310.
[409] Sobre este ponto, Mortari, 1958, 304.

Do mesmo modo, à medida que a estabilização do sistema conceitual ia progredindo e que as especiosas argumentações dos comentadores iam sendo substituídas por outras que reduziam a liberdade do intérprete, era possível prescindir do papel disciplinador que a *"opinio communis"* até aí desempenhara.

Agora, a tarefa da *Rechtsfindung* [achamento da solução jurídica] era dirigida, com bastante segurança, pelo conjunto de axiomas, logicamente concatenados, do sistema jurídico. A possibilidade de hesitação entre princípios contraditórios, tão comum no sistema ainda incompletamente construído dos comentadores, com a consequente falta de segurança no achamento de soluções jurídicas firmes, não se verifica agora, pois o método de raciocínio jurídico obedece agora às regras mais claras da nova arte de pensar, a lógica, a dialética, a retórica.

Deste modo, é possível ir pondo de parte a invocação da *"opinio communis"*, substituindo-a, na sua função disciplinadora, pelos critérios da "boa razão", *i.e.*, da lógica interna do sistema jurídico.

7.2.3. O "método" e o "compêndio"

Todas estas preocupações de fazer do direito um discurso simples, económico e suscetível de ser facilmente verificado quanto à sua validade, suscitaram um grande interesse pelas questões de método, detetável nos séculos XVI e XVII.

O que estava em causa era: como organizar o discurso jurídico de modo a que este fosse compreendido e avaliável por todos e, por isso, suscetível de ser condensado em livros manejáveis?

A palavra que condensou a solução para esta questão foi a palavra *método* que, desde a Antiguidade, significava a forma de tornar inteligível e transmissível a técnica de encontrar soluções para um problema[410]. No século XVI, o renovador renascentista da lógica, Pierre de la Ramée (Petrus Ramus, 1515-1572) definia método como "a disposição pela qual as primeiras coisas são postas em primeiro lugar, as segundas no segundo, as terceiras no terceiro [...], proporcionando um progresso ininterrupto do universal para o particular [...], pelo qual se procede de antecedentes conhecidos para a declaração de consequentes desconhecidos"[411].

---

[410] O termo esteve, originariamente, ligado à medicina, referido à forma de explicar a origem e natureza das doenças e explicar os procedimentos para a sua cura. Cf. Ong, 1958, 229.

[411] *Dialectique...*, 1555, cit. por Ong, 1958, 249.

Em suma, o método possibilitava estruturar o saber de forma axiomática, segundo uma ordem racional que dispensava longas dissertações. O saber podia ser organizado em exposições sintéticas ou compendiárias. A corporização deste ideal de saber era o *compêndio*, um discurso (depois, um livro) em que tudo se apresentava como conjuntamente dependente (*com+pendere*).

Esta estratégia foi aplicada ao direito, tanto ao seu discurso, como mesmo aos textos e livros que o continham, com ela se combatendo os grandes defeitos que se apontavam ao saber jurídico tradicional.

O primeiro destes defeitos era a abundância e desordem dos textos (e livros) jurídicos, os quais constituiriam uma selva (*sylva librorum*) labiríntica, secreta, opaca para o entendimento popular, em que os leigos não se aventurariam senão com o auxílio de algum jurista ganancioso. Por isso, o termo "método" começa a aparecer no título de obras jurídicas, pretendendo anunciar textos que continham tudo, mas ordenado de forma sintética e compendiária[412]. E, além disso, apresentando mesmo um diferente aspeto gráfico, que sublinhava o seu caráter sistemático: texto corrido, com poucas notas, árvores de conceitos que visualizassem a estrutura axiomática dos conteúdos, formatos pequenos e portáteis.

Não por acaso, foi nesta altura que apareceu, no domínio da filosofia, uma proposta de compreensão do mundo que partia de apenas uma ou duas evidências racionais, contida num livro que levava no título, justamente, a palavra "método" – o *Discours de la méthode*, de René Descartes (publ. em 1637).

7.2.4. As escolas jurídicas da transição

Já se esboçou o leque de orientações teóricas e metodológicas a que deu origem a crise do saber jurídico dos comentadores, bem como o panorama das escolas daí decorrentes. Damos agora uma descrição mais detalhada de cada uma delas.

Sob a designação Escola culta, humanista ou "*mos gallicus iura docendi*"[413] são agrupados os juristas que, no século XVI e sobretudo em França – daí "*mos gallicus (iura docendi)*" [maneira francesa de ensinar o direito], por

---

[412] Cf., sobre este movimento de reforma dos textos e livros jurídicos, Hespnha, 2007.
[413] Sobre a Escola humanista, para maiores desenvolvimentos, v., por todos, Wieacker, 1980, *maxime*, 87 ss. e 179 ss. e bibliografia aí citada: Villey, 1968, 507 ss.; Cavanna, 1982, 172-192; Silva, 1991, 329 ss. Para Portugal, Silva, 1964.

oposição a *"mos italicus (iura docendi)"*, o estilo de discurso e ensino jurídicos tradicionais, dominantes em Itália –, se propõem reformar a metodologia jurídica dos comentadores no sentido de restaurar a pureza dos textos jurídicos da Antiguidade.

Este movimento de renovação está ligado ao ambiente cultural, filosófico, jurídico e social dos primórdios da Europa moderna. No plano cultural, ele é tributário da paixão pela Antiguidade Clássica típica do Renascimento (séculos XV-XVI), o que levava a uma crítica contundente da literatura jurídica tradicional, estilisticamente impura e grosseira, filologicamente ingénua e ignorante do enquadramento histórico dos textos com que lidava.

No plano filosófico, o humanismo jurídico arranca da oposição entre a escolástica medieval, submissa ao valor das autoridades mas igualmente atenta à realidade (neste sentido, realista), e o neoplatonismo renascentista, crente no poder livre e ilimitado da razão e atraído pelas formas ideais puras. Por fim, no plano do ambiente em que a atividade doutrinal se realizava, os humanistas, mais do que juristas de intenções práticas, eram académicos, trabalhando nos meios universitários ou das elites culturais. Daí os seus traços principais: antitradicionalismo, crítica das autoridades, racionalismo, academicismo.

No plano jurídico, a orientação humanista é facilitada pela progressiva pujança dos direitos nacionais, que libertava o estudo do direito romano dos objetivos práticos e o transformava numa atividade de recorte cada vez mais antiquarista, histórico-literário e teórico.

Finalmente, no plano social, a crítica humanista ao discurso jurídico anterior e aos seus portadores, os juristas tradicionais, constituía o eco erudito de uma generalizada antipatia social pela figura do jurista letrado, pedante e hermético, cultivando um estilo formalista e arrevesado, bem longe das possibilidades de compreensão e de controlo do homem comum.

A partir daqui, o humanismo jurídico vai propor várias orientações.

a) Uma *depuração histórico-filológica dos textos jurídicos romanos*, que os libertasse, por um lado, das glosas e comentários medievais, e, por outro, das próprias correções introduzidas nos textos clássicos pelos compiladores justinianeus (interpolações, "tribonianismos" [de Triboniano, o responsável pela organização do *Digesto* justinianeu]). Este programa pressupunha a combinação do estudo jurídico com o estudo histórico (e filológico), como forma de reencontrar o enquadramento original dos textos jurídicos romanos e, logo, o seu primitivo sentido. Teve como resultado uma série de edições críticas dos textos jurídicos, ainda hoje merecedoras de atenção (*v.g.*, a edição do *Código teodosiano*, por Jacob Godofredo; e a do *Corpus iuris*, por Dionísio Godofredo).

b) Uma tentativa de *construção sistemática do direito*, inspirada filosoficamente no idealismo platónico e procurando refazer uma lendária obra de Cícero, *De iure civili in artem redigendo*, na qual ele teria exposto o direito romano sob forma sistemática. Esta orientação tanto desembocou numa crítica ao caráter atomista, não metódico e analítico da saber jurídico dos comentadores, como deu origem a exposições metódicas do direito, quer romano, quer mesmo nacional – como, *v.g.*, as de Hugo Doneau ou de Jean Domat *(Les loix civiles dans leur ordre naturel*, 1689-1705)[414].

c) Uma *reforma do ensino jurídico* que atendesse, antes de tudo, ao texto da lei (e não aos comentários que, sobre ele, a doutrina tivesse bordado) e que procurasse formar o espírito sintético e sistematizador (ou compendiário) dos juristas, o que envolvia uma crítica ao pendor doutrinário (não "textual") e analítico do ensino das universidades tradicionais.

d) Uma atenção nova a um *direito natural de cunho racionalista e sistemático*. Também os humanistas foram contagiados pela tradição jusnaturalista romana. Também eles proclamaram que o jurista culto e formado numa filosofia "sólida" compreende que a "natureza da justiça não é mudar segundo a vontade dos homens mas conformar-se com a lei natural" (Jean Bodin), lei essa que coincide com os ensinamentos da razão. No que eles apresentaram maior originalidade foi enquanto críticos do direito romano justinianeu, em nome de um pretendido direito romano clássico. Esclareça-se, no entanto, que no fundo, não era o direito romano clássico que os atraía. Era, isso sim, um direito romano imaginário que respondesse às suas preocupações de filósofos e de juristas do seu tempo. Isto é, um direito romano que fosse *sistematizável e redutível a dois ou três princípios racionais adaptados à mundividência da época*[415]. E, segundo eles criam, um

---

[414] De notar, em todo o caso, que a elaboração destas obras teria sido impossível sem o trabalho de sistematização das anteriores escolas medievais.
[415] Como teria sido feito por Cícero (v. *supra*).

direito deste tipo teria sido o direito romano clássico deturpado e tornado caótico por Justiniano e Triboniano. Sem esta corrupção, o direito romano teria conservado o seu alegado caráter axiomático. E, quanto ao conteúdo, seria ainda redutível a meia dúzia de princípios racionais, dos quais os humanistas destacavam os de *neminem laedere* (não prejudicar ninguém) e de *pacta sunt servanda* (os pactos devem ser respeitados). E foi assim que, no século XVI, se começou uma segunda recriação do direito romano (a primeira fora a dos comentadores), agora em moldes racionalistas.

Apesar de contarem com precursores italianos – sobretudo entre os cultores das disciplinas literárias (Policiano e Lourenço Valla), mas também entre os juristas (Alciato, 1492-1550, que ensinou em Bruges, mais tarde tornada no centro da escola) –, os principais nomes da Escola culta são franceses. Desde logo, Jacques Cujas (Cujacius, 1532-1590), professor em Toulouse, Paris e Bruges, autor de uma monumental obra de estudo histórico-filológico e dogmático dos textos romanos; depois, François Hotman (1524-1590), autor do conhecido trabalho sobre as interpolações justinianeias (*Antitribonianus*, 1574) e teórico do antiabsolutismo (monarcómaco); Hugo Doneau (*Donellus*, 1527-1559), jurista sistemático e dogmático; Duarenus; Brissonius e outros[416].

Com o desfecho das guerras religiosas e a perseguição dos protestantes huguenotes (confissão a que a maioria destes juristas aderiu)[417] em França, os humanistas franceses refugiam-se nas universidades holandesas e alemãs, dando origem aí a uma outra geração humanista, cuja ação se prolonga até ao século XVIII. Dela fazem parte nomes como os de Vinnius, Voet, Noodt, além do célebre Huigh van Groot (1583-1645), famoso pelo seu tratado sobre a guerra e a paz (*De jure belli ac pacis libri tres*, 1625), considerado precursor da ciência do direito internacional público e, em Portugal e Espanha, pela sua defesa do princípio da liberdade dos mares, na sua obra *Mare liberum* (1609), combatida pelo português Serafim de Freitas (*De justo imperio asiatico lusitanorum*, 1625).

---

[416] Entre eles, o português António Gouveia [Goveanus, m. 1566].
[417] A opção religiosa dos humanistas não deixou de influir na dificuldade do seu impacto nos países da Contrarreforma, como Portugal.

O humanismo jurídico supunha, para ser possível realizar o seu programa de recuperação do direito romano clássico original, que o direito da tradição romanística (justinianeu, dos glosadores e dos comentadores) tivesse perdido grande parte da sua importância como componente da ordem jurídica vigente, pois, se assim não fosse, não podia usar a tradição romanística apenas como matéria prima da sua empresa de busca de um direito romano mais "autêntico". Por isso, não se pôde implantar eficazmente senão naquelas regiões da Europa em que o direito nacional era suficientemente rico e vivaz para regular a generalidade das questões, podendo a tradição romanística ser abandonada a uma pesquisa orientada apenas para a história. Isto aconteceu na parte norte da França (*"pays du droit coutumier"*) e – por razões e em circunstâncias algo diferentes – nos Países Baixos. No resto da Europa, porém, à longa tradição romanística e ao saber jurídico tradicional estava ainda confiada a regulamentação de extensas zonas da vida social, sobretudo no domínio do direito privado.

Aqui, portanto, o impacto da agenda humanista não pôde ser tão radical. Porém, ela contribui, mesmo assim, para abalar a vigência indiscutida do direito romano e para – conjugada com o novo impulso legislador das monarquias modernas – fortalecer a vigência dos direitos nacionais.

Na Alemanha, que costuma ser considerada como o centro desta orientação, a corrente conhecida como *usus modernus pandectarum*[418] (uso moderno das *Pandectas*) vem pôr em causa a vigência global e preferencial do direito romano, ao contestar o seu fundamento teórico – a *translatio imperii* [transmissão do poder imperial], ou seja, a ideia segundo a qual o direito romano vigoraria na Alemanha em virtude de os imperadores alemães serem os sucessores dos imperadores romanos. Substituindo esta ideia de uma "receção teórica", os juristas alemães (antes de todos, H. Conring, 1606-1618, em *De originis germanici*, 1643) criaram o conceito de "receção prática", segundo o qual a receção se dera pontualmente, à medida que os príncipes e os tribunais iam fazendo seus uns ou outros princípios e normas do direito romano. Assim – como refere F. Wieacker –, o direito romano só teria ganho vigência, "norma por norma, por força de uma aplicação prática", pelo que se deveria "promover, para cada princípio, a comprovação histórica da sua receção" e se "devia também admitir

---

[418] Sobre o *"usus modernus"*, v., por todos, Wieacker, 1980, 225 ss. Para Espanha, v., por último, Valiente, 1980, 298 ss.; para Portugal, v. adiante.

como possível a marginalização de princípios já recebidos por costumes que os derrogassem".

As consequências do *usus modernus* foram diversas.

Em primeiro lugar, um interesse novo pela história jurídica nacional, dirigida pelo objetivo prático de determinar quais os princípios romanísticos recebidos, mas que teve resultados de âmbito muito mais vasto.

Em segundo lugar, uma grande atenção, no plano prático e no plano da construção teórica, pelo direito nacional, que agora passa a ser objeto, tal como o direito romano, de tratamento dogmático. Daí que a legislação nacional, os estilos e praxes de julgar (donde a designação de *praxística*, que se aplica a esta escola) e mesmo os costumes e estatutos locais, passem a ser considerados pelos juristas nos momentos de construção teórica.

Em terceiro lugar, uma maior adequação do ensino jurídico às realidades do direito nacional. Se a tradição universitária dificultou que estas realidades fossem objeto de ensino nas cadeiras "ordinárias", ela já não conseguiu impedir que, sobretudo em muitas das universidades da Europa Central, fossem ministradas "lições privadas" e "catedrilhas" de direito nacional.

Dentre os juristas do *usus modernus* é costume salientar o nome dos alemães B. Carpzov (1595-1666), G. A. Struve (1619-1692), S. Stryk (1640--1710), G.-W. Heineccius (1618-1741), J.-H. Böhmer (1647-1749), A. Leyser (1683-1752).

Esta orientação segundo a qual o direito romano deve ser compatibilizado com os novos direitos comuns dos reinos não é exclusiva da Alemanha. Também nas grandes monarquias do Sul e Ocidente europeu, bem como nos Estados italianos, é agora bem viva a ideia de que o direito da coroa, seja ele a legislação real, seja o conjunto de decisões dos altos tribunais palatinos, é o novo "direito comum" e que o direito romano só tem vigência como direito recebido pelo príncipe. "As próprias leis comuns dos romanos" – escreve, no século XVII, um famoso jurista italiano, o cardeal Giambattista de Luca – "que dizemos comuns, de facto deviam chamar--se leis particulares de qualquer principado independente, atendendo a que a sua necessária observância não nasce apenas do poder de um legislador que seja comum a todos, como acontecia no tempo do antigo Império Romano, mas antes do poder distinto de cada príncipe, o qual o quis receber e permite que se observe no seu principado, com as limitações que lhe pareçam" (*Il dottore vulgare*, proemio, IV).

Também em Portugal, como nos restantes reinos da Espanha, se sublinhava que as disposições do direito romano aqui vigoravam "somente [...] pela boa razão em que são fundadas". (*Ord. Fil.*, III, 64).

Este direito reinícola – como então se dizia – manifestava-se decerto em leis; mas manifestava-se cada vez mais nas decisões dos grandes tribunais (nos seus "estilos", ou costumes de julgar, e na sua *"praxis"*, ou forma de aplicar o direito aos casos concretos). Ao jurista "cidadão da Europa", que equaciona questões abstratas em face dos dados do direito comum europeu, substitui-se o juiz dos tribunais da corte, que passa pelo crivo da jurisprudência do reino (*praxística*) a doutrina do direito comum (*opinio communis doctorum*). Esta orientação, que fazia incidir o saber jurídico sobre as praxes de julgar dos tribunais, ficou conhecida como *praxística*.

Assim, por toda a Europa, as decisões dos grandes tribunais passam a ter, a partir da segunda metade do século XVI, uma enorme audiência na doutrina, que se dedica à sua compilação e comentário. Por várias razões. Por um lado, os tribunais são agora constituídos exclusivamente por letrados. Por outro lado, porque os tribunais, como tribunais da corte ou "colaterais", estão revestidos da dignidade do rei. Finalmente, porque a regra do precedente conduz a uma maior certeza do que o funcionamento do critério da *opinio communis*. A prática forense torna-se, assim, na *intellectrix legum* (na interpretadora das leis) e os critérios de decisão contidos nas abundantes recolhas de decisões jurisprudenciais (*decisiones, aresta, practica*) passam a constituir o "direito usado" (*"ius quasi moribus constitutum"* [o direito como que instituído pelo costume], como diz o jurista português António da Gama).

Para estes juristas, eram inúteis as discussões arrastadas, tal como as que versassem sobre pontos que a lei esclarecia suficientemente, que a prática dos tribunais tivesse fixado ou que fosse considerado comummente como assente. Útil, em contrapartida, era apontar para uma resolução breve, conforme aos usos e praxes do reino, pois a teoria sem uma referência sólida à prática seria inútil para conhecer o direito. Daí que um jurista português muito lido no século XVII (Manuel Mendes de Castro, 15??-16??) tenha concebido o seu livro mais usado (*Practica lusitana, advocatis, iudicibus, utroque foro quotidie versantibus*, 1619) como uma tentativa de redigir o saber sobre o direito "como que segundo o sistema da prática" (*"jurisprudentiam, quae latissimam est, quasi in praxis arte redigiere"*, *Proemium*).

7.2.5. *Ius commune* e *common law*

Já antes (cf. 7.2.1.) se referiu que o direito praticado nos altos tribunais ingleses – e estudado pelos juristas – se mantinha muito mais distante da tradição romanista do que os direitos das monarquias do Continente. Embora o direito inglês acabasse por ganhar uma estrutura muito próxima do *agere per formulas* do *ius praetorium* romano, foi-se enraizando entre os juristas ingleses a convicção de que a Inglaterra tinha um direito muito diferente do Continente, mais próximo da constituição tradicional do reino e mais atento aos direitos deste.

Esta ideia era algo mítica, pois a opinião de que existia uma Constituição que obrigava os reis também corria na Europa Continental[419]. Seja como for, ela foi ainda reforçada pelo constitucionalismo dos juristas "antiquaristas" ingleses de seiscentos[420], que veem na tradição do direito inglês dos reis saxões e dos primeiros reis normandos a matriz do direito e da Constituição ingleses; e que, por isso, afastam resolutamente a tradição do *ius commune*, suspeita de papismo e de absolutismo. Por isso, quando, no século XVII, se ventila, em Inglaterra, a necessidade de uma reforma do direito, embora os objetivos fossem os mesmos que os do Continente – clarificação, certificação –, a via proposta foi não uma simplificação da doutrina jurídica académica da tradição romanística, mas uma compilação e sistematização do direito régio inglês que desse uma ordem mais aparente aos *writs* e os agrupasse segundo "os grandes princípios" do direito e da Constituição de Inglaterra[421]. Esta orientação para uma doutrina fundada no direito próprio tem algum parentesco, nos seus resultados finais, com o *usus modernus pandectarum*. Só que, em Inglaterra, a concentração da doutrina no direito próprio implicava também um corte com a tradição romanística – embora ela estivesse algo presente no direito inglês medieval –, que não se deu em mais nenhuma parte da Europa Ocidental, representando, por isso, uma via singular do direito da Inglaterra.

A polémica entre *common law* e *civil law* – que já era uma questão com conotações religiosas, depois da Reforma anglicana, dadas as alegadas veiculações dos romanistas aos canonistas e ao Papado –, torna-se também,

---

[419] Cf. Hespanha, 2001.
[420] Cf. Pocock, 1957. E, nos séculos XIX e XX, por uma corrente que celebra as excelências da Constituição inglesa: Albert Venn Dicey (1835-1922), *An Introduction to the Study of the Law of the Constitution*, 1885; Rescoe Pound (1870-1964), *The spirit of common law*, 1921.
[421] Cf. Shapiro, 1975.

nas lutas civis do século XVII, uma questão política, sendo a defesa do *common law* tomada a peito pelos parlamentaristas e defendendo o partido realista (nomeadamente durante a dinastia dos Stuarts, 1603-1714) uma certa renovação do direito inspirada no *ius commune* europeu, a qual, para os "parlamentaristas", conduzia a uma centralização do poder do rei contrária às liberdades do reino. Realmente, as pretensões políticas do partido "realista" relacionavam-se com a pretensão real de, ao abrigo da *royal prerrogative*, dispensar a aplicação de leis a casos particulares; mas esta ideia de que o rei tinha poderes originários que lhe atribuíam faculdades importantes no domínio legislativo (*royal prerrogative*, prerrogativa real) tinha também uma forte componente anglo-saxónica, que se manifestava na ideia tradicional de que a legislação cabia ao rei e ao reino, conjuntamente (*the king in parliament*). Seja como for, alguns dos textos fundamentais da carta de direitos exigida pelos parlamentaristas e jurada em 1689 (*Bill of rights*) relacionavam-se, justamente, com esta relação entre o rei e a lei ("That the pretended power of suspending of laws, of execution of laws, by regall authority, without the consent of Parliament is illegal", sess. 2, c. 2).

Este tom polémico das relações entre *common law* e *ius commune* exprime-se numa abundante literatura contra os juristas civilistas (que os parlamentaristas consideravam quer como agentes do Papa, quer como inimigos das liberdades tradicionais inglesas). Ainda nos meados do século XVIII, esta lenda negra sobre a tradição romanista (*civil law*) e, ao mesmo tempo, a glorificação do *common law* é muito evidente no épico e xenófobo modo como Sir William Blackstone (1723-1780), o maior jurista da época, autor de uns *Commentaries on the laws of England* (1765-1769)[422], descreve a luta dos reis e juízes ingleses para contrariar a dedicação, ao mesmo tempo fútil e subversiva, dos "clérigos" e estudantes ociosos ao "direito municipal de Roma", com prejuízo do "admirável sistema jurídico inglês".

Como característico do direito inglês fica, doravante:

- uma pronunciada supremacia da lei, fundada na soberania do rei e do parlamento, que explicará a resistência da Constituição inglesa em colocar limites à lei que não fossem os da necessidade de observar os trâmites processuais (*due process of law*);

---

[422] Sir William Blackstone, Knt., *Commentaries on the laws of England*. In four books. Notes selected from the editions of Archbold, Christian, Coleridge [*et al.*], Philadelphia, Published By George W. Childs, Ledger Building, Sixth & Chestnut Sts., 1869.

- em todo o caso, uma consciência aguda de que esta observância dos procedimentos tradicionais (na feitura das leis, na decisão de casos) tinha uma relação essencial com a garantia dos direitos do reino (e dos seus corpos), nomeadamente porque esse processo tradicional fora estabelecido para garantir a participação do reino e dos súbditos em tudo quanto afetasse os seus direitos[423];
- um rigor muito estrito dos meios disponíveis para obter o reconhecimento judicial dos seus direitos – paradoxalmente, muito semelhante, em certos aspectos, ao formalismo das *legis actiones* romanas –, a ideia de que, embora o direito consista nos usos estabelecidos historicamente e diuturnamente recebidos, cabe aos tribunais a autoridade de os explicitar, por meio de correntes jurisprudenciais consequentes e constantes (precedentes);
- um papel residual do *ius commune* continental, estritamente limitado a certas matérias e a certos tribunais (em que se julgava segundo a *equity*).

Relativamente à situação dos direitos continentais, a situação do direito inglês tem algo de paradoxal. Por um lado, a prevalência do direito próprio (ou municipal) é mais enfaticamente afirmada e, sobretudo, muito mais sistematicamente praticada, dado que os juízes são formados não em instituições universitárias de tipo académico, permeáveis às modas académicas do Continente, mas sobretudo em escolas judiciais, fiéis ao sistema de direito praticado nos tribunais, que era o anglo-saxono-normando. Do ponto de vista estrutural, atenta a estreita margem de discricionariedade atribuída aos juízes perante o sistema de *writs* ou ações, a influência do direito régio era maior. No entanto, esse direito não era o direito atual, mas o direito consuetudinário, enraizado numa tradição de julgar consubstanciada na regra do precedente e codificada nos registos (*records*) dos tribunais. Deste modo, o direito inglês acabava por se assemelhar bastante, na sua gramática formal, ao sistema de direito pretoriano dos romanos, constituído por regras de julgar, finalmente codificadas nos editos dos pretores.

---

[423] Um princípio que também era conhecido da tradição romanista e canonista (*quod omnes tangit ab omnibus approbari debet*, aquilo que toca a todos deve ser aprovado por todos; [*Codex Iustiniani*, 5.59.5]).

Estas distinções acabam por se atenuar com a tendência para a receção das conceções sistemáticas do direito do período jusracionalista, quando os juristas ingleses – como o próprio W. Blackstone na sua *Analysis of the laws of England* (Oxford, 1771) – adotam um método axiomático de apresentar as matérias e tentam fundar todo o direito em regras jurídicas naturais de tipo axiomático, tal como o faziam os juristas seus contemporâneos no Continente.

7.2.6. A cultura jurídica popular

Quando Derrer, acima citado (cf. cap. 7.2.2), se referia à necessidade de adotar um discurso jurídico que pusesse o direito ao alcance de "quem apenas seja mediocremente versado nesta arte", ele estava a evocar uma questão notória – a do massivo desconhecimento do direito erudito por parte da população. Porém, talvez se referisse apenas a uma parte desta questão, a da relação entre este direito e a população urbanizada, e nem sequer estranhasse um outro facto massivo, o da existência de todo um mundo – nomeadamente o mundo camponês – que continuava a viver sob outros e variados direitos, constituídos por antigas tradições normativas passadas oralmente de geração em geração, aplicadas por juízes leigos e iletrados, apontando para valores diferentes dos do direito letrado e oficial, e utilizando conceitos, princípios e estratégias de resolução dos conflitos que pouco tinham a ver com o direito dos círculos cultos e próximos do poder.

Este direito dos grupos sociais culturalmente marginalizados (embora estatisticamente dominantes) foi designado, por esta época, como "direito dos rústicos" (*ius rusticorum*), tendo a sua sobrevivência construído uma constante do direito europeu, a que nem a "codificação" (cf., *infra*, 7.3.3) nem, mais tarde, a alfabetização (no século XIX) ou a massificação da cultura (já no século XX) puseram termo. Se a Europa Ocidental conheceu, a partir porventura da época clássica do direito romano, um direito que se diferenciava (embora não se autonomizasse completamente) de outras constelações normativas (desde a religião até aos costumes e aos padrões de comportamento do senso comum), também é certo que este direito autonomizado e objeto de um saber especializado nunca foi senão uma parte – estatisticamente quase insignificante – das normas que regulavam a vida comunitária.

Na justificada opinião de alguns historiadores[424], isto obrigaria a uma completa reescrita da história jurídica da Europa. Longe de ser dominada pela imagem artificial de um direito tendencialmente homogéneo e unificador, a Europa constituiria uma constelação de espaços jurídicos locais, correspondentes a comunidades locais regidas por sentimentos de ordem e de justiça próprios, por vezes enraizados em tradições de matriz étnica, exageradamente realçadas pela historiografia românica (o tal *Volksgeist*); mas, talvez ainda mais, em práticas muito mais mutáveis de vida em comum. Na área da Europa Ocidental, algumas comunidades foram tradicionalmente vistas como muito diferentes; é o caso de bascos (vascões), aragoneses e catalães, bretões, saxões, habitantes dos vales alpinos (grisões, por exemplo), celtas, escoceses, nórdicos e samis[425]; mas os localismos eram muitos, eram a regra, sobre a qual pairavam os mundos cosmopolitas dos académicos, cultivando línguas e saberes que se pretendiam universais e que, na verdade, o eram, mas apenas no círculo muito restrito dos que os cultivavam. O facto de a história jurídica – ela mesma feita por uma

---

[424] Clavero, 2012, que abrange na sua crítica anteriores versões deste livro em que eu não incorporava os resultados mais originais de anteriores trabalhos próprios (nomeadamente Hespanha, 1983; Hespanha, 1994a), recaindo, por isso, na repetição de uma história jurídica "europeia", artificial e legitimadora. Trata-se de uma crítica justa, a que, todavia, apenas se pode corresponder se se escrever, quase *ex nihilo*, uma história dos direitos num espaço por nós construído a que chamamos "Europa" (ainda que adjetivada como "ocidental"). Não é nesta nova versão que se poderá levar a cabo tal projeto. Alguns pontos de apoio para uma história desse género: Hespanha, 1983; Spittler (1980a), Gerd, "Abstraktes Wissen als Herrshaftsbasis. Zur Entsehungsgeschichte Bürokratischer Herrschaft im Bauernstaat Preussen", in *Kölner Zeitschrift fur Soziologie und Sozial- psychologie*, 32 (1980), pp. 574-604; ou Spittler (1980b), "Streitregelung im Schatten des Leviathan. Eine Darstellung und Kritik rechtsethnologischer Untersuchungen", em *Zeitschrift für Rechtssoziologie 1* (1980), 4–32 (muito da obra de Spittler – cf. http://www.ethnologie.uni-bayreuth.de/_downloads/Mitarbeiterdateien/spittlerschriften.pdf; nomeadamente *Verwaltung in einem afrikanischen Bauernstaat. Das koloniale Französisch Westafrika 1919–1939*, Wiesbaden, Franz Steiner, 1981; *Herrschaft über Bauern. Die Ausbreitung staatlicher Herrschaft und einer islamisch–urbanen Kultur in Gobir (Niger)*, Frankfurt a.M., Campus, 1978 – interessa a esta problemática); Bauman, 1987; José Maria Portillo Valdés, *Los poderes locales en la formación del régimen foral, Guipúzcoa, 1812-1850*, Bilbao, Universidad del País Vasco, 1987. Para o mundo colonial, nomeadamente para o americano, sobre o qual a história jurídica tradicional projeta fortemente a ideia de receção: Clavero, 1994, 2000; Volkmar Gessner, *Recht und Konflikt. Eine soziologische Untersuchung privatrechtlicher Konflikte in Mexiko*, Tübingen, Mohr Siebeck, 1976; v. também http://www.jstor.org/pss/40877925.
[425] Sobre estes últimos, Forte, 2010; Ravna, 2010.

elite culta e académica – incidir apenas sobre este mundo do saber jurídico letrado teria criado uma imagem artificial de unidade jurídica europeia, apoiada na ideia de uma "receção" passiva do direito culto por umas comunidades periféricas, desprovidas de qualquer capacidade criadora ou modificadora do direito recebido. Nos tempos de hoje, essa ideia estaria, além disso, vinculada à legitimação de projetos políticos de unidade europeia, figurando o direito comum como uma antecipação histórica e um trunfo para o futuro[426].

Estes pontos de vista têm uma grande razoabilidade, tanto no plano teórico, como no da análise e interpretação das fontes históricas. No primeiro, correspondem à crítica da ideologia cosmopolita, que sobrevaloriza alegadas culturas globalizadas, pretensamente universais, mas de facto produto de uma extrapolação globalizadora de culturas locais hegemónicas, e que ficciona uma receção passiva e pacífica desta cultura hegemónica nas "periferias", enquanto desconhece, subvaloriza, menoriza e "exotiza" ou "arcaíza" outras culturas locais, estas subalternas, considerando-as como desvios ao cânone, particularismos, provincianismos ou corrupções da cultura central[427]. Por outro lado, no plano da investigação

---

[426] Cf. Arnaud, 1991; ou Zimmermann, 2001. Criticando ou problematizando: Gessner (1996a), "The transformation of European legal cultures", em Gessner (1996), Volkmar; Hoeland, Armin; Varga, Casba, *European legal cultures*, Dartmouth, 1996, 513 ss.; David Nelken, "Towards a European sociology of law", em http://www.iisj.net/iisj/de/report-david-nelken.asp?nombre=2992&cod=2992&sesion=1 [25/11/2011].

[427] Relacionada com a ideologia cosmopolita ou da globalização está a "teoria da modernização" (*Modernization theory*) que, desde os anos 60 do século XX, considerou como um fator de modernização social a organização político-social que triunfou na sociedade europeia. (Walt Rostow, *The Stages of Economic Growth: A Non-Communist Manifesto*, 1960); David Apter, *The Politics of Modernization*, 1965; David McClelland, *The Achieving Society*, 1967; Alex Inkeles, *Becoming Modern*, 1974; na origem, uma controversa leitura de Max Weber, interpretado como estabelecendo uma linha necessária de evolução entre os vários modelos de legitimação social, que culminaria com a legitimação legal-racional; cf. Hespanha, 1983, 6). Sobre a "teoria da modernização", Weiser, 1966; crítica, de um ponto de vista do historiador, em Wehler, 1975; num sentido semelhante, o meu prefácio a Hespanha, 1993a. A questão da transferência de conhecimentos e tecnologias mentais do saber jurídico para contextos socioculturais diferentes foi abordado na "Réunion d'experts pour examiner les premiers résultats de recherches entreprises sur les conditions du transfert des connaissances" (Vénice, 26-30 Juin 1978; cf. AA.VV., *Dominar o compartir*, Paris, UNESCO, 1983. Desde os meus primeiros trabalhos que venho referindo o caráter etnocêntrico e ideológico desta leitura do "progresso" social, dominada pelas ideias de macrogoverno e macrorregulação de grandes espaços (cf. Hespanha, 1983; Hespanha, 1994a, 439 ss.).

das fontes, os testemunhos da vivacidade dos direitos locais são tão abundantes e impressivos que é impossível manter a narrativa do impacto global de uma grande teoria do direito, que teria progressivamente hegemonizado e homogeneizado a multidão de ordens jurídicas locais.

É certo que a literatura jurídica erudita constitui, durante séculos, um aparelho industrial de produção de imagens, de normas, de exemplos, sobre como organizar a sociedade. Pierre Legendre refere-se a este "tesouro" de *doxa* e de lugares-comuns que foi a literatura jurídica como um "espaço dogmático industrial", dotado de uma enorme capacidade produtora (poética, poiética) de esquemas mentais de leitura da sociedade[428]. E também é certo que este enorme arquivo mental não condicionava apenas os ambientes letrados, pois dispunha de intermediários (*brokers* – notários e escrivães, pregadores, advogados populares [rábulas], estudantes de direito que não completavam os cursos, etc.) que o tornavam acessível a camadas menos cultas e mesmo aos grupos culturalmente subalternizados. Porém, o resultado deste *transfer* jurídico não era uma influência perfeita ou uma receção passiva, mas antes reelaborações que adaptavam a cultura letrada às culturas leigas, semelhante às bizarras interpretações que o moleiro Menochio fazia dos textos das Escrituras ou dos teólogos[429].

Expostos os pressupostos teóricos, vejamos o que resulta da investigação empírica.

Tomemos o exemplo português, que conhecemos razoavelmente[430]. Nos meados do século XVII, o número dos juízes de fora – os únicos que, desde 1539, tinham de ter uma formação jurídica universitária – não ia além de um décimo do total dos juízes dos concelhos[431]. Os restantes eram juízes que, quando muito, saberiam ler e escrever, embora as fontes pareçam evidenciar que nem isso acontecia num número apreciável de casos. Ou seja, mesmo para quem administrava a justiça, o discurso dos juristas eruditos, escrito e, para mais, em latim, era absolutamente inacessível. Como o era a própria lei do reino (nesse caso, as *Ordenações Filipinas*, de 1604).

---

[428] Legendre, 1982; Legendre, 1983.

[429] Refiro-me ao livro clássico de Carlo Ginzburg, *Il formaggio e i vermi*, 1976.

[430] Fundamentalmente por causa da pesquisa feita sobre o sistema de poderes seiscentista, em Hespanha, 1994a. Note-se que o que for verdade para esta época ainda o é mais para épocas anteriores, em que o peso cultural e político do poder real e do direito dos juristas letrados eram muito menor. Não há, porém, estudos correspondentes para a Idade Média. Cf., em todo o caso, Nogueira, 1994; Domingues, 2009, 2012.

[431] Números mais precisos, em Hespanha, 1994a; síntese em Hespanha, 1986f.

O DIREITO MODERNO

No entanto, se descermos ao nível dos destinatários do direito, do que nos damos conta é da existência de um mundo jurídico submergido, pouco aparente para quem lê as obras doutrinais dos juristas.

No domínio do direito, o contraste entre estes dois mundos culturais foi descrito numa já longa série de trabalhos, principalmente de antropólogos[432]. Segundo Boaventura de Sousa Santos – que utilizou os instrumentos teóricos dessas correntes na sua investigação sobre o direito "não oficial" das favelas do Rio de Janeiro[433] – os traços distintivos da prática jurídica dessas sociedades marginalizadas dos nossos dias (cujas estruturas e práticas culturais e simbólicas estão intimamente relacionadas com as das sociedades tradicionais) podem descrever-se da seguinte forma.

Os conflitos tinham um caráter eminentemente comunitário, não se reduzindo a uma questão puramente privada. Uma ofensa à esfera jurídica de outrem era, ao mesmo tempo, uma ofensa à ordem do mundo que definia o seu de cada um. Por isso, a comunidade empenhava-se na resolução dos diferendos, para manter a harmonia do convívio que decorria de uma ordem que se entendia ser imanente, provinda da própria natureza das coisas e traduzida em práticas estabelecidas e direitos e deveres enraizados na tradição. É este caráter transindividual dos conflitos que explica, por um lado, a fluidez das fronteiras entre o direito *(ius)*, a moral *(fas)* e o costume *(mos)*, todos eles exprimindo aquilo que devia ser considerado como fundamento do direito. Por isso, o conflito e as pessoas conflituosas perturbavam a harmonia natural do mundo, o que levava a Igreja a promover a arbitragem como solução dos conflitos[434].

Uma outra característica do direito "dos rústicos" consistia na precariedade dos meios coercivos institucionalizados. Por isto, a resolução dos conflitos assentava em processos de gerar consensos acerca da solução, consensos que possibilitassem não só satisfazer momentaneamente os diretamente interessados, mas também encontrar um equilíbrio estável para todo o grupo. O discurso jurídico socorria-se de todos os argumentos commumente aceites, mobilizava recursos emocionais e afetivos e, longe de isolar a questão num plano técnico e abstrato, fora das paixões da vida, promovia constantemente a sua ligação com outros registos valorativos da vida

---

[432] Cf. Hespanha 1983; 1993a; 1994a.
[433] Santos, 1985, onde dá conta do prinipal de um seu anterior trabalho sobre o tema (*Law against law: legal reasoning in Pasargada law*, Cuernavaca, Cidoc, 1974).
[434] Santos, 1960, 17.

social (ética, religião, mundo das virtudes, tradição), procurando salientar a necessidade de obter um acordo e, por consequência, os deveres das partes nesse sentido. Um último sintoma deste débil grau de institucionalização das instâncias decisórias das questões jurídicas traduzia-se no facto de as instituições jurisdicionais serem integradas ou presididas não por profissionais de carreira, especializados e escolhidos em função das suas qualificações técnicas, mas por pessoas investidas de prestígio social *(honoratiores*, notáveis), que exerciam a função judicial a par de outros papéis e dignidades sociais. A justiça visava repor a ordem social e, por isso, os seus guardiães eram aqueles que, pelo seu prestígio e autoridade social, eram reconhecidos como os garantes dessa mesma ordem (os que "andavam na governança" da comunidade). Também a linguagem jurídica não tinha um caráter técnico ou especializado e, por isso, não provocava a distanciação entre a justiça e a vida, permitindo o controlo e a participação pública no desenrolar do processo e, finalmente, na decisão. O processo aproximava as práticas judiciais dos rituais e formalidades da vida quotidiana, eliminando todos os protocolos em que os aspetos materiais fossem sacrificados aos aspetos formais ou, melhor dizendo, em que a solução socialmente evidente e justa pudesse ser abandonada por razões "formais"[435].

Os estudos sobre a litigiosidade no Antigo Regime[436], embora frequentemente voltados para a litigiosidade dos tribunais superiores (ou seja, para o mundo do direito erudito), têm confirmado estas perspetivas sobre a especificidade do direito popular tradicional e o erro de substituir o seu estudo pelo do direito oficial, aplicado pelos tribunais letrados[437].

Com efeito, apesar do tom irreal e fictício tantas vezes adotado pelo discurso do direito erudito, a realidade desse mundo jurídico não assimilado

---

[435] Por exemplo, a fixação definitiva do objeto do processo de acordo com a *litis contestatio*; a existência de critérios pré-estabelecidos de apreciação da prova; a perda de direitos materiais por prescrição de prazos ou por violação de certas formalidades processuais.
[436] Cf. Hespanha, 1983; 1993a.
[437] Por exemplo, a obra de Richard H. Kagan (Kagan, 1981) – embora incida principalmente na prática judicial de um tribunal superior (a *Chancillería de Valladolid*) – testemunha a oposição, ainda no século XVIII espanhol, entre formas tradicionais e modernas de resolução de conflitos: entre o "pleyto" que corria num tribunal oficial e erudito, submetido às regras do direito escrito, e os antigos *juicios de alvedrio* proferidos pelos juízes tradicionais e honorários dos municípios e aldeias, submetidos ao direito tradicional parcialmente contido nos antigos "fueros". Para a Inglaterra, Clanchy, 83; Musson, 2001; para a Prússia, Spittler, 1980a, 1980b.

era de tal modo gritante que, forçosamente, ele tinha de estar presente no horizonte do jurista letrado. Presente quer como alternativa cultural e jurídica que se tentava combater e depreciar, quer como realidade não assimilada que exigia um enquadramento dogmático e institucional específico. Na literatura erudita, este mundo do direito tradicional, não erudito e não escrito, era designado por mundo dos "rústicos" e o seu direito como "direito dos rústicos" (*ius rusticorum*)[438].

A definição deste universo surge já na literatura clássica do direito comum. Segundo Bártolo, os rústicos são os que vivem fora das cidades ou das terras importantes (*"omnes qui habitant extra muros civitatis vel castri, tamen idem intellegeremus de castris et commitatuis ubi non esse copia hominum et sic non sunt castra insignia"* [os homens que habitam fora dos muros de uma cidade ou castelo, embora também o digamos dos castelos e povoações onde não haja muitos homens e que, deste modo, não sejam castelos importantes])[439]. Ainda mais expressiva é, contudo, a definição de Alexandre de Imola que se refere claramente ao que, em sua opinião, justificava o estatuto especial dos rústicos: a ignorância e a rudeza (*"rusticus proprie est, qui opere, & conversatione est rusticus"* [rústico propriamente dito é aquele que é rude no comportamento e na maneira de falar])[440].

"Rústicos" não era, de facto, uma expressão neutra no discurso da Baixa Idade Média. Longe de constituir uma simples evocação do mundo rural, ela continha uma conotação nitidamente pejorativa equivalente a "grosseiro" (*grossus, grossolanus*), "rude" e "ignorante", por oposição a um ideal de cultura literária que, cada vez mais, se vinha impondo. Esta imagem

---

[438] Literatura sobre os "rústicos" (privilégios, *iudicia*): Andreas Tiraquellus, *Tractatus de privilegiis rusticorum*, Colonia Agrippina, 1582; Renatus Chopinus, *De privilegiis rusticorum*, Pansus, 1575; *Des privilèges des personnes vivant aux champs*. Paris, 1634 (trad. franc.); Iohannis Albini, *Opusculum de regimini rusticorum*, Moguntiae, 1601; Iustus Henning Boehmer, *De libertate imperfecta rusticorum in Germania*, Halliae, 1733; Siculus Flaccus, *De rusticorum regimen*, Moguntiae, 1601; Joh. Wilh. Goebel, *De jure & iudicio rusticorum fori Germaniae*, Helmstadt, 1723; Benedictus Carpzovius, *Disputatio de praecipuis rusticorum privilegia*, Lipsiae, 1678; Iohannis Suevi, *Tractatus de privilegiis rusticorum*, Coloniae, 1582; e outra obras que focam, sobretudo, as obrigações feudais dos rústicos e dos camponeses.

[439] Bartolus, *Comm. ad Dig. infort.* (D.,2,29,7,8,2); idêntica definição é dada por Baldo: *"rusticus dicitur quolibet habitans extra muros civitatis, vel habitans in castro, in quo est hominum penuria"* [diz-se rústico aquele que habita fora dos muros da cidade, ou de um castelo, onde haja poucos homens], (*Comm. D. de iure codic.*, l. *conficiantur*, § *codicilli.* cit., t. III, p. 170).

[440] Alexander de Imola, *Consilia*, Lugduni, 1563, vol. 6 con.1. n.3.

degradada da rusticidade não decorria apenas de uma observação ligeira sobre a diversidade dos hábitos e das maneiras. Enraizava-se em representações mais profundas sobre a natureza dos homens que tanto se aplicavam aos rústicos da Europa como aos nativos descobertos nas terras do Ultramar[441].

A atitude do jurista erudito para com esse mundo é um misto de simpatia, mais retórica do que genuína, suscitada pelo estado virginal da inocência primitiva, de condescendência arrogante relativamente à sua ignorância e estupidez e, finalmente, de desprezo mal disfarçado pela insignificância (também económica) das questões jurídicas que, neste mundo, apareciam. O rústico era, por um lado, a criatura franca, ingénua, incapaz de malícia, desprovida de capacidade de avaliação exata das coisas em termos económicos e, por isso, suscetível de ser enganada: "A mente sincera e aberta dos camponeses aconselha a presunção de que não atuam com dolo [intenção]", escreve Chopinus (*De privilegiis...*, cit., l. 1, p. 2, c. 4). Mas, por outro lado, era o ignorante e o grosseiro, incapaz de se exprimir corretamente e de compreender as subtilezas da vida, nomeadamente da vida jurídica. Por fim, ele era o pobre cujas causas nunca atingiam uma importância que justificasse as formalidades solenes e complexas de um julgamento. Destas características negativas decorre uma série de "defeitos dos rústicos", enumerados por juristas e moralistas[442].

O que transparece neste discurso erudito sobre o mundo dos rústicos não é uma abertura para o reconhecimento do caráter alternativo e diferente do direito tradicional, mas antes uma atitude paternalista e condescendente, própria de quem está perante uma realidade jurídica inferior, precária, que apenas prevalece graças à paciência do direito oficial. A realidade jurídica do mundo rústico é, assim, deste modo, banalizada e expropriada da sua dignidade de prática jurídica autónoma.

A generalidade dos privilégios dos rústicos funda-se, como já vimos, na presunção da sua ignorância e do seu desconhecimento das subtilezas do direito oficial ("*in rustico est praesumptio iuris ignorantia*" [no rústico, deve presumir-se a sua ignorância], Alexandre de Imola, século XIV). Em todo o caso, o que não se presumia era a ignorância dos fundamentos primeiros da cultura e do direito cultos. Era a isso que os juristas cultos se referiam

---

[441] Sobre esta aproximação, à qual voltaremos, v. Prosperi, 1996, 551 ss.
[442] Cf. exemplos em Hespanha, 1983.

quando falavam dos dogmas "primários" do direito natural, cujo reconhecimento se exigia a qualquer homem[443].

Assim, os letrados diziam que, nas causas dos rústicos, se deveria preferir uma decisão baseada no sentido espontâneo da justiça (*ex aequo et bono*) a uma outra fundada na aplicação estrita do direito (*ex apicibus iuris*). Mas acrescentavam mais: em vez de decidir as questões com o sacrifício irreparável e definitivo de uma das partes, era preferível dividi-las ao meio, salomonicamente, sacrificando ao mesmo tempo as duas partes, mas atingindo uma solução de compromisso em que todos obtivessem algo, de modo a construir um equilíbrio estável para futuro. Neste sentido, Baldo diz-nos que os rústicos se põem de acordo dividindo as questões ao meio (*"rustici dividunt per medium quaestiones"*)[444].

Um certo reconhecimento destes direitos populares era inevitável, pois o mundo do direito erudito não tinha qualquer possibilidade de impor os valores jurídicos do direito erudito à enorme massa de gente do campo. Por isso é que, cedendo à força das circunstâncias, o direito letrado admitia geralmente que os costumes particulares dos rústicos revogassem o direito comum.

No entanto, nem tudo era favorável aos rústicos, mesmo no plano deste direito especial. Por um lado, havia circunstâncias nas quais os *privilegia rusticorum* não tinham eficácia[445]; por outro lado, o estatuto dos rústicos compreendia também aspectos negativos, como, por exemplo, o de nunca poderem pertencer à nobreza, ainda que fossem ricos e de bem; além disso, podiam ser livremente ofendidos, já que a ofensa que lhes fosse feita nunca era considerada como uma injúria; e nunca se aceitava a invocação do seu direito especial para se eximirem ao cumprimento dos seus deveres para com os senhores ou senhorios (*i.e.*, quem lhe tivesse cedido terras de cultivo em enfiteuse, o mais importante dos contratos agrários)[446]. Ou seja, a sua liberdade jurídica apagava-se nas relações mais importantes com o mundo hegemónico da cultura oficial e letrada.

---

[443] Já quanto aos princípios de menor hierarquia – os dogmas "secundários" –, presumia-se a ignorância, que se considerava desculpável e juridicamente excusatória (pois "frequentemente, mesmo os mais sabedores se alucinam", J. W. Goebel, *Tractatus de iure...*, cit., 193-4).
[444] Baldus, *Opera...*, cit. (in D. *De negotiis gestis*, l. Nessonis, n. 6), vol. I, p. 120.
[445] Cf. Iac. Menocchio, *De arbiitrariis iudicum quaestionibus...*, c. 194, n. 2/32.
[446] V. o já citado Menochio e, ainda, R. Choppinus, *De privilegiis rusticorum*, cit., l. 1, p. 2, c. 5.

Como se viu, o estatuto dos rústicos assenta numa ideia de condescendência – mais do que de respeito – para com o mundo do direito tradicional. Em todo o caso, se a análise for levada um pouco mais longe, poder-se-á verificar que essa condescendência cessa nos momentos críticos, fazendo parte de uma estratégia doce, mas inexorável, de assimilação e repressão. Uma estratégia que recupera no plano simbólico e ideológico o que abandonara no plano jurídico-institucional.

Com efeito, o discurso sobre o direito dos rústicos – e a própria expressão "rústico" – era dominado por uma oposição fundamental: a oposição entre *saber* e *ignorância*. O saber é o saber jurídico letrado, que representa o ideal cultural de um grupo social, mas que era apresentado como um atributo natural de qualquer pessoa; a ignorância, por sua vez, já não é a edénica inocência original, nem a simples falta de conhecimento, mas, pelo contrário, a atitude antinatural daquele que se fecha, culposamente, ao saber próprio de todos os homens. A violência do discurso erudito reside neste facto. Classifica-se a si mesmo como o discurso da verdade, produto da tendência natural do homem para o saber. Ao mesmo tempo que os discursos alternativos são remetidos para uma zona de recusa contranatural e obstinada de saber que os priva de qualquer legitimidade. Por outras palavras, o jurista erudito nunca considera a prática jurídica dos rústicos como presença de *outro direito* enraizado numa outra cultura, mas como manifestação da ignorância malsã, do arbitrário, do erro, enfim, da "rusticidade". E se transigia com essas práticas era apenas por razões de ordem tática, por uma atitude de contemporização provisória, sempre que não se pudesse vencer pela força a resistência dos rústicos. Castillo de Bobadilla, um jurista castelhano do século XVI aconselha assim os juízes letrados (corregedores) que inspecionavam as práticas do direito das populações do campo: "Nem tão-pouco se classificará de sedicioso [rebelde para com o senhor] o corregedor, se, para evitar escândalo, sedição ou tumulto, acudir a favorecer o povo, o que convém fazer-se por vezes [...] e acomodar-se docemente ao furor ou humor do povo, para o manter na razão. Assim, convém ao corregedor prudente que, vendo o povo raivoso, condescenda, ao princípio, com os seus apetites, para que, sem que isso se sinta, pouco a pouco, o possa manter na razão; porque opor-se a uma multidão irada não é senão resistir a uma torrente rápida que caia de um lugar alto; mas depois, pouco a pouco, afastado o escândalo, irá castigando os sediciosos e culpados de fação"[447].

[447] *Politica para corregedores...*, III, c. 9, n. 44 (t. II, p. 206).

O resultado desta estratégia de repressão dissimulada era a gradual negação do direito à existência das práticas jurídicas tradicionais, em nome do progresso da razão, de um processo civilizador, de uma teleologia da história que, ainda hoje, expropriam a legitimidade de muitos outros mundos culturais minoritários. Neste sentido, o investimento na ideia de que o saber jurídico letrado (tal como é entendido nos meios eruditos das Épocas Medieval e Moderna) é a única base legítima da justiça funciona como meio de expropriação dos poderes periféricos, sendo semelhante a outras formas de centralização do poder, que ocorriam na Europa Ocidental (nos seus espaços coloniais), pela mesma época[448].

Do que se disse, resulta um quadro bastante específico de fontes do direito, quando se trata do mundo local, ou "mundo dos rústicos":

a) costumes locais ditados pelo sentido comunitário de justiça, reduzidos ou não a escrito, cuja existência e eficácia é atestada, ainda no século XVII, pela própria legislação real (*v.g.*, em Portugal, as *Ordenações* portuguesas [*Ord. Fil.*, I, 66, 28]);

b) "posturas" ou "estatutos", tomados em resultado de deliberação dos concelhos ou comunas camponesas, normalmente sobre matérias de organização da vida local (divisão de águas, regimes dos pastos, feiras e mercados);

c) privilégios locais, concedidos pelo rei ou pelos senhores; direitos adquiridos pelo uso; praxes dos tribunais locais;

d) práticas locais de julgamento[449].

---

[448] V., no sentido da equivalência da constituição de um saber abstrato a outras formas de centralização do poder em desenvolvimento na Época Moderna, Spittler, 1980; Gessner, 1996; Bauman, 1977; para os espaços coloniais, Clavero, 1993, 2000.

[449] A tradição, recolhida em provérbios, em contos, em histórias infantis ou na poesia popular, registou frequentemente figuras de juízes populares e suas peculiares decisões. O escritor Aquilino Ribeiro traça, já para o século XIX, o perfil de um destes magistrados rurais, iletrados mas de uma sabedoria manhosa: o juiz de Barrelas (Vila Nova de Paiva), "o das botas amarelas". Nuns autos em que devia condenar um réu por homicídio, mas em que achava que essa decisão seria injusta, julgou assim: "Vistos os autos... Vi e não vi; sei e não sei; corra a água ao cimo; deite-se o fogo à queimada; dê-se o laço em nó que não corre, etc. Por tudo isto e em face da plena prova do processo constante, condeno o réu na pena de morte, mas dou-lhe cem anos de espera para se arrepender dos seus pecados. Cumpra-se. O Juiz de Barrelas" (http://sextobvnp.blogs.sapo.pt/3950.html: [23/11/2011]). (cf. http://blog.comunidades.net/adelto/index.php?op=arquivo&pagina=88&mmes=07&anon=200).

Uma parte destas fontes de direito era integrável no *ius commune* culto, em virtude da sua estrutura particularista (v., *supra*, 6.6.3 e 6.6.4), embora este reconhecimento dos direitos locais pelo direito cosmopolita implicasse a sua integração na lógica deste último e, consequentemente, a sua sujeição à lógica do global. Porém, havia direitos populares cuja lógica global ou cujas normas particulares eram totalmente contrárias ao direito letrado e que, por isso, este nunca poderia reconhecer. Neste caso, estes direitos ficavam completamente à margem do direito erudito, como ordens jurídicas rejeitadas ou ignoradas.

O direito aplicado pelos juízes populares era, decerto, um direito conservador ou mesmo arcaizante. Os séculos XIV e XV tinham trazido grandes transformações à vida local; nas zonas mais abertas ao exterior, era a influência do surto mercantil e colonial; nas zonas agrárias, a recomposição das matrizes sociais provocadas pela introdução de novas formas de detenção e cedência da terra, como a enfiteuse perpetuamente renovável e os morgadios. Muitos costumes e posturas deviam aparecer, nos séculos XVI e XVII, como desadaptados; em muitos casos, terão sido corrigidos pela legislação real, explicita ou implicitamente, considerando-os contra a "boa razão"; noutros casos, ter-se-ão encontrado, localmente, formas de os reinterpretar.

Mas esta realidade do direito popular manteve-se até aos nossos dias, sob formas muito diversas e no seio de estratos populares que foram variando. A partir do século XX, as correntes da doutrina jurídica que têm valorizado o pluralismo jurídico voltaram a atender a estes direitos "locais" como elementos da ordem jurídica, autónomos em relação ao direito estadual e à dogmática jurídica letrada[450].

7.2.7. O legado histórico do *ius commune*

Vendo globalmente a evolução do saber jurídico letrado na Europa Ocidental talvez se possa afirmar que a crise do século XVI não impediu, afinal, a continuação da influência do direito comum. Com o aparecimento da imprensa, foi possível voltar a divulgar – agora mais massivamente – os grandes tratados e comentários do século XIV. Os grandes textos de Bártolo, Baldo e outros grandes juristas do *ius commune* clássico conhecem edições impressas de grande difusão na segunda metade do século XVI e

---

[450] Cf. Sarat, 1993; Hespanha, 2007c, pp. 556 ss.

no início do século XVII[451]. Os populares *Tractati universi iuris*, dos finais do século XVI, sistematizavam por temas e institutos os resultados dos juristas anteriores. O mesmo acontecia, agora com uma sistematização menos elaborada, com os *Vocabularia, promptuaria,* etc., de um e outro direito. Os grandes tratados enciclopédicos de direito, dos inícios do século XVII – desde os dos grandes teólogos juristas peninsulares (Francisco Vitoria, Domingo de Soto, Francisco Suarez, Luis de Molina, Bento Fragoso), até ao *Theatrum iustitiae et veritatis,* do cardeal Giambattista de Lucca – eram, afinal, grandes repositórios do saber jurídico tardo-medieval; o mesmo acontecendo, de resto, com as *Opera omnia* de juristas quinhentistas e seiscentistas – desde Jacques Cujas a Agostinho Barbosa. E, atendendo aos conteúdos, o mesmo se poderia dizer dos juristas franceses e alemães dos séculos XVII e XVIII, ainda que as citações dos clássicos aí apareçam com menos entusiasmo ou o enquadramento metodológico e o sistema de exposição já sejam outros. Reelaborado, reinterpretado e selecionado, o saber jurídico letrado dos últimos séculos medievais sobreviverá, portanto, como horizonte daquilo que, nos séculos seguintes, os juristas cultivados dirão sobre o direito. Mesmo no século XIX, a pandectística (v. cap. 7.4.10.3) reorganiza os materiais do *usus modernus pandectarum*: os resultados normativos vão ser eventualmente diferentes; os textos de autoridade, porém, são os do direito romano, tomados frequentemente com o sentido que lhes fora dado no período do *ius commune*[452].

Porém, o legado do *ius commune* foi ainda de outro tipo: ele constituiu um modelo que continua vivo e a produzir imagens do direito, ainda nos nossos dias.

Uma dessas imagens é a da possibilidade – e dos méritos – de um direito comum a toda a área da Europa, uma espécie de manifestação jurídica de uma "cultura europeia", ou mesmo de uma vocação natural da Europa. Esta imagem é, claramente, uma construção que o futuro fez sobre esse passado medieval. Mesmo no plano da cultura jurídica culta, o direito comum não era tão "comum" como muitos pensaram depois; bastava o peso dos direitos oficiais dos reinos e das cidades, bem como as tradições de julgar dos grandes tribunais de cada país, para dar conteúdos muito

---

[451] Até à segunda metade do século XVIII, os estudantes legistas da Universidade de Coimbra tinham de provar possuir os comentários de Bártolo no ato de matrícula.
[452] Boa síntese desta continuidade do *ius commune* na cultura jurídica letrada da Europa Central e Ocidental em Ascheri, 2009.

localizados a um saber jurídico (bastante) partilhado pelos académicos de várias universidades da Europa. Sobretudo a partir da constituição das grandes monarquias territoriais, nos finais da Idade Média, o contexto político do direito fazia-se sentir cada vez mais fortemente, levando os juristas a terem de considerar as leis do reino (*apud nos autem..., rex noster autem legem introduxit* [entre nós, porém...; porém, o nosso rei introduziu uma lei...] ou mesmo de um reino vizinho (*lex regni vicinioris* [a lei do reino mais vizinho][453]. De qualquer modo, a justificar esta comunidade de direito estava o sentimento destas elites cultas de que existia uma comunhão de sentimentos jurídicos e culturais, construídos pela tanto pela memória comum de um império europeu (o Império Romano do Ocidente) como de uma *respublica christiana communis*, a Igreja de Roma. Portanto, a possibilidade e, mesmo, naturalidade de um direito europeu, ligado a uma cultura comum, estava presente, mais ou menos explicitamente, na literatura do direito comum, de forma tão forte que essa ideia de comunidade triunfava sobre a consciência, também muito presente, da existência de uma multiplicidade de direitos locais. O direito comum seria a manifestação de uma unidade essencial do direito, em progresso sobre a conjuntural diversidade de direitos. Foi esta ideia da existência de um direito essencialmente comum à Europa que veio a ter uma grande fortuna no futuro, sobretudo em épocas em que a unificação da Europa constituiu um ideal hegemónico de organização política do espaço deste continente. Isso aconteceu, com especial impacto, na segunda metade do século XX, com a constituição da CEE/EU. Neste contexto, a evocação do *ius commune*, convenientemente idealizado, não pôde deixar de surgir como um direito europeu, fundado em sentimentos de justiça partilhados por uma "cultura europeia", desenvolvido por cima dos direitos dos Estados, limitando – mas não dissolvendo – a soberania jurídica destes, desenvolvido, sobretudo, na base da autoridade intelectual de juristas e de grandes tribunais (como o Tribunal de Justiça da União Europeia), servido por um corpo internacionalizado de juristas de elite. Facilmente se reconhece que isto não é muito mais do que uma atualização, apropriada aos tempos de hoje, das alegadas ideia e estrutura do antigo *ius commune*, convocando a história do direito para a legitimação de um objetivo político atual[454].

---

[453] Cf. Clavero, 1982.

[454] Cf., desenvolvendo esta estratégia de argumentação, Zimmerman, 2000; ou Arnaud, 1991. A ideia de um direito doutrinal supraeuropeu conheceu já uma institucionalização: o instituto

Um outro legado do *ius commune* foi o de poder constituir um modelo para uma reconstrução do direito, não com base na vontade dos Estados, mas partindo da natureza das coisas, averiguada pelo saber prudencial dos juristas.

Como já se disse neste livro, era muito forte no pensamento social medieval a ideia de que governo e direito obedeciam à ordem das coisas, porque esta ordem era natural e era justa. E, depois, porque ela era natural e era justa em virtude de ser uma ordem divina. Religião, natureza e direito apareciam, assim, combinados numa estrutura de valores e de normas que se sobrepunha à vontade dos homens e dos governos por eles estabelecidos. Este modelo de pensar o direito – que podemos, simplificando um pouco, designar por jusnaturalismo – tem como componentes: a crença na vinculação do direito à religião (cristã); a dependência do direito em relação à natureza das instituições sociais; a identificação do direito com a tradição (com o que está firmemente estabelecido); a identificação do saber jurídico com a prudência (um saber do concreto baseado na observação e na experiência). Em contrapartida, a denúncia da vinculação do direito à vontade (política) de um ou de muitos; a recusa de formulações gerais e abstratas do justo. Algumas ou todas estas componentes têm sido partilhadas por ideologias várias, ao longo dos últimos séculos e na atualidade. Concretamente, constituem o núcleo duro das posturas filosóficas, ideológicas e políticas dos que se têm oposto à política democrática, legitimada pela vontade geral e pelos pactos constitucional e legislativo[455], acusando-as de instaurar uma supremacia, antirreligiosa, antinatural e ilimitada, da vontade do poder, convertida em lei. Não admira, portanto, que a imagem do *ius commune* como um direito respeitador da natureza, das instituições estabelecidas, segregado pela vida em sociedade ela mesmo, maleável, revelado pelos juristas, superior à vontade do poder, constitua um contraexemplo do direito moderno, simplificadamente encarado como um produto da vontade arbitrária do poder, reflexo de experimentalismos e abstracionismos, inimigo da espontaneidade da vida, avesso à ponderação e à prudência.

UNIDROIT, que promove a elaboração de princípios doutrinais que funcionem como fontes inspiração para a unificação do direito dos Estados (cf. http://www.unidroit.org/).
[455] Embora essas componentes também se oponham a sistemas políticos fundados na vontade arbitrária de um chefe.

Contrastar o modelo do *ius commune* com o do direito moderno tem o interesse de mostrar como o conceito ou entendimento do direito que predomina na cultura europeia atual – o de um direito com origem no Estado – não é o único possível e que, na história da Europa, existiram modelos alternativos, um dos quais foi o do direito comum. Do estudo deste modelo resulta que os sentimentos de justiça dos distintos grupos que constituem a sociedade se manifestam não apenas por meio dos processos eleitorais, como se tende a assumir no sistema político e jurídico da modernidade, mas de acordo com as diversas formas pelas quais as sensibilidades dos grupos se exprimem (opinião pública, manifestações, costumes, desuso, protestos, etc.); de modo que identificar padrões jurídicos consensuais pode envolver algum tipo de ponderação entre vários planos de manifestação da sensibilidade jurídica e não, apenas, seguir as indicações do sufrágio.

No entanto, neste tipo de comparações, é preciso ter em conta que os modelos de direito que se comparam são idealizações e simplificações em relação àquilo que nos é dado por uma observação da realidade, histórica ou atual. Esse complexo a que chamamos o direito comum continental não era um conjunto de mandatos da natureza, nem a seiva normativa que brotava de instituições naturais. Era o resultado daquilo que as culturas da época liam como sendo a natureza das relações sociais. Estas leituras, por sua vez, não tendiam para equilíbrios harmónicos entre todos os grupos sociais; antes exprimiam os equilíbrios de poder, as hegemonias e as sujeições que marcavam uma sociedade desigual e que conhecia muitas formas de opressão. Os juristas não eram decisores neutros dos conflitos sociais, mas participantes, diversamente empenhados, nos combates políticos da época. Em contrapartida, também a versão da realidade jurídica moderna como um modelo em que a vida é colonizada e oprimida pelo poder absoluto do Estado é muito simplificadora e unilateral. Frequentemente, o direito do Estado exprime pontos de vista comuns na sociedade e dispõe de dispositivos por meio dos quais incorpora os sentimentos sociais de justiça[456]. Ou, também muito frequentemente, o direito estadual reconhece a supremacia de normas jurídicas, direitos e deveres, de caráter não estadual (normas éticas, normas prudenciais, direitos naturais, deveres estabelecidos por códigos de boas práticas). Por outro lado, o direito oficial está muito longe de funcionalizar os juristas, que dispõem – como

---

[456] Por exemplo, quando remete para a equidade, as boas práticas, a boa-fé, etc.

jurisconsultos e como juízes – de um enorme poder de dizer autonomamente o direito, ainda que, frequentemente, sob o pretexto de que estão apenas a interpretar o direito estadual[457].

Tal como a sua leitura "europeísta", também a leitura "jusnaturalista" e a "antiestadualista" do *ius commune* constituem usos das memórias que ele deixou a benefício da promoção de projetos políticos da atualidade. Toda a história é continuamente objeto desses usos; a do direito comum continental não constitui uma exceção.

7.2.8. O caso português (Épocas Medieval e Moderna): a doutrina jurídica medieval e moderna; direito popular e direito culto

Em Portugal, o conhecimento da produção jurídico-doutrinal europeia é bastante precoce (finais do século XI), apesar de decerto restrita a uma elite culta, constituída especialmente por eclesiásticos (v. doc. em J. Gilissen, *Introdução...*, doc. 14, p. 379) que tinham estudado nas novas universidades do Sul da Europa ou que estavam integrados nos círculos monásticos mais abertos ao estrangeiro[458]. A tensão entre esta nova cultura jurídica e uma anterior, baseada no conhecimento do Código Visigótico, de fórmulas notariais visigóticas, dos Cânones conciliares hispânicos e das *Etimologias* de Santo Isidoro e em tradições jurídicas comunitárias de influência visigótica ou moçárabe (de que há vestígios suficientes na documentação alto-medieval), não está estudada (v., todavia, os textos de J. A. Duarte Nogueira, Francisco da Gama Caeiro e José Mattoso, adiante citados).

Os progressos daquela nova cultura jurídica foram mais rápidos na corte, sobretudo depois do aparecimento dos textos romanizantes de Afonso X *(Fuero real, Siete Partidas)*, muito utilizados em Portugal até aos finais do século XIV (cf., *v.g.*, Nuno Espinosa Gomes da Silva, *História do direito português*, cit., 158 ss.[459]). A fundação da Universidade de Lisboa (entre 1288 e 1300) generaliza o conhecimento das fontes do direito comum,

---

[457] Sobre este uso da história do direito comum, cf. Ascheri, 1996a, 1996b.
[458] Sobre o papel das elites cultas judaicas, Manuel Augusto Rodrigues, "A cultura jurídica medieval e os incunábulos hebraicos", *Atas do Congresso Internacional do IX Centenário da Dedicação da Sé de Braga*, 3 (1990), Braga, Universidade Católica, 231-261.
[459] Publicação de versões portuguesas: José de Azevedo Ferreira, *Alphonse X. Primeyra Partida. Édition et étude*, Braga, INIC, 1980; José de Azevedo Ferreira, *Afonso X, Foro real*, Lisboa, INIC, 1987, 2 vols.; cf. ainda José de Azevedo Ferreira, "A Primeira Partida de Afonso X: versões portuguesas", *Revista da Faculdade de Letras*, Lisboa, 5ª série, 13-14 (1990) 165-172.

instaurando uma nova tensão (cf. doc. em J. Gilissen, *Introdução...*, doc. 14, p. 379) entre a cultura jurídica romanizante (mais próxima do contexto sociopolítico peninsular ocidental) e a cultura jurídica romanista (que reproduzia realidades sociais e políticas do Centro-Ocidente europeu); em alguns pontos, é possível detetar o significado político da opção entre uma e outra (cf. Bartolomé Clavero, 1982, I, 239-298).

Faltam estudos pormenorizados para destrinçar as linhas de continuidade e de inovação, quer da produção jurídica cortesã (sobretudo legislação de D. Afonso III a D. Fernando), quer dos grupos de técnicos (práticos da administração curial?, notários palatinos?, letrados locais?, letrados formados no estrangeiro? onde?) que a promoviam, quer do significado político-social das soluções que iam sendo estabelecidas.

No século XV, a corte utiliza intensamente a produção doutrinal europeia para unificar e sistematizar o direito: são mandadas fazer traduções autênticas do *Código* e dos comentários de Bártolo, ao passo que o direito comum, além de ser intensamente (?) utilizado na confeção das *Ordenações Afonsinas* (em que medida, está por estudar detalhadamente), é consagrado como direito subsidiário *(Ord. Af.,* II, 9; *Ord. Man.,* II, 5; *Ord. Fil.,* III, 64).

Nas *Ordenações Afonsinas* (1446-7), o assunto é tratado no livro II (tit. 9), em que se estabelecem as relações entre o poder real e outros poderes do reino. O que quer dizer que a questão do direito aplicável, nomeadamente no que se refere aos direito canónico e romano (imperial), era encarada como algo que tinha essencialmente a ver com a questão política da relação entre o reino, o Império e o Papado, uma típica questão da alta política medieval. Começa por se estabelecer claramente o princípio de que o direito comum era apenas *subsidiário*, porque o direito do rei, no reino, se sobrepõe a todos os outros – e que, portanto, "quando algum caso for trazido em prática, que seja determinado por alguma Lei do Reino, ou estilo da nossa Corte, ou costume dos nossos reinos antigamente usado, seja por eles julgado, e desembargado finalmente, não embargante que as Leis Imperiais [direito romano] acerca do dito caso hajam disposto em outra guisa, porque onde a Lei do Reino dispõem, cessam todalas outras Leis, e Direitos..." (Liv. II, tit. 9).

Só então, na falta de direito pátrio, se aplicava o direito comum (*i.e*, o direito romano, "Leis Imperiais" e o direito canónico, "Santos Cânones"). A delimitação das esferas relativas dos direitos romano e canónico é feita através do "critério do pecado"; ou seja, no caso de conflito entre os dois direitos, o direito canónico só preferiria o direito civil quando da aplicação deste – tanto em matéria temporal como espiritual – resultasse pecado (*v.g.*, prescrição aquisitiva de má-fé).

Na falta de expressa previsão das fontes de direito justinianeu ou de direito canónico, apelava-se para o direito doutrinal dos glosadores ou dos comentadores. Em primeiro lugar, para a *Glosa de Acúrsio* e, na insuficiência desta, para a *opinião de Bártolo*, ainda que contrariada por outros doutores, pois o rei, por o ouvir dizer a letrados, a tinha tida como a habitualmente mais conforme à boa razão ("E se o caso, de que se trata em prática, não fosse determinado por Lei do Reino, ou estilo, ou costume suso dito, ou Leis Imperiais, ou Santos Cânones, então mandamos que se guardem as glosas de Acúrsio incorporadas nas ditas Leis. E quando pelas ditas glosas o caso não for determinado, mandamos que se guarde a opinião de Bártolo, não embargante, que os outros doutores digam o contrário, porque somos bem certo que assim foi sempre usado, e praticado, em tempo dos Reis meu Avô e Padre, de gloriosa memória; e ainda nos parece que já alguma vez vimos, e ouvimos a muitos letrados, que sua opinião comunalmente é mais conforme à razão, que a de nenhum outro doutor; e em outra guisa seguir-se-ia grande confusão aos desembargadores, segundo se mostra por clara experiência"). Finalmente, se o caso fosse de todo em todo omisso, recorrer-se-ia ao monarca (entenda-se, ao tribunal da corte), que integraria a lacuna.

Na versão definitiva das *Ordenações Manuelinas* (1521), este regime sofre algumas alterações (cf. Ord. Man., II, 5). Continuava a recorrer-se, na insuficiência dos direitos romano e canónico, à doutrina. Reafirma-se o valor da *Glosa* de Acúrsio, mas já apenas quando não reprovada pela opinião comum e, sendo a *Glosa* omissa, acolhe-se a opinião de Bártolo, mas apenas se a opinião comum dos doutores *mais modernos* não a contrariasse ("E se o caso de que se trata em prática não for determinado por Lei do Reino, ou estilo, ou costume suso dito, ou Leis Imperiais, ou Santos Cânones, então mandamos que se guardem as Glosas de Acúrsio incorporadas nas ditas Leis, quando por comum opinião dos Doutores não forem reprovadas, e quando pelas ditas Glosas o caso não for determinado, mandamos que se guarde a opinião de Bártolo, não embargante que alguns doutores dissessem o contrário; salvo se a opinião dos Doutores, que depois dele escreveram, for contrária, porque a sua opinião comumente é mais conforme à razão", II, 5). O que, em termos gerais, significa o intento de ligar o julgador a soluções (as da "opinião comum") capazes de evoluir e assumir as novas necessidades normativas, desvinculando-o de uma obediência forçosa à *Glosa* ou à opinião de Bártolo. Note-se, em todo o caso, que esta última ainda prevalecia sobre a opinião comum dos doutores mais antigos ou seus contemporâneos.

São estas também, na substancia, as determinações das *Ordenações Filipinas* (1603) a este respeito. Embora se note pela sua colocação – não no livro II, a propósito das relações entre o poder temporal e o poder espiritual, mas no livro III, a propósito do direito aplicável na lide – que a questão ganhava, finalmente, uma dimensão claramente "jurídica" e não "política".

Embora se possa falar numa estratégia real de promoção do direito comum (cf. doc. em J. Gilissen, *Introdução...*, doc. 18, p. 380 [carta de Bruges]) isso não acontece, no entanto, sem restrições.

Nomeadamente por esta anteposição, enfaticamente declarada nas *Ordenações*, do direito pátrio aos direitos imperial e canónico. E, de facto, em pontos politicamente decisivos, o direito comum foi corrigido por legislação do reino. É o que acontece, nomeadamente, quanto à titulação e conteúdo do poder senhorial, em que o direito reinícola adotou soluções diferentes da opinião comum dos feudistas (*v.g.*, imprescritibilidade das jurisdições e *regaliae*, caráter apenas intermédio da jurisdição senhorial, elenco dos *naturalia* (*i.e.*, cláusulas normais ou presumidas das doações senhoriais) ou quanto ao regime das relações entre o poder temporal e o poder espiritual, em se vincaram as prerrogativas régias perante as pretensões dos canonistas. A (paradoxal) falta de estudos sobre as discordâncias, neste período, entre o direito próprio e o direito comum impede que se avance mais neste importante diagnóstico do significado político da receção.

No entanto, a prática era diferente, dada a influência dos juristas letrados e a sua autonomia na declaração do direito.

A partir da segunda metade do século XV, inicia-se, de facto, um processo de promoção dos juristas letrados. Até aos meados do século XVI, os mais famosos fazem a carreira no estrangeiro, em divórcio com as realidades do direito "próprio", tendo dificuldades em se implantar na prática jurídica nacional, até porque os modelos da ciência jurídica humanista, então em vigor nas universidades francesas e italianas (humanismo jurídico), os encaminham para campos muito longínquos das preocupações do jurista prático (depuração histórico-filológica dos textos, discussões académicas) (Silva, 1964).

A partir dos meados do século XVI, os juristas formam-se, sobretudo, na Universidade de Coimbra, reformada em 1537 e a que D. João III concedera, pela lei de 13/1/1539 (que exige estudos jurídicos para desembargadores, juízes de fora e corregedores [implicitamente] e advogados [em parte]), o monopólio da formação dos letrados que aspirassem a lugares de letras ou à advocacia. Embora do curso não constasse o direito pátrio, o contacto com o direito nacional era promovido, por se exigir dois anos de "prática" (ou de "residência" na Universidade) (a partir de certa altura, cf. dec. 19/6/1649), para o acesso aos lugares de letras. Por volta de 1623, Filipe IV chegou mesmo a sugerir a criação de uma cadeira para Belchior Febo ensinar direito pátrio, mas o claustro universitário entendeu não ser necessário (27/1/1623, Barbosa Machado, *Bibliotheca lusitana*, s.v. Melchior Febo).

A própria atividade profissional dos letrados, como advogados ou como magistrados, promovia esta contínua integração do direito comum com o direito régio. O reflexo literário desta receção prática do direito comum e da sua miscigenação com o direito pátrio são géneros literários como as *decisiones* (v.g., de Jorge de Cabedo, de António Gama, de Gabriel Pereira de Castro, de Belchior Febo, de António de Sousa Macedo), as *quaestiones* (v.g., as *Quaestionum juris emphyteutici*, de Álvaro Vaz), as *consultationes* (v.g. de Álvaro Vaz), as *allegationes* (v.g., de Tomé Valasco), os comentários ou tratados sobre as leis nacionais (v.g., de Manuel Alvares Pegas, Manuel Gonçalves da Silva ou Manuel Banha Quaresma, de Domingos Antunes Portugal) ou as *praticas* (v.g., de Manuel Mendes de Castro, de Gregório Martins Caminha).

Em todo o caso, a tendência para antepor o direito comum – aprendido nas escolas, objeto de uma vastíssima literatura, considerado como a *ratio scripta* – ao direito pátrio era muito grande. Pelo que, nesta síntese efetuada pelos juristas portugueses dos séculos XVI a XVIII, o contributo do direito pátrio era muito modesto, apesar do sempre crescente movimento legislativo (cf. *supra*).

A formação de uma ciência jurídica erudita e de um correspondente corpo de juristas letrados e profissionais teve consequências profundas na prática jurídica:

a) Por um lado, aumentou a distância entre o direito oficial e letrado, cultivado na corte e nos (poucos) juízos letrados da periferia, e o direito vivido pela maior parte da população e praticado na esmagadora maioria dos tribunais locais, servidos por juízes eleitos e analfabetos (ou, pelo menos, iletrados) (Hespanha, 1994a, 439-470), que as fontes da época descrevem, de forma verosímil, como dominados pelos tabeliães, estes últimos detentores de uma cultura jurídica "vulgar", veiculada por formulários e tradições familiares (tema a carecer de estudo, baseado nos corpos arquivísticos notariais).

b) Com isto, o direito culto ou letrado acabou por criar uma generalizada reação contra os juristas letrados, visível na literatura de costumes (*v.g.*, Gil Vicente, *Auto da Barca do Inferno*).

c) Por outro lado, gerou forte espírito de corpo entre os juristas profissionais que, combinado com a sua função social de árbitros das grandes questões sociopolíticas, com a sua insindicabilidade prática e com os efeitos de uma literatura orientada para a defesa dos seus privilégios estamentais (cf. António de Sousa Macedo, *Perfectus doctor*, Londini, 1643; Jerónimo da Silva Araújo, *Perfectus advocatus*, Ulyssipone, 1743; Gabriel Alvarez de Velasco, *Iudex perfectus*, Lugduni, 1642), os constituiu numa camada politicamente decisiva, cujas alianças e funcionamento político-social se começa hoje a estudar.

d) O direito culto promoveu ainda uma tradição literária com uma dinâmica (textual, dogmática, normativa) própria, dotada de grande capacidade de autorreprodução e pouco permeável às determinações dos contextos extraliterários (ou mesmo dos contextos literários que não fizessem parte da tradição jurídica erudita, como as normas provindas da Coroa – leis, alvarás, etc.) sobretudo em matérias estranhas à literatura jurídica tradicional (*v.g.*, fiscalidade, finanças, administração económica). A literatura jurídica, os seus tópicos, aforismos, fórmulas, brocardos, ditos, regras, repetidos durante séculos, embebem a cultura letrada, mas também a cultura popular, criando formas categoriais de interpretar e avaliar as condutas e relações sociais. Não raramente, as inovações sociais tiveram de conviver com modelos jurídicos contraditórios, tudo se compatibilizando por uma *bricolage* dos juristas que, através da *duplex interpretatio* das velhas fórmulas, as conseguiam compatibilizar com as novidades (e, até, torná-las funcionais em relação a estas). Exemplos típicos: a permanência da proibição da usura perante o disparar da economia mercantil; a tensão entre o desenvolvimento do aparelho político-administrativo moderno e a teoria dos magistrados herdada de uma época em que as atividades do poder quase se reduziam à função judicial (Hespanha, 1984a, 1994a)[460].

7.2.9. O caso português (Épocas Medieval e Moderna): o direito nos territórios coloniais

A partir do século XV, os europeus levaram o seu direito para outras zonas do mundo. Este processo de expansão do direito europeu tem sido frequentemente simplificado, ao ser encarado como um processo unilateral de imposição de uma ordem jurídica europeia a povos de culturas jurídicas radicalmente distintas ou de aceitação passiva por estes de uma ordem jurídica mais perfeita e mais moderna[461]. Pelo contrário, deve ser visto

---

[460] Bibliografia específica sobre Portugal. Sobre a cultura e ensino jurídicos anteriores à receção, José Artur Duarte Nogueira, *Sociedade e direito em Portugal na Idade Média. Dos primórdios ao século da Universidade (Contribuição para o seu estudo)* Lisboa, 1994. Mais alguns elementos em: Francisco Gama Caeiro, "Escolas capitulares no primeiro século da nacionalidade portuguesa", *Arq. Hist. Cult. Port.*, I.2 (1966); *id.*, "A organização do ensino em Portugal no período anterior à fundação da Universidade", *ibid.*, II.3 (1968); José Mattoso, "A cultura monástica em Portugal (875-1200), *ibid.*, III.2 (1970) (= *Religião e cultura na Idade Média portuguesa*, Lisboa, 1982, 355-393), "Orientações da cultura portuguesa no princípio do século XIII", *Estudos Medievais*, 1 (1981)) (= *Portugal medieval. Novas interpretações*, Lisboa, 1984, 225-239); "Sanctio (875-1100)", *Rev. Port. Hist.* 13 (1981) (= *Portugal medieval...*, cit., *ibid.* 396-440); Antonio Garcia y Garcia, *Estudios sobre la canonística portuguesa medieval*, Madrid, 1976; José Antunes, *A cultura erudita portuguesa nos sécs. XIII e XIV (juristas e teólogos)*, diss. de doutoramento dact., Coimbra, Faculdade de Letras, 1995 (disponível em http://hdl.handle.net/10316/678); José Domingues, *Códices Medievais de "Ius Proprium" em Portugal. Nos 800 anos das leis das Cortes de Coimbra [1211-2011]*, Porto. Universidade Lusíada, 2012. Para o período posterior à receção v., por todos, A. M. Hespanha, *História das instituições...*, cit., 439 ss.; Nuno Espinosa Gomes da Silva, *Humanismo e direito em Portugal no séc. XVI*, Lisboa, 1962; *História do direito português*, Lisboa 1985, loc. var.; Martim de Albuquerque e Ruy de Albuquerque, *História do direito português*, I, Lisboa, 1984/1985, 273-295.

[461] Sobre a chamada "teoria da modernização", cf. Weiser, 1966; Wehler, 1975. Estes problemas já foram levantados na introdução de Hespanha, 1983. A questão dos *legal transfers*, considerados como mudanças de modelos de conhecer o direito, foi abordada na "Réunion d'experts pour examiner les premiers résultats de recherches entreprises sur les conditions du transfert des connaissances" (algumas das comunicações deste encontro foram publicadas em AA. VV., 1983; v., em especial, Lenoble, 1972). A bibliografia sobre o tema é vastíssima (destaco, para vários cenários, Barton, 1983; Singh, 1986; Knafla, 1995; Mann, 1991; Mommsen, 1992; Darian-Smith, 1999; Bilder, 2004; aplicação (Hong Kong, Macau): Coates, 1967, 1968, Hespanha, 1994c; apreciação crítica, Clavero, 2012).

como um fenómeno muito complexo, em que as transações jurídicas se efetuam nos dois sentidos, em que a violência se combina com a aceitação, cada parte traduzindo nos seus modelos culturais e apropriando para os seus interesses elementos dos direitos alheios; em que as condições de domínio político variam de acordo com os lugares, os tempos e os modelos de dominação colonial ("imperial"). Por outro lado, tanto as sociedades colonizadoras como as sociedades coloniais são política e culturalmente complexas, portadoras de uma pluralidade complexa de direitos; todos eles interagem entre si, numa situação de contacto. É tudo isto que deve ser considerado, ao encarar a extensão ao Ultramar dos modelos jurídicos europeus.

7.2.10. A estrutura política do império

Com a expansão portuguesa, a partir do século XV, o direito vigente em Portugal tende a aplicar-se no Ultramar. Porém, a situação de cada zona territorial ultramarina era muito diversa, sendo também diferentes os estatutos políticos das várias "conquistas". E, assim, os equilíbrios entre o direito da metrópole e os direitos dos vários grupos populacionais locais eram muito diversos.

Tinha de se distinguir, antes de mais, o estatuto político e jurídico dos colonos a viver, de forma mais ou menos estável, no Ultramar do dos povos nativos.

Os primeiros eram portugueses ("naturais", "reinóis") segundo o critério das *Ordenações* (filhos de pai português, *Ord. Fil.*, II, 55), aplicando-se-lhes o direito do reino (direito comum ou direito pátrio), embora este, a tal distância, estivesse ainda mais sujeito aos particularismos locais. Os nativos, em contrapartida, não sendo filhos de pais portugueses, não eram portugueses e, por isso, não se regiam pelo direito da metrópole, embora este se lhes pudesse aplicar enquanto súbditos "não naturais", "políticos" ou "territoriais" do rei. Porém, a maior ou menor intensidade do poder colonial, as diferenças culturais, os equilíbrios políticos locais, as distâncias, as diferenças culturais e as perspetivas cruzadas de colonizadores e colonizados particularizavam e complexificavam mais a vigência desta regra formal do direito culto europeu[462].

---

[462] Na prática dos diversos contextos coloniais, a situação foi complexa até muito tarde; cf. Silva, 2009, 145 ss. ("estrangeiros atípicos").

Tratar-se-á, de seguida, de pontualizar um pouco mais.

O "império" colonial português[463] foi muito marcado pela dispersão territorial, de modo que os modelos clássicos tradicionais na Europa de organizar politicamente o espaço se tornavam ineficazes. Estes baseavam-se na ocupação e organização políticas de espaços contínuos e na sua cobertura por uma rede de funcionários dotados de competências bem estabelecidas. Este domínio político uniforme e contínuo não era possível num conjunto territorial disperso e extensíssimo, absolutamente desproporcionado em relação à capacidade demográfica, logística e militar da metrópole. De resto, nem o próprio Império Romano tinha conhecido esta regularidade. Para começar, tinha distinguido os cidadãos, sujeitos ao *ius civile*, de outros habitantes do império (*peregrini*, depois *socii* ou *provinciales*)[464], que se regiam por instituições e direitos particulares ou por um vago direito dos povos (*ius gentium*). Apenas em domínios politicamente críticos, vigoravam as normas do direito romano ou, mais frequentemente, as estabelecidas autoritariamente pelos funcionários imperiais no uso do seu poder extraordinário (*extraordinaria potestas*). Também o "império" português não se organizava de forma homogénea, antes fazendo conviver instituições muito variadas, de acordo com as conveniências (e, também, com os constrangimentos) locais[465].

Pode afirmar-se que a estrutura do governo de tipo tradicional, inspirada nos modelos administrativos vigentes no reino, foi a exceção, reservada às zonas de ocupação terrestre mais permanente e, mesmo aí, com particularismos institucionais ou práticos. Nas outras zonas, é possível estabelecer uma gradação entre modelos mais tradicionais e formais (municípios ou capitanias-donatarias), passando por modalidades menos completamente institucionalizadas de organização do poder (fortalezas/ /feitorias, protetorados, tratados de paz e vassalagem), até às manifestações

---

[463] A expressão "império" não é rigorosa, em termos jurídico-políticos, quando aplicada às conquistas portuguesas, já que os reis portugueses não usaram a titulação imperial senão nos finais do século XVIII. Cf. Thomaz, 1990; Saldanha, 1998.
[464] Síntese, com bibliografia, http://en.wikipedia.org/wiki/Roman_citizenship, [4/12/2011].
[465] Jack P. Green usa a expressão "império negociado" (Green, 1992). Destaca modelos coloniais baseados em pactos (com os colonos e com as nações índias); frequentemente, este aspeto pactício era menos evidente do que a força das circunstâncias locais. Uma explicação (problemática) para o pluralismo político e jurídico dos impérios ibéricos, enraizando-a nas experiências de "convívio" cultural da Península, Benton, 2000, 2002.

de um poder meramente indireto e informal, como a influência exercida por meio de mercadores, de eclesiásticos ou de aventureiros (por vezes, deportados, os "lançados").

João Pinto Ribeiro, numa obra de polémica anticastelhana dos meados do século XVII, já notava esta estrutura compósita do "império" português, sobretudo quando confrontado com o castelhano: "Vencidos [os reis do Oriente], não os despojavam dos reinos e senhorios que possuíam. Ou os deixavam neles com toda a majestade real, impondo-lhes algum tributo, por razão da guerra, ou restituíam o reino a algum rei amigo a que injustamente estava usurpado. Mostraram os nossos capitães o ânimo livre e desinteressado com que procediam nas terras descobertas ou vencidas. A nenhuma mudaram seu antigo nome, a nenhuma o deram de uma cidade ou província de Portugal [...]. Nunca os sereníssimos reis de Portugal se intitularam de alguma província sujeita, se não foi a da Guiné e do senhorio do comércio"[466].

Esta mistura de poderes não chocava demasiadamente o imaginário político da teoria política corporativa. Poderes divididos – o da Coroa com o da Igreja; ambos com os dos municípios, dos senhorios, da família – constituíam uma realidade política habitual do cenário político europeu de então. Também a existência de periferias populacionais não integradas era algo de familiar. No Império Romano, existiam os *provinciales* e, na extrema periferia, nações bárbaras. No direito do mundo medieval e moderno falava-se de rústicos, ou de *pagani* (habitantes das aldeias)[467]. Agora, no "império" ultramarino, havia Estados, municípios, conquistas, vassalos, protetorados, estrangeiros amigos e estrangeiros inimigos ou estrangeiros bárbaros. E isto determinava o grau de dependência ou de autonomia política e jurídica.

Aplicadas ao espaço ultramarino, esta plasticidade de organização era muito vantajosa. De facto, a extensão ao "império" do enquadramento político da gente e do espaço que vigorava no reino representaria uma mobilização de meios humanos e financeiros que um pequeno país não podia suportar. Ora, quer a limitação dos objetivos de domínio político-administrativo, quer a atribuição de maior ou menor autonomia de governo,

---

[466] *Desengano ao parecer enganoso que deu a El-Rey de Castella Filipe IV certo ministro contra Portugal*, 1645 (cit. Saldanha, 1992, 184).

[467] Os dois termos já aparecem nas *Saturnalia*, de Macróbio (1,16,6), para designar os habitantes de zonas longínquas das cidades.

O DIREITO MODERNO

representavam uma economia decisiva de esforços. O resultado seria um império pouco "imperial" ou, nos termos da época, com pouca "reputação": heterogéneo, descentralizado, deixado ao cuidado de muitos centros políticos relativamente autónomos, uns de matriz europeia, outros de matrizes nativas, ponteado de soluções políticas bastante diversas e onde a resistência do todo decorria da sua maleabilidade.

O próprio título dos reis de Portugal, adotado no período da expansão, traduz, de certo modo, este caráter minimalista das ambições políticas, como fora notado por João Pinto Ribeiro, no texto acima citado. De facto, salvo no que respeita às zonas de domínio efetivo e mais tradicional – o Norte de África, o "Algarve de Além-Mar" e a Guiné –, nunca se invocaram senhorios territoriais precisos, mas apenas um genérico e potencial senhorio sobre "a conquista, navegação e o comércio da Arábia, da Pérsia e da Índia"[468]. Abaixo, no plano da prática jurídica e política, havia formas institucionais e jurídicas, tiradas da experiência europeia, que ajudavam a pensar e a dar forma às diversas situações concretas. Se quisermos tentar uma tipologia das formas de domínio que ocorreram no império português, podemos dizer que a organização administrativa e jurídica das áreas ultramarinas obedeceu a um número limitado de modelos conhecidos na Europa, diversamente combinados[469]: municípios[470], governos militares (capitanias[471], fortalezas[472]), concessões de tipo feudal ou vassálico (donatarias, vassalagens, prazos[473]), entrepostos (feitorias)[474], concessões contratuais a privados de exploração e comércio[475], monopólios de comércio

---

[468] Sobre a titulação dos reis de Portugal, Saldanha, 1992, 178, 288 ss.
[469] Sobre eles, com maior detalhe, Hespanha, 1996, cap. 3.
[470] Sobre os municípios ultramarinos, v., em síntese, Magalhães, 1994a, 1994b; Fragoso, 2001; para o Brasil: Zenha, 1948; Fabris, 2008; Braga, 2008; para Moçambique, Rodrigues, 1998; para Macau, Lessa, 1970; Amaro, 1994.
[471] Concessão da terra a um senhor, que devia promover a sua colonização, assegurar a sua administração civil (devolvendo-a a instituições municipais, logo que possível) e defendê-la militarmente. Fonte: Cf. Cabedo, 1602, II, 28 e 29, n. 7; bibliografia, Saldanha, 1986, 1998.
[472] Cf. *Ord. Fil.*, II, 47.
[473] Isaacman, 1972; Newitt, 1973; Rodrigues, 2002.
[474] Cf. Rau, 1966; Matos, 1982.
[475] O contrato baseia-se no instituto jurídico de arrendamento de *regalia* (direitos do rei) a particulares que, mediante uma contraprestação (renda), recebiam o direito de exercer certos direitos régios (cobrança de tributos, exploração de estancos ou monopólios, etc.), dando assim origem a formas de administração indireta.

e de navegação[476], padroados[477]. Nas fronteiras, postos avançados (arraiais, acampamentos, presídios); e, para além das fronteiras, estrangeiros amigos ("de pazes", "sobas amigos mas não vassalos" [478]) ou inimigos ("bárbaros").

O modelo de um poder absoluto ou "soberano" – isto é, não dividido – no plano externo cede perante esta multiplicidade de modelos políticos, em que a Coroa portuguesa convive e partilha atribuições com os poderes locais e poderes externos. Para além das situações (excecionais na África e na Ásia) em que a administração assumia formas de governo direto – nomeadamente o governo militar – ou formas metropolitanas puras – nomeadamente o governo municipal (ainda assim, maleável aos contextos) –, raramente a ocupação portuguesa implicava mudanças formais na estrutura administrativa precedente. Isto porque o regime de um autogoverno, mais ou menos tutelado, com a permanência das instituições políticas locais e a consequente devolução para elas das tarefas de governo, era mais económico, com a condição de não prejudicar as finalidades pragmáticas do ocupante. Este regime de autogoverno decorria, frequentemente, de tratados celebrados com os potentados locais. Em alguns casos, resultou de concessões feitas após conquista militar[479], explicáveis não tanto por uma generosidade em relação aos vencidos, mas, sobretudo, pela consciência da impossibilidade de administrar, diretamente ou com recurso aos modelos europeus de domínio, populações com culturas políticas e jurídicas completamente estranhas. Noutros casos, consistia apenas de uma tácita tolerância.

Pondere-se, a finalizar esta referência à complementaridade entre poderes formais e informais na arquitetura do império português, que – ao contrário da administração do reino – o governo ultramarino assentava num modelo de atribuições e poderes mais móvel do que as do modelo "jurisdicionalista" de governo, baseado na estabilidade das competências

---

[476] Um instrumento jurídico de efetivação do monopólio português foi o *cartaz*, salvo-conduto passado pelos capitães ou feitores portugueses a todas as embarcações de comércio local.
[477] Cf. Rego, 1940.
[478] Cf. Reg. 12/2/1676, dado ao governador de Angola Aires de Saldanha e Menezes (cf. *Arquivo das Colónias*, 3 (jul.-dez. 1918, 60-73), 124-136, 188-192), cit. em Rego, 1967, 63.
[479] Por vezes, essa garantia cifrava-se na outorga pela Coroa de um "foral", ou carta de reconhecimento de direitos. Era o caso de Goa, a cujas populações nativas se passou, poucos anos após a conquista, um *Foral dos usos e costumes dos gancares e lavradores desta Ilha de Goa e destas outras suas anexas* (de 16/9/1526).

das magistraturas ordinárias[480]. Recorrendo a uma distinção clássica, podemos dizer que, no Ultramar, predominavam magistraturas extraordinárias ou comissariais, ou seja, magistraturas cujas competências não estavam fixadas na ordem do direito e dependiam apenas da vontade do rei[481]. Por outro lado, a "mobilidade" das coisas ultramarinas exigia flexibilidade das competências, das normas e dos processos. Assim, as atribuições dos órgãos de governo eram indistintas, dependendo da oportunidade do momento ou de soluções casuísticas contidas nos regimentos ou mesmo das instruções orais ou por carta cerrada. A lei geral era substituída pela pragmática (norma sobre um assunto concreto), pelo regimento *ad hoc*. O juízo (*iudicium*), ou decisão ponderada e argumentada, era baseado numa racionalidade argumentativa, pela solução arbitral ou arbitrária. Tudo isto transformava o governo numa atividade pouco rigorosamente regulada, sobretudo dependente do acaso das pessoas e das situações[482]. E o domínio político transformava-se numa rede de relações em que o fator de fidelidade pessoal se sobrepunha ao fator político-jurídico que caracteriza as relações administrativas formais[483]. Com isto, a fronteira entre domínio formal e domínio informal esbatia-se forçosamente.

Em suma. Ao contrário do que acontecia com os impérios clássicos, como o da Espanha, fundado sobre o domínio homogéneo de um território e integrado numa estratégia régia de reputação da Coroa, o império português obedecia a uma lógica mais pragmática e económica, fundada sobre a autonomia e a modularidade das partes componentes, sobre uma economia dos custos políticos assente num aparente não-governo e sobre uma pluralidade de fontes de regulação, desigualmente hegemonizadas pela regulação do direito metropolitano.

---

[480] Sobre ele, Hespanha, 1993.
[481] Sobre a oposição entre magistraturas ordinárias e comissariais, v. Hintze, 1962; Hespanha, 1984, 26 ss.; Hespanha, 1994, 505 s.
[482] "E porque as cousas do mar são incertas e há casos que se não podem prevenir antecipadamente: hei por bem que Vós, com o Almirante da dita frota, auditor, e sargento-mor, e capitão de mar e guerra da capitania, disponhais, nos tais casos, o que se vencer por mais votos...", reg. de Salvador Correia de Sá, 5/3/1644, Mendonça, 1972, II, 621.
[483] Cf. Gouvêa, 2004.

7.2.11. O direito e a justiça

Um balanço global dos modelos de inter-relação dos direitos metropolitano/europeu, das comunidades de colonos e das populções indígenas ou escravas está muito longe de estar feito, embora haja muito material disperso do qual se pode partir.

A complexidade da situação, bem como a diversidade dos possíveis olhares sobre ela, pode ser ilustrada por um documento já do início do século XIX[484], *Carta do Compadre do Rio de S. Francisco do Norte, ao Filho do Compadre do Rio de Janeiro. o qual se queixa do parallelo, que faz dos indios com os cavallos, de não conceder aos homens pretos maior dignidade, que a de Reis do Razario, e de asseverar, que o Brasil ainda agora está engatinhando e crê provar o contrario de tudo isso*. Por J.J. do C.M., Rio de Janeiro, Impressão Nacional, 1821. O quadro que ele brevemente dá mostra o intrincado das relações mútuas de vários direitos e jurisdições nas aldeias do interior de São Paulo (aldeias e vilas dos "Valentes, fieis, briozos, e honrados Paulistas, e seus filhos, esses Mistiços filhos de Indias"): "Eu tenho tranzitado por algumas d'essas Aldêias, e Vilas, onde prezidem esses Juizes Brancos e Indios, que Vm. figura, que os Juizes brancos conduzem os Indios, como o Cavalleiro conduz o cavallo pelas redeas: perdoar-me há Vm. a liberdade de assegurar-lhe, que está mal informado d'esses factos. Os Juizes n'essas Villas são de facto hum Branco, e hum Indio; servem por semanas alternadas, com a diferença, que o Indio só conhece, e despacha verbalmente diferenças dos seus Indios, ou destes com algum Branco, Preto, ou Pardo; com as decizões deste Juiz nada tem o Juiz Branco, assim como o Indio senão embaraça nas decizões daquele, o qual conhece dos feitos contenziosos, e discussões forenses, e he para ver, e admirar, que o Juiz Indio sem revolver Bartallos, nem Acursios, quasi sempre julga com Justiça, retidão, e equidade, quando o Juiz Branco enredado nos intricados trocicollos da manhoza chicana raras vezes acerta; por mais que para isso se desvelle, quando se desvela" (p. 7). Europeus, colonos, indígenas; juízes brancos e juízes índios; Acúrsio, Bártolo e equidade natural, só que inesperadamente distribuídos.

O texto que se segue, tenta, com base em elementos disponíveis, dar alguma ordem na questão.

---

[484] Amavelmente comunicada pelo Prof. Samuel Barbosa, da Faculdade de Direito da Universidade de São Paulo. Referida nos *Annaes da Bibliotheca Nacional do Rio de Janeiro*, 9 (1881), p. 582; é citada em vários lugares.

O direito em vigor no império era, em princípio, o direito português, tal como estava contido nas *Ordenações*, legislação real e doutrina vigentes no reino. No entanto, este princípio não levava a uma pura e simples aplicação territorial do direito do reino; *i.e.*, a uma aplicação genérica do direito português nos territórios sujeitos à monarquia, quaisquer que fossem os sujeitos da relação jurídica, a origem e natureza desta relação ou o seu objeto.

Por um lado, e do ponto de vista do direito culto, oficial, do reino, entravam aqui em funcionamento as normas de conflitos do direito comum que regulavam os critérios pelos quais se decidia a aplicação do direito de um reino (ou de uma cidade) naquelas questões que tocassem mais do que uma ordem jurídica. Nesta época, predominava nesta matéria a teoria estatutária[485], desenvolvida pelos juristas europeus a partir do século XIII, segundo a qual o direito do reino só se aplicaria, em princípio, aos seus naturais, que as *Ordenações* definiam como os filhos de naturais (cf. *Ord. Fil.*, II, 55)[486]. Este princípio conhecia algumas limitações, inspiradas por soluções casuísticas contidas nos textos romanos, bem como por razões de equidade. Nestes termos, o direito português tinha uma aplicação, em princípio, pessoal: aplicava-se a todos os naturais residentes no reino[487].

De acordo com estes princípios, estavam excluídos do âmbito de aplicação do direito português as relações jurídicas pessoais de residentes estrangeiros (como eram as populações indígenas não cristãs dos territórios dominados), que, assim, se continuavam a regular pelos seus direitos pessoais. Com maioria de razão, eram estrangeiros isentos de sujeição ao direito do reino os nativos residentes em territórios apenas avassalados ("sobas amigos mas não vassalos") ou vizinhos ("... e os que não quiserem receber a dita amizade sem fazer mal a meus vassalos, nem impedirem a pregação do Santo Evangelho, se lhes não fará dano algum"[488]). Por vezes, o

---

[485] Cujo texto de arranque era C., 1,1,1, *Cunctos populos*...: "Queremos que todos os povos, regidos pelo império da nossa clemência [...]". V., *supra*, 6.7.2.
[486] Comentário, Fragoso, 1641, I, 99, 227 ss.; Pegas, 1669, XII, p. 449, n. 4; Portugal, 1673, I, cap. 15, n. 31 ss.; Melo Freire, 1789, I, 12, 7; II, 2, 1 ss.; IV, 7, 23.
[487] Por "reino", entendia-se o território europeu e as suas adjacências, bem como os territórios sujeitos (*dominationes*); Melo Freire, 1789, II,2,2, *in fine*. Naturais eram também os batizados no reino (os "cristãos" tornavam-se portugueses, pelo batismo). Bibliografia sobre o estatuto pessoal nas colónias: Bicalho, 2003; Silva, 2009; Herzog, 2002a, 2002b, 2003a.
[488] Reg. André Vidal de Negreiros, 14/4/1655, Mendonça, 1972, II, 712.

respeito pelas instituições e direito nativos estava expressa nos tratados[489]. Estas regras não valiam, porém, em relação aos povos sujeitos *manu militari* ou aos cativos não reduzidos à escravidão: os que se tornassem escravos passavam a estar sujeitos às leis do reino, como membros de uma comunidade doméstica portuguesa.

Isto queria dizer que, mesmo que juízes portugueses tivessem jurisdição sobre nativos[490], o julgamento destes nas questões entre eles teria de decorrer de acordo com o direito indígena, exceto nos casos em de estivessem em causa valores supremos, de natureza política ou religiosa[491].

Este princípio da personalidade na aplicação do direito (ou da prevalência do "critério do sangue", *ius sanguinis*) combinava-se, porém, com um outro que decorria de pontos de vista que aproximavam a questão da vigência do direito da questão do âmbito do poder político (jurisdição) do príncipe. Para esta perspetiva, que era dominante sempre que a questão a regular estivesse particularmente relacionada com a afirmação do poder do príncipe (ou com um interesse geral da república)[492], o direito do reino tinha uma aplicação territorial. Neste caso, não eram reconhecidas aos estrangeiros as prerrogativas jurídicas do seu estatuto (de não naturais), sendo antes considerados como "súbditos territoriais"[493].

---

[489] Excecionalmente, os tratados de amizade ou vassalagem previam a aplicação do direito português. Cf. o tratado com o reino do Congo, que previa a aplicação nesse reino (como?) do direito português (exceto o direito criminal): "Regimento da embaixada de Simão da Silva", *Monumenta missionaria africana*, I, 228-246; cf. Rego, 1959, 45-50.

[490] Era comum a entrega a juízes portugueses do julgamento de causas entre nativos: em Macau, Procurador dos Negócios Sínicos (Hespanha, 1995b, 42-45); em Goa, *Tanadores* ou *Gãocares*, com jurisdição sobre as aldeias ou comunidades nativas (Hespanha, 1995b, 39-41); no Brasil, os *Capitães das Aldeias* com jurisdição sobre as comunidades índias ("Regimento das aldeias e capitães das aldeias", 30/10/1611: Estatuto de 13/11/1611, n. 4, Mendonça, 1972, I, 327); Regimento de André Vidal de Negreiros, 1655, ns. 42-56, Mendonça, 1972, II, 711-713); em África, alguns oficiais e juízes portugueses participavam em tribunais nativos (Santos, 2005, 824); em Timor, os frades dominicanos eram consultores dos chefes tradicionais (*liurais*) em matérias de governo e justiça (Castro, 1867; Rego, 1967, 125 ss.).

[491] Por exemplo, na Índia, o adultério, o *sati* (queima ritual das viúvas), *kisas* (forma de vingança privada), cf. Singh, 1986; em África, a condenação coletiva, cf. Hespanha, 2001a.

[492] Como no caso das questões penais, administrativas, de polícia, processuais e fiscais, nas quais o direito do príncipe devia ter uma aplicação territorial, independente do estatuto pessoal dos intervenientes.

[493] Mais tarde, esta será a regra de aplicação do direito; cf. Melo Freire, II,2,11.

Nas relações mistas, os portugueses procuravam chamar a outra parte ao seu foro, embora existissem normas destinadas a proteger os nativos dos abusos dos europeus na utilização de um foro e de um processo que estes últimos dominavam e utilizavam a seu bel-prazer[494]. No entanto, também se verificam situações em que os portugueses se submetem às justiças locais, no caso de relações mistas. Assim, no tratado com o rei de Quíloa, os portugueses comprometem-se a sujeitar-se às justiças locais no caso de processos contra não-cristãos[495]. Em Macau, as autoridades chinesas reclamaram, a partir de meados do século XVIII (1743), jurisdição criminal sobre os portugueses no caso de crimes graves cometidos sobre chineses[496]; já na jurisdição cível, regiam as normas da "teoria estatutária" do direito internacional privado, mas procurava evitar-se situações em que portugueses fossem colocados na situação de terem de responder perante tribunais chineses[497].

Em suma, para o direito português, o âmbito de aplicação espacial das ordens jurídicas portuguesa e indígena era o produto da compatibilização destes dois princípios – o da personalidade do direito e o da ligação entre direito e soberania territorial. O primeiro predominava nas questões de estatuto pessoal, o segundo nas questões relacionadas com o estatuto político ou com os bens imóveis.

O pluralismo jurídico que daqui decorria explica-se, naturalmente, por razões de ordem prática, pois, nas conquistas, esta devolução para os direitos e jurisdições locais da regulamentação das questões entre não

---

[494] Cf. Regimento da Relação de Goa de 1548, proibindo a prisão por dívidas de nativos e regulando a sua prisão por furto, Pereira, 1954, I, 180 s.
[495] Thomaz, 1990, 75.
[496] V. supra; cf. também Sousa, 1991, 251 s. O ponto de vista chinês baseava-se numa norma tradicional da diplomacia chinesa de não reconhecerem direitos de extraterritorialidade sobre qualquer parcela do território do Império. Assim como não reconheciam qualquer potentado estranho senão como tributário (cf. Sousa, 1991, 23). Cf., ainda, sobre a sujeição dos portugueses à jurisdição criminal chinesa, Afonso, 1986, 30 s. (e bibl. aí citada).
[497] Assim, proibiu-se que celebrassem com os chineses contratos em relação aos quais o vice-rei de Cantão ou os seus magistrados reclamassem jurisdição exclusiva: "Por se evitarem os danos que apontam os ditos Oficiais da Câmara e não ser conveniente que cristãos vassalos de Sua Majestade demandem aos chinas pelas suas dívidas diante de seus mandarins, em prejuízo da jurisdição real" (alv. 9/12/1690, Arq. Macau, 4ª s., 8.1 (1988) 72-73; sobre o sistema pluralista da jurisdição em Macau, v. Afonso, 1986, 30. De qualquer modo, tinha de se recorrer ao tribunal mandarínico do Tsotam para obter a execução patrimonial dos devedores chineses (Souza, 1870, 5).

portugueses representava uma enorme economia de meios para a administração colonial.

Porém, estas razões de ordem prática eram ainda confirmadas por concepções mais profundas que modelaram o relacionamento dos europeus com os povos com que iam entrando em contacto. Algumas dessas concepções tinham origem nas discussões dos juristas letrados acerca de questões como as da legitimidade da guerra de conquista, do domínio político dos povos não europeus, da apropriação dos seus bens, ou da sua redução à escravatura; questões que foram abundantemente tratadas pelos juristas-teólogos da Segunda Escolástica peninsular (c. 1520 - c. 1600), professores das Universidades de Salamanca, Valladolid, Coimbra e Évora (nomeadamente Francisco Vitoria, Domingo de Soto, Luis de Molina, Azpilcueta Navarro e, entre os portugueses, Fernando Rebelo e Baptista Fragoso), todos muito influentes nos meios cultos durante os séculos XVI a XVIII[498]. Estes teólogos tinham autonomizado a "natureza" em relação à "fé" e, consequentemente, achavam que as instituições dos povos ou comunidades (como o poder político, a propriedade, a liberdade pessoal) deviam ser respeitadas, independente da ortodoxia religiosa desses povos. A questão tinha ganho grande acuidade com a descoberta de novos mundos ultramarinos que os ibéricos queriam dominar[499].

O fundamento destas novas concepções vem a ser a ordem natural ou a natureza do homem, definido como um ser racional e sociável, portador de uma única natureza ("unidade do género humano"[500]), embora a sua aptidão para um convívio social honesto – *i.e.*, conforme à natureza – não fosse sempre a mesma. De facto, alguns autores continuavam a distinguir vários graus de civilização ou de polícia nos povos, distinguindo os povos "políticos" dos "bárbaros", "silvestres" ou "selvagens", e fazendo assentar nesta distinção – e não na ortodoxia religiosa – a respeitabilidade das suas instituições, da sua liberdade e da sua propriedade[501]. Este protagonismo da natureza sobre a fé veio minar as ideias de supremacia dos poderes e instituições do mundo cristão sobre os restantes. Ou seja, veio pôr em

---

[498] Para a literatura anterior, as fontes são a *quaestio* "De bello", da *Summa theologica*, de S. Tomás (IIa.IIae, q. XL, a. 1).

[499] Sobre o tema, v. Dias, 1973, 191 ss.; Pagden, 1981.

[500] A unidade do género humano foi afirmada solenemente na bula *Sublimis Deus*, de Paulo III (2/6/1537); cf. Dias, 1973, 198 s.

[501] Cf. Saldanha, 1992, 245 ss., citando Vitoria, José de Acosta e João de Barros.

causa a ideia – típica da teologia fundamentalista de Santo Agostinho, século IV[502] – de que o poder e as instituições só eram legítimos quando fundados na religião revelada, pelo que os cristãos poderiam subjugar legitimamente os outros povos, a fim de os obrigar a aderir à mensagem de Cristo (*"compellere eos intrare"* [obrigá-los a aderir])[503]; de que o Papa poderia dividir o mundo em zonas de conquista dos reis cristãos; e de que o direito da Igreja se imporia aos direitos seculares, mesmo aos dos gentios. Na verdade, a ideia da unidade do Homem, independentemente da pluralidade das culturas, vem legitimar todas as instituições humanas e pôr em crise a hegemonia, no plano meramente natural[504], de umas formas culturais (políticas, jurídicas) sobre as outras.

Assim, Francisco de Vitoria, no seu tratado sobre os índios recentemente descobertos (*De indiis recenter inventis relectio prior*, 1539) é taxativo no sentido de que "o pecado mortal não impede a propriedade civil de ser uma verdadeira propriedade", "a infidelidade não é impedimento de que alguém seja verdadeiro proprietário", "as razões da fé não podem destruir nem o direito natural nem o humano"[505]. Também Domingo de Soto, ao discutir a legitimidade da guerra contra os infiéis que nunca tiveram contacto com a mensagem evangélica, declara que "a fé não destrói a natureza, antes a aperfeiçoa e, portanto, não se justifica que se prive das suas possessões os homens que as têm pelo direito das gentes; sobretudo porque a infidelidade negativa, *i.e.* a daqueles que nunca ouviram falar do nome de Cristo, não constitui pecado nem merece nenhum castigo" (*De iustitia et iure* [...], lib. V, q. 3; 1582[506]). É nisto que assenta a novidade destes autores na teorização da justeza da guerra contra os infiéis ou da legitimidade da subjugação ou desapropriação destes pelos cristãos – a guerra tinha de ser justa, e esta era só a guerra defensiva ou aquela que se destinasse a pôr

---

[502] Sobre o augustinianismo político e jurídico, v. Villey, 1968, 70 ss.

[503] Sobre a ideia de cruzada no pensamento político português, Dias, 1969, II, 810 ss.; Dias, 1973, 227 ss.; Thomaz, 1990, 73 ss.

[504] Já no plano espiritual, haveria formas de vida mais conformes à salvação do que outras. Mas, não podendo a salvação ser senão o produto de uma opção livre, o aperfeiçoamento político das sociedades apenas poderia decorrer do convencimento operado por uma educação pacífica, o que, por sua vez, colocava os cristãos perante a responsabilidade de dar a conhecer a verdade evangélica aos outros povos.

[505] Citados em Dias, 1973, 223.

[506] Cf. http://books.google.com.br/ebooks/reader?id=EmpE-ABaie0C&hl=pt-BR&printsec=frontcover&output=reader; ed. bilingue, latim-castelhano.

fim a formas não humanas de convívio. Esta última categoria de guerras ofensivas justas era a que tinha mais relevo prático no Ultramar; entre as suas causas estavam a interdição de divulgar a mensagem cristã (que devia ser ouvida, independentemente da sua aceitação ulterior), a violação da paz[507], a opressão injusta de inocentes[508] e, para alguns, o impedimento do comércio pacífico[509]. O elenco das causas da guerra justa não abrangia, por isso, nem a guerra ordenada pelo Papa, nem aquela que se dirigisse à conversão forçada[510], nem a guerra a pretexto da prática pelos indígenas de atos considerados bárbaros ou depravados pelos cristãos; isto porque a própria cristandade não estava isenta de pecado, além de que o homem não se podia substituir a Deus na punição dos pecados[511].

Injusta a guerra, era também injusto qualquer ato que decorresse dela, como a destruição das comunidades indígenas, a apropriação dos seus bens, o cativeiro dos seus membros, a conversão forçada ao cristianismo. Esta doutrina teve um especial interesse no que respeita aos infiéis que viviam fora das fronteiras do mundo com que os europeus já tinham trato. Na verdade, no interior do mundo já conhecido, a guerra contra os infiéis ("cruzada") baseava-se na ideia de que as terras por eles ocupadas já tinham sido cristãs e que, guerreando-os e sujeitando-os, não se fazia mais do que, usando de uma guerra justa de legítima defesa, reparar uma ofensa que, antes, por eles tinha sido feita à cristandade, repondo uma situação anterior de justa posse dos cristãos. Isto valia para a África (sobretudo para a setentrional), para o Próximo Oriente e mesmo para as regiões da Índia, pois, segundo a tradição, aí teria chegado a mensagem cristã, pela pregação de S. Tomé. Mas não valia, claramente, para a América, para a África

---

[507] *V.g.*, maltratar os comerciantes pacíficos, admitidos por tratados, ou embaixadores pacíficos do rei, guerra.

[508] Neste caso, a guerra justa limitar-se-ia à guerra repressiva, não podendo assumir foros de guerra de conquista (Luis de Molina, cit. por Dias, 1973, 259).

[509] V., para esta problemática no pensamento português, antes de todos, Dias, 1973, 236 ss.; Hespanha, 2001.

[510] Cf. Dias, 1973, 247, 255 ss.

[511] Cf. ainda, Dias, 1973, 254 s., 260. Os princípios da teologia moral peninsular quanto à escravização e ocupação dos domínios alheios estão compendiados, *v.g.*, Domingo de Soto, *De iustitia et de iure* [...], lib. 5, q. 3, ou em Bento Fragoso, *Regimen reipublicae chrisrianae*, 1641, III, l. 10, disps. 21 e 22 (onde se cita bibliografia suplementar, nomeadamente Rebelo, 1608, I, lib. I do *prael.*, qs. 9 e 10, e Molina, 1593, I, tract. 2, disp. 35).

Meridional ou para o Extremo Oriente[512]. Nestas zonas, o governo político das comunidades indígenas, a liberdade pessoal dos seus membros e a propriedade dos seus bens deviam ser, em princípio, respeitadas, como instituições de direito das gentes.

Este universo ideológico contrapunha-se, porém, a outros, de sentido diverso. Um deles era o da oposição, já referida (cf. 7.2.6) entre comunidades civilizadas (civis, políticas) e comunidades rústicas, que reduzia as últimas a uma situação de menoridade civil e política, legitimando, pelo menos, uma tutela civilizadora. E, de facto, muitos dos povos nativos – quase todos, na África e na América, alguns também no Oriente – eram considerados como vivendo num estado de enorme rudeza ou rusticidade[513], o que justificava uma tutela, como a que se exercia sobre os filhos, ou mesmo uma domesticação, como a que se aplicava aos animais. Domingo de Soto reconhece que, tal como, dentro de uma cidade ou até de uma família, há pessoas rudes que, consequentemente, carecem de capacidade para se dirigirem a si mesmas, também, no orbe, existem nações "que nasceram para servir" e que, portanto, se devem "subjugar pela força", submetendo à ordem "aqueles que, como feras, andam errantes e sem nenhum respeito pelas leis do pacto [de convivência política], invadindo o alheio por onde quer que passem" (*De iustitia et iure*, l. IV, q. II, a. II). Tal como no caso dos rústicos, esta sujeição à ordem (ao direito e à jurisdição) real podia até ser justificada como uma medida de misericórdia por pessoas oprimidas por ordens nativas injustas e cruéis, como seriam as destes "selvagens" (*miserabiles personae*; "negros miseráveis", lê-se em algum documento)[514].

Ainda mais contrastante com o modelo pluralista da tolerância é o imaginário da guerra, e mais concretamente o da guerra de cruzada. Desde o direito romano que a guerra era um título justo para escravizar os vencidos e, naturalmente, para tomar os seus bens e destruir a sua organização política. Mas, no Ultramar, a guerra justificava-se ainda por alargar a fé

---

[512] Sobre as tipologias dos "infiéis" e "gentios" para estes efeitos, v. Saldanha, 1992, 240 ss.
[513] Alguns haveria assim, segundo os padrões europeus, mesmo no Oriente: "Considerar a maneira de que vive esta gente [os habitantes do interior da ilha de Socotorá, no Mar Roxo), certamente que é muito para notar; porque eles não têm entre si, nem rei, nem governador, nem prelado ou pessoa alguma a que obedeçam e os ordene; mas vivem quase à maneira de feras, sem algum conceito de justiça e vida política" (D. João de Castro, *Roteiro de Goa a Suez*, citado por Dias, 1973, 278).
[514] Cf. Santos, 2005, 822.

e o reino ("reconquista" e "cruzada"). Era a guerra mais legítima, e também menos regulada e mais feroz: a guerra "sem quartel", que se podia mover contra rebeldes, infiéis ou bárbaros[515]. Este imaginário da guerra devia ser dominante entre os colonos, nomeadamente entre a nobreza e os militares. Para estes, os nativos eram inimigos, facilmente equiparáveis a bárbaros, contra os quais tudo era permitido. Esta contraposição entre a ideologia da unidade do género humano (temperada pela ideologia da civilidade-rusticidade) e a da guerra (de cruzada, ou de conquista) explica a tensão, muito evidente no Brasil durante toda época colonial, entre a legislação do reino que proibia a escravização dos nativos e as pretensões esclavagistas e de extermínio normais entre os colonos ("bandeirantes", guerras "dos bárbaros").

Estas correntes doutrinais não bastam, naturalmente, para explicar os episódios concretos das relações dos portugueses com os povos africanos, asiáticos ou americanos. Aí comandavam geralmente interesses mais imediatos (políticos, comerciais). Em todo o caso, estas ideias não deixam de constituir um elemento relevante na avaliação das situações e nas atitudes em relação às entidades políticas e aos direitos dos indígenas.

Assim, também no plano doutrinal, havia argumentos importantes para excluir uma aplicação automática do direito europeu aos povos do Ultramar. Estes argumentos, combinados com as vantagens políticas e logísticas do reconhecimento de uma maior ou menor autonomia aos direitos nativos, explicam que a não aplicação do direito português aos indígenas fosse corrente.

Como veremos, a redução desta matriz pluralista, quer em relação à comunidade dos colonos, quer em relação às comunidades nativas, vai acentuar-se na Época Moderna tardia. Mas, até lá, tanto as situações políticas concretas como os imaginários dominantes confluem num reconhecimento amplo da vigência de direitos locais, embora – no caso dos direitos indígenas – sempre limitado pela ideia de que a submissão política (a vassalagem) devia ter consequências no plano do direito que hoje chamamos público (direito político, organização administrativa, direito processual fiscalidade, direito penal) e de que o objetivo de cristianizar e de civilizar podia levar a limitações na esfera de auto-organização e de autorregulação dos povos indígenas.

[515] Hespanha, 2001a, 2004.

É isto que explica a vigência nas várias zonas do "império" de direitos locais, tanto das comunidades colonas como das populações nativas.

Na Índia, era reconhecida a jurisdição das magistraturas hindus[516] e maometanas[517], bem como a vigência dos direitos locais anteriores à conquista portuguesa nas relações internas das respetivas comunidades, mesmo nos aspetos de direito público. Para certificar estes direitos, sobretudo nas matérias que interessavam à administração portuguesa (como o estatuto da terra), procedeu-se à sua codificação num foral confirmado pelo rei (*Foral dos usos e costumes dos gancares e lavradores desta Ilha de Goa e destas outras suas anexas, 16/9/1526*)[518], documento que era entendido não como uma fonte autónoma de um "novo" direito instituído pelos colonizadores, mas apenas como a compilação de um direito pré-existente, pelo que devia ser interpretado (eventualmente segundo o parecer de juristas indígenas) ou corrigido de acordo com os costumes tradicionais[519]. Já nas matérias de governo, fazenda e, por vezes, também nas matérias penais, aplicava-se o direito português. Porém, as comunidades aldeãs de Goa (tanadarias, gãocarias, "aldeias, "comunidades") tiveram, até ao século XIX, um regime jurídico especial[520], pois eram regidas pelo seu próprio direito e governadas por autoridades indígenas (os *gancares* e *tanadores*)[521]. A "câmara geral" constituía uma instituição indígena de cúpula com jurisdição global sobre

[516] Sobre direito e magistraturas hindus, v. Gilissen, 1988, 101 ss.; Pereira, 1954, 36.
[517] Sobre direito e magistraturas maometanos, v. Gilissen, 1988, 117 ss.; Pereira, 1954, 38.
[518] Publ. em *Arch. portuguez oriental*, V, 312; Pereira, 1954, I, 410; Mendes, 1886, 11, p. 180; orig., ANTT Gav. 20-10-30; confirmações: 15/3/1628; 2/3/1682; 18/3/1716.
[519] V. Pereira, 1954, 62, onde se relata um caso de interpretação do "foral" de Goa por "juristas de terra firme", cujo parecer o rei manda de futuro guardar ("mando que daqui em diante se guardem os ditos costumes, asi e da propria maneira que de antigamente se costumou nesta terra, e he o acima declarado; e a verba do dito foral se entenderá sempre com esta limitação [...]", *Arch. portuguez oriental*, V, 72).
[520] Sobre a autonomia jurídica das aldeias, cujo direito devia ser aplicado pelos tanadores, cf. Reg. 1515, *Arq. port. oriental*, fasc. 5, nº 1. Sobre as "aldeias", v. Xavier, 1852a e 1852b, 1856; Rivara, 1870; Azevedo, 1890; Gracias, 1907; Rocha 1973, max. 318 ss.; Gomes, 1987. Mais fontes, Hespanha, 1996.
[521] No início do século XVIII, as gancarias são assim descritas: "[...] e cada uma tem a sua câmara que a governa, a que chamam gancaria, e seu distrito de terras que cultiva, e todos pagam a V. Magestade o foro que antigamente pagavam aos reis gentios que as possuíam quando os portugueses as conquistaram; todas estas estão subordinadas a uma câmara geral, a qual não tem bens nem terras algumas, e se compõe de vinte e quatro gancares de doze aldeias [...]" (*Arch. port. oriental*, doc. de 3/1/1717, fasc. 6, supp. 2, doc. 80, pg. 234).

o conjunto das aldeias. Em 1763 (1/1), são integrados no Estado da Índia os novos territórios cedidos pelo rei Sunda ("Novas Conquistas"), sendo então garantidos às suas populações os privilégios, isenções e imunidades que detinham sob o anterior regime, bem como os seus usos e costumes, ficando isentos das justiças e tribunais de Goa e diretamente dependentes do rei (carta de privilégios de 5/6/1763)[522].

Mesmo nestes domínios (nomeadamente no âmbito da pequena criminalidade), a administração portuguesa procurava formas "leves" (de tipo quase-arbitral) de processamento das matérias, recorrendo, nomeadamente, à organização eclesiástica para, por meio dos seus tradicionais mecanismos canónicos da *compositio* ou da *correctio fraterna*, instaurar a disciplina comunitária. Assim, o assento da Relação de Goa de 12/5/1563[523] confiou as pequenas causas-crimes de cada freguesia aos mordomos da Igreja ou confraria[524], quer as partes fossem cristãs ou não. Evitava-se deste modo aquilo que fontes da época descrevem como a fúria litigante dos hindus, que, por questões mínimas, destruiriam as suas fazendas em intermináveis lides perante os ouvidores letrados oficiais. Também os cristãos gozavam de um direito próprio. Por razões práticas, para os isentar da ordem jurídica gentia que os prejudicaria (nomeadamente no sistema de castas da Índia, que os privava de casta e os colocava numa situação jurídica e social penosa). Mas também porque o batismo os tornara portugueses. Legislação portuguesa editada para a Índia nos meados do século XVI manda aplicar às mulheres casadas que se convertessem o regime de meação nos bens do casal, para as pôr ao abrigo das pressões económicas dos maridos gentios[525]. Também aos filhos convertidos se garante a herança de seus pais, avós e parentes, além de se lhes fazer entregar, logo no momento do batismo e mesmo em vida dos pais, a "terça" portuguesa nos bens a herdar[526]. Estas disposições faziam parte – ao lado de outros

---

[522] V. *Codigo dos usos e costumes dos habitantes das novas-conquistas. Em Portuguez e Maratha, acompanhado dos respectivos índices*, 1861 (1ª ed., 1854); v. ainda, Xavier, 1840. O mesmo acontece em Damão: *Codigo dos uzos e costumes dos habitantes não-christãos de Damão*, 1854.
[523] Confirmado por alv. do vice-rei (20/6/1563; cf. *Arch. portuguez oriental*, V, nº 416.
[524] Cf. Rocha, 1973.
[525] CL 12/8/1557, *Arch. portuguez oriental*, V, nº 427; Pereira, 1954, II, 110 ss.; os forais e costumes "quando se fizerão foi pera infieis".
[526] "[...] as mulheres e filhos dos gentios, fazendo-se cristãos, e bem assi todos os novos conversos, herdassem de seus pais e avós, e também entre si, como os portugueses" (CL 22

privilégios (*v.g.*, estatutários[527], fiscais[528], administrativos, judiciais[529]) destinados a favorecer as conversões ("provisões, privilégios e liberdades a favor da cristandade"), posteriormente reunidos nos "livros dos Pais dos Cristãos"[530] – de um direito especial dos cristãos. A instituição do "Pai dos Cristãos"[531] (surgida, na Índia, em 1537 e difundida, depois, por outras praças do Oriente, como Malaca e Macau), laica e criada pelo poder secular, visava a educação e proteção dos catecúmenos e convertidos[532]. Tal proteção no plano civil e político baseava-se justamente na existência de regimes jurídicos mais favoráveis e no reconhecimento, por parte do direito, de um poder de tutela, semelhante à exercida sobre os filhos ou sobre os órfãos, por parte de um curador coletivo (o "pai dos cristãos"). Assim, os indígenas cristãos (apesar de "naturais") nem gozavam da plenitude da capacidade jurídica perante o direito do reino, nem se desligavam completamente da ordem jurídica local. No plano judicial, o "pai dos cristãos" era o juiz privativo dos indígenas cristianizados ("e tem em cada região um destes pai dos cristãos portugueses que tem cuidado de os defender e julgar suas demandas em coisas poucas e castigadas quando é necessário e assim doutrinar os cristãos", *Instruções ao Pai dos Cristãos*, de Alexandre

e 25/3/1559 e alv. 10/3/1564; Pereira, 1954, I, 120 ss.; CL, 12/8/1557, Pereira, 1954, II, 110 ss.). A Coroa prescinde ainda das heranças vacantes segundo o direito gentio, atribuindo-as às filhas ou mulher, desde que cristãs (CR. 15/7/1557, Pereira, 1954, II, 107-108) e concede aos convertidos de Goa os privilégios e liberdades dos portugueses, CL [titulação "... e dos R.os de Malluquo, ett."] de 15/6/1557, Pereira, 1954, II, 109.

[527] *V.g.*, a concessão da liberdade ao escravo de infiéis que se converta (CL 5/3/1559, Pereira, 1954, II, 114 ss.).

[528] *V.g.*, a isenção de dízimos por 15 anos; CL 24/2/1581, Pereira, 1954, II, 124; ou a redução dos direitos alfandegários, como acontecia em Malaca, Pinto, 1994, 2011.

[529] As pequenas questões entre convertidos deviam ser julgadas oralmente, sem delongas e formalidades, por juízes portugueses, normalmente eclesiásticos (cf. prov. de 25/6/1562 [Pereira, 1954, I, 263 s.], atribuindo aos mordomos das freguesias ou das confrarias competência jurisdicional sobre gentios e cristãos em causas de valor diminuto; cf. ainda o ass. Câmara de Goa, 15/9/1568). Mais tarde, cria-se um conservador dos cristãos (CR 21/2/1581, Pereira, 1954, II, 212; cf., já antes, a citada CL 11/12/1570).

[530] Cf. Wicki, 1969; Rocha, 1973, Manso, 2009.

[531] A designação pode ter uma origem navarro-aragonesa, onde o magistrado que exerce a tutela sobre os órfãos (correspondente ao juiz dos órfãos dos concelhos portugueses) se designa por "padre de huerfanos".

[532] O "Pai dos Cristãos" era o chefe da Casa dos Catecúmenos, com os mesmos objetivos.

Valignanus, S.J.)[533]. Em Macau, em 1644 (12/1), os cristãos da China apresentam uma petição para terem os mesmos privilégios que os da Índia[534].

Também em Macau vigorava este princípio da dualidade do direito e das jurisdições. Segundo uma tradição que chega ao século XIX, fora logo na primeira reunião da câmara, em 1583, que se estabelecera que o procurador do concelho assumisse, para além das suas normais tarefas[535], a jurisdição sobre a população chinesa. Seja como for, já em 1587 a justiça sobre os chineses não competia às autoridades portuguesas, não podendo os ouvidores portugueses interferir na jurisdição que o mandarim do distrito de Macau[536] tinha sobre as questões internas da comunidade chinesa residente em Macau. No caso de relações mistas, porém, o ouvidor devia administrar a justiça, dando recurso para a Relação de Goa, se a questão excedesse a sua alçada[537].

No Brasil, pode falar-se de um duplo particularismo do direito.

Por um lado, o direito metropolitano era apropriado pelas comunidades colonas locais e suas elites, bem como era adaptado às circunstâncias locais pelos tribunais e juízes da terra, que nos meios de direito régio e letrado eram frequentemente considerados como ignorantes, desobedientes e corruptos. A vivacidade da autorregulamentação local das comunidades colonas tem vindo a ganhar evidência. Tem-se salientado o poder político e de autogoverno das elites das terras, a manipulação que faziam dos funcionários e instituições da Coroa (e, mesmo, das instituições metropolitanas), a autonomia dos oficiais locais, bem como a sua capacidade de construir um poder próprio a partir da confusão jurisdicional e da distância que os separava da Coroa e dos seus agentes[538]. Já o Pe. António Vieira,

---

[533] Cf. *Instruções ao Pai dos Cristãos*, de Alexandre Valignanus, S.J., Ajuda 49-IV-49, fls. 226.
[534] Cf. A.H.U., Macau, cx. 1, nº 38; microf. no Arq. Hist. Macau.
[535] Que incluíam a defesa dos interesses, bens e rendas do concelho (cf. *Ord. Fil.*, I, 69).
[536] Que se instalará dentro da cidade em 1736 (*Tso-tam* ou mandarim de Mong-Ha).
[537] Cf. Regimento de 16/12/1587, ns. 13 e 31; também, "Título do regimento do Ouvidor de Macao nas partes da China", Arq. Hist. Ultr., Macau, cx. 1, doc. 1; ainda em Pereira, 1954, I, 396. Para mais detalhes, Hespanha, 1996.
[538] Sobre a importância política do poder municipal – na esteira de Prado Júnior e de Charles R. Boxer (Prado Júnior, 2000; Boxer, 1969, *max.* 305-329) –, Bicalho, 2001, 2003, 2003a, 2005; 2005b; Sousa, 2006, 2009; sobre o peso das elites locais: Fragoso, 2000, 2001, 2003, 2007; Furtado, 1999; Gouvêa, 2002; Mello, 2005; discutindo o tema da pluralidade e autonomia dos poderes das comunidades colonas, Russel-Wood, 1998, 2000a, 2000b; Hespanha, 2007b; Xavier, 2008 (cap. 1); Coelho, 2010; Braga, 2007; Pereira, 2008; Elliott, 2006; Furtado, 2007;

no Sermão da Terceira Dominga da Quaresma, salientara este desvanecimento do poder central, recorrendo à metáfora do Sol e da sua sombra: "... assim como o Sol, por meio dos seus raios, alumia, aquece e vivifica a todas as partes da terra; assim o rei (que não pode sair do seu zodíaco) por meio das penas que tem junto de si, dá luz, dá calor, e dá vida a todas as partes da monarquia, ainda que ela esteja fora de ambos os trópicos [...] A sombra, quando o sol está no zênite, é muito pequenina e toda ela fica debaixo dos pés. Mas quando o sol está no oriente ou no ocaso, essa mesma sombra se estende tão imensamente, que mal cabe dentro dos horizontes. Assim são os que pretendem e alcançam os governos ultramarinos. Lá onde o sol está no zênite, estas sombras (os funcionários ultramarinos) ficam debaixo dos pés do príncipe e dos seus ministros. Mas quando eles chegam àquelas Índias, onde nasce o sol, ou a estas (a América), onde o sol se põe, crescem tanto as mesmas sombras, que excedem muito a medida dos mesmos reis de que são imagens."

Além destes direitos coloniais "locais", existiam os direitos indígenas. Embora haja bastante literatura sobre eles, a questão das relações com os direitos locais coloniais e com o direito metropolitano não está sistematizada[539]. Em 1537, o Papa Paulo III declarou que os indígenas "eram entes humanos como os demais homens"; e, em 1611, uma carta régia de Filipe III reconheceu a legitimidade das comunidades índias, sua liberdade e propriedade[540]. Este imaginário favorável tinha raízes, como se viu, em perspetivas doutrinais; e estas não correspondiam, em geral, à cultura comum, sobretudo à cultura comum colonial[541], em que, muito geralmente, o índio era assimilado ao bárbaro. Por esta razão e por outras mais ligadas à vida prática, a pressão local no sentido da escravização e expropriação dos índios era muito grande. O Regimento de Tomé de Souza, de 1548, autorizava a escravização da mão de obra indígena, ao permitir "guerras justas" para submeter os índios. Em 1680, a Coroa reconhece de novo os direitos

---

Oliveira, 2012. Mais concretamente para os aspetos de direito e justiça, Antunes, 2004; Lara, 2006; Ruiz, 2007; Wehling, 2004. Para esta autonomia do direito das comunidades coloniais isoladas contribuía ainda o facto de serem de "fronteira" (Souza, 2006; sobre a cultura de fronteira, clássico, Turner, 1921; sobre o direito e os juristas "de fronteira", as páginas de Lawrence Friedmenn, 1973, 163-165 *et aliunde*).

[539] Cunha, 1987; Souza Filho, 2006; Colaço, 2003.
[540] Cf. Bonciani, 2010.
[541] Cf. Marcocci, 2011.

dos índios; mas, na prática, as suas imagem e situação oscilava entre a de "índios bravos", a guerrear, e "índios selvagens", a tutelar e civilizar[542]. O modelo de missionação dos jesuítas fez com que surgissem, no Norte e no Sul – a partir do sínodo de Asunción, de 1603 –, aldeamentos índios, cujo autogoverno combinava normas tradicionais indígenas e preceitos religiosos com uma autonomia que permitia que se lhes chamasse "repúblicas índias"[543]. Mais tarde, este sistema de aldeamentos indígenas inspirou a constituição de aldeias tuteladas por um "capitão", com atribuições semelhantes às dos Pais dos Cristãos no Oriente[544]. Para além das comunidades índias, existiam também comunidades de escravos africanos fugidos[545], que se mantiveram, com continuidade e visibilidade diversas, do século XVI ao século XIX; os mais importantes foram o quilombo de Palmares e a confederação de quilombos de Campo Grande[546]. Pela sua própria natureza de comunidades clandestinas ou rebeldes, tinham uma organização própria, que tem sido estudada por antropólogos e historiadores.

Em Moçambique, os costumes indígenas regeram nativos (e mesmo portugueses "cafrealizados" do Zambeze até ao século XIX[547]), altura em que se tenta a sua redução a escrito, para continuar a vigorar como direito dos indígenas[548]. O regime gentílico da terra foi juridicamente respeitado até aos finais do século XIX, quando a equiparação dos africanos aos europeus levou a que fosse recusada a proteção jurídica àquelas formas de detenção tradicional de terras que não coubessem nos modelos europeus (propriedade privada)[549]. A palavra que designava as decisões conforme ao direito indígena era *milando*. Este termo (banto) significa problema para

---

[542] Thomaz, 1968; Perrone-Moisés, 1992.

[543] *V.g.*, a República Guarani, entre o Paraná e o Rio Grande do Sul, estendendo-se para o Paraguai, Bolívia e Argentina; outras pequenas repúblicas estendiam-se até ao Alto Amazonas: repúblicas Chiquita, dos Moxes. Por vezes, as repúblicas tinham assentamento em sesmarias doadas pela Coroa.

[544] Cf. Domingues, 2000.

[545] Sobre o direito luso-brasileiro dos escravos, v. Lara, 2005.

[546] Cf. Martins, 2008.

[547] Rodrigues, 2002.

[548] Cf. Pereira, 2001; Silva, 2004. Um exemplo destas codificações de direito indígena foi o chamado Código dos Milandos de Inhambane, que o Governo-Geral de Moçambique mandou observar nos julgamentos de indígenas na província de Inhambane (Portaria de 9 de julho de 1855).

[549] V. Coissoró, 1965.

o qual já existe uma tomada de decisão, acompanhada de uma estimativa da reparação dos danos[550]. Chegou a existir uma codificação colonial de usos indígenas para julgamento dos milandos[551]; processos de milandos, sobretudo do século XIX, existem nos arquivos locais.

O caso de Angola é hoje muito interessante, porque existem fontes, quer metropolitanas, quer indígenas, para o estudo do jogo entre o poder e o direito colonial e os direitos indígenas. Uma vez que se conservam em parte os arquivos mantidos pelos Dembos desde a primeira metade do século XVII[552], é possível avaliar a autonomia política e jurídica destas comunidades. Com base nisto, pôde ser traçado um quadro bastante detalhado de como funcionavam, no espaço colonial, os costumes e jurisdições nativas. A jurisdição dos sobas sobre os seus vassalos era formalmente reconhecida pelos portugueses[553]. O facto de os chefes africanos serem vassalos do rei de Portugal, em virtude de tratados formalizados, protegia o seu poder e o direito – civil e criminal – das respetivas comunidades (Santos, 2005, 827). Nos *presídios*, postos coloniais avançados, os capitães, enquanto juízes ordinários, aplicavam o direito metropolitano, aos portugueses, seus domésticos e batizados. Mas, ao mesmo tempo, reconheciam o direito indígena, oral, das autoridades Mbundo, aplicável aos vassalos destes e, muito provavelmente, também nas relações comerciais com os portugueses.

É neste contexto que aparecem os "mucanos" (do kimbundo, *mukanu*, litígio resolvido oralmente), que normalmente se identificavam com "juízos de liberdade", em que alguém reclamava a sua condição de homem livre em face do direito indígena[554]; mas que, realmente, eram juízos indígenas de âmbito geral (homicídio, feitiçaria, não pagamento de dívida, roubo, injúria[555]). Estes julgamentos eram reconhecidos pelas autoridades

---

[550] No caso de ainda não haver decisão, a designação era *timaca*, palavra que pode ter dado obrigam à expressão *maca* (confusão), Lopes, 2002.
[551] Cf. nota acima.
[552] Cf. Tavares, 2002; Santos, 2009.
[553] Ainda nos inícios do século XIX, um funcionário colonial avisa que, de acordo com as suas instruções, os sobas estavam autorizados a castigar os seus vassalos e a usar das suas leis, ainda que bárbaras, sem que o poder colonial interviesse (documento citado por Santos, 2005, 827).
[554] O que determinava a sua liberdade em face do direito dos colonos, já que o título colonial da escravização era a compra de alguém que já era escravo (cf. Hespanha, 2001).
[555] Santos, 2005, 822.

coloniais, sendo registados num *Livro de mucanos*, para memória futura de portugueses e nativos; em Luanda, uma *Audiência de mucanos*, presidida pelo governador, constituía um tribunal de recurso, cujas decisões podiam corrigir ou dar mais força à sentença recorrida. Desde 1698 que os capitães-mores dos presídios julgavam mucanos de liberdade, segundo o direito indígena, sobrepondo a sua jurisdição (mas não o seu direito) à dos chefes indígenas, dando recurso para a *Audiência de mucanos*[556]. Assim, os *mucanos* teriam conquistado um espaço cada vez maior no julgamento destes diferendos, à custa do direito português[557].

O caso de Angola fornece elementos sobre a complexidade das relações entre os direitos indígenas e o direito dos colonos e da metrópole. Por um lado, as autoridades coloniais apareciam a julgar segundo o direito indígena e de acordo com as suas praxes processuais. Por vezes, como aconteceria no julgamento dos juízos de liberdade pelos capitães-mores dos presídios, isso permitia controlar o julgamento de questões entre indígenas cujo desfecho interessava aos colonos. Mas, outras vezes, a avocação do julgamento permitia tirar partido do direito indígena. Molina dá um exemplo deste oportunismo jurisprudencial: "Também me foi dito que os governadores portugueses, quando querem condenar um soba, usam os modos da pátria deste, reunindo em assembleia militar os sobas e propondo a questão contra o réu perante juízes para isso deputados. E que, segundo o costume da região, se parecer que o réu merece a morte e que é punido como culpado de lesa-majestade, não só o matam a ele, mas imediatamente incluem na condenação aqueles que lhe estiveram sujeitos como soldados, sejam nobres, sejam filhos da *mirinda*, matando muitos deles, e reduzindo os outros à escravidão. Acorrem então à casa daquele soba, esquartejam-no e reduzem a escravos todos os membros da família, mesmo a mulher e os filhos, de modo que muitos inocentes são miseravelmente feitos escravos, locupletando-se os portugueses deles e dos seus bens, por causa do mal praticado por apenas um" (Molina, 1593, col. 172 C). Em contrapartida, os indígenas recorriam às jurisdições portuguesas para confirmar as decisões dos seus tribunais, dando-lhes mais prestígio e apoiando-as no poder colonial, do qual todos eles se consideravam vassalos, embora mais ou menos autónomos. Além disso, apropriavam-se dos conceitos e das fórmulas do

---

[556] Santos, 2005, 824.
[557] Cf. Santos, 2005, 819. Sobre os *mucanos* como juízos de liberdade, Ferreira, 2011.

direito da metrópole para as oporem aos próprios colonizadores ou para as fazerem valer como fórmulas de autoridade entre uns e outros[558].

7.3. A modernidade central

O início da Época Moderna marca uma nova etapa da cultura jurídica letrada na Europa Ocidental. Basicamente porque se passa a entender de outro modo o fundamento do direito e porque isso tem consequências no modo de conceber tanto o conteúdo do direito como a natureza do saber jurídico. A palavra-chave passa a ser *direito natural*. Mas com um sentido muito inovador em relação ao que esta expressão tinha tido na cultura jurídica tradicional.

No plano desta exposição, o novo jusnaturalismo – o jusracionalismo, como agora se justifica se lhe chame – corresponde ao desenho completo do projeto político e jurídico da modernidade. Imagina-se que a sociedade, perfeitamente homogeneizada em indivíduos iguais, se organiza segundo um projeto consciente, voluntário, racional e explícito num contrato. Esse projeto é garantido por um "direito igual", dirigido a indivíduos indiferenciados, a quem dirige comandos gerais e abstratos. Para garantir este direito, um Estado centralizado, que estende o seu poder sobre um território homogéneo, e que toma medidas de engenharia social tendentes à racionalização da sociedade, segundo um modelo quase matemático ou geométrico. Embora ainda haja resíduos, nas palavras e nas ideias, de coisas mais antigas, uma nova linguagem e uma nova prática sociais e políticas impõem-se rapidamente[559].

7.3.1. O jusnaturalismo tradicional

Já antes se falou por várias vezes de *direito natural*, como o direito que está de acordo com a natureza. É uma ideia que, nascida entre os gregos, atravessou toda a Idade Média com fortuna e sentidos diferentes, e se instalou de novo na Época Moderna.

Encontrámo-nos com o direito natural, por exemplo, quando nos referimos a S. Tomás de Aquino. (cf., *supra*, 6.5). Na esteira de Aristóteles, S. Tomás cria na existência de uma ordem natural necessária do mundo, que abrangia tanto as coisas físicas (*entia physica*) como as humanas (*entia*

---
[558] Santos, 2009.
[559] Ótima descrição, Costa, 1974.

moralia). Essa ideia já existia em alguns filósofos gregos, que as coisas do mundo estão organizadas por natureza ou que tendem a conjugar-se umas com as outras obedecendo a estímulos naturais: as plantas tendem para a luz, macho e fémea atraem-se, os homens procuram a associação, a associação humana pede um governo e uma lei. A crença cristã num Deus inteligente e bom, criador e *ordenador* do mundo, aponta nesta mesma direção. Deus, causa primeira de todas as coisas, tê-las-ia criado e, ao mesmo tempo, teria infundido nelas um apetite pela ordem que era uma causa ulterior ("causa segunda") da organização mútua dessas coisas. Assim, a ordem existia dentro das próprias criaturas, como uma tendência natural sua para se relacionarem umas com as outras segundo um certo modelo.

O mesmo se diga da sociedade e dos homens. Também a espécie humana estaria integrada de certo modo na ordem e no destino da criação. Isso refletir-se-ia no modo como as instituições humanas naturalmente se organizam. A ideia de direito natural parte precisamente daqui. A partir da observação do que está estabelecido nas sociedades humanas seria possível perceber a natureza dos homens, tal como Deus os criou e os integrou no plano da Criação. Neste sentido, a organização profunda e espontânea das coisas traduzia a sua natureza mais íntima e necessária e, por isso, a ordem que Deus impusera à Criação, o direito natural, como "natureza das coisas". Direito este que podia ser percebido pela observação e por uma inteligência sã (*recta ratio*, boa razão). Então, a aproximação a um saber sobre a ordem do mundo começava por pressupor um trabalho de observação dos factos, dos dados limitados e imperfeitos da nossa experiência, incluída a experiência do passado (história, tradição). Esta observação devia ser orientada e complementada pela elaboração intelectual. Mas o intelecto não se compunha apenas de faculdades de raciocínio (razão), mas também de faculdades morais (virtudes). Nomeadamente o raciocinar sobre a ordem das coisas dependia da virtude da bondade (*bonitas*), ou seja da capacidade moral de perceber o sentido global da ordem e, por isso, de distinguir o justo do injusto. Daí que a razão tivesse de ter um qualificativo moral para ser eficaz – tem de ser uma "boa razão", uma razão dirigida (regida) pela virtude (*recta ratio*). Por outro lado, a mobilidade essencial das coisas humanas, provocada pela existência de liberdade no homem, levava a que não fosse possível encontrar princípios invariáveis de justiça. E, daí, que fosse impossível estabelecer uma *ciência* do direito natural que desembocasse na formulação de um *código de regras permanentes e universais*. À pretensão de uma ciência do natural, substitui, portanto, S. Tomás a proposta de uma *arte* de, em cada momento, para cada caso, encontrar o justo (*ius suum cuique tribuere*). E nisto também se encontrava com o ensinamento de Aristóteles[560].

Este era, muito basicamente, o pensamento de Aristóteles, quando falava do "justo por natureza" (*dikaion phisikon*), e virá a ser também o de S. Tomás. Porém, havia pensadores cristãos – nomeadamente Santo Agostinho – que eram mais céticos em relação à possibilidade de o entendimento humano conseguir ler os planos de Deus por meio da observação das instituições estabelecidas; por isso, a sua doutrina do direito natural não se baseava tanto na observação como na obediência ao que Deus tinha deixado dito nas Escrituras ou ao que Deus comunicava aos crentes por meio da fé. Por isso, para o augustinianismo jurídico, o direito natural não era o conjunto das normas que existiam embebidas nas relações sociais estabelecidas, mas antes as regras que Deus tinha estabelecido e ordenado aos crentes. O conhecimento deste direito não derivava tanto do poder da observação e da (boa) razão; mas antes da aceitação da fé e do cultivo da obediência às ordens de Deus.

Ao lado destas duas influências, provindas da teologia, os juristas medievais também encontravam no direito romano referências ao direito natural. Logo no início do *Digesto*, Ulpiano (século III) definia-o como aquele direito "que a natureza ensina a todos os animais, pois este direito não é específico do género humano, mas comum a todos os animais [...], daí provindo a conjunção do macho e da fémea, a que nós chamamos matrimónio, a procriação e educação dos filhos. Vimos, na verdade, que também alguns animais mostram certo conhecimento deste direito"[561]. Em textos como este predominava a influência da filosofia estoica, divulgada nos

---

[560] Sobre o "jusnaturalismo" de S. Tomás: para uma primeira descrição, http://www.newadvent.org/cathen/09076a.htm; http://www.aquinasonline.com/Topics/natlaw.html. Um texto clássico é Villey, 1961 e 1968, 124-131. Textos selecionados: Bigongiari, 1981; Sigmund, 1988. V. ainda Kretzmann, 1993; Sigmund, 2001. Para contraste com Santo Agostinho, http://lexchristianorum.blogspot.com/2010/03/st-augustine-of-hippo-on-natural-law.html [27/11/2011]; http://trinitylawschool.wordpress.com/2007/07/16/what-is-the-augustinian--natural-law-perspective/ [27/11/2011]; Stump, 2001.

[561] "*Ius naturale est quod natura omnia animalia docuit. nam ius istud non humani generis proprium est, sed omnium animalium, quae in caelo, quae in terra, quae in mari nascuntur. hinc descendit maris atque feminae coniugatio, quam nos matrimonium appellamus, hinc liberorum procreatio et educatio: videmus etenim cetera quoque animalia istius iuris peritia censeri*" (D., 1,2, pr.).

meios jurídicos sobretudo por Cícero. Para os estoicos, em todos os seres, nomeadamente nos seres vivos, haveria uma parcela do espírito criador (*logos*) de tudo; essa parcela era o seu princípio de vida ("razão seminal", *logos spermatikos*) e também o ímpeto que os levava a movimentar-se, a agir, de acordo com a natureza. Nos homens, este princípio do movimento era a vontade. Quando os estoicos afirmam que a natureza é a fonte de direito (*initium iuris, fons iuris, ex natura ortum est iuris*, [fonte do direito, o direito nasceu da natureza], Cícero[562]), o que querem dizer é que há uma centelha de *logos* (de vontade esclarecida pela razão) na alma dos homens, que os leva a comportarem-se de acordo com a natureza; nisto estava o fundamento do direito. Esta ideia encontra-se presente em toda a obra de Cícero. Foi Cícero, efetivamente, quem difundiu a moral e a doutrina jurídica estoicas no ambiente cultural romano e, mais tarde – quando, no Renascimento, se propôs um regresso aos modelos clássicos –, quem apontou esta doutrina moral e jurídica como um modelo a seguir[563].

Esta doutrina – que se pode encontrar resumida no texto citado na nota anterior – pode sintetizar-se nas seguintes ideias[564].

(i) Existe uma lei natural, *eterna, imutável*, promulgada pelo criador do mundo.

(ii) Tal lei está presente em todos, podendo ser encontrada por todos, desde que sigam as evidências da *boa razão* (*recta ratio*), ou seja, da razão do homem que respeita os seus ímpetos naturais (*homo honestus, qui honeste vivit* [que vive honestamente]).

[562] *De inventione*, II, 22, 65; *De legibus*, I, 5; I, 6; I, 13.
[563] É seu um texto, muito lido em muitas épocas da cultura europeia, em que se define o direito natural (ou melhor, empregando a terminologia ciceroniana, à qual nos devemos ir habituando, a "lei" natural): "Existe uma *lei verdadeira*, que é a *reta razão*, que concorda com a natureza, *difusa em todos*, imutável e eterna; que nos reclama imperiosamente o cumprimento dos nossos deveres e que nos proíbe a fraude e nos afasta dela; cujos preceitos e proibições o homem bom (*honestus*) acatará sempre, enquanto os perversos lhes serão surdos. Qualquer correção a esta lei será sacrílega, não sendo permitido revogar alguma das suas partes; não podemos ser dispensados dela nem pelo Senado nem pelo povo; *não é necessário encontrar um Sextus Aelius para a interpretar*; esta lei não é uma em Atenas e outra em Roma; mas é a única e mesma lei, imutável, eterna e que abrange em todos os tempos todas as nações. *Um Deus único, senhor e imperador de todas as coisas,* por si só, imaginou-a, deliberou-a e promulgou-a [...]".
[564] Sobre a doutrina moral, política e jurídica dos estoicos, v. Villey, 1968, 428-480; Oestreich, 1982.

(iii) Este direito é constituído por *normas precisas*, por leis gerais, certas e claras para todos os seres inteligentes e autónomos (dotados de razão e de vontade, de tal modo que não é necessário um técnico de direito para as interpretar. A declaração do direito não é, portanto, uma tarefa árdua, precedida de uma cuidadosa observação e ponderação de cada caso concreto, mas uma simples extração das regras de viver que a boa razão sugere a cada um (*eadem ratio cum est in hominis mente confirmata et confecta est lex* [a lei é a própria razão, tal como reside e opera na mente do homem], Cícero, *De legibus*, I, IV). Esta lei natural não está sujeita à contingência dos tempos nem dos lugares, nem a razão humana (que é a sua própria sede) tem dificuldades em a conhecer na sua generalidade. Por outro lado, não há para Cícero uma verdadeira oposição entre o direito natural e o direito positivo. Pelo contrário, a evidência do direito natural levaria a que os homens naturalmente quisessem viver sob a sua orientação, transferindo, por isso, para as leis positivas os conteúdos das leis naturais. Com isto, as leis positivas tenderiam a constituir a consumação do direito natural ("Os costumes e as instituições são, por si próprios, obrigatórios. Sob o pretexto de que um Sócrates ou um Aristipo violaram uma ou outra vez os costumes da cidade, não se deveria cometer o erro de pensar que poderíamos agir do mesmo modo...", *De officiis*, I, 41, 148)[565].

É sobretudo a partir destes ingredientes de origem estoica que se vai constituir a doutrina moderna do direito natural. Evidência, generalidade, racionalidade, caráter subjetivo, tendência para a positividade, tais são as notas distintivas do jusnaturalismo moderno, as quais encontramos *in ovo* na filosofia moral dos estoicos. A partir do Renascimento, esta ideia de

---

[565] Também para Aristóteles e S. Tomás não havia uma completa oposição entre o direito natural e o direito positivo; mas *a sua conjugação era de um outro tipo*. O direito positivo, longe de representar o coroamento da realização do direito natural, constituía apenas uma tentativa da sua realização, tentativa possivelmente limitada, mas cujos resultados deviam ser tidos em conta por qualquer investigação posterior, tal como os de uma experiência já feita o devem ser nas experiências subsequentes; por outro lado, o direito positivo era um elemento a ter em conta no achamento da solução justa, pois criava expectativas.

um direito natural universal, regendo racionalmente o mundo, está cada vez mais presente, provocando a desagregação do jusnaturalismo tomista.

Uma das últimas versões destas ideias tradicionais sobre a relação entre a ordem natural do mundo e o direito provém de uma série de teólogos e juristas que, sob o impacto da Contrarreforma, ensinaram em universidades ibéricas (com extensões na Itália), fiéis ao tomismo, mas incorporando elementos culturais e filosóficos modernos. A chamada Escola Ibérica de Direito Natural constitui um desenvolvimento peninsular da escolástica tomista, provocado pelo advento da Contrarreforma[566]. Apesar de partir das conceções de S. Tomás de Aquino[567], esta escola integra uma boa parte da contribuição cultural e filosófica do Renascimento (então no seu auge), nomeadamente a valorização da observação das coisas e o exercício da razão. É isto que acontece com a doutrina do direito natural. Neste ponto, a escolástica ibérica inova, desde logo, no sentido da valorização de um conhecimento do direito mais empírico, racional e laicizado. A vertente empirista decorria do facto de as tendências internas das coisas para uma certa organização serem agora consideradas como causas autónomas, de ordem natural, independentes da vontade de Deus ou mesmo mais fortes do que esta[568]. Por outro lado, as leis naturais seriam suficientemente explícitas para serem conhecidas pela razão humana, a qual passaria a ser concebida como uma primeira fonte de conhecimento do direito natural. Assim, com base na observação das coisas e com a elaboração

---

[566] A Escola Ibérica de Direito Natural desenvolveu-se sobretudo à volta das universidades hispânicas da Contrarreforma, especialmente Salamanca, Valladolid, Coimbra e Évora. Os seus representantes são, quase todos, religiosos jesuítas ou dominicanos. Eis os nomes principais: De Soto (1494-1560), especialista em questões coloniais; Afonso de Castro (1495-1558), penalista; Francisco de Vitoria (1486-1546), dominicano, um dos mais ilustres representantes da escola, autor do comentário *De iustitia*; Luis de Molina (1535-1600), o mais fiel à tradição do tomismo e autor de uma filosofia moral – que será o alvo dos ataques de Pascal –, durante muitos anos professor em Portugal (Évora); e, finalmente, o mais famoso, Francisco Suarez (1548-1617), professor em Alcalá de Henares, Madrid, Roma, Salamanca e Coimbra, onde publica a sua obra mais famosa, um tratado sobre a lei, onde aborda os problemas fundamentais da teoria do direito, o *Tractatus de legibus ac Deo Legislatore* (1612) e procede a uma reinterpretação, embora moderada, das posições de S. Tomás sobre o tema. Bibliografia: Melía, 1977; Costello, 1974; Villey, 1968.

[567] Pelo que lhe é dada a designação de Segunda Escolástica.

[568] Tal como Deus não poderia fazer com que os círculos fossem quadrados, também não poderia alterar a natureza das coisas nem o seu sentido da ordem (o seu direito natural).

intelectual dos resultados desta observação, podia-se construir o direito natural com meios exclusivamente humanos (observação e razão), pondo entre parênteses a existência de Deus (*etiam daremus Deum non esse*). A Criação estaria organizada segundo princípios racionais e, por isso, seria possível *deduzir*, a partir dos princípios *racionais* do direito, regras jurídicas evidentes, eternas e imutáveis, ainda que apenas muito genéricas e abstratas[569]. De alguma forma, esta escola parece responder também à necessidade de encontrar fundamentos para o direito que pudessem ser aceites por povos de religião diferente e que valessem para todos os homens, agora que os europeus começavam a estar em contacto com culturas radicalmente estranhas às tradições da Europa. Mas, mesmo no seio da Europa, agora dividida em termos religiosos, o diálogo tinha de se fundar em valores mais alargados do que os da fé; princípios alegadamente fundados na razão podiam desempenhar essa função. Com isto, prepara-se o caminho para sistemas jurídicos fundados em princípios evidentes, como os que serão desenvolvidos pelas escolas jusracionalistas a partir dos meados do século XVII. Foi disto que decorreu a enorme importância para o futuro do pensamento jurídico europeu[570]. O racionalismo, o contratualismo e outros ingredientes do direito moderno encontram aí os seus princípios. Por isso, se nota a sua influência mesmo em zonas geográfica e espiritualmente diferentes do mundo católico, como o Norte da Europa, especialmente os Países Baixos e o Norte da Alemanha[571], onde os autores ibéricos são lidos pelos primeiros jusracionalistas.

7.3.2. O jusracionalismo moderno e os seus temas nucleares

Mas, para além destas vozes que lhe vinham do passado, o século XVII encontrou no ambiente filosófico do seu tempo elementos que contribuíram para formar a sua conceção de um direito natural evidente, universal e

---

[569] "... a lei natural ou divina é muito geral e abarca somente determinados princípios morais por si mesmos evidentes e, quando muito, é estendida àquilo de que tais princípios se deduz com nexo necessário e evidente" (*De legibus*, I, III, 18).

[570] Cf. *La seconda scolastica nella formazione del diritto privato moderno. Encontro di studi. Atti*, Milano, Giuffrè, 1973.

[571] Apesar das diferenças religiosas, os juristas peninsulares vão influenciar os alemães e holandeses, nomeadamente Johannes Althussius (1557-1638, *Politica methodice digesta*, 1603) e Hugo Grotius (1583-1645, *De iure belli ac pacis*, 1625), dois autores de transição para o jusnaturalismo moderno.

eterno, como o eram os conhecimentos da matemática, geometria e astronomia. Referimo-nos ao idealismo cartesiano[572].

No século XVII, a Europa conheceu uma revolução científica, especialmente notável nos domínios da astronomia e da física, bem como dos seus fundamentos, da álgebra e da geometria analítica. Um dos teorizadores deste novo tipo de conhecimento foi René Descartes (1596-1650), um espírito profundamente atraído pela ideia de um saber evidente e universalmente válido. Ele próprio confessa, referindo-se aos tempos de estudante: "Gostava sobretudo das matemáticas, por causa da sua certeza e da evidência do seu raciocínio [...], pois os seus fundamentos são muito firmes e sólidos"(Descartes, *Discours de la Méthode. Pour bien conduire sa raison, et chercher la vérité dans les sciences. Première Partie*, 1637). Era esta firmeza e solidez o que ele não encontrava nas disciplinas filosóficas, políticas, jurídicas, éticas, etc., tradicionais. Aí, tudo era mobilidade, incerteza, contradições e disputas. Toda a primeira e segunda partes do *Discours de la Méthode* exprimem o seu estado de espírito sobre este ponto. É daí que lhe vem a ideia de, apoiado em noções distintas e claras, estabelecer para estas disciplinas um método que lhes fornecesse bases tão sólidas como as da matemática.

A primeira regra deste método era a regra da *evidência racional*: nada admitir como verdadeiro que não fosse evidente para o espírito. As outras três das quatro regras cartesianas eram complementares desta e destinavam-se a tornar evidente aquilo que à primeira vista o não era. A segunda

---

[572] Embora tal conceção filosófica tivesse ligações muito profundas com uma anterior escola filosófica da Baixa Idade Média – o nominalismo de Duns Scotto e Guilherme de Ockham. O nominalismo respondia à questão de saber se aquilo que se podia dizer de uma generalidade de coisas empíricas ("ser vermelho", "ser mulher", "ser nobre", "ser justo") era algo de real ou se era apenas uma convenção linguística, um nome. Se fosse apenas um nome, então as qualidades das coisas não faziam parte da sua essência: as coisas, por essência, "não tinham qualidades", podendo ser definidas em abstrato (*v.g.*, um "indivíduo", sem características ou qualidades distintivas). Como são as qualidades o que concretiza as coisas e as relaciona entre si ("ser pai", "ser filho", "ser compatriota"), numa perspetiva nominalista das coisas, o mundo aparece como um agregado de entidades abstratas e não relacionadas entre si, individualizadas. Por outro lado, não existindo relações essenciais entre as coisas, desaparece a ideia de ordem entre elas; e, por isso, não é também possível falar de justiça, como ordem objetiva das coisas: "ser justo" deixa de ser uma referência a uma ordenação objetiva das coisas, passando a ser uma mera convenção entre quem usa a expressão. Sobre o nominalismo de Scotto e Ockham, a sua influência na filosofia moderna e o seu contributo para o pensamento jurídico, v. Villey, 1968, 147-263; Gutmann, 1999. Para uma primeira aproximação sobre o "problema dos universais: http://www.iep.utm.edu/universa/ ; ou http://plato.stanford.edu/entries/universals-medieval/.

era a regra da análise (dividir cada dificuldade em tantos elementos quantos os necessários para a resolver); a terceira, a regra da síntese (começar a demonstração dos problemas pelos elementos mais aptos a ser conhecidos e progredir racionalmente para o conhecimento dos mais complicados); a última, a das revisões gerais (assegurar nada omitir no curso da investigação)[573]. Quer dizer, para Descartes (como para os estoicos) a chave da compreensão do mundo não estava na observação da realidade empírica, mas numa pura reflexão racional, isolada, independente da observação do mundo exterior, visando encontrar princípios autoevidentes para fundamentar o conhecimento.

Embora Descartes não se tenha ocupado do direito, o seu método influenciou, sem dúvida, o saber jurídico. Por um lado, indicava um caminho para se construírem saberes certos, partindo de evidências racionais; depois, explicava como demonstrar com segurança as soluções para questões complexas, decompondo-as nos seus componentes mais simples (regra da análise) e voltando a recompor a complexidade, mas de forma racional (regra da síntese); finalmente, sugeria que o indivíduo era o elemento mais simples dos saberes sobre essa coisa complexa que era a sociedade. Na verdade, a sua existência era evidente ("penso, logo existo") e, por isso, o primeiro fundamento de que se deveria partir para resolver os problemas teóricos (e práticos, como o da regulação social justa) relativos à sociedade[574]. A natureza abstrata do indivíduo – que era tudo quanto se podia intuir por introspeção[575] – passava a ser o suporte para toda a reflexão

---

[573] "A primeira coisa é nunca aceitar nada como verdadeiro, se eu não tiver já um conhecimento evidente da sua verdade. A segunda é dividir cada uma das dificuldades com que me defrontar em tantas partes quanto possível e for necessário para resolver melhor essas dificuldades. A terceira é dirigir os meus pensamentos de forma ordenada, começando com os objetos mais simples e mais facilmente conhecidos, progredindo pouco a pouco, degrau a degrau, para os mais complexos e supondo que existe alguma ordem mesmo entre objetos que não têm uma ordem natural de precedência. E a última é fazer continuamente enumerações tão completas e revisões tão abrangentes que nada fique de fora" (*Regulae ad directionem ingenii*, c. 1628-1629).

[574] Boa síntese sobre a novidade desta "jurisprudência racional" – oposta a conceções mais "realistas" (o direito ligado as coisas estabelecidas) do direito natural, Kelley, Donald R., "Le droit", em Burns, 1977, 78-86.

[575] A evidência da existência do sujeito ("penso, logo existo") não abrange a evidência senão da sua existência abstrata (como "indivíduo", sem qualidades, separado e independente do contexto empírico). Evidente é apenas a existência de um sujeito, da sua capacidade de pensar e da sua autodeterminação (ou seja, individualidade, razão e vontade). Cf. Armogathe, 1988.

sobre o homem e sobre a sociedade humana. Construir uma ordem justa para esta era, agora, o produto de uma reflexão racional, assente sobre a evidência de que a sociedade era composta de indivíduos autónomos. A ordem da sociedade tinha de partir disto e acomodar-se a isto.

Descartes graduou-se em direito (Poitiers, 1616). Na tese que então defendeu, o tema era já, muito significativamente, o da injustiça que seria não atender, antes de tudo, àquilo que se podia intuir como evidente na reflexão sobre si mesmo – a existência de uma vontade e de uma razão. A questão concretamente tratada era a das formalidades exigidas pelo direito para os testamentos. Descartes procurava demonstrar que as formalidades prescritas pelo direito positivo não deviam ser respeitadas desde que prejudicassem o direito natural (aquilo que o testador queria e, além disso, aquilo que era consistente com a razão[576]).

Esta ideia de que era possível uma ciência certa, intemporal e universal da natureza humana começa a ser corrente entre filósofos, mas também entre juristas. O meio de a atingir era usar de um método semelhante ao da matemática: partir de noções evidentes, abstratas, gerais e universais, como a de natureza humana, racional e livre (análise), extrair daí regras também universais (síntese) e, finalmente, comprovar a qualidade das normas obtidas, verificando se elas eram ou tinham sido adotadas geralmente pelas nações, no presente ou no passado (revisão metódica)[577]. Assim, muitos juristas passaram a preferir ao direito tradicional ou positivo um direito (natural, das gentes) que partisse das ideias claras e distintas, que se baseasse na evidência racional dos primeiros princípios do direito, que progredisse mediante a extensão destes através da dedução; enfim, que usasse o poder da *razão individual* para descobrir as regras do justo, de um justo que fugisse à contingência, por se radicar numa ordem racional (quase matemática) da natureza (*mathesis universalis*). E é com este direito natural racionalista que se vai avançar no sentido de tornar mais certo e mais justo o direito positivo.

---

[576] Só em 1988 se descobriu notícia da tese de Descartes; versões latina e inglesa, http://plato.stanford.edu/entries/descartes-works/tenglish.html; v., sobretudo as teses 10. e 11.: "10. *Nec in eo solenitas ulla, sed sola naturalis aequitas attenditur*; 11. *Quod autem iuris civilis est recte a Modestino deffinitur voluntatis nostrae iusta sententia de eo, quod quis post mortem suam fiere velit* [10. {Em matéria de testamentos} não se atendem às formalidades, mas apenas à equidade natural. 11. Pois o direito civil é corretamente definido por Modestino como a justa disposição da nossa vontade acerca daquilo que queiramos que se faça depois da nossa morte]".

[577] Cf., sobre esta combinação entre uma ciência especulativa do justo e os testemunhos da história, com citações interessantes, Daniel J. Boorstin, 1941, 31.

A ideia do direito natural, neste novo sentido de uma ordem tão universal e eterna como se entendia que era a razão humana, vem a impor-se decisivamente na cultura jurídica europeia dos séculos XVII e XVIII. De alguma forma, o novo direito natural, fundado na razão, corresponde a um ideal de justiça superior aos comandos das leis positivas. Antes, este direito estava fundado na fé na existência de um Criador sábio de tudo quanto existe. Porém, em face da quebra da unidade religiosa da Europa (com a Reforma) e de se ter entrado em contacto com povos totalmente alheios à tradição religiosa europeia, a fé deixara de ser a mesma para todos e, portanto, de constituir um fundamento comummente aceite para a ordem do mundo e da justiça. Tornava-se, então, necessário encontrar um direito que pudesse valer independentemente da identidade de crenças. Por isso, a fonte deste padrão comum para a justiça procurava-se agora num atributo – esse sim, comum a todos os homens –, a razão. O pensamento social e jurídico laicizara-se. E, com esta laicização, o fundamento do direito passara a residir em valores laicos, tão comuns a todos os homens como as evidências racionais.

Trata-se, como se disse, de um novo jusnaturalismo.

Desde logo, emancipado de uma fundamentação religiosa, ainda que os seus fundadores, na sua maior parte, fossem deístas ou mesmo cristãos. Seja como for, prescindiam, por um lado, da ideia de que a vontade de Deus podia tudo, limitando-a pela Sua razão, ou seja, concebendo um Deus sujeito a princípios racionais que lhe seriam "anteriores". Isto corresponde mais a uma atitude racionalista do que a uma atitude religiosa[578]. Por outro lado, os fundamentos de que partiam para encontrar a ordem da natureza humana não eram qualquer vocação, destino ou finalidade sobrenaturais do homem, ou quaisquer dados da fé sobre isso, mas antes as características humanas puramente temporais e que todos percebiam clara e distintamente, como o impulso instintivo para agir e a capacidade racional.

---

[578] Muito característica é a posição de G. W. Leibniz (v. *infra*): "Em qualquer ser inteligente, os atos da vontade são sempre, por natureza, posteriores aos atos do seu entendimento... isto não quer dizer que haja algo antes de Deus, mas apenas que os atos do entendimento divino são anteriores aos atos de vontade divina", 7 n. 31 [*Carta a Bierling*, Duttens, 1768, V, 386]; e, assim, "Deus pode criar matéria, um homem ou um círculo, ou deixá-los no nada (na não existência), mas não pode produzi-los sem lhes dar as suas propriedades essenciais. Ele tem de fazer um homem como animal racional e de dar a forma redonda ao círculo" n. 33 [*Teodiceia*, II, 138].

Ao prescindirem dos dados da fé, estes jusnaturalismos ficam a poder contar apenas com a experiência clara e com a razão como meios de acesso à ordem da natureza. A experiência (ou observação) – histórica e atual – das sociedades humanas é muito utilizada por estes autores, estando as suas obras cheias de exemplos tirados da história ou da observação contemporânea, com os quais apoiavam tanto os traços permanentes da natureza humana e social, como as suas variantes "locais". Mas, ao lado da observação, funcionava a razão que, à maneira do que acontecia na física ou na matemática, (i) identificava axiomas sobre a natureza do homem – v.g., o homem é dirigido pelo instinto de conservação (Locke), o homem tem um direito natural à autodefesa e ao castigo das injúrias que lhe são feitas (Locke), a justiça é o que se conforma, ao mesmo tempo, com a justiça e com a bondade (Leibniz), a vontade geral é mais do que a soma das vontades particulares (Rousseau) – e (ii) definia os procedimentos intelectuais capazes de deduzir outras normas desses axiomas. Estes procedimentos eram, em geral, os que correspondiam ao raciocínio da física ou da matemática.

"A justiça – escreve J. G. Leibniz (1646-1716), expondo o tipo de raciocínio a utilizar na ciência do direito natural – é um termo fixo, com um determinado sentido [...] este termo ou palavra justiça deve ter certa definição ou certa noção inteligível, sendo que de qualquer definição se podem extrair certas consequências, usando as regras incontestáveis da lógica. É isto precisamente o que se faz ao construir as ciências necessárias e demonstrativas – as quais não dependem de quaisquer factos – mas apenas da razão, tal como a lógica, a metafísica, a aritmética, a geometria, a ciência do movimento e, também, a ciência do direito. As quais não se fundam na experiência dos factos, antes servindo para raciocinar acerca dos factos e para os controlar antes de se darem. O que também aconteceria com o direito, se não houvesse lei no mundo"[579].

E, por isso, é muito frequente encontrar nestes autores imagens ou modelos de argumentação importados da matemática ou da física. Rousseau, por exemplo, constrói extensos passos do *Contrato social* sobre modelos de

---

[579] *Meditação sobre o conceito comum de justiça* (c. 1702-1703), publ. em G. Mollat, *Rechtsphilosophisches aus Leibnizens Ungedruckten Schriften*, Leipzig, 1885. Ou "[...] a justiça segue certas regras de igualdade e de proporcionalidade que não são menos fundadas na natureza imutável das coisas do que os princípios da aritmética e da geometria", *Opinião sobre os princípios de Pufendorf* (1706), publ. em Louis Duttens, *God. Guil. Leibnitii, Opera omnia*, Tournes, Genève, 1768, IV.

raciocínio inspirados pela matemática. Assim, por exemplo, constrói as relações entre Estado, soberano e governo sob a forma de uma figura matemática[580]. E, embora diga que nas matérias políticas não se pode utilizar o raciocínio da aritmética (*Contrato social*, III, 1), muitas das suas conclusões sobre as melhores formas de governo têm a aparência de fórmulas de cálculo. O mesmo se passa com outros autores centrais, que aludem ao parentesco entre o direito e as ciências formais. Conceitos como o de "força", bem como outras imagens extraídas da dinâmica, aparecem frequentemente a explicar as relações entre vontade individual e vontade geral[581].

O modelo geral da natureza de que partem é um modelo mecanicista (baseado na relação causa-efeito) inspirado na física do seu tempo. E, assim, a substituição de uma estrutura mental teológica por uma outra dominada pelo novo pensamento científico manifesta-se, ainda, na substituição de um modelo finalista por um modelo mecanicista. Ou seja, neste mundo que prescinde da dimensão sobrenatural e se concentra nas explicações ao nível puramente temporal (físico), a natureza do homem é agora encontrada não pela sua finalidade última (Deus, a salvação, a vida em comum), mas pelas causas das suas ações (a vontade, os instintos, a razão). O direito da natureza deixa de ser aquele exigido pela preparação da cidade divina, mas aquele que decorre da manifestação das tendências naturais do homem ou da necessidade de as garantir.

Ao prescindir da ideia de finalidade, de ordenação do homem para algo que o transcende (seja Deus, seja a sociedade), este novo pensamento social fica limitado, nas suas referências, ao indivíduo. Este é, como veremos, o ponto de apoio de todas as construções do direito da natureza, embora varie de autor para autor a definição das suas características mais relevantes para este fim – uns salientam o seu impulso de conservação individual,

---

[580] "É no governo que se encontram as forças intermédias, cujas relações compõem a relação do todo ao todo, do soberano ao Estado. Pode representar-se esta última relação pela dos extremos [a, c] de uma proporção contínua [a/b=b/c], cuja média proporcional é o governo [b]. O governo recebe do soberano as ordens que dá ao povo; e para que o Estado esteja em bom equilíbrio, é preciso que haja igualdade entre o produto ou potência [= b^2] do governo tomado em si mesmo e o produto ou potência dos cidadãos, que são soberano de um lado e súbditos de outro [a x c]" (*Contrato social*, III, 1). J. G. Leibniz é ainda mais ousado na utilização de modelos matemáticos.

[581] *V.g.*, em John Locke (*Two treatises of government*, 1690, II, 7, 96) e Jean-Jacques Rousseau (*Du contrat social*, 1762, I, 6).

outros o seu desejo de felicidade, outros o seu instinto de propriedade, outros a busca da utilidade, outros a capacidade de fazer um cálculo racional e a longo prazo das vantagens e inconvenientes dos seus atos. Alguns – fazendo a ponte com conceções anteriores – continuam a referir o seu desejo de sociabilidade ou, o que é quase o mesmo, a sua dependência da sociedade para garantir a conservação individual. Mas, agora, esse desejo não é um instinto gravado na sua natureza, agindo automaticamente, mas uma conclusão racional tirada a partir da experiência evidente da incapacidade de cada indivíduo para sobreviver sozinho. Voltaremos, em breve, ao tema.

Perdida – ou atenuada[582] – a referência a uma ordem social natural, estabelece-se a nova ideia de que os vínculos e a disciplina sociais são factos artificiais. Correspondem ao acordo de indivíduos conscientes das suas limitações e que concluíram, racionalmente, que apenas poderiam viver numa comunidade organizada segundo uma ordem *política* que permitisse a cada um superar essas limitações. A vontade passa a ser, assim, a única fonte da disciplina política e civil. Embora o voluntarismo radical seja temperado pela ideia – diversamente formulada – de que esta vontade há de ser guiada pela razão.

Selecionam-se, de seguida, algumas das principais orientações jusnaturalistas, apontando-se os tópicos fundamentais de cada uma delas.

7.3.2.1. O individualismo

A ideia de que o indivíduo – o homem, tomado isoladamente, considerado como desligado dos grupos em que está inserido, não caracterizado pelas funções que aí desempenha – está na base do direito remonta ao *nominalismo* de Duns Scotto e Guilherme d'Ockham[583], corrente que, como temos vimos a observar, inaugurou muitas das ideias básicas do

---

[582] Nem todos os autores identificam o estado de natureza com o caos social, negando a possibilidade de existência de uma ordem social natural. John Locke, por exemplo, concebe a possibilidade de uma sociedade natural, embora deficientemente garantida.

[583] Enquanto a filosofia clássica dava existência *real ao homem "situado" em certas estruturas sociais* (como "pai", como "cidadão", como "filho"), e, portanto, considerava como reais ou naturais os direitos e deveres decorrentes de tal situação, a filosofia social nominalista considera os indivíduos isolados, sem outros direitos ou deveres senão aqueles reclamados pela sua *natureza individual*, ou pela sua *vontade* (e eis aqui o pendor "voluntarista" do nominalismo, que está na base do positivismo moderno). Sobre isto, v. síntese de Villey, 1968, 199 ss.

pensamento jurídico moderno. Mas o impulso decisivo foi-lhe dado pelo cartesianismo e, também, pelo empirismo que, cada um a seu modo, definiram a *natureza do homem* e dela fizeram derivar direitos individuais, inalteráveis e necessários.

A definição do homem feita pelo *cartesianismo* era a de um ser *racional* e *livre* (*i.e.*, cuja vontade não se sentia limitada). A sua racionalidade, ou capacidade de pensar, era o que permitia intuir a sua existência como sujeito pensante; e esta existência aparecia, intuitivamente, como isolada, livre de quaisquer limites, autodeterminada. A combinação de razão e vontade, os dois atributos evidentes do indivíduo, permitiam chegar a um terceiro atributo do indivíduo – a liberdade, definível como a capacidade de dominar as paixões e de agir em função dos ditames da razão. Ao indivíduo, assim concebido, não se podia deixar de reconhecer dois direitos, decorrentes da sua natureza: o de usar livremente a razão (no campo teórico) e o de seguir a sua orientação (*i.e.*, pautar a sua ação pelos princípios que lhe fossem ditados pela razão).

Esta sujeição da vontade à razão origina uma versão racionalista do homem e da sua liberdade. Já o *empirismo* partia de uma observação menos idealizada, mais atenta aos homens empiricamente observáveis: o homem concreto, mais do que um ser racional, era um *ser comandado pelos instintos* (o da conservação, o da perpetuação, etc.). Era a estes instintos que o direito devia garantir o livre curso, podendo dizer-se que a sua satisfação (a *felicidade*) constituía um direito natural[584]. Mas como a satisfação plena dos instintos podia criar conflitos com os outros homens, também livres, a satisfação sustentada dos apetites implicava um cálculo racional daquilo que mais convinha à criação de uma situação estável de felicidade, e, por isso, a ter apenas em conta, como princípio do direito, os desejos racionais.

Num ou noutro caso, o direito natural não derivava agora da natureza cósmica ou da(s) natureza(s) da(s) sociedade(s) (como acontecia com o direito natural aristotélico-tomista), mas da natureza do homem individual

[584] Ideia que é de raiz estoica e que aflora, por várias vezes, no *Digesto* (as inclinações naturais do homem como animal [D.,1,1,3]; a legítima defesa [D.,43,16,1,27], etc.). Na Época Moderna, o direito à felicidade aparece, como evidente em si mesmo, na Declaração da Independência dos Treze Estados Unidos da América (4/7/1776): "We hold these truths to be self-evident, that all men are created equal, that they are endowed by their Creator with certain unalienable rights, that among these are life, liberty and the pursuit of happiness."

e da observação daqueles impulsos que o levavam à ação. E, pelo que vimos até aqui, a "sociabilidade" (característica essencial da espécie humana em Aristóteles, para quem o homem era "um animal político") não constituía, para uma grande parte destes pensadores[585], um desses impulsos. Pelo contrário: perante a sua necessidade "natural" de agir racionalmente ou de agir instintivamente, a sociedade chegava a aparecer como um obstáculo, pois nela não era possível dar livre curso a estes impulsos sem chocar com os impulsos dos outros para agir. Por isso é que a maior parte dos pensadores jusracionalistas defendem que a instituição da sociedade organizada (sociedade *política*) representa a limitação dos direitos naturais, necessária porém para a preservação durável dos seus portadores.

De facto, levado pela consideração dos interesses da vida em comum, para a qual se sentiam inclinados (Johannes Althussius, Hugo Grócio, John Locke), ou pelo medo de um estado de natureza em que a satisfação dos impulsos naturais geraria contínuas lutas (Th. Hobbes), os homens teriam celebrado entre si um pacto, pelo qual teriam limitado a sua liberdade natural, entregando na mão dos governantes o poder de editar regras de convívio obrigatórias. É o "contrato social", cujos germes já se encontram em Francisco Suarez, mas cuja teoria é agora amplamente desenvolvida. Alguns autores desdobram este pacto em dois: o pacto de sociedade (*pactum societatis*), pelo qual os indivíduos convêm entre si formar uma sociedade, e o pacto de sujeição (*pactum subjectionis*), pelo qual escolhem uma forma de governo e o entregam ao(s) governante(s)[586]. Seja como for,

---

[585] Nem todos. Grócio, ainda muito ligado às autoridades tradicionais, continua a reconhecer o *"appetitus societatis"* como um dos impulsos naturais do homem. Este agiria impelido pela razão e pelo instinto gregário. E, então, o direito natural não seria apenas um reconhecimento dos direitos naturais individuais, mas também a ordem que preside à sociedade humana (*vinculum humanae societatis*), v. Solari, 1959, 13 ss. Também Samuel Pufendorf (1632-1694) – um pensador hoje menos divulgado, mas de enorme influência na época, nomeadamente entre os juristas – reconhece uma dimensão social na natureza do homem, provocada pela incapacidade humana de viver sem o auxílio dos seus congéneres; de onde a conservação individual decorrer também da conservação da comunidade (Burns, 1997, 509-533).

[586] Nos autores de transição (como o calvinista Johannes Althussius, 1557-1638), o pacto de sociedade é concebido como uma associação mais natural do que voluntária (*consociatio*, não *associatio*); nesta medida, a sua natureza pactícia não é clara; por outro lado, os contraentes podem ser não indivíduos, mas regiões ou famílias. Isto correspondia ao que acontecia, no plano institucional, com os parlamentos, assembleias cujos membros representavam o reino, não por escolha, mas pela sua liderança natural; e não como representantes de indivíduos, mas como representantes de cidades, casas nobres, corpos eclesiásticos (dioceses).

a sociedade provém do único vínculo que poderia obrigar vontades livres – um encontro entre essas vontades, dirigidas por um cálculo racional das vantagens e inconvenientes de viver isolado ou em comunidade.

A teoria do "contrato social" não deu lugar, somente, às teorias democráticas que tiveram o seu epílogo na Revolução Francesa. Ela pôde também fundamentar o "despotismo iluminado", típico das monarquias e principados europeus do século XVIII. Tudo dependia, de facto, do conteúdo do contrato, pois os jusnaturalistas reconheciam que quem modelava as condições da vida política era a vontade livre dos próprios membros da comunidade.

Para uns – os mais pessimistas quanto à natureza humana, como Thomas Hobbes (1588-1679)[587] –, os perigos do "estado de natureza" levavam a que os homens decidissem depor *todos* os seus direitos na mão do príncipe, a fim de que este zelasse, com o pulso livre, pelo bem comum e pela felicidade individual. A única limitação do príncipe seria a necessidade de governar racionalmente, ou seja, de forma adequada aos objetivos que tinham estado na origem da instituição da sociedade política ("assegurar a paz e a defesa comum", Th. Hobbes, *Leviathan [...]*, 1651, cap. 17). Por oposição, o governo despótico e arbitrário seria típico "do Turco", imagem muito comum nesta literatura para designar uma forma tirânica de governo. Assim, num governo absoluto (mas não despótico), o soberano poderia legislar e governar sem limites, as suas razões ou os seus atos não podiam ser julgadas pelos súbditos, não estava sujeito a nenhuma "razão do direito" (à *iurisprudentia*, à *ratio iuris*) independente dele, era o único autor e intérprete autorizado das leis (*ibid.*, caps. 18, 26). Neste caso, o próprio direito natural desaparecia com a instituição da sociedade política, justamente porque, uma vez instituído o soberano como único legislador, não haveria lugar para qualquer direito que não tivesse origem nele. Leis naturais e costumes valeriam apenas enquanto não fossem contrariados pelas suas leis positivas; e, neste sentido, se não proviessem da vontade positiva do soberano, provinham, pelo menos, de um seu acordo tácito (da sua "paciência", *ibid.*, cap. 26).

Uma outra versão do contrato social é a de John Locke (1632-1704), segundo o qual a constituição do estado político – e o respetivo contrato

---

[587] Sobre Hobbes, cf. Burns, 1997; Zarka, 1995. Sobre o pensamento político inglês da sua época, Burns, 1997; Harrisson, 1995; Burgess, 1992; Carrive, 1994, Álvarez Alonso, 1999, 89 ss.

que lhe dá origem – não cancelaria os direitos de que os indivíduos dispunham no estado de natureza. Na verdade, o estado político apenas garantiria uma melhor administração dos direitos naturais, substituindo a autodefesa e a vingança privada pela tutela de uma autoridade pública. Por isso mesmo, o soberano, que não era a fonte nem do direito de natureza, nem dos direitos individuais daí decorrentes, estava obrigado a respeitar o direito natural e os direitos políticos dos cidadãos: "[...] sendo o legislativo apenas um poder fiduciário para agir no sentido de certos fins, continua a permanecer no povo um poder supremo para remover ou alterar o legislativo, quando achar que o legislativo age contrariamente à confiança que se lhe deu [...]. E, assim, a comunidade retém permanentemente o poder supremo de se libertar dos atentados e desígnios de qualquer um, mesmo dos seus legisladores, desde que eles sejam tão estultos ou danados para formar ou levar a cabo desígnios contra as liberdades e propriedades dos súbditos" (*Two treatises of government*, 1690, II, 13, p. 192).

Assim, do ponto de vista das formas políticas, vamos ver o jusracionalismo desdobrar-se em duas grandes orientações: a demoliberal, inaugurada por John Locke e desenvolvida pelos jusracionalistas franceses, e a absolutista, com origem em Thomas Hobbes e com um representante de nota em Samuel Pufendorf[588].

Para além do seu significado na história das ideias políticas, o jusnaturalismo individualista interessa-nos como um movimento especificamente jurídico. E, deste ponto de vista, ele apresenta certos elementos bastante significativos para a futura evolução do pensamento jurídico. Percorramos os principais.

7.3.2.2. A teoria dos direitos subjetivos

Estamos hoje tão habituados, pelo menos na teoria do direito privado, a ouvir falar de direitos subjetivos, a equiparar o direito (na sua aceção subjetiva) a um poder de vontade garantido a certo sujeito, que nos custa a crer que tal noção tenha tido um começo. O direito subjetivo é uma das

---

[588] Samuel Pufendorf (1632-1694) é mais jurista do que filósofo e, por isso, desempenhou um papel de extraordinário divulgador das novas correntes de pensamento político entre os juristas. A sua obra (*Elementa iurisprudentiae universalis*, 1660; *De jure naturae et gentium*, 1672; *De officio hominis et civis secundum legem naturalem*, 1673) teve edições sucessivas durante o século XVIII e serve de base ao despotismo iluminado europeu, desde a Prússia e a Áustria até Portugal. Cf. Denzer, 1972; Solari, 1959, 62 ss.; Burns, 1997, 509-533.

tais figuras que nos parecem inevitáveis na dogmática jurídica. Porém, a noção de direito subjetivo nem sempre fez parte do arsenal teórico dos juristas. Ela foi sendo construída pouco a pouco, até atingir a sua fase de perfeição com os jusracionalistas.

Os direitos subjetivos são, na conceção jusracionalista, os direitos, atribuídos pela natureza a cada homem, de dar livre curso aos seus impulsos racionais. Estão, portanto, ligados à personalidade, à sua defesa, à sua conservação, ao seu desenvolvimento.

Os jusracionalistas pensavam, ainda, que estes direitos (também denominados "naturais", ou "inatos", ou, numa terminologia mais moderna, "da personalidade") não podiam desenvolver-se plenamente no estado de natureza, pois o livre desenvolvimento dos direitos de um chocaria com idêntico desenvolvimento dos direitos do outro. Por isso, o "estado de natureza", correspondente à livre agregação dos homens, era um estado de guerra (Th. Hobbes) ou, pelo menos, de insuficiente garantia das faculdades individuais (J. Locke). Constituída a sociedade civil através do contrato social, tais faculdades ficariam restringidas – em graus diversos, segundo os autores –, mas os sujeitos ganhariam uma proteção pública, envolvendo se necessário o uso da força, para os direitos que lhes viessem a ser confirmados.

De facto, o alcance do contrato social é a redução dos direitos inatos a fim de tornar possível a convivência. Em certos autores, partidários do absolutismo – *v.g.*, Hobbes –, tal redução iria ter uma amplitude enorme[589], embora noutros – nos representantes da orientação liberal[590] –, os direitos subjetivos continuassem a impor-se mesmo perante o Estado.

---

[589] Para Hobbes, os cidadãos só conservariam o direito de livre consciência e o de legítima defesa [logo, apenas entre particulares; o único caso de legítima defesa contra o poder público sendo o do condenado à morte contra o carrasco] (v. Villey, 1968, cit., 665); por sua vez, Pufendorf, um outro representante das tendências absolutistas, defende que os direitos naturais não são "perfeitos", só se tornando efetivos depois de positivados pelo Estado. Em Rousseau, os direitos do estado de natureza – que correspondem aos desejos instintivos (a *vontade particular*) – desaparecem com a conclusão do pacto social, que apenas atribui aos cidadãos direitos racionais, compatíveis com a vontade geral (com a lei) (cf. Rousseau, *Do contrato social*, I, 8). Isto faz com que o poder soberano, que se exprime por meio da lei, não tenha limites, salvo o de não poder impor aos cidadãos encargos inúteis do ponto de vista da comunidade (racionalidade) e o de não poder conter senão comandos genéricos (generalidade das leis) (*ibid.*, II, 4).

[590] É o ponto de vista de Locke, o teórico inglês do liberalismo. O otimismo social e filosófico de Locke fá-lo pensar que, tendo o homem tendência para a felicidade e para a utilidade, era

Esta teoria dos direitos naturais (ou subjetivos), que começou por ter aplicações importantes nos domínios do direito público, era, na sua natureza íntima, uma teoria de direito privado, pois dizia respeito, originariamente, ao modo de ser das relações entre os indivíduos.

E foi, de facto, nos domínios do direito privado que ela teve consequências mais duradouras, fornecendo a base para a construção doutrinal efetuada pela "pandectística" alemã do século XIX (cf., *infra*, 7.4.10.3).

Todo o direito privado foi, então, visto como uma forma de combinar e harmonizar o poder que cada um tinha de desenvolver a sua personalidade.

Recordemo-nos, de facto, de que a premissa básica do jusnaturalismo individualista era a existência de um direito inato de cada homem ao desenvolvimento da sua personalidade (racional ou instintiva, não interessa agora). O contrato social visara, mesmo, garantir esse direito na vida social, criando uma entidade (o Estado) que assegurasse a cada um a satisfação dos seus direitos em toda a medida em que tal satisfação não prejudicasse os direitos dos outros. Assim, se pelo contrato social se criava o direito objetivo, não se criavam direitos subjetivos: estes existiam antes da própria ordem jurídica objetiva, sendo o seu fundamento e a sua razão de ser. A origem da sua legitimidade está no caráter naturalmente justo do poder de vontade (*Willensmacht*), através do qual o homem desdobra a sua personalidade.

No entanto, tendo em vista a sua própria garantia, o Estado e o direito podem comprimir um tanto os direitos de cada um, na medida em que isso seja exigido pela salvaguarda dos direitos dos outros. O direito objetivo aparece, então, como um semáforo, dando luz verde ou vermelha aos "poderes da vontade" (que se movem por si), conforme as necessidades do tráfego jurídico.

possível instaurar uma ordem social dirigida aos instintos hedonistas dos homens. Tal seria o "estado de natureza" que, longe de ser uma hipótese, era um ideal realmente possível, e que, em Locke, correspondia à idealização da sociedade burguesa da Inglaterra do seu tempo. Sendo assim, os direitos subjetivos mantinham-se na sociedade civil e deveriam ser respeitados na sua organização, sob pena de os indivíduos poderem pôr termo ao Estado tirano que assim se afastava dos fins para que fora constituído ("... *the supreme power to reverse or alter the legislative, when they find the legislative act contrary to the trust reposed in them*", Locke, *On Civil Government*, XIII).

Portanto, na base de todo o direito civil vêm a estar os direitos subjetivos, definidos como "poderes de vontade garantidos pelo direito"[591]. São de tal natureza o direito do credor de exigir a prestação do devedor e de executar o seu património no caso de incumprimento; o direito do proprietário de usar e abusar da sua propriedade com total exclusão de terceiros; o direito de exigir do outro cônjuge, quer abstenções (v.g., o direito à fidelidade conjugal), quer ações (v.g., o chamado "débito conjugal" e o amparo económico); o direito dos filhos a "alimentos", etc. Todos estes (e outros) direitos subjetivos corresponderiam à expressão de uma *vontade*. Não haveria, mesmo, efeitos de direito senão os provocados pela manifestação de uma vontade.

Foi esta conceção *individualista* e *voluntarista*[592] (que também tem repercussões na teoria das fontes de direito, ao identificar o direito com a vontade do poder, expressa nas leis) que se substituiu à construção aristotélico-tomista do direito privado como ordem objetiva, baseada na natureza das coisas, e que, já no nosso tempo, sofreu o embate das conceções institucionalizadas[593]. Foi também ela que modelou os conteúdos dos

---

[591] "Um poder pertencente à pessoa, um domínio onde reina a sua vontade, e onde ela reina com o nosso acordo" (Savigny, *System des heutigen römischen Rechts*, 1840).

[592] A influência das doutrinas ética e jurídica de Kant sobre a "teoria da vontade" (*Willenstheorie*) foi muito importante e contribuiu para o seu definitivo estabelecimento na dogmática civilista. Kant realçou, de facto, a autonomia da vontade e o seu papel criador de valores universais, ao mesmo tempo que fez da vontade (ou da liberdade) o esteio da personalidade moral. O direito consistia na forma da relação entre os arbítrios das pessoas, da relação entre dois arbítrios que, exteriorizando-se, se encontram; a ação justa (ou jurídica) seria, então, a que, segundo uma lei universal, coexistisse com o livre-arbítrio de cada um. V., sobre os fundamentos da "razão prática" e, mais concretamente, sobre os seus ideais ético-jurídicos, Solari, 1959, 202 ss.

[593] O *institucionalismo* (cf., infra, 4 ss.) desenvolveu-se já nos inícios do século XX; trata-se de um *transpersonalismo*, i.e., de uma doutrina que radica o direito não nas pessoas individual e abstratamente consideradas, mas em grupos humanos ou em certas ideias normativas existentes na consciência social. São estas realidades transindividuais ("instituições", *v.g.*, a família, a propriedade, o Estado) que, dispondo de uma normatividade em si, atribuem a cada um o "*suum*" (seu). O direito de cada um é, portanto, *derivado* e não próprio ou *subjetivo* (ou seja, radicado no sujeito). A herança tomista é aqui bem clara; e a sua ligação com a vaga antidemocrática e totalitária do fim do século XIX e primeiras décadas do século XX (a que forneceram cobertura teórica) não o é menos. Principais representantes: Otto Gierke (1841-1921), Hauriou (1856-1929) e Santi Romano (1875-1947).

códigos civis do século[594], bem como uma boa parte dos nossos manuais de direito privado[595].

7.3.2.3. O voluntarismo

Quando nos referimos a voluntarismo, queremos significar a doutrina segundo a qual o direito tem a sua fonte não numa ordem objetiva (da natureza, da sociedade), não em direitos naturais e irrenunciáveis do homem, não numa lógica jurídica objetiva, mas no poder da vontade.

Já antes (cf., *supra*, 6.8.2) falámos de "voluntarismo", a propósito da filosofia do direito de Santo Agostinho, justamente nestes termos. Vimos como, para o augustinianismo, tal vontade era, primeiramente, a vontade divina, embora, de forma derivada, a própria vontade humana (dos governantes) viesse a ser revestida de igual dignidade, já que tais governantes o eram por vontade de Deus. Também então se disse que as posições de Santo Agostinho não ficaram sem continuação na história do pensamento jurídico europeu, apontando-se-lhe como sobrevivências as teorias franciscanas que, *grosso modo*, identificámos com o nominalismo. Foram, de facto, Duns Scotto e Guilherme d'Ockham que vieram retomar a tradição voluntarista, durante alguns séculos submergida pelos pontos de vista jurídicos de S. Tomás. Ainda aqui, a restauração da tradição augustiniana esteve ligada ao colapso das teorias de Aristóteles e de S. Tomás. Se, para estes, o fundamento do direito consistia numa ordem do justo inerente à comunidade humana, agora, desfeita a ideia de ordem natural, o direito não poderia basear-se senão na vontade dos homens ou de Deus. E foi assim que Scotto fundou a obrigatoriedade da lei positiva na convenção dos membros da coletividade (*"ex communi consensu et electione"* [por consenso comum e escolha], *Opus Oxoniensis*, IV, 15, 2, concl. 5). E Ockham deu uma volta completa à própria noção de "direito natural", equiparando-o, num sentido, a direito estabelecido (posto) por Deus nas Escrituras (*"in Scripturis... continetur"* [está contida nas Escrituras], *Dialogus*); e noutro, às consequências que decorreriam racionalmente de uma convenção (*i.e.*, de um acordo de vontades) entre os homens, ou de uma regra jurídica positiva (*"illud quod ex iure gentium vel aliquo pacto humano evidenti ratione*

---

[594] O *Código Civil português* de 1867 é um exemplo frisante. Logo no art.º 1º pode ler-se: "Só um homem é suscetível de direitos e obrigações..."; e no art.º 2º define-se "direito" como a "faculdade moral de praticar ou deixar de praticar certos factos".
[595] Wiederkehr, 1965, 234 ss., *maxime* 245-246.

colligitur, nisi de consensu illorum quod interest, statuatur contrario [aquilo que se colhe pela evidência racional do direito das gentes ou de algum pacto humano, a menos que se estipule o contrário pelo consenso daqueles a quem interessa]". A vontade não estaria sequer prisioneira da lógica, pois uma consequência racional poderia ser afastada pelo acordo dos interesses (v. última parte do texto citado).

Tomado no seu conjunto, jusracionalismo moderno é, a este propósito, um tanto paradoxal. Na verdade, a insistência na razão e a aproximação do direito em relação a saberes como a matemática ou a lógica levaria a valorizar uma justiça objetiva (e não voluntária), correspondente ao caráter forçoso das proposições das ciências formais, na determinação das quais a vontade não tem qualquer poder. E, como veremos, há pensadores que apontam, mais ou menos radicalmente, neste sentido. No entanto, concluída esta análise racional, muitos dos autores identificam a liberdade e autodeterminação (ou seja, o poder de vontade) como os traços mais característicos da natureza do homem e o contrato como o fundamento da sociedade. Ou seja, um método racionalista de averiguação (*i.e.*, um *racionalismo metodológico*) desemboca num modelo voluntarista da ordem social (*i.e.*, num *voluntarismo axiológico*).

É a este último aspeto que dedicaremos os parágrafos seguintes.

Com o jusracionalismo da Época Moderna, o voluntarismo não pode ser senão reforçado.

De facto, ainda no *"estado de natureza"*, os direitos de cada um não se fundavam senão no direito essencial do homem à manifestação da sua personalidade através de "ações livres", sendo a liberdade o poder de "querer sem limitações". Daí que os direitos naturais andassem intimamente conexos com a manifestação desta vontade, por ora meramente atenta ao bem-estar particular. Para alguns autores mais radicalmente individualistas, não havia riscos de contradição entre esta vontade e a razão, pois, por um lado, os homens podiam conhecer sem esforço a lei da natureza e, por outro, eram capazes de dominar os seus instintos e querer apenas aquilo que estivesse conforme com a razão[596]. Para outros, mais pessimistas

---

[596] "6. Porém, embora este estado seja um estado de liberdade, não o é de licença; embora o homem tenha, neste estado, uma liberdade incontrolável para dispor da sua pessoa ou possessões, todavia não tem liberdade para se destruir a si mesmo, ou qualquer criatura na sua posse, a não ser que algum uso mais nobre do que a sua mera conservação o exija. O estado de natureza tem uma lei da natureza para o governar, que obriga todos, e a razão, que é esta

quanto à bondade natural do homem, não existia qualquer razão superior à vontade. Esta era desencadeada mecanicisticamente por estímulos externos, sendo a razão apenas a capacidade de orientar a ação para os fins apetecidos. Ou seja, a razão não era o fim, mas o meio de obter certo resultado e, por isso, toda a vontade era racional[597].

Mas, se passarmos a considerar o *estado político*, a sua fundamentação na vontade é ainda mais clara, pois o estabelecimento da própria ordem jurídica objetiva se teria feito através de um ato *voluntário* dos homens (o "contrato social"), cujo conteúdo teria sido aquele de que eles lhe *quiseram* dar para a salvaguarda da vida em comum. E, estabelecido o governo civil, o poder de *criar o direito* através de atos de vontade não teria limites. Pelo menos não lhos reconhece a maior parte dos autores, quer estes se situem nas hostes absolutistas, quer pertençam às dos liberais.

Toda a diferença entre estas duas correntes está no modo como concebem a vontade que dá origem ao direito, bem como as suas relações com a razão (cf., *infra*, 7.4.2).

Os liberais (antes de tudo, Locke) procuram combinar vontade e razão, com base no caráter racional da vontade individual no estado de natureza, a que já nos referimos. Isto porque, por um lado, o advento do estado político não cancelaria essa lei da natureza que iluminava a vontade no estado de natureza e, por isso, continuava a constituir um padrão para julgar as leis políticas. Por outro lado, a vontade que estava na origem das leis políticas seria essa mesma vontade dos indivíduos, de que o Estado não era senão um representante. Na verdade, Locke manteve-se numa conceção tradicional do pacto político, concebendo-o à maneira de um pacto privado (*quod omnes tangit, ab omnibus approbari debet*, aquilo que toca a todos deve ser aprovado por todos). A vontade que daí resultava era o produto da soma

---

lei, ensina a toda a humanidade que a queira consultar que os seres são todos iguais e independentes, nenhum devendo fazer mal a outro, na sua vida, saúde, liberdade ou posse" (John Locke, *Two treatises of government*, II, 2); "63. A liberdade de todos os homens e a liberdade de agir de acordo com a sua própria vontade baseia-se no facto de ter razão, a qual é capaz de o instruir naquele direito pelo qual ele tem de se governar a si mesmo e de lhe fazer saber de quão longe está da liberdade da sua própria vontade [...]" (*ibid.*, II, 4).

[597] "*O direito natural*, a que os autores geralmente chamam *jus naturale*, é a liberdade que cada homem possui de usar o seu próprio poder, da maneira que quiser, para a preservação da sua própria natureza, ou seja, da sua vida; e consequentemente de fazer tudo aquilo que *o seu próprio julgamento e razão lhe indiquem como meios adequados a esse fim*" (Th. Hobbes, *Leviathan*, cap. 14).

das vontades individuais e não uma vontade nova. Daí que aquela sabedoria moral dos indivíduos se mantivesse no Estado, o qual podia conhecer as regras racionais de vida em comum e querer (legislar) de acordo com elas[598]. Claro que sempre se pode dizer que esta mesma permanência da lei natural, como orientadora da vontade política, já constitui uma limitação do voluntarismo, da qual resultam, aliás, consequências concretas, nomeadamente quanto ao direito de resistência ou de revolta[599].

Os não liberais (absolutistas, jacobinos), pelo contrário, subordinavam totalmente a razão à vontade, no sentido de que não reconheciam quaisquer limites para a vontade do soberano (monarca, povo). Para eles, a vontade soberana (legislativa, geral) era diferente da soma da vontade das partes. Na verdade, o pacto social daria origem a uma entidade nova, o corpo político, que era o detentor do poder de exprimir os comandos sobre a comunidade. Pertencente a uma pessoa diferente (pessoa moral, *ens moralis*, na terminologia de Pufendorf), esta vontade legislativa teria características diferentes das vontades particulares: desejava sempre o bem geral e, logo, era sempre racional. Embora tenha sido Pufendorf quem primeiro

---

[598] O poder de a maioria impor a sua vontade à minoria era explicado por um raciocínio mecanicista, importado da dinâmica, segundo o qual a vontade do maior número tem mais força do que a vontade da minoria, arrastando esta quando se forma a vontade do corpo. Locke explica isto nos seguintes termos: "96. [...] Quando qualquer número de homens, por meio do consentimento de cada indivíduo, constituiu uma comunidade, eles transformaram por isso mesmo essa comunidade num corpo, com o poder de agir como um só corpo, *o que acontece apenas pela vontade e determinação da maioria. Uma vez que aquilo que põe em movimento uma comunidade é apenas o consentimento dos indivíduos dela e, uma vez que constituindo ela um único corpo, se deve mover numa única direção, é necessário que o corpo se possa mover nessa direção com a maior força que haja nele, a qual é o consentimento da maioria*. De outro modo seria impossível que ela agisse ou permanecer como um só corpo, como uma comunidade, como cada indivíduo que a constitui concordou que fosse; e por isso cada um está limitado por aquele consentimento a ser concluído pela maioria" (Locke, *Two treatises of government*, II, 7, p. 165). Partilhando ainda de certos traços tradicionais (a vontade coletiva como soma das vontades individuais, o soberano como *representante* dos cidadãos), Hobbes, *Leviathan*, cap. 17.

[599] "[...] estar subordinados, mesmo assim, sendo o legislativo apenas um poder fiduciário para agir no sentido de certos fins, continua a permanecer no povo um poder supremo para remover ou alterar o legislativo, quando achar que o legislativo age contrariamente à confiança que se lhes deu [...]. E assim a comunidade retém permanentemente o poder supremo de se libertarem dos atentados e desígnios de qualquer um, mesmo dos seus legisladores, desde que eles sejam tão estultos ou danados para formar ou levar a cabo desígnios contra as liberdades e propriedades dos súbditos" (II, 13).

construiu uma teoria acabada da personalidade pública[600], a teorização do caráter soberano e absoluto da vontade legislativa foi levada a cabo, de forma exemplar, por Hobbes e por Rousseau. Para ambos, a vontade legislativa era soberana e absoluta. Primeiro, no sentido de que se impunha absolutamente a todos os súbditos, só restando a estes a hipótese de, originalmente, não assinarem o pacto social ou de, subsequentemente, se expatriarem. Esta é a opinião de Hobbes, que não reconhece aos súbditos quaisquer direitos em relação ao soberano. Rousseau, pelo seu lado, define o poder do corpo político sobre os súbditos como absoluto: "Como a natureza dá a cada homem um poder absoluto sobre todos os seus membros, o pacto social dá ao corpo político um poder absoluto sobre todos os seus; e é esse mesmo poder que, dirigido pela vontade geral, leva, como disse, o nome de soberania [...]" (*Do contrato social*, II, 4, p. 74). Depois, a vontade legislativa era absoluta no sentido de que não conhecia limites materiais, ou seja, não estava subordinada a nenhum preceito exterior a si mesma. Para se compreender bem o alcance desta afirmação é, no entanto, necessário esclarecer que esta vontade pública estava por definição dirigida para a consecução do interesse geral, pelo que era, necessariamente, sempre justa e racional.

Quanto a isto, Hobbes tinha sustentado a tese do primado da vontade legislativa sobre o costume, sobre o poder judiciário, sobre a razão jurídica (*Leviathan*, cap. 26). A única restrição ao poder soberano – ainda assim a ser avaliada por ele próprio – era a de que estava racionalmente vinculado a governar de acordo com a finalidade para que o poder civil tinha sido instituído[601].

---

[600] Cf. Burns, 1997, 511 ss. Segundo Pufendorf, a causa remota destas pessoa e vontade públicas é Deus, sendo o pacto social (a vontade humana) apenas a condição (ou causa próxima) da sua instituição. Daí que o governo político e as suas leis tenham um caráter semissagrado, não podendo ser desobedecidas. Já Francisco Suarez tinha encontrado uma formulação próxima desta ao falar da origem divina mediata do poder político (*a Deo, per populum*, de Deus, por meio do povo).

[601] Há, por isso – como nota Cattaneo, 1966 –, uma grande diferença entre o despotismo de Hobbes e o despotismo de tipo oriental: é que o Estado de Hobbes constitui um *despotismo legal*, em que a vontade do príncipe é expressa através de normas gerais, salvaguardando os súbditos, senão do absolutismo, pelo menos da arbitrariedade. Assim, os princípios "*nullum crimen sine lege*" e "*nulla poena sine lege*" são por ele claramente estabelecidos ("*no law, made after a fact done, can make it a crime*", *Leviathan*, cap. 27). A conceção política de Hobbes vem, assim, pôr as bases teóricas do despotismo iluminado: por um lado, com a afirmação de um forte poder central do qual emanam as leis; e, por outro, pela instauração do princípio da legalidade e da certeza da aplicação das mesmas leis (cf. Cattaneo, 1966, 19 ss.).

O tema da coerência forçosa entre a vontade do corpo político e a razão é desenvolvido por Jean-Jacques Rousseau (1712-1778), no âmbito da sua teoria da vontade geral. É aí que explica esse ato quase místico de criação, pelo contrato social, de uma nova pessoa, o soberano, e de uma nova entidade, a vontade geral, expressa na lei e por definição sempre conforme à razão: "Esta passagem do estado de natureza ao estado civil produz no homem uma mudança muito notável, substituindo, na sua conduta, a justiça ao instinto e dando às suas ações a moralidade que lhes faltava antes. É só então que, sucedendo a voz do dever ao impulso físico e o direito ao apetite, o homem, que até então não tinha olhado senão para si mesmo, se vê forçado a agir com base noutros princípios, e a consultar a sua razão antes de escutar as suas inclinações [...]" (*Do contrato social*, I, 8, p. 65 ss.). E, por isso, a vontade geral, sendo diferente da soma das vontades, corruptíveis, dos particulares, não pode deixar de ser justa e racional: "Segue-se que a vontade geral é sempre reta e tende sempre à utilidade pública: mas não se segue daqui que as deliberações do povo tenham sempre a mesma retidão [...] Há muitas vezes uma grande diferença entre a vontade de todos e a vontade geral; esta não diz respeito senão ao interesse comum; a outra refere-se ao interesse privado, não sendo senão uma soma dos interesses particulares; mas retirai destas mesmas vontades os mais e os menos que se destroem entre si, restando a soma das diferenças como vontade geral" (*Do contrato social*, II, 3). Para além do mais, a decisão política tornar-se-ia transparente e a justiça evidente[602].

Rousseau proclama, assim, a soberania da *vontade geral*, embora esta pouco tenha em comum com a vontade psicológica de cada um (a que chama *vontade particular*), antes constituindo uma vontade racional, dirigida para a prossecução do interesse geral e apresentando, por isso, uma forte componente racional. Rousseau representa, de facto, o triunfo da tendência democrática jacobina[603], em que a proteção das vontades particulares

---

[602] "Logo que vários homens reunidos se consideram como um único corpo, eles não têm senão uma vontade que se dirige à conservação comum e ao bem-estar geral. Então, todos os comandos do Estado são vigorosos e simples, as suas máximas são claras e luminosas; não há interesses envolvidos, contraditórios; o bem comum mostra-se por todo o lado com evidência, apenas exigindo bom senso para ser percebido" (*Do contrato social*, IV, 1, p. 148).

[603] A oposição entre liberais e democratas costuma ser feita nestes termos: enquanto os primeiros concebiam as garantias individuais como uma esfera de ação dos indivíduos liberta da intervenção estadual, como um limite posto à ação do Estado; os democratas (de que se

– provenientes do impulso para a satisfação de interesses meramente individuais – vem a atenuar-se perante o dogma absoluto da lei como "volonté générale" – estamos na fase do "despotismo democrático"[604].

"Et qu'est ce qu'une loi? C'est une déclaration publique et solennelle de la volonté générale sur un Object d'intérêt commun" [O que é uma lei? É uma declaração pública e solene da vontade geral sobre um objeto de interesse comum], explica Rousseau (*Lettres écrites de la Montagne*, I, VI). É este o ponto onde se consuma a orientação democrática que triunfa no Continente com a Revolução Francesa. A lei (o direito, de que a lei deve ser a única fonte) é uma *vontade*, mas uma vontade *geral*, no sentido de que (i) deriva de todos, (ii) se refere a problemas de todos, (iii) estabelece a igualdade e liberdade entre todos, (iv) prosseguindo o interesse de todos.

Esta concepção da lei como norma absoluta estabelecida soberanamente pelo Estado-legislador virá a ser decisiva até aos dias de hoje.

7.3.2.4. O cientismo e a ideia de um direito natural objetivo

Por último, realcemos ainda um dos motivos condutores do pensamento jusracionalista, a que já nos referimos, e que considerámos justamente como contrário à anterior ideia de um voluntarismo absoluto: o de que o direito constitui uma disciplina submetida a regras de valor *necessário* e *objetivo*, na qual há, portanto, *verdade* e *falsidade* e não apenas *opiniões* ou *volições*.

Esta ideia de que o direito é uma disciplina rigorosa, científica, não tem as suas raízes nem no pensamento da generalidade dos juristas romanos clássicos (que desconfiavam, por sistema, das formulações genéricas – *"non ex regula ius sumatur"* [o direito não provém da regra], D.,50,17,1; ou *"in iure civili omnis definitio periculosa est"* [em direito, toda a definição é perigosa], D.,50,17,202), nem na doutrina jurídica aristotélico-tomista, na qual

---

salienta a fação jacobina) entendem-nas como o direito de participar na gestão do Estado, assim tornado um governo do povo (democracia). Dentro desta última perspetiva, os limites postos pelos indivíduos à ação estadual perdem todo o significado, pois o Estado e a sua ação são o produto da vontade dos próprios cidadãos; limitar o Estado seria, então, *venire contra factum proprium* [contrariar-se a si mesmo]. Deste modo, as democracias jacobinas põem termo à oposição entre indivíduo e Estado, dando curso à ideia de "disciplina democrática". V., sobre isto, Duverger, 1966.

[604] Tanto Hobbes como Rousseau têm uma idêntica conceção da lei como vontade do soberano. A diferença está no modo de conceber o soberano. Hobbes identifica-o como um homem, o rei. Rousseau com o povo, com a comunidade no seu todo.

prevalecia, pelo contrário, a ideia de que o direito era uma *arte*, dirigida por regras, *apenas prováveis*, de encontrar o justo e o injusto. Certezas, não as havia, daí decorrendo esse constante confronto das *opiniões* a que já nos referimos.

A fonte filosófica deste "cientismo", desta aproximação do direito em relação às ciências da natureza, está na tendência para submeter o mundo humano às leis cósmicas. A natureza específica do mundo humano – mundo da contingência, da liberdade, onde as ações deviam ser medidas pela régua flexível de chumbo dos lendários pedreiros da ilha grega de Lesbos – era desconhecida; o mundo era, pelo contrário, todo da mesma natureza (monismo naturalista), obedecendo todos os seres ao mesmo movimento.

Para dar realização a um modelo de direito que correspondesse à necessidade social de certeza e de segurança, a redução do direito a poucos princípios, necessários e imutáveis, era muito conveniente. E, para este projeto, um bom apoio teórico era constituído por estas conceções de uma ordem geométrico-matemática do cosmos, regida por grandes princípios que podiam servir de verdadeiros *axiomas* da ciência do direito, a partir dos quais se pudessem extrair, pelos métodos da demonstração lógica, próprios das ciências naturais, as restantes regras da convivência humana.

É claro que este processo de cientificização do direito deparou com o ceticismo de alguns[605]; mas, com o advento do otimismo cartesiano, ficou basicamente estabelecido no pensamento jurídico (como nas restantes disciplinas filosóficas e morais). Não estava, de facto, nos projetos de Descartes a instauração da certeza, de uma certeza de tipo matemático, em todos aqueles ramos do saber em que, até aí, campeavam a opinião e a dúvida?

Entre o voluntarismo, por um lado, e a tendência para a "cientificização" ou para a fundamentação racional do direito, por outro, existe, em princípio, uma oposição. A mesma que existe entre vontade e razão, entre subjetividade e objetividade. Ela consiste em que ou o direito é o produto livre da vontade e a sua definição nada tem a ver com uma ordem natural, científica ou racional das coisas (pois, repetindo Pascal, "o coração tem razões que a razão desconhece"), ou existem princípios jurídicos cientificamente, naturalmente ou racionalmente válidos, e então não se descortina a legitimidade da vontade para os ignorar ou substituir.

---

[605] Por exemplo, de Montaigne, de Bacon e de Pascal, cujas observações sarcásticas ou angustiadas sobre a contingência do direito são a resposta às pretensões de axiomatização.

O pensamento jusracionalista esteve consciente deste dilema, daqui derivando a flutuação das suas soluções quanto a uma série de problemas recorrentes – por exemplo, o das relações entre o direito natural e o direito positivo, o da interpretação e integração das leis, a valorização do direito romano, etc.

Como já vimos, para algumas correntes, o problema não se pôs, uma vez que partiam da ficção da "racionalidade da vontade": o direito constituiria, é certo, o produto de um ato livre da vontade dos sujeitos, ou de um ato livre do poder; mas só a vontade *reta, racional, iluminada*, possuiria a virtude de criar verdadeiro direito. E essa vontade racional tanto podia ser aquela que "agisse de tal modo que a sua ação pudesse ser considerada como norma universal" (Kant), como aquela que agisse segundo "um plano científico de obtenção do máximo prazer ou utilidade pessoais" (David Hume), como aquela que se formasse tendo em vista o interesse geral (Rousseau). Então, a antinomia entre vontade e razão desaparecia, pois a primeira surgia subordinada à segunda, cooperando na realização de uma ordem tanto voluntária como racional e natural.

Todavia, houve quem deslocasse o fundamento do direito natural ainda mais para o lado da razão, mas de uma *razão objetiva*, radicada não nos indivíduos, mas na ordem cósmica ou na da convivência humana.

É isto que sucede no fim do século XVIII, com autores como Montesquieu, Leibniz e Bentham.

O primeiro (Charles Louis de Secondat, Baron de la Brède et de Montesquieu, 1689-1755) revaloriza o conceito de "natureza das coisas", invocando como fundamento do direito objetivo não a natureza do homem ou a vontade de Deus ou do príncipe, mas a "necessidade natural", *i.e.*, as consequências normativas das relações naturais e necessárias que se estabelecem entre os homens unidos numa associação política[606]. O fim da sua obra mais famosa (*L'Esprit des Lois*), é mesmo a investigação dos fatores objetivos (morais, físicos, geográficos, históricos, sociais) que determinam o modo de ser do direito.

Se bem que tal conceção, no que ela tem de histórico-sociológico e de relativista, não pudesse favorecer muito a construção de princípios fixos para guiar a legislação e a doutrina, o que é certo é que, desistindo de

---

[606] Sobre esta original (para a época) conceção de direito natural, v. Baratta, 1959, 191, e Cattaneo, 1966, 28 ss.; Vergnières, 1993.

O DIREITO MODERNO

radicar o direito na vontade ou na inteligência individuais, se distancia do subjetivismo, voluntarismo e contratualismo das doutrinas anteriores.

A mesma tendência para a objetivação do direito natural encontramos em Gottfried Wilhelm von Leibniz (1646-1716)[607] que, embora partindo de pressupostos filosóficos muito diferentes, concebe um direito natural emanado da razão divina, que se imporia tanto ao próprio arbítrio de Deus[608], como a qualquer estatuição voluntária, a qualquer imposição positiva do Estado. "Nem a norma de conduta em si mesma, nem a essência do justo – escreve Leibniz na sua obra *Opinião sobre os princípios de Pufendorf* (1706)[609] – dependem da decisão livre de Deus, mas antes de verdades eternas, objetos do intelecto divino, que constituem, por assim dizer, a própria essência da divindade [...] A justiça não seria, de facto, um atributo essencial de Deus, se ele estabelecesse a justiça e a lei pela sua vontade livre. E, na verdade, a justiça segue certas regras de igualdade e de proporcionalidade que não são menos fundadas na natureza imutável das coisas do que os princípios da aritmética e da geometria" (cit. por Riley, 1988, 71). Tal direito natural (que constituiria o regime jurídico da *optima respublica*) seria averiguável exclusivamente pela reflexão e contrapor-se-ia ao direito positivo (*ius voluntarium*), emanado do soberano, em virtude dos poderes tradicionais ou constitucionais de que este estava revestido (*ius receptum moribus vel a superiore constitutum* [o direito recebido consuetudinariamente ou instituído pelo superior])[610]. Leibniz afirma mesmo que as leis positivas podem

---

[607] Cf. Riley, 1988; Burns, 1997.
[608] "Em qualquer ser inteligente, os atos da vontade são sempre, por natureza, posteriores aos atos do seu entendimento... isto não quer dizer que haja algo antes de Deus, mas apenas que os atos do entendimento divino são anteriores aos atos de vontade divina" [*Carta a Bierling*, Duttens, V, 386].
[609] Publ. em Duttens, IV.
[610] "[A justiça] é um termo fixo, com um determinado sentido [...] este termo ou palavra justiça deve ter certa definição ou certa noção inteligível, sendo que de qualquer definição se podem extrair certas consequências, usando as regras incontestáveis da lógica. É isto precisamente o que se faz ao construir as ciências necessárias e demonstrativas – as quais não dependem de quaisquer factos – mas apenas da razão, tal como a lógica, a metafísica, a aritmética, a geometria, a ciência do movimento e, também, a ciência do direito. As quais não se fundam na experiência dos factos, antes servindo para raciocinar acerca dos factos e para os controlar antes de se darem. O que também aconteceria com o direito, se não houvesse lei no mundo. O erro daqueles que tornam a justiça dependente do poder deriva, em parte, de confundirem direito com lei. O direito não pode ser injusto, seria uma contradição; mas a lei pode. Pois é o

ser injustas[611-612], um sinal de que o direito se libertava do império da vontade, de que, para além do querer dos indivíduos ou dos seus representantes, havia normas objetivamente válidas, pelo que o princípio *stat pro ratione voluntas* (a vontade faz as vezes da razão) "c'est proprement la devise d'un tyran" (Leibniz, *Méditation sur la Notion Commune de Justice*, 1693).

Esta ideia de que era possível construir, por operações de cálculo, uma ciência do direito e do poder está presente em outros autores. Jean-Jacques Rousseau (1712-1778) construiu a sua teoria política sobre a base da possibilidade de uma ciência certa – e largamente matematizável – do poder. Ao discutir as formas de governo, esse ideal de certeza e de verdade fez com que concebesse uma ciência rigorosa das formas políticas, as quais escapariam, por isso, ao arbítrio dos cidadãos[613]. Por isso, seria possível, por exemplo, estabelecer-se uma relação objetiva entre a dimensão do Estado e liberdade, do tipo:

$$\text{Estado} = \frac{\text{governo}}{\text{governo soberano}}$$

Pelo que, por exemplo, o número de habitantes (Estado) variaria na razão inversa da liberdade individual, que, por sua vez, seria o inverso da força do governo. Também as relações de poder entre Estado, soberano e governo poderiam ser objeto do mesmo tipo de cálculo, pois existiria uma proporção entre príncipe e governo semelhante à que existe entre Estado e soberano, da qual se poderiam extrair regras como as seguintes: (i) príncipe (poder sobre os magistrados) e soberano (poder sobre os súbditos) variam em sentido diverso (III, 2); (ii) quanto mais os magistrados, mais fraco é o governo (*ibid.*); (iii) de uma e outra proporção resulta que

---

poder que cria e mantém a lei: E se esse poder falha de sabedoria e de boa vontade, ele pode criar ou manter leis bastante más [...]" (em *Meditação sobre o conceito comum de justiça* (c. 1702--1703), publ. em G. Mollat, *Rechtsphilosophisches aus Leibnizens Ungedruckten Schriften*, Leipzig, 1885, cit. por Riley, 1988, 49-50).

[611] Em *De tribus juris naturae et gentium gradibus* (cit. por Solari, 1959, 65 ss.).

[612] Afirmação difícil de encontrar nos jusnaturalistas contratualistas, que eram levados a aceitar como justas todas as consequências normativas do contrato social.

[613] "Como não há senão uma média proporcional entre cada relação, também não há senão um bom governo possível num Estado; mas como mil acontecimentos podem modificar as relações de um povo, não apenas diversos governos podem ser bons em diversos povos, mas mesmo num mesmo povo em diversos momentos" (III, 1, p. 103).

O DIREITO MODERNO

"a relação dos magistrados com o governo é inversa à dos súbditos em relação ao soberano" (*ibid.*).

Mas, quem levou mais longe a ideia de objetivação do direito natural foi Jeremy Bentham (1748-1832) que, partindo da máxima utilitarista de que o direito justo é o que organiza a sociedade de modo a obter o máximo de bem-estar para o maior número (*"the greatest hapiness of the greatest number is the measure of right and wrong"*), concebeu o direito como o produto de um cálculo rigoroso (que ele denomina de *felicific calculus*). A legislação torna-se, então, uma ciência tão próxima, na sua natureza, das ciências físicas, que ele não hesita em comparar o princípio da utilidade geral, como fundamento da ciência do direito, com o princípio de Arquimedes, como fundamento da hidrostática[614].

Justamente um dos motivos de interesse que este tipo de jusnaturalismo vem a ter na história do direito moderno é duplo: por um lado, a ideia de que existe uma ciência do bom governo, da boa polícia; por outro, a ideia de que tais princípios científicos podem ser reunidos em códigos.

7.3.3. A engenharia social: ciência de polícia e codificação

"Polícia" é um termo que remete etimologicamente para *polis*, cidade, comunidade organizada. Desde Aristóteles que a palavra "política" se referia à boa organização da cidade. Também desde há muito tempo que o adjetivo "político" significava "bem organizado"[615]. O que há de novo, nestes meados do século XVIII, é que o saber da boa organização deixa de estar disperso, pelo direito, pela *oikonomia* (ou saber do governo doméstico), pela *prudentia* governativa, passando a concentrar-se num saber, baseado nas novas ciências da sociedade – a ciência do direito natural, a economia, a higiene, a ciência da legislação – e designado por ciência da polícia

---

[614] Cf. Solari, 1959, 298. A fundamentação do direito justo na utilidade remonta ao *epicurismo* da Antiguidade (cf. Villey, 1968, 495 ss.). Mas, na Idade Moderna, é visível a influência desta ideia nas obras de Hobbes e Locke e, em geral, na teoria jurídico-política do despotismo iluminado que, não aceitando ser um "governo do povo", afirmava ser um "governo para o povo". Todavia, o traço distintivo do epicurismo (ou utilitarismo) de Bentham é o facto de a utilidade a prosseguir não ser a dos indivíduos isolados, mas a utilidade geral, podendo a prossecução desta implicar alguma limitação do bem-estar dos indivíduos *uti singuli*. As raízes próximas desta correção feita por Bentham ao utilitarismo são Beccaria (que, na introdução a *Dei delitti e delle pene* [1764] fala da *"massima felicità divisa nel maggiore numero"*) e Priestley (*An Essay on the First Principles of Government* [1771]).

[615] René Chopin escreve, em 1662, um *Traité de la police ecclésiastique*.

(*Policeywissenschaft, science de la police*) ou por cameralística (*Kameralistik*, ou ciência da Câmara do monarca)[616], cujos primeiros tratados são os de Delamare, *Traité de la Police*, 1729, e de Christian Thomasius, *Entwurff einer wohleingerichteten Policey*, 1717. Este último enumera os objetos da nova ciência como os que dizem respeito à organização interna do Estado (demografia, religiosidade, virtude, educação, abastecimento, saúde, e segurança dos súbditos; cadastro e urbanismo)[617]. São estes tratados que, doravante, vão constituir não apenas um modelo para o governo, mas mesmo uma forma indireta de governar, apelando para a *disciplina científica* como substituto ou complemento da disciplina de governo por meios jurídicos.

Estes tópicos sobre uma ciência do governo e, correspondentemente, sobre um direito que desse ao Estado meios de governar passaram a ser usuais na Europa Continental a partir do século XVIII. No plano económico, correspondem a políticas estaduais de regulação da economia, que em parte substituíram ou inovaram a regulamentação das corporações. Mas este programa de bom governo é mais vasto: reorganização administrativa de sentido centralizador, planificação da colonização, regulação urbanística, organização estadual do ensino, fomento das artes e das ciências. Este novo dirigismo estadualista chega também à política do direito, promovendo o primado da lei do Estado perante as fontes tradicionais de direito e procurando subordinar juízes e juristas ao direito proveniente da vontade do Estado.

Por vezes, crê-se que a ideia de um poder de polícia foi exclusiva de um intervencionismo estatizante próprio do continente europeu. No entanto, é possível encontrar manifestações de um projeto social regulador mesmo entre o pensamento liberal mais radical da época – o inglês. Mesmo um liberal – adepto de uma ação mínima do Estado – como Adam Smith (1723--1790), dedica bastante atenção à polícia, nas suas *Lectures on jurisprudence*[618], ditadas na Universidade de Glasgow, entre 1762 e 1763, incluindo nela a regulamentação "da limpeza ou *neteté*; da *aisance*, à vontade ou segurança;

---

[616] Sobre o tema, clássico, Schiera, 1968; Stolleis, 1988; Sordi, 2001.
[617] Em Portugal, as matérias "de polícia" são já consideradas nas obras de Pascoal de Melo (*Institutiones iuris civilis lusitani*, 1789) e de Francisco de Sousa e Coelho Sampaio (*Prelecções de direito patrio*, 1793). Sobre ele v. Seeländer, 2003, 2008; Marcos, 2001.
[618] Adam Smith, *Lectures on Jurisprudence* (Glasgow Edition of Works, vol. 5, 1762-1766), ed. R. L. Meek, D. D. Raphael and P. G. Stein, Indianapolis, Liberty Fund, 1982), ed. eletr.: http://oll.libertyfund.org/ToC/0141-06.php.

e do *bon marché*, ou modicidade das provisões", a que acrescentava, depois, as questões financeiras, ou dos meios de ocorrer às despesas do Estado[619].

Smith constitui, em todo o caso, um dos exemplos mais nítidos de como a preocupação pela polícia pode incentivar não uma forma obsessivamente regulamentadora e repressiva, mas antes uma política de devolução para instituições não estaduais das tarefas de conformação da sociedade. Smith tem ideias acerca das origens dos desarranjos da sociedade: podem ser leis obsoletas ou prejudiciais; e, nesse caso, o Estado tem de as revogar ou modificar; podem ser maus hábitos; e, neste caso, talvez o Estado tenha de os reformar pela dureza da lei; mas talvez se possa preferir a ação mais lenta e suave da educação, para o que poderá ter de se criar instituições; ou podem ser apenas questões de gosto – como a preferência de uma arquitetura desarmónica e rude às formas curvilíneas (que Smith considerava as mais naturais e polidas); neste último caso, bastava esperar (talvez incentivando isso um pouco pelo exemplo das construções públicas) que o bom gosto se difundisse.

Já se aponta, assim, para uma outra técnica de governar. Não se trata, porém, da técnica do não-governo (*laissez faire*), mas antes de uma regulação das causas, uma regulamentação preventiva, em vez de uma regulamentação dos efeitos, uma regulamentação repressiva. De considerar são agora fatores de ordem social ou económica; modos de viver e, até, circunstâncias geográficas ou climáticas. Estas últimas não poderiam, decerto, ser objeto de medidas reguladoras. Mas as primeiras podem ser, embora muito indiretamente, reguladas. Pela educação[620], pela promoção do gosto[621], por medidas de fomento[622], pela correção de leis deformadoras da convivência

---

[619] Lição de 24/12/1762.

[620] "Their idle and luxuri<ou>s life in ease and plenty when with their masters renders them altogether depraved both in mind and body, so that they neither are willing nor able to support themselves by work, and have no way to live by but by crimes and vices."

[621] "Even colour, the most flimsy and superficiall of all distinctions, becomes an object of his regard. Hence it is that diamonds, rubys, saphires, emeralds and other jewels have at all times been distinguished from the more pebbles of less splendid hues. Figure also is a distinction which is of no small weight in directing the choice of man in many of his pursuits. A sort of uniformity mixed at the same time with a certain degree of variety gives him a certain pleasure, as we see in the construction of a house or building which pleases when neither dully uniform nor its parts altogether angular" (*ibid.*, p. 283 s.).

[622] "Commerce is one great preventive of this custom. The manufactures give the poorer sort better wages than any master can afford; besides, it give<s> the rich an opportunity of spending their fortunes with fewer servants, which they never fail of embracing. Hence

natural[623]. Comparada com a polícia à francesa – cuja exuberância regulamentadora Smith critica –, pode dizer-se, por um lado, que a estratégia de Smith abre mais crédito a medidas regulamentares que, não usando a coerção física tão sistemática e intrinsecamente, podiam ser entregues a outras entidades que não ao Estado – a escolas, a academias, à educação pela criação de uma opinião ou de uma estética públicas. Mas não se pode dizer que Smith prescinda da ação do Estado ou que deixe de incluir a "polícia" no âmbito das tarefas de governo.

Ainda mais interessante parece, contudo, o modo como, capítulos abaixo, Smith considera os direitos do rei em relação aos seus súbditos, matéria que se inclui no direito público, o tal que agora se ocupava destas matérias "de polícia". A introdução, que dá conta das especificidades naturais do direito público, já é perturbadora de um conceito estrito de *rule of law*, de um governo jurisdicional, como era habitual nas monarquias corporativas, em que, em caso de litígio com particulares, os reis apareceriam despidos de quase todas as prerrogativas, sujeitos às regras do direito comum: "A natureza deste ramo do direito público [...] é tal que não podemos pretender que exista nele a precisão que caracteriza o direito privado nas relações entre os cidadãos, ou a outra parte do direito público que compreende os deveres dos súbditos para com os seus soberanos [...] [É que] não há um tribunal que possa julgar os próprios soberanos, uma autoridade soberana em relação aos soberanos, que tenha examinado e tornado certas as ações do soberano para com os súbditos [...] que se justificam ou até onde vai o seu poder". E conclui: "Os limites precisos foram pouco considerados, sendo muito difíceis de determinar até onde se estende o poder soberano" (*ibid.*, p. 265). Em suma, neste domínio do direito público, tudo era incerto e fluido. Mesmo na Inglaterra, em que as fronteiras exatas do poder do rei tinham sido razoavelmente fixadas desde a Revolução de 1668, quando o rei se apresenta como soberano, no exercício das suas competências públicas, "ninguém pode pretender determinar até onde vai o seu poder, tal como também acontece em França, em Espanha ou na Turquia[...]" (*ibid.*, p. 265).

it is that the common people of England who are altogether free and independent are the honestest of their rank any where to be met with."
[623] "I took notice of the great disorders and confusion of the feudal governments, which in a great measure proceeded from the numbers of restraints and dependents amongst them" (*ibid.*, p. 284).

Não foi apenas Smith quem se pronunciou pelo caráter natural e dificilmente limitável do poder público, sempre que este se dirige à satisfação do bem público. Na Europa Continental contemporânea, passava-se o mesmo. Mas referir este exemplo inglês tem a vantagem de problematizar um pouco as certezas habituais sobre as diferenças entre as relações entre o Estado administrativo e os cidadãos administrados, de um lado ou de outro da Mancha. Nas duas margens, de facto, o que estava a nascer era um novo ramo de direito, o direito administrativo, marcado por uma supremacia natural do público sobre o privado que fazia com que lhe não fossem aplicáveis os princípios jurídicos ou as jurisdições comuns[624].

O empreendimento da *codificação* do direito já fora posto em prática na história do direito europeu. Normalmente, andou ligado à necessidade de fixar o direito vigente. No século XVIII, a este objetivo juntam-se outros intimamente ligados às ideias de uma ciência da sociedade e do direito e de disciplina racional das relações sociais, abordadas nos últimos capítulos. Os códigos aparecem agora, é certo, como instrumentos de renovação da sociedade, mas esta renovação consiste na instauração de uma ordem global, sistemática, duradoura, correspondente a um saber certo e evidente acerca da natureza do homem. Os códigos modernos, que começaram a ser postos em vigor por toda a Europa nos fins do século XVIII, são manifestações disto[625].

Primeiro, a um nível formal, porque se apresentam como códigos sistemáticos, dominados por uma ordem intrínseca, o que lhes dá um aspeto "arrumado" que contrastava com o plano, aparentemente arbitrário, dos códigos anteriores. Visto a partir de hoje, o seu sentido de arrumação pode parecer estranho, porque também não corresponde àquilo que hoje se pensa ser a boa ordem das matérias jurídicas. Mas, de qualquer modo, o seu plano é explícito e frequentemente explicado logo de início, exercício que já vinha a ser feito nos próprios manuais jusracionalistas de direito – normalmente com o título de *Instituições*, cujo modelo eram as famosas *Institutiones* de Gaius, um célebre jurista romano do Baixo Império –, cuja matéria era organizada de forma sistemática, por vezes com auxílio de esquemas em forma de árvore[626] que permitiam observar como os

---

[624] Seeländer, 2003, 2008.
[625] Sobre a codificação: Tarello, 1976; mais recente e interpretativo (no sentido de uma relacionação da codificação com a absolutização da lei), Clavero, 1991.
[626] Sobre este modelo literário, Scholz, 1979.

primeiros princípios (o tronco) se iam desdobrando em aplicações cada vez mais particulares (os "ramos"[627]).

Depois, os códigos manifestavam o espírito do jusracionalismo quanto ao sentido das suas disposições, porque eles tendem a apresentar-se como conjuntos de disposições libertas das contingências do tempo e da política e, por isso, tendencialmente universais e eternos. Como escreverá um dos comentadores do *Code civil* francês de 1804, a sua validade universal decorria de que ele gozaria da "autoridade da razão, onde não pudesse valer--lhe a autoridade da lei", Locré de Roissy, 1805). Por isso também é que as matérias mais circunstanciais e mutáveis deviam ficar fora dos códigos.

Sistematicidade e cientificidade provêm dos pressupostos filosóficos jusracionalistas: a existência de uma ordem jurídica anterior à legislação civil, à luz da qual esta devia ser cientificamente reformada. Os códigos seriam, assim, um repositório não do direito "voluntário", sujeito às contingências e às mudanças da vontade humana, mas do direito "natural", imutável, universal, capaz de instaurar uma época de "paz perpétua" na convivência humana. Estas ideias constituíam o cerne do pensamento dos autores que acabamos de estudar, que consideravam como urgente a reforma científica da legislação civil através da promulgação de códigos fundados no direito "natural" (qualquer que fosse a ideia que tivessem disso).

No movimento da codificação moderna tem um papel de destaque a obra teórica de Jeremy Bentham. A codificação aparece-lhe como a consequência lógica da ideia de um código unificado e universal (*"an all comprehensive code of law for any nation professing liberal opinions"*), fundado numa ciência da legislação orientada pelo "cálculo da felicidade" (v., *supra*, 7.3.2.4). O código devia ser *completo, i.e.*, formar um sistema fechado de normas, *logicamente concatenado, justificável segundo o princípio científico da utilidade*. Embora Bentham não desconhecesse os elementos contingentes e variáveis da legislação, entendia que tais elementos não destruíam a verdade intrínseca dos princípios científicos da legislação e, logo, a possibilidade de um código universal[628]. Estas ideias de uma legislação universal vieram a ter uma enorme repercussão por toda a Europa, tanto mais que se articulavam com a ideia de uma cidadania universal e de direitos cívicos universais (*Weltbürgrrechte*, direitos do cidadão do mundo), desenvolvida

---

[627] Ainda hoje se usa a expressão "ramos do direito".
[628] Sobre as ideias de Bentham quanto a este ponto, Solari, 1959, 316 ss.

nessa altura por F. Kant no seu projeto de uma organização jurídica e política mundial ("paz perpétua").

Um dos primeiros projetos modernos de um código foi o de Leibniz (*Corpus iuris reconcinnatum*, 1672). Mas os exemplos históricos mais famosos (e levados a cabo) foram os do Código criminal da Toscana (*Leopoldina*, 1786); do Código da Prússia (*Allgemeines Landrecht f. den preussischen Staaten*, A.L.R., 1794); da Áustria (*Allgemeines bürgerliches Gesetzbuch*, A.B.G.B., 1811); e do da França, o famoso *Code civil*, de 1804. A influência deste último foi muito grande, sobretudo no Sul da Europa e na América Latina (na América do Norte, na Luisiana), quer como inspirador das codificações que aqui surgirão na segunda metade do século XIX, quer, antes disso, como fonte doutrinal e, até, como direito subsidiário.

Em Portugal, embora se tenha ensaiado – muito precocemente em relação ao resto da Europa – uma nova codificação do direito pátrio no último quartel do século XVIII (projeto do "Novo Código", v., *infra*, 7.4.10.1), o primeiro grande divulgador da ideia de codificação foi Vicente José F. Cardoso da Costa (1765-1834), em *Que he o Codigo Civil* (1822). Nesta memória, dirigida às Cortes Extraordinárias e Constituintes (onde o deputado Bastos propusera a abertura de um concurso para a elaboração de um projeto de Código Civil), recolhia e compendiava as mais importantes ideias de J. Bentham (contidas, especialmente, em *Vue Générale d'un Corps Complet de Législation*). Lá encontramos a ideia de que o código é um repositório do direito natural "objetivo", pois deve basear-se não na compilação das leis positivas, mas na observação do "justo" contido nas coisas – "lançar os olhos sobre a cousa, e sobre cada huma das suas faces, e relações, para se lhe accommodarem as Leis convenientes" (p. 31). Por outro lado, as soluções nele contidas deviam ser tiradas do *princípio da utilidade*, concebido pelo autor como "a Álgebra dos Direitos e da Propriedade"[629]. Observados estes cânones metodológicos, o código não poderá deixar de ser tendencialmente universal e eterno[630]. As ideias de que o código deve ser *sistemático*

---

[629] Isto corresponde à ideia benthamiana de um cálculo da utilidade (*felicific calculus*), aplicada às soluções de direito, que está aqui presente – "pezaremos cada hum dos artigos, que introduzirmos no nosso Projecto do Codigo; veremos os males que delles resultam, *e somente daremos lugar no nosso Codigo àquelles que ou só apresentarem resultados benéficos, ou pelo menos mais dos desta natureza, do que dos da outra, que lhes são contrários*" (ibid., p. 142).

[630] "[...] Hum Codigo Civil, assim organizado, poderá ser comum a todos os povos? Na maior parte. E carecerá de reformar-se de século em século? Em muito pouco."

("remontando-se aos princípios, que fixam as relações entre os homens na vida civil, nos diversos negócios, que nella concorrem", estabelecendo "regras, e Leis, dessa fonte derivadas, para a sua direcção" e compreendendo "em poucas linhas, o que aliás pede muitos parágrafos, nos Codigos casuísticos", p. 57) e *completo* (não devendo o pensamento do legislador ficar "empacotado" a uma autoridade exterior à codificação, p. 66) também estão expressas nesta obra. E até o objetivo "liberal", que encontramos em Bentham a caracterizar o código perfeito, aqui aparece por toda a parte. Todavia, a obra de Cardoso da Costa não é um mero resumo da do filósofo inglês. Profundo conhecedor do direito nacional, ele multiplica as exemplificações, tiradas do direito nacional e das imperfeições da época em matéria de legislação[631].

Enquanto os códigos não apareceram (na segunda metade do século XIX), os códigos prussiano e francês foram considerados pela doutrina como fontes de direito[632]. O primeiro parece que chegou a ser traduzido para português (em 1808), para valer como direito principal[633].

7.3.4. O direito racionalista da modernidade central: elementos de rutura e legados para o futuro

Ao fechar estes capítulos dedicados ao jusracionalismo moderno, justificam-se algumas considerações sobre o sentido dos seus temas maiores na história do pensamento jurídico e, mesmo, na história da sociedade europeia, bem como se justifica um relance sobre a sua sorte futura.

O jusracionalismo jurídico inaugura, no pensamento político e jurídico, aquilo a que se vem chamando a "modernidade", introduzindo um novo imaginário social e jurídico, muito diferente do que tinha dominado a Época Medieval.

Na verdade, os contrastes com a época anterior são notáveis.

Se antes dominava a ideia de que o direito repousava numa ordem natural do mundo e da sociedade, pensa-se, a partir de agora, que a comunidade – tal como, mais em geral, o mundo – é constituída por um conjunto naturalmente não organizado de elementos isolados (os indivíduos) (*individualismo*). Os indivíduos, como átomos sociais primitivos, são entidades

---

[631] Sobre o movimento da codificação em Portugal, v. Marques, 1987; Silva, 1991; Clavero, 1991. Para o Brasil, Hauagge, 2005.
[632] Cf. Hespanha, 2008a.
[633] Cf. Hespanha, 2008b.

abstratas, portadoras de razão e de vontade, mas sem qualquer caracterização quanto às suas condições concretas nas relações sociais (*formalismo*). A ordem social que se observa é, portanto, o produto artificial da vontade desses indivíduos, que voluntariamente se organizam por meio de pactos, autolimitando assim a liberdade originária (*voluntarismo*). E não mais a comunicação natural de uns com os outros. A própria palavra que designa este mundo comum dos homens muda correspondentemente de *respublica* (a coisa pública) ou *communitas* (a comunhão) para *societas* (a associação). É por isso que o contrato – e não a natureza objetiva das instituições sociais estabelecidas – aparece agora como a origem da ordem, quer como contrato político que salvaguarda o interesse público em que haja ordem, quer como pactos estabelecidos entre dois ou entre vários para garantir interesses particulares (*contratualismo*). No início da ordem não está, portanto, a vontade de Deus (*laicismo*) ou a natureza das coisas, mas apenas um projeto *artificial* de ordem social, baseado na vontade dos membros da sociedade, vontade que há de corresponder a um cálculo racional para alcançar a maior felicidade para o maior número de indivíduos (*liberalismo*). É este o projeto que orienta as políticas sociais, e também a política do direito, da modernidade.

Este projeto jurídico da modernidade caracterizava-se, além disto, pelo seu cosmopolitismo. Ligada à "natureza humana", abstrata, eterna e imutável, a regulamentação jurídica não dependeria dos climas ou das latitudes. Os "códigos" seriam, tendencialmente, universais, pelo que tanto poderiam ser feitos por um nacional como por um estrangeiro, podendo ser também aplicados como direito subsidiário ou mesmo principal de outros países. É isto que explica a tendência para exportar os grandes códigos (nomeadamente o *Code civil*, de 1804; e, mais tarde, os códigos civis alemão, italiano e suíço) para áreas culturais totalmente estranhas à europeia, como a japonesa (com o reformismo Meiji, nos finais do século XIX), a chinesa (com o movimento ocidentalizador do 4 de Maio de 1919) ou a turca (com a revolução de Kamal Ataturk).

Este cosmopolitismo do direito e da própria legislação logo se atenuará. Por um lado, com o "realismo" que logo cerca as propostas "utópicas" da Revolução Francesa, para o qual a razão se enraíza sempre em instituições concretas, ligadas a uma tradição jurídica particular e a uma sociedade concreta, com as suas instituições próprias. Por outro lado, com o surto nacionalista do romantismo. Então, fascinados pelos elementos tradicionais do direito nacional, os juristas vão reagir contra a importação de sistemas jus-racionalistas. Isto acontece sobretudo na Alemanha, onde F. C. v. Savigny (1779-1861) ataca violentamente um projeto de código jusnaturalista de A. E. Thibaut (1772-1840) (que, no entanto, pretendia ser um compromisso entre o cosmopolitismo e o nacionalismo), com os fundamentos de que a codificação "fixava" um direito que devia ser, antes de tudo, vida e de que os códigos universalistas do racionalismo eram puras abstrações, inaceitáveis pelo "espírito do povo" (cf., *infra*,7.4.10.2).

É esta a forma de pensar a sociedade e direito que irá estar na base da cultura jurídica da modernidade, desde o século XVIII até ao presente, só no século XX começando a ser confrontada com outros imaginários sociais e jurídicos. O seu legado foi, portanto, estruturante das ideias que ainda hoje vigoram quanto à organização social e sua tradução em termos jurídicos.

Parte desta herança é constituída por ideias que ficaram sendo consideradas como aquisições da cultura jurídica do Ocidente.

A igualdade de direitos e deveres é uma delas. Decorre do facto de, para efeitos políticos e jurídicos, os indivíduos serem considerados, abstrata e genericamente, como átomos sociais "sem qualidades", equivalentes entre sim, todos apenas dependentes da vontade geral, membros indiferenciados de uma sociedade de "iguais". A esta igualdade corresponde a liberdade individual, justamente definida como a exclusiva subordinação por igual à lei. Por isso é que a igualdade e a liberdade passarão a ser consideradas como valores estruturantes da ordem política e jurídica, por isso inscritos no núcleo das constituições liberais, levando a que nelas figure a proibição de qualquer forma de discriminação jurídica ou desigualdade de direitos, bem como a consagração da liberdade pessoal e de gozo e exercício de direitos (*v.g.*, liberdade de empresa, liberdade de aquisição e de disposição de bens) como direitos fundamentais. Por sua vez, a igualdade e liberdade passam a estar, de várias formas, na base dos princípios fundamentais do direito privado, nomeadamente do princípio da liberdade contratual que atribui às partes de um contrato a plena liberdade de estabelecer, por mútuo acordo, os conteúdos deste. Como se pressupõe que as partes do contrato são iguais e que nenhuma delas pode, por isso, impor a sua vontade à outra, a liberdade contratual corresponde ao reconhecimento de que o contrato não é senão a expressão das respetivas vontades livres e incondicionadas das partes.

A ideia de que os indivíduos são iguais e de que devem ser tratados como tal pela lei, independentemente das suas caracterizações sociais, leva a que seja irrelevante, para efeitos jurídicos, a sua religião, a sua raça, o seu género, a sua riqueza, o seu nível educativo. É isto que está na base das proibições de discriminação jurídica com base nestas características, as quais passam a figurar em todas as constituições. Uma delas refere-se à liberdade religiosa, garantindo a liberdade de crença e de exercício do culto e estabelecendo a separação entre o Estado e as Igrejas; outras referem-se à não discriminação em função da raça, do género, das opiniões políticas, etc.

Por sua vez, a ideia de que a ordem política e jurídica tem origem na vontade dos cidadãos levou a considerar o direito como o produto da vontade geral dos cidadãos, expressa ou no pacto constitucional, ou no pacto legislativo. Como vigora, em relação a estes pactos, o já referido princípio da liberdade contratual, o conjunto dos cidadãos é soberano ao estabelecer o conteúdo da Constituição e das leis. Isto corresponde à soberania do Povo quanto ao estabelecimento do direito, um dos dogmas dos Estados democráticos. E, em consequência, ao primado da lei sobre todas as outras fontes do direito (princípio da legalidade).

Neste último ponto, existe um conflito entre duas interpretações acerca da natureza da sociedade política e do seu direito. Para uma delas (interpretação democrática), o fundamento da consociação dos homens é um contrato de sociedade cujo conteúdo depende da vontade dos contraentes e de mais nada, de modo que a Constituição e as leis não estão sujeitas a nenhum limite superior. Para outros (liberalismo), o contrato social não pode contrariar nem a natureza de quem contratou, nem as finalidades para que se contratou. Se a natureza humana ou os objetivos naturais que se pretenderam atingir com a consociação forem afetados pelos termos estabelecidos no contrato, este nem poderá valer nesses termos. Por isso, tanto a Constituição como as leis terão de estar limitadas por dados relativos à natureza do homem (direitos naturais), natureza esta que é prévia e superior ao direito proveniente do pacto. Esta interpretação da natureza da sociedade política e do contrato social leva ao reconhecimento de que o direito voluntário (direito positivo) está subordinado ao direito natural, como direito correspondente à natureza do homem e das sociedades humanas. Foi isto que levou ao reconhecimento dos direitos naturais, direitos humanos ou direitos fundamentais e à crença de que, por detrás do pacto social voluntário (Constituição formal e leis positivas), existe um acordo implícito e forçoso em respeitar tudo aquilo que os homens e as sociedades humanas por natureza não podem deixar de respeitar (constituição material e princípios suprapositivos de convivência). Estas duas interpretações são contraditórias entre si e, tomada cada uma delas num sentido extremo, conduzem a paradoxos. Porém, cada uma delas ou uma (aparente) combinação das duas tem orientado a política e o direito até a hoje. A interpretação democrática está na base da ideia do princípio da "constituição dirigente", do "primado da lei", da identificação do direito com a lei, da vinculação estrita do juiz à lei, do entendimento de que o saber jurídico não é mais do que a interpretação da vontade dos legisladores. A interpretação liberal, em contrapartida, subjaz à ideia de que a Constituição está condicionada por uma ordem de valores anterior e não explícita, de que também as leis têm de respeitar princípios superiores ou necessários, de que os juízes podem afastar a lei para realizar esses princípios, de que a doutrina jurídica é um saber dirigido a descobrir esse direito inscrito ou na natureza ética dos homens ou na força das coisas, podendo ter de afastar o direito querido pelo legislador, desde que este ofenda esse direito imposto pela natureza.

Listámos, até aqui, o legado dourado do direito moderno, frequentemente considerado como uma aquisição imperecível da humanidade. Mas existe também um legado negro, de cujo peso se tem vindo a ganhar progressivamente maior consciência.

O primeiro elemento desse legado incómodo – que contraria as próprias propostas teóricas do jusracionalismo moderno – relaciona-se com o formalismo das imagens modernas acerca do homem e da sociedade. O indivíduo ou cidadão de que parte a construção voluntarista e contratualista é um ser abstrato, uma pura forma separada das situações concretas em que vive cada um dos membros das sociedades concretas. Assim, a igualdade ou a liberdade dos cidadãos são características formais, que não correspondem nem às hierarquias que realmente existem entre os homens e mulheres nas sociedades reais, nem aos seus efetivos poderes de decidir, cuja extensão, de facto, varia enormemente. Como se pressupõe como existente algo que na verdade não existe, pessoas diferentes são tratadas de forma igual. Como se postula que todos têm o mesmo poder social e a mesma liberdade de querer, não se vê que, na ordem dos factos, uns podem impor a outros a sua vontade e estabelecer, assim, uma ordem desigual e em que uns dominam os outros, sem que se prevejam meios de compensar esta desigualdade e de estabelecer uma regulação social justa (*i.e.*, que trate desigualmente aquilo que é desigual). Todo o direito (e a política) modernos assentam neste sofisma originário – destinam-se a regular a vida concreta de cidadãos concretos, mas com base numa imagem abstrata de cidadãos abstratos. Pressupõe-se a autonomia da vontade de cada um e validam-se, a partir daí, os contratos (públicos ou particulares) realizados. No mundo real, porém, os contraentes não têm a mesma liberdade de querer, sofrem de constrangimentos diferentes, ou têm mesmo a capacidade de condicionar a vontade dos outros contraentes. Não obstante estas graves limitações à liberdade contratual, os contratos valem e impõem-se como se fossem ajustados e celebrados em toda a liberdade. Já no século XIX, um tribunal da Pensilvânia declarou que uma lei estadual de 1881, que impunha aos patrões certas obrigações relativas ao pagamento dos salários, era "uma tentativa insultuosa de pôr um trabalhador sob a tutela do legislador, o que não apenas é degradante para a sua humanidade, mas subversivo dos seus direitos como cidadão dos Estados Unidos"[634]. Estas discrepâncias entre liberdade formal e liberdade material são muito visíveis em relações jurídicas em que as partes estão, normalmente, em posições de grande desequilíbrio – patrões e empregados, senhorios e inquilinos, produtores e consumidores –, sendo a igualdade entre os contraentes puramente formal.

Como a propriedade era considerada como uma extensão da liberdade – a liberdade exercida em relação a coisas –, ela era considerada, em abstrato, como uma prerrogativa genérica de qualquer homem. Proteger a propriedade era, por isso, proteger algo que todos tinham, real ou potencialmente. Só que, no mundo real, isto não era assim: uns eram proprietários e outros não. Pelo que, num mundo em que já quase não havia coisas livres, o facto de proteger a propriedade de quem a tinha era, ao mesmo tempo, impedir o acesso dos não proprietários a ela. Numa sociedade desigual, a proteção da propriedade funcionava de dois modos: garantindo a de uns, impedindo a de outros. Para além de que, sendo a propriedade considerada como um atributo dos indivíduos – o poder de uma pessoa sobre uma coisa – as formas de propriedade coletiva não eram reconhecidas como tal e, logo, não eram protegidas. Foi isso que, nas colónias, fez com

---

[634] Friedamnn, 1973, 359-360.

que os direitos das populações nativas sobre as suas terras – um direito de vários sobre um espaço, ainda por cima incerto, sempre que se tratasse de populações nómadas – não fossem reconhecidos como propriedade e, logo, protegidos[635].

Este formalismo também leva a que a existência de condições concretas para o exercício dos direitos abstratos não fosse considerada relevante. Daí que se pensasse ser suficiente a atribuição formal de direitos, independentemente de se criarem para cada um as condições materiais do seu exercício. Realmente, porém, sem a garantia dessas condições tudo se passa como se os direitos não fossem, de facto, atribuídos. Mas isto não é considerado pela teoria social e jurídica do jusracionalismo moderno. Mais grave ainda, a concessão formal de direitos pode esconder a sua negação em termos concretos. Um exemplo. A liberdade de pensar e de exprimir, de forma eficaz e competitiva, o pensamento pressupõe igualdade no acesso à informação, no acesso aos meios de comunicação e, para além disso, ausência de constrangimentos culturais, económicos ou sociais sobre os titulares desses direitos. Se estas condições não estiverem realizadas, tal liberdade não existe realmente, por muito que seja formalmente garantida. Para mais, o facto de a liberdade de pensamento ser formalmente garantida induzia a pensar que já tudo foi feito para que esta liberdade exista, para todos. O mesmo se diga de outras formas de liberdade social, como a liberdade de trabalho, de deslocação.

Nesta sociedade desigual, formalmente concebida como se fosse igual, todos têm os mesmos direitos. Mas, de facto, a proteção dos direitos de uns é o reverso da negação dos direitos de outros[636]. Assim, para promover os direitos de uns (dos escravos à liberdade, dos não proprietários à

---

[635] É a esta utilização do conceito de propriedade privada para destruir a propriedade coletiva dos nativos que se refere Alexis de Tocqueville [*Da democracia na América*, 1835] quando escreve que "o território de uma nação caçadora é mal limitado; é a propriedade comum da tribo e, não pertencendo a ninguém em particular, de tal modo que os interesses individuais não se preocupam em proteger qualquer parte concreta dele [I, cap. 18] [...] enquanto os espanhóis foram incapazes de exterminar os índios [...] nem sequer conseguiram privá-los de todos os seus direitos, os americanos dos Estados Unidos realizaram este duplo fim com uma singular felicidade, tranquilamente, legalmente, filantropicamente, sem fazer sangue e sem violar um único grande princípio do que é moral aos olhos do mundo. É impossível destruir homens com mais respeito pelas leis da humanidade" [I, cap. 18, n. 3] (http://www.marxists.org/reference/archive/de-tocqueville/democracy-america/ch18.htm).

[636] Losurdo, 2005.

propriedade, dos trabalhadores a um maior salário), tinha de se comprimir ou terminar os direitos dos outros (dos senhores de escravos à propriedade sobre eles, dos proprietários ao monopólio da propriedade da terra, dos patrões à sua liberdade de fixar livremente os salários ou as condições de trabalho). Por isso é que, desde os finais do século XVIII, a luta pelos direitos, por vezes elementares, de alguns dos cidadãos se viu paralisada pela invocação de direitos dos outros. Os senhores de escravos argumentavam que a abolição da escravatura prejudicava o seu direito de propriedade (sobre os escravos). Os proprietários opunham-se à redistribuição de terras pelos não proprietários por isso representar uma violação dos seus direitos de propriedade, argumento que também justificava a oposição a impostos lançados com finalidades de assistência social ou de redistribuição de rendimentos. Os patrões recusavam o estabelecimento de salários mínimos ou de condições mínimas de trabalho (horário de trabalho, descanso semanal, segurança no trabalho) com dois argumentos: o de que isso era um atentado ao livre estabelecimento de cláusulas contratuais e o de que se limitava o seu direito de livre iniciativa (ou livre empresa).

Fora desta sociedade ideal de indivíduos, formalmente livres e iguais, estavam aqueles que carecessem de uma humanidade plenamente desenvolvida, ou seja, de vontade racionalmente esclarecida, livre da tirania dos instintos animais. O que era isso dependeria do próprio conceito formal de homem, de vontade e de razão. Só que, realmente, todos estes conceitos assentavam sobre preconceitos culturais que apenas consideravam como racionais e livres os cidadãos masculinos, possidentes e de raça branca. Com isto, todos os outros indivíduos eram excluídos da sociedade política e civil, sendo considerados incapazes de gozar e de exercer direitos. Mulheres, filhos-família, criados, escravos; pobres e vagabundos; nativos e rústicos; todos estes eram colocados fora da sociedade, sendo-lhes negados os direitos políticos, bem como os direitos civis.

Por fim, esta visão individualista (liberal) da sociedade fazia com que se considerasse que a realização do interesse de todos resultava apenas da maior satisfação da soma dos interesses individuais. Por isso, não era possível justificar a limitação de direitos individuais senão para proteger outros interesses particulares; mas não com o interesse de todos, o interesse público. Em sociedades organizadas segundo este modelo, medidas políticas ou jurídicas visando assegurar o interesse geral depararam-se sempre com o obstáculo de que elas representariam um sacrifício ilegítimo de interesses ou direitos individuais por não serem justificadas pela prossecução ou garantia de outros interesses individuais. Assim, por exemplo, foi com o argumento da defesa do comércio livre (liberdade de empresa) que se justificou a "guerra do ópio", para obrigar a China a permitir a venda do ópio pela Companhia inglesa da Índia; ou que se impediu, em vários dos Estados da América do Norte a introdução de medidas que regulassem, a bem do interesse público, os caminhos de ferro e outros setores empresariais com grande impacto público.

7.3.5. A prática jurídica

Nem só os fatores ideológicos e filosóficos contribuíram para o moldar das conceções jurídicas modernas. Também a prática jurídica da época anterior gerou, por reação, uma série de ideias que vieram a fazer curso no período que estamos a tratar.

Já temos uma ideia do estado da vida jurídica nos séculos XVI e XVII nos países do Sul da Europa, onde os métodos dos comentadores continuavam a ter larga aceitação. Aí, a vida forense conhecia uma grande desorganização e insegurança. Primeiro, pelo excesso de dissensões doutrinais favorecidas pelo proliferar de opiniões[637]. Depois, pela complexidade e morosidade dos trâmites processuais. Por fim, pela complicada organização dos tribunais – inerente à pluralidade jurisdicional do Antigo Regime[638] –, que dava origem a intermináveis conflitos de competência.

Daí que a atividade dos tribunais fosse olhada, em todos estes países, com imensa desconfiança. Aproveitando o ensinamento de Francis Bacon (1561-1626), segundo o qual "*judges ought to remember that their ofice is* jus dicere *and not* jus dare, *to interpret the law, and not make or give de law*" ("On Judicature", em *Essays*)[639], os mais ilustres juristas da segunda metade do século XVIII propõem uma profunda reforma judiciária que ponha termo

---

[637] Apesar do acatamento, por quase toda a Europa, da "regra do precedente". É que era sempre possível encontrar um praxista que louvasse a solução proposta. Cf. Rocha, 1852, 243.
[638] Sobre esta, v. Hespanha, 1992c. Mouzinho da Silveira podia afirmar, no preâmbulo do decreto em que se promulga a primeira reforma judiciária de estilo moderno (dec. de 16/05/1834), que Portugal era "um país de juízes".
[639] Até em Portugal esse passo de Bacon vem a ter eco: "a melhor lei", dizia Bacon, "he a que menos deixa ao arbítrio do Juiz: o melhor Juiz he o que menos deixa ao seu próprio arbítrio" (v. Peniz, 1816). No mesmo sentido, Estatutos Pombalinos da Universidade de Coimbra, tit. 6, cap. 6, §§ 13-14.

ao "despotismo dos tribunais" (Condorcet, 1743-1794), depositando exclusivamente na mão do legislador a tarefa de interpretar a lei obscura.

Mas também a doutrina tinha de ser reformada, estabelecendo-a sobre princípios gerais, suscetíveis de serem identificados por todos e aplicados com regularidade. É nos países latinos da Europa Ocidental que mais se sente a crítica ao estado da prática judicial, dando origem a projetos de reforma judiciária e processual ainda antes da Revolução. O fim era o de substituir o caos do direito e da justiça por sistemas jurídicos certos e previsíveis, baseados em códigos sintéticos e sistemáticos e numa doutrina orientada por grandes princípios, evidentes e estáveis[640].

Pelo vigor do seu depoimento[641], é de destacar o italiano Luigi Antonio Muratori (1672-1750) e a sua obra *Dei Difeti della Giurisprudenza* (1742). Expondo os "defeitos da jurisprudência", Muratori reserva o primeiro lugar para o arbítrio dos juízes que, deixados à vontade por uma legislação defeituosíssima e por uma doutrina indisciplinada e "preciosa", tudo resolviam segundo o seu bel-prazer (*Dei Difetti...*, IV). O remédio seria, segundo o italiano, o recurso aos princípios fixos do direito natural, a reforma da legislação, pela edição de códigos, e centralização da edição do direito nas mãos do príncipe.

Em França, onde o problema também se punha agudamente – tendo sido denunciado por Montesquieu –, a restrição do poder dos juízes foi levada a cabo no período revolucionário. Foram, então, tomadas várias medidas nesse sentido: introdução do júri nos julgamentos penais (medida de reação contra a "*artificial reason*" [Coke] dos juristas); obrigatoriedade de motivar a sentença (lei de 16/24 de agosto de 1790); criação do Tribunal de Cassação, para verificar a "legalidade" das decisões judiciais (lei de 27 de novembro/1 de dezembro de 1790); instituição do sistema do *référé legislatif*, pelo qual os tribunais eram obrigados a enviar à Assembleia legislativa as questões jurídicas de duvidosa interpretação (lei citada e Constituições de 1791 e do ano III); encerramento das Faculdades de Direito (1793; só restabelecidas em 1806). Muitas destas medidas terão os seus símiles no resto da Europa, e também em Portugal[642].

---

[640] Cf. Kelley, 1988; Castellano, 2008.
[641] Em Portugal, Muratori exerce grande influência sobre Luís António Verney, com quem se correspondeu. Correspondência publicada por Moncada, 1948, III, 193 ss.
[642] Assim, o júri é instituído pela *Constituição de 1822* ainda com maior amplitude do que em França (causas criminais e civis), a "revista" (ou seja, o recurso invocando ilegalidade da

Em Portugal, a reforma da prática jurídica começou ainda no século XVIII, com a Lei de Boa Razão e com a reforma do ensino jurídico na Universidade de Coimbra. A Lei da Boa Razão, de 18/08/1769[643], reviu todo o sistema de fontes de direito no sentido de tornar o direito mais certo, ou porque estava fixado na lei do Estado, ou porque estava organizado em sistema orientados por grandes princípios. Isto equivalia à proscrição do direito doutrinal e jurisprudencial que, como se sabe, constituía a espinha dorsal do sistema do *ius commune*; assim, bane-se a autoridade de Bártolo, de Acúrsio e da *opinio communis doctorum*, o mesmo acontecendo com a vigência do direito canónico nos tribunais comuns. Mantém-se a autoridade subsidiária do direito romano, mas apenas quando este fosse conforme à Boa Razão, ou seja – como se esclarecerá depois nos *Estatutos da Universidade* – aos princípios jurídico-políticos recebidos nas nações "polidas e civilizadas". Em contrapartida, restringe-se a faculdade de fixar a jurisprudência aos assentos da Casa da Suplicação, ao mesmo tempo que se nega força vinculativa aos "estilos de julgar" dos tribunais e se estabelecem condições muito rigorosas de validade para os costumes[644]. Numa palavra, institui-se o monopólio da edição do direito a favor da lei do soberano, monopólio apenas temperado pela possibilidade de invocação dos princípios de direito natural, nomeadamente daqueles que tinham sido incorporados na legislação dos novos Estados iluministas. Os *Estatutos da Universidade*, de 1772, reformam o ensino do direito no mesmo sentido, restringindo o estudo do direito romano àquele que tinha tido um "uso moderno" nas nações cristãs e civilizadas da Europa (liv. 2, tit. 5, c. 3, § 6); introduzindo o estudo do direito pátrio; e, sobretudo, envolvendo todo o ensino jurídico no ideário jusracionalista, bem como numa orientação pedagógica "textualista" (ou seja, mais voltada para o estudo direto das fontes do que para o das opiniões e comentários[645])[646].

As consequências destas reformas foram muito profundas e duradouras, marcando decisivamente os juristas por elas formados. Isto explica que, no plano da prática e da política do direito, depois da década de 70,

sentença já estava previsto nas *Ordenações*, I.,4,1) e é reafirmado pela Lei de Boa Razão (§§ 1 a 3) que institui, também, uma espécie de *référé legislatif* (§11), também com tradições anteriores.
[643] Sobre a qual, v. Silva, 1991, 360 ss.; Hespanha, 2004, 31 ss.
[644] Não contradição da lei positiva; conformidade à "boa razão" e vigência provada igual ou superior a cem anos.
[645] As propostas de um ensino textualista remontam à Escola Humanista (cf., *supra*, 4).
[646] Cf. Silva, 1991, 365 ss.; Hespanha, 1972.

nada fique como estava. É então que, verdadeiramente, se inaugura uma nova época da história do direito em Portugal, tanto no plano do imaginário político-jurídico, como no das suas manifestações institucionais e práticas.

D. Maria I, por sua vez, ataca diretamente o problema da organização judiciária, extinguindo, em 1790-1792, as jurisdições dos donatários[647]. Mas nem com isso ficou "perfeita" a justiça portuguesa, pelo que o tema dos seus "defeitos" continua presente nas primeiras décadas do século seguinte[648]. Só as reformas judiciárias do liberalismo (*Reforma Judiciária*, de 16 de maio de 1832) irão atenuar estas queixas[649].

7.3.6. Uma aplicação: a interpretação na teoria jurídica do jusracionalismo

De novo, apresenta-se um breve estudo de caso, documentando como é que as ideias gerais sobre o direito, que vêm sendo apresentadas, se repercutiam no tratamento dogmático do direito. Seguimos, para isso, a evolução das ideias sobre a interpretação das normas, dando continuidade ao capítulo com o qual se terminou a exposição da cultura jurídica da pré-modernidade.

7.3.6.1. O conceito de direito

Para o jusnaturalismo, direito é constituído por leis naturais ou por leis civis. Estas últimas derivam das primeiras, que esclarecem ou completam (nas coisas que são naturalmente indiferentes).

---

[647] Cf. Hespanha, 1995, 4.4.
[648] "Pelo que respeita à fysionomia, parece que a parte da jurisprudência que tem o nome de *cabala, chicana, rabolice* he representada pela imagem de uma mulher seca e mirrada, de olhos vesgos, unhas agudas, e rodeada de montes de papéis; umas vezes ella troca estes papéis por montes de ouro; outras devora choupanas e palácios; ora transforma-se em leão e lança-se com toda a avidez à presa, ora disfarçada em serpente insinua-se por debaixo das hervas; em fim, he um monstro a quem os Reis nunca poderão cortar as unhas; se alguma vez lhas aparárão, logo lhe crescerão de novo. Deve este monstro pois ser sofucado [...] Sei também que he impossivel acabar com todos esses juízes de direito, porquanto a Europa está cheia, demasiado cheia de homens de lei" (Deputado Margiochi, em *Diário das Cortes Geraes*, 1821-3, 3621).
[649] Sobre as reformas judiciárias do século XIX, v. Gilissen, 1988, 504 s. (A. M. Hespanha, "Nota do tradutor").

As *leis naturais* decorrem de certos princípios objetivos, de que existem indícios na natureza das coisas (Martini, *Positiones de lege nat.*[650], III, § 121), e que a reta razão pode conhecer perfeitamente; "de tal modo que, quem esteja em estado perfeito, não as pode negar de forma invencível". E, por isso, "têm a certeza das verdades da matemática que não se extraem senão de princípios evidentes e se deduzem por conclusões de natureza silogística. O mesmo se observando nas leis da natureza: às quais ninguém negou a certeza matemática" (*ibid.*, III, § 122, p. 23). Nem todos os autores eram, porém, tão definitivos quanto à generalidade e simplicidade das regras de direito natural, pois criam que, apesar de haver "princípios inatos e comuns a todos os homens quanto ao que é justo ou injusto", "as condições especiais dos diversíssimos casos das coisas morais exige uma determinação (particular) e circunscrição (àquele caso) do justo e do injusto", pois "nas coisas morais, mesmo as mais mínimas circunstâncias modificam a sua natureza". E, assim, "não é verdade que, segundo a reta razão, seja óbvio a qualquer se algo é justo ou injusto, sendo precisamente por isso que, nas conclusões a partir dos primeiros princípios, se pode facilmente cometer erros"[651]; a que se acrescenta ainda o perigo de que nesta alegada dedução se insinue "o arbítrio dos que governam a república ou daqueles a quem estes cometam a função de decidir [...]" e de que, com isso, "a vontade do juiz [...] se substitua à autoridade legítima [*i.e.*, legal] na decisão dos litígios" (*ibid.*, p. 12, IV).

Como se vê, há elementos importantíssimos que permanecem, como o enraizamento do direito na natureza e a relação entre direito natural e direito civil. No entanto, mais nuns autores do que noutros, é realçado o caráter quase-matemático da lei natural e, com isso, não apenas as suas universalidade e perenidade, como também a clareza e a certeza. A ideia de certeza – que vinha progredindo desde o século XVI, por influência teórica da ideia de *método* como chave de um conhecimento não arbitrário – abalava a anterior ideia de uma verdade apenas provável e provisória, que se ia obtendo a partir da discussão de pontos de vista, substituindo-a

---

[650] Carolo Antonio de Martini, *Positiones de jure naturali in usum auditorium*, Conimbricae, 1802. Sigo, sobretudo, este autor (católico austríaco; ed. orig.: Karl Anton v. Martini, *Positiones de lege naturali*, Wien, 1767; *Positiones de iure civitatis*, Wien, 1768), por ser característico do jusracionalismo final e pela influência que teve na academia portuguesa.

[651] G. A. Struve, *Syntagma jurisprudentiae secundum ordinem Pandectarum [...] cum additionibus Perti Mülleri*, Jenae, Zach. Nisi, 1692, p. 11, I e II; também nota (α) (P. Müller).

pela de um conhecimento unívoco de uma verdade definitiva. Porém, como se continuava a pensar que as circunstâncias das coisas morais eram muito variáveis e eram decisivas para a obtenção de soluções corretas, continuava a haver espaço para a convicção de que, mesmo havendo verdades gerais e absolutas neste domínio, a sua aplicação às variáveis circunstâncias concretas decorria da prudência que provinha do exercício prático, do estudo e da indústria de cada um, dando lugar a proposições variáveis[652].

Esta relativa indeterminação continuava a ter lugar também no direito, pois, embora as leis naturais gerais fossem necessárias e geralmente válidas, "era próprio da sua natureza que se aplicassem a factos singulares e, daí que, em função da qualidade do assunto, devessem sofrer limitações, amplificações ou ser objeto de discussão"[653]. Por isso é que, para reduzir ao mínimo – por processos racionais – esta variabilidade do direito, a ideia de um processo rigoroso de pensar ganhou cada vez mais importância[654].

---

[652] "E, assim, dos preceitos da lei natural, tal como daqueles princípios gerais e indemonstráveis [da razão especulativa], é necessário que a razão humana continue por sua indústria para que disponha de algo mais particular" (G. A. Struve, *Syntagma* [...], cit., p. 11, II; e segue, citando Miguel de Luna Arellano: "Embora todas as artes e disciplinas, mesmo as manuais, tirem as suas origem e perfeição da razão humana, não existe nenhuma profissão [prática] [...] que se contente com a natureza e não necessite de exercício, ensino e prática artificiais. Pois até no falar é necessária, para que falemos corretamente, a arte de falar, a que chamamos gramática e retórica", *ibid.*, p. 13, VI; ou evocando um exemplo culinário de (calcule-se...) Aristóteles: "Se alguém souber que as carnes leves são fáceis de comer e saudáveis, mas ignore quais sejam essas carnes leves, acaba por não conseguir ter saúde, pois ignora que a carnes das aves são leves e salutares" (*Ética a Nicómaco*, 6, 7, 25).

[653] G. A. Struve, *Syntagma* [...], p. 13, V, nota (α).

[654] A história da erupção da ideia de "método" no saber jurídico é interessante, como ilustração da combinação de fatores práticos e sociais (a necessidade de tornar mais certas as decisões do direito e mais acessíveis as razões de decidir) e de fatores intelectuais no desenvolvimento da forma de um saber. A palavra entra na moda com a obra de Pierre de la Ramée (*Dialectica* [...], 1555: "Método é a disposição pela qual entre diversas coisas, a primeira informação é colocada em primeiro lugar, a segunda em segundo, a terceira em terceiro, e assim por diante» (citado por Walter Ong, *Ramus method and the decay of dialogue*, Cambridge, Harvard U.P., 1958, 248). Como Ramus explica, a palavra *Methodus* estava particularmente associada a um saber com o qual o direito era tido como mantendo estreito parentesco – a medicina –, pois também esta partia de princípios naturais, mas tendia inevitavelmente a um aplicação a doentes concretos. A sua racionalização tinha sido o produto do estabelecimento não apenas de um discurso que podia ser comunicado de forma inteligível, bem como do estabelecimento de uma sequência de rotinas de diagnóstico e de terapêutica. A sua racionalidade era, portanto, de dois tipos. Uma racionalidade substancial caracteriza os seus princípios de base. Uma racionalidade

Já o *direito civil*[655] – o direito positivo da cidade – é, por natureza, voluntário: "Sendo a sociedade particular e adventícia [*i.e.*, que vem depois das sociedades naturais] aquela em que o homem obtém um direito perfeito e afirmativo [*i.e.*, executável] sobre outro homem, com o fim de unirem as suas forças, e uma vez que estes direitos [...] sobre as pessoas apenas se adquirem por pacto ou pela lei, a sociedade divide-se em pactícia (ou voluntária) e legal (ou necessária)" (§ 749). Nesta última, "[...] é da natureza do império que o imperante queira determinar as ações dos súbditos, de acordo com o seu arbítrio, visando o fim da sociedade. A vontade do imperante de conformar as ações dos súbditos à sua vontade, declarada de forma bastante, chama-se lei, em sentido estrito. Daí que o princípio e fundamento das leis e da obrigação de as cumprir seja a vontade daquele que goza da majestade suprema na República" (§ 1190).

É certo que "as leis positivas não devem modificar as naturais, pois isso repugnaria à essência das coisas. Por isso, o legislador pode declarar as leis naturais, especificar as suas espécies, dotá-las de novos prémios ou penas, limitar os direitos por elas permitidos, apoiar as obrigações apenas naturais com o direito civil obrigatório" (§ 1203). Porém, "na dúvida, as leis presumem-se feitas segundo o direito (natural), por aquele (o soberano) de quem é próprio conhecer melhor o bem da cidade e as circunstâncias singulares. Pelo que, na dúvida, aos súbditos [insatisfeitos] apenas resta esperar pela glória [da vida futura], podendo, no entanto, representar ao imperante os incómodos que julguem existir na lei" (§1212).

Esta origem voluntária do direito civil tem, no que respeita à lei, consequências precisas:

"Já que as leis civis não têm, para os que lhes estão sujeitos, outra razão que não seja a que o imperante quis, fácil é perceber o que pertence ao

formal (ou processual) dirigia os seus procedimentos práticos. Tal como no caso do direito, "a tradição médica sempre esteve tão interessada na forma apropriada de abordar e de falar de um problema, como na maneira eficaz de curar um doente. A medicina, tal como a conhecemos, emergiu como técnica racionalizada, não apenas ao curar os doentes, mas também ao ser capaz de explicar os tratamentos. Quando o doente recuperava a saúde, era a vez de o médico provar aos seus estudantes que tinha sido o seu método, e não apenas a natureza, de tratamento, a reverter a situação" (W. Ong., *Ramus [...]*, cit., 226).

[655] Cf. Carolo Antonio de Martini, *De jure naturae positiones, dilucidioro studio et ordine a Doct. Josephus Fernandes Alvares Fortuna. Liber II. Jus naturae hypotheticum sociale, seu oeconomicum, publicum universale, et gentium compectens*, Conimbricae, Typis Academiae, 1816.

poder de fazer as leis. I. Tem o direito de revogar a lei; de a derrogar; e de, por justa causa, dispensar uma pessoa singular ou uma certa categoria de cidadãos de a cumprir" (§ 1221). Como "a fonte de todas as leis civis é a majestade do imperante; já não dependendo a sua validade [vis] apenas do direito da natureza mas propriamente do pacto comum da cidade, as sentenças dos magistrados, os decretos e editos dos tribunais e as decisões dos concelhos das cidades não têm qualquer força de lei, a não ser por vontade e aprovação do imperante [...], não obtendo os costumes a sua vigência por força do uso dos povos, mas pela aprovação do imperante [...]" (*ibid.*). Quanto à doutrina, porém, reconhecia-se-lhes uma força vinculativa autónoma, decerto por se presumir que ela obedecia aos primeiros princípios naturais, bem como às regras do método no seu desenvolvimento e aplicação[656].

Ao chegarmos ao direito da república, estamos, enfim, num domínio em que razão e vontade repartem entre si a determinação do direito. As leis naturais gerais mantêm o seu vigor, mas são filtradas pelo arbítrio do soberano, como entidade mais capaz de as entender e aplicar. Ele pode, é certo, enganar-se, nesta tarefa de concretizar, no direito civil da república, os ditames do direito natural; mas contra os seus erros, os cidadãos apenas têm de esperar por melhores dias, mesmo que estes apenas cheguem depois dos Últimos Dias. Resta aos juristas, aconselhando o soberano e ensinando o direito, suprirem – pelo conselho, pela interpretação, pela aplicação, todas orientadas pela razão dos princípios e pelo método dos processos intelectuais – as deficiências do direito civil. No entanto, como a sua autoridade científica compete com o império político e a autoridade gnóstica do soberano, trabalham no fio de uma navalha. O mais sensato será, porventura, apostar antes numa discreta influência, enquanto conselheiros do príncipe, ou numa manhosa independência, enquanto intérpretes das leis, do que numa arrogante afirmação da sua capacidade de ler diretamente o direito na natureza.

7.3.6.2. Interpretação
Neste contexto teórico, a interpretação é, em princípio, a descoberta do sentido da natureza, "pelo que ou incide ou sobre coisas ou sobre palavras" (Martini, *Pos. Jur. Nat.*, § 592). Assim, a arte de interpretar tem a sua sede

---

[656] "As decisões e opiniões dos jurisconsultos obtiveram o efeito de lei geral", *ibid.*

própria na lógica e no método, porém, como é grande o seu uso na jurisprudência, daqui decorre que esta procure especificar as regras gerais de interpretação daquelas disciplinas (*ibid.*, § 595).

A interpretação também é necessária no direito natural, fazendo-se a partir das regras da reta razão (*ibid.*, § 597), da qual se extraem diversas regras para a interpretação. Como o direito natural tende, agora, a estar positivado na lei, não é de admirar que a interpretação seja entendida, cada vez mais, como interpretação da lei.

Para começar, a interpretação não pode ser feita nem só a partir do espírito do autor, nem só do espírito do leitor, devendo antes adoptar-se o sentido sugerido por uma interpretação correta, *i.e.*, objetiva, de acordo com a natureza, a lógica e o método (§ 597), ou seja, com o sistema da natureza, quer enquanto ordem das coisas (*natura rerum* → valores), quer enquanto ordem do intelecto (*natura mentis* → métodos).

Deixando o primeiro sistema (que se ocupa com os fins do homem e da sociedade), listemos algumas regras pertencentes ao segundo:

- Na interpretação, "devem ser considerados: I. A matéria subjacente; II. o efeito; e III. o contexto. A matéria subjacente é objeto sobre que incide o discurso, presumindo que as palavras utilizadas são as mais próprias deste (§ 602).
- Se se presumir que as palavras estão tomadas no sentido corrente e popular, devemos seguir este sentido [...] a não ser que existam razões ou conjeturas sérias em sentido contrário (§ 598).
- Se se trata de expressões técnicas ("artísticas"), deve aceitar-se o significado que estiver recebido entre os especialistas dessa arte (§ 600).
- Deve manter-se o sentido originário das leis antigas, embora não se deva dar às modernas o sentido que as palavras tinham antigamente (§ 599)[657].
- As palavras devem ser tomadas no sentido de terem algum efeito prudente e não absurdo, de tal modo que, física ou moralmente, fosse impossível segui-lo (§ 603)[658].

[657] Isto corresponde ao que mais tarde se chamará o "elemento histórico" da interpretação.
[658] Isto – que é óbvio, se entendermos que o direito provém de uma natureza racionalmente organizada – corresponde àquilo que mais tarde, perdida a ideia de um direito natural racional, apenas poderá ser uma presunção otimista: "a ficção do legislador razoável". Mas, mais do que otimista, esta presunção leva no bojo intuitos políticos, pois salvaguarda a validade das

- As palavras também tiram sentido do contexto, origem e lugar; ou seja, em relação àquelas coisas que provêm de um mesmo autor e de um mesmo livro [...] não se deve presumir que alguém se contradiz, a não ser que conste que a sua vontade mudou; segue-se que a interpretação deve ser sempre feita de modo a que as palavras obscuras sejam esclarecidas por outras claras, e os antecedentes concordem com os consequentes (§ 604)[659].
- Ao contexto pertence a razão e o fim da proposição, quer esta seja uma lei ou um pacto. A razão é a causa, respeito ou fim que moveu o autor a adotar aquela proposição (§ 605)[660].
- Embora a natureza e o fim do homem diga muito da razão das leis naturais; porém, a razão das leis positivas tira-se mais das circunstâncias históricas em que surgiram" (§ 607)[661].

E, assim, na interpretação do direito positivo, a determinação fiel da vontade do legislador avulta como o primeiro critério da interpretação. Por um lado, porque ela constitui a origem, ou causa eficiente do direito positivo. Depois, porque, embora sujeito às leis naturais, o imperante goza de uma larga margem de arbítrio na sua adaptação aos "momentos" da sociedade civil. E, finalmente, porque se presume que é ele quem dispõe da melhor informação, quer sobre essas circunstâncias concretas, quer sobre o conteúdo da lei natural. Por isso, K. A. Martini não deixa de estabelecer que é apenas ao imperante que cabe "restringir ou estender por interpretação autêntica a sua lei, ou declarar das coisas obscuras" (§ 1223).

A interpretação doutrinal tende, portanto, a ser proibida, como acontece, por disposição legal, em diversos países europeus (França, *ordonnance* de 1667, I, 3-7); Lei de 24/8/1790; Const. 1791, 3, 5, 21; Cod. Pen. 1810, art.º 127º; Portugal, L. 18/8/1769, devendo as dúvidas ser remetidas ao soberano (*référé législatif*).

---

leis do Estado, desde que interpretadas pelos cânones de razoabilidade estabelecidos pelos juristas. Pelo tão publicitado efeito do "dois em um", legitimam-se, ao mesmo tempo, o poder do Estado e o poder do corpo dos juristas.

[659] Isto é o que, mais tarde, se chamará "elemento sistemático".
[660] Isto é o que, mais tarde, se chamará "elemento teleológico".
[661] De novo, o elemento histórico, embora combinado com o elemento racional ou teleológico.

7.3.7. O direito racionalista em Portugal e no Brasil

No período pombalino, recebe-se, a um tempo, a influência de correntes doutrinais que se vinham a desenvolver na Europa desde o século XVI:

- o "textualismo" (= antidoutrinarismo, *digitum ad fontes intendere*) do humanismo;
- a sistemática do racionalismo;
- as novas ideias sobre a função do direito romano da escola alemã do *usus modernus pandectarum*;
- o individualismo e o contratualismo das escolas jusracionalistas, com grande influência na reconstrução de muitos setores do direito privado;
- as inovações, sobretudo em matéria de direito público e ciência da administração, da cameralística alemã;
- o humanitarismo italiano em matéria de direito e processo penal.

Ao mesmo tempo, o jusracionalismo casa-se com a ideia de "polícia", dando origem a medidas, também jurídicas, de reforma da sociedade e do Estado. No caso de Portugal, isso é muito visível a partir de 1760, depois do ensaio geral de transformação causado pela necessidade de reconstruir a zona central de Lisboa, destruída pelo terramoto. A este cataclismo físico segue-se, por isso, aquilo a que já se chamou um "terramoto político". O pessoal dirigente, até aí basicamente constituído por cortesãos e juristas, é substituído por burocratas enérgicos e tecnicamente preparados para pensarem e executarem reformas sociais. O direito passa a cuidar menos da garantia dos direitos particulares e mais dos interesses considerados públicos, desviando-se do modelo jurisdicionalista e aproximando-se de um modelo novo, que realçava o poder regulador do Estado, quase como pai dos súbditos (daí, a insistência em usar a expressão "direito económico", direito da casa), ou como curador dos interesses da "*polis*" ("direito político" ou "direito de polícia")[662]. O movimento de reformas atinge a generalidade dos campos da vida social: a transmissão por morte do património das famílias, a propriedade da terra, o exercício do comércio e a organização desta atividade, o estatuto social das pessoas (desde a nobilitação até à escravatura[663], que é abolida para os escravos chegados à metrópole), a

---

[662] Subtil, 2007.
[663] Fonseca, 2009; Ramos, 1971.

organização da agricultura, a criação de indústrias e de companhias majestáticas nos domínios económicos, a reforma administrativa e territorial, a reforma da alta administração pública, o ensino, as relações com a Igreja, a cultura e a investigação científica e tecnológica[664], a organização colonial. A primeira fase deste largo movimento reformista – que tem paralelo com outros verificados na Europa desse tempo (por onde o novo e poderoso primeiro-ministro do despacho tinha viajado) – faz-se durante o período de hegemonia política de Sebastião José de Carvalho e Melo, conde de Oeiras e marquês de Pombal. Mas, morto o rei D. José e caído o ministro, o movimento reformista prossegue vivo com D. Maria e D. João VI.

A novidade desta onda reformista foi muito sentida pela sociedade, já que poderes e situações estabelecidas são afetadas, por vezes fortemente. Os juristas, como "sacerdotes do direito", atentos ao que estava adquirido, têm agora um mau ambiente. Os altos tribunais são controlados: ou se tenta mudar o seu pessoal, ou se criam novos tribunais que lhes disputam o poder (como é o caso da criação da Relação do Rio, que reduz o poder da Baía (1751), ou, pura e simplesmente, são extintos, como acontece com a Relação de Goa (em 1774). Alguns recursos muito eficazes contra os atos do poder – mesmo contra as leis – deixam de ser autorizados (como é o caso dos "embargos" postos às leis). E, em geral, o direito mais tradicional – o direito comum medieval – é decisivamente marginalizado no ensino. Para a doutrina jurídica e política tradicional, governar assim, contra direito, era cair no despotismo. Essa acusação torna-se frequente em relação a Pombal e ainda hoje se lhe cola à pele.

Todas estas influências dão frutos súbitos nas grandes reformas jurídicas do pombalismo: a do sistema das fontes de direito (lei de 18/8/1769, "Lei da Boa Razão") e a do ensino jurídico (*Estatutos Universitários* de 1772)[665]. O primado da lei régia é reafirmado; introduzem-se muitas restrições à validade dos costumes; o direito romano apenas é recebido, e como direito apenas subsidiário, quando fosse "conforme à boa razão" – ou seja, aos ideais de justiça e de organização social agora dominantes; bane-se a autoridade de Bártolo e Acúrsio; procura-se limitar a competência normativa (assentos) dos tribunais; o direito canónico deixa de valer nos tribunais temporais, ao passo que, nas matérias estratégicas para a reforma da sociedade

---

[664] Cf. Moncada, 1948; Marcos, 1990; Subtil, 2007, 2012.
[665] Cf. Silva, 1991, 365 ss.

e da economia, passa a vigorar diretamente a legislação das "Nações christãs, illuminadas, e pollidas". Esta lei foi muito criticada pelos juristas mais tradicionais, pois revolucionava as fontes de direito até então invocadas. É provável que a sua excussão se tenha confrontado com muitas resistências e tenha sido menos efetiva do que prometia. A sua insistência no primado da lei, como vontade de poder, era atenuada pelas contínuas referências à racionalidade que as leis deviam ter e, com isto, a um direito jusracionalista que estaria por cima da lei[666] e que, na altura, estava bem explicado nas obras de autores muito lidos (Wolf, Thomasius, Pufendorf, Heinneccius, Martini, etc.) e cujos compêndios andavam por todas as mãos, sendo mesmo de leitura aconselhada na Universidade[667].

Porém, a sua eficácia é reforçada pela reforma dos estudos jurídicos, de 1772. Todo o seu espírito é de renovação do ensino jurídico, nos quadros de um entendimento jusracionalista do direito. Foi introduzida, pela primeira vez, uma cadeira de direito pátrio; era apenas uma, mas deve ter desempenhado um lugar estratégico na formação dos novos juristas, até porque o seu professor foi, durante muitos anos, o mais famoso jurista da época, Pascoal José de Melo Freire (1738-1798), autor de uma notável e muito divulgada introdução ao direito português, totalmente inspirada nos novos ideais políticos e sociais e propondo novas interpretações de institutos tradicionais (*Institutiones iuris civilis lusitani*, 1789; mais tarde, também, *Institutiones iuris criminalis lusitani*, 1794; e *Historia iuris lusitani*, 1788). O impacto deste livro, em Portugal e no Brasil, é enorme, mantendo-se até quase aos meados do século XIX[668] e sendo tido como uma fonte inspiradora, mesmo pelos juristas do liberalismo. Pascoal de Melo é mesmo encarregado por D. Maria I de reformar as *Ordenações* (1776, projeto do "Novo Código"[669]).

---

[666] "E porque quando as Leis Civis se conformam com as Naturaes não há outra alguma chave de boa intelligencia delas, que não seja o Direito Natural, por ser este a verdadeira Fonte de toas as Leis Civis. E por ser consequentemente o estudo das Leis Naturaes a base fundamental de todo o estudos do Direito Civil (*Estatutos Pombalinos da Universidade*, 1773, Liv. II, Tit. III, Cap. II).

[667] Hespanha, 2004, pp. 31 ss.

[668] Hespanha, 2010.

[669] Cf. Silva, 1991. De que Pascoal de Melo completou a parte correspondente ao código penal, mais tarde publicada: Pascoal de Melo, *Ensaio de Código Criminal a que mandou proceder a Rainha D. Maria I*, Lisboa, 1823.

O DIREITO MODERNO

Embora algumas secções tenham sido escritas, o projeto soçobra perante o clima político adverso da Revolução Francesa[670].

As *Instituições* de Melo Freire correspondiam ao que de mais moderno se ensinava nas Faculdades de Direito do Continente. Uma sondagem sobre os fundamentos das suas opiniões doutrinais mostra que 80% da doutrina jurídica citada pertencia ao universo dos autores mais emblemáticos das várias correntes modernizantes da jurisprudência centro- ou norte-europeia dos séculos XVII e XVIII: desde a "escola elegante" e "histórico crítica" dos Países Baixos, passando pelos "renovadores" holandeses e alemães do direito romano de acordo com o seu "uso moderno" no foro, até aos que propunham uma construção sistemática do direito em vigor, dominada por axiomas extraídos da razão natural. Para além disto, tem ainda de se ter em conta que os textos romano-canónicos citados são, muito provavelmente, também objeto desta leitura modernizante, proposta pelas correntes do *"usus modernus"* e da construção jurídica "elegante" ou "sistemática". Há, portanto, que considerar o iluminismo jurídico conimbricense, de que Pascoal de Melo é o mais característico representante, sob dois eixos. No eixo do legalismo-doutrinarismo, as referências textuais de Melo permitem classificá-lo como acentuadamente apoiado num direito doutrinal e não num direito legal. No eixo tradicionalismo-modernismo, identifica-se, também muito nitidamente, com um impacto esmagador de uma orientação correspondente à doutrina do "uso moderno" e jusracionalista[671]. Ou seja, os juristas formados em Coimbra após 1772 não seriam, muito provavelmente, os defensores de um direito tradicional ou de uma sujeição acrítica e férrea à vontade do poder[672]. Pelo contrário, eles aprendiam o que de mais moderno se ensinava na Europa, temperando o regalismo da época com uma crença forte num direito supralegal de cunho racionalista. Foi por isso que, quarenta anos depois, lideravam as elites políticas que fizeram as revoluções liberais, em Portugal e no Brasil.

O período que mediou entre as reformas pombalinas e a Revolução de 1820 (ou, para o Brasil, a Independência) é curto e conturbado, pouco propício à produção de doutrina jurídica. Em todo o caso, caracteriza-se por uma sensível inovação no direito. Não tanto no sentido de o amarrar a

---

[670] Cf. Silva, 1991.
[671] Mais detalhes em Hespanha, 2010.
[672] Menos esclarecedor do que poderia ser, Neves, 2009.

um legalismo rigoroso, expressão de uma vontade régia despótica, como por vezes se lê, mas antes por uma difusão constante das ideias que preparam o liberalismo. Os compêndios de Melo Freire são celebrados como obras inovadoras, antifeudais, renovadoras das tradições "obscurantistas" do direito mais antigo. Ao lado destes, influem também autores cujas obras faziam parte das leituras obrigatórias dos estudantes de Coimbra, às vezes como compêndios oficiais (Johann Gottlieb Heineccius ou Heinecke [1681-1741]; Karl Anton von Martini [1726-1800]). Arnold Vinnius (1588--1637), Samuel Pufendorf (1632-1694), Èmmeric de Vattel (1714-1767), Jean Barbeyrac (1674-1744) e Jean-Jacques Burlamaqui (1694-1748) também eram muito lidos. O jusnaturalismo torna-se um tema comum mesmo para um público menos especializado. Tomás António Gonzaga (1744-1810), jurista, poeta e ativista político, escreveu um *Tratado de direito natural* (apenas publicado em 1842) que, embora de recorte tradicional, testemunha a popularidade destas ideias de um direito superior ao dos reis[673]. Mais inovadores, em vários ramos do direito, são Francisco Coelho de Sousa Sampaio, que sucedeu a Melo Freire na titularidade da cadeira de História do Direito Pátrio e publicou o respetivo compêndio na mesma linha inovadora[674]; Joaquim José Caetano Pereira e Sousa (1756-1819[675]), um penalista e processualista renovador, de grande influência até aos meados do século XIX; Manuel Borges Carneiro (1744-1833)[676], jurista e mártir da Revolução, autor de uma autorizada e renovadora síntese do direito português pré-liberal; José da Silva Lisboa, visconde de Cairú (1856-1835)[677],

---

[673] Sobre Gonzaga, Machado, 2002.
[674] *Prelecções de direito pátrio publico e particular*, Coimbra, Imprensa da Universidade, 1803-1804. (disponível em http://purl.pt/6480, 7.1.2012).
[675] Cf. *Primeiras linhas sobre o processo criminal*, 1785; *Classes dos crimes por ordem systematica com as penas correspondentes segundo a legislação actual*, 1803; todas disponíveis em http://www.fd.unl.pt/ConteudosAreasDetalhe.asp?ID=42&Titulo=Biblioteca%20Digital&Area=BibliotecaDigital; *Esboço de hum diccionario jurídico, theoretico, e practico, remissivo ás leis compiladas, e extravagantes*, Lisboa, Typograhia Rollandiana, 1825-1827, 3 vols. (disp. em http://books.google.pt/books/reader?id=KnBFAAAAcAAJ&hl=pt-PT&printsec=frontcover&output=reader, [7/1/2012]).; *Primeiras linhas sobre o processo civil*, 1818 (disponível em http://www.archive.org/stream/primeiraslinhas00freigoog#page/n8/mode/2up, [7/1/2012]).
[676] *Direito civil de Portugal: contendo três livros, I das pessoas, II das cousas, III das obrigações e acções*, Lisboa, Typ. Maria da Madre de Deus, 1826-1828; 4 vols. (disp. em http://purl.pt/705).
[677] *Curso de direito mercantil*, 1801; *Principios de economia politica*, 1804; *Principios de Direito mercantil e leis de marinha*, 1801-1808, 7 vols., V. Penalves, 2001.

um comercialista muito influente em Portugal, mas sobretudo no Brasil, introdutor de ideias liberais na economia, embora combinadas com ideias conservadoras[678]; o brasileiro Vicente José Ferreira Cardoso da Costa (1765--1834), divulgador de Bentham[679] e perseguido como protoliberal; Alberto Carlos de Menezes (1761 – depois de 1823), autor de um *Prospecto do Código Civil para entrar no concurso dos compiladores oferecido às Cortes de 1822*, e de *Plano da Reforma de Forais e Direitos Banais, fundado em um novo Sistema enfitêutico nos Bens da Coroa, de Corporações e de outros senhorios singulares* (Lisboa, 1825), inserido na política de desfeudalização da terra. Ao lado destes, havia juristas mais tradicionais, como Manuel de Almeida e Sousa (Lobão) (1744-1817)[680], um campeão na publicação de obras jurídicas, crítico de Melo Freire, mas também divulgador de muitas ideias novas, colhidas nos novos códigos prussiano e francês e, também, nos juristas iluministas[681].

A influência deste complexo de tendências racionalizadoras e renovadoras, que é costume designar por "direito iluminista", prolonga-se por toda a primeira metade do século XIX, graças ao impacto da reforma pombalina dos estudos jurídicos, dos compêndios de Pascoal de Melo e da literatura que eles influenciaram.

O advento do liberalismo (cujo património teórico e ideológico é, no domínio do direito, subsidiário do Iluminismo) potencia ainda o movimento de renovação da ordem jurídica, cujo *Leitmotiv* é, então, a "codificação" (J.-M. Scholz, 1982; Homem, 1987; Marques, 1987; Marcos, 1990; Subtil, 1996).

---

[678] Tal como o próprio Smith, inclui no direito (*jurisprudence*) o direito de polícia, desmentindo, assim, um aspeto central do liberalimo. Sobre Silva Lisboa, Paim, 1968; Rocha, 1996.
[679] *O que he o Codigo Civil*, 1822 (disp. em http://www.fd.unl.pt/ConteudosAreasDetalhe.asp?ID=60&Titulo=Biblioteca%20Digital&Area=BibliotecaDigital).
[680] A sua obra mais famosa é *Notas de uso prático e criticas adições, ilustrações e remissões às Notas a Melo*, Volume 1, 1816 ss. Muitas das suas obras estão disponíveis em http://www.fd.unl.pt/ConteudosAreasDetalhe.asp?ID=48&Titulo=Biblioteca%20Digital&Area=BibliotecaDigital.
[681] Testemunhos sobre o ambiente jurídico coimbrão desta época, Morato, 1933; Freitas, 2005. Para uma virulenta crítica da literatura jurídica tradicional, v. Antonio Barnabé de Elescano Barreto e Aragão, *Demetrio moderno, ou o bibliographo juridico portuguez*, Lisboa, Lino da Silva Godinho, 1781 (disp. em http://books.google.pt/books?id=sAYCAAAAQAAJ&printsec=frontcover&hl=pt-PT&source=gbs_ge_summary_r&cad=0#v=onepage&q&f=false).

7.4. O direito da modernidade tardia (a Época Contemporânea)

O direito europeu dos séculos XIX e XX dá realização institucional e política ao projeto da modernidade desenhado anteriormente.

Antes de mais, o direito – nomeadamente o direito constitucional e o direito civil – constrói as instituições políticas e civis correspondentes ao projeto jurídico concebido pelo jusracionalismo. No plano político, isto traduz-se na construção jurídico-constitucional de um indivíduo indiferenciado (igual a qualquer outro, qualidades) e livre. A cidadania moderna – generalizada a todos, limitada a definir um laço abstrato e formal de cada um com os outros e com o Estado – corresponde ao modo como o Estado vê os cidadãos[682]. Não é que os cidadãos sejam assim, indiferenciados, livres e iguais; eles continuam a ser diferentes entre si, diversamente condicionados pelos contextos da vida e pelos outros cidadãos e desiguais nas suas qualidades e nos seus poderes de facto. Mas, do ponto de vista do Estado, esses elementos da vida como ela é (da vida material) não são considerados, retendo-se da cidadania apenas os seus traços formais. Se o direito constitucional estabelece os traços institucionais fundamentais desta cidadania no que respeita às relações entre o indivíduo e o Estado, o direito civil regula as consequências dela no trato entre os cidadãos. O fundamental, aqui, é assegurar que cada um não fique obrigado senão mediante a sua vontade expressa em contratos, desde que estes correspondam a vontades livres e conformes aos padrões gerais e racionais do querer. Também no plano das relações civis, a liberdade da vontade é uma abstração, já que o Estado, ao estabelecer a disciplina dos contratos, só protege o poder abstrato que os indivíduos têm de querer, descurando as condições concretas de exercício desse poder.

Como se vê, a sociedade que se constrói pode ser regulada de forma muito económica. Como os indivíduos e as suas características estão definidos em abstrato, sem que as situações concretas sejam tidas em conta, a disciplina pode ser geral, assumindo como inexistentes quaisquer condições da vida que perturbem ou neguem as faculdades abstratas reconhecidas aos agentes. Isto permite simplificar o direito, que agora pode assumir a forma de comandos genéricos, abstratos e gerais, sem necessidade de

---

[682] Sobre o conceito moderno de cidadania e seu confronto com conceitos anteriores e seguintes, fundamental, Costa, 1999, 2005 (síntese). Sobre o horizonte da literatura jurídica deste período, avaliado pelas citações feitas, Hespanha, 2010.

grande maleabilidade relativamente aos casos particulares, porque... não existem casos particulares. Entra-se num círculo virtuoso. Como o direito pode passar a ser geral, aumenta a segurança jurídica e, com ela, a previsibilidade social. Tudo corre como previsto. E, como tudo corre como previsto, sem desmentidos nos casos particulares, a lei geral funciona bem.

Esta simplicidade de regulação tem o seu preço. Na verdade, esta visão estadual da sociedade é uma completa abstração, que está para a sociedade real como um mapa está para o terreno real: funciona sobre convenções simplificadas, ignora dimensões da realidade, achata diferenças. No mundo real, as coisas não são assim. O que faz com que, guiando-nos por esta abstração formal, possamos chocar com (ou chocar a) realidade vivida.

Esta consciência de que as imagens modernas do social e do jurídico eram demasiado formais para permitirem servir de base para uma regulação real das relações sociais foi percebida por muitos durante toda a modernidade. Como veremos, várias correntes do pensamento jurídico criticaram o formalismo da teoria moderna do direito, insistindo em que o direito e o saber jurídicos deviam partir da materialidade concreta das relações sociais e não de uma imagem superficial e deformada que se fizesse delas. Se as pessoas eram desiguais quanto à sua capacidade concreta de autodeterminação, o direito devia ter isto em conta para validar o alcance jurídico daquilo que elas quisessem, e não considerar sempre as suas promessas como válidas, mesmo quando elas tivessem sido o produto de desinformação, engano, prepotência ou necessidade extrema. Se se protegia um direito em geral – por exemplo, a propriedade –, não se podia ignorar que esta proteção beneficia sobretudo os proprietários, enquanto impedia os não proprietários de o virem a ser; e que, portanto, a proteção igual deste direito tinha consequências desiguais, não igualitarizadoras. Se o universo dos cidadãos fosse *conceitualmente* reduzido aos homens, proprietários, brancos, não se podia ignorar que essa definição de cidadania não era de todo geral, pois, na realidade, excluía mulheres, não proprietários e não europeus. E que, falando desta cidadania formal, era excluir da cidadania "material" um grande universo de pessoas. Não eram só os pensadores que viam isto que o Estado moderno não via; eram os próprios excluídos que, crescentemente, se iam dando conta de que, por meio de artifícios formais – a definição de vontade livre, de igualdade, de direitos humanos, de cidadania, razão – estavam a ser postos fora da cidade.

É isto que explica o contínuo criticismo que se ergueu contra o formalismo do direito moderno: contra os pressupostos "metafísicos", "ideológicos", dos conceitos de que partia; contra o "impensado" que subjazia à sua racionalidade, contra os mitos que afetavam a sua ciência.

O próprio modernismo incorporou algumas destas críticas, procurando, através de medidas racionalizadoras, fazer com que a realidade se adequasse melhor ao modelo.

Uma parte destas medidas enquadrava-se em políticas que orientassem os indivíduos no sentido de estes se comportarem como era esperado que se comportassem para que o modelo funcionasse bem. Para que decidissem racionalmente, para que avaliassem bem os seus interesses, para que incorporassem nestes alguma parte dos interesses dos outros ou do interesse geral em que o modelo funcionasse bem, para que fossem verdadeiros, transparentes e leais, nas negociações, para que cumprissem espontaneamente as suas obrigações, Ou seja, para que se comportassem como homens de bem, como *gentlemen*. Isto era a missão da educação e dos bons costumes, um elemento indispensável da racionalidade económica liberal, e que foi, por isso, central nos importantes programas sociais de educação cívica que se observam na sociedade europeia do liberalismo.

Outra parte destas medidas de correção do formalismo tinha de provir de políticas públicas do Estado, destinadas a criar as condições para que o fosso entre o imaginário da sociedade imaginada e a realidade da sociedade existente não impedisse que o modelo funcionasse na prática. É aqui que se inserem, além das medidas de garantia da paz e dos direitos de cada um, as políticas públicas de caráter social, promovendo a igualdade material, aumentando a liberdade pessoal, alargando a cidadania; as políticas de fomento civilizacional, fomentando a comunicabilidade, promovendo infraestruturas públicas que os privados não pudessem criar; as políticas de globalização, assegurando mercados e disponibilizando matérias-primas (colonialismo, imperialismo, comércio livre); as políticas de regulação económica, garantindo uma concorrência igual e sã, regulando o mundo industrial, no sentido da sua "pacificação".

Estas medidas de correção do formalismo liberal cabiam ainda dentro de uma visão moderna do modelo social. Não visavam substituir o modelo, mas torná-lo menos simplista, incorporando nele normas suplementares que a análise científica da realidade tinha aconselhado, a fim de garantir que, tal como acontece nas ciências físicas, uma versão mais apurada do modelo produzisse melhores resultados práticos. À física social acrescentava-se agora a engenharia social ou mesmo a manipulação científica da sociedade. Fazer uma sociedade melhor – mais produtiva, mais culta, mais integrada e menos conflitual, mais sã, mais bela, racialmente mais pura – são objetivos suplementares deste megaprojeto de modelação da sociedade a partir de uma hipótese de base – a de que isto se pode fazer a partir da vontade racional dos indivíduos.

Realmente, o próprio Estado e a sua regulação quase poderiam desaparecer, se se conseguisse que, pela educação, pela morigeração e pelo avanço da consciência, cada um se movesse de forma plenamente racional para as únicas situações de felicidade que são duráveis, ou seja, aquelas em que as vantagens imediatas são sacrificadas às vantagens a longo prazo. E, de facto, este objeto estratégico de plena libertação, pela extinção do Estado, aparece em diversas utopias da sociedade (anarquismo, comunismo, hiperliberalismo). O pensamento social da modernidade alimenta este projeto de que o progresso consiga fazer com que se chegue a uma sociedade autorregulada, sem necessidade de ingerência do Estado.

Das versões anarquista e comunista falar-se-á mais tarde.

Na versão hiperliberal, acredita-se na divisa liberal de que é preciso deixar circular e deixar fazer: alargar os espaços de ação humana, desfazendo (tornando invisíveis, irrelevantes) localismos e interesses paroquiais; dar plena liberdade de ação, para que a experiência contínua do relacionamento mútuo revele, por um processo de aprendizagem pela tentativa e erro, quais as normas mais racionais (eficiências, recompensadoras) de agir. Este movimento de plena globalização e de pleno liberalismo marcam a fase mais avançada da modernidade (a hipermodernidade). O Estado regulador tende a ceder a vez à regulação puramente autónoma dos agentes, a única que pode abranger um cenário de transações globais. O direito transforma-se nessa regulação autónoma efetiva, automaticamente estabelecida pela própria atividade de troca. Tudo o que funciona (ou que contribui para que a atividade se mantenha) é bom e justo. Os limites que antes se punham ao relacionamento entre privados – para proteger os mais fracos dos mais fortes e assegurar a tal igualdade formal do mercado, para assegurar a verdade e transparência das declarações, para salvaguardar bens públicos que podiam sucumbir à absoluta primazia dos interesses privados – desaparecem, abrindo-se o caminho para um modelo puramente abstrato e formal de relacionamento. Quando isto acontece, as abstrações perdem todo o contacto com as coisas reais. Os sentimentos políticos exprimem-se através das suas manifestações mediáticas, e não principalmente por meio de processos institucionalizados e regulados. A política deixa de ser fazer sobre o que acontece para assentar sobre realidades virtuais construídas pelos políticos ou pelos *media*. As finanças perdem o contacto com a economia: os títulos (ações, obrigações) deixam de representar ativos reais (como aconteceu com os "ativos tóxicos" ou com os títulos de títulos ("derivados"), os meios de financiamento tornam-se artifícios financeiros ("alavancagem financeira"), a solvabilidade de uma instituição (de um país) transforma-se na opinião (anónima) sobre essa solvabilidade[683]. A economia real, visando produzir coisas que satisfizessem necessidades, tende cada vez mais para uma atividade visando produzir lucros especulativos, ou seja, lucros obtidos a partir de compras e vendas de... nada[684]. O direito *hard* da lei do Estado transforma-se no direito *soft* das regras informais, mutáveis, sem marca de origem. Os amores empenhados, envolvendo compromissos densos, são substituídos por relações leves, informais, abertas[685]. Os alegados problemas são analisados em abstrato, sem as suas dimensões concretas, por comparação de indicadores formais (PNB, percentagem da dívida, taxas de produtividade); e os remédios são também receitas gerais, ilimitadamente transferíveis de zona para zona. O mesmo se passa com o direito, que não apenas se pode transferir (*legal transfers*), como se pode mundializar (*direito global*).

Realmente, atinge-se o apogeu do formalismo, onde nada do que é real, palpável, relativo a situações concretas e a pessoas concretas, faz parte daquilo que se vê nesta imagem hipermodernista do mundo. Neste estádio, a imagem das relações sociais sobre a qual se tomam decisões perde qualquer contacto com a vida real e, por isso, a política torna-se um jogo; a realidade, uma ficção; os objetos da economia, entidades virtuais ("futuros", "derivados", "alavancagem" de operações financeiras); os cidadãos, *players*; as declarações, mistificações credíveis[686]; o direito, regras de um jogo que não tem outro objetivo senão ser jogado. Porque, segundo a

---

[683] Cf. Joseph Stiglitz, *Time for a Visible Hand: Lessons from the 2008 World Financial Crisis*, 2010.
[684] Duas análises notáveis: Strange, 1997; d'Arista, 1994; entrevista em http://www.youtube.com/watch?v=PNbgvyb0o-I.
[685] Cf. Z. Bauman, *Liquid Love: On the Frailty of Human Bonds*, 2003.
[686] É imensa a literatura sobre a sociedade hipermoderna, no plano das relações sociais, económicas, afetivas; um par de leituras elucidativas: Callahan, 2004.

ideologia de fundo, não há mais valores trans-subjetivos: torna-se racional tudo aquilo que cada um queira para seu interesse; e torna-se legítimo tudo o que for preciso fazer o que se quiser[687]. A política cede à economia, à economia sem política[688]; e, muito frequentemente, a economia cede à mera ganância individual[689].

Depois de um esboço do ambiente político, abordaremos sumariamente os tópicos que polarizavam a discussão em torno da política e do direito na cultura europeia deste período[690].

7.4.1. O contexto político

Depois do seu período "programático e experimental" – descrito acima, sob a epígrafe jusracionalista (*supra*, 7.3.2) –, a ordem política estadualista chega à sua fase de institucionalização.

No plano jurídico, esta fase caracteriza-se pelo *movimento legalista* e, sobretudo, pela *tendência codificadora*. Os novos códigos, se, por um lado, procediam a um novo desenho das instituições, correspondente à ordem social burguesa liberal, instituíam, por outro, uma tecnologia normativa fundada na generalidade e na sistematicidade e, logo, adequada a uma aplicação mais efetiva do direito, também mais controlável pelo novo centro do poder – o Estado. A ideia de reunir as leis em códigos sistemáticos e duradouros correspondia à ideia de que aquele "casco do direito" que agora se codificava constituía o núcleo normativo, mais consensual e mais perene, da vida em sociedade.

Estadualismo (*i.e.*, identificação da ordem social com a ordem estadual), certeza e previsibilidade do direito (*i.e.*, legislação abstrata) e, finalmente, a fixidez e permanência de um núcleo fundamental de princípios jurídicos (*i.e.*, codificação), vão, assim, de braço dado, permitir que os novos arranjos sociais, políticos e jurídicos se tornem efetivos e estáveis.

---

[687] O que incentiva e legitima aquilo a que David Callahan chama uma "cultura da batota", que caracterizaria a cultura da hipermodernidade (Callahan, 2004).
[688] V., notável, este pequeno apontamento de uma decana dos economistas brasileiros, Maria da Conceição Tavares: http://www.youtube.com/watch?v=FebPPRNtBAU.
[689] Num breve apontamento: Joseph E. Stiglitz, *The Ideological Crisis of Western Capitalism*, 2011-07-06 Project Syndicate, 2011 (www.project-syndicate.org).
[690] Mais elementos sobre estes tópicos orientadores do pensamento político e social da época contemporânea, em Fioravanti, 1999; Renault, 1999; especial referência a Portugal, Hespanha, 2004.

Os cem anos que decorrem entre 1750 e 1850 correspondem ao período de instalação de uma nova ordem política e jurídica, a que se costuma chamar liberalismo. No plano do direito, realizam-se então os seus pressupostos estratégicos – instauração, por meios legislativos, de um novo paradigma de organização política (o Estado liberal-representativo) e de organização social ("liberalismo proprietário", *i.e.*, identificação da propriedade como condição de liberdade e, logo, de cidadania ativa), que a própria lei irá desenvolvendo nos seus detalhes institucionais[691].

No plano dos grandes princípios, o novo direito estabelece a liberdade, a propriedade e a igualdade perante a lei como valores fundamentais. Mas qualquer destes princípios tinha consequências institucionais concretas, que as leis civis e políticas iriam desenvolver.

A garantia da liberdade pessoal[692] tinha consequências diretas e indiretas em vários domínios do direito. Fundava, desde logo e no domínio do direito constitucional, os direitos políticos e cívicos. Garantia, depois, a liberdade de trabalho e indústria[693], libertando a iniciativa privada de todas as limitações antes impostas ou pelo corporativismo medieval ou pelo mercantilismo. No direito das coisas, constituía a base da construção jurídica da propriedade como direito ilimitado e inviolável. No direito dos contratos, promovia o voluntarismo e punha termo às limitações éticas e comunitárias ao poder de conformação da vontade sobre os conteúdos contratuais ("teoria da vontade", *Willenstheorie*, cf., *infra*, cap. 7.4.11), permitindo a usura, a desproporção das prestações contratuais[694], a livre fixação dos preços e dos salários.

A garantia da propriedade – considerada como uma extensão da garantia da liberdade – era entendida como o "direito sagrado e inviolável [...] de dispor à sua vontade de todos os seus bens, segundo as leis"[695]. A sua constitucionalização correspondia àquilo a que C. B. Macpherson chamou

---

[691] Sobre a ordem jurídica liberal, v., em geral, Arblasten, 1984; Arnaud, 1973; Costa, 1974, 1986; e Clavero, 1991. Para Portugal (aspetos político-ideológicos), Vieira, 1992; (aspetos constitucionais e jurídicos) J. G. Canotilho, "As constituições", e Mário Reis Marques, "Estruturas jurídicas", em Torgal, 1994, respetivamente, 149-165 e 176-181; Hespanha, 1990 (aspetos estruturais do sistema político); Hespanha, 1994 (aspetos constitucionais).

[692] Cf., em Portugal, Carta Constitucional de 1826, art.º 145º, § 5.

[693] Cf. em Portugal, Carta Constitucional de 1826, art.º 145º, §§ 23 e 24.

[694] Antes interditas pelo instituto da "lesão enorme".

[695] Em Portugal, Constituição de 1822, art.º 6º; Carta Constitucional, art.º 145º, § 21.

o "individualismo possessivo": a propriedade como um direito natural e absoluto, livremente usufruível (liberdade de indústria) e livremente disponível, ilimitável por direitos dos senhores (direitos de foral), da comunidade (direitos de pastagem, de rotação de culturas, etc.) ou dos parentes (reservas hereditárias, vinculação).

A garantia da igualdade[696] punha fim, por sua vez, a situações de subordinação de uns a outros (escravatura, servidão pessoal); devia garantir, em princípio, o acesso igual de todos à participação política (mediante o sufrágio universal); fixava a igualdade na aplicação da lei, nomeadamente no domínio processual (abolição tendencial dos foros privilegiados) e, sobretudo, penal, instituindo o princípio da igualdade das penas, independentemente do estatuto do criminoso; proscrevia certos estatutos discriminatórios em matéria política (*v.g.*, a exigência de nobreza ou de "limpeza de sangue" para acesso a cargos públicos).

Como se há de ver aqui e ali ao longo da exposição subsequente, qualquer destes princípios deparou com limitações, por vezes totalmente descaracterizadoras, no momento da sua concretização constitucional ou legislativa. Sobretudo o princípio da igualdade.

Não me refiro apenas à questão da não correspondência entre liberdades formais (*i.e.*, garantidas pela lei) e liberdades materiais (*i.e.*, concretizáveis no plano das relações sociais concretamente vigentes)[697]. Trata-se de muito mais do que isso: ou seja, da instituição, pela lei, de estatutos discriminatórios, restringindo drasticamente os direitos políticos e civis dos escravos, das mulheres, dos não proprietários, dos nativos coloniais, dos ingressos em ordens religiosas, para não falar já de outras classes de interdições também elas social ou culturalmente marcadas (loucos, falidos, jogadores, pródigos, menores). Por detrás destas limitações – que, em termos políticos, reduziam dramaticamente a percentagem de "cidadãos ativos"[698] –, estão algumas ideias fortes, quer sobre a menor capacidade de

---

[696] Em Portugal, Constituição de 1882, art.º 9º; Carta Constitucional, art.º 145º, §§ 12 e 15.
[697] Questão que virá a ser central na crítica marxista e pós-marxista ao direito liberal (cf., *infra*, 7.5.6.1).
[698] Algumas estimativas do peso percentual dos cidadãos ativos relativamente aos "nacionais" de maioridade apontam para taxas inferiores a 10%. Claro que estes valores ainda baixam mais nos territórios em situação colonial ou pós-colonial (*v.g.*, os países latino-americanos, sobre os quais, cf. Clavero, 1993; 2000).

engenho civil e político do género feminino[699], dos camponeses (rústicos) ou indígenas das colónias, quer sobre o modo como a qualidade de proprietário condicionava a seriedade e o empenhamento das atitudes políticas. Afinal, o modelo societário e político subjacente estava ainda muito dependente dos modelos tradicionais de uma sociedade patriarcal em que ao homem (e, por extensão, ao homem branco "civilizado") competia um poder de direção sobre a "casa", como conjunto de familiares, de dependentes (criados, escravos, estes últimos oscilando entre o estatuto de pessoas e o de coisas)[700], de animais e de coisas.

Tão importante como o estabelecimento destes princípios é a sua estabilização legislativa (em códigos) ou doutrinal. Isto é, de uma forma ou de outra, em complexos normativos orgânicos que escapam à arbitrária volúpia legislativa dos governos e que, com isso, garantam a firmeza e a continuidade das transformações político-sociais. "Propriedade! Propriedade! Centro da união social, quantas vezes não oscila incerta e quase tornada nome pelo vão vício de leis multiplicadas e obscuras", clama-se, em Portugal, no *Manifesto* do Governo Supremo do Reino, de 31/10/1820.

Já para o final do século XIX, a dinâmica social e os progressos tecnológicos introduziram grandes mudanças na vida, que o direito teve de ir acompanhando, garantindo algumas das suas condições materiais. As enormes tensões sociais causadas pela fase de instauração do capitalismo (questão social) necessitaram de ser arbitradas pelo Estado; o qual também teve de criar as condições para enormes transformações tecnológicas necessárias para o desenvolvimento do sistema económico. A um período em que o imaginário político consistia num governo leve ou mínimo e na devolução da regulação para normas sociais espontâneas, sucede-se um outro em que o Estado é convidado a governar pesadamente, para garantir condições que já não podiam ser realizadas pela "mão invisível". A teoria política e a teoria do direito mudam, de forma correspondente, surgindo construções dogmáticas que legitimavam as prerrogativas do governo e da máquina administrativa.

---

[699] Cf., sobre a imagem da mulher no direito tradicional europeu, de que há fortes resíduos no período liberal, Hespanha, 1994e.
[700] Sobre o modelo tradicional da "casa grande" (*ganze Haus*), cf. Brunner, 1968b; para a Época Contemporânea, numa situação colonial, mas suscetível de extensão à sociedade camponesa europeia, Freyre, 1933.

Estes princípios liberais de garantia de direitos originários chocava com a incerteza do direito, provocada pela oscilação das interpretações doutrinais, mas também com a multiplicação de leis contraditórias. Todavia, a lei era, para este mesmo património de ideias, a expressão da vontade do povo e, por isso, uma manifestação da democracia.

7.4.2. Entre vontade e razão. O primado da lei parlamentar (jacobinismo)

O princípio democrático de que o poder tem origem no povo e deve ser por ele exercido é uma consequência muito clara da ideia de contrato social, tal como ela foi descrita antes (cf., *supra*, 7.3.2.1). De forma mais ou menos pura, ele vem enformar as revoluções políticas que ocorreram, primeiro, na América do Norte (1776) e em França (1789) e, depois, na generalidade dos países europeus (em Portugal, em 1820)[701].

O princípio democrático vem estabelecer que a única legitimidade política é a legitimidade proveniente da vontade popular, manifestada pelos representantes do povo, eleitos, através das votações nos órgãos representativos (por excelência, os parlamentos).

A hegemonia política absoluta do parlamento – com a consequente concentração nele de toda a capacidade de criar direito – era, em Estados "grandes", a única alternativa a uma democracia direta, tornada impossível pelo alargamento dos espaços da política. O debate político público, no parlamento, permitiria distinguir as opiniões interessadas, dirigidas à defesa de pontos de vista e interesses egoístas ou de grupo (partidários), da opinião racional, liberal (livre da subordinação a interesses de parte), visando o "interesse geral" ou a obtenção da "felicidade para o maior número", utilizando duas formulações – uma de Rousseau e outra de Bentham – utilizadas para justificar a supremacia absoluta do parlamento[702].

Perante a legitimidade democrática, deviam curvar-se todas as antigas formas de legitimidade, desde a legitimidade do direito divino à provinda da tradição ou da autoridade social de um grupo (como, por exemplo, o

---

[701] Sobre tudo quanto se segue, de modo conciso e exemplar, Fioravanti, 1999 ou Alvarez Alonso, 1999. V. ainda, Clavero, 1991; exposição de conjunto, Renault, 1999.

[702] Sobre a insistência de Bentham no princípio do controle democrático como forma de garantir a busca da felicidade geral, v. *Code constitutionnel*, 1830 (cf. Rosen, 1983). Estes pontos de vista eram defendidos pela ala esquerda dos revolucionários de 1789, que se reuniam na Igreja de Saint Jacques, em Paris (*jacobins*, daí "jacobino", "jacobinismo").

grupo dos juristas ou dos juízes). No plano das fontes de direito, este princípio elevava a lei parlamentar – expressão da "vontade geral" – à dignidade de fonte primeira, se não única, de direito. Ela era o produto da (i) vontade popular e, para mais, de uma (ii) vontade geral, de todo o povo, liberta de despotismo e de espírito de fação, que, portanto, (iii) exprimia o interesse geral e (iv) explicitava as ambições mais generalizadas de felicidade. A lei é, por isso, a fórmula que racionaliza interesses privados divergentes, que consubstancia o interesse público, que exprime normas socialmente consensuais.

Perante a lei, o costume (antes legitimado pela tradição) devia ceder. De alguma forma, ele manifestava – como de há muito se dizia – um "consentimento tácito do povo" e, por isso, podia ser entendido como um "plebiscito de todos os dias". Por isso, os costumes não foram liminar e automaticamente ab-rogados; só que não podiam valer contra a lei parlamentar, essa forma expressa e regulada de o povo manifestar a sua vontade. De resto, na constituição do costume, interviera uma Nação concebida trans-historicamente, feita de passado e presente, de mortos e de vivos. E, agora, a Nação tendia a ser identificada com o povo atualmente existente, capaz de votar e eleger. Como veremos, outros contraporão que esta é uma ideia muito redutora de Nação, cujos valores e cujo espírito não são propriedade da geração presente (cf., *infra*, 7.5.4); mas isto constitui já um ponto de vista crítico sobre o entendimento jacobino da democracia.

Também a jurisprudência (legitimada pela competência técnica dos juízes) devia ceder. Pois, de acordo com o princípio democrático, a legitimidade dos juízes é somente indireta, decorrendo apenas do facto de se tratar de um poder previsto na Constituição, querida pelo povo. Para além de conter este vício de origem, a jurisprudência era ainda passível de uma crítica política. Realmente, pelo menos na Europa, a Revolução tinha sido feita também contra a tirania dos juízes que, apoiados no caráter casuísta e flexível do direito tradicional (cf., *supra*, 6.8; 7.3.5), tornavam o direito um saber hermético, cujos resultados eram imprevisíveis e incontroláveis pelos cidadãos. E, assim, os movimentos reformistas da segunda metade do século XVIII (*v.g.*, L. A. Muratori, o marquês de Beccaria e Gaetano Filangieri, em Itália; ou Luís António Verney e Pascoal de Melo, em Portugal, dirigiam-se, antes de tudo, contra o "governo arbitrário", sendo que nesta ideia de governo arbitrário se compreendiam tanto a autocracia dos soberanos como a arbitrariedade incontrolável dos tribunais. No Sul da

Europa (Itália, França e Península Ibérica), esta última componente tinha sido ainda mais forte, suscitando um movimento de crítica à incerteza e hermetismo do direito doutrinal e jurisprudencial e reclamando leis claras e reformas judiciárias que amarrassem os juízes ao cumprimento estrito da lei. Daí que o legalismo e a desconfiança no direito jurisprudencial – que já vinham de trás e tinham marcado a política do direito dos Estados setecentistas – se tenham transformado em componentes essenciais das propostas revolucionárias[703]. Pois, se havia lugar a falar nos perigos do "espírito de fação", era decerto legítimo fazê-lo tanto em relação aos funcionários e às elites políticas como aos juristas e aos juízes[704].

Princípio democrático e sensibilidade anti-"letrada" explicam que – no contexto europeu – as opiniões dos juristas e os veredictos dos juízes fossem tidos em suspeição; agora, os juízes não são mais do que a "longa mão da lei", a "boca que pronuncia as palavras do legislador", pelo que as suas decisões não podiam visar senão a aplicação estrita da lei, sem qualquer margem de discricionariedade, como quem resolve um silogismo.

Mas havia ainda outros argumentos a favor do princípio democrático do direito. De acordo com o princípio da separação dos poderes, formulado por Montesquieu e geralmente (embora também variamente) adotado pelos novos Estados constitucionais, os poderes deviam respeitar-se mutuamente, não interferindo nas competências uns dos outros. Por isso, a edição do direito, entendido como manifestação da "vontade geral", devia ser exercitada em exclusivo pelo poder legislativo, sem interferência dos outros, nomeadamente do poder judicial. É preciso cruzar o Atlântico ou, na Europa, chegar quase aos nossos dias, para encontrar conceções de Estado e de direito que atribuam aos juízes um papel ativo na criação do direito ou, inclusivamente, no controlo da legitimidade das leis. A este modelo de uma constituição criada (ou, melhor, revelada, declarada, posta em prática) pelos juízes, chamou-se "Estado judicial" (*Richterstaat*); mas não é a esta constelação de ideias democrático-jacobinas que ele

---

[703] Referência bibliográfica básica: Latorre, 1978, 153-154; Wieacker, 1993, 524-527; sobre o reformismo judiciário, R. Ajello, 1976, *maxime*, 275-360.

[704] Esta reação contra os "letrados" explica a simpatia de que gozaram, num e noutro lado do Atlântico, as figuras dos juízes eleitos e dos jurados; embora, na Europa, o legalismo estadualista tenha limitado progressiva e severamente mesmo estas formas mais "populares" de justiça (cf. Clavero, 1991, 81 ss.), com fundamento em que estes juízes não cultos raramente podiam superar a parcialidade e elevar-se a um entendimento racional e geral do direito.

pertence, mas antes a uma outra, em que o direito é anterior às (e irrevogável pelas) assembleias representativas[705].

Também a doutrina deixa de ter legitimidade para fazer construções autónomas, fundadas na "natureza das coisas", ou nos princípios da razão, como aquelas que tinham constituído o cerne do direito desde as escolas medievais. É que tais construções eram direito porque se aceitava que uma das fontes de legitimidade deste era a autoridade técnica ou doutrinal dos especialistas, capazes de revelar um direito que residia nas próprias coisas ou nos princípios abstratos da razão. Agora, no contexto do novo Estado democrático, o único poder com autoridade para estabelecer o direito é o parlamento, em representação do povo; enquanto a única função legítima da doutrina é – em contrapartida – a de descrever a lei, de a interpretar (se possível, de acordo com a vontade do legislador histórico – interpretação *subjetiva*) e de integrar as suas lacunas, propondo aquela norma que o legislador histórico, se tivesse previsto o caso, teria formulado. Em alguns casos extremos, a interpretação doutrinal chegou a ser proibida, determinando-se o recurso à interpretação autêntica, ou seja, à interpretação levada a cabo pelo próprio órgão legislativo (*référé législatif*).

Para esta perspetiva, todo o direito se reduz à lei, deixando de ser reconhecidas não só quaisquer outras fontes de direito, como quaisquer princípios supralegislativos a que a lei deva obedecer. Como se verá em breve, este filão legalista-democrático, que é o sintoma jurídico do voluntarismo no plano da filosofia política, tem de conviver, durante os dois últimos séculos, com um filão de sentido oposto – que se pode dizer ser o sintoma de várias formas de antivoluntarismo no plano da filosofia política –, sublinhando a força limitada da lei, obrigada a respeitar ou os "direitos originários", ou o "governo sábio", ou a "sensibilidade comum", ou a "natureza das coisas", ou a força dos valores ou das ideias, ou a regulação espontânea da "vida quotidiana".

Neste contexto legalista, a ideia de "código" é ambivalente. Por um lado, o "código", como conjunto compactado, simples, harmónico e sistemático de preceitos normativos, favorece o conhecimento da lei pelos cidadãos e, por isso, potencia o controlo destes sobre o direito, inserindo-se assim numa problemática antijudicialista claramente jacobina. Mas, por outro lado, o "código" constitui um "monumento jurídico" que aspira à

---

[705] Sobre a oposição entre os modelos de constituição "estadualista" ou "constituição de direitos", Clavero, 1991.

permanência, à incarnação da estabilidade da razão jurídica, à corporização dos consensos profundos. E, nesse sentido, pretende resistir ao ritmo frenético das decisões parlamentares. E, na verdade, os grandes códigos do século XIX – com destaque para o *Code Napoléon*, de 1804, e o Código Civil alemão [*Bürgerliches Gesetzbuch, B.G.B.*], de 1900 – têm resistido (pelo menos formalmente) ao tempo e às mudanças de regime. Mas, quando reclama para si um caráter não efémero, a atividade codificadora está a pretender colocar-se num plano superior ao da legislação ordinária, continuamente reapreciável pelos representantes do povo[706].

Alguns dirão, mais tarde, que o código é, assim, um produto do trabalho de racionalização das paixões ou dos atos de arbitrário voluntarismo dos legisladores, levado a cabo ou pelo sentido público do Estado, ou pela ponderação lenta e decantada dos juristas, proporcionando um património de soluções jurídicas fundadas em valores estáveis e consensuais (num *idem sentire*), ligados a uma lenta aquisição de uma sabedoria jurídica "nacional"[707]. Os códigos combinariam, assim, a legitimidade democrática da lei com a legitimidade "científica" da doutrina. Por isso é que, embora regularmente aprovados pelos parlamentos, os códigos foram quase sempre elaborados por comissões de juristas, fora das câmaras. Mas este entendimento pertence já, também ele, a um filão do pensamento político que não é o do democratismo jacobino (cf., *infra*, 7.4.7).

7.4.3. "Razão jurídica" *vs.* "razão popular"

O primado da lei parlamentar exprimia o princípio da criação do direito pela vontade popular, imediata e continuamente expressa nas assembleias constituídas pelos representantes diretos do povo. Porém, este princípio despertou sempre uma expressa ou surda oposição por parte dos juristas letrados, que continuaram a encarar o direito como o resultado de um saber sobre o modo de realizar a justiça, dotado de regras próprias de raciocinar que não estavam ao alcance de todos por igual.

Se lermos a história do direito como a história de um discurso que visa legitimar o poder social de um grupo ou de especialistas – como defende P. Bourdieu[708] –, este facto não é estranho. No fundo, tratar-se-ia, para os

---

[706] Sobre a problemática da relação entre codificação, direitos individuais, Estado e soberania popular, v., muito agudo, Clavero, 1991, *maxime*, 81 ss.

[707] Cf., remetendo para uma obra clássica de Carl Schmitt, Amaral, 1996.

[708] Cf., *maxime*, Bourdieu, 1986.

juristas, de salvaguardar um monopólio de dizer o direito, que sempre lhes pertencera e de que a fase mais radical da Revolução Francesa (que, em termos constitucionais, se exprime no projeto de Constituição francesa de 1791) tentara expropriá-los.

No entanto, a explicação parece ter de ser mais vasta, pois nesse esforço de "desdemocratização" do direito colaboraram também políticos e intelectuais. Neste sentido, a explicação podia provir antes de uma tendência de mais longo curso no sentido de salvaguardar para uma elite cultural (*grosso modo*, os intelectuais, os políticos) aquele poder de constituir o direito que a filosofia política da Época Moderna atribui ao povo. Estaríamos, então, perante um dos paradoxos típicos do pensamento político democrático europeu. Por um lado, a filosofia política atribuía à vontade dos membros da sociedade o poder de estabelecer as regras da convivência social. Mas, por outro lado, essa mesma filosofia estabelecia para a validade dessa mesma vontade – *i.e.*, para que a vontade seja "racional" e não "arbitrária", para que seja "vontade" e não "paixão" – requisitos que apenas uma minoria do povo satisfazia[709].

Foi, porventura, Benjamin Constant (1767-1830) quem primeiro e mais claramente definiu esta angústia liberal perante a democracia, ao explicar que a "liberdade dos modernos" não era, como a dos "antigos", a liberdade de participar (diretamente) na constituição no governo e na ordem jurídica, mas antes a possibilidade de limitar a ordem jurídica, qualquer que ela fosse, impedindo-a de violar as reservas de liberdade pessoal de cada um: "Perguntai antes de mais, meus Senhores – propunha, em 1819, Constant aos membros do *Athénée Royal* – o que é que um inglês, um francês ou um americano entendem hoje pelo termo 'liberdade'. Para qualquer deles é o direito de não estar sujeito senão às leis, de não poder ser preso nem detido, nem condenado à morte, nem maltratado de qualquer forma pela vontade arbitrária de um ou mais indivíduos. É, para qualquer deles, o direito de dar a sua opinião, de escolher a sua indústria e de a exercer; de dispor da sua propriedade ou de abusar dela; de se deslocar, sem necessitar de autorização, e sem ter de dar conta dos seus motivos ou atividades. É, para qualquer deles, o direito de se reunir aos outros indivíduos, quer para discutir os seus interesses, quer para professar o culto que ele e os seus

---

[709] Este processo de expropriação do poder constituinte por um pequeno grupo de intelectuais foi magistralmente descrito por Zygmunt Bauman (Bauman, 1987).

associados preferirem, quer simplesmente para passar os seus dias e as suas horas de uma maneira mais conforme às suas inclinações e às suas fantasias. Por fim, é o direito, para qualquer deles, de exercer influência sobre a administração do Governo, quer no plano da nomeação de todos ou de alguns funcionários, quer por meio de representações, petições, pedidos a que a autoridade é mais ou menos obrigada a prestar atenção. Agora, comparem esta liberdade com a dos antigos. Esta consistia em exercer coletiva e diretamente vários aspetos da soberania: deliberando, na praça pública, sobre a paz e a guerra, a constituição de alianças com governos estrangeiros; votando leis; pronunciando julgamentos; inspecionando os atos e os préstimos dos magistrados e convocando-os para comparecerem perante a assembleia do povo, acusando-os, condenando-os ou absolvendo-os. No entanto, se era a isto que os antigos chamavam liberdade, eles admitiam em contrapartida como compatível com esta liberdade coletiva a completa sujeição do indivíduo à autoridade da comunidade. Não encontramos no seu mundo nenhum dos gozos que acabamos de enumerar como fazendo parte da liberdade dos modernos" (B. Constant, *De la liberté des Anciens comparée à celle des Modernes*, 1819[710]). Por oposição à liberdade-participação ou liberdade positiva (poder governar) dos antigos, a liberdade dos modernos era uma liberdade-resistência ou liberdade negativa (impedir ser governado).

Para Constant, a liberdade dos antigos era, além do mais, um fardo insuportável para o homem moderno, dado ao comércio e à indústria, ocupado nos afazeres sua vida privada, sem tempo nem disposição para uma devoção às coisas públicas tão intensa que o privasse da satisfação dos seus gozos privados. Daí as vantagens de um sistema de representação política que delegasse, quase definitivamente, em poucos aquilo de que a multidão não queria mais ocupar-se. Este era o *sistema representativo*, em que uns poucos políticos profissionais, escolhidos pelo povo, desobrigavam o comum dos cidadãos de se ocupar do interesse coletivo. Se não fora a tendência dos representantes para se desviarem da cura do interesse público, bem como o perigo de um prejudicial desinteresse de todos pelo governo da república[711], a delegação de poderes bem poderia ser definitiva. Neste discurso, Benjamin Constant apresenta o sistema representativo sobretudo como

---

[710] Em Fontana, 1988, 311 ou http://www.panarchy.org/constant/liberte.1819.html [20/12/2011].
[711] Cf. *ibid.*, 326.

uma forma de aliviar a massa dos cidadãos de um encargo que a complexificação das sociedades tornara incómodo e não tanto como a forma de excluir do governo os incapazes para decidir sobre o interesse geral. No entanto, tanto ele – noutras obras – como outros autores também eram pouco otimistas quanto às capacidades das massas populares para governar e para fazer leis. Daí que diversos filões do pensamento político contemporâneo se tenham dedicado a explicar porque é que o povo não podia constituir livremente direito (através do voto dos seus representantes eleitos) e a imaginar sistemas que prevenissem que isto, de facto, pudesse acontecer.

7.4.4. Tradição

Uma das formas de excluir o povo "atual" da criação do direito é a valorização da Constituição e do direito como legados da tradição, apenas modificáveis ou atualizáveis pelos processos de evolução "natural" das sociedades. O direito seria, sim, estabelecido pela comunidade. Mas esta não se confundiria com a geração atual, antes integrando a sucessão das gerações passadas e, ainda, aquelas que estivessem para vir. A comunidade era uma entidade espiritual e não uma realidade empírica. Tratava-se, na verdade, de reeditar o pensamento social, político e jurídico mais tradicional da Europa (cf., *supra*, 6.2), que também já fora oposto pelas correntes conservadoras ao reformismo iluminista e pós-iluminista. No plano da filosofia política, o mais característico defensor deste ponto de vista é o irlandês Edmund Burke (1729-1797; *Reflexions on the Revolution in France*, 1790), para quem a Revolução, fundada numa falsa ideia de que a Constituição (e, por extensão, o direito) pode ser o produto de um contrato, tinha destruído a constituição histórica da França, subvertendo toda a verdadeira ordem social e política ("aquela antiga constituição[712] que representa a nossa única garantia, a certeza das nossas leis e das nossas liberdades"[713]). Esta ideia de Burke acerca da ilegitimidade de uma alteração decisionista, momen-

---

[712] Burke está a referir-se à Constituição tradicional inglesa, para a qual ele propunha – um tanto paradoxalmente – uma reforma de sentido parlamentarista; cf., sobre a Constituição tradicional inglesa e a história da sua evolução de um modelo de governo "equilibrado" (expresso na conjunção do princípio monárquico [rei], aristocrático [Câmara dos Lordes] e democrático [Câmara dos Comuns]) para um modelo parlamentarista, com o apagamento do poder autónomo do rei e a instauração do princípio da responsabilidade exclusivamente parlamentar do governo, v. Fioranvanti, 1999, 100.

[713] Langford, 1989, vol. 8. Sobre Burke, Fioravanti, 1999, 118.

tânea, revolucionária, da Constituição radicava, de facto, numa outra ideia sobre a soberania: esta não era propriedade de uma geração, mas antes património de uma tradição de muitas gerações; neste sentido, o princípio de que "a soberania reside na Nação" só é verdadeiro se se entendesse a Nação como uma realidade trans-histórica, feita de passado, presente e provir, de que a geração presente não era senão uma concretização efémera e, por isso, desprovida de poderes constituintes.

No Continente, o romantismo alemão gerava ideias semelhantes. Friedrich Carl von Savigny (1779-1861), o fundador da Escola Histórica Alemã, tinha uma ideia idêntica acerca da origem do direito, que proviria não de pactos constitucionais ou de vontades de legislar, mas do "espírito do povo" (*Volksgeist*), expresso nas suas instituições e manifestações culturais históricas e captável por meio de uma auscultação das tradições jurídicas, a cargo das elites cultas (nomeadamente dos académicos) (v., *infra*, 7.4.10.2). Como adiante se dirá, estes pontos de vista vão promover uma preferência pelo direito tradicional em detrimento do direito legislativo. Mas nem por isso vão optar pelo direito que correspondia às vivências jurídicas espontâneas do povo. (*Volksrecht*), mas antes ou pelo direito que as elites cultas (os académicos, os professores) declaravam ser o direito popular, ou por aquele que vigorava efetivamente, ao ser o aplicado nos tribunais e, logo, aceite pela sociedade.

Esta ideia de que as instituições, os factos e arranjos concretos da vida social constituem a verdadeira constituição e o verdadeiro direito, fundamentalmente inabalável pelos golpes de vontade do legislador, não é um monopólio da Escola Histórica Alemã. Vamos encontrá-la, sob vestes diversas e durante todo o século XIX e mesmo no século XX, a fundamentar um largo leque de doutrinas críticas em relação às ideias de contrato social e de soberania popular. Para estas correntes – que incluem, no século XIX, as várias escolas sociológicas e "realistas" (cf., *infra*, 7.5.4), bem como o marxismo (cf., *infra*, 7.5.6.1 e 7.5.6.2), e, no século XX, conceitos como o de "natureza das coisas"(*Natur der Sache*, cf. 7.5.7.4) e de direito do quotidiano (cf., *infra*, 8.2.1) –, as ideias contratualistas são consideradas como "ficções jurídicas" (J. Bentham), divagações metafísicas (A. Comte, L. Duguit) ou mistificações ideológicas (K. Marx). O direito devia ser, antes, procurado nos dados objetivos da tradição, da "vida vivida" (direito vivido, *lebendiges Recht*, E. Ehrlich; *law in action*, J. Austin; *everyday life law*, Austen Sarat), nos agregados sociais surgidos espontaneamente da divisão do trabalho e da solidariedade social ("instituições"; cf. cap. 7.5.4).

7.4.5. Direitos individuais, limitação do poder, governo mínimo – o modelo político liberal

Para outras correntes que resistiam à ideia de que o direito dependia apenas da vontade soberana do povo, a força que criava o direito era a própria natureza do homem, como ser individual dotado de direitos naturais e inatos, anteriores à lei positiva (ao direito voluntário) e independentes da vontade ou das realidades concretas da vida. Longe de ser o fator gerador dos direitos individuais, a lei positiva visava justamente reforçar a proteção e manutenção destes direitos que, no estado de natureza, não estariam suficientemente garantidos (cf., *supra*, 7.3.2.1).

Na origem desta tradição estava, como já se viu, o constitucionalismo inglês[714], com o seu ideal de um governo limitado pelos direitos dos corpos do reino e equilibrado por mecanismos de compensação de poderes. O bom governo consistiria, então, sobretudo no respeito destes direitos originários, pelo estabelecimento de uma regra explícita e estável (uma *standing rule*) sobre a salvaguarda dos direitos (um *Bill of rights*) e sobre o modo de dirimir conflitos entre estes direitos e de uma instância de julgamento desses conflitos de acordo com tal regra (*rule of law, due process*). Para que o sistema se não pervertesse, autorizando os governantes a ir além dos seus estritos limites de guardiões dos direitos, as funções em que se desdobrava o processo de garantia de direitos deviam estar separadas, competindo a poderes distintos (separação de poderes) – um estabelecia a lei, que declarava os direitos originários, outro julgava os conflitos entre estes e o terceiro executava as decisões dos anteriores poderes[715].

Os juristas ingleses da Época Moderna relacionavam esses direitos inderrogáveis com a antiga Constituição da Inglaterra, que remontaria aos reis anglo-saxões da Alta Idade Média. A origem dos direitos dos particulares era histórica – e não natural –, pois eles derivavam ou de privilégios outorgados pelos reis, ou de prerrogativas de particulares provindas da tradição. Correspondentemente, seu conteúdo variava de súbdito para súbdito.

---

[714] Sobre o constitucionalismo inglês, Clavero, 1997; Fioravanti, 1999.

[715] São estas, basicamente, as ideias já contidas *in ovo* no republicanismo inglês (*v.g.*, James Harrington, 1611-1677; *The commonwealth of Oceania*, 1656), mas expressas, de forma acabada, por John Locke (1632-1704, *Two treatises of civil government*, 1790), ao qual corresponde em muito, no Continente, o barão de Montesquieu (1689-1755; *Esprit des lois*, 1748).

A ideia do caráter limitado do governo soava familiar aos ouvidos da tradição jurídica da Europa Continental. Esse fora o modelo tradicional de governo, unicamente apostado em "fazer justiça", ou seja, dirimir conflitos entre direitos de particulares (cf., *supra*, 6.2). Num contexto mais próximo da teoria liberal (mas ainda muito dependente de conceções mais antigas), Montesquieu renovara o tema, insistindo no equilíbrio que devia existir entre, por um lado, o Estado e os "corpos intermédios" (grupos políticos existentes na sociedade, como as cidades, as corporações, etc.) e, por outro, entre os poderes constitutivos do Estado ("teoria da separação e independência dos poderes")[716]. Não se trata ainda de um governo limitado pelos direitos individuais naturais, mas ainda de um governo limitado pelos direitos particulares de origem histórica.

Quando a ideia de Constituição é transposta para o Continente pelas escolas jusracionalistas, os direitos deixaram de ser entendidos como tendo esta natureza histórica e converteram-se em direitos naturais, inerentes a qualquer homem, e com uma origem anterior a qualquer poder constituído. A sua constituição seria a própria natureza. Para além de que, sendo todos os homens iguais, os direitos dos particulares teriam um conteúdo igual, correspondente às faculdades naturais dos indivíduos. Seriam direitos naturais do indivíduo; não direitos históricos de grupos. Por isso, a verdadeira Constituição (e, por isso, o núcleo mais fundamental do direito) residiria na combinação espontânea dos direitos individuais e na proibição de qualquer intromissão dos poderes constituídos no seu livre jogo, ainda que esta proviesse de um órgão representativo[717]. Daí que a ideia liberal de um Estado reduzido ao mínimo, limitado às funções necessárias para garantir direitos naturais, pré-existentes, dos indivíduos[718], se tenha tornado muito evidente e popular nos constitucionalismos europeu e norte-americano; limitando decisivamente a outra ideia central das revoluções dos finais do século XVIII, a ideia da soberania do povo – ou seja, o princípio de que o que o povo quisesse era direito (princípio do direito democrático). O exemplo do pensamento político e constitucional norte-americano constituiu (Th. Jefferson, 1743-1826; Marquês de Lafayette, 1757-1834) a inspiração para liberais franceses proporem declarações de direitos que

---

[716] Sobre a evolução da doutrina da separação de poderes, com pontos de vista originais, Clavero, 2007.
[717] Sobre o liberalismo clássico, muito boa síntese, Fioravanti, 1999, 87 ss.
[718] Legislar, julgar, garantir o respeito pelas leis e pelas decisões judiciais.

vinculassem os legislador, mesmo o legislador constituinte (*v.g.*, Marie-Jean Antoine Caritat, Marquês de Condorcet, 1743-1794)[719].

Foi a experiência da primeira fase da Revolução Francesa, com a sua prática de concentração de todos os poderes numa Assembleia Nacional ("governo de assembleia", 1789-1791), que, para mais, se concebia como soberana e absoluta, que reavivou em muitos a necessidade de se evitar este novo despotismo, reinsistindo-se tanto na prevalência dos direitos originários sobre a vontade dos eleitos do povo (governo "liberal"), como na necessidade de dividir e equilibrar os poderes de Estado (governo "moderado"). Os direitos individuais, próprios da natureza do homem, ou no estado natural ou já no estado político (direitos do *homem* e do *cidadão*, 1789), são declarados solenemente logo no ano da Revolução e incluídos, mais tarde, no preâmbulo da Constituição de 1793. Apesar de uma primeira tendência para fazer prevalecer o princípio democrático (soberania ilimitada do povo, Constituição de 1791), a separação e equilíbrio dos poderes vai sendo experimentada nas constituições seguintes[720].

Na Europa Continental pós-revolucionária, a oposição dos direitos originários à omnipotência parlamentar foi um tema relativamente comum. Mas talvez quem o tenha desenvolvido num sentido mais pleno, muito influenciado pela experiência norte-americana, tenha sido Tocqueville, ao salientar os perigos que resultariam da tendência, que cria já sensível na Europa, de desenvolvimento de uma burocracia estadual tentacular, que invadiria e condicionaria as esferas de liberdade dos indivíduos (*L'Ancien Régime et la révolution*, 1856). Esta linha de argumentação atinge o clímax na sua violenta diatribe contra o que considerava ser o socialismo embrionário da Constituição francesa de 1848, enquanto nela se pretendia a consagração do direito ao trabalho e aos socorros públicos (*Discours sur le droit au travail*, 1848)[721]. A barreira eficaz contra uma tal absorção de todo o poder pelo Estado apenas podia ser construída pela própria sociedade civil. Não seguramente pelas massas de cidadãos, uma maioria amorfa e despolitizada, mas pela "nova aristocracia civil", constituída pelas associações de

---

[719] Cf. Condorcet, 2011.

[720] Cf. o pref. ao importante texto de Condorcet, em Condorcet, 2011. Textos constitucionais em http://www.conseil-constitutionnel.fr/conseil-constitutionnel/francais/la-constitution/les-constitutions-de-la-france/les-constitutions-de-la-france.5080.html.

[721] A questão ecoa, em Portugal, a propósito da garantia, dada na Carta Constitucional de 1826, dos "socorros públicos".

interesses ou pelos líderes naturais, a que uma imprensa livre poderia dar voz e opor às tendências totalitárias do Estado.

Um modo de garantir a debilidade do Estado e de assegurar o respeito pelos direitos pelos titulares do governo foi a introdução do princípio de que, tal como em outros conflitos de direito, os choques entre os órgãos de governo do Estado e os particulares deviam ser resolvidos pelos tribunais, como órgãos especializados na resolução de diferendos entre titulares de direitos. É isto que está na origem da *judicial review* (verificação judicial da legalidade/constitucionalidade) de todos os atos dos poderes do Estado (mesmo do legislativo[722]), para verificar da sua compatibilidade com o modelo constitucional de repartição e equilíbrio de poderes. Nisto consiste o governo limitado, cuja primeira manifestação é a constituição dos Estados Unidos da América.

Com esta primazia dos tribunais na definição do que era direito, voltava a entregar-se a juristas a última palavra sobre o direito constituído.

Esta desconfiança em relação ao Estado, que caracteriza o liberalismo de todos os matizes (desde o originário norte-americano até ao neoliberalismo dos nossos dias), crê, afinal, que a sociedade era, ela mesma, a origem e melhor garante de todos os direitos e que não necessita da mediação estadual, nem para os declarar, nem para os garantir, nem para lhes criar condições de gozo e exercício (os chamados "direitos sociais" ou "liberdade mediante o Estado", de que fala Augusto Barbera[723]). O direito mais autêntico seria, assim, esse que nascia da natural afirmação dos direitos de cada um e das transações que espontaneamente se geram entre esses direitos no livre curso da atividade social. Porque, finalmente, se ficciona que a sociedade é essencialmente igual e justa, mesmo quando nela uns têm mais poder do que os outros, uma vez que a liberdade formal constituiria um mínimo suficiente para que cada qual pudesse fazer valer os seus direitos, mesmo contra outros materialmente mais poderosos.

Uma sociedade destas – assim naturalmente regida – pressupunha, naturalmente, indivíduos *naturais*, *i.e.*, optando e agindo racionalmente, calculando as suas condutas segundo regras racionais (*rational choice model*).

---

[722] O controlo da constitucionalidade dos atos não normativos era julgado dispensável, em virtude da vigência (teórica) do princípio da legalidade dos atos administrativos. Quanto aos atos de governo, entendia-se que eles cabiam na *royal prerogative*, o que era problemático, mas que indicia o enviesamento antiparlamentar deste controlo da constitucionalidade.

[723] Barbera, 1997, 33.

O modelo originário da antropologia liberal era, claramente, o do homem de negócios; o seu modelo de ação, por sua vez, era o do mundo do comércio, habitado por profissionais formados num certo modelo de cálculo de vida. Por extensão, o modelo também funcionava adequadamente num mundo de proprietários, de pessoas habituadas a calcular racionalmente os riscos e proveitos dos seus atos e empreendimentos. Por outras palavras, baseado em *gentlemen's agreements*, o modelo liberal correspondia ao trato social e político da classe média proprietária (*gentry*). Todavia, a extensão deste modelo de conduta racional a outros domínios da vida e a outros estratos sociais (não elitários) pressupunha um trabalho de racionalização das condutas humanas, de que a educação, a filantropia, a decência, os bons costumes e as boas maneiras (para já não falar da missão civilizadora da colonização) se ocuparam. Daí que o "governo mínimo" no plano do governo do Estado tivesse de ser compensado por um governo forte no plano das instituições sociais – a sociedade "liberal" é fortemente regulada por normas que não são de direito, mas de ética, de educação, de cultura, de bons costumes. No caso de insensibilidade da sociedade civil para a adoção de modelos racionais de conduta ("debilidade" ou "anemia"[anomia] da sociedade civil, anestesia desta provocada por um prévio controlo estadual excessivo, cultivo de valores "não económicos" em certas áreas do trato social[724]), o Estado deveria estimular a sociedade, no sentido da criação de padrões "racionais" de conduta – o mais evidente dos quais seria o padrão do cálculo económico empresarial –, mesmo naqueles domínios da vida que nada tinham a ver com o campo tradicional da economia, como a educação, a saúde, a segurança social. É este aspeto "construtivista", em que é o Estado que empreende um esforço de construção (ou reconstrução) de valores da sociedade civil, que caracteriza o neoliberalismo, proposto, depois da II Guerra Mundial, na Alemanha, pelos *Ordoliberalen*, e, na América, pela "escola de Chicago"[725].

Porém, ao mesmo tempo que se desenvolve este modelo liberal de pensar a sociedade, as necessidades de regulamentação, já sentidas desde a segunda metade do século XIX, remavam justamente no sentido contrário ao de um governo mínimo, rigidamente limitado pelos direitos adquiridos e

---

[724] Valores que podem ser tão diversos como a solidariedade, o nepotismo, o conservadorismo social, a justiça social, o igualitarismo, o elitismo ou a discriminação (negativa ou positiva).
[725] Sobre os quais, Barry, 1996.

apenas dedicado em promover a harmonia entre estes. Ao Estado, cada vez são pedidas mais tarefas, de fomento, de educação, sanitárias, de cadastro e de registo, de proteção social, de regulamentação do trabalho. Tudo isto requer – justamente! – mais administração pública, mais recursos fiscais, mais funcionários, mais regulamentos, mais invasão da vida quotidiana. Talvez não tanto naqueles aspetos cruciais das liberdades que os séculos XVII e XVIII tinham identificado, mas em coisas, tão comezinhas, quotidianas e enervantes, como o requerimento, a selagem, a vistoria, o registo, etc.[726] Assim, o liberalismo – que tendia a congelar a dinâmica social em nome da distribuição de direitos em vigor num certo momento histórico – viu-se confrontado com o surgir de necessidades sociais que só podiam ser satisfeitas sacrificando alguns direitos estabelecidos. A abertura de estradas ofendia a propriedade; a promoção do transporte ferroviário podia dar origem a monopólios ofensivos da liberdade de empresa; o planeamento urbano de grandes cidades também forçava a expropriações; a promoção da paz e segurança sociais obriga a limitar a liberdade contratual, a criar obrigações de manifesto ou de licenciamento de atividades, a cadastros e registos, etc. Muita desta regulamentação ficou a cargo do Estado, pois frequentemente os conflitos de interesses sociais não permitiam uma concertação espontânea.

7.4.6. Elitismo social

O primeiro liberalismo não esconde os pressupostos antropológicos de que parte quanto ao modelo dos equilíbrios sociais: a sociedade não era um lugar de igualdade, nem devia tornar-se isso. Havia diferenças, de inteligência, de virtude, de iniciativa, de riqueza; nem todos tinham o mesmo para dar e nem todos tinham o mesmo a perder. Ou seja, a sociedade política não deveria corrigir, mas antes ratificar, as desigualdades da sociedade civil. Por isso, o governo devia caber a uma elite. Se se recorria ao sufrágio para designar os governantes, isso não era para que estes fossem os mandatários dos eleitores, para realizar o programa político desejado por votantes desinformados, incultos e manipulados. Era apenas porque se julgava que, para escolher os mais capazes, a opinião pública teria, apesar da sua impreparação, as luzes suficientes. Uma vez escolhidos, os governantes deviam ser absolutamente autónomos em relação aos seus eleitores, tal

[726] Hespanha, 2004.

como o era o advogado em relação aos seus constituintes. Foi esta concepção elitista do governo a que foi consagrada pela democracia (meramente) representativa, em que os representantes conservavam toda a independência de juízo político em relação aos seus representados.

Porém, mesmo os representados (os eleitores ou constituintes) deveriam ser objeto de uma seleção. Stuart Mill, um dos teóricos do sistema representativo dirá que "não é útil, mas antes prejudicial, que a Constituição de um país reconheça à ignorância o mesmo poder político e social que ao conhecimento" (*On representative goverment*, 1861[727]). Mill extraía daqui a necessidade de um regime eleitoral que favorecesse as elites: estas disporiam de um "voto múltiplo" ou "plural", o que lhes permitiria compensar a ditadura da maioria, constituída pelos cidadãos "sem qualidades". Esta proposta de Stuart Mill, que hoje seria desconcertante, era, no entanto, bastante moderada em face de outras que, pura e simplesmente, eliminavam da sociedade política todos esses cidadãos comuns. Era o que acontecia com todos os que propunham que os direitos de participação política se restringissem aos varões proprietários, ricos, educados e, embora apenas implicitamente, brancos, solução que virá a ser adotada pela maioria das constituições europeias e americanas do século XIX.

Enquanto os requisitos de ser homem e de ser europeu tinham que ver com alegadas inferioridades naturais de inteligência e de cultura políticas das mulheres e dos povos coloniais, o ser proprietário e rico tinham sobretudo que ver com questões de liberdade e de responsabilidade cívicas. De facto, a propriedade era vista como uma condição de liberdade: não apenas não se estava dependente (não se era criado, arrendatário, trabalhador) de ninguém, como se dispunha do lazer e dos meios de fortuna que permitiam adquirir liberdade de espírito, pela instrução e informação, pelo cultivo das disciplinas intelectuais e pela reflexão sobre os temas públicos. Mas a propriedade e a riqueza (*maxime*, a riqueza imobiliária) eram ainda fatores de responsabilidade. De facto, numa ótica utilitarista, quem mais tem, mais arrisca e, logo, pondera melhor as suas decisões políticas. Em contrapartida, quem tem pouco, ou nada, nada perde e, por isso, decide irresponsavelmente. Para além de que, numa perspetiva de pura justiça comutativa, quem produz mais riqueza (e quem paga mais impostos, o "síndroma do contribuinte") deve ter mais direitos de participação política. Estes

---

[727] Cit. por Barbera, 1997, 144.

pontos de vista – que foram teorizados, de forma acabada embora não idêntica, por Sieyès, Bentham e Constant, mas sobretudo por Kant[728] – deram origem aos sistemas constitucionais de democracia restrita, baseados na exclusão do voto das mulheres, dos criados[729], dos funcionários inferiores do Estado e dos membros ordens religiosas[730], dos nativos das colónias, e na instauração de um sistema censitário em que a participação política estava dependente de certos níveis de fortuna (cf., *v.g.* e com regimes diferentes, Constituição francesa de 1795, Constituição espanhola de 1810, Carta Constitucional francesa de 1814, Carta Constitucional portuguesa de 1826).

---

[728] Cf., em síntese, Barbera, 1997, 131 ss.; textos fundamentais, I. Kant, *Sobre o ditado popular...*, 1793, II.3. ed. cons., p. 295; *Metafísica dos costumes (Kritik der praktischen Vernunft: Grundlgung zur Metaphysik der Sitten)*, 1797-8, ed. cons. Kant, 1996, parágr. 46: "Os membros de tal sociedade que se unem para legislar (*societas civilis*), ou seja, os membros de um Estado, são chamados *cidadãos do Estado* (*cives*). Em termos do direito, as atribuições de um cidadão, inseparáveis da sua essência (como cidadão) são: *liberdade* de acordo com a lei, direito de não obedecer a qualquer lei a que não tenham dado o seu consentimento; igualdade civil, como o direito de não reconhecer entre o povo qualquer superior que disponha da capacidade moral de impor limitações jurídicas aos outros que não se imponham a ele mesmo; e *independência civil*, como atributo de não dever a sua existência e preservação dos seus direitos e poderes como membro da comunidade ao arbítrio de qualquer outro membro do povo. Desta independência decorre a sua personalidade civil, o seu direito de não ter necessidade de ser representado por outrem nos casos em que estão em questão os seus direitos. A única qualificação para se ser cidadão é ter capacidade de votar. Porém, esta capacidade pressupõe a independência daqueles que, integrando o povo, pretendem ser não apenas uma parte dela mas também um membro dela, ou seja, uma parte da comunidade que age de acordo com a sua própria vontade, interagindo com os outros. Esta qualidade de ser independente requer, contudo, a distinção entre cidadãos ativos e passivos, apesar de o conceito de cidadão passivo parecer contradizer o conceito de cidadão. Os exemplos seguintes podem servir para remover esta contradição: um aprendiz ao serviço de um mercador ou artesão; um criado doméstico (distinto de um servidor público); um menor (*naturaliter* [meninos] ou *civiliter* [civilmente equiparados]) todas as mulheres e, em geral, todos aqueles cuja preservação (o facto de serem mantidos e defendidos) não depende da condução dos seus próprios negócios mas de gestões feitas por outrem (com exceção do Estado). Todas estas pessoas carecem de personalidade civil e como a sua existência é quase apenas inerência [...] todos eles são meros instrumentos [*Handlänger*] da comunidade, na medida em que têm de estar sob a direção ou proteção de outrem e, por isso, não dispõem de independência civil."

[729] Cf. Petit, 1990.

[730] Pela mesma razão de falta de liberdade.

7.4.7. A superação do contratualismo: o direito como saber, o direito como interesse público

O contratualismo político não era o único modelo de legitimar o direito.

Outro modelo de legitimação do direito era considerá-lo como o produto de um saber especializado; requerer uma especial preparação intelectual para discutir as questões públicas e, logo, para participar na criação do direito. Isto podia justificar-se desde que se cresse que o direito era mais do que uma vontade. Ou seja, desde que se admitisse que o direito era, antes de tudo, uma ideia (uma ideia de justiça) e, portanto, algo cuja descoberta requeria um saber específico.

Esta forma especializada de pensar as normas sociais consistia, desde logo, em pensar "em geral", de forma abstrata e igual, as situações sociais (*maxime*, as situações de conflitos de direitos). Ou seja, numa palavra, de pensar "legisticamente" a sociedade, de ser capaz de abstrair das relações sociais concretas, vividas, e de ver a sociedade de forma geral e abstrata, "à maneira do Estado" (James C. Scott[731]). É para esta capacidade "generalizante", "igualizante", que Rousseau, Kant, Tocqueville ou Constant apelam, ao caracterizar a ideia de sociedade livre como a sociedade regulada igualmente pela lei geral e igual. E daí a confiança e esperança que eles tinham nesse "espírito legístico", atributo do corpo dos juristas, a que Tocqueville expressamente se refere como condição da "forma" e da "ordem" da sociedade civil (*De la démocratie en Amérique*, 1835)[732].

O direito, como linguagem regulada e especializada, ganha assim a dignidade de instrumento indispensável para falar da liberdade, concebida como o império da igualdade. Ou melhor, o direito igual (a lei) torna-se a linguagem que os detentores da soberania têm de falar para a exercerem legitimamente. E, com isto, a "razão" dos juristas volta a recuperar a hegemonia sobre a "vontade" dos detentores da soberania.

Pode ser dado um passo suplementar neste sentido de justificar a supremacia do saber jurídico sobre a vontade política no plano da criação do direito. Este passo consiste em desamarrar totalmente o direito da ideia de vontade e de contrato. Ou seja, consiste em defender que a legitimidade do direito decorre do seu método de abordar as questões, da forma racional de as resolver, independentemente de qualquer relação das normas

---

[731] V. Scott, 1998.
[732] Cf. Fioravanti, 1999, 127.

jurídicas com o contrato social. A solução jurídica dos conflitos de direitos seria justa por seguir uma regra *correta* de compatibilizar ou dirimir direitos individuais contraditórios e não por obedecer à regra *querida* pelo poder constituinte do povo. Pois, para constituir a justiça, não bastaria *querer*, era preciso querer *corretamente*. E, neste confronto entre *vontade* e *correção*, a correção (o rigor metodológico e conceitual de um saber especializado) tem a última palavra sobre a vontade.

Kant, num opúsculo com um título semi-irónico (*Über die gemeinspruch "Das mag in der Theorie richtig sein, taugt aber nicht für die Praxis"* ["Sobre o dito popular: 'Isto pode ser certo em teoria, mas não ter utilidade na prática'"], 1793), já defende esta ideia de que uma boa teoria vale mais do que a prática e de que só o povo rude e ingénuo é que pode pensar que as teorias corretas podem não funcionar na prática. Nesse mesmo escrito, aplica isto expressamente ao direito, ao defender que a constituição política, mais do que de uma vontade popular, era o resultado da reflexão teórica dirigida a encontrar a mais correta combinação do princípio da liberdade, que autorizava cada um a procurar a máxima felicidade compatível com a máxima felicidade dos outros, com o princípio da igualdade, segundo o qual todos deviam estar igualmente sujeitos à lei. Se esta combinatória correta fosse encontrada e sistematicamente aplicada, a Constituição e a forma de governo seriam justas, independentemente da forma de regime (monarquia, aristocracia ou democracia) que vigorasse. Com isto, a legitimidade do direito libertava-se da hipótese contratualista.

Um outro grande filósofo alemão, C. W. F. Hegel (1770-1831), numa sua obra sobre a Constituição alemã (*Die Verfassung Deutschlands*, 1799-1802), avançou ainda mais neste sentido de que a razão jurídica teria uma legitimidade própria para gerar direito válido, independentemente de uma legitimação contratualista[733]. Essa legitimidade decorreria do facto de a razão jurídica ter a capacidade de sintetizar os interesses contraditórios que ocorriam na sociedade, exprimindo um interesse superior, próprio do todo social – o interesse do Estado, ou interesse público.

Refletindo sobre a situação política alemã, Hegel considerava que o grande *deficit* da sua pátria era constituído pela falta de "sentido de Estado". Ou seja, pela falta de uma ideia integradora que disciplinasse os direitos históricos dos vários Estados alemães, ultrapassando a constituição pluralista

---

[733] Sobre este ponto, v., com maior desenvolvimento, Hespanha, 2004, 196 ss.

e atomista do Império Alemão no sentido de um Estado unificado. Este diagnóstico sobre a política alemã revela o fio condutor do pensamento de Hegel sobre a Constituição e o direito. Constituição e direito não seriam o produto de contratos entre particulares, tendentes a uma melhor garantia dos seus interesses privados. Mas, pelo contrário, deviam ser o resultado da ideia de Estado, como personificação de toda a Nação, portador e defensor do interesse públicos. O *Estado*, com a sua burocracia, a sua administração, a sua estrutura financeira, o seu exército, era a corporização dessa Nação transindividual; a *Constituição* era o conjunto de princípios políticos que exprimiam as condições da existência dessa mesma Nação e que, por isso mesmo, deviam estar acima dos interesses individuais; o *direito* era a concretização, nos vários domínios sociais, dos *direitos* do Estado-Nação e dos sacrifícios e condicionamentos que ele podia exigir aos *interesses* dos particulares. No plano do regime político, esta conceção total do Estado destaca a importância dos órgãos que encarnam a ideia de unidade do Estado (o monarca, *monarkisches Prinzip*) ou que prosseguem o interesse público (burocracia, exército, administração). Já os órgãos representativos (dos interesses particulares) teriam uma função apenas pedagógica, na medida em que promoveriam no seio do povo o sentido nacional e forçariam os representantes a considerar os seus interesses na perspetiva dos interesses gerais.

No plano do direito, Hegel rompeu com a legitimação contratualista, estabelecendo a ideia de que o direito (sobretudo, na forma de lei estadual) haveria de valer não por ser o produto da vontade geral, mas por traduzir a "vontade" do Estado, como portador e representante exclusivo do interesse público. Nesta perspetiva, o direito tenderia a transformar-se num assunto de monarcas e burocratas, ocupados com a salvaguarda e promoção do interesse nacional. Mas, como o Estado, para além de uma organização de poder, também seria uma ideia, um princípio de racionalização, uma norma *correta* de agir, em função do interesse coletivo, o direito deveria ser concebido como um *método racional* de construir normas sociais que institucionalizassem a prossecução desse interesse público, que desenvolvessem no detalhe o direito do Estado a orientar a sociedade para o seu fim racional – o interesse da Nação personificada no Estado. À medida que progredisse esta ideia do primado do coletivo sobre o particular, o sentido de Estado interiorizar-se-ia na consciência dos cidadãos como uma obrigação de submissão à exigências do interesse público ("Estado ético").

Esta teoria política rompe totalmente com o imaginário individualista e contratualista da formação e da legitimidade do direito. Já não se trata apenas de defender que nem todos os membros da sociedade têm discernimento suficiente para cuidarem dos interesses gerais. Mais do que isso, os interesses gerais não dependem das opiniões, vontades ou expectativas dos particulares, mas de alguma entidade que possa exprimir o interesse público, diferente do (ou oposto ao) dos particulares. Qual seja este interesse e quem seja aquela entidade é a questão que fica em aberto: o Estado? porta-vozes carismáticos da Nação? a tradição? pessoas especializadas nos saberes sociais (nomeadamente no direito)? cultores das novas ciências positivas da sociedade (sociólogos, etnógrafos, biólogos, historiadores)? Muitos destes grupos vão reclamar para si a capacidade ou dignidade de poder falar em nome de todos, impondo a todos os seus pontos de vista sobre o bom governo e o direito justo. Sempre à custa do princípio democrático e, por vezes, mediante o estabelecimento de regimes autoritários ou mesmo totalitários (ou seja, para os quais o interesse do todo consumia completamente o interesse das partes [indivíduos, grupos não estaduais]), como acontece já na primeira metade do século XX.

No que diz respeito aos juristas, o facto de cultivarem a teoria do Estado e de se dedicarem a refletir sobre o modo como o interesse público podia ser realizado por meio do comando do Estado coloca-os numa posição ótima para reforçar o seu domínio sobre o direito. Fazem-no tanto no plano doutrinário, ao elaborarem teorias jurídicas sobre o novo papel do Estado e do seu direito (o direito político, ou direito público: *Staatsrecht*), como no da prática burocrática, como dirigentes ou membros destacados do corpo de funcionários votado à prossecução do interesse público. É o que acontece na Prússia e, depois, no II Império Alemão (1870-1918), em que os juristas assessoram os governantes no traçado das políticas públicas, justamente como especialistas de direito público, um ramo de direito destinado a fazer valer os interesses coletivos sobre os interesses particulares e que, agora, passa a ocupar a liderança da teoria do direito, substituindo o direito privado. Esta predominância dos juristas deixa-se ler na composição profissional do pessoal dirigente da generalidade dos Estados da Europa Continental.

7.4.8. O formalismo jurídico: positivismo legalista e positivismo conceitual

Em breve, as ideias de Hegel sobre o caráter originário e eminente do poder do Estado tinham-se vulgarizado nos círculos jurídicos alemães e dado origem a uma completa reinterpretação do direito público (C. F. v. Gerber, 1823-1891, P. Laband, 1838-1918, G. Jellinek, 1851-1911[734]). Este passa a aparecer, então, não como o desenvolvimento do contrato social, mas como emanação da soberania do Estado e do correspondente direito deste de regular a vida social em função do interesse público, impondo deveres e criando direitos. Correspondentemente, a Constituição não é já a emanação de uma soberania popular constituinte, mas apenas o estatuto jurídico do Estado, compreendendo o elenco dos seus órgãos supremos, a constituição destes, as suas relações mútuas e os direitos e garantias que o Estado concede. Mas, por outro lado, agora que todos os detentores de poder (mesmo o monarca) são órgãos do Estado, limitados e guiados da na sua ação pelo interesse público, o Estado precisa da Constituição como formalização das atribuições dos seus vários órgãos na prossecução desse interesse. Neste sentido, se não há Constituição sem Estado, também não pode haver Estado sem Constituição[735]. Só que, nestes termos, a inconstitucionalidade dos atos do Estado (nomeadamente das leis[736]) deixa de poder dizer respeito ao seu conteúdo (inconstitucionalidade material), mas à falta de competência do órgão que o praticou (inconstitucionalidade orgânica) ou ao processo adotado na sua prática (inconstitucionalidade formal).

A vontade ordenadora (a vontade jurídica) do Estado exprime-se na lei – a cargo dos detentores do poder legislativo –, portadora dos princípios mais estáveis e permanentes da organização política da sociedade e estabelecendo, por isso, os limites da atuação tanto do Estado como dos particulares (direitos subjetivos públicos ou privados). Abaixo da lei e a ela subordinada, está a administração, atuando também ela nos limites da

---

[734] Hespanha, 2004.
[735] Cf. Fioravanti, 1999, 139.
[736] Dado que os atos não legislativos do Estado deviam, em virtude do princípio da legalidade, ser atos de execução das leis, o problema da inconstitucionalidade só se punha em relação às leis. Quanto aos "atos de governo", as decisões meramente políticas do Estado, nas suas relações internas ou externas, esses pertenceriam à pura política, domínio de afirmação livre do Estado, sendo juridicamente insindicáveis. Este princípio – que, na verdade, é característico de um Estado autoritário – continua a vigorar quase indiscutido nos dias de hoje.

lei (*princípio da legalidade*) e expressando a sua intenção reguladora numa infinidade de regulamentos e medidas administrativas concretas. Neste contexto, a lei ganha uma centralidade nova. Por cima dela já não pairam nem os poderes constituintes do povo, nem os direitos individuais originários. Paira apenas a vontade do Estado.

Esta supremacia absoluta da lei faz com que os seus aplicadores (os juízes) ou os seus especialistas (os jurisconsultos) não possam discutir os seus méritos, o modo como interpreta o interesse público ou como organiza a sua prossecução. Isso seria apropriar-se ilegitimamente de juízos políticos que apenas cabem ao Estado. Todo o saber jurídico se limita, então, a considerações meramente formais acerca do direito: se este foi editado pelos órgãos competentes e de acordo com os processos e formalidades estabelecidas, se o processo intelectual de derivar decisões concretas da norma geral foi logicamente correto. Quaisquer considerações sobre os conteúdos do direito – a sua justiça, a sua oportunidade, a sua utilidade – são excluídas deste saber formalista sobre o direito. Há, é certo, um momento construtivo no saber jurídico (dogmática jurídica), em que parece que os juristas poderiam ter algum poder de criar direito. Porém, esta construção há de ser um esforço intelectual para descobrir apenas a coerência sistemática do direito do Estado na sua tutela do interesse público. Em teoria, apenas se está a construir um sistema lógico e consistente que sintetiza as soluções que a lei prevê para cada caso, mas que se supõe deverem ser coerentes umas com as outras.

Vendo para além das imagens que os juristas formalistas tinham de si mesmos, devemos reconhecer que esta orientação foi muito propícia ao desenvolvimento do poder dos juristas. Ao pretender que as decisões de conteúdo, as decisões políticas, eram do Estado, e que o saber jurídico não fazia senão desenvolver, de forma neutral e apolítica, as consequências lógicas dessas decisões, os juristas estavam a colocar-se por cima das controvérsias políticas e a reclamar para si o papel de sábios neutrais e desinteressados. Na verdade, o seu saber repousava não tanto sobre as leis do Estado, mas sobre a leitura e interpretação que eles faziam delas; e, quanto mais se avançava no sentido da construção sistemática, mais decisivo era o trabalho de criação dos juristas. O seu saber especializado, apresentado como apolítico, recusava a discussão política dos seus resultados. A separação entre dogmática jurídica e argumentação prática, tirada das razões da vida comum, era absoluta. A doutrina poderia agora ser estritamente "jurídica" ("pura"), ou seja, basear as suas construções apenas nos dados legislativos, e não nas variáveis opiniões sobre o justo, o útil ou o bom. Era, agora, uma ciência positiva. "Positiva", porque se basearia nos dados objetivos da lei do Estado (e não em abstrações metafísicas como "contrato social" ou "direitos individuais originários"); "ciência", porque generalizaria estes dados sob a forma de conceitos gerais[737] ("jurisprudência dos conceitos", *Begriffsjurisprudenz*)[738]. Os juristas conquistavam, assim, por outros caminhos, a sua tradicional insindicabilidade. Produzindo um saber de enorme impacto social, furtavam-se à discussão pública das suas razões. A construção jurídica, puramente formal, pretendendo uma racionalidade e uma validade abstrata geral e universal, constituía-se num saber ainda mais estável do que as leis e os códigos. Os conceitos produzidos por esta doutrina que reflete sobre a lei constituem formas que, pela sua generalidade e abstração, devem representar o que de mais permanente existe na cultura jurídica de uma nação. Daí que os seus resultados possam e devam ser transcritos em códigos, como monumentos tendencialmente permanentes dessa cultura. É o que acontece, em 1900, com o Código Civil alemão (*BGB*), que foi caracterizado como a transformação em parágrafos (artigos) de uma obra doutrinal contemporânea que se tinha tornado clássica (as *Pandekten*, de Windscheidt).

Este mundo de serena tranquilidade entra em crise, com a inflação legislativa (*Gesetzflut*) provocada pela necessidade de respostas legislativas às enormes transformações sociais e políticas dos inícios do século XX, e com a repolitização da vida jurídica (nomeadamente em virtude da revitalização do princípio democrático depois da Segunda Guerra Mundial). A lei, que constituía a pedra do monumental sistema dogmático do direito, passa a exprimir não mais os consensos jurídico-políticos permanentes, mas apenas a oportunidade momentânea da administração, o provisório arranjo político ou mesmo o compromisso possível entre opções políticas incompatíveis (o "compromisso dilatório")[739].

A busca da segurança, da estabilidade, da adesão do direito a consensos permanentes já não podia resultar da lei, nem mesmo do código[740]. Tinha

---

[737] A que também chamavam "princípios", como fórmulas normativas concentradas, induzidas da ordem jurídica.
[738] Cf., *infra*, cap. 7.4.10.3.
[739] Amaral, 1996.
[740] Noção que também já se banalizara (códigos fiscais, código da estrada, código do notariado, código da propriedade horizontal, código dos investimentos estrangeiros).

de ser buscada a um nível superior, o da Constituição, agora[741] entendida não apenas como o estatuto do Estado (*Konstitution*), mas antes como o repositório de valores consensuais (*idem sentire*), colocados acima das próprias formalizações constitucionais concretas (constituição "material" *vs.* constituição "formal"), representando as aquisições definitivas da vida política (*acquis constitutionnel*) ou os valores inderrogáveis pelo Estado e oponíveis à lei ordinária (ou mesmo constitucional).

É isto que marca o advento do "Estado constitucional" (*Verfassungsstaat*), caracterizado pela supremacia da Constituição e dos valores nela consagrados (não "constituídos") sobre toda a atividade do Estado, mesmo a atividade legislativa. E, sobretudo, caracterizado pela instituição de um sistema de controlo judicial da constitucionalidade das leis[742].

Independentemente de tudo quanto se possa pensar sobre a possibilidade da existência de valores socialmente consensuais (sobretudo em sociedades cada vez mais pluralistas, cf. 7.5.7.5), o certo é que esta ênfase no "permanente", no "consensual", no "materialmente justo", ao mesmo tempo que limita o legislador, depõe de novo na mão dos juristas o papel de oráculos da justiça. Na verdade, quando se proclamam valores consensuais, embebidos no próprio trato social, não se está a remeter – como acontece com algumas orientações contemporâneas da teoria do direito – para a sensibilidade popular (ou "quotidiana") ou para as realidades que a vida aceita como dadas (*taken for granted*). Mas para a sensibilidade tecnicamente educada dos juristas, como detentores de um saber prudencial

---

[741] Nomeadamente a partir da Constituição alemã de Weimar (1919).

[742] O controlo constitucional das leis pressupõe a distinção entre "poder constituinte" e "poder legislativo", distinção para a qual foi decisiva a evolução do pensamento político de Emmanuel--Joseph Sieyès (1748-1836). Sieyès manteve posições oscilantes: numa primeira fase da sua obra política (*Qu'est-ce que le Tiers État*, 1789), foi um defensor da plena soberania da assembleia, que manteria, em permanência, um poder constituinte, podendo elaborar, modificar e substituir livremente a Constituição. Neste sentido, o poder constituinte não se distinguia do poder legislativo ordinário. Porém, numa segunda fase – que corresponde à Constituição francesa do ano III [1795], ela mesma reação contra o radicalismo jacobino anterior – e de que Sieyès foi inspirador, ele introduz a ideia de que o poder constituinte não permanece sempre nas mãos do parlamento, sob pena de se destruir a mínima estabilidade política (*Opinions de Sieyès sur les attributions et l'organisation du Jury Constitutionnel*, 3/10/1795). Com isto, Sieyès distingue de forma clara o poder constituinte do poder legislativo ordinário, subordinando o segundo ao primeiro, e propondo (sem êxito) a introdução de um embrião de tribunal constitucional, para avaliar a observância da Constituição pelas leis. Sobre a história recente do controle da constitucionalidade, Amaral, 1998, e Fiorovanti, 1999.

capaz de revelar os consensos, de lhes dar a forma adequada ou, pelo menos, de estabelecer compromissos que sejam substanciais e não meramente dilatórios[743]. A própria dispersão da apreciação da inconstitucionalidade pelos tribunais comuns poderia não garantir suficientemente a depuração prudencial das soluções, pelo que a melhor solução seria a de entregar o controle da constitucionalidade a uma elite de juristas, com assento num tribunal especializado, o Tribunal Constitucional.

Embora as coisas possam sempre ter outras leituras, esta leitura da evolução recente dos paradigmas do direito como uma luta em torno da legitimidade de dizer o direito, opondo sobretudo "políticos" (representantes populares) e "juristas", parece ser consistente com os resultados à vista[744].

7.4.9. Positivismo e cientismo

Resta anotar algumas das condicionantes do discurso jurídico oitocentista, provenientes, desta vez, não do plano das ideias políticas, mas do plano das ideias dominantes sobre o saber.

A evolução das ciências naturais, a partir dos finais do século XVIII, e a sua elevação a modelo epistemológico criaram a convicção de que todo o saber válido se devia basear na observação das coisas, da realidade empírica ("posta", "positiva"); de que a observação e a experiência deviam substituir a autoridade e a especulação doutrinária ou filosófica como fontes de saber. Este espírito atingiu o saber jurídico a partir das primeiras décadas do século XIX. Também este, se quisesse merecer a dignidade de ciência, devia partir de coisas positivas e não de argumentos de autoridade (teológica ou académica, como no período do direito comum) ou de especulações abstratas (como no período do jusracionalismo).

No campo jurídico, este movimento integrava-se harmonicamente na campanha contra a incerteza e confusão do direito tradicional, disperso,

---

[743] Cf. Amaral, 1996.

[744] Um estudo de caso muito interessante é o da reação do corpo dos juristas a uma Constituição – como a portuguesa de 1976 – produto de lógicas eminentemente políticas. Enquanto, do lado das forças políticas motoras do processo revolucionário, foi sempre muito aparente a desconfiança em relação aos tecnicismos do direito, pelo que eles podiam implicitamente transportar no seu bojo, da parte dos juristas a reação foi a de uma quase generalizada condenação da Constituição, não tanto em termos políticos, mas em termos técnicos, o que decorria da intervenção menos decisiva de juristas académicos na sua feitura: demasiada extensão, falta de rigor conceitual, enviesamento político, caráter compromissório. Cf. Hespanha, 1976.

casuísta, dependente da teologia e da moral. Mas atingia também a proliferação de sistemas puramente especulativos de direito natural, surgidos no decurso do século XVIII. Ou seja, dirigia-se tanto contra a vinculação do direito à religião e à moral, como contra a sua identificação com especulações de tipo filosófico, como as que eram correntes nas escolas jusracionalistas. Contra uma coisa e contra a outra, proclamava-se a necessidade de um saber dirigido para "coisas positivas".

Só que as várias escolas entenderam de forma diversa o que fossem "coisas positivas".

Para uns, positiva era apenas a lei, pelo que o saber jurídico tinha de incidir unicamente sobre ela, explicando-a e integrando-a (*positivismo legalista*).

Para outros, positivo era o direito plasmado na vida, nas instituições ou num espírito do povo que se objetivava nas formas quotidianas observáveis de viver o direito (*positivismo culturalista*). Positivo era também o seu estudo de acordo com as regras das novas ciências da sociedade, surgidas na segunda metade de século XIX (*positivismo sociológico, naturalismo*).

Finalmente, para outros, positivos eram os conceitos jurídicos, genéricos e abstratos, rigorosamente construídos e concatenados, válidos independentemente da variabilidade da legislação positiva, obedecendo ao novo modelo de ciência como discurso de categorias teoréticas, estabelecido pelo kantismo (*positivismo conceitual*). O saber jurídico escaparia, assim, quer ao império da lei positiva, mutável e arbitrária, quer ao subjetivismo do doutrinarismo justeológico ou jusracionalista. Com isto, ganhava uma firmeza e universalidade que eram características das outras ciências. Ao mesmo tempo, instituía-se como um saber acumulativo, *i.e.*, que ia acumulando certezas e progredindo sucessivamente – como as outras ciências – para formas mais perfeitas e completas de conhecimento. Ou seja, a ciência jurídica partilhava com as restantes a crença otimista no *universalismo* e no *progressismo* dos seus resultados.

Todas estas formas de positivismo têm em comum a recusa de quaisquer formas de subjetivismo ou de moralismo. O saber jurídico (agora, a *ciência jurídica*) deveria cultivar métodos objetivos e verificáveis, do género dos cultivados pelas ciência "duras", dela devendo ser excluídas todas as considerações valorativas (políticas, morais). Estes juízos de valor em matéria jurídica teriam, decerto, o seu lugar. Mas esse não era o da ciência jurídica, mas sim o da filosofia do direito ou da política do direito.

Por outro lado, o cientismo promovia, como se disse, a crença em que os resultados do saber são universais e progressivamente mais perfeitos. Esta crença foi, no domínio do direito, mais enfatizada pelos positivismos sociológico e conceitual, pois o positivismo legalista estava, deste ponto de vista, demasiado limitado pelo caráter "local" (no espaço e no tempo) da lei nacional. Em contrapartida, as duas outras correntes formulavam proposições válidas em geral.

Esta crença otimista na validade dos resultados da ciência jurídica – que coincidiu com a época áurea da expansão colonial europeia – teve consequências importantes na difusão mundial do direito europeu. Convencidos da validade universal da sua ciência jurídica e, ao mesmo tempo, do seu caráter progressista (historicamente mais avançado), os europeus impuseram os seus modelos jurídicos aos povos não europeus. Os direitos locais foram impiedosamente combatidos em nome da civilização e da modernização, o mesmo acontecendo com a organização política e judiciária. Mesmo culturas jurídicas e políticas milenares e tão desenvolvidas como a chinesa e a japonesa foram levadas a aceitar a cultura científica e política do Ocidente ("Mr. Science and Mr. Democracy" era o *slogan* dos movimentos reformistas chineses dos anos 20 do século XX) em nome do progresso.

7.4.10. As escolas clássicas do século XIX

Tradicionalmente, a historiografia jurídica tem usado a figura das "escolas" ou "correntes" para dar uma ordem à exposição da cultura erudita do direito. Isso também acontece no período contemporâneo. Acabámos de ver que há temas partilhados durante toda esta época. As respostas dadas a propósito de cada um deles podem divergir substancialmente; e, por isso, a arrumação dos autores em escolas pode simplificar a narrativa. Nenhum desses movimentos teve tanta unidade como o nome "escola" sugere; sendo, por outro lado, certo que os mesmos objetivos práticos, quer quanto ao conteúdo do direito, quer quanto à posição dos juristas na sociedade, puderam ser obtidos a partir de posições teóricas ou metodológicas muito diferentes. É com isto em mente que se deve entender a sistematização que se segue.

7.4.10.1. A Escola da Exegese. Entre jusnaturalismo e legalismo

Desde os meados do século XVIII que a lei estadual tendia a monopolizar a atenção dos juristas. Este monopólio era, no entanto, temperado pelas ideias jusracionalistas, ou seja, pela crença na existência de um direito suprapositivo com origem na razão, de que o direito positivo constituiria uma especificação e uma garantia.

Nos finais do século XVIII, o movimento legalista ganhou ainda mais força, pois a crítica contra a incerteza jurídica criada pela proliferação de opiniões doutrinais e de decisões judiciais contraditórias se tinha tornado insuportável para muitos, tanto por contrariar o modelo racional e sistemático de organização social, popularizado pelo jusracionalismo, como por prejudicar a previsibilidade do direito e, logo, da vida. O movimento da codificação (cf., *supra*, 7.3.3.) procurava responder aos anseios por uma ordem jurídica estável, previsível e, portanto, segura. Alguns Estados europeus empreenderam reformas legislativas gerais, recompilando o direito disperso, dando-lhe uma vigência nacional e, a partir do século XVIII, incorporando-o nessas reformas.

Foi sobretudo em França que a codificação, produto da Revolução, se propôs mudar mais radicalmente a face do direito, fazendo tábua rasa do direito anterior e propondo a identificação do direito com a vontade do legislador revolucionário. A Constituição de 1791 promete, no seu preâmbulo, que "será elaborado um código das leis civis comuns a todo o reino". Pouco depois, a Convenção promulga um *Código dos delitos e das penas* (3 brumário do Ano IV [25/10/1795]). Mas foi só em 1804, já durante o Consulado e sob a influência direta de Napoleão I, que o *Code civil* conheceu a sua versão definitiva e foi promulgado (1804). Seguiram-se os *Código de processo civil* (1806), o *Código comercial* (1807), o *Código penal* (1809), *Código de processo penal* (1810)[745].

Os códigos napoleónicos constituíam a consumação de um movimento legislativo e doutrinal que começara já na França pré-revolucionária, que fora enriquecido com as contribuições do jusracionalismo setecentista e que ganhara um novo ritmo depois da Revolução[746]. Com antecedentes na tradição das grandes *ordonnances* dos séculos XVII e XVIII, tendo incorporado,

---

[745] Sobre todos estes códigos, v., em síntese, Gilissen, 1988, 451; para maior desenvolvimento, cf. Arnaud, 1969; Arnaud, 1973; Halpérin, 1992; Deplanque, 2004. Sobre a sua difusão destes códigos, v. Gilissen, 456 s.

[746] Cf. Arnaud, 1969; Arnaud, 1973; Halpérin, 1992; Deplanque, 2004.

depois os resultados da reflexão jusracionalista, o movimento codificador parecia tender para uma espécie de positivação tanto da história como da razão. Por outro lado, logo no início da Revolução tinham sido incorporado no processo legislativo os órgãos representativos da nação francesa, pelo que os códigos resultantes eram a concretização da *volonté générale*. E, finalmente, eles consagravam um modelo de relações sociais correspondente aos pontos de vista dos grupos agora hegemónicos[747].

Tudo isto contribuiu para dar aos códigos o ar de monumentos legislativos de há muito desejados, cientificamente fundados, democraticamente legitimados e politicamente convenientes. Perante eles, não poderiam valer quaisquer outras fontes de direito. Não o direito doutrinal, racional, suprapositivo, porque ele tinha sido incorporado nos códigos, pelo menos na medida em que isso tinha sido aceite pela vontade popular. Não o direito tradicional, porque a Revolução tinha cortado com o passado e instituído uma ordem política e jurídica nova. Não o direito jurisprudencial, porque aos juízes não competia o poder de estabelecer o direito (poder legislativo), mas apenas o de o aplicar (poder judicial). A lei – nomeadamente esta lei compendiada e sistematizada em códigos – adquiria, assim, o monopólio da manifestação do direito. Por isso, lei de 30 do *Ventôse* do ano XII [7/2/1804]), que põe em vigor o *Code civil* de 1804, estabelece: "A partir do dia em que estas leis se tornarem executórias, as leis romanas, as *ordonnances*, os costumes gerais ou locais, os estatutos e os regulamentos, deixam de ter força de lei geral ou particular nas matérias que forem objeto das leis que compõem o presente" (art.º 7º). A isto se chamou *legalismo* ou *positivismo legal* (*Gesetzpositivismus*).

Perante esta evolução, à doutrina apenas restaria um papel secundário – o de proceder a uma interpretação submissa da lei, atendendo à vontade do legislador histórico, reconstituída por meio dos trabalhos preparatórios, dos preâmbulos legislativos, etc. Quanto à integração das lacunas, a prudência devia ser ainda maior, devendo o jurista tentar encontrar para o caso concreto uma solução que pudesse ter sido a do legislador histórico se o tivesse previsto.

Esta supremacia estrita da lei sobre a doutrina e a jurisprudência já fora proposta por Montesquieu, para quem os juízes deviam ser "a boca

---

[747] Que um especialista identifica como a institucionalização da "paz burguesa", Arnaud, 1973 (=http://www.reds.msh-paris.fr/publications/collvir/easccf/easccf.pdf).

que pronuncia as palavras da lei, seres inanimados que não podem moderar nem a força, nem o rigor dela" (*Esprit des lois*, XI, 6)[748]. Mas, com o advento da Revolução, da legitimidade política que ela trouxera à lei e da desconfiança quanto ao corpo dos magistrados e dos juristas, a ideia do primado da lei ganha tanta força que chega a levar à pura e simples proibição da interpretação, obrigando os tribunais a recorrerem ao legislativo "sempre que entendessem necessário interpretar uma lei" (*référé législatif*, lei francesa de 16-24 de agosto de 1790)[749] e proibindo aos juízes a criação de novas normas, *Code civil*, art.º 5º[750]. Ao mesmo tempo, o mundo jurídico letrado é fustigado com medidas radicais, justificadas não apenas pelas opções políticas dominantes dos juízes e dos advogados letrados[751] como em virtude desta nova legitimidade exclusiva da lei: as Faculdades de Direito são encerradas pela Convenção, em 1793, e leis de 1790 (16/08 e 24/08) valorizavam os sentimentos jurídicos das pessoas comuns, instituindo os juízes de paz não letrados e acabando com os recursos para os tribunais superiores – *parlements*.

Em síntese, podemos sumariar os principais traços desta política legalista do direito nos seguintes termos:

- redução do direito a produto de vontades (convenções, leis), na linha da filosofia política de J.-J. Rousseau;
- identificação do direito com a lei, como vontade do legislador, e o consequente absolutismo desta última, de acordo com uma linha que corria desde o final do século XVII;

---

[748] A cautela com que Montesquieu limita os juízes ao papel de aplicadores da lei é contínua: "Não há qualquer liberdade se o poder de julgar não estiver separado do poder legislativo e executivo. Se ele estivesse conexo com o legislativo, o poder sobre a vida e a liberdade dos cidadãos seria arbitrário, pois o juiz seria legislador. Se estivesse conjunto com o poder executivo, o juiz poderia ter a força de um opressor" (*Esprit des lois*, XI, c. 5). Isto explica-se pelo poder que a magistratura ganhara durante o Antigo Regime, em virtude da estrutura casuísta da ordem jurídica do *ius commune* (cf., *supra*, 6.5).

[749] O *référé législatif* deu origem à criação de um tribunal especial para aferir da legalidade das interpretações da lei pelos tribunais (*Cour de cassation*) e para recomendar a adoção de medidas interpretativas genéricas pelo corpo legislativo. Cf., sobre este tema, Gilissen, 1988, 505 ss.

[750] "Il est défendu aux juges de prononcer par voie de disposition générale et réglementaire sur les causes qui leur sont soumises."

[751] Mais solidários com a *noblesse de robe* dos *parlements* do que com o terceiro estado, propendendo para um reformismo político conservador.

- desconsideração da doutrina jurídica, com o fechamento das Faculdades de Direito e com as medidas antijudiciais da primeira onda revolucionária;
- funcionalização dos juristas, convertidos em explicadores das leis.

Este seria o tipo ideal do legalismo, a que teria correspondido a Escola da Exegese (1804 - c. 1880), cujos principais representantes (Duranton, Demolombe, Troplong, Delvincourt, Touiller) foram os autores dos grandes comentários ao *Code civil*: os juristas deveriam limitar-se a fazer uma exposição e interpretação (*exegese*) dos novos códigos.

Apesar da imagem legalista que se criou desta escola, os juristas que lhe correspondem oscilam entre a fidelidade aos novos códigos e uma substancial adesão ao jusnaturalismo que dominava na segunda metade do século XVIII. Logo no discurso de apresentação do projeto do Código Civil ao Conselho de Estado, Jean-Etienne-Marie Portalis[752] salienta que, afinal, o novo código não seria mais do que a redução a artigos das aquisições de gerações de juristas que, possuidores de uma especial capacidade de reflexão sobre o direito e da autoridade que daí provinha[753], tinham podido sondar na razão natural as melhores máximas para regular a sociedade[754].

---

[752] Jean-Étienne-Marie Portalis, *Discours préliminaire du premier projet de Code civil. Titre original: Motifs et discours prononcés lors de la publication du Code civil. Discours prononcé le 21 janvier 1801 et le Code civil promulgué le 21 mars 1804*. Préface de Michel Massenet, Bordeaux, Éditions Confluences, 2004.

[753] "[...] em todas as nações polidas, vê-se sempre formar, ao lado do santuário das leis e sob a vigilância do legislador, um depósito de máximas, de decisões e de doutrinas que se purifica todos os dias pela prática e pelo choque dos debates judiciários, que cresce sem cessar com todos os conhecimentos adquiridos, e que foi constantemente olhado como sendo o verdadeiro suplemento do legislador [...] Mas estaria o Código mais simples ao alcance de todas as camadas da sociedade? Não estariam as paixões sempre ocupadas em o desviar do sentido verdadeiro? Não será precisa uma certa experiência para o aplicar sabiamente?", 8-10; "No estado das nossas sociedades, é algo de feliz que a jurisprudência forme uma ciência que possa fixar os talentos, entusiasmar o amor próprio e acordar a emulação. Uma classe inteira de homens vota-se desde então a esta ciência. E esta classe, consagrada ao estudo das leis, oferece conselho e defensores aos cidadãos que não se poderiam orientar e defender a si mesmos, tornando-se como o seminário da magistratura", 13.

[754] "As leis não são puros atos de poder; são atos de sabedoria, de justiça e de razão. O legislador exerce menos uma autoridade do que um sacerdócio [...]", 5; "Faça-se o que se fizer, as leis positivas nunca poderiam substituir o uso da razão natural nos negócios da vida [...]", 7; "O direito é a razão universal, a razão suprema fundada na própria natureza das coisas. As leis

O DIREITO MODERNO

E, na verdade, os comentadores do *Code*, mesmo quando afirmavam que nada podia justificar a desobediência às leis positivas, continuavam a ensinar que estas não eram senão um reflexo do direito natural, ao qual teria sempre de se recorrer para interpretar e integrar a lei. A complexificação da sociedade teria tornado o direito natural algo demasiadamente simples, que haveria forçosamente de ser complementado por uma regulação que o explicitasse e concretizasse em termos mais detalhados e diversificados. Esta regulação, embora tivesse de ser dotada de toda a força vinculativa, não deixava de estar subordinada ao sentimento natural de justiça consagrado no direito natural[755]: "No foro interior, é a moral, ou seja, o direito natural, tomado em toda a sua extensão e todo o seu rigor, que é o árbitro supremo [...]. No foro exterior, é a lei convencional (p. 40). As leis positivas são, portanto, as leis principais no estado de civilização [no estado político], tendo aí uma força absoluta que nada pode abalar (p. 41)". Esta insistência no caráter absolutamente vinculativo das leis positivas fazia correr o risco de destruir, afinal, a ideia de dependência do direito positivo em relação ao direito natural. Porém, as respostas dada por estes juristas são taxativas quanto à necessidade de ter em consideração o direito natural: "No entanto, as leis naturais ficariam simplesmente anuladas? Não (p. 42)". Esta sobrevivência do direito natural no estado civil seria duplamente justificada. Por um lado, o direito natural influenciaria leis positivas; por outro, ele positivar-se-ia no direito civil, o que fortaleceria ainda mais a sua força, além de o ajustar às condições concretas da civilização de cada povo (p. 43). Assim, o direito natural manteria a sua força direta em muitas instituições, das quais o direito civil quase se retiraria, deixando operar impulsos naturais do homem (família, herança, propriedade).

---

são ou não devem ser senão o direito reduzido a regras positivas, a preceitos particulares. O direito é moralmente obrigatório; mas, em si mesmo, não contém nenhum constrangimento; ele dirige, as leis comandam; ele serve de bússola, as leis de agulha; os diversos povos entre eles não vivem senão sob o império do direito; os membros de cada cidade são regidos, como homens, pelo direito e, como cidadãos, pelas leis", 15.

[755] Esta doutrina é comum; mas toma-se como ilustração uma obra de Jean Guillaume, barão de Locré de Roissy, *Esprit du Code Napoléon tiré de la discussion ou conférence historique, analytique et raisonnée du Projet du Code Civil, des observations dès tribunaux, des procès-verbaux du Conseil d'État, des observations du Tribunat, des exposés de motifs et discours, etc., etc.*, Paris, Imprimerie Impériale, 1805-1807, cujas págs. vão citadas. Sobre o jusnaturalismo da Escola da Exegese, cf. Hespanha, 2012; em sentido semelhante, Medina, 2009, 147 s.

Esta relativização do positivismo da Escola da Exegese é consistente com algo que já foi destacado há algumas décadas: por um lado, os códigos não eram senão o resultado da reelaboração de uma longa tradição doutrinal[756]; por outro, os juristas não estavam de modo algum convencidos de que a "razão parlamentar" fosse melhor do que a deles, quando se tocava em matérias jurídicas.

A Escola da Exegese estava intimamente ligada – é certo – ao ambiente político e jurídico francês, ou seja, a um Estado nacional revolucionário, em corte com o passado, dotado de órgãos representativos e que tinha empreendido uma importante tarefa de codificação. Mas no âmbito do corpo dos juristas letrados, a ideia de supremacia da vontade do legislador sobre a sabedoria própria dos juristas era profundamente antipática. A invocação do direito natural era, de facto, a forma de manter nas mãos dos juristas o poder de dizer o direito, em risco de ser expropriado pelos políticos.

O balanço da orientação exegética do século XIX – em França e em outras zonas por ela influenciadas (Itália, Espanha, Portugal, América Latina, Luisiana) – não pode ser feito apenas à luz das ulteriores experiências negativas do legalismo (v., *infra*, 7.5.7.3).

Deve começar por se ter em conta que a ideia de um código "civil" (*i.e.*, dos cidadãos) reflete o princípio da igualdade dos cidadãos, típica dos novos Estados pós-revolucionários, igualdade que os códigos pretendiam garantir justamente pela sua generalidade e pela estrita subordinação dos juízes aos seus preceitos. Por outro lado, a ideia de um código, compacto, organizado e claro, visava facilitar a democratização do direito, pela generalização do seu conhecimento, evitando, deste modo, que os juristas tivessem de ocupar o lugar de mediadores forçosos entre o direito e o povo. Por fim, não se deve esquecer que as grandes e rápidas mudanças sociais e políticas dos finais do século XVIII e inícios do século XIX só podiam ser institucionalizadas por via legislativa. De facto, o costume, a jurisprudência ou a doutrina são meios inadequados, pela sua própria natureza, para estabelecer ruturas revolucionárias. Tudo isto pode matizar muito o juízo negativo que tem pesado sobre esta escola[757] e esclarecer de uma forma menos unilateral o sentido político da Exegese.

---

[756] Cf. Arnaud, 1969.

[757] Sobretudo desde o livro de Julien de Bonnecase, *L'école de l'exégèse en droit civil. Les traits distinctifs de sa doctrine et de ses méthodes d'après la profession de foi de ses plus illustres représentants*, 1919. O livro de Bonnecase, escrito na sequência da reação neojusnaturalista e revisionista do

Também se deve dizer que dificilmente se pode comprovar a ideia de que a Escola da Exegese impediu o desenvolvimento de um direito jurisprudencial muito autónomo em relação aos códigos. Na verdade, para além de que o direito francês contemporâneo é, de entre os direitos continuais, o que mais se funda em decisões judiciais, teria sido impossível, sem uma jurisprudência criativa, manter em vigor, praticamente inalterado no decurso dos últimos 200 anos, o *Code Napoléon*[758].

A estes créditos juntam-se, porém, certos pontos negativos.

A aceitação da lei como produto da vontade do povo pressupunha a transparência democrática do Estado, ou seja, que a lei fosse, de facto, a expressão, tanto quanto possível direta, da vontade geral dos cidadãos. Ora, o caráter restrito da base social das democracias representativas[759], a partidocracia, a manipulação da vida política pelos governantes, a erupção da mediação dos burocratas destruíram estes pressupostos. Com o progressivo alargamento do universo dos cidadãos em contacto com o direito oficial[760], torna-se mais evidente que este se tornou uma ordem estranha às convicções sociais de justiça.

Paralelamente, a progressiva complexificação e tecnificação do discurso legislativo destruíram esse ideal de colocar, por meio de leis claras e códigos sintéticos, o direito ao alcance do povo.

Deve ainda acrescentar-se que o legalismo e o positivismo legalista promoveram a ideia de que as mudanças do direito se processavam necessariamente por via legislativa. Assim, perante qualquer desajustamento do direito, a tendência ou a tentação era para se legislar de novo. Este mesmo facto amarrou o direito à vontade sempre mutável das maiorias parlamentares,

---

modelo político republicano, laicista e democrático (na qual se destaca François Gény), tinha a intenção de demonstrar que toda a história do direito francês no século XIX se podia explicar pela tensão entre uma corrente inovadora, aberta à vida – que se explicava pela influência da doutrina "científica" alemã – e uma outra estéril e conservadora, que identificava o direito com a lei e recusava aos juristas qualquer legitimidade criadora. Sobre a construção desta imagem ideológica, Medina, 2004, 147 ss.; Hespanha, 2012.

[758] Cf. Beignier, 1999.

[759] Em que a capacidade política e eleitoral era restringida, pelos requisitos censitários ou de um nível educacional mínimo, a um círculo social diminuto.

[760] No Antigo Regime, uma grande parte da vida comunitária não era regulada pelo direito estadual, mas pelos ordenamentos das comunidades infraestaduais (família, aldeias, entes corporativos). Com o monopólio legislativo do direito, o Estado passa a pretender regular diretamente todas as esferas da vida coletiva.

dando origem a soluções jurídicas nem sempre muito amadurecidas e frequentemente inspiradas por uma arrogância legislativa pouco atenta aos limites da regulação social por meio da lei. O direito banalizou-se e tornou-se efémero. Tudo isto dá origem a uma perda de prestígio do direito legislado, quando não a uma desconfiança em relação a ele. Este sentimento antilegalista foi ainda alimentado pelas alegações dos juristas letrados ou académicos de que o melhor direito não era o das maiorias parlamentares, decidido pela "lei do número", mas o direito dos jurisconsultos, desvendado pela sua centenária sabedoria.

Por fim, o legalismo exegético contribuiu para estabelecer a ideia de que o saber jurídico, partindo da observação de factos positivos – as leis – e prosseguindo com o uso de métodos intelectuais evidentes, certos e unívocos, adquire a natureza de um conhecimento científico, objetivo e neutro, que põe fim à contraposição de pontos de vista e ao capacete argumentativo do saber nesta área. Neste sentido, ao autoritarismo da lei – como fonte única e inequívoca de direito –, soma-se o autoritarismo dogmático, expulsando do mundo jurídico as ideias de complexidade, probabilismo das perspetivas, argumentação dos pontos de vista, ponderação dos resultados.

A influência da Escola da Exegese na Europa Latina e nas suas colónias ou ex-colónias foi grande, no sentido de que os juristas que a compunham foram fonte de inspiração da civilística sul-europeia, divulgando soluções normativas contidas no *Code civil* ou apresentadas como derivadas da tal razão natural que constituiria o esqueleto deste. Quanto ao método propriamente exegético – se isto tivesse sido, realmente, uma característica da Escola – o seu impacto não podia ser grande em países que não tivessem uma codificação (civil) moderna. Isto aconteceu por toda a Europa do Sul e na América Latina durante a primeira metade do século XIX. Daí que, mesmo nos juristas que, quanto aos conteúdos do direito, seguiam a doutrina francesa, se encontrem influências metodológicas muito diferentes da pura exegese legislativa, ou colhidas, como se viu, dos próprios autores franceses, ou bebidas em autores jusracionalistas mais antigos, ou no romantismo jurídico alemão. O saber jurídico da primeira metade do século XIX foi tudo menos uma seca descrição das leis; encontram-se nos livros dos juristas argumentos tirados de muitos ramos do saber, desde a religião ou a história clássica, dos novos saberes científicos, como a economia, a sociologia, a linguística ou a etnologia, até a um conglomerado de saberes heterogéneo e eclético, próximo da filosofia social, a que chamavam as "ciências morais e políticas". Todas elas de sentido pronunciadamente antilegalista[761].

7.4.10.2. A Escola Histórica Alemã. A vertente organicista e tradicionalista

Foi antes referido que um dos pressupostos políticos do legalismo era a existência de um Estado-Nação que os cidadãos reconhecessem como portador dos valores jurídicos da comunidade.

Acontece que certas nações europeias, algumas das quais – como a Alemanha e a Itália – ocupavam lugares centrais no panorama do saber jurídico europeu, não conheceram um Estado nacional até ao terceiro quartel do século XIX. Nestes casos de privação de identidade política, a consciência nacional não apenas se manifestou de forma mais intensa, marcando muito fortemente todas as áreas da cultura, como reagiu contra a ideia de que o Estado e o seu direito (legislado) pudessem ser a única forma de manifestar a identidade política e jurídica de um povo.

A recusa ao Estado deste papel de porta-voz político e jurídico da sociedade leva a valorizar as formas tradicionais e espontâneas de organização política, nomeadamente aquelas mais presentes na tradição nacional, como as antigas formas comunitárias de vida ou as comunas e concelhos medievais. Julius Moser, na Alemanha, tal como Joaquin Costa, em Espanha, ou Alexandre Herculano, em Portugal, são três exemplos da revalorização, empolada, idílica e romântica, das formas políticas nacionais anteriores ao Estado. A obra histórica de cada um deles foi-lhes dedicada. Mas, é claro, a história serviu apenas de ponto de apoio de projetos de organização política e jurídica voltados para o presente e para o futuro[762].

Mas, para esta sensibilidade, as formas "Estado" (e o "Código") ainda tinham – para além do inconveniente de não estarem disponíveis em todo o lado... – uma outra face negativa: o seu universalismo cosmopolita e "desnacionalizador" e o seu artificialismo.

O Estado, tal como surgira dos movimentos políticos contratualistas, era, de facto, uma abstração. Produtos de um contrato idealizado, realizado

---

[761] Cf. Hespanha, 2008a; para a América Latina, v. Medina, 2009, 147 ss.
[762] A versão historiográfica do municipalismo, tal como resulta da obra de Herculano, tem uma influência política direta nas propostas de regeneração da sociedade portuguesa com base na reconstituição de um estrutura política descentralizada (Alexandre Herculano, Félix Henrique Nogueira).

entre sujeitos puramente racionais, cujo conteúdo decorria das regras de uma razão a-histórica, o Estado (e o Código) não tinham nem lugar, nem tempo. Eram formas universais, indiferentes a quaisquer particularidades culturais ou nacionais. Era isto que uma cultura de raízes nacionalistas, ancorada nas especificidades culturais dos povos, não podia aceitar. Uma organização política e jurídica indiferenciada, exportável, universalizante, aparecia, quando confrontada com os particularismos das tradições nacionais, como um artificialismo aberrante, que decorria precisamente do papel estruturante que tinha sido atribuído à vontade política dos soberanos ou das assembleias representativas pela teoria constitucional estadualista. Libertos do império da tradição, os órgãos do Estado tinham a ilusão de poderem querer tudo. A Nação, essa realidade intemporal em que os mortos mandavam mais do que os vivos, era identificada com a geração atual ou, mais restritivamente ainda, com a nação representada nos parlamentos de acordo com os mecanismos eleitorais, também considerados artificiais e contrários aos modos naturais de as sociedades se manifestarem. Os parlamentos, considerando-se depositários exclusivos dos destinos nacionais, transformavam-se em "fábrica de leis", pensando poder "meter todo o direito em leis" (Gustav Hugo, 1764-1844). Esta pretensão pan-normativa dos órgãos do Estado seria tanto mais arrogante quanto é certo que – como dizia o mesmo Hugo – "os letrados do direito, que apresentam à assinatura do monarca as suas opiniões, não devem ser, em média, mais avisados do que os seus contemporâneos".

Na Alemanha, é uma sensibilidade cultural e político-jurídica deste tipo que está na origem da *Escola Histórica Alemã*, que domina o saber jurídico alemão durante a primeira metade do século XIX e que, no seu desenvolvimento pandectista, o influencia até aos inícios do século XX.

O programa da Escola Histórica[763] era, justamente, o de buscar as fontes não estaduais e não legislativas do direito. A sua pré-compreensão da sociedade – subsidiária da filosofia da cultura organicista e evolucionista de Herder e do ambiente cultural e político do romantismo alemão – levava-a a conceber a sociedade como um todo orgânico, sujeito a uma evolução histórica semelhante à dos seres vivos, em que no presente se leem os

---

[763] Sobre a Escola Histórica Alemã e o ambiente cultural e político que a rodeia, v., por todos, Wieacker, 1993, 397-491. Para a publicística, Stolleis, 1992, 50 ss. Principais representantes: Gustav Hugo (1764-1844); Friedrich Carl v. Savigny (1799-1861), *System des heutigen römischen Rechts*, 1839; G. F. Puchta (1798-1846), *Gewohnheitsrechte*, 1828-1837.

traços do passado e em que este condiciona naturalmente o que vem depois. Em toda esta evolução, peculiar a cada povo, manifestar-se-ia uma lógica própria, um espírito silenciosamente atuante, o "espírito do povo" (*Volksgeist*), que estaria na origem e, ao mesmo tempo, daria unidade e sentido a todas as manifestações histórico-culturais de uma nação.

O espírito do povo revelar-se-ia nas produções da sua cultura. Na sua língua, desde logo. Também na poesia popular, nas tradições folclóricas, no direito histórico, nas produções dos seus intelectuais, nas suas tradições literárias. Seriam justamente estas manifestações da "alta cultura" aquelas que, um pouco paradoxalmente, melhor revelavam a alma nacional. Pois eram aquelas em que, justamente pela qualidade intelectual dos seus autores, se conseguia atingir, com uma maior profundidade, sistematicidade e plenitude, o espírito de uma nação. Na sua "inocência", o povo exprimir-se-ia numa "multiplicidade" de registos, que só as elites culturais conseguiam reduzir a um "sistema científico".

As consequências de tudo isto, do ponto de vista da teoria do direito, são, agora, facilmente compendiáveis.

A primeira é a do *antilegalismo* e, sobretudo, a da reação contra o movimento de codificação. A lei – e, ainda mais, o código sistemático – são encarados como fatores não de construção do direito, mas da sua destruição. Em primeiro lugar, porque introduzem um elemento conjuntural e decisionista (a decisão legislativa tomada, conjunturalmente, por um governo ou uma assembleia) num mundo de normas orgânicas, indisponíveis e duráveis (o direito, como emanação do espírito do povo). Em segundo lugar, porque congelam a evolução natural do direito que, como toda a tradição, é uma realidade viva, em permanente transformação espontânea. Esta animosidade em relação à codificação ficou bem traduzida numa famosa polémica entre Savigny e Thibaut, este último favorável a uma codificação geral do direito alemão, que o primeiro considerava artificial e "inorgânica"[764].

A segunda consequência é a da valorização dos elementos consuetudinário e doutrinal do direito. Quanto ao primeiro, isso aparece como normal, dado que o costume é a forma paradigmática de o direito se manifestar

---

[764] Peças: A. E. Thibaut, *Über die Notwendigkeit eines allgemeinen bürgerlichen Gesetzbuches für Deutschland* (Sobre a necessidade de um código civil geral para a Alemanha), 1814; F. C. v. Savigny, *Vom Beruf unserer Zeit für Gesetzgebung und Rechtswissenschaft* (Sobre a vocação do nosso tempo para a legislação e ciência do direito), 1814.

espontaneamente[765]. Já para compreender o papel outorgado à doutrina – que fez com que o direito, tal como era definido pela Escola Histórica, se identificasse com um *Professorenrecht* (direito dos professores) – é preciso recordar a função que esta escola atribuía aos intelectuais e literatos na revelação organizada e sistemática do espírito do povo. De facto, Savigny, concedendo embora que o direito provém da alma da nação, salienta o papel que o corpo dos juristas e juízes letrados, bem como a literatura especializada por eles produzida, tiveram na revelação, aperfeiçoamento e tratamento orgânico ou sistemático do direito. De facto, embora com outros pressupostos metodológicos, desde o século XVII que o saber jurídico universitário alemão vinha desenvolvendo, em relação à tradição romanística, um trabalho muito semelhante ao que a Escola História propunha que se fizesse em relação ao direito alemão. Com base no trabalho das escolas medievais, os juristas do *usus modernus pandectarum* vinham induzindo dos textos categorias dogmáticas gerais que manifestariam o espírito do direito romano. A romanística, como Savigny e Jhering reconhecem, estava mais adiantada do que a germanística nessa reconstrução do espírito (do "sistema") do direito. Isto explica a atenção dedicada por Savigny ao direito romano, ao direito romano medieval[766] e ao *usus modernus*[767] do direito romano na Alemanha, bem como o facto de ter ensaiado – com o seu *System des heutigen römischen Rechts* [Sistema do direito romano atual, 1840][768] – uma construção orgânica do direito da tradição romanística que ele expressamente identificava com o direito comum do Império Alemão. Bem como explica que o resultado do trabalho desta escola "germanista" venha a ser conhecido como "pandectística", o que realça o peso que nela teve o legado da tradição romanística alemã e, mais em geral, europeia.

A terceira consequência é a da revalorização da história do direito e do seu papel dogmático, como reveladora não de um passado morto e separado do presente (antiquarismo), mas de um passado que, pela tradição, fecundava o presente[769]. Daí que a historiografia influenciada por esta escola, se

---

[765] De forma emblemática, uma das principais obras de G. F. Puchta intitula-se *Gewohnheitsrechte* (Direito consuetudinário), 1828-1837.

[766] Cf. a *Geschichte des römischen Rechts im Mittelalter* [História do direito romano na Idade Média], 1815.

[767] Cf. *System des heutigen römischen Rechts* [Sistema do direito romano atual], 1839.

[768] Texto e materiais preparatórios em http://dlib-pr.mpier.mpg.de/m/kleioc/0010/exec/bigpage/%22199236_00000054.gif%22.

[769] Sobre isto v. Wieacker, 1993.

bem que também tenha os seus momentos antiquaristas[770], revele evidentes preocupações dogmáticas voltadas para o direito vigente[771].

Finalmente, uma quarta consequência é a da sistematicidade e organicidade da jurisprudência, a que se dedicará o número seguinte.

7.4.10.3. A Escola Histórica Alemã. A vertente formalista ou conceitualista. A jurisprudência dos conceitos (*Begriffsjurisprudenz*) ou pandectística (*Pandektenwissenschaft*)

Com antes se disse, uma das componentes do historicismo é a construção sistemática do direito. Esta componente foi particularmente desenvolvida por um dos ramos da Escola Histórica Alemã, a *pandectística* ou *jurisprudência dos conceitos* (*Begriffsjurisprudenz*)[772].

De alguma forma, a sistematicidade do direito decorria do facto de ele ser uma emanação de um todo orgânico, o espírito do povo. As instituições jurídicas teriam uma "alma" (a "alma do povo", *Volksseele*), sentidos ou princípios orientadores que lhes dariam unidade. Princípios esses que, induzidos a partir da observação (descrição) das normas jurídicas concretas, permitiriam que a exposição dos institutos – e, no fim, de todo o direito nacional – fosse feita de forma orgânica e sistemática, organizada por princípios gerais. Destes princípios se extrairiam depois, agora por dedução, outros princípios inferiores – a tal "pirâmide conceitual" de que falava um dos grandes juristas da Escola, Georg Friedrich Puchta (1798 – 1846) –, bem como soluções para casos concretos.

Esta ideia de um conhecimento, de uma exposição do direito, orientados por princípios gerais, não se pode explicar sem referência a movimentos de ideias típicos desta época.

---

[770] Como a história de Roma de Th. Mommsen (1817-1903) e os *Germaniae monumenta historica* de Freiherr vom Stein.
[771] Cf. Wieacker, 1993, 475 ss.
[772] Principais representantes: Georg Friedrich Puchta (1798-1846, *Cursus der Institutionen*, 1841), H. Dernburg (1829-1907) e Bernhard Windscheid (1817-1892, *Lehrbuch der Pandekten*, 1862-1891). A designação de "pandectística" deve-se ao facto de esta escola voltar a valorizar o direito romano (*Pandectas*) – sobretudo na medida em que é nele que se funda a tradição de construção sistemática que marcara a cultura jurídica alemã dos dois últimos séculos e em que Savigny insistira no seu *System des heutigen römischen Rechts*. Referência bibliográfica básica: Wieacker, 1993, 491-501 e 511-524; Kaufmann, 1994, 140 ss.

Por um lado, existe nesta ideia de um mundo orgânico de conceitos, apreensível por observação e indução, uma evocação das novas ciências da vida. Por um lado, elas induziam conceitos e taxonomias a partir da observação dos seres vivos. E, por outro lado, elas lidavam com os seres vivos – totalidades orgânicas, harmónicas e coerentes, dotadas de uma alma (um princípio de vida) e capazes de gerar novas entidades. Rudolf v. Jhering, 1818-1892 (cf., *infra*, 7.5.1), exprime essa conceção do sistema conceitual do direito como um ser vivo, orgânico e produtivo, bem como refere, também expressamente, essa aproximação entre a tarefa da jurisprudência "construtiva" (ou superior) e o método "histórico-natural" das ciências da vida:

"A massa complexa do direito aparece agora não como um *sistema de normas, de pensamentos*, mas como um conjunto de *existências*, de *potências* jurídicas. Consideramos a imagem de um corpo jurídico como a mais simples e natural. Cada um destes corpos tem o seu modelo particular, a sua natureza e as suas características, graças às quais é capaz de produzir os seus efeitos. A nossa tarefa perante isto assume portanto o *caráter de uma investigação histórico-natural* [...] Devemos, portanto, medir as características e a força do corpo jurídico [*i.e.*, de um instituto jurídico], mostrar o modo em que nasce e morre, as condições e situações em que ele pode influir, as influências que, em contrapartida, sofre, as metamorfoses de que é capaz; devemos indicar a sua relação com outros corpos jurídicos e as ligações que tece com eles ou os conflitos em que com eles cai; assim, devemos compreender num conceito, como num ponto focal lógico, obtido com base em todas as anteriores investigações, a natureza do mesmo, a sua individualidade jurídica e, enfim, devemos ordenar, do mesmo modo que o cientista classifica os objetos histórico-naturais, todos os corpos jurídicos em e para um sistema" (Rudolf v. Jhering, *Unsere Aufgabe*, 1857 [em Rudolf von Jhering, *La lotta per il diritto e altri saggi*, Milano, Giuffrè, 1989, 9]).

Por outro lado, este conceitualismo jurídico não se pode explicar sem referência a um novo ideal de ciência, oriunda do formalismo kantiano, que destacava a função estruturante das categorias e dos princípios gerais no conhecimento científico. O que garantiria, daqui em diante, a verdade científica, não seria mais a adequação do pensamento a uma realidade externa (*adaequatio intellectus rei*), mas a coerência interna das categorias do sistema de saber. E o decisivo num saber seria justamente este quadro categorial e não a apreensão atomística e inorgânica da realidade empírica.

O DIREITO MODERNO

Transposta para o domínio do direito, esta conceção redundava numa estratégia científica de desvalorização relativa tanto da lei, como dos factos sociais envolventes, muito bem descrita por Savigny numa lição sobre metodologia jurídica dada em Marburg logo em 1802:

> "O conteúdo do sistema é a legislação, logo, as normas jurídicas. Para as conhecermos, em parte individualmente, em parte no seu conjunto, necessitamos de um meio lógico, a forma, *i.e.*, o tratamento lógico do conhecimento de todo o conteúdo da legislação. Todo este tratamento formal ou deve desenvolver a definição das normas jurídicas isoladas – chama-se por vezes a isto definições e distinções – ou organizar a relacionação, quer de várias normas, quer do seu conjunto. É a isto que se chama sistema em sentido próprio" (*Methodenlehre*, 37)[773].

Ou seja, o trabalho intelectual dos juristas devia consistir sobretudo na construção de um sistema de conceitos jurídicos. Mas não se tratava de conceitos obtidos pela reflexão puramente abstrata, como no jusracionalismo. Tratava-se antes de conceitos obtidos por indução a partir das máximas do direito positivo. Rudolf v. Jhering distingue claramente estas duas fases do trabalho do jurista. A primeira fase, a que chama "jurisprudência inferior", consistiria na "ligação imediata à forma com que o direito aparece na lei, graças a uma relação puramente recetiva em relação às fontes" ("Unsere Aufgabe", 1857, em Rudolf von Jhering, *La lotta per il diritto e altri saggi*, Milano, Giuffrè, 1989, 7). A partir daqui, desenvolver-se-ia a "jurisprudência superior" que produziria, por destilação e síntese da matéria-prima antes obtida, "uma matéria absolutamente nova" (*ibid.*), o conceito. A função dos conceitos é, ao mesmo tempo, (i) facilitar a apreensão do direito, já que eles se tornam sintéticos e intuitivos[774], e (ii) tornar possível

---

[773] Citado por Wieacker, 1993, 422.

[774] "[...] a configuração plástica, adquirida de tal modo [pela síntese conceitual] pela matéria jurídica torna-a acessível à capacidade intuitiva jurídica e, portanto, evita à memória a fadiga de imprimir mecanicamente uma quantidade enorme de normas positivas isoladas" (*ibid.*, 10). Jhering insiste na importância deste elemento plástico e estético da construção conceitual como pedra de toque da sua aderência aos elementos espirituais mais elevados do direito. O apuramento jurídico construtivo produziria uma sensação de gozo estético equivalente – que se experimentaria, por exemplo, na jurisprudência romana –, no plano espiritual, à beleza das mais sofisticadas formas de vida natural (*ibid.*, 11).

a produção de novas soluções jurídicas por meio do desenvolvimento conceitual, do chamado "poder genético dos conceitos".

Ao proceder deste modo, o jurista estaria a adotar um método semelhante ao dos cientistas da natureza que, a partir da observação do real e da elaboração lógica dos resultados dessa observação, extraem princípios gerais subjacentes aos factos empíricos (como a lei da atração universal, a velocidade da luz, as leis que presidem às combinatórias da química). Princípios que, por sua vez, não apenas explicam as observações feitas, mas podem ser ainda logicamente combinados, produzindo novos princípios e teorias que, por seu turno, produzem conhecimentos novos sobre a realidade[775]. Ou seja, princípios que não são apenas verdadeiros do ponto de vista formal, mas são também sínteses da realidade que permitem intuir a sua estrutura mais profunda e também agir sobre ela de forma eficaz e adequada.

No caso do direito, os princípios e conceitos obtidos pelo tratamento formal do material histórico[776] e legislativo de um direito nacional como o alemão seriam princípios como: o princípio da vontade (*Willensprinzip*) no domínio dos negócios jurídicos, o princípio da elasticidade no domínio da propriedade, o da irrecuperabilidade da anulação de um ato jurídico, etc. Estes princípios – que teriam enformado a experiência jurídica do povo alemão e dado forma aos seu sistema de direito – explicariam e gerariam consequências normativas ainda não explícitas, mas virtualmente já contidas no sistema. Por exemplo, a de que devia ser absolutamente garantida a liberdade negocial, a de que ninguém pode ser representado por outrem sem um mandato correspondente, a de que a extinção de um direito real limitado (*v.g.*, uma servidão ou um usufruto) reverte a favor do proprietário da coisa sobre que incidia, a de que um negócio jurídico nulo não pode ter quaisquer consequências (nem sequer aquelas com que as partes ou terceiros, de boa-fé, contavam) nem ter uma eficácia reduzida ou lateral (redução ou conversão de negócios jurídicos). Estas soluções seriam não apenas formalmente lógicas, mas ainda materialmente justas, porque os

---

[775] *I.e.*, permitem antecipar realidade até aí ainda não empiricamente demonstrada, como a existência de Plutão ou dos buracos negros.

[776] Dentre este material histórico, destaca-se o direito romano, que a pandectística volta a tratar como um campo fértil de quadros conceituais e dogmáticos aproveitáveis transtemporalmente. Sobre o romanismo da pandectística, v. Wieacker, 1993, 475 ss.

princípios de que elas decorriam existiriam, de facto, embora a um nível não explícito, na realidade cultural de que o direito se alimentava.

Justamente porque os princípios eram realmente existentes (embora implícitos na miríade de normas de que tinham sido destilados), o jurista, ao formulá-los, não estava a criá-los arbitrariamente, em função dos seus pontos de vista filosóficos, morais ou políticos. Apenas os estava a identificar e descrever, neutralmente, como observador. Por isso, como dizia Bernhardt Windsheid (1817-1892), "considerações de caráter ético, político ou económico não são assuntos próprios dos juristas, enquanto tais". O saber jurídico devia, justamente, garantir a sua cientificidade por meio deste formalismo, ou seja, desta recusa de, na construção jurídica, ultrapassar as preocupações de rigor de observação e de rigor conceitual, envolvendo-se em considerações pessoais sobre a justiça material dos resultados.

Do ponto de vista dos valores subjacentes, este formalismo corresponde ao papel que ao direito é reservado no sistema ético de Kant – ao direito não compete estabelecer padrões éticos de conduta, mas garantir a liberdade que, justamente, possibilita uma avaliação ética das condutas[777]. E, nessa medida, o formalismo conceitualista traduz, do ponto de vista histórico-cultural, uma posição, por um lado, *individualista*, e, por outro, *relativista*.

Individualista, na medida em que os seus dogmas (princípio da existência e primado dos direitos subjetivos, da autonomia da vontade, da ilimitação da propriedade, etc.) decorrem logicamente do princípio – tomado do jusracionalismo individualista (cf., *supra*, 7.3.2.2) – de que a sociedade resulta de uma combinatória de atos de vontade de indivíduos livres e titulares de um direito originário a essa liberdade (*direitos do indivíduo e do cidadão*, na esfera do direito público; *direitos subjetivos*, sobretudo na esfera do direito privado)[778].

---

[777] Cf., em síntese, Wieacker, 1993, 427 (estabelecendo um confronto entre esta nova fundamentação ético-formal e a fundamentação ético-material do direito no período jusracionalista).

[778] É interessante sublinhar esta componente individualista da pandectística, sobretudo porque, de forma oposta, a primeira vaga da Escola Histórica se caracteriza, justamente, por um pensamento transindividualista. O que acontece é que, enquanto o historicismo original adota um organicismo ontológico e institucional (a sociedade *é* um sistema orgânico *de instituições*, no qual os indivíduos estão encerrados), a pandectística entende este organicismo como apenas organicismo epistemológico e conceitual (a sociedade é um conjunto *de indivíduos* que *se deixa descrever* por um sistema orgânico de conceitos). E estes conceitos decorrem do axioma de que existe um indivíduo livre e autodeterminado (que estava já na base do jusracionalismo e que inspirará também a economia clássica).

Relativista e formalista porque, depois do fracasso dos grandes sistemas ético-políticos de base religiosa ou racionalista, a pandectística se limita a atribuir ao poder a função de estabelecer uma *forma* de organização política que melhor possa garantir a liberdade individual (liberalismo). Desistindo de lhe formular um *conteúdo* axiológico, ou seja, de lhe prescrever princípios ético-jurídicos materiais (*i.e.*, dotados de matéria ou conteúdo normativo) que guiem o exercício dessa liberdade. E a atribuir ao saber o papel de observar, descrever e construir sistemas jurídicos existentes, sem ter a pretensão de decidir sobre os valores de cada sistema.

Do ponto de vista sociopolítico, tem-se realçado de que maneira o formalismo da pandectística possibilitou a neutralidade do direito face aos projetos políticos contraditórios da burguesia alemã. Na verdade, os quadros político-ideológicos da pandectística eram muito largos, podendo identificar-se com aquilo que se poderia classificar de liberalismo: defesa da liberdade e igualdade formais do indivíduo e defesa da propriedade, como extensão da liberdade, com os seus corolários dogmáticos (abolição das desigualdades e vinculações corporativas – laborais, estatutárias, familiares – de Antigo Regime, liberdade contratual, liberalização da propriedade em relação a vínculos "feudais", liberalização do trabalho em relação a vínculos corporativos, secularização do direito e, em particular, do direito de família). Praticamente apenas excluíam os projetos políticos estatutário-corporativos de Antigo Regime e os projetos políticos socialistas. Dentro destas margens, a pandectística erigia o seu formalismo e cientificidade como valores supremos, em face dos quais as soluções político-sociais contraditórias podiam ser neutral e objetivamente julgadas.

Este *pathos* da neutralidade e da objetividade, combinado com o *pathos* político estadualista, foi um dos principais fatores de legitimação de uma administração – e também de uma administração judiciária – dirigidas pelo princípio da racionalidade. A nova ética do burocrata e do juiz – tão bem descrita por Max Weber – é justamente moldada por esta ideia de que ao Estado e ao direito compete levar a cabo uma tarefa de racionalização social, avaliando as situações em termos neutrais e objetivos, independentemente dos valores político-sociais em debate e da qualidade das pessoas envolvidas.

Pelos mesmos motivos, o formalismo reagia também contra a instrumentalização do direito pela política e pelo Estado. Fundando-se o saber jurídico numa ordenação formal ou científica da realidade legislativa empírica, a lei, ou seja, a vontade do poder político constituía apenas o objeto de elaboração. Já as categorias dessa elaboração dependiam totalmente do esforço intelectual dos juristas doutrinais. Daí que o saber jurídico não fosse apenas independente do poder, como ainda tivesse legitimidade para impor os seus critérios de processamento doutrinal do material legislativo. Com isto, o direito doutrinal (*Professorenrecht*) readquire a sua tradicional indisponibilidade perante o poder e, de certa forma, pode legitimamente reclamar aquele papel de árbitro entre governantes e governados que se incorporou tão duradouramente na ideologia espontânea dos juristas e na autorrepresentação que eles tinham do seu papel sociopolítico. Foi isto que deu origem à imagem contemporânea de um Estado dirigido por juízes (*Richterstaat*) como ideal de organização.

Independentemente de tudo o que possa haver de formalista e de conservador (e muito havia) nesta ideia de neutralidade e independência do direito e do Estado, o certo é que este legado da pandectística – em que o rigorismo formal do processo de decisão pretendia garantir, só por si, a justeza material dos resultados – marcou decisivamente a cultura política e jurídica dos nossos dias, ao cultivar um estilo de saber jurídico explicitamente separado da discussão política e ideológica, aparentemente limitado a um plano estritamente jurídico de discussão. Os seus críticos disseram que essa neutralidade e apoliticidade era uma mistificação, pois os pressupostos teóricos da pandectística lavavam-na a aceitar acriticamente o direito estabelecido e, ainda por cima, a reforçá-lo com um tratamento teórico que lhe dava uma aparência científica que reforçava a sua autoridade[779].

A pandectística teve uma grande expansão, na Europa e fora dela. Na Europa, está na origem do Código Civil alemão de 1900, a ponto de se ter podido escrever que ele era as *Pandectas* de Windscheid transformadas em parágrafos[780]. Através deste e da doutrina alemã anterior ou subsequente, a pandectística influenciou muito a doutrina e as codificações ulteriores[781]. Mesmo no Extremo Oriente, ela influencia decisivamente

---

[779] A crítica do formalismo jurídico feita pelo marxismo clássico (K. Marx, nomeadamente; v., *infra*, 7.5.6.1) tinha em vista a pandectística.
780 Sobre este código, v., por todos, F. Wieacker, 1993, 536 ss.
[781] É, por exemplo, inegável a influência da doutrina alemã, de raiz pandectística, no *Código Civil português de 1967*, nomeadamente através do magistério, na sua comissão redatora, de Adriano Vaz Serra, Antunes Varela e Pires de Lima. V. Mendonça, 1981.

os projetos de renovação dos direitos chinês[782] e japonês[783] nas primeiras décadas do século XX[784].

7.4.11. Os dogmas do conceitualismo

Dada a influência que vão ter na evolução subsequente da dogmática jurídica contemporânea, é útil destacar alguns dos resultados mais característicos da doutrina pandectística.

(a) *A teoria da subsunção (Subsumptionslehre)*

O primeiro deles é a "teoria da subsunção", ou seja, a teoria segundo a qual a realização da justiça nos casos concretos seria assegurada subsumindo os "factos" ao "direito", nos termos de um raciocínio de tipo silogístico, em que a premissa maior era uma norma genérica de direito e a premissa menor a situação de facto (*Tatbestand*) a resolver[785].

A teoria da subsunção – que conheceu também uma versão legalista em que a premissa maior era a lei – constituía mais uma tradução do ideal de uma regulação geral e abstrata, segura e económica, realizada, porém, à custa da não consideração das particularidades de cada caso. Ela tendia a reduzir a atividade jurisprudencial a uma tarefa automática, simples, mas estéril de aplicação de normas e princípios jurídicos. Porém, teve um importante papel na contenção do arbítrio e do subjetivismo jurisprudencial e, com isto, no reforço da segurança jurídica.

(b) O dogma da *plenitude lógica do ordenamento jurídico*

Embora o conjunto das normas legislativas não cubra todo o campo do juridicamente regulável (*i.e.*, embora o ordenamento legislativo tenha lacunas), o ordenamento jurídico, concebido como sistema conceitual, já o cobriria. Na verdade, o caráter geral dos conceitos construídos a partir das normas de um ordenamento jurídico e a possibilidade de, por meio de operações lógicas, obter deles outros conceitos, torna-os elásticos. Construído o sistema das normas e definidas as suas regras de transformação (a sua

---

[782] Os "cinco códigos" da República de Nanquim (1925-1929) são bastante influenciados pelo *BGB*.
[783] V. Röhl, 1959; Kigatawa, 1966.
[784] Sobre a expansão mundial da pandectística, v. Schwartz, 1935, 425 ss.
[785] Referência bibliográfica básica: Latorre, 1978, 102-104; Wieacker, 1993, 494-497; Kaufmann, 1994, 293 ss.

"gramática generativa"), poder-se-ia projetá-lo sobre qualquer caso jurídico imaginável, por meio de uma jurisprudência "criadora" ou "construtiva".

Assim, ao juiz (que não poderia deixar de decidir com fundamento em que não existia direito aplicável) ficava vedada, mesmo perante a existência de uma falha da norma geral de resolução de conflitos, de uma lacuna da lei, a avaliação do caso concreto segundo critérios particulares de valoração, dependentes da sua discricionariedade (*judicial discretion*). O que ele devia fazer, nesse caso, era subir ainda um degrau na escada da generalização e estender, a partir dos princípios que sintetizavam o conjunto das normas do ordenamento jurídico, o espírito sistemático deste, de modo a cobrir o caso *sub judice*[786]. Se a norma geral e abstrata já era uma generalização formalista que desconsiderava as particularidades dos casos concretos da vida, os princípios gerais do ordenamento jurídico ainda o eram mais.

(c) A interpretação "objetivista"

A ideia de que o direito formava um sistema coerente de conceitos, extraídos do material legislativo empírico, fazia com que o sentido decisivo das normas jurídicas fosse o seu sentido sistemático. Por isso, o sentido de qualquer norma decorria da sua referência ao sistema normativo em que se integrasse. O formalismo consistia, aqui, em que se ignorava mais um momento histórico concreto da regulação – ou seja, o da ponderação de interesses e valores que tinha sido feita, em circunstância precisas, pelo legislador.

Enquanto o positivismo legalista propunha uma interpretação da lei de acordo com as intenções do seu legislador histórico, o positivismo conceitualista propõe o recurso à ficção abstrata de um legislador "razoável", *i.e.*, de um legislador que vai integrando ("rescrevendo", "reinterpretando") continuamente cada uma das normas no seu contexto sistemático, de modo a que o ordenamento jurídico – de facto constituído por uma miríade de normas contraditórias – conserve sempre a sua integridade e coerência como sistema conceitual. O sentido da norma decorre, assim, não de intenções subjetivas (do seu legislador histórico), mas dos sentidos objetivos do

---

[786] Referência bibliográfica básica: Latorre, 1978, 100-102; Wieacker, 1993, 497-499; Kaufmann, 1994, 163 ss.

ordenamento jurídico no seu todo, embora com particular incidência na norma que está a ser interpretada[787].

7.4.12. O apogeu do formalismo modernista. A Teoria Pura do Direito

Qualquer das correntes do pensamento jurídico oitocentista que temos referido constituem manifestações de formalismo jurídico. Realmente, esforçam-se por excluir do saber jurídico quaisquer reflexões que incluem opções de natureza política ou social. Estas pertenceriam a um momento anterior ao direito, ao processo de feitura do direito, em que os legisladores consideravam os motivos políticos das normas como lhes cabia no modelo de separação dos poderes. Criado o direito, os juristas podiam abstrair desse momentos "impuros" e dedicar-se apenas a argumentos relativos aos aspetos formais do direito (foi editado pela autoridade juridicamente competente? foram cumpridos os processos juridicamente prescritos? foi usada a forma obrigatória segundo o direito?). Há outras reflexões que já pertencem a um momento posterior ao direito, a uma apreciação *ex post facto* sobre a bondade (moralidade, utilidade, conformidade com a natureza) do direito. Novamente, criado o direito, os juristas não poderiam, enquanto juristas, apreciar a sua validade ou legitimidade *extrajurídica*. De uma forma ou de outra, o direito é tido como constituindo uma ordem que se legitima a si mesma, cuja validade não depende de outra ordem de valores e que, portanto, não é reduzida a algo estranho a si mesma. A expressão "formalismo" refere justamente isto de que os requisitos de validade do direito têm a ver apenas com requisitos formais estabelecidos pelo próprio direito[788]. Em contrapartida, requisitos relativos ao conteúdo

---

[787] Kaufmann, 1994, 142 ss.

[788] Sobre o conceito, v. a boa síntese de Duncan Kennedy (Kennedy, 2001): "A system is procedurally formalist to the extent that it makes the success of a substantive legal claim depend on following procedural rules [...]. It is transactionally formalist to the extent that it requires specific formalities for transactions such as contracts or marriages [...]. It is administratively formalist to the extent that it surrounds the exercise of state power with procedural and transactional formalities [...]. Rule formalism is a general preference for rules over standards [...]. A different descriptive use of the term legal formalism refers to a range of techniques of legal interpretation based on the meaning of norms (whether established privately, as in contracts, or publicly, as in statutes), and refusing reference to the norms' purposes, the general policies underlying the legal order, or the extrajuristic preferences of the interpreter [...]. Interpretation positing gaplessness requires the interpreter to apply in every case, according to their meanings, the legal norms he or she can derive textually, conceptually, or

das normas, à sua matéria, transportariam as questões acerca da validade do direito para outros domínios normativos (como a religião, a moral, a política) e, com isso, afetariam a autonomia do direito.

Em todo o caso, esta separação entre a forma do direito e a matéria da política era, afinal, incompleta, porque, se se perguntasse pelas razões das escolhas feitas nas normas, a um certo ponto, no momento final da investigação, em que se perguntasse pela razão última de certa norma legal ou constitucional, ou de certo princípio geral do direito, tinha de se responder explicando a razão de ser política ("oportunidade", "justiça", "evidência racional") ou moral que tinha levado ao estabelecimento dessa primeira norma ou que tinha dado legitimidade aos legisladores ("representantes do povo") ou aos juristas ("especialistas em direito") para a estabelecer. Caía-se na política. Foi este dilema que Hans Kelsen procurou resolver, com a sua "teoria pura do direito" (*reine Rechtslehre*)[789].

Hans Kelsen (1881-1973)[790] procurou colmatar esta "impureza" da teoria do direito, salvaguardando a autonomia deste e impedindo que, em última instância, a discussão jurídica se transformasse numa discussão não jurídica. O direito seria um sistema específico de normas, cujo fundamento não se devia ir buscar nem noutros sistemas normativos, como a religião, a moral, nem também na ordem dos factos (por exemplo, na política, na utilidade, na organização espontânea das coisas). Ou seja, uma norma jurídica não teria vigência por ser moral ou útil, mas porque, e apenas porque, era uma norma jurídica, *i.e.*, uma norma conforme ao direito. Ser conforme ao direito era, afinal, ser obrigatória em virtude da disposição de uma outra norma jurídica, que atribuía competência a certo órgão para estabelecer direito; que o obrigava a seguir certo processo para isto; bem como a dar uma certa forma à norma em questão. Daí que o direito

through precedent; it categorically forbids reference to purposes and policies (Weber, 1954). A final descriptive use of the term formalism in legal discourse refers to theories that purport to derive particular rules of law, or prohibitions on adopting particular rules, from a small group of internally consistent abstract principles and concepts (e.g., corrective justice, fault) understood as morally binding on legal actors [...]".

[789] Explorando este tema da pureza e impureza da teoria do direito na história da cultura jurídica ocidental, v. o importante livro de Diego Lopez Medina (Medina, 2004).

[790] No auge da sua carreira, sendo professor em Colónia, foi expulso da universidade por ser judeu. Apenas 1 dos seus 7 colegas de faculdade não se solidarizou com ele: Carl Schmitt, uma estrela ascendente da teoria jurídica nazi, cuja vinda para Colónia Kelsen patrocinara. Principal texto: Kelsen, 1960. Sobre Kelsen (para rápida revisão: http://plato.stanford.edu/entries/lawphil-theory/).

constituísse uma pirâmide normativa (*Stufentheorie*), no topo da qual se encontra a Constituição. Mas como a própria Constituição necessitava de um fundamento jurídico, a construção teórica de Kelsen obrigava a pressupor uma "norma fundamental" (*Grundnorm*), que validava a Constituição. Chegado aqui, Kelsen escolhe a solução mais óbvia: a validade da Constituição é pressuposta; ou seja, o que valida a Constituição é uma norma que *manda pressupor a validade da Constituição*. Existe ainda um problema suplementar: mas, deve pressupor-se a validade de qualquer Constituição (pode haver várias a reclamar essa qualidade, por exemplo, depois de um golpe de Estado...)? A única resposta que parece possível é a de exigir que a validade da ordem jurídica que decorre da Constituição seja tida geralmente como válida (*i.e.*, goze de efetividade). Há quem diga que, neste ponto, Kelsen abandona o formalismo, pois o juízo de efetividade não é um juízo jurídico, não depende de uma norma, mas sim de um facto empírico. O formalismo ter-se-ia finalmente rendido ao realismo. Todavia, este é o preço que se tem de pagar para manter o formalismo normativo, evitando cair em discussões metajurídicas sobre valores. Quaisquer que sejam os valores que ela consagra, a Constituição é válida se for geralmente[791] tida como tal. É neste sentido que a posição de Kelsen representa uma forma de relativismo[792].

Assente a validade da norma fundamental e da Constituição, todas as restantes normas daquele sistema jurídico são válidas, sem que haja que perguntar mais nada a não ser se elas pertencem ao sistema, por estarem de acordo com as normas sucessivamente superiores. Cada norma tem uma parte diretamente determinada pela norma superior e outra parte apenas relativamente determinada por ela, pois entre cada degrau do sistema jurídico e o degrau abaixo há um espaço de especificação que tem

---

[791] Não "democraticamente"; não "por causa da sua evidência racional"; não "por corresponder a um juízo *a priori*"; apenas... porque sim.

[792] Há um elemento suplementar de relativismo na teoria de Kelsen. Podemos descrever um sistema de normas sem optarmos por lhe conferir validade: por exemplo, um historiador do direito descrever sistemas jurídicos do passado sem lhes atribuir validade atual. Fá-lo porque não supõe, em relação a eles, a norma fundamental e, por isso, não pressupõe a validade para o seu próprio ponto de vista das suas normas constitucionais. A pressuposição da validade da Constituição é, assim, opcional; mas, tomada esta opção, passamos de uma perspetiva puramente descritiva do sistema jurídico para uma perspetiva normativa. Ou seja, a natureza jurídica de um direito é relativa à perspetiva do discurso sobre ele.

de ser preenchido, escolhendo discricionariamente uma de várias opções de concretização da norma superior. No entanto, este espaço de discricionariedade também depende da norma superior, na medida em que esta determina a competência, o processo e a forma a que deve obedecer essa tarefa de concretização. Esta combinação de determinação direta (material) e de determinação apenas indireta (ou meramente formal) existe desde a concretização da Constituição em leis ordinárias até à concretização de outras normas de menor hierarquia em normas absolutamente concretas como são as decisões judiciais[793].

A teoria pura do direito teve a virtude de, num período de intenso debate político-ideológico (os anos 30 a 50 do século XX), ter sublinhado a autonomia do saber jurídico, a sua natureza formal e a sua indisponibilidade em relação a pontos de vista de natureza filosófica ou ideológica. Em certa medida, esses pontos de vista estavam fora do direito, apenas podendo ser constatados pelo jurista, quando ele pressupunha a validade (a aceitação generalizada) da Constituição, na base da efetividade do sistema jurídico que ela fundava. A partir daqui, a validade jurídica é puramente formal, decorrendo de valores internos ao discurso do direito, valores puramente formais (ou seja, de pura natureza jurídica) que a vontade política ou a utilidade social não podem substituir. Kelsen aparece como um constitucionalista, proclamando a supremacia da Constituição estabelecida e a sua inderrogabilidade pela vontade do poder; na sua época, a época do primeiro constitucionalismo alemão democraticamente estabelecido (Constituição de Weimar), em que havia uma forte tendência para legitimar o direito a partir das decisões do puro poder ("decisionismo"), Kelsen representa a defesa do direito estabelecido contra a sua subversão pela política autoritária. Assim, o seu formalismo significa a recusa de deixar que a validação do direito decorra de pontos de vista filosóficos ou políticos cuja efetividade (consensualidade, aceitação) era menor do que a da Constituição.

Embora se possa acusar a teoria pura do direito de aceitar como direito tudo o que provém da vontade do Estado, o certo é que o seu sentido mais profundo é o de constituir um manifesto contra os totalitarismos políticos do seu tempo, que, num sentido ou noutro, procuravam funcionalizar o direito em relação às conveniências do poder, legitimando-o a partir de considerações políticas, como o domínio de classe (estalinismo) ou as

---

[793] Himma, 1999.

necessidades vitais de uma raça (nacional-socialismo), independentemente da aceitação que estes pontos de vista efetivamente tivessem.

A teoria pura do direito teve uma larga receção fora da Alemanha, justamente pelo seu formalismo. Por um lado, ela permitia aplicar-se a qualquer direito estabelecido, independentemente do seu conteúdo valorativo (político, moral, religioso). Por outro lado, sublinhava um traço muito apreciado pela cultura jurídica moderna – a sua "cientificidade", a sua capacidade de "pensar em geral", de forma neutral. E, por fim, ela reforçava o prestígio (capital simbólico) dos juristas, que se colocavam num plano superior ao da polémica política, como cientistas puros.

4.4.12.1. O modernismo jurídico português e brasileiro no século XIX

A política estadualista do Iluminismo – que coincide com o consulado do Marquês de Pombal – enfatiza o papel da lei no quadro das fontes de direito, insistindo sobre a sua supremacia sobre as restantes e limitando, nomeadamente a possibilidade de, por via jurisprudencial, se estabelecerem normas jurídicas genéricas[794]. Em todo o caso, o fracasso da elaboração de um código atualizado, tanto por ocasião do projeto do *Novo Código*, como, depois, já nos primeiros anos do liberalismo, fez com que o tópico legalista – ainda assim bastante temperado pelo coetâneo tópico jusracionalista – não pudesse ter realização.

No "Prefácio" às suas *Instituições de direito civil português* (Coimbra, 1848), Manuel Coelho da Rocha (1793-1850) constatava esta impossibilidade do positivismo legalista: "Não se trata de explicar um código, porque não o temos, nem de reduzir a síntese ou desenvolver os princípios fixos e constantes de um sistema coerente, porque não o há na nossa legislação civil." Neste contexto, a permanência do doutrinarismo jusracionalista dos finais do século XVIII (Martini, Heineccius, Thomasius, Wollf), combinado com a invocação direta dos modernos códigos estrangeiros e da doutrina sobre eles construída, permitida pela Lei da Boa Razão, mantém-se até 1867[795].

---

[794] Os "estilos" ou praxes de julgar deixam de ter força vinculativa. Quanto aos "assentos", normas de aplicação vinculativa estabelecidas por um tribunal a propósito de um caso concreto (cf. *Ord. Fil.*, I, 5, 5), restringem-se agora aos do primeiro tribunal de justiça do reino, a *Casa da Suplicação* (Lei da Boa Razão, 18/8/1769). E, embora não aplicada, mantinha-se a ordenação que mandava recorrer ao rei no caso de dificuldade na interpretação ou integração das lacunas (L. 18/8/1769, § 11; *Ord. Fil.*, III, 64, 2).

[795] Cf. Hespanha, 2010.

Acresce que, no plano cultural, o legalismo convive com várias modalidades de jusnaturalismo e de romantismo, que desvalorizavam a vontade do legislador perante os dados objetivos das tradições, do espírito do povo, das formas naturais de organização das sociedades. Acreditando-se que estas realidades normativas faziam parte dos saberes agrupados sob a etiqueta de "ciências morais e políticas", a que a jurisprudência pertenceria, há muito quem entenda que compete aos jurisconsultos, mais do que aos legisladores impreparados, declarar o direito.

A combinação da falta de leis não obsoletas, produto dos órgãos representativos, com esta reinstalação da ideia de que dizer o direito é, antes de mais, uma prerrogativa de pessoas dotadas de uma autoridade técnica, faz com que, durante o século XIX, o saber jurídico retome uma enorme centralidade na declaração do direito, tanto em Portugal, como no Brasil.

As mudanças políticas, num país e no outro, tinham sido fundamentalmente pensadas por bacharéis em direito, na base de textos jurídicos que, ensinados ou divulgados nas Faculdades jurídicas de Coimbra, tinham passado a ser a cartilha dos revolucionários e os modelos para o novo Estado e para o novo direito. A presença destes bacharéis coimbrões reformadores ou revolucionários, frequentemente ligados à maçonaria, nota-se de um lado e de outro do Atlântico.

Depois da Independência, o Brasil cria as suas próprias escolas de direito, com a cautela de que isso não pulverizasse a harmonia ideológica que a comum pertença à academia de Coimbra tinha garantido até então. A Carta de lei de 11 de agosto de 1827 instituiu os cursos de direito em São Paulo e Olinda (transferido para o Recife, em 1854)[796]. A matriz coimbrã não se alterava muito: a formação jurídica continuava a assentar num caldo jusnaturalista (direito natural, direito público universal, direito das gentes), agora combinado com a influência da doutrina francesa do primeiro quartel do século XIX, e com o novo direito do reino[797] (análise da Constituição do império, direito civil pátrio). A reforma do ensino jurídico em Coimbra, em 1835, segue um modelo semelhante. De acordo com a visão tradicional, as duas Faculdades brasileiras teriam criado, porém, perfis próprios. Em São Paulo, teria triunfado um estilo mais mundano e oratório

---

[796] Mais tarde, surgem novas Faculdades de Direito: a primeira foi a da Baía (1891).
[797] Nomeadamente: Constituição de 1824, Código Criminal de 1830, Código de Processo Penal de 1832, Código Comercial de 1850.

(Rui Barbosa, que passou por um e outro centro académico), em que o cultivo do direito se combinava com a intervenção cívica e política, ou com a prática dos negócios e do foro. Ao passo que em Pernambuco se teria mantido um tom mais académico, reforçado com a influência da doutrina jurídica alemã, veiculada por Tobias Barreto (1839-1899), que propunha um estudo menos formalista (legalista) e mais interdisciplinar do direito, um pouco nos moldes do que era proposto pelo romantismo alemão (e europeu, em geral)[798]. Assim, enquanto em São Paulo se teriam formado burocratas e políticos[799], em Pernambuco teriam dominado os teóricos do direito[800], menos vinculados a interesses políticos e económicos concretos. Estes pontos de vista começam a ser postos em causa, sobretudo porque, também na Europa, se caracteriza por um grande sincretismo de inspirações doutrinais e, sobretudo, porque nele domina um discurso declamatório, cheio de artifícios literários, que foi muito bem caracterizado, para a Espanha, por Carlos Petit[801]. Num lado ou noutro, porém, o direito estava envolvido numa aura de ciência especulativa, cujas intenções iam muito além da exegese das leis.

As manifestações expressas de influência da vertente historicista da Escola Histórica Alemã não são abundantes. Em todo o caso, existe um certo parentesco, é certo que por vezes superficial, entre ela e algumas das propostas da literatura jurídica dominante até meados do século XIX, quer em Portugal, quer no Brasil.

Por um lado, o reformismo político dos finais do século XVIII e inícios do século XIX, pelo menos numa das suas correntes, invocava a tradição como fundamento das reformas que propunha[802]. No entanto, tratava-se de um tradicionalismo de Antigo Regime, baseado no respeito de um passado fixado numa ordem de direitos adquiridos e, nessa medida, estático. E não de um tradicionalismo como o historicista, baseado antes no conceito de evolução orgânica, em que o passado é apenas a manifestação histórica – e a superar – de uma realidade nacional passada, presente e futura.

---

[798] Embora vá evoluindo no sentido do positivismo organicista.
[799] Carlos Carneiro de Campos (1805-1878), Lafayette Rodrigues Pereira (1834-1917), Prudente de Morais (1841-1902), Rui Barbosa (1849-1923). Cf. Abreu, 1988; Coelho, 1999.
[800] Teixeira de Freitas, Tobias Barreto, Clóvis Beviláqua.
[801] Petit, 2000. Problematizando *clichés* historiográficos sobre as Faculdades jurídicas brasileiras mais antigas, Schwarcz, 1993, 141 ss.; Afonso, 2002, 133 ss.
[802] Cf. Hespanha, 1982a.

Por outro lado, a inexistência de codificações modernas atribui à doutrina um papel preponderante na revelação do direito. Coelho da Rocha constata que, perante a inexistência de fontes legislativas atualizadas, "o escritor [...] é obrigado a tomar a vez do legislador: tem de formar o plano; tem de fazer a seleção das doutrinas; e tem de redigir até as ultimas ilações". No entanto, nota-se um certo constrangimento nesta liberdade doutrinária: "Esta tarefa complicada [selecionar a solução jurídica no universo contraditório do direito tradicional] colocava-nos em um estado de perplexidade: ou (porque o não havemos de confessar?) dava-nos uma arbitrariedade, que sendo vantagem em outros géneros de escritos, é um verdadeiro embaraço nos de direito positivo, em que a razão se deve ocupar antes de coligir, concordar e filiar os princípios já fixados pelas leis, do que de os escolher e discutir."[803]. Realmente, o autor, adepto do novo sistema representativo, estava bem consciente de que, doravante, a criação do direito não era mais uma tarefa para os juristas, mas antes para os legisladores.

Onde a comunidade de espírito é maior é no domínio da historiografia e das suas funções político-dogmáticas. Realmente, Alexandre Herculano não apenas se propõe, em Portugal, a realizar os objetivos de disponibilização de fontes históricas que os historiadores da Escola Histórica Alemã tinham realizado na Alemanha[804], como se inspira na história pátria ao fazer propostas de reorganização do país[805]. De certo modo, o mesmo acontece, no campo do direito, com Coelho da Rocha. Não só existe uma certa continuidade entre o seu *Ensaio sobre a história da legislação e governo de Portugal* (1841) e as *Instituições de direito civil* (1848), como estas estão cheias de notas e excursos históricos que fundamentam as soluções propostas.

Em todo o caso, a doutrina dominante continua a sofrer uma forte influência do jusracionalismo, embora numa versão menos individualista e contratualista e, portanto, mais atenta aos tópicos transpersonalistas e tradicionalistas que caracterizam o historicismo alemão. E, por isso, é preciso esperar pelas influências do positivismo sociológico para encontrar os ingredientes (organicismo, evolucionismo, atenção ao direito espontâneo) que, na Alemanha, a Escola Histórica já tinha avançado.

---

[803] Manuel Coelho da Rocha, "Prefácio" às *Instituições de direito civil português*, Coimbra, 1848.
[804] Ao editar, *v.g.*, os *Portugalliae monumenta historica* (ab 1856).
[805] Cf. Merêa, 1941; Saraiva, 1977; sobre o contexto romântico, organicista e nacionalista desta geração cultural portuguesa, v. Catroga, 1996.

No Brasil[806], a situação não é muito diferente. Em geral, o mundo cultural está dominado por uma filosofia eclética, de fundo espiritualista, na qual se combinam as influências tomistas, jusracionalistas ou do novo romantismo. O direito pertenceria a um mundo espiritual e valorativo, sem referência ao qual não fazia sentido. As concretizações desta ideia oscilavam entre um discurso jurídico quase literário, emotivo – que caracterizou um estilo oratório com tradições na cultura social e política do Segundo Império –, e metodologias jurídicas com referências mais próximas do romantismo alemão, que procuravam o direito na tradição letrada romano-lusitana, corporizada no uso do direito romano feito pela literatura jurídica portuguesa mais tradicional – os "praxistas" seiscentistas e setecentistas. Esta era a posição de Augusto Teixeira de Freitas (1816-1883), um dos mais ilustres juristas brasileiros do século XIX. O seu projeto para uma codificação do direito civil brasileiro procurava nesta tradição de um uso moderno lusitano do direito romano um baluarte contra a desnacionalização do direito brasileiro provocada por uma receção de soluções sem legitimação tradicional, como seriam as do jusracionalismo iluminista ou, ainda mais, as do *Code civil*[807]. Semelhante é a posição de Lourenço Trigo de Loureiro[808] – o autor das primeiras instituições de direito civil brasileiro, *Instituições de direito civil brasileiro* (1ª ed. 1851)[809-810] – que, tendo como ponte o Código da Prússia e o *usus modernus* alemão, reatavam com a tradição da praxística portuguesa dos séculos XVII e XVIII, recusando, por isso, tanto o programa de rutura da Lei da Boa Razão e da reforma pombalina, como

---

[806] Cf. Fonseca, 2001, 2005, 2006; Costa, 1999.

[807] Sobre Augusto Teixeira de Freitas, cf. Flores, 2006; http://pt.wikipedia.org/wiki/Augusto_Teixeira_de_Freitas (v. bibliografia); http://www.teses.usp.br/teses/disponiveis/2/2131/tde-31102006-172941/pt-br.php. Para o Brasil: além de um texto provisório, recente e meritório, de Marcelo Dalmás Torelly (disponível, sob reserva, na Internet), (síntese em http://www.sbpcnet.org.br/livro/58ra/SENIOR/RESUMOS/resumo_353.html), Wald, 2009; Oliveira, 1978.

[808] 1793-1870, nasceu em Viseu, iniciou os estudos de direito em Coimbra; foi para o Brasil aquando das Invasões Francesas. Retomou os estudos jurídicos em Olinda, onde se graduou em 1832, doutorando-se em 1833, e seguiu a carreira docente na sua escola, onde se tornou catedrático em 1852. As *Instituições [...]*, precederam a *Consolidação das Leis Civis*, de Teixeira de Freitas (1858).

[809] Disponíveis *on line*, com outros textos importantes da civilística brasileira, em http://www.civilistica.com.br/link0201.html.

[810] Pouco posteriores (1865) são as *Instituições de direito civil brasileiro. Parte geral*, de Antônio Joaquim Ribas (1820-?), professor da Faculdade de Direito de São Paulo desde 1840.

O DIREITO MODERNO

o programa de inovação do *Code civil*. Nesta obra, mantém-se forte a influência da doutrina portuguesa, nomeadamente do *Digesto portuguez*[811] de J. H. Correia Telles e de Coelho da Rocha. Mas há diferenças importantes na matriz das referências doutrinais. A primeira é que a tradição romanística e as *Ordenações* (as fontes, formalmente, "legais") ganham um impacto maior do que na doutrina portuguesa, como se à doutrina iluminista, vaga e estranha à tradição local, se preferisse a segurança de uma lei positiva e habitual. A moderna legislação estrangeira é pouco usada, possivelmente também em virtude de uma pré-compreensão acerca das especificidades do Brasil e dos costumes e génio das gentes de um outro hemisfério. Em suma, Lourenço Trigo Loureiro, para além de porventura menos elaborado, é mais claramente legalista[812]. E, embora realce, justamente, a diminuta contribuição das *Ordenações* para o direito civil[813], na verdade usa-as mais intensamente do que um português, como Coelho da Rocha. O mesmo acontece com o direito romano, que usa mais abundantemente do que os seus contemporâneos portugueses e que considera que "constitui entre nós a mais copiosa fonte subsidiária da nossa jurisprudência civil, já porque as *Ordenações* expressamente o mandam observar em muitos casos, já porque a citada lei de 18 de agosto de 1769 o declarou subsidiário do direito pátrio nos casos omissos nele, ou incompletamente providenciados, uma vez que, na espécie sujeita, ele seja conforme a boa razão, ou direito natural, e não se baseie em motivos supersticiosos, e peculiares ao povo romano, ou em costumes, máximas, ou princípios rejeitados pela civilização moderna. [...]" (*ibid.*, I, 27-28). Relativamente aos códigos modernos,

---

[811] *Digesto portuguez ou Tratado dos direitos e obrigações civis [...] para servir de subsidio ao novo Código Civil*, Coimbra, Imprensa da Universidade, 1835. A sua adoção como Código Civil chegou a ser proposta no Brasil.

[812] "O direito positivo de uma nação, considerado em relação ao modo da sua introdução, e as fontes próximas, donde deriva, repousa, parte sobre as leis expressas do poder soberano do estado, e estas constituem o *direito escrito*, e parte sobre os usos e costumes, os quais, dadas certas circunstâncias, formam o direito não escrito, chamado *consuetudinário*, ou *costumeiro*" (*Introd*. I, 18). O resto era direito "sem força de lei", subsidiário (*ibid.*, I, 24), a que, todavia, se tinha de lançar mão, "que o Brasil ainda se rege, seja, além da desordenada, sem sistema, e sem nexo, e omissa, ou defeituosa em uma infinidade de assuntos da ciência legislativa", convindo, por isso, "indicar as fontes a que devemos recorrer, enquanto não tivermos um Código Civil, que nos dispense da necessidade de recorrermos a fontes estranhas" (*ibid.*, I, 24).

[813] "A parte delas, respetiva ao direito civil, acha-se quase toda no Livro 4.º, ainda que sem sistema, sem ordem, sem nexo, e muito incompletamente" (*Instituições [...]*, I, I, 14).

as suas intenções expressas vão muito mais além do que a sua prática de citar. Embora lhes dê relevo, como fontes de direito subsidiário[814], remete muito pouco para eles.

Não pode deixar de ser dito que, ao lado desta cultura jurídica letrada, existia, mesmo nos grandes centros do império – como Rio de Janeiro, Salvador e São Paulo – uma cultura jurídica semipopular, personificada nos "rábulas", pessoas com pouca ou nenhuma cultura jurídica formal, mas de palavra hábil. Para quem não tinha acesso à advocacia cara, os rábulas tornaram-se um recurso por vezes muito eficiente. Muito integrados nos meios populares de litigantes pobres, com algum magro conhecimento do estilo da arenga forense, exímios na manipulação dos sentimentos, usando dos meios processuais de forma anárquica mas eficiente, acabavam por obter sucesso perante tribunais letrados ou de júri. Em São Paulo – porventura noutros sítios também – foi notável a sua ação judiciária a favor de escravos que pretendiam a liberdade[815].

O lento surgir dos códigos reorienta a doutrina de novo para a lei.

Em Portugal, isto é claro com a aprovação do Código Civil de 1867 (Visconde de Seabra). Depois dele, instaura-se, de facto, uma orientação exegética. No ensino universitário, isto traduz-se pela adoção do texto do código como manual, mesmo para as cadeiras de índole filosófica e histórica. Surgem os grandes comentários aos principais códigos[816]. Embora declarando que isto vale apenas para os comentários à lei, o autor do principal destes comentários (*Codigo Civil portugez annotado*, 1870), José Dias Ferreira exprime bem esta intenção puramente exegética da doutrina: "Nós limitámos o nosso propósito a explicar o que está nos artigos, e o modo como deve ser executado e completado o preceito da lei, conquanto não

---

[814] "§ XLII. Das Leis das nações modernas. XI. Finalmente as leis, e Códigos mais acreditados das Nações modernas, que também nos servem de fontes subsidiárias do Direito Civil, já como objeto, ou termos de comparação entre elas, e o Direito Romano, para escolhermos os melhor, já como meios subsidiários, e supletórios das lacunas das leis pátrias, em que elas merecem a preferência sobre o Direito Romano" (*Instituições*, I, 27-28). Mas não refere que, tal como o direito romano, também eles colhiam a sua força da própria lei pátria – a Lei da Boa Razão – que justamente lhes atribuía uma função de pedra de contraste da bondade do direito romano.

[815] Azevedo, 2010; em geral sobre os rábulas, Moraes, 1989.

[816] Para o Código Penal, o de Levy Maria Jordão (1831-1875); para o Código Civil, o de José Dias Ferreira (1837-1909); para o Código de Processo Civil, os deste e de Alves de Sá (1849-1916); para o Código Comercial, o de Diogo Forjaz.

poucas vezes dêmos a razão da lei, e emitamos o nosso juízo sobre o modo de a melhorar [...] Quem recorre aos comentários das leis o que deseja principalmente saber é o que está na lei, e como pode ser executada e preenchida a sua provisão; e, quando muito, procura alcançar também a razão da lei. Tudo o mais pode ser útil e conveniente segundo os fins e as circunstâncias; mas é dispensável para quem pretende unicamente conhecer e executar a lei" (xi). E, fundamentalmente, era este último o objetivo dos juristas[817].

No Brasil, o código só surgirá muito mais tarde, em 1916, já como um produto do formalismo da pandectística. Desde o magistério de Teixeira de Freitas que se procurava um sistema que se adequasse a um "código genuinamente brasileiro" (Almeida, 1927, 173); o próprio jurista baiano procurara esboçar isso ao "consolidar" as leis civis, de modo a identificar aquilo que estivesse solidamente ancorado na prática jurídica brasileira. A escolha final de Clóvis Beviláqua (1859-1944)[818], um comparatista com uma formação sociologista confessadamente atraído por uma conceção organicista do direito, visaria facilitar essa invenção de um sistema jurídico que, pela sua adequação ao espírito brasileiro, garantisse a durabilidade do código.

A segunda metade do século XIX representa a ascensão de uma visão conceitual e sistemática do direito.

Em Portugal, a influência da pandectística pode já ser detetada em autores dos meados do século XIX, que salientam a necessidade de trabalhar de forma sistemática os dados do direito positivo, como acontece com Coelho da Rocha, um autor tocado pelo espírito da Escola Histórica. Durante a segunda metade do século XIX, a lição de Bluntschli, um representante suíço da pandectística, tem uma grande influência no ensino universitário. Mas o ato inaugural de um construtivismo de tipo pandectista é a publicação, em 1907, das *Instituições de direito civil português*, de Guilherme Moreira, ao propor como critério de resolução jurídica, os "princípios gerais de direito", entendidos como aqueles "que dominam as normas relativas a uma instituição ou determinado grupo de relações sociais"[819]. De igual modo, estão aí bem presentes as ideias de organicidade, sistematicidade

---

[817] Sobre a evolução da doutrina jurídica em Portugal nesta época, v. bibliografia em Gilissen, 1988, 521 (nota do tradutor); Hespanha, 2004, vários lugares; sobre a doutrina administrativista, Hespanha, 2006a; sobre a doutrina penalista, Hespanha, 2007d.
[818] Cf. Meira, 1990.
[819] *Instituições...*, Coimbra, 1907, 33.

e produtividade da ordem jurídico-conceitual[820]. Mais tarde, já como reação contra o positivismo sociológico (cf., *infra*, 7.5.5), Luís Cabral de Moncada insiste de novo na ideia de que o saber jurídico é, antes de tudo, "uma ciência toda feita de abstrações, de conceitos abstratos e delicados, ligados uns aos outros por uma lógica *sui generis*"[821].

No domínio do direito público[822], a influência do "método jurídico", de P. Laband (1838-1918), G. Jellinek (1851-1911) e O. Mayer, foi retardada pelo impacto do sociologismo nos finais do século XIX e princípios do século XX[823] e pela desconfiança em relação ao seu fundo político, pois havia quem visse no "método jurídico" um reflexo do autoritarismo político do Império de Bismarck[824]. Mas é justamente a sua adoção, como base de reação antissociológica, por uma nova geração de juspublicistas (Fezas Vital, Carlos Moreira, Afonso Queiró, Marcelo Caetano), ativos nos anos 20 e 30, que renova o panorama do direito e lhe dá uma certa unidade durante cerca de cinquenta anos[825]. Para estes, a construção jurídica do Estado não deve ser influenciada pelos aspetos políticos ou sociológicos, devendo ater--se exclusivamente a categorias conceituais do direito. O "método" deve sobrepor-se à "política". "Que argumentos!" – exclama Marcelo Caetano perante as críticas "políticas" dirigidas ao "método jurídico" (cf. a nota

---

[820] "O direito vigente deve ter em si mesmo, como organismo vivo, a força suficiente para regular todas as relações, incluindo as que não foram previstas pelo legislador. São portanto os princípios em que assenta esse direito e que o enformam que devem constituir fundamentalmente o direito subsidiário" (*ibid.*).
[821] *Lições de direito civil (parte geral)*, Coimbra, 1932, I, 7; v., ainda, a sua apreciação do logicismo conceitualista na interpretação da lei (*ibid.*, 174 ss.). Em todo o caso, Cabral de Moncada distancia-se, noutras obras, deste formalismo, ao conceber os sistemas jurídicos como integrados também por elementos instintivos e imaginativos, aproximando-se, então, tanto do historicismo como do idealismo alemão; v., neste sentido, o seu artigo "O «século XVIII» na legislação de Pombal", em *Bol. Fac. Dir. Coimbra*, 9 (1925-1926), 167 ss.
[822] V. Hespanha, 2004, *maxime* 289 ss.
[823] Na perspetiva sociologista (v., *infra*, 4), este isolamento dos momentos jurídicos do seu contexto social correspondia a uma forma de "metafísica" e de "anti-historicismo". Tal é a crítica que lhe é dirigida por Alberto dos Reis e Marnoco e Sousa, no seu relatório sobre o estado do ensino do direito (*A Faculdade de Direito e o seu ensino*, Coimbra, 1907, 31 ss.).
[824] Na medida em que identificava o direito com o Estado e negava a existência de direitos subjetivos públicos; cf. A. Cunha Saraiva, *A construção jurídica do Estado*, Coimbra, 1912, I, 391 ss.
[825] Sobre isto, v. as referências que faço em Gilissen, 1988, 520 ss., bem como os exemplos textuais aí incluídos (nomeadamente, para o direito público, os de Fezas Vital e de Marcelo Caetano).

anterior) – "E é a partir destes preconceitos e de considerações políticas (o ter permitido justificar a supremacia do imperador sobre as assembleias legislativas) que se condena um método[...]!"[826].

No Brasil, a busca de um sistema jurídico foi sobretudo inspirada pelo romantismo jurídico, com um terreno fértil num país que procurava um sentido de independência e de genuinidade também no plano jurídico. Foi essa busca de um sistema científico que obcecou Teixeira de Freitas e que permitiu, depois, o trânsito do organicismo romântico para o sistemismo da pandectística e para o sociologismo do positivismo; e, no plano das escolas, a transformação do organicismo de inspiração alemã, dominante em Pernambuco, na Escola do Recife (c. 1883), fundada por aquele que viria a ser o autor do projeto do Código Civil de 1916 (Clóvis Beviláqua). Apesar de haver quem note uma intenção de afastamento do direito brasileiro em relação ao português, a verdade é que as transações entre as elites jurídicas dos dois países continuaram muito fortes. Um sintoma foi a intensidade da discussão, no Brasil, do projeto de codificação civil em Portugal, em que participu, vigorosamente, o próprio Teixeira de Freitas.

7.4.13. Uma aplicação: a interpretação na teoria jurídica dos formalismos legalista e conceitual

A fim de concretizar a narrativa genérica sobre as linhas de fundo da cultura jurídica letrada, voltemos uma vez mais à ilustração do impacto da grande teoria sobre questões concretas da dogmática jurídica. Como antes (cf., *supra*, 6.9.5., 7.3.6., 7.4.2.), escolhemos a questão da interpretação. Desta vez, acompanharemos a evolução da dogmática jurídica sobre este ponto, durante os séculos XIX e XX.

7.4.13.1. O jovem Savigny

Carl Friedrich von Savigny (1779-1861[827]) passa por ser o mais importante jurista alemão – ou, mesmo, europeu – do século XIX. Tendo tido uma formação jurídica já inspirada pela filosofia crítica de Kant, cortará com o jusnaturalismo iluminista e, ao mesmo tempo, com o legalismo em que este desembocara. Em sua substituição surge uma conceção organicista

---

[826] Marcelo Caetano, *O problema do método no direito administrativo português*, Lisboa, 1948, 17 s. Num mesmo sentido dogmático formalista, v. o seu *Tratado elementar de direito administrativo*, 1944.

[827] Dados biográficos: http://www.savigny.de/

do direito em que este aparece, muito romanticamente, como a expressão direta da organização espontânea da vida quotidiana; conceção esta que, a pouco e pouco, enfatizará cada vez mais os valores formais da organicidade – a coerência formal das normas, a sua natureza sistemática – e perderá de vista a ligação entre o direito e a vida. Mas tudo isto levará o seu tempo e, por isso, justifica-se que Savigny nos sirva aqui para documentar dois paradigmas diferentes do direito, bem como para ilustrar o processo de conversão de um no outro.

Numa primeira fase, acompanharemos o seu curso sobre *Metodologia do direito*, dado na Universidade de Marburgo, em 1802/1803, e recolhido por dois estudantes de direito que, além de juristas famosos, ficaram para a história como colecionadores de alguns sanguinosos contos populares para meninos – os irmãos Grimm[828].

7.4.13.1.1. Conceito de direito

Nesta fase – apesar de já ter tido contacto com a teoria kantiana de que os saberes científicos consistem num conhecimento geral do geral e não numa coleção de dados empíricos –, Savigny ainda designa a ciência do direito por "ciência da legislação" e, consequentemente, ainda vê na interpretação doutrinal uma estrita busca da vontade (do legislador), rigorosamente limitada pela sua expressão textual, tal como constava dos grandes códigos da época (*Code Napoléon*, 1804; *Allgemeines Bürgerliches Gesetzbuch*, 1811)[829].

Porém, isto tem de ser entendido em função de um novo modelo kantiano de ciência (e, também, de ciência jurídica): uma elaboração intelectual que conduza à unidade, a um ideal que explique o todo, pois a ciência é o conhecimento do geral[830]. Esta ideia de unidade sistemática já antes aparecera, como vimos, nomeadamente no plano do direito natural, já que

---

[828] Savigny I (1802/3: *Marburgeren Vorlesungen über "Juristische Methodenlehre. Eine Anleitung zu eigenen Studium der Jurisprudenz"*). Ed. moderna de Aldo Mazzacane em *Friedrich Carl von Savigny, Vorlesungen über juristische Methodologie (1802-1842)*, Frankfurt-Main, V. Klostermann, 2004.

[829] "Die ächte Interpretation beschränkt sich auf den gegebenen Text, sucht auf, was in ihm liegt, was aus ihm zu erkennen ist, und sie abstrahiert von allen übrigen Quellen, außer insoweit sie zur Einsicht in ihren Text beitragen" [a verdadeira interpretação limita-se ao texto dado, àquilo que consta dele, que se pode extrair dele, abstraindo de todas as outras fontes, a menos que elas contribuam para esclarecer o texto]. O texto é ambíguo, já que "texto" (ou mesmo "lei", "legislador") podiam, então, significar seja o texto emanado do poder legislativo, seja os textos do *Corpus iuris civilis*.

[830] *Kurs 1802-3*, p. 48.

este era a lei de uma Criação harmónica, ou, numa visão mais laicizada, um dos aspetos da *mathesis universalis*, de uma matemática que regulava todo o universo. Claro que, ao positivar-se, nas sociedades concretas, sob a forma de direito civil, essa harmonia universal se perdia, justamente por causa da variedade e incoerência das circunstâncias práticas, atomizando-se num sem número de providências legislativas dos soberanos.

Estas constituíam, porém, o objeto da *ciência* da legislação; e, se este saber queria valer como ciência, tinha de ultrapassar um estágio meramente descritivo, tentando generalizar. Resta saber em que plano é que esta generalização podia ser possível. Realmente, podia dissertar-se em geral sobre as leis – como o tinha feito Gaetano de Filangieri (1752-1788, na *Scienza della legislazione*, 1783-5; ou, até certo ponto, no chamado direito público universal) –, estabelecendo-se as regras da boa legislação. Só que, com isso, recaímos de novo no plano de uma legislação natural, universal, ideal. Quando o que agora se quer é o estabelecimento de um conhecimento global (sistemático), mas da legislação efetiva, positiva[831].

Neste último plano, Savigny encontra-se prisioneiro de uma contradição fundamental, a que já nos referimos. Ou a fonte do direito é a vontade (conjuntural) do soberano e, então, não há grandes recursos para construir sobre as suas manifestações um saber coerente e geral como a ciência[832].

---

[831] Sobre o conceito de "ciência da legislação" na obra do jovem Savigny, v. Aldo Mazzacane, "Jurisprudenz als Wissenschaft", em *Friedrich Carl von Savigny, Vorlesung über juristische Methodologie, 1802-1842*, Frankfurt-Main, V. Klostermann, 2004, 30 ss.

[832] Por isso é que Savigny anota, no seu escrito "Juristische Methodologie" (inverno, 1802): "Begriff der Jurisprudenz oder Gesetzgebungswissenschaft: historische Darstellung der gegebensetzenden Funktion eines bestimmten Staates in eines Gegeben Zeit –. Das Staatsrecht gehört nicht dahin. –. Privatrecht, Criminalrecht. (2v) Erster Grundsatz. Die Jurisprudenz ist eine historische Wissenschaft: (a) historisch in eigentlichen Sinn; (b) philologisch. Begriff des Staates – Notwendigkeiteines äusern Factums, wodurch die Rechte der Bürger bestimmet werden – Gesetz (Civilgesetz, Criminalgesetz) – Behandlung des Gesetzes ? Rein logish, reine Interpretation, Ergründung des einzelnen als eine solchen [...] Zweietr Grundsatz. Sie ist ene philosophische Wisenschaft. Systeme der Jurisprudenz sehr früh angefangen [...]. Dritter Grndsatz. Verbindung des exetischen und systematischen Elements: in dieser Verbindung die juristische Methode vollendte [...] Neue Ansicht für die Wissenschaft: historische Behandlung im eignetlichen Sinn, d.h., Betrachtung der Gesetzgebung als sich fortbildend in einer gegebenen Zeit. Zusammenhang unser Wissenschaft mit der Geschchite des Staates und des Volks. –. Das System selbst muss als fortschreitend gedacht werden". (2v-4), em Friedrich Carl von Savigny, Vorlesungen [...]", cit., 91-93. Este texto, feito de apontamentos por desenvolver, é ambíguo. Mas parece que coincide com a interpretação acima. O saber

Ou se prefere esta construção científica e, então, ter-se-á de substituir a vontade real do soberano, expressa no texto das suas leis, por uma vontade fictícia de um legislador coerente e razoável, mas porém imaginário. O espírito da época – que não era apenas o do despotismo iluminado dos Estados alemães (nomeadamente da Prússia e da Áustria) ou o do jacobinismo da França revolucionária, mas ainda o de uma reação europeia contra os abusos de uma doutrina e de uma jurisprudência errante e incerta[833] – acaba por prevalecer, numa conceção de direito que concede, por ora, pouco espaço à construção jurídica. Pois, apesar de continuar a considerar elementos de interpretação que ultrapassam a letra da lei, a conformidade final dos resultados da interpretação com o texto da lei permanece como a pedra de toque da validade do trabalho dos juristas.

7.4.13.1.2. Interpretação

A interpretação, escreve então Savigny, é "a reconstrução do pensamento expresso na lei[834], *na medida em que seja reconhecível com base nela*". O intérprete deve colocar-se "na posição do legislador e deixar que se formem por esse artifício os seus comandos" [L. 10], ou seja, deve replicar o processo intelectual do legislador quando este formulou a lei. Para isto, dispõe de elementos da interpretação: (i) o elemento gramatical, correspondente às palavras da lei; (ii-iii) os elementos lógico e histórico, que lhe permitem a reconstituição do sistema histórico da jurisprudência; (iv) o elemento sistemático que contempla os conceitos e as regras jurídicas segundo o seu "nexo interno".

Os elementos lógico, histórico e sistemático servem, aqui, apenas para reconstruir o horizonte mental do legislador, na posição do qual o intérprete se deve colocar. Coisa bem diferente seria tomar o intérprete uma

sobre o direito (a legislação) conjuntural do Estado não é uma ciência, não apenas porque se ocupa de factos particulares, mas ainda porque incide sobre aspetos de facto (históricos, filológicos), que não podem constituir objeto da ciência. Esta só aparece quando se encara estes factos como manifestações singulares de um sistema global, que compreende o todo da legislação, em relação com o ambiente político e histórico contemporâneos.

[833] Veja-se a crítica em Ludovico António Muratori (1672–1750), *Dei diffetti della giurisprudenza*, 1741; ou, em Portugal, em Luís António Verney (1713-1792), *Verdadeiro método de estudar*, 1746; ou António Barnabé Elescano de Aragão Morais, *Demétrio moderno ou bibliographo juridico portuguez*, Lisboa, 1781.

[834] Repito a chamada de atenção para o caráter equívoco da palavra "lei", que pode significar também um texto de doutrina de direito romano justinianeu.

atitude mais solta e ativa e valorar ele livremente, a partir da sua própria situação e segundo o seu próprio processo intelectual, esses contextos. Não é essa, porém, a ideia de Savigny, que, nesta época, recusa mesmo a interpretação extensiva e restritiva[835], recuando em relação a posições comuns entre os autores jusracionalistas. O jurista deve atender ao que o legislador realmente determinou e não às finalidades que quis atingir. Mesmo supondo que este escolheu deficientemente os meios para atingir os objetivos que queria, o jurista não tem de aperfeiçoar a lei, mas apenas de a executar: "um aperfeiçoamento da lei é, decerto, possível, mas deve ser obra unicamente do legislador, e nunca do juiz" (*Kurs 1802-3*, 48).

Já no plano da integração das lacunas da lei, Savigny é mais ousado, embora recorrendo a um expediente lógico mais rebuscado do que os fundamentos antes usados para o mesmo fim (*argumentos a pari, ab exemplo, a locis paralelibus*). A integração por analogia é possível, já que a lacuna é aparente; pois a solução existe, não numa norma especial, mas numa regra superior, da qual a regra especial de integração é uma aplicação (L. 12). Savigny parece assumir aqui a ideia jusracionalista de que a legislação civil é uma aplicação das regras mais gerais do direito natural. E que, recebida a regra, embora num dos seus vários aspectos, ficavam recebidas todas as suas aplicações.

7.4.13.2. O Savigny da maturidade

O texto de Savigny *Vom Beruf unserer Zeit f. Gesetezgebund und Jurisprudenz*, de 1814, bem como o *System des heutigen römischen Rechts* [Sistema do direito romano atual], de 1848, marcam uma nova fase do seu pensamento dogmático, muito mais marcado pela ideia de que o direito é um todo orgânico.

"So ist jeder Mensch zugleich zu denken als Glied einer Familie, eines Volkes, eines Staates, jedes Zeitalter eines Volkes als die Fortsetzung und Entwicklung aller vergangenen Zeiten. [...] Ist aber Dieses, so bringt nicht jedes Zeitalter für sich und willkürlich seine Welt hervor, sondern es thut Dieses in unauflöslicher Gemeinschaft mit der ganzen Vergangenheit. [...] Die Geschichte ist dann nicht mehr blos Beispielsammlung, sondern der einzige Weg zur wahren Erkenntnis unsers eigenen Zustands." [Por isso,

---

[835] Ou seja, a compatibilização da letra com o fim ou razão da lei, uma vez que estes *não fazem parte do conteúdo da norma*, mesmo se o legislador, com o intuito de esclarecer a lei, dá conta dos seus objetivos.

do mesmo modo que cada homem deve ser pensado ao mesmo tempo como membro de uma família, de um povo e de um Estado, cada época de um povo deve-o ser como o desenvolvimento de todo o tempo passado [...] Mas se é assim, cada época não se cria por si e arbitrariamente, fazendo-o numa unidade indissolúvel com o todo do passado. A história deixa de ser, portanto, uma mera coleção de exemplos, para passar a ser a única forma para um verdadeiro conhecimento da nossa situação], *Zweck der Zeitschrift*, 110 s.

7.4.13.2.1. Conceito de direito

Costuma dizer-se que, a partir da sua obra *Vom Beruf unserer Zeit f. Gesetezgebund und Jurisprudenz* (1814), Savigny, tendo já cortado com o jusracionalismo, teria cortado agora também com o positivismo legalista. Como veremos, não é bem isso que parece acontecer se, das afirmações mais rotundas sobre a natureza do direito, passarmos aos parágrafos mais "técnicos" sobre a sua metodologia, nomeadamente à doutrina da interpretação. Aí, revela-se-nos um Savigny bem mais reverente para com o direito estabelecido, nomeadamente para com a lei, e muito menos aberto a uma criação livre de direito pelo intérprete.

A lei era, é certo, uma base muito estreita para construir uma ciência como conhecimento do geral; e o romantismo – com a sua personificação dos povos e das nações – sugerira uma hipótese alternativa aos sistemas abstratos do Iluminismo. O direito podia ser visto como o produto do espírito do povo. Este, que pode ser intuído a partir de formas concretas de conduta, de relações da vida, de institutos, constituía uma unidade orgânica em que as partes se explicavam pelo todo, os particulares pelo geral. Só que este geral era ainda mais global do que as regras racionais do jusracionalismo; compreendia razão, empatia, sentido da história e observação. O "instituto jurídico" é o conceito que designa este sentido global de uma constelação histórica de relações humanas, nunca logrando ser captado inteiramente pelo somatório das normas externas que lhe dizem respeito (L 13). Como o direito tem a "dupla natureza" de (i) *um valor (uma ideia)* (ii) *que se realiza numa conjuntura histórica*, a ciência do direito não pode ter como matéria apenas os valores (como queria o jusracionalismo), nem apenas as leis (como queria o positivismo legal), havendo de captar o modo concreto como as ideias se encarnam nas conjunturas históricas. Esta forma de encarnação histórico-concreta de valores (uns mais gerais, próprios do homem; outros, mais particulares, próprios de uma nação) é o direito.

O esquema intelectual é, no seu modelo geral, muito parecido com o que descreve a encarnação do Espírito nas criaturas, dando origem ao direito natural romano-medieval. E, com isto, a invenção do direito volta a ser, fundamentalmente, uma hermenêutica, uma interpretação, que extrai dos factos humanos-culturais (neste caso, das formas jurídicas vividas) o direito que lhes dá vida. Por isso, as fontes do direito são as próprias relações jurídicas, não constituindo a lei mais do que uma redação do direito existente[836]. Nesta medida, a interpretação é uma tarefa comum ao legislador, ao jurista e ao particular que entre numa relação jurídica[837].

7.4.13.2.2. Interpretação

O capítulo do *System* dedicado à interpretação pode conduzir a alguns mal-entendidos acerca da relação que, na prática, Savigny mantém com o direito legislado.

Por um lado, Savigny distingue a interpretação doutrinal (das fontes) da interpretação da lei (I, p. 209). A primeira é uma atividade espiritual necessária em relação a todas as fontes do direito, embora tenha uma natureza especial quando aplicada à lei: neste caso, visa tomar a lei na sua autêntica natureza de um processo geral e abstrato (I, p. 209) de exprimir uma ideia correspondente à natureza de uma relação jurídica (I, p. 212), tal como o legislador a concebeu. Para tal, o intérprete deve "adotar o ponto de vista do legislador e replicar artificialmente em si a sua realidade espiritual, ou seja, deixar brotar de novo a lei no seu pensamento. Tal é a tarefa da interpretação, que portanto podemos definir como a reconstrução das ideias que habitam a lei" (I, p. 213)[838].

Assim pensada, a interpretação é indispensável em relação a qualquer lei, nada tendo a ver com a sua obscuridade ou clareza. Aplica-se tanto às leis obscuras ("defeituosas", "doentes"), como às leis claras ("saudáveis") (207; §§ 35 a 37).

Porém, por isso mesmo, não se confunde com a criação de direito novo (*Rechtsfortbildung*), nomeadamente com o aperfeiçoamento (*Verbesserung*) das leis existentes, apesar de Savigny crer que isto era uma ideia corrente

---

[836] *Pandektenvorlesung*, 1824-5, p. 3.
[837] *System [...]*, I, 206.
[838] Neste sentido, esclarece Savigny, a interpretação jurídica nada tem de particular em relação à interpretação de qualquer expressão, a não ser no elenco de elementos de que se serve (gramatical, lógico, histórico e sistemático, p. 213).

entre os autores seus contemporâneos[839]. A veemência com que Savigny critica a inovação do direito sob a capa de interpretação, embora tenha um fundamento teórico, assenta sobretudo em razões de política do direito.

Do ponto de vista teórico, viola-se a regra fundamental da interpretação, antes referida. Esta recomendava a assunção do ponto de vista do legislador e, eventualmente, de "um aperfeiçoamento da expressão com recurso à ideia realmente existente na lei; agora, fala-se de aperfeiçoamento da própria ideia existente com recurso àquelas ideias que a lei devia ter abrigado" (p. 321). Recorre-se, nomeadamente, ao fim da lei para estender ou restringir a sua letra. No entanto, ainda que seja averiguável, os motivos ou intenção do legislador são especiais ("anómalas"). De facto, nas leis manifesta-se de forma especialmente nítida a distinção entre direito "regular" (ou "comum") e anómalo: "no direito regular (*jus commune*) domina a influência das regras de direito já estabelecidas, que aqui assumem o seu desenvolvimento mais completo; as finalidades são simplesmente as mais gerais, mais certamente reconhecíveis e mais seguramente aplicadas. No direito anómalo (*jus singulare*) predomina, pelo contrário, aquilo que tem a ver com o futuro" (I, p. 217-218). Ou seja, o direito legislativo é – como já se pensava antes – uma particularização do direito comum, explicável por objetivos políticos particulares, especiais ou mesmo contrários à razão do direito, e de que só o legislador – mas não o cientista – pode dar conta.

Mas, para além desta razão teórica, existem também razões políticas.

Uma de política geral, ligada a uma noção salvaguarda do poder legislativo, como faculdade de avaliação política do direito, que já encontrámos nas épocas anteriores. Se o direito legislativo ("anómalo") era o resultado da escolha de fins, também anómalos, pelo legislador, ele estava no centro da *política*, fora domínio do direito, dependendo de razões de autoridade e não de... racionalidade jurídica. Daí que o intérprete que se pusesse a reequacionar as razões do legislador estivesse a invadir um campo alheio. "Uma vez que, neste processo, o intérprete empreende um aperfeiçoamento, não apenas da mera letra [...] mas do conteúdo real da lei, coloca-se acima do legislador [...] não exerce já uma tarefa de interpretação, mas de autêntico desenvolvimento do direito [...] Uma tal violação das fronteiras de atividades essencialmente diferentes é uma causa formal bastante para afastar totalmente esta forma de interpretação e negar ao juiz esta faculdade,

---

[839] Refere-se sobretudo a Karl Salomon Zachariae (1769-1843).

em vista do próprio conceito da sua função" (I, p. 322). Claro que os juristas romanos corrigiam o direito civil; mas isso decorria da especial autoridade que lhes fora atribuída, ao contrário do que acontecia com os juristas ou juízes do seu tempo (I, p. 326).

A segunda razão, esta de política do direito, relacionava-se com a salvaguarda da segurança e certeza do direito, uma preocupação muito sentida, como já vimos, desde os finais do século XVIII. O interessante é realçar como, no caso de Savigny, esta preocupação assumiu traços especiais e se refletiu na elaboração desta mesma obra que estamos a referir, o *Sistema do direito romano atual*. Este estranho título é, realmente, em si mesmo um manifesto em favor da certeza do direito. Realmente, desde o século XVI que o direito romano vinha a ser objeto de estudos histórico críticos visando descobrir o sentido original dos textos recolhidos (e sub-repticiamente modificados) no *Corpus iuris*. Enfim, um foco de incertezas. Mas, para além disso, já desde o século XII que os mesmos textos vinham a ser adaptados, desta vez com finalidades apenas práticas, pelos juristas europeus. Perante isto, Savigny assume a posição radical de propor um regresso, puro e simples, aos textos do *Corpus iuris*, como complexo textual vigente (atual) na Alemanha. Desistia-se de procurar o sistema histórico do direito romano, bem como as diversíssimas leituras que os textos tinham sofrido no passado, desde os glosadores e dos comentadores. Não mais interpolações; mas também não mais glosas. Apenas um esforço para dar coerência ao direito justinianeu, como direito atual. Para isso, o remédio era também o de não tentar emendar as razões dos juristas romanos, tanto mais que estas se aproximavam mais das "razões regulares" do que das "razões anómalas"[840].

Por isso é que, feitas as contas, apesar da centralidade dada à interpretação e da generosa descrição que dela é feita[841], a distinção rigorosa que Savigny faz entre interpretação e desenvolvimento do direito acaba por diminuir muito o âmbito de criação doutrinal do direito. A conclusão de Savigny, quanto ao restrito âmbito (de facto, apenas o da interpretação declarativa) que estava disposto a conceder a uma interpretação doutrinal livre dos limites do texto da lei, é definitiva: "Se finalmente nos

---

[840] É isto que Savigny explica na série de parágrafos dedicados à interpretação do direito justinianeu (I, §§ 38-49).

[841] "[...] a parte mais nobre e frutuosa da interpretação, que é extrair do texto [...] a riqueza completa do seu conteúdo e das suas relações" (I, p. 318).

perguntarmos sobre o que é que aconselhável, na nossa situação e para as nossas necessidades, parece incontroverso que se deve autorizar o juiz a levar a cabo a verdadeira interpretação, mas que lhe deve ser negada aquela que só por equívoco é classificada como tal. No entanto, como geralmente nos casos particulares os limites entre interpretação e um autêntico desenvolvimento do direito podem levantar dúvidas, é altamente desejável que exista um órgão qualquer, de categoria superior, em que ambas as faculdades se encontrem reunidas, e cuja missão seja cuidar de que não haja dúvidas acerca daqueles limites. Se existirem funcionários particularmente encarregados do desenvolvimento do direito (§ 31), está fora de dúvidas de que é a eles que compete uma interpretação duvidosa da lei. Apenas onde tais funcionários não existirem [...] é que uma tal interpretação livre (e cogente?) do direito pode ser confiada sem reservas, a um tribunal que assuma uma posição semelhante ao da Cassação francesa. Este deveria então exercer as mesmas funções que o antigo pretor e os juristas desempenhavam na Antiga Roma, atribuindo-lhe em especial as funções de realizar a interpretação extensiva e restritiva, que antes foram classificadas como uma atribuição que devia ser negada ao juiz ordinário no domínio da verdadeira interpretação" (I, pp. 329-330).

Existia, em todo o caso, alguma válvula de escape para uma atividade "científica" da doutrina.

Na verdade, o grande objetivo dogmático político de Savigny parece ser o de reorientar a dogmática jurídica de tal modo que, acomodando-a ao ideal kantiano de uma ciência do geral, a impedisse, porém, de disputar ao legislador a criação de direito novo (ou o "desenvolvimento do direito", *Rechtsfortbildung*, como ele prefere dizer, na sua linguagem organicista). Este objetivo era realizado pela concentração das energias dos juristas numa tarefa de mera construção não inovadora, a partir dos dados do direito estabelecido (*jus commune, regulares Recht*).

No sentido desta concentração – que prepara a jurisprudência conceitualista que se há de seguir – funcionam os elementos da interpretação. O elemento gramatical teria "como objeto a palavra, que faculta o trânsito da ideia da mente do legislador para a nossa" (I, 214) e o elemento histórico incide sobre as condições históricas em que certa lei se inseriu de certo modo e aquilo que esta lei trouxe de novo ao direito" (*ibid.*). Até aqui, descrição. Já o elemento sistemático se relacionaria com a "conexão interna que liga todos os institutos e regras de direito numa grande unidade

(§ 5). Estas conexões, tal como as históricas, moveram também o legislador, não podendo nós, por isso, reconhecer completamente o seu pensamento, senão quando tornemos claro para nós a relação em que esta lei está com o sistema jurídico, bem como de que modo se inserirá ela eficazmente nesse sistema" (*ibid.*, I, 214). A crítica que Savigny faz à "interpretação lógica", como ela era antes entendida, mostra como, mesmo nesta fase, não se tratava, em nada, de inovar ou melhorar o direito estabelecido pelo legislador, mas apenas de o reconstruir a um nível maior de abstração. Ao referir a usual distinção entre interpretação gramatical e interpretação lógica, a primeira ocupando-se com o sentido das palavras da lei, a segunda com os seus fundamentos e finalidades, Savigny esclarece que "a primeira [é] geralmente válida; a segunda [é-o] apenas excecionalmente, por conferir demasiada liberdade ao intérprete", ao autorizá-lo a testar a validade da lei perante a sua razão de ser (*ratio legis*) e a estendê-la a casos em que esta também valesse (analogia) (*ibid.*, I, 320).

Realmente, o organicismo de Savigny reconduz-se à busca de um sistema que permita um conhecimento geral do direito positivo, sem que à doutrina seja autorizado muito mais do que a interpretação declarativa e a composição da arquitetura do todo, sem sacrificar ou falsear o conteúdo de cada parte.

Claro que esta ideia de construção orgânica do direito e de interpretação sistemática vai abrir muitos caminhos, que começaram logo a ser trilhados na geração de Savigny e, mais intensamente ainda, na que se lhe segue[842]. Os juristas vão naturalmente considerar que, se o direito positivo pode ser construído sob a forma de um sistema dominado por grandes princípios, estes podem servir, como em todas as ciências, para deduzir daí conclusões particulares. E como, na tarefa de abstração que conduz aos tais princípios – nessa tal replicação interior do trabalho do legislador de que falava Savigny – há, por natureza, muito de imaginação e de ousadia criadora por parte do intérprete, a doutrina acaba por ter um importantíssimo papel conformador do direito oitocentista, ainda que este papel não seja quase nunca abertamente assumido.

---

[842] Nomeadamente pela jurisprudência dos conceitos (sobre a qual, v. K. Larenz, *Metodologia da ciência do direito*, cit., I, cap. III, ed. Lisboa, Gulbenkian, 1997, p. 45 ss.).

7.4.13.3. O progresso do conceitualismo (Portugal, Guilherme Moreira)

Paroquialmente, optamos, agora, por um jurista português – Guilherme Moreira (1861-1922: *Instituições do direito civil português*, Coimbra, Imprensa da Universidade, 1907) –, professor em Coimbra na viragem do século XIX para o século XX. Dotado de uma vasta cultura jurídica, não ficou estranho às influências que vinham da Europa, nomeadamente de Itália e da Alemanha, onde triunfara já, havia umas décadas, a jurisprudência dos conceitos. Entretanto, em 1867, saíra o primeiro Código Civil português. Por toda a Europa, a arrogância combinada da ciência e do direito tinha transformado esta geração de juristas num escol de especialistas dos valores jurídicos permanentes – os tais depositados no sistema –, numa sua guarda pretoriana contra as "influências nefastas" de uma engenharia social a cargo de um ouro grupo intelectual, os sociólogos, lépidos na crítica do velho e na proposta do novo, pouco atentos à estabilidade das relações sociais e à permanência das leis; muito menos, ainda, à sensatez intemporal das explicações doutrinais estabelecidas.

Guilherme Moreira partilhava do sereno respeito pela ordem: pela ordem do Estado e do direito e pela ordem da ciência, os pilares gémeos da ordem estabelecida, cuja segurança havia de ser mantida, contra as fantasias jusnaturalistas, contra as utopias subversivas dos sociólogos, contra o perfecionismo de uma justiça "segundo as circunstâncias do caso" (como se dizia no recente Código Civil), contra a criatividade dispersa e caótica da doutrina. A sua lição era, por isso, para a generalidade dos juristas, um reconfortante banho de sensatez.

7.4.13.3.1. Conceito de direito e de interpretação

A primeira homenagem é para o Estado e para o direito. O direito é constituído pelas normas jurídicas "aplicadas coativamente pelo Estado. [...] Todo o direito é, pois, positivo"[843]. Assim, fontes imediatas do direito são "as normas por que se manifesta vontade coletiva e que têm de per si força obrigatória" (*ibid.*, 10).

A interpretação visa, por isso, a reconstrução das motivações e vontade do legislador ("A lei, expressão da vontade do legislador, deve ser aplicada pelo juiz aos casos particulares no sentido que o legislador lhe pretendeu dar, em harmonia com o fim que ele se propôs conseguir", *ibid.*, 37).

---

[843] *Instituições de direito civil português*, Coimbra, Imprensa da Universidade, 1907.

Os fins e motivos do legislador continuam a não ser relevantes como elemento de interpretação no caso das leis "saudáveis": "embora seja verdadeiro o princípio de que a lei fica sendo impessoal e se deve interpretar a própria lei [...] sempre que as palavras por ele [legislador] empregadas tenham um sentido determinado, quando o conceito que exprimem seja nítido, não é dado ao intérprete, por mais graves que sejam razões que a isso o determinem, afastar-se do sentido literal da lei" (*ibid.*, 43); embora, tal como em Savigny, possam ser usados para interpretar a lei "doente": "os motivos que inspiraram o legislador ao formular a lei" podem ser usados para determinar o seu "sentido e para a vivificar, pondo em plena luz o pensamento do legislador", pois, nomeadamente quando o legislador se exprimiu defeituosamente, "seria completamente inadmissível e verdadeiramente esterilizadora a doutrina que escravizasse o intérprete à letra de lei, vendo nela o único meio de reconstituir o pensamento do legislador, e determinar o conteúdo da lei" (*ibid.*, 43-44). Salvo, portanto, estes casos, em que o espírito da lei é usado justamente para sua salvaguarda perante um texto ambíguo ou imperfeito, o intérprete não pode corrigir o legislador, substituindo "os motivos que inspiraram o legislador com os que cientificamente ou em harmonia com as condições sociais poderiam ser determinados. Nesse caso não se faria um trabalho de exegese, mas da reforma" (*ibid.*, 44).

Distingue entre interpretação gramatical (objeto: texto da lei) e lógica (objeto: espírito da lei e casos análogos, visando "determinar o pensamento do legislador pelo fim que teve em vista e os motivos que atuaram [...] ao formular a lei[844]). Na interpretação lógica, investiga-se o que o legislador quis, na gramatical o que ele disse" (*ibid.*, 46). Nenhuma delas é exclusiva, completando-se reciprocamente (*ibid.*, 41). Neste ponto, afasta-se de Savigny, admitindo sem grandes restrições que, no plano da interpretação, se possa corrigir a letra da lei em função dos motivos e fins do legislador. Ao mesmo tempo, o elemento sistemático perde a sua autonomia, reduzindo-se a um dos subsídios a que pode recorrer a interpretação lógica: "A interpretação lógica, determinando o espírito da lei e, pela sua coordenação com outras leis, o seu alcance, pode servir, em relação à interpretação

---

[844] Estudados com recurso aos trabalhos históricos, ao estado da doutrina e da jurisprudência ao tempo em que a lei foi formulada (*elemento histórico*) e ao confronto e combinação com outras leis do sistema geral do direito (*elemento sistemático*).

gramatical, já para determinar o sentido de uma lei obscura, já para ampliar e restringir a significação dos seus termos, denominando-se conforme essas funções, declarativa ou explicativa, extensiva e restritiva"; "extensiva quando, exprimindo as palavras da lei menos do que o pensamento do legislador, se amplia a sua significação a factos que nela não estão compreendidos [...]"; interpretação restritiva, no caso inverso; e interpretação por analogia (que melhor corresponderia a um processo de integração de lacunas, *ibid.*, 45).

Basicamente, é a lição de Savigny. Mas a amplitude conferida à doutrina para numa interpretação corretiva do texto da lei é maior. Afinal de contas, já se estava longe da mitificação do papel do legislador que, por uma ou por outra razão, caracterizara o início do século XIX; para além de que, agora, se acreditava que a disciplina doutrinal proviria, mais facilmente, de uma metodologia jurídica dirigida para a construção de um sistema conceitual do que da disciplina legislativa, em cuja coerência e racionalidade o século XIX cedo tinha perdido a confiança[845].

A integração das lacunas da lei realiza-se com recurso a fontes de direito subsidiário e pela analogia. A ideia de direito subsidiário é típica de uma conceção legalista do direito, ao pressupor que, como suplemento ao núcleo duro do direito legislado, existe um direito de segunda linha, de recurso, também definido pela lei. A razão de ser da analogia é a de que "um sistema de direito contém o poder de se completar a si mesmo, e essa autointegração realiza-se por meio da analogia, isto é, pela aplicação das normas jurídicas, formalmente aplicadas a determinados factos sociais, a outros factos que mantém com eles relações de identidade, de semelhança ou de afinidade" (*ibid.*, 46). Guilherme Moreira distingue a analogia de lei – que consiste na aplicação analógica de uma lei[846] (já antes considerada por Savigny) – da analogia de direito, conceito antigo mas agora revalorizado em conformidade com a nova ideia de sistema conceitual do direito: aplicação de "um complexo de normas jurídicas ou, melhor, dos princípios e conceito gerais que coordenam essas disposições num sistema"[847].

---

[845] Quase desde o seu início, o pensamento jurídico e político oitocentista é dominado por uma grande desconfiança em relação à racionalidade do legislativo, buscando meios políticos e jurídicos de controlar o seu "arbítrio".

[846] Restrições para as normas excecionais; proibição para as leis penais (*Inst.*, 48).

[847] Guilherme Moreira interpretava neste sentido a referência do art.º 16º do CC aos "princípios de direito natural, conforme as circunstâncias do caso".

A isto corresponde a referida capacidade autointegradora do sistema jurídico, introduzida na metodologia jurídica pelo conceitualismo (*ibid.*, 47).

Em suma, para Guilherme Moreira o direito é a vontade do legislador, mas de um legislador sempre razoável e sistemático. Quando este se exprimisse mal, aceita-se uma interpretação em que a razão da lei – empiricamente determinada – se imponha à sua letra; sempre que a expressão seja inconclusiva ou falte, pressupõe-se a coerência do legislador, que permite reduzir o direito aos seus princípios gerais, ulteriormente utilizados para preencher as lacunas do sistema, tidas como involuntárias (dogma da *plenitude do ordenamento jurídico*).

7.4.13.4. Os dias de hoje

A posição de Guilherme Moreira representa uma opinião largamente consensual até bem dentro da segunda metade do século XX.

É então que algumas críticas esparsas ao legalismo e ao conceitualismo se combinam numa crítica metodológica mas funda, pondo em causa o conceito de direito e, depois, a teoria das fontes e a teoria da norma.

Sem querer reduzir a complexidade do movimento nem a diversidade das suas inspirações teóricas, escolhemos um autor como representativo de uma opinião comum inspirada neste novo paradigma – José de Oliveira Ascensão (1932-...), professor da Faculdade de Direito de Lisboa, e autor de um manual de introdução ao direito, de grande divulgação, informado e já muito meditado, no fio das suas sucessivas edições[848].

7.4.13.4.1. Conceito de direito e de interpretação

Para Oliveira Ascensão, o direito é uma ordem social, constituída por instituições, órgãos, fontes de direito, vida jurídica, situações jurídicas; e expressa em regras jurídicas, manifestadas pelas fontes de direito, ou seja, por elementos fácticos que revelam, mediante interpretação, elementos de dever ser jurídico[849].

A interpretação é uma das formas de identificar a regra contida na fonte de direito, o processo de extrair o dever ser de uma realidade objetivada, de natureza fáctica (a fonte do direito): "Individualizadas as fontes, há que determinar as regras que as fontes revelam. Esta determinação faz-se por

---

[848] Ascensão, 2005 (13ª ed.).
[849] Cf. Ascensão, 2005, 47-53; 255.

três processos: interpretação, integração, e interpretação enunciativa"[850]. Neste sentido, a interpretação é um momento indispensável[851] à determinação do direito, como processo de transformar *texto* em *sentido*: "No sentido restrito, ela é a tarefa que a partir de uma fonte existente procura fixar o sentido desta"[852]. Como cada regra faz parte da ordem social – um todo normativo historicamente situado –, o sentido de cada fonte está em necessária conexão com o de todas as outras que formam o ordenamento: "o que vulgarmente se chama interpretação da lei [...] é sempre interpretação, não de uma lei ou norma singular, mas de uma lei ou norma que se examina atendendo à posição que ocupa no ordenamento jurídico em globo: o que quer dizer que o que efetivamente se interpreta é esse ordenamento e, [só] como consequência, a norma singular"[853]; "interpretar é, pois, situando a lei na ordem social, procurando à luz desta o seu sentido [...]. A interpretação deve constituir a unidade global da realidade exprimindo através de normas a síntese que lei e ordem social tornam possível"[854].

Apesar de se reconhecer que a determinação do direito procede de uma hermenêutica da ordem social, reconhece-se, como dado de facto, o papel primordial da lei nessa revelação, nos dias de hoje, atribuindo-lhes, desde logo, o papel de fixar os cânones da interpretação: "cabe à lei determinar qual a orientação a adotar em definitivo [dentro dos cânones lógicos da interpretação em geral]", cf. artigo 9.1 – 3 do Código Civil.

No capítulo dos elementos da interpretação, a letra da lei funciona como limite linguístico do seu espírito[855], embora a presunção de que o texto exprime o que é natural que as palavras exprimam "não dispense todas as outras tarefas de interpretação [*i.e.*, recurso aos elementos sistemático, histórico e teleológico] e só em conjunto com o seu resultados possa ser devidamente utilizado"[856].

A interpretação sistemática é definida, um tanto equivocamente, mas com ressaibos savignianos, como a "interação constante do texto e outros elementos de esclarecimento até se chegar à determinação do espírito",

---

[850] Cf. Ascensão, 2005, 381.
[851] Cf. Ascensão, 2005, 391.
[852] Cf. Ascensão, 2005, 385.
[853] Cf Ascensão, 2005, 392.
[854] Cf. Ascensão, 2005, 393.
[855] Cf. Ascensão, 2005, 395.
[856] Cf. Ascensão, 2005, 398.

como "elaboração intelectual mais ampla"; como "pré-compreensão, ou pré-entendimento que precede a análise individualizada de cada elemento"; nomeadamente "perante conceitos indeterminados e cláusulas gerais"[857]. Quanto àqueles elementos de esclarecimento, são individualizados os elementos literal, lógico-sistemático ("a unidade do sistema jurídico", cf. art.º 9.1 do CC), histórico (considerado como mero subsídio hermenêutico) e teleológico, constituindo o conjunto dos três últimos a *ratio legis*[858].

Basicamente, a construção está muito próxima, nos seus fundamentos, nas suas formulações e nos seus resultados, da que encontrámos na fase de maturidade de Savigny. O direito constitui uma emanação da ordem social – do "ordenamento", num sentido mais próximo, talvez, do organicismo sociologizante de Santi Romano do que do culturalismo histórico do romântico Savigny. As novidades aparecem no maior realce dado a algo que Savigny remetera para o passado brilhante mas perdido da jurisprudência romana – a manifestação do direito como solução adequada de um caso. É certo que o direito, embora também se possa revelar casuisticamente, manifesta as suas regras não diretamente, por qualquer espécie de intuição direta, mas, sobretudo, por meio da lei. Porém, isso é apenas uma característica não essencial, mas conjuntural dos "dias de hoje". Daí que a tarefa da interpretação seja, então, extrair do facto (político, psicológico, histórico) da lei a norma de direito que ela pretende exprimir. Esta característica do modo de manifestação do direito nos dias de hoje explica a centralidade da lei na metodologia da interpretação, ao fixar os seus elementos e processos, bem como ao colocar o seu texto como um limite da interpretação. De facto, os elementos não textuais da interpretação não têm um papel heurístico autónomo, servindo apenas para desvendar a regra contida na lei; já que a doutrina – que poderia fazer essa valorização autónoma destes elementos interpretativos não textuais – não é fonte de direito[859].

7.4.13.5. Conclusão
Esta rápida digressão em torno das noções básicas daquilo que hoje tendemos a chamar a "metodologia do direito" serviu-nos para várias coisas.

---

[857] Cf. Ascensão, 2005, 407.
[858] Cf. Ascensão, 2005, 415.
[859] Cf. Ascensão, 2005, 262.

Desde logo, para nos familiarizarmos com uma certa forma de colocar problemas e de exprimir conceitos – "fontes de direito", "normas jurídicas", "interpretação", "integração de lacunas", "texto *vs.* espírito da lei".

Depois, para nos darmos conta da continuidade de certas questões, de certos modelos de as resolver e, até, de certas expressões, ao longo de quase 2000 anos de história jurídica do Ocidente.

Mas, por último, também para verificarmos como esta continuidade se desfaz quando consideramos o diferente valor que cada um dos elementos assume consoante o contexto teórico em que se insere. Aparentemente, todos sempre falaram do mesmo; mas, realmente, se falaram do mesmo foi quase sempre para dizer coisas de facto diferentes. O que nos permite esboçar, desde já, uma ideia que depois se desenvolverá de forma mais consistente. O discurso jurídico é, também, uma tradição de discutir que predetermina as questões relevantes, a forma de as colocar e, até certo ponto, a maneira de lhes responder. Neste sentido não é raro que palavras e expressões que perderam o sentido original reapareçam a carregar outros sentidos ou, até, a não carregar nenhum sentido útil, como meras fórmulas retóricas que os juristas transmitem de geração em geração, como argumentos apenas aparentes, cujo valor apenas subsiste porque ninguém se lembra de os questionar.

7.5. A primeira crise do modernismo. Naturalismo, vitalismo e organicismo. As escolas anticonceitualistas e antiformalistas. A crítica do direito

As construções da pandectística tornaram-se progressivamente mais elaboradas e dependentes da pura construção conceitual. Como se disse, a "gramática generativa" que presidia a este construtivismo lógico-conceitual estava marcada, do ponto de vista formal, pela teoria kantiana das ciências – que fazia equivaler a verdade ao rigor lógico e à coerência conceitual – e, do ponto de vista material, pelos valores típicos do liberalismo burguês, nomeadamente a liberdade (concebida como poder de vontade) e a sua extensão, a propriedade.

A partir da segunda metade dos século XIX, este panorama de fundo da sensibilidade cultural e política, bem como os contextos sociais, começam a mudar.

No primeiro plano, o formalismo epistemológico kantiano – que tinha como ponto de referência as ciências físico-matemáticas – cede perante o empirismo e experimentalismo, orientados pelos progressos das ciências química e biológica. Observação empírica, experimentação e um novo tipo de explicação finalista (proveniente, sobretudo, do darwinismo)[860]. O espetáculo dos organismos vivos, em constante evolução, na sua luta pela sobrevivência, é agora a imagem estruturante do saber.

No plano do ambiente social e político, quebra-se, pela mesma altura, a unanimidade do primeiro liberalismo. Os movimentos socialistas manifestam-se vigorosamente na Alemanha, em 1848, e em França, em 1870. O desenvolvimento do capitalismo faz surgir a "questão operária". Começa a impor-se a imagem de uma sociedade percorrida por conflitos de interesses e de grupos.

Com tudo isto, era natural que a serenidade olímpica da pandectística – no seu ideal formalista de construir um direito "separado da sociedade" e atento apenas ao rigor construtivo – começasse a chocar os espíritos mais atentos ao devir da sociedade e às prementes exigências "da vida". Ou seja, a vida começa a deixar de caber no discurso que os juristas faziam sobre ela.

Esta não correspondência entre um discurso formalista e o contexto prático a que ele visava aplicar-se, acompanhada pela ascensão de um novo modelo de discurso científico, cria as condições favoráveis para que se transplantem para o saber jurídico os modelos de abordagem que orientavam agora as ciências naturais – a observação, o experimentalismo, a formulação de leis científicas não apenas formais, mas antes relativas aos conteúdos, à matéria observada. A isto se chamou "naturalismo jurídico".

O naturalismo jurídico trata o direito como um facto social, desvalorizando-o como uma norma que se impõe à realidade, procurando estruturá-la a partir de fora. O direito seria, antes, uma parte da realidade, uma norma que a realidade impunha a si mesma, a partir da realidade psicológica ou da realidade sociológica, apreendidas de acordo com os modelos de explicação utilizados nas ciências da natureza[861].

---

[860] I.e., uma explicação que tem em conta a finalidade dos acontecimentos e não os antecedentes. A imagem científica inspiradora é a de *struggle for life*, do evolucionismo darwinista – a evolução biológica é comandada pela finalidade da sobrevivência e explicáveis por ela. O acaso genético (que obedece a uma causalidade mecanicista, do tipo da das ciências físicas) é, no mundo da vida, subordinado a uma causalidade finalista em que o património genético é utilizado para a finalidade de vencer na concorrência biológica.

[861] Sobre o naturalismo, v., por todos, Wieacker, 1993, 652-663; Kaufmann, 1994, 143 ss.

Estes modelos explicativos podem ser, basicamente, o modelo *mecanicista* – em que o direito aparece como a consequência de causas eficientes de natureza psicológica (impulsos vitais, sentimentos jurídicos [*Rechtsgefühle*]), características físicas ou psíquicas) ou de natureza social (os interesses dos grupos, ou a sua força) – e o modelo *biológico*, em que o direito se explica a partir de uma "lógica orgânica", como a que se manifesta nos seres vivos, cujos movimentos visam conseguir equilíbrios internos que salvaguardam o bem-estar do todo. Este último modelo foi mais eficaz no domínio do pensamento jurídico, estando subjacente à generalidade das escolas descritas nos parágrafos seguintes. Um e outro têm, porém, em comum as ideias condutoras de que o direito é, irredutivelmente, não uma ordem abstrata e formal, apenas produzida pelo pensamento, mas um facto social, não podendo ser estudado senão na perspetiva das suas relações – de variável dependente (sociologismo mecanicista) ou de função (sociologismo funcionalista ou finalista) – com a realidade envolvente[862].

Sumariando, pode dizer-se que do impacto das várias linhas de crítica ao formalismo das escolas jurídicas da modernidade central e tardia (séculos XIX e XX) resultaram algumas linhas de orientação que caracterizam – embora com diferente centralidade – a cultura jurídica ulterior. Salientamos as seguintes:

– a validade do direito não decorria apenas do rigor lógico-conceitual da sua estrutura formal; para além disto, e mais do que isto, contava o seu ajustamento – como quer que ele fosse entendido – à vida social que pretendia regular;
– os pressupostos sobre que estava construído o sistema do direito começavam, desde logo, por não cumprir com este requisito de ajustamento à realidade, constituindo, antes, pontos de partida que a observação positiva do homem e da vida não podiam confirmar – o pleno livre arbítrio, a existência associal dos indivíduos, a autonomia entre razão, sensibilidade e desejos, com o consequente caráter objetivo e universal da razão;

---

[862] Foi esta homogeneização da realidade, confundindo o plano do "ser" (*Sein*) com o do "dever ser" (*Sollen*) que valeu as maiores críticas ao naturalismo jurídico. Se o naturalismo podia dar conta do direito como simples facto social "bruto" (*i.e.*, enquanto norma "vivida"), já não poderia dar conta do direito como norma (ideal, modelo) que se pretende impor à realidade social e que, por isso mesmo, ainda não faz parte dela, nem é por ela explicada. O direito pertenceria ao mundo dos valores a realizar e este nada teria a ver com o da sociedade já estabelecida.

- a razão estava embebida na cultura, produzindo resultados que só faziam sentido nos seus contextos culturais locais;
- por isso, não havia uma única razão, nem uma hierarquia única e fixa de interesses, que permitisse pensar dedutivamente, a partir de premissas certas; o pensamento tinha de progredir pela ponderação, caso a caso, de pontos de vista (ou de interesses) diferentes e opostos; por vezes, poderia acontecer que esta ponderação chegasse a resultados equívocos ou mesmo indecidíveis, originando pontos inevitavelmente obscuros ou lacunosos na regulação jurídica;
- o Estado era o produto do poder de grupos particulares (classes, elites, grupos sociologicamente caracterizados) e não um árbitro neutro dos interesses particulares, portador do interesse público;
- os juristas deviam, portanto, incorporar a análise política e sociológica nas tarefas dogmáticas, combinando os tradicionais métodos jurídicos com os novos métodos das ciências sociais.

Algumas destas orientações são ainda compatíveis com uma perspetiva moderna do direito. É o caso daquelas que pretendem incorporar no pensamento jurídico novos resultados do progresso científico, nomeadamente do que resultava das aquisições das ciências experimentais, contribuindo para a construção de modelos jurídicos mais científicos e, por isso, mais universais e sustentáveis. Outras destas orientações anunciam já importantes fissuras na sensibilidade moderna: o exemplo mais evidente é o das correntes que problematizam a universalidade e unidimensionalidade da razão, a irremediável contaminação desta pelas pulsões do desejo, das paixões, dos sentimentos ou da sensibilidade mítica e religiosa. É por isso que alguns autores não hesitam em classificar como pós-modernas estas correntes que reveem os mitos do modernismo jurídico – racionalista, legalista, estadualista –, em nome de uma sensibilidade jurídica não reacional (intuitiva, mítica, pragmática), de um direito vivido, local, plural; de uma organização política em rutura com o Estado liberal-parlamentar típico da modernidade[863]. Correntes que, ao mesmo tempo, adotam uma nova noção de tempo, não linear e não progressista, recusando à organização política e jurídica do liberalismo modernista a dignidade de "fim da

---

[863] Cf. Grossi, 2011, p. 38 ss.: opondo à rigidez e abstração do direito moderno a elasticidade, factualidade e carnalidade do direito pós-moderno.

história" e propondo, frequentemente, o retorno a formas passadas de organizar a convivência ("tradicionalismo", "reacionarismo").

Veremos, de seguida, como estas orientações se traduzem nos movimentos da cultura jurídica letrada dos últimos 150 anos.

7.5.1. A jurisprudência teleológica

Produto de uma sensibilidade antirracionalista – em que ao rigor conceitual das soluções jurídicas se prefere a sua correspondência com a lógica da vida (vitalismo) – é a segunda fase da obra de Rudolf v. Jhering (1818-1892; a partir da sua obra *Der Zweck im Recht* [A finalidade no direito], 1877/1883), dominada pela ideia de que a prossecução de fins e o interesse são as forças geradoras do direito. Tal como o acaso biológico no processo de evolução, a vontade é, de facto, a causa próxima dos atos humanos de que se ocupa o direito. Mas só um formalismo irrealista se ficaria pela vontade individual na análise do direito. Na verdade, a vontade tem uma causa primeira, subjacente: os interesses (ou finalidades) prosseguidas e queridos pelos indivíduos, *na medida em que eles sejam dignos de proteção*, por serem compatíveis por outros interesses, estes sociais e objetivos que, frequentemente, não são sequer queridos pelos indivíduos (boa-fé contratual, dimensão social da propriedade, finalidades da instituição familiar, etc.). Apesar disso, são interesses de que o direito cura, que protege e que, portanto, explicam os conteúdos das normas jurídicas. O direito seria, assim, não o produto de atos individuais de vontade, mas antes uma criação da sociedade, como organismo vivo que espontaneamente aspira por um equilíbrio de interesses que promova a harmonia e a preservação da vida social. Transita-se, assim, de uma conceção do direito como produto de um pacto visando a proteção absoluta dos *poderes de vontade* para uma outra em que o direito serve, antes de mais, para garantir *interesses socialmente úteis*. A uma lógica individualista, voluntarista e contratualista substitui-se uma outra *transindividual e utilitarista*.

No plano da ética que subjaz ao direito, esta corrente marca um retorno à ideia de uma *ética social*, não centrada na liberdade individual, mas nos dados objetivos da convivência social; ou seja, nas constelações de interesses típicos da vida social, a que chamou "corpos jurídicos", e que correspondem ao que hoje designamos por institutos ou instituições (família, contratos, representação, etc.). Ao trazer para dentro da reflexão jurídica a ponderação das finalidades e interesses sociais, a jurisprudência teleológica estava a abandonar o formalismo, a incorporar a realidade da vida no seu campo de estudo.

A importância de Jhering foi muito grande[864], nomeadamente no plano dogmático, ao introduzir a noção de *interpretação teleológica*[865], ou seja, de uma interpretação (das normas e dos negócios jurídicos) de acordo com as finalidades que a norma visava prosseguir no sentido de uma ponderação adequada dos interesses em presença. No entanto, contrariamente ao que se poderia inferir desta ideia de uma organização espontânea e objetiva das finalidades sociais, Jhering nunca negou ao Estado o papel de árbitro dos conflitos de interesses; e, por isso, o monopólio da edição do direito. Isto explica-se, porventura, tanto pelo impacto do imaginário do Estado numa Alemanha que acabava de se unificar, como pelo papel que tanto o pensamento organicista como o pensamento hegeliano tinham atribuído ao Estado. O primeiro encarando-o como corporização da sociedade e garante da sua solidariedade (cf., *infra*, 7.5.4), o segundo vendo no Estado a síntese que racionalizava as contradições sociais. Daí que o principal legado dogmático desta escola se situe, como se disse, no plano da teoria da interpretação (da lei do Estado), não no da teoria das fontes do direito.

Mais tarde – sobretudo após a sua reelaboração por Phillip Heck (1858--1943)[866] –, esta linha metodológica vem a desembocar em duas correntes de ambição diferente. Por um lado, numa corrente que se propõe desamarrar o direito do Estado da exegese legislativa, procurando-o diretamente na própria vida – a Escola do Direito Livre (*Freie Rechtschule*). Por outro, numa corrente cujas propostas se situam apenas no domínio da teoria da interpretação – a "jurisprudência dos interesses" (*Interessenjurisprudenz*) que desenvolverá a crítica de Jhering à "jurisprudência dos conceitos" (*Begriffsjurisprudenz*), típica do formalismo da pandectística.

7.5.2. A Escola do Direito Livre

A Escola do Direito Livre constitui um movimento de contestação mais radical do formalismo, em nome da atribuição ao juiz de uma maior capacidade de conformação do direito, com base na sua leitura da justiça

---

[864] Sobre Jhering, v., por todos, Wieacker, 1993, 514-518; Kaufmann, 1994, 144.
[865] De *telos* (em grego, finalidade).
[866] *Gesetzauslegung und Interessenjurisprudenz* [Interpretação da lei e jurisprudência dos interesses], 1914; *Begriffsjurisprudenz und Interessenjurisprudenz* [Jurisprudência dos conceitos e jurisprudência dos interesses], 1932; sobre ele, Kaufmann, 1994, 145 ss.

concreta do caso. Na sua origem está a constatação, feita por um jurista prático – Ernst Fuchs, 1859-1929, *Die gemeinschädlichkeit der konstruktiven Jurisprudenz* (O caráter socialmente danoso da jurisprudência construtiva), 1907 –, de que o juiz, no processo de achamento da solução jurídica, partia sempre do seu sentido de justiça (*Rechtsgefühl*) e não dos dados da lei e de considerações de lógica formal. O contributo de um historiador – Hermann Kantorowicz (1877-1940, *Rechtswissenschaft und Soziologie*, 1910) – e de um sociólogo do direito – Eugen Ehrlich (1862-1922, *Grundlegung der Soziologie des Rechtes*, 1912) – contribuíram para dar uma maior consistência teórica às propostas de problematização ou abandono do modelo formalista legalista e conceitualista do direito, a caminho de uma fundamentação "livre", fundada na sensibilidade jurídica comunitária, auscultada, caso a caso, pelo juiz.

Esta ideia de que os juristas decidem com base na sua sensibilidade, só depois encontrando argumentos racionais ou fundamentos legais corresponde ao senso comum dos juristas, ainda hoje. Mas, no contexto histórico a que nos referimos, esta insistência no caráter "pessoal" e "não racional" da decisão não pode ser desligado, por um lado, da crise do conceitualismo da pandectística, mas, também, num âmbito mais geral, de correntes filosóficas de crítica ao racionalismo, que afirmavam ou o primado da sensibilidade (intuição), da vontade ou da ação (*élan vital*) como forma de realização do homem, ou o caráter político (*i.e.*, radicado na vontade de poder) de todos os valores[867].

O extremismo das posições metodológicas da Escola do Direito Livre foi matizado pela limitação desta liberdade de criação do direito aos casos em que existissem lacunas da lei. Em todo o caso, os seguidores deste movimento insistiam em que existia uma lacuna sempre que a interpretação da lei não fosse clara e inequívoca, pelo que, na prática, haveria "tantas lacunas quantas as palavras da lei" (H. Kantorowicz). Por isso, este movimento – além de ter sido tido como bastante estranho, nos seus interesses e métodos, ao mundo dos juristas – foi sempre considerado como subversivo para a certeza e segurança do direito[868].

---

[867] É clara a consonância de alguns destes pontos de vista com a filosofia, crítica do racionalismo e exaltadora da ação, de Friedrich Nietzsche (1844-1900) ou de Henri Bergson (1859-1941). Sobre Nietzsche e o direito, Kaufmann, 1994, 86; Valadier, 1998; Litowitz, 1995, 56-57.
[868] Sobre a Escola de Direito Livre, por todos, Wieacker, 1993, 670 ss., e Kaufmann, 1994, 146 ss.

Não pode, contudo, deixar de se sublinhar a ênfase que este movimento deu à natureza política da decisão do juiz (do jurista), insistindo na responsabilização pessoal que lhe está inerente e, com isto, no compromisso ético e social do juiz quando decide, compromisso que tinha sido escamoteado pelo positivismo, ao apresentar o juiz como um autómato executor da lei ou dos princípios científicos do direito. O jurista – dizem – decide livremente e, nessa decisão, ao mesmo tempo que afirma convicções, compromete o seu destino pessoal[869].

7.5.3. A jurisprudência dos interesses

A "jurisprudência dos interesses" (Ph. Heck, 1858-1943) tem, em certa medida, um alcance menos ambicioso do que a jurisprudência teleológica de Jhering (ou a "Escola Livre do Direito"). Enquanto estas davam alguma abertura em relação a formas antilegalista de "encontrar" o direito, a jurisprudência dos interesses aceita basicamente os pressupostos do positivismo legal e tenta apenas resolver um problema "limitado", a que já o construtivismo pandectista tinha tentado responder – o problema das lacunas do ordenamento legal – que as grandes mudanças sociais e políticas dos finais do século XIX e inícios do século XX, incompletamente cobertas pela legislação, tinham tornado ainda mais evidente.

Na verdade, a sua proposta de base é a de que, constituindo qualquer caso jurídico um conflito de interesses, a decisão a atingir se deve basear numa adequada ponderação desses interesses e não na dedução formal a partir de conceitos. Os conceitos teriam uma função apenas heurística ou didática. Constituiriam fórmulas sintéticas com auxílio das quais poderia ser descrita a forma típica ou usual de obter a correta ponderação dos interesses num determinado tipo de casos. E, por isso, sugeririam provisoriamente uma solução para o problema a resolver. Mas – ao contrário do que pretendia a jurisprudência dos conceitos – não teriam qualquer função decisiva ou final no achamento da solução jurídica. Daí que esta corrente critique o método dedutivo-conceitual como uma inversão ("método da inversão", *Umkehrunsmethode*), pois coloca no ponto de partida da invenção jurídica o que devia estar no fim.

Se critica o conceitualismo, a jurisprudência dos interesses mantêm-se nos quadros do legalismo, pois a ponderação adequada dos interesses

---

[869] Importante, neste sentido, Hermann Isay (1873-1938), *Rechtsnorm und Entscheidung*, 1923.

é feita segundo os critérios de avaliação explícita ou implicitamente feita na lei. Embora não se esteja a decidir de acordo com a letra da lei (porque ela não prevê de todo ou não prevê em termos claros o caso), está-se pelo menos a respeitar a avaliação e ponderação dos interesses segundo os critérios estabelecidos por lei. Não deixa de se reconhecer na lei a única fonte de direito (*i.e.*, a única ponderação legítima dos interesses) e de se insistir no dever de obediência dos juízes à lei. Só que esta obediência teria de ser, para utilizar uma expressão do próprio Ph. Heck, uma "obediência inteligente"[870-871].

7.5.4. O positivismo sociológico e o institucionalismo

A ideia de que o direito está indissoluvelmente ligado à sociedade não era nova no saber jurídico. De alguma forma, o direito natural clássico, na sua versão objetivista (Aristóteles, S. Tomás), ao ligar o direito à natureza das coisas (humanas e sociais), propunha justamente a perspetiva de que o direito, na sua função de manter os equilíbrios sociais estabelecidos, "habituais" (*iustitiam facere*), tinha de se orientar para uma justiça que já existia nos equilíbrios naturais das instituições sociais. O direito e a justiça visavam o bem comum, sendo que este era identificado com os equilíbrios sociais profundos, enraizados pela tradição e estruturantes dos sentimentos comunitários de ordem e de justiça.

Mais tarde, Montesquieu (1689-1755) dá a este enraizamento social do direito um tom mais pronunciadamente mecanicista, relacionando a organização política e jurídica das sociedades com fatores empíricos como o clima ou o meio geográfico. E, já no século XIX, Savigny volta a esta ideia de que o fundamento do direito tem de ser procurado nos valores que estruturam uma cultura (nacional). É também com a Escola Histórica que

---

[870] Principais representantes da "jurisprudência dos interesses": Ph. Heck (*Gesetzauslegung u. Interessenjurisprudenz*, 1914; *Begriffsbildung u. Interessenjurisprudenz*, 1932) e a chamada *escola de Tübingen*, nomeadamente Max Rümelin, Oertamnn e Müller-Erzbach. Sobre esta corrente, Wieacker, 1993, 664-669; Kaufmann, 1994, 145 ss.

[871] Em Portugal, a "jurisprudência dos interesses" começou a influenciar a doutrina portuguesa a partir dos anos 40. Nessa altura, o grande renovador da civilística portuguesa contemporânea, Manuel de Andrade, acolhe muitos dos seus pontos de vista teóricos e aplica-os na prática. Também Adriano Vaz Serra, professor da Faculdade de Direito de Coimbra, ministro da Justiça e principal impulsionador da elaboração de um novo Código Civil, defende uma versão prudente da jurisprudência dos interesses. Seguidores seus são ainda António A. Ferrer Correia, Francisco Pereira Coelho e, em geral, toda a civilística da escola de Coimbra.

– como já se disse – surge a ideia de que estas culturas constituem organismos, sujeitos a uma evolução regulada ou por leis próprias de cada um deles, ou por uma lei geral do progresso histórico[872].

No entanto, a primeira manifestação de um positivismo sociológico "científico" – ou seja, obedecendo aos modelos epistemológicos das novas ciências sociais da segunda metade do século XIX, nomeadamente no que respeita à adoção de modelos mecanicistas ou funcionalistas de explicação – decorre do sociologismo de Auguste Comte (1798-1857).

Comte participa de um modelo de ciência para o qual só existe uma ciência do geral. Só que, agora, "geral" não se opõe apenas a "particular"[873], mas também a "individual". Assim, as ciências sociais devem visar a explicação do todo social, compreendida como o complexo global e orgânico das relações interindividuais. O indivíduo isolado – que constituíra o objeto de atenção quer da economia clássica (Adam Smith, David Ricardo), quer do jusracionalismo (v., *supra*, 7.3.2.1), quer da pandectística (v., *supra*, 7.4.10.3) – deixa de constituir o ponto de focagem do saber social e passa a ser tido como uma abstração "metafísica", realmente inexistente. Real, geral e *positiva* era a sociedade, como complexo global de relações entre indivíduos, em que estes apareciam como determinados por constrangimentos objetivos e independentes da sua vontade. Só tomando a sociedade como objeto, o saber social poderia, portanto, ganhar a generalidade e a positividade das ciências[874].

Do ponto de vista da natureza dos saberes sociais, o comtismo é um positivismo. Estes saberes só teriam adquirido o estatuto de ciência ao abandonar a pretensão de explicar as origens ou as finalidades últimas da sociedade e do homem – os "porquês ?", característicos dos "estados" teológico e metafísico dos saberes – e ao dirigir a sua atenção para a simples descrição dos fenómenos sociais – os "comos ?", característicos da fase

---

[872] Cf., sobre esta ideia de estádios histórico-jurídicos em Puchta, Wieacker, 1993, 455. Na Alemanha, o principal representante do organicismo jurídico-político é, no entanto, O. v. Gierke (1841-1921), v. Wieacker, 1993, 518 ss.

[873] I.e., exigindo que o conhecimento científico adote proposições genéricas e abstratas, como já acontecia com os saberes sociais desde o jusracionalismo (opostos ao casuísmo e particularismo dos anteriores saberes sobre o homem [moral, direito, história – *casus, quaestiones, exempla*]).

[874] Sobre o comtismo, v., por todos, Jean Lacroix, *La sociologie d'Auguste Comte*, Paris, PUF, 1973. Principais obras de Comte: *Cours de philosophie positive* (1830-1842) (1ª fase); *Système de politique positive*, ou *Traité sociologique, instituant la religion de l'humanité* (1851-1854) (2ª fase). Interpretação político-sociológica do seu pensamento, Fernando Catroga, 1977, *max.* 287-308.

científica ou positiva da evolução do espírito humano. De resto, sendo o homem um ser determinado por causas internas (psicologismo) ou externas (sociologismo) e privado de livre arbítrio, uma dimensão valorativa dos saberes sociais deixava de ter sentido. Pois nem o homem se podia propor outra coisa que não decorresse dos seus fatores determinantes, nem lhe podia ser dirigida qualquer censura moral pelos seus atos. A sociologia deixa-se, assim, descrever como uma "fisiologia social", completamente depurada de intenções normativas (religiosas, éticas)[875].

O positivismo sociológico de A. Comte – depois desenvolvido por discípulos seus, dos quais se destaca E. Littré (1801-1881)[876] – constitui (não tanto pelo seu "positivismo"[877], mas sobretudo pelo seu organicismo) uma crítica direta ao individualismo (voluntarismo e contratualismo) da pandectística. O indivíduo não era um ser livre e autodeterminado, mas um ser dependente e que só sobrevivia em virtude da solidariedade social. A sociedade não era um conjunto de indivíduos autónomos e autorregidos, mas uma constelação de relações interindividuais forçosas e indisponíveis, justamente porque baseadas nesse caráter incompleto e fraco do indivíduo e na necessidade, daí decorrente, de especialização, divisão e complementarização do trabalho. A ordem social e política não se fundava num acordo de vontades que melhor garantisse os direitos naturais e prévios dos indivíduos, mas nas condições e exigências objetivas da vida social concretizadas em instituições (transindividuais e indisponíveis) como a família, a paróquia, o município, a província, a nação, a federação de povos e, finalmente, a Humanidade. Enquanto não surgissem estas duas últimas formas supremas de organização, o Estado representava o cume da organização social. Ele, como instituição orgânica, não era um mero garante de direitos e liberdades individuais, mas um portador dos interesses do

---

[875] Haveria, em todo o caso, espaço para uma disciplina normativa *externa* como o direito, pois, ao contrário do comportamento instintivo dos animais, o comportamento do homem não era absolutamente determinado. Júlio de Matos, um dos representantes da psicologia positiva em Portugal, conclui: "1º – Que o livre arbítrio e a espontaneidade dos atos voluntários são uma quimera, porque a Fisiologia demonstrou a subordinação destes fenómenos a leis; 2º – Que os movimentos da vontade não são fatais, mas simplesmente condicionados, porque nós podemos intervir neles e modificá-los numa direção predeterminada" (cit. por F. Catroga, 1977, 53 n. 1).

[876] E. Littré combina o comtismo com o positivismo inglês (de orientação demoliberal) de S. Mill e H. Spencer. Obras principais: *Conservation, révolution, positivisme*, 1852; revista *Philosiphie positiviste – revue* (décadas de 60 e 70 do século XIX).

[877] Cf., *supra*, 7.4.9.

organismo social mais elevados e, por isso, um agente de racionalização social, de educação "científica". Colaborando com a ciência e com uma nova religião racional (a religião da Humanidade), na criação de um consenso social em torno dos princípios de uma política científica e positiva.

No domínio do direito, o aplicador das receitas metodológicas do comtismo é Émile Durkheim (1858-1917), que leva a cabo a crítica da pandectística, tanto sob o ponto de vista da sua teoria social implícita (o individualismo contratualista), como sob o ponto de vista da sua teoria do conhecimento jurídico (o formalismo). Do ponto de vista da teoria social, Durkheim considerava que a ordem social, política e jurídica não repousava nem no acordo das vontades individuais (como se vinha defendendo desde o jusracionalismo), nem na vontade disciplinadora do Estado (como queriam o legalismo e o estadualismo), mas nas solidariedades sociais objetivas geradas pela especialização e pela divisão das funções sociais. As normas jurídicas, corporizadas em instituições, seriam, assim, "coisas objetivas", indisponíveis e transindividuais[878].

Nesta linha seguiram juristas que tiveram uma grande influência dogmática, nomeadamente no domínio do direito público.

Um deles foi Léon Duguit (1859-1928), constitucionalista e administrativista influente, que tentou uma reconstrução da teoria do Estado em moldes positivistas. Esta teoria parte de uma crítica cerrada aos dogmas da teoria liberal do Estado – a ideia de direito subjetivo como entidade originária e fundadora e a ideia de soberania como poder político único, exclusivo e residindo no Estado.

"O homem natural, isolado, nascendo livre e independente dos outros homens e tendo direitos constituídos por esta liberdade, por esta independência mesmo, é uma abstração sem realidade", escreve ele no seu *Manuel de droit constitutionnel*[879]. E continua: "Na ordem dos factos, o homem nasce membro de uma coletividade; sempre viveu em sociedade e não pode viver senão em sociedade. O ponto de partida de qualquer doutrina sobre o

---

[878] Sobre E. Durkheim, que teve grande influência nos meios universitários de juristas e historiadores, nomeadamente em França, v. Arnaud, 1981, 114 ss. Com informações sobre as escolas institucionalistas ou realistas francesas, decorrentes do seu magistério: Léon Duguit, *L'État, le droit objectif et la loi positive*, 1901; Gaston Jèze, *Les principes généraux du droit administratif*, 1904; R. Saleilles, *De la personnalité juridique (histoire et théorie)*, 1910; François Gény, *Méthodes d'interprétation et sources en droit privé*, 1899.

[879] Ed. cons., Paris, 1923⁴, 5.

fundamento do direito deve ser, sem dúvida, o homem natural. Mas o homem natural não é o ser isolado e livre dos filósofos do século XVIII. É antes o indivíduo preso nos laços da solidariedade social. O que se deve portanto afirmar não é que os homens nascem livres e iguais em direitos, mas antes que eles nascem membros de uma coletividade e sujeitos, por isso, a todas as obrigações que são implicadas pela manutenção e desenvolvimento da vida coletiva". As consequências disto são notáveis e merecem ser realçadas.

Em primeiro lugar, esta conceção *realista* dos vínculos político-sociais leva à ideia de particularismo jurídico. Ou seja, tanto à recusa do caráter eterno e imutável do direito, pois as formas da solidariedade social são diferentes de sociedade para sociedade, como à recusa do dogma da igualdade jurídica absoluta dos homens, introduzindo a ideia de estatutos jurídico-políticos diferentes correspondentes a lugares diferentes nas redes de solidariedade social (*ibid.*, pp. 5, 11). Como, por fim, à recusa do primado da norma geral e abstrata sobre a solução casuísta e concreta, pois, variando até ao infinito as formas concretas de que se reveste a solidariedade social, o papel do jurista é o de determinar que regra se adapta exatamente a uma situação concreta.

Depois, o realismo político-social leva à recusa do primado dos direitos subjetivos sobre o direito objetivo. Pelo contrário, seria o direito objetivo que criaria e instituiria os direitos subjetivos, concebidos agora como os direitos (derivados) de cada um a realizar aquilo que lhe compete no quadro da divisão de tarefas instituído, em cada sociedade, pela solidariedade social. "Uma vez que o direito *objetivo* se funda na solidariedade social, o direito *subjetivo* deriva dele direta e logicamente. Com efeito, se todo o indivíduo é obrigado pelo direito objetivo a cooperar na solidariedade social, daí resulta necessariamente que ele tem o *direito* de praticar todos os atos pelos quais ele coopera na solidariedade social e de impedir quem quer que seja de lhe pôr obstáculos ao papel social que lhe compete [...] É porque existe uma regra de direito que obriga cada homem a desempenhar um certo papel social que cada homem tem direitos, os quais têm então por princípio e medida a missão que ele deve desempenhar" (*ibid.*, p. 12). Uma aplicação interessante deste princípio do caráter derivado dos direitos subjetivos é a construção do direito de propriedade, que é apresentado como "o poder de certos indivíduos colocados numa posição económica determinada de desempenhar livremente a missão que lhes incumbe em face dessa sua situação especial" (*ibid.*, p. 13), o que o leva a recusar as conceções liberais da propriedade como direito absoluto e a optar pelo conceito de uma propriedade limitada pela sua função social.

Por fim, o realismo leva à crítica da soberania nacional, concebida como o produto da delegação das vontades individuais operada pelo sufrágio universal. Tal como o indivíduo isolado, essa delegação era uma abstração indemonstrada e indemonstrável. O Estado era um facto em si mesmo, objetivo, natural, correspondente a uma constante das sociedades humanas, o domínio dos mais fortes sobre os mais fracos. Dogmas como o da origem divina do poder, do pacto social ou da soberania nacional eram "outros tantos sofismas com os quais os governantes queriam enganar os súbditos e com os quais muitas vezes se enganam a si mesmos" (*ibid.*, p. 25). No entanto, esta divisão entre governantes e governados também não escapa à lei geral da divisão de tarefas e da solidariedade social. A função dos governantes é justamente a de impor a ordem, uma ordem destinada a manter e aperfeiçoar a solidariedade social. Daí que, nos termos de uma política positiva ou realista, os limites do poder do Estado não provenham de direitos individuais pré-estatais, mas das leis objetivas da solidariedade social, que o Estado visa promover (*ibid.*, p. 31 ss.).

A linha anti-individualista na compreensão do poder e do direito foi também seguida por Maurice Hauriou (1856-1929), a quem se deve uma desenvolvida teoria da instituição com grande influência nos meios jurídicos[880].

Hauriou definiu a instituição como uma "ideia ou obra ou empreendimento que encontra realização e consistência jurídica num meio social". A sociedade estaria constituída por agregados sociais modelados por certas ideias diretivas. Ou, dizendo de outro modo, na sociedade, uma infinidade de ideias organizadoras – desde a caridade à salvaguarda de uma comunidade nacional, passando pela realização de negócios – congregam e organizam os indivíduos, pondo-os ao seu serviço. Estas ideias não apenas modelam a organização das instituições como se insinuam nos seus membros, levando-os a lutar pela sua consecução. Por outro lado, o dinamismo destas ideias faz com que elas mesmas se desenvolvam, ganhando progressivamente novos contornos, de acordo com uma lógica própria de desenvolvimento.

---

[880] "La théorie de l'institution et de la fondation (essai de vitalisme social)", *Cahiers de la nouvelle journée*, 1925, n. 4; *Précis de droit administratif*, 1907; *Précis de droit public*, 1910; *Aux sources du droit: le Pouvoir, l'Ordre et la liberté*, 1933; *Teoria dell'istituzione e della fondazione*, Milano, Giuffrè, 1967.

Daí que a ordem jurídica (como conjunto de instituições) seja bifronte. Por um lado, consiste em normas já positivadas (*institutions-choses*); mas, por outro lado, em ideias condutoras, que "puxam" pelo direito estabelecido em direção a novos objetivos, dando-lhe vida (*institutions-personnes*). O institucionalismo cultiva, de facto, um "vitalismo jurídico", dando aos corpos sociais uma "alma" que transcende as suas manifestações atuais e os faz aspirar por novos objetivos[881]. "Já sabemos – escreve Hauriou (*Teoria da instituição e da fundação*, 1925) – que são três os elementos de uma qualquer instituição corporativa. 1) a ideia da obra a realizar num grupo social; 2) o poder organizado para a realização desta ideia; 3) as manifestações comunitárias que se produzem no grupo social, em ligação com a ideia e a sua realização" (p. 14 da ed. italiana, citada).

Com esta contraposição entre um direito socialmente estabelecido ("instituições-coisas") e um direito em devir, em processo de institucionalização ("instituições-pessoas", "ideias diretivas"), o institucionalismo responde à crítica de que o naturalismo ignorava o elemento dinâmico (de programa, de projeto, de dever ser) do direito, considerando apenas o direito já enraizado na sociedade e redundando, por isso, numa atitude conservadora do *statu quo*. Ganha, assim, um tom antilusitanista que o aproxima tanto do idealismo hegeliano (desenvolvimento objetivo das ideias) como do espiritualismo neotomista (um princípio espiritual presidindo aos movimentos das coisas humanas) e que irá seduzir algumas correntes antipositivistas, designadamente o jusnaturalismo católico e o pensamento corporativista, nomeadamente em Itália, em Espanha e em Portugal. E, por isso, apesar do seu estreito parentesco com o positivismo naturalista, pode considerar-se já um primeiro movimento de crítica antipositivista.

---

[881] "O elemento mais importante de qualquer instituição corporativa consiste na ideia da obra a realizar num grupo social ou em seu proveito. Qualquer corpo constituído tem para realizar uma obra ou empresa. Uma sociedade anónima é a realização de um negócio, ou seja, de um empreendimento de especulação; um hospital é um estabelecimento constituído para a atuação de uma ideia caritativa; um Estado é um corpo constituído para a realização de um certo número de ideias, as mais simples das quais se resumem na seguinte fórmula: 'atividade de proteção de uma sociedade civil nacional desenvolvida por um poder público de base territorial, que está separado da propriedade da terra, de modo a deixar uma grande margem de liberdade aos súbditos' (M. Hauriou, *Teoria dell'istituzione...*, cit., 15)."

A crítica positivista à pandectística teve consequências muito importantes na configuração que o saber jurídico ganha nos finais do século XIX e primeiras décadas do século XX[882].

Por um lado – no seu momento *antiformalista* –, ao aproximar o saber jurídico em relação às ciências sociais, dá origem a disciplinas jurídicas novas[883], como a sociologia do direito, a antropologia jurídica ou a criminologia, todas elas permitindo uma compreensão do lugar do direito nos processos de normação e de disciplina sociais, e chamando a atenção dos juristas para o direito vivo, espontâneo ou praticado (*lebendiges Recht, law in action*). Num plano mais recuado, o positivismo chamou a atenção para a importância do conhecimento das circunstâncias concretas da vida do direito no estabelecimento das soluções jurídicas ou legislativas[884].

Esta influência "cientista" e "sociologizante" do positivismo é muito nítida no domínio do direito criminal. Prescindindo – ou considerando-as apenas muito marginalmente – de ideias da teoria penal tradicional que considera "metafísicas" (como "responsabilidade", "culpa", "expiação", "retribuição"), o positivismo procura, por um lado, identificar fatores criminógenos objetivos (as "causas do crime") e, por outro, adequar-lhes terapêuticas (não necessariamente penais) corretivas, tal como o médico identifica fatores patogénicos e os combate com meios terapêuticos ou cirúrgicos. Assim, acolhem-se, na teoria do crime, as explicações a partir de características antropológicas (anátomo-fisiológicas, psicobiológicas)[885] ou de fatores sociais e ambientais[886]. E, na teoria dos fins das penas, adotam-se perspetivas funcionalistas, em que a pena visa exclusivamente uma função de prevenção: prevenção geral, desincentivando, em geral, a prática do crime pelo temor da pena; prevenção reeducativa em relação ao criminoso. Em contrapartida, as ideias de que o crime é um ato livre,

---

[882] Sobre este ponto, para o país europeu em que o positivismo teve um maior impacto sobre o direito, cf. Grossi, 1999, 2000 (sobre os quais, v. as minhas recensões alargadas, em *Themis*, 3 (2001), 457 ss.).
[883] Cf. Wieacker, 1993, 662 ss.
[884] Cf. Wieacker, 1993, 658 ss.
[885] Sob a influência das teorias antropológicas de Cesare Lombroso, que filiava a prática do crime em características físicas (*v.g.*, bossas cranianas) dos indivíduos, criando a figura do "criminoso nato" e aproximando o tratamento penal da psiquiatria (*L'uomo delinquente*, 1871).
[886] Sob influência de escolas positivistas italianas e francesas (Ferri, Garofalo, Lacassagne, Tarde). Sobre o elenco destes fatores, com elementos estatísticos comprovantes, Caeiro da Mata, *Direito criminal português*, Coimbra, 1911.

suscetível de uma censura moral, e de que a pena poderia encerrar, por isso, uma finalidade de expiação ou de retribuição social do mal eram consideradas como metafísicas.

Por outro lado – no seu momento *antilegalista* e *antiestadualismo* –, o positivismo recusou a identificação entre direito e lei, chamando a atenção para um direito surgido das próprias instituições sociais, existente para além da vontade estadual expressa na lei e num plano que lhe era superior. Em todo o caso, a insistência posta por algum positivismo na função reguladora do Estado, como expressão política de um organismo social superior (nação), atenua sensivelmente o alcance deste aspeto. E, assim, algumas das correntes que se podem filiar no positivismo acabam por conceder à lei um papel determinante na constituição do direito, nos quadros de um estadualismo autoritário, de que é exemplo o fascismo.

Por fim – no seu momento *anti-individualista* –, o positivismo armou metodologicamente a crítica aos fundamentos ideológicos individualistas e contratualistas da pandectística, tanto no domínio do direito público, como no domínio do direito privado.

Mas o positivismo contribuiu, também, para algumas novidades no plano da dogmática, quer do direito público, quer do direito privado.

No domínio do direito público, o positivismo orienta-se para a crítica da forma individualista, democrática e liberal de Estado, baseada no sufrágio e nos direitos naturais dos indivíduos, propondo formas de organização política baseadas no primado dos grupos (desde logo, do grupo Estado, como emanação dos interesses gerais do corpo social) sobre os indivíduos[887]. Uma delas é o *corporativismo*, que parte da ideia de que as entidades políticas naturais ou primárias (família, empresa, município), que estão na base da organização natural da sociedade, devem estar também na base da organização do Estado e que, assim, devem ser os seus representantes – e não os representantes dos indivíduos – a integrar as assembleias representativas. Por outro lado, a solidariedade e organicidade sociais exigiriam que o despique destrutivo ("subversivo") entre forças económicas (concorrência capitalista desenfreada) e sociopolíticas (luta partidária, luta sindical, luta de classes) desse lugar a formas de organização económica e política

---

[887] Sobre o sentido antidemocrático (nomeadamente antissufragista) do positivismo comtiano ortodoxo, v. Catroga, 1977, 76. O sufrágio – sujeitando o todo à vontade do maior número – contradiria a hierarquização natural dos organismos.

que promovessem a coesão social (planificação e concertação económica, Estado forte, partido único, proibição da greve e do *lock out*).

No domínio do direito privado, o positivismo tende a moderar o primado do princípio da vontade. E justificando, do ponto de vista teórico, limitações à autonomia da vontade no direito dos contratos e da propriedade, reintroduz a ideia da existência de estruturas normativas objetivas (como a família, a empresa) que escapavam ao poder da vontade. Estes pontos de vista adequavam-se bem às tendências políticas antiliberais, de matriz socialista ou conservadora, que pretendiam corrigir a competição individual desenfreada instituída pelo capitalismo "selvagem". Assim, o direito subjetivo passa a ser definido não como um "poder de vontade" (*Willensmacht*), mas como um "interesse juridicamente protegido"[888]. E, sobretudo, passa a ser realçado como a concessão de direitos subjetivos que visa a realização de uma certa ordem social, pelo que tais direitos estão sempre limitados pela sua função social. Esta questão da "socialização" do direito privado ganha um grande interesse político-social a partir do advento das ideias socialistas, com a sua crítica à propriedade privada. Além disso, no âmbito do direito privado, o positivismo teve ainda influência na teoria das fontes do direito. Neste domínio, criticou o legalismo, revalorizando a ideia de que há fontes extralegais do direito, sejam elas o costume, sejam os ideais jurídicos *vigentes numa certa comunidade* e averiguados pela doutrina jurídica.

O positivismo sociológico teve, em geral, apropriações politicamente contraditórias.

No século XIX, ele valeu como um movimento de ideias de sentido crítico[889] das instituições e valores estabelecidos. Na verdade, ele era um "progressismo", cria no devir necessário das sociedades e, por isso, era contrário a todo o conservadorismo. Propunha a substituição das ideias teológicas e metafísicas pelas ideias positivas e procurava substituir as formas estabelecidas de organização social e política por outras de natureza "científica". Neste sentido, deve-se-lhe a laicização da vida pública, a instituição ou expansão do ensino oficial não confessional, a crítica aos excessos do liberalismo económico, um certo comprometimento com os

---

[888] Cf. Guilherme Moreira, *Instituições de direito civil português*, Coimbra, 1907, 4 ss.

[889] Embora, em geral, não revolucionário, pois a sua ideia central de evolução é contraditória com a de revolução. Quando muito, as revoluções eram entendidas como momentos críticos da evolução.

movimentos socialistas no sentido de melhorar as condições das classes trabalhadoras (em nome da solidariedade social).

Mas, por outro lado, a sua posição em relação ao demoliberalismo político era muito ambígua. Dissolvendo o indivíduo na sociedade, permitia extrapolações de caráter antidemocrático como, por exemplo, a negação do sufrágio como forma de representação política. Além de que o seu cientismo aceitava mal que as decisões sobre o destino coletivo pudessem deixar de estar nas mãos dos cientistas sociais ou, pelo menos, de políticos adestrados no cultivo de uma política "positiva" ou "científica". O movimento alemão do "socialismo catedrático", que se desenvolveu sob o autoritarismo político do II Império (1870-1917), é típico deste reformismo autoritário e paternalista, em que o príncipe, assessorado por cientistas, introduz reformas sociais que protegem os mais fracos. Como já se disse, esta era, de resto, a função do Estado científico: regular o inevitável poder dos mais fortes (governantes) sobre os mais fracos (governados) em função do interesse geral. Não admira, por isso, que o positivismo pudesse constituir, caldeado com outras influências, um dos pontos de apoio das ideologias autoritárias das quatro primeiras décadas do século XX.

Assim, tanto na privatística como na publicística, o positivismo está na origem tanto da reação antiliberal das primeiras décadas do século XX, normalmente designada por advento do *Estado social*, como dos regimes autoritários antidemocráticos, como o fascismo ou o *Estado Novo* português[890].

No domínio do direito, esta ambivalência também se verificou, dando lugar a apropriações tanto de sentido liberal, como a outras de sentido conservador e mesmo reacionário.

Assim, se o positivismo denunciou o formalismo e abstracionismo da igualdade, tal como vinha a ser construída pelo direito das Luzes e da pandectística, o certo é que, ao insistir na desigualdade natural dos homens, abriu uma caixa de Pandora de onde saíram, por exemplo, justificações jurídicas do sexismo, do racismo e do expansionismo europeu. Quanto ao sexismo, muitos positivistas[891] justificavam a discriminação jurídica e

---

[890] Na origem do nazismo estão movimentos ideológicos mais especificamente alemães, mas igualmente marcados pela crítica ao individualismo contratualista em nome da ideia de organicismo e de uma ordem material de valores ("ordinalismo concreto", O. Spann; C. Schmitt), declarada pelo *Führer* (decisionismo).

[891] Não todos. Por outro lado, alguns faziam-no por razões táticas, como a de recear o peso

política (nomeadamente em termos de capacidade eleitoral) da mulher com uma análise das especificidades psicológicas da mulher, rica no plano sentimental, mas diminuída na capacidade de efetuar escolhas racionais. Quanto ao racismo, apesar da ideia de uma solidariedade universal, o que é certo é que a ideia da organicidade e diversidade de cada povo levava necessariamente, pelo menos, à ideia de especialização e, pelo mais, à ideia de hierarquização. E nesta última, os europeus, portadores do "facho da civilização e da ciência", não podiam deixar de ocupar o primeiro lugar[892]. No que respeita ao colonialismo, ligado estreitamente ao que se disse antes, o sucesso ideológico do positivismo coincide com o abandono do universalismo das Luzes, com as propostas de integração plena do Ultramar na ordem política e jurídica da metrópole, com a adoção de políticas de desenvolvimento jurídico e político separado, e com a atribuição de *capitis deminutiones* não apenas aos indígenas, mas aos próprios europeus residentes no Ultramar[893].

No domínio do direito privado, o positivismo procurou temperar o individualismo e liberalismo ferozes, protegendo as partes mais fracas das relações jurídicas (trabalhadores, crianças). Permitiu e deu voz a sujeitos jurídicos coletivos (como os sindicatos) destinados a reforçar o poder negocial de certos sujeitos individuais. Laicizou a constituição da família e introduziu medidas no sentido da igualdade dos cônjuges. Mas a tudo isto subjazia uma conceção organicista, que tendia a anular o indivíduo perante a tutela do grupo ou, mesmo, do Estado, como garante da harmonia social. Isto tornou-se particularmente nítido com os desenvolvimentos corporativistas destas ideias, nomeadamente sob os regimes conservadores e autoritários estabelecidos no Centro e Sul da Europa. Os sindicatos são colocados sob tutela do Estado (sindicalismo de Estado) e a família, como "célula social básica" ("Deus, Pátria, Família" era a divisa do Estado Novo português), é rodeada de cuidados públicos para garantir não apenas o seu bem-estar económico[894], mas também a sua sanidade moral.

---

conservador do voto feminino. Cf., sobre o feminismo e o sufragismo no ideário positivista, F. Catroga, 1991, II, 287.

[892] A própria ideia evolucionista e biologista fornecia imagens adequadas: a do "negro infantil", a do "turco amolecido e sensual", a do "indiano efeminado" e a da "China doente e adormecida".
[893] É certo que esta desigualdade não é irremediável, combatendo-se pela educação e pela civilização.
[894] Neste plano, chega-se a reintroduzir instituições tradicionais para garantir a indivisibilidade e inalienabilidade do património familiar (como, em Portugal, o "casal de família").

No que respeita às fontes de direito, o sociologismo valoriza, por um lado, a pluralidade de instâncias normativas da sociedade e reage contra o monopólio estadual da edição do direito (legalismo). Mas, por outro lado, ao insistir no papel regulador do Estado, na sua missão de garantir a solidariedade nacional, acaba por atribuir à lei a categoria de fonte última e decisiva de direito. "A soberania – escreve Manuel Rodrigues (1889-1946), ministro da Justiça (1932-1940) de Salazar, em 1934 – pertence ao Estado. Quer dizer: não há poder transcendente, o poder pertence à Nação organizada. Daqui resulta que ao Estado pertence criar a norma da sua existência e dos elementos que a constituem... O Estado é a fonte de toda a regra normativa... O cidadão não pode recorrer a um princípio estranho ao seu país, nem mesmo invocar as regras da humanidade [...]"[895]. Isto não era senão um corolário da afirmação de Mussolini (1883-1945) de que "a Nação é um organismo dotado com vida própria, com os seus fins e meios de ação, que a tornam, na sua força e duração, superior aos seus membros, quer isolados, quer agrupados; ela é uma unidade moral, política e económica que se realiza integralmente no Estado fascista" (*Carta del Lavoro*).

Desta política de sacralização do Estado e de subordinação a ele do direito e da justiça faz ainda parte uma regulação mais estrita da justiça: estatutos judiciários que amarrem completamente o juiz à lei[896], controle das organizações profissionais dos advogados, nomeadamente atribuindo-lhes poderes de natureza pública (em Portugal, 1926) e sujeitando-as a tutela legal, introdução de mecanismos de disciplina da jurisprudência pelos tribunais superiores[897], etc.

Finalmente, embora tenha introduzido muitos elementos válidos para a análise do direito como fenómeno social e para o traçado de políticas do direito, o naturalismo positivista tendeu a "coisificar" o homem, transformando-o num mero objeto de influências causais. Por outras palavras, ignorou a dimensão "interior", a capacidade de escolha e, consequentemente, a ética da liberdade e da responsabilidade que se liga a ela. Isto foi particularmente nítido no direito penal. O criminoso foi desresponsabilizado pessoalmente, mas, ao mesmo tempo, privado da sua dignidade

---

[895] *Política, direito e justiça*, Coimbra, 1934, 41.
[896] Como o *Estatuto judiciário* português de 1928 (dec.-lei 15344, dec. 10.4), que estabelece que o juiz não pode recusar a aplicação da lei com o fundamento de que ela lhe pareça injusta ou imoral (art.º 240º).
[897] Como os Assentos portugueses, reintroduzidos em 1926.

de ser autónomo. De um sujeito livre que *escolheu* (porventura mal), foi transformado num *doente* carecido de tratamento. Quando isto acontece, o problema da pena deixa de ter qualquer fundamento ético e, rigorosamente, podem ser objeto dela indivíduos que, não tendo cometido qualquer crime, são diagnosticados – pela suas características psicossomáticas ou pelos meios em que vivem – como criminosos natos ou em potência. A punição passa a ser um problema de mera polícia científica.

Mas esta coisificação do homem e das relações sociais instaurou, em geral, um instrumentalismo jurídico em que o direito – como simples técnica de engenharia social, ao lado de outras – pode ser posto ao serviço de uma qualquer política. Exemplos dramáticos desta instrumentalização produziram-se nos regimes totalitários europeus deste século. Mas podem detetar-se também, embora sob formas menos chocantes, nas tecnocracias contemporâneas.

Este balanço mostra já que tipo de reações (adiante referidas) pode ter levantado o naturalismo sociológico.

7.5.4.1. Positivismo sociológico e institucionalismo em Portugal e no Brasil

Em Portugal, as últimas décadas do século XIX e as duas primeiras do século XX constituem uma época marcada profundamente pela influência do positivismo sociológico de Comte e de Littré, combinada com outras contribuições filosófico-metodológicas de sentido anti-individualista, antiformalista e antijusracionalista[898].

O cientismo positivista surge, inicialmente, na área das ciências físico-naturais, em instituições como as recém-criadas Escolas Politécnicas (Lisboa, Porto, 1837). Aí deu origem a estudos que influenciaram o direito, nomeadamente o direito penal[899]. Mas cedo transitou para o domínio da política e do direito.

---

[898] Resíduos do organicismo da Escola Histórica (Savigny, Burke), influências do solidarismo de Krause, evolucionismo de H. Spencer e Darwin. Cf. Moncada, 1937-1938, 145 ss.; 1938-1939, 25 ss.; F. Catroga, "Os inícios do positivismo em Portugal...", cit., 26, n. 1.

[899] Em Portugal, esta corrente surge com trabalhos de médicos e psiquiatras, como Basílio Freire (*Os degenerados*, 1886; *Os criminosos*, 1889); Júlio de Matos (*Os alienados nos tribunais*, 1902--1907); Miguel Bombarda (*A consciência e o livre arbítrio*, 1897); e, Ferreira Deusdado (*Estudos sobre a criminalidade e a educação*, 1889). Os primeiros juristas penalistas a adotarem pontos de vista sociologistas foram Henriques da Silva (*Elementos de sociologia criminal e de*

No domínio da política, transformou-se na coluna vertebral da ideologia republicana[900]; o seu corifeu universitário foi Teófilo Braga (1843-1924), publicista e doutrinário infatigável em todos os domínios das ciências literárias e sociais[901] e primeiro presidente da República. Também a maçonaria e outras sociedades secretas que militavam no campo republicano (como a *Carbonária*) professavam doutrinas sociais de forte cunho positivista[902].

No domínio do direito, o positivismo domina o ensino universitário, nomeadamente no campo da história e do direito público, desde a década de 70 do século passado. Manuel Emídio Garcia (1838-1904) é o seu primeiro representante, logo a partir do seu *Curso de ciência da administração e direito administrativo*, 1865[903]. Aí adota uma metodologia voltada para o estudo global e empírico-experimental da sociedade e adota o organicismo e evolucionismo como princípios de explicação e previsão dos fenómenos sociais[904]. A todos eles é comum o naturalismo jurídico-social[905], a adoção de um ponto de vista evolucionista, quer da sociedade, quer das ciências sociais e jurídicas[906], a recusa do individualismo, da ideia de pacto social como

---

direito penal, 1905) e, sobretudo, Afonso Costa (*Comentário ao Código Penal português. I. Introdução. Escolas e princípios da criminologia moderna*, 1895). Sobre esta escola penalista, Correia, 1963, 124 ss.; Maldonado, 1960. Sobre a reação antipositivista (nomeadamente de Beleza dos Santos), v. Correia, 1955, 412 ss.

[900] Cf. Catroga, 1977; Catroga, 1991, *max.*, II, 193 ss.

[901] Incursões no domínio do direito: *Poesia do direito*, 1865; *Theses sobre diversos ramos do direito*, Coimbra, 1868; *Espírito do direito civil moderno: direito subsidiário, propriedade, contratos*, 1870.

[902] F. Catroga, 1991, I, 135 s.

[903] Depois, *Apontamentos de algumas prelecções de sciencia politica e direito politico*, 1893. Sobre ele, v. Catroga, 1982. Outros nomes importantes de professores da Faculdade de Direito de Coimbra influenciados pelo positivismo são José Frederico Laranjo, Marnoco e Sousa e Afonso Costa.

[904] Outros nomes de positivistas marcantes, numa importante galeria de professores da Faculdade de Direito de Coimbra (mas com uma intervenção académica vastíssima, desde a história do direito à economia e finanças e ao direito eclesiástico) são: José Frederico Laranjo (*Princípios e instituições de direito administrativo*, 1888; *Princípios de direito público e direito constitucional português*, 1898); Abel de Andrade (*Administração e direito administrativo*, 1893); Guimarães Pedrosa (*Curso de ciência da administração e direito administrativo*, 1904); Marnoco e Sousa (*Direito político. Poderes do Estado*, 1910).

[905] "A separação entre fenómenos físicos e morais é meramente arbitrária; não existe antinomia entre eles" (Teófilo Braga, *Systema de sociologia*, 1908, 33).

[906] Cf. a classificação, feita por Marnoco e Sousa, das teorias da soberania em "teológicas, metafísicas e positivas", de acordo com a conhecida lei comtiana dos três estados" (*Direito político. Poderes do Estado*, Coimbra 1910, 7 ss.).

origem do Estado, do primado dos direitos subjetivos sobre os direitos objetivos e, correspondentemente, a defesa do caráter natural e objetivo das instituições sociais, nomeadamente do Estado que, assim, apareceria como a verdadeira fonte tanto do direito objetivo, como dos direitos subjetivos[907].

Esta influência positivista está bem expressa na reforma dos estudos jurídicos de 1901 (24/12), em cujo relatório se pode ler: "Pertencendo os fenómenos jurídicos à grande categoria dos fenómenos sociais, não pode fazer-se o seu estudo sem o conhecimento dos princípios gerais da sociologia que, fundada por Augusto Comte como uma especulação de caráter meramente histórico, tende a constituir-se organicamente". É neste mesmo espírito que a nova Faculdade de Direito de Lisboa, fundada em 1911, se irá chamar (até 1918) Faculdade de Estudos Sociais e de Direito.

"O individualismo desenfreado que serviu de base às codificações modernas está posto de parte no ensino do direito positivo, onde se procura subordinar o indivíduo à sociedade e absorver o direito privado no direito social", escrevem Marnoco e Sousa e Alberto dos Reis, em 1907[908].

Jaime Gouveia – recolhendo a inspiração de L. Duguit (*La transformation du droit privé, la propriété fonction sociale*, 1912) – defende o caráter socialmente funcional da propriedade privada e as suas consequentes limitações (*Construção jurídica da propriedade*, 1919); e, nas suas lições de 1939, empreende uma crítica sistemática dos fundamentos individualistas do direito privado, subordinando o princípio da liberdade ao da igualdade[909].

No plano das fontes de direito, reintroduz-se alguma distanciação em relação ao legalismo. Na verdade, a discussão sobre o elenco das fontes de direito era estimulada pelo facto de o Código Civil de 1867 (no seu art.º 16º)[910] dispor que as questões sobre direito e obrigações seriam resolvidas "pelo texto da lei, pelo seu espírito, pelos casos análogos previstos noutras leis" ou, na sua falta, "pelos *princípios de direito natural, conforme as circunstâncias*

---

[907] O Estado – escreve Guimarães Pedrosa – é um "facto natural e necessário, e não o mero ato livre de vontades individuais, visto que a convivência humana, fenómeno que determina necessariamente o Estado, é igualmente um fenómeno natural e necessário, que deriva de um impulso irresistível da natureza humana – a sociabilidade" (*Curso de ciência da administração e direito administrativo*, 1908, 2ª ed., 41).
[908] Em *A Faculdade de direito e o seu ensino*, 1908, 105.
[909] Jaime Gouveia, *Direito civil*, 1939, 543 ss.
[910] Sobre a interpretação (tormentosa) deste artigo, v. João M. Antunes Varela e Fernando A. Pires de Lima, *Noções fundamentais de direito civil*, Coimbra, 1973 (6ª ed.), I, 176 ss.; e, numa perspetiva histórica, Scholz, 1982, 771.

do caso". Todos estavam de acordo que esta referência não podia ser entendida no sentido de aceitar o jusnaturalismo clássico ou o jusracionalismo, completamente destronados pelas ideias positivistas. Mas, enquanto, sob a influência combinada do legalismo e da pandectística, a opinião dominante interpretava esta referência ao direito natural como equivalendo a uma remissão para os "princípios gerais de direito"[911], outros[912] viam nesta expressão um reconhecimento da existência de fontes não legislativas de direito, embora vinculadas às manifestações sociais espontâneas de criação ou de reconhecimento do direito[913].

A influência das escolas realistas e institucionalistas francesas e italianas, nomeadamente de L. Duguit, G. Jèze, M. Hauriou e Santi Romano foi mais tardia (a partir da segunda década do século XX)[914], mas muito duradoura, tendo-se mantido até aos anos 50[915], sobretudo entre os cultores do direito público, âmbito em que constituem a cobertura dogmática do corporativismo do Estado Novo.

[911] Cf. Guilherme Moreira, *Instituições de direito civil português*, Coimbra, 1907, 30 ss.; Caeiro da Mata, *Direito civil português. I. Parte geral*, Coimbra, 1909, 160 ss.

[912] Como Jaime Gouveia, *Direito civil*, 1939, 66: "O nosso direito admite o costume, o costume consagrado pela jurisprudência que lhe deu origem por virtude da prática repetida de certos atos, acompanhados da *opinio necessitatis*."

[913] V., neste sentido, Jaime Gouveia, *Direito civil*, Lisboa, 1939. Jaime Gouveia inspirava-se na chamada "escola científica", lançada por F. Gény (*La science et la technique en droit positif*, 1896; *Méthode d'interprétation et sources en droit privé français*, 1899), que revalorizou o costume, a jurisprudência e a doutrina como fontes de direito, com um valor autónomo e, eventualmente, superior ao da lei. Os seus pressupostos são, em geral, positivistas, pois estas fontes são legitimadas a partir da constatação do seu enraizamento social. Sobre esta corrente, v. Gilissen, 1988, 518 s.

[914] L. Duguit esteve em Coimbra, em 1910 e em 1923 (testemunho sobre a sua influência em Jaime Gouveia, *Direito civil*, Lisboa, 1939, 23); mas o personalismo de M. Hauriou estava mais de acordo com o fundo neotomista da ideologia política do Estado Novo.

[915] Traços explícitos de influência em muitos publicistas: Lobo d'Avila, *Lições de direito político*, Coimbra, 1911-1912 (influência de Durkheim e de Duguit); Rocha Saraiva, *Lições de direito administrativo*, 1914-1915 (um eclético, que procura combinar o método indutivo [histórico-sociológico] com o método *dedutivo* [racional-dogmático, jurídico] nos quadros de uma orientação assumida como "positiva" [antiespeculativa, mas atenta às conexões das normas jurídicas entre si]); Fezas Vital, *Acto jurídico*, 1914; Magalhães Colaço, *Concessão de serviços públicos*, 1914 (combinação de realismo com dogmatismo). Historiadores como Paulo Merêa, L. Cabral de Moncada e Marcelo Caetano, apesar de pertencerem basicamente a outras orientações, não escaparam também a alguma influência positivista; cf. A. M. Hespanha, "L'histoire juridique et les aspects politico-juridiques du droit (Portugal, 1900-1950)", *Quaderni fiorentini per la storia del pensiero giuridico moderno*, 10 (1981), 425-428.

A influência laicizante do positivismo foi responsável pela laicização do Estado e do direito após a implantação da República (1910), nomeadamente das leis de separação entre a Igreja e o Estado (1910) e das leis da família[916]. A influência anti-individualista explica a "legislação social" da República e do Estado Novo (nomeadamente em domínios como o direito do inquilinato, o direito do trabalho, o direito de propriedade, o direito económico)[917].

O positivismo sociológico surge, no Brasil, estreitamente ligado à reflexão jurídica da Escola do Recife ou "Geração de 1871", c. 1860-1880: Tobias Barreto (1839-1889), Sílvio Romero (1851-1914), Capistrano de Abreu (1853-1827), Graça Aranha (1868-1931), Martins Júnior (1860-1904); mais tarde, Clóvis Beviláqua (1859-1944) e Pontes de Miranda (1892-1979)). Incluindo, como em Portugal, homens de formação científica (médicos e militares com formação matemática – o mais importante, Benjamin Constant Botelho de Magalhães, 1836-1891) –, os seus porta-vozes mais distintos são juristas. Embora com matizes diferentes, todos eles reagem contra o espiritualismo ecléctico e de sinal conservador que dominou a cultura jurídica letrada durante o império. Tal como na Europa, o movimento conhece uma corrente liberal – mais próxima de Littré –, reformista, antimonárquica, anticlerical, mas ordeira ("Ordem e Progresso"), que está na origem da revolução republicana de 1891, e uma corrente tradicionalista e conservadora – mais próxima do autoritarismo de Comte –, crítica das utopias liberais individualistas, partidária da conservação dos elementos genuínos do corpo social e da evolução orgânica.

Se a corrente organicista proporcionou uma transição fácil com o romantismo ecléctico dos meados do século XIX (mas, também, para o futuro, com o autoritarismo "nacional" da República Nova, a partir dos anos 30 do século XX), o reformismo científico preparou as reformas educativas, culturais, políticas e jurídicas (menos, sociais) que irão caracterizar a República Velha (liberdades religiosa e profissional; proibição do anonimato na imprensa; reforma educacional [de Benjamin Constant]) e também, com orientação diferente, corporativa e nacionalista, a República Nova.

---

[916] Em Portugal, leis do divórcio (3/11/1910) e da família (25/12/1910); abolição do dever de obediência ao marido (cf. art.º 1185º do Código Civil de 1867).

[917] V., para uma panorâmica, Hespanha, 1981; Mendonça, 1981; Gilissen, 540-542 ("nota de tradutor").

Uma ideia forte da Escola foi, na sequência de uma sensibilidade romântica, a busca de uma identidade do homem brasileiro, à qual se deviam adequar as instituições e as leis. No Brasil, um elemento genuíno importante teria sido a mestiçagem. No campo do direito, esta preocupação (determinismo étnico e mesológico) com a autenticidade genuína do direito condiciona muito a codificação civil e pode ter estado na origem de alguma tendência para a americanização das instituições, como reação contra a importação de instituições e modelos europeus. No conspecto geral da cultura brasileira, esta leitura da identidade brasileira está próxima do culturalismo de Gilberto Freyre que, também ele, encontra a especificidade brasileira na miscigenação[918]. As suas relações com o "modernismo" artístico e literário são também evidentes (Graça Aranha).

7.5.5. O antirracionalismo. Valores e emoções

Até aos finais da I Grande Guerra, a vaga sociológica exerceu, sobretudo na Europa do Sul, um domínio absoluto sobre o mundo intelectual. "A lei dos três estados – como já se escreveu[919] – era aceite com muito mais fé do que o Mistério da Santíssima Trindade é aceite pelos católicos". Daí que, desde os meados da década de 10 do século XX se tenham notado sinais de reação, nomeadamente tanto no campo da vida, como no campo da filosofia do direito.

Neste último, a primeira reação não foi a de abandonar completamente uma aproximação científica das coisas humanas, mas antes a de encontrar um modelo científico adequado a lidar com elas. O ponto de partida para este novo modelo de "ciências humanas" era a distinção entre ciências da natureza (*Naturwissenschaften*) e ciências da cultura (*Kulturwissenschaften*), reclamando para estas um objeto (os valores, os sentidos) e um método próprios. Ou seja, no domínio da atividade humana, como o direito, as condutas não poderiam ser descritas nem explicadas apenas "do exterior". Seria, pelo contrário, indispensável recorrer aos dados interiores que dão sentido aos comportamentos. "Os homens em sociedade – escreve o filósofo português Luís Cabral de Moncada, sintetizando estes pontos de vista[920] – obedecem a normas [...] Estas leis não são, porém, o mesmo que

---

[918] Sobre este movimento, Paim, 1990; Paim, 1982; Paim (s/d); Jarbas, 2004. Textos em Paim, 1981.
[919] Francisco Reis Santos, "O movimento republicano e a consciência nacional", *História do regime republicano em Portugal*, Lisboa, 1930-1932, I, 80.
[920] *Lições de direito civil (parte geral)*, Coimbra, 1932, I, 11.

as chamadas 'leis naturais' ou científicas, a que todos os seres obedecem, inclusive o homem, cegamente, passivamente, sob uma impulsão exterior, como a da pedra que cai ou a do líquido que toma a forma do recipiente. Sabido é que o homem é também espírito; tem uma vontade consciente; é neste sentido um ser autónomo. Por isso, as leis a que ele obedece na sua atividade consciente, enquanto homem, isto é, enquanto ser espiritual, são antes 'leis finais', ou seja, regras que ele a si mesmo se propõe em vista de fins que a sua inteligência concebe, querendo-os e autodeterminando-se por aquelas [...] As normas [jurídicas] pertencem, portanto, ao reino do espírito, da consciência; ou, socialmente, ao reino da *cultura*, contraposto ao reino da natureza". Ou seja, por muito importantes que sejam os condicionamentos externos da atividade humana, esta depende – pelo menos no seu nível consciente – de objetivos queridos, de projetos de vida, de anseios relativos a valores.

Daí que, a partir das primeiras décadas do século XX, uma das preocupações dos metodólogos e filósofos do direito[921] tenha sido o de reencontrar as bases da autonomia gnosiológica e metodológica da sua disciplina, preservando aquilo que o direito teria de específico frente às ciências que apenas *descreviam* a realidade social – ou seja, o facto de o direito ser uma disciplina *cultural*, que procura realizar valores, impondo normas para isso. Como não se pretendia voltar a cair num discurso filosófico e metafísico acerca dos valores jurídicos, a linha de rumo tinha de ser a de procurar definir as condições de validade que eram específicas do conhecimento jurídico e que permitiriam que este pudesse utilizar métodos intelectuais diferentes dos métodos das ciências sociais, sem deixar, por isso, de ser cientificamente válido. As ciências naturais – bem como as ciências sociais que as imitavam – observavam, descreviam, explicavam os acontecimentos por relações necessárias de causalidade, formulavam leis gerais que exprimiam estas relações causais gerais. As ciências culturais observavam, decerto, os comportamentos externos; mas não se ficavam por aí. Procuravam compreender os fenómenos internos, espirituais, que estavam na sua génese. Sempre atentas a que a relação entre uns e outros não se podia reduzir a leis gerais, dadas as diferenças espirituais entre os agentes (simplificando, dada a liberdade humana).

---

[921] V., *infra*, 7.5.5.

Uma vez que se continuava a considerar que o fundamento de qualquer conhecimento científico era a definição das condições de validade das suas proposições e uma vez que o sistema das ciências estabelecido (também das ciências sociais) era aquele que Kant fundamentara na sua *Crítica da razão pura*, pareceu que a chave para a construção de uma ciência jurídica autónoma exigia uma averiguação das especificidades do conhecimento jurídico em relação ao conhecimento das ciências sociais e das condições de validade deste novo tipo de conhecimento. Ou seja, exigia retomar a crítica de Kant, mas agora aplicada a um tipo diferente de saber.

Foi esta a tarefa a que se propuseram as escolas neokantianas alemãs de Marburg (Hermann Cohen e Paul Nartorp) e de Baden (ou sul-ocidental, Heinrich Rickert, Gustav Radbruch), ao empreenderem o estudo das consequências metodológicas da distinção entre as ciências *do espírito* (*Geisteswissenschaften*; ou da cultura, *Kulturwissenschaften*; ou ideográficas) – a que pertenceria o direito – e as ciências *da natureza* (*Naturwissenschaften*; ou nomotéticas) – a que pertenceriam as ciências naturais e, também, as ciências sociais, enquanto lidam com os fenómenos humanos numa perspetiva puramente externa (comportamentos). A distinção entre umas e outras decorria da natureza do seu objeto. Enquanto as ciências da natureza lidam com um mundo de objetos, alheio ao homem, cognoscível na sua exterioridade e redutível a leis gerais, as ciências do espírito lidam com o mundo da cultura, com as significações que os homens atribuem às coisas, com o modo como eles se apropriam espiritualmente delas. Este mundo não só não é externamente cognoscível, como não pode ser encerrado em leis gerais, pois cada ato cultural tem significados únicos, que só se desvendam a partir de uma atividade espiritual orientada para os valores que ele encerra (e não para o seu invólucro comportamental externo)[922].

Qualquer tentativa de fundar a procura dos *valores* jurídicos na *realidade* do direito constituiria um salto metodológico impossível entre o mundo do *dever ser* e o mundo do *ser*. Igualmente ilegítimo seria identificar os valores que haviam de orientar o direito, a partir de uma investigação sociológica dos sentimentos vividos de justiça, ou dos processos sufragísticos. O próprio do direito era conformar a realidade, referindo-a a valores que estavam acima dela, e não transformar em valores os fins que as pessoas e os grupos realmente tomavam como válidos. Facilmente se vê que – ape-

---

[922] Sobre o neokantismo e a "filosofia dos valores", v. Wieacker, 1993, 679 ss.; Moura, 1982.

sar de os fundadores da escola terem sublinhado que haveria métodos rigorosos para identificar os valores – estes pontos de vista podiam tornar as opções de cada um, quanto ao que fosse uma vida boa ou justa, valores que deviam orientar o direito. E, nessa medida, se se opunham a regimes políticos em que o direito fosse usado como mero instrumento ou de poder[923] ou de obtenção de vantagens (utilitarismo), também puderam caucionar "ditaduras éticas", em que o Estado se arrogava defender uma ordem tida como justa.

As consequências dogmáticas destes pontos de vista sobre a autonomia do jurídico e dos saberes sobre ele foram várias.

Por um lado, abalaram o antimetafisismo dominante, reintroduzindo ideias como a de valores jurídicos superiores ao direito estabelecido (pelo Estado, ou pela consciência jurídica da sociedade), o que equivalia à revalorização da ideia de direito natural, em versões religiosas (como o jusnaturalismo católico, de fundo neotomista), ou em versões laicizadas (valores "nacionais", "justiça social").

Por outro lado, no plano mais estritamente metodológico, abalaram o cientismo dominante, insinuando a ideia de que podia haver modelos intelectuais diferentes dos das ciências físico-naturais e mais adequados para tratar o direito. Por exemplo, modelos que utilizassem não o método dedutivo (que estava na base da ideia de subsunção[924]), mas métodos de abordagem casuística (como o que tinha sido utilizado pela tópica[925]); modelos que lidassem não com a noção mecanicista de causalidade, em que um fenómeno se explica pelos antecedentes (*v.g.*, explicar um contrato pelo conteúdo das vontades dos agentes), mas, por exemplo, com a de finalidade (*v.g.*, explicar um contrato pelas suas finalidades sociais objetivas)[926]; modelos que se baseassem numa lógica específica (lógica jurídica ou deôntica [*i.e.*, dos valores]); modelos que não reduzissem a interpretação (de uma norma, de um ato jurídico) a uma investigação do substrato psicológico desse ato, mas que descobrissem o seu "sentido humano", ou seja, a constelação de

---

[923] Radbruch foi um destacado dirigente político social-democrata, expulso da universidade pelo nazismo.
[924] V., *supra*, 7.4.11.
[925] V., *supra*, 7.5.7.4.2.
[926] É esta última ideia que está na base da interpretação *teleológica* ou *finalista*, que procura interpretar os atos jurídicos (também os atos legislativos) de acordo com as suas finalidades sociais.

valores que lemos nesse ato ou que lhe imputamos, independentemente da intenção subjetiva dos agentes, etc.[927]

Por outro lado, levaram a tentativas de "purificação" do saber jurídico, distinguindo cuidadosamente os aspetos jurídicos das questões dos seus aspetos políticos, por um lado, e sociopsicológicos, por outro. Os juristas deveriam produzir um discurso que se fundamentasse a si próprio e que evitasse a contaminação com considerações de ordem político-ideológica ou empírico-sociológica. Foi esta a linha condutora da *teoria pura do direito* (*reine Rechtslehre*), formulada pelo jurista austríaco Hans Kelsen[928].

7.5.5.1. A reação antissociologista em Portugal e no Brasil

Em Portugal, manifesta-se uma reação antissociologista a partir da segunda década do século XX, de que é pioneiro Manuel Paulo Merêa (1889-1976), professor de história do direito em Coimbra, numa conferência aí proferida em 1910, publicada depois sob o significativo título "Idealismo e direito"[929]. Nesta curta intervenção, que desempenhou um papel decisivo no meio jurídico português, descrevia-se o positivismo como uma corrente redutora, que impunha como único meio de acesso à realidade a razão científica (monismo), desconhecendo que o espírito humano dispõe de uma multiplicidade de formas de a apreender (desde a ação até à intuição e a reflexão espiritual). E denunciava-se a desumanização a que tinha conduzido o dogmatismo cientista das correntes sociológicas. "Sob o influxo tirânico das ciências naturais – escreve Merêa (p. 97) – 'a vida transportara o seu centro de gravidade para o objetivo' [citações de Schiller], e entretanto tudo o que se passa na alma do indivíduo fora considerado como acessório, a sua felicidade e a sua situação tornaram-se cada vez mais indiferentes, o 'sujeito' tornara-se cada vez mais um elemento desdenhável, uma 'gota de água no oceano'. O positivismo, numa palavra, escravizara o homem às

---

[927] Limitamo-nos a esta brevíssima alusão a correntes diversas da metodologia do direito, desde a "teoria da argumentação" (Th. Viehweg, Ch. Perelman, R. Alexy) à hermenêutica (H. G. Gadamer, E. Betti), passando pelos desenvolvimentos da lógica jurídica (G. Kalinowski, U. Klug, K. Engisch): cf. Kaufmann, 122, 124, 105, respetivamente.

[928] Obras principais: *Allgemeine Staatslehre* (1925), *Reine Rechtslehre* (1927); referência bibliográfica básica: Latorre, 1978, 159-164; Wieacker, 1993, 682-683; Kaufmann, 1994, 150 ss.

[929] Coimbra, 1913.

coisas; o moderno idealismo 'reabilita o homem', ressuscitando, sob uma nova forma, o ideal antropocêntrico"[930].

No campo do direito, esta nova atenção aos valores levou a uma revalorização do "jurídico", ou seja, dos elementos propriamente normativos do direito, no sentido – já antes (*supra*, 7.5.5) referido – de uma "purificação" do conceito de direito, excluindo dele os momentos não normativos, não lógico racionais ou, mesmo mais radicalmente, não legais (não positivos, mas agora no sentido de estranhos ao direito positivo).

Este movimento conduz ou a uma revalorização do conceitualismo pandectista ou à adoção de uma orientação positivista-legalista.

Em Portugal, a jurisprudência dos conceitos (ou "método jurídico") foi inicialmente restabelecida, como já se disse (cf., *supra*, 7.4.13.3), no domínio do direito privado, seu campo originário de cultura, a partir do magistério de Guilherme Moreira (1861-1922). No direito público, adquire direito de cidade um pouco mais tarde (cf., *supra*, *ibid.*); mas, a partir dos anos 30, constitui o método inspirador das monografias mais ambiciosas, nomeadamente das teses dos concursos universitários (Magalhães Colaço, Manuel Rodrigues, Marcelo Caetano, Cabral de Moncada, Afonso Queiró).

Uma outra linha de reação antissociologista foi a do positivismo legalista.

Não se pode dizer que um acentuado respeito e apagamento perante a lei tenha caracterizado a doutrina jurídica portuguesa durante o século XIX, pelo menos até ao aparecimento dos grandes códigos. A partir de 1925, aparecem novos elementos favoráveis ao positivismo legalista.

O mais importante foi a leitura estatalista a que conduzia uma certa versão do positivismo sociológico, ao insistir na ideia de que o Estado constituía a forma política do organismo nacional, cabendo-lhe a racionalização da organização social global, na perspetiva das formas mais elevadas da

---

[930] Do livro fazem ainda parte duas outras intervenções, uma de crítica à teoria dos direitos subjetivos de Duguit (em nome, ainda, de um humanismo que vê na luta individual pelos direitos a raiz do direito subjetivo), e outra de crítica à escola penalista positiva. V., ainda, uma apreciação a Hauriou, "O «pluralismo» no direito público. (A propósito de um livro de Hauriou)", em *Dionysios*, sér. I (5), 1912, 277-282. Esta última revista constitui o órgão de um grupo (integrando outros professores de direito como Marnoco e Sousa, Cabral de Moncada, Caeiro da Mata, Magalhães Colaço) comprometido na luta antipositivista e na afirmação vigorosa da "existência irredutível da nossa individualidade, tão deprimida e apagada pelo cientismo", v. Simeão Pinto de Mesquita, "Positivismo e idealismo", *Dionysios*, 2 (1912), 68. Outra revista com o mesmo sentido é a *Águia*, de Leonardo Coimbra. Sobre este movimento, v. Ribeiro, 1951; Teixeira, 1983, 111 ss. Sobre todo este movimento, v., por último, Torgal, 1996.

solidariedade (cf., *supra*, 7.5.4). Esta ideia foi bem acolhida pelos adeptos de um "Estado forte", árbitro dos conflitos entre classes e grupos, constituindo a "ideologia espontânea" dos juristas do salazarismo.

O positivismo sociológico era, naturalmente, passível de outras leituras, que desvalorizavam o direito do Estado perante os "mecanismos jurídicos espontâneos", os "equilíbrios práticos", o "direito da vida"[931]. Lido neste sentido, o sociologismo teria suportado uma política do direito antilegalista, descentralizadora, que reconhecesse o caráter criativo da jurisprudência e da doutrina. E, na verdade, foi esta a orientação que, do ponto de vista teórico, legitimou o discurso jurídico antidemocrático e antiparlamentar do "Integralismo Lusitano", que protagonizava a luta da "Alma Nacional" contra a "ditadura centralizadora, estrangeirada e jacobina" da República[932]. Depois da conquista do poder, na sequência do golpe de Estado de 28 de maio de 1926 ("Revolução Nacional", origem do "Estado Novo")[933], o pensamento jurídico conservador mudou, no entanto, de sentido, aderindo cada vez mais às teses (opostas a esta leitura "institucionalista") da identificação entre o "direito da Nação" e o "direito do Estado", pois o Estado, sobretudo agora, não seria senão a própria Nação organizada[934]. Aquilo a que antes se chamava "instituições primárias" era agora engolido pelo Estado; o direito "plural" estatiza-se e a função do Estado – que o pensamento conservador tinha identificado, na esteira do pensamento pré-revolucionário de Antigo Regime, como a "justiça", no sentido de "realização da harmonia entre corpos políticos autónomos" – transforma-se, progressivamente, na manutenção da ordem[935]. No domínio da política do direito, esta política "ordeira" manifesta-se, nomeadamente, em reformas legislativas visando a certeza do direito e a "dignificação" da justiça[936].

---

[931] V. Manuel Paulo Merêa, "O «pluralismo» no direito público", *Dyonisios*, sér. I (5), 1912, 277-282.

[932] Tais são os pontos de vista do "Integralismo Lusitano", sobre o qual v., por todos, Cruz, 1982; Pinto, 1989.

[933] V., sobre a história político-ideológica do Estado Novo, Rosas, 1994.

[934] V., sobre o tema, Cruz, 1988.

[935] Cf., Caetano, 1941, 6 ss.: a justiça como meio de coordenar as ações humanas em vista de uma finalidade última, a ordem.

[936] *V.g.*, a dita reforma do Código Civil de 1867, em 1930; cf., sobre o seu real alcance, Manuel de Andrade, "Sobre a recente evolução do direito privado português", *Bol. Fac. Dir. Coimbra*, 22 (1946) 286 ss.; a reintrodução dos "assentos" do S.T.J., como meio de disciplinar a

Este novo legalismo influenciou também as conceções sobre a função do jurista (e do professor de direito). O modelo do jurista deveria ser aquele implicitamente proposto por Fezas Vital (1888-1953) – professor de direito público em Coimbra, com muita notoriedade nos anos 30[937] – aquando do elogio de um colega "[...] para ele, como jurista, fora das normas queridas e sancionadas pelos governantes, não há direito [...]. Toda a crítica do direito vigente será, portanto, não crítica de jurista, mas de moralista, de sociólogo, de político, de filósofo [...]. Ao jurista, como tal, incumbe portanto apenas interpretar e reduzir a sistema essas normas [legais] procurando a sua explicação lógica em construções jurídicas abstratas, é certo, mas só legítimas se assentes em realidades e em factos"[938]. Na prática, isto implicava um controle político bastante estreito sobre o ensino universitário do direito. Em 1940, Jaime Gouveia, professor da Faculdade de Direito de Lisboa, foi afastado em virtude de ter feito críticas nas aulas à Concordata com a Santa Sé; o mesmo aconteceu, por razões semelhantes, a Barbosa de Magalhães, professor da mesma Faculdade, alguns anos depois.

Mas o legalismo refletiu-se ainda tanto nos problemas clássicos da interpretação da lei e de integração das lacunas, como em questões mais particulares da dogmática do direito privado. No domínio da interpretação, provocou uma certa tendência para a defesa da interpretação subjetiva[939]. No domínio da integração, por sua vez, originou uma desconfiança extrema em relação a qualquer teoria que outorgasse ao jurista um pouco de liberdade em face da lei, desconfiança que explica o ultrapositivismo de Marcelo Caetano, quando apostrofava a "jurisprudência dos interesses" – mesmo na versão moderada então adotada pela doutrina nacional (submissão do intérprete às valorações legais dos interesses; cf., *supra*, 7.5.3)[940] – de "falsa

---

jurisprudência, em 1926, bem como as medidas tendentes a aumentar a rapidez e eficácia da justiça ("Reforma judiciária", de 1926; *Código de processo civil*, de 1939). Cf., sobre a política da justiça do Estado Novo, Manuel Rodrigues, *A justiça no Estado Novo*, Lisboa, 1933.

[937] Sobre ele, Cruz, 1975, I, 613 ss. e bibl. aí citada (v. 639, n. 1400).

[938] "Elogio do Prof. João Telo de Magalhães Colaço", em *Bol. Fac. Dir. Coimbra*, 13 (1932--1933), 335.

[939] Cf. Manuel de Andrade, "Sobre a recente evolução do direito privado português", *Bol. Fac. Dir. Coimbra*, 22 (1946), 284 ss.; Manuel Rodrigues, "Discurso proferido na sessão comemorativa do centenário do S.T.J.", *Política, direito e justiça*, Lisboa, 1934, 77 ss.

[940] Marcelo Caetano, *O problema do método no direito administrativo português*, Lisboa, 1946, 34. Também no seu curso de direito penal de 1938-1939, o mesmo autor afirma que "o direito positivo é justo até prova em contrário, porque a autoridade donde dimana [o Estado] é um princípio racional de ordenação social".

e socialmente perigosa". Mas esta desconfiança perante a outorga ao juiz de autonomia de apreciação do caso concreto prejudicou também a aceitação pela doutrina dominante de novas figuras da dogmática do direito privado que, justamente, remetiam para o juiz a apreciação da justeza da solução concreta ou uma tarefa de concretização "ativa" dos princípios gerais. Era o que se passava com a doutrina do "abuso de direito"[941], com a teoria da imprevisão[942] ou com a admissão da relevância jurídica de cláusulas gerais (como, *v.g.*, a boa-fé)[943].

No Brasil, verificou-se também uma reação antissociologista, visando complexificar a compreensão do direito. A principal figura deste movimento foi Miguel Reale (1910-2006)[944], oriundo das fileiras do movimento integralista que, também no plano do pensamento político, procurava compreender a nação, mais do que como uma realidade fáctica que se podia descrever como um conjunto de cidadãos votantes, como uma entidade valorativa, muito imperfeitamente representável por processos sufragistas. Com o direito passar-se-ia algo de semelhante. Daí a sua "teoria tridimensional do direito": "A análise fenomenológica da experiência jurídica, confirmada pelos dados históricos sucintamente lembrados, demonstra que a estrutura do direito é tridimensional, visto como o elemento *normativo*, que disciplina os comportamentos individuais e coletivos, pressupõe sempre uma dada *situação de facto*, referida a *valores* determinados" (*Filosofia do Direito*, 497 = http://www.estig.ipbeja.pt/~ac_direito/Reale_F.pdf, [14/1/2012]). Esta perspetiva levava a uma superação das análises em separado do *facto*, do *valor* e da *norma*, como se se tratasse de gomos ou fatias de uma realidade decomponível; "pelo reconhecimento, em suma, de que é logicamente inadmissível qualquer pesquisa sobre o Direito que não implique a consideração concomitante daqueles três fatores". Talvez por este caráter eclético, em que parece que se retém o melhor de cada mundo, a teoria tridimensional gozou de assinalável fortuna nacional e internacional, a que

---

[941] Que admitia que direitos concedidos em geral pudessem ser objeto de um uso concreto ilegítimo, a avaliar pelo juiz.
[942] Que admite a rescisão legítima de um negócio jurídico no caso de se alterarem drasticamente – de acordo com a avaliação concreta a fazer pelo juiz – as condições que serviram de base ao acordo.
[943] Que obriga os sujeitos jurídicos a comportamentos correspondentes às expectativas gerais, também avaliáveis em concreto pelo juiz.
[944] Cf. Lima, 2008.

também não foi estranho o convívio fácil do autor com diferentes correntes ideológicas e diferentes regimes (desde o integralismo ao liberalismo, do Estado Novo à ditadura militar e ao regime democrático que se lhe seguiu). Assim como tinha raízes no pensamento organicista e mesmo sociologista dos finais do século XIX (designadamente em Tobias Barreto), a obra de Miguel Reale conheceu desenvolvimentos vários que salientam a importância dos fatores culturalista no direito. Nesta medida, casa bem com o ambiente cultural brasileiro da época ("modernismo", "nacionalismo"), como também se integra na crítica à democracia demoliberal, a qual reduziria a complexidade da representação nacional ao modelo da nação-votante.

7.5.6. A crítica política do formalismo modernista. As escolas de crítica substantiva do direito

As aqui denominadas escolas críticas têm como assunção fundamental a de que as normas jurídicas não constituem proposições universais, necessárias ou, sequer, politicamente neutras. Pelo que, antes de tudo, importa compreender o funcionamento do direito (e do saber jurídico) em sociedade, para desvendar os seus compromissos sociais e políticos, bem como a violência e discriminação a ele inerentes[945]. O direito não é uma pura forma, universal, eterna e neutral, de organizar as relações sociais, mas uma regulação local, tecida em funções de conjunturas políticas também locais e acionada por estas.

7.5.6.1. O marxismo clássico no domínio do direito

K. Marx (1818-1883) foi, desde o século passado até hoje, o inspirador mais contínuo da crítica ao pensamento jurídico moderno.

Marx não foi um jurista, nem sequer se dedicou especialmente à crítica do direito. Foi, isso sim, um cientista social ou pensador político que, nos quadros de uma interpretação global da sociedade, fortemente crítica do *statu quo*, se pronunciou também sobre o direito.

Como se sabe, Marx empreendeu aquilo a que chamou um estudo científico das sociedades humanas do qual concluiu que o processo histórico era explicável pela dinâmica gerada pela oposição de grupos sociais ("classes"),

---

[945] Note-se que algumas das escolas anteriormente referidas – nomeadamente as escolas sociológicas – incluíam uma dimensão crítica do direito vigente que as aproxima daquelas que serão descritas neste capítulo. Só que, nestas últimas, a intenção crítica é mais forte.

cuja existência conflitual era explicada pelo facto de o controle da produção dos bens materiais estar desigualmente repartido entre os homens. Do facto de uns possuírem esse controle e outros estarem dele privados decorreria uma dinâmica social ("luta de classes"), na qual a classe dominante tentava manter e perpetuar a sua posição hegemónica, contra os esforços da classe dominada para se emancipar. Nesta luta "total", todos os meios, desde o poder económico até à ideologia, eram utilizados. Pelo que, em última instância, todas as manifestações da história do homem se explicariam por esta tensão fundamental gerada pela forma de organizar socialmente a produção ("modo de produção"). A luta de classes só teria fim com uma repartição igualitária do controle da produção, garantida por uma apropriação coletiva dos meios de produção ("socialismo"). Com isto se atingiria uma sociedade sem classes de onde estaria excluído o domínio de uns homens sobre os outros.

Para além de uma explicação global da história humana, Marx forneceu ainda uma teoria mais aprofundada do estádio atual de evolução da sociedade (o "capitalismo", caracterizado pela apropriação privada dos meios de produção e pela distribuição do produto social por meio dos mecanismos do "mercado"). Do ponto de vista político, o marxismo é, por isso, para além de uma teoria social, uma proposta política revolucionária, centrada na crítica da sociedade capitalista e no objetivo da sua substituição por uma sociedade socialista.

É neste quadro geral que se insere a crítica que o marxismo dirige ao pensamento jurídico estabelecido[946].

Nesta crítica, há que considerar dois aspetos.

Um deles, de recorte mais teórico, lida, em termos globais, com a questão da explicação social do direito. Outro, de sentido mais pragmático, com a crítica do direito capitalista (ou "burguês").

Quanto à questão da natureza social do direito, o marxismo aplica aqui a sua teoria geral de que todas as manifestações da vida social são determinadas pela organização social da produção ("modo de produção"), ou seja, pelo modo como os homens se relacionam para levar a cabo a produção de bens materiais ("materialismo histórico"). O direito – quer as leis,

---

[946] Sobre o pensamento jurídico marxista v., além da minha nota "Algumas indicações sobre a cultura do direito na obra de Marx e Engels", em Hespanha, 1978a, 64-69, também Guastini, 1973; Cerroni, 1962; Reich, 1972; Meireles, 1990. Panorama sinóptico sobre o maoismo e o direito em Hespanha, 1996.

quer as proposições doutrinais –, tal como a cultura ou a arte, refletiria esse nível fundamental ("infraestrutura") da organização social, defendendo os interesses e exprimindo os pontos de vista das classes aí dominantes. Ou seja, o direito não seria algo de natural ou de ideal, mas antes uma ordem socialmente comprometida, um instrumento de classe.

Já se vê que uma teoria deste tipo não podia deixar de eleger o idealismo e o formalismo das escolas clássicas do pensamento jurídico oitocentista (nomeadamente o jusnaturalismo herdado do Iluminismo ou o conceitualismo pandectísta) como um alvo central de crítica. De facto, o mais característico destas escolas é o facto de apresentarem o direito como um sistema de princípios e conceitos produzidos pela razão e, nesse sentido, libertos, se não da história[947], pelo menos das contradições sociais. As categorias jurídicas, como as do pensamento em geral, seriam "naturais" e, por isso, partilháveis por todos os membros da sociedade. As soluções do direito seriam "técnicas", constituindo respostas neutras e científicas aos conflitos de interesses. Os juristas seriam engenheiros, politicamente descomprometidos, do social, falando a linguagem de uma ciência rigorosa. Finalmente, o Estado, o pai da legislação e o garante do direito, seria a incarnação do interesse geral, obedientemente dirigido pela lei-vontade geral, igual e abstratamente aplicada a todos.

Tudo isto é decididamente posto em causa por K. Marx, ao definir o direito como um facto essencialmente classista, por meio do qual os grupos dominantes exercem o seu poder sobre os demais e o perpetuam.

Este caráter classista do direito revelar-se-ia em dois momentos.

Por um lado, o direito estabelece diretamente o domínio de classe, ao impor normas de conduta que favorecem diretamente os dominantes e subjugam os dominados. Num artigo de juventude, Marx estuda esta questão a propósito do roubo de lenha dos bosques renanos. A nova classe dominante, a burguesia, reduzira as florestas, antes comuns, a propriedade privada. Ao promulgar legislação proibindo e punindo a apanha de lenha nos bosques – até aí permitida, tal como outros usos comunitários – estava a proteger a propriedade agora adquirida pela burguesia e a privar as comunidades da sua posse tradicional sobre estes meios de produção. A mesma

---

[947] De facto, a pandectística oitocentista continuava (como herdeira da Escola Histórica) a aceitar implicitamente que o sistema dos conceitos jurídicos decorria de uma certa cultura ou de um certo direito positivo históricos.

natureza classista teria a generalidade das normas jurídicas, nomeadamente de direito político, de direito penal, de direito do trabalho, de direito da propriedade, pois todas elas protegeriam juridicamente direitos dos grupos dominantes e imporiam aos dominados a obediência correspondente.

Por outro lado, o direito burguês funcionaria também como ideologia de cobertura. Ou seja, criaria uma imagem falseada das relações de poder, ocultando sob a capa da igualdade jurídica – garantida, nomeadamente, pela generalidade e abstração da lei – as reais desigualdades sociais. Marx denuncia esse primado majestoso da igualdade promovida pela lei geral, "la majestueuse égalité des lois qui interdit au riche comme au pauvre, de coucher sous les ponts, de mendier dans les rues et de voler du pain" (Anatole France). Para K. Marx – e, mais tarde, para autores marxistas como o soviético E. Pashukanis (1891-1937) – a generalidade e a abstração eram, de facto, a peça central dos passes de mágica do direito burguês. Ao dispor em geral e em abstrato (*i.e.*, considerando os indivíduos como iguais), o direito burguês estava a criar a forma mais eficaz de ocultar o facto de que, na realidade, os indivíduos concretos não eram iguais, mas antes inevitavelmente hierarquizados pelas respetivas condições económicas e políticas. Mas esta função ideológica de ocultamento era completada pela ficção jurídica da liberdade, nomeadamente da liberdade negocial. Também aqui, o direito construía uma realidade imaginária – a de indivíduos senhores das suas vontades, negociando paritariamente –, totalmente contraditória com a realidade efetiva, que era antes a de indivíduos condicionados pelos constrangimentos económico-sociais e negociando em posições desequilibradas. O exemplo típico desta mistificação era a do contrato de trabalho assalariado, nas condições sociais do capitalismo oitocentista, em que o patrão, economicamente forte e dispondo de uma grande capacidade de escolha entre uma grande oferta de trabalho, se confronta com um assalariado economicamente débil e com escassas possibilidades de encontrar quem o admita.

A crítica marxista dirige-se, assim, tanto contra o *conteúdo* do direito burguês como contra a sua *forma*.

No plano das alternativas, no entanto, o pensamento marxista foi menos produtivo.

Quanto às alternativas "de conteúdo", propunha, naturalmente, um direito que protegesse as classes trabalhadoras e os mais desprotegidos. Isso foi surgindo, justamente por influência do movimento operário, a partir dos finais do século XIX, nomeadamente no domínio do direito do trabalho. Mais tarde, a partir de 1917, com o advento da URSS, criou-se aí um direito que protegia os interesses que o Partido Comunista definia como sendo os das classes trabalhadoras e que, em contrapartida, sujeitava os "inimigos de classe" à "ditadura do proletariado". O direito passa a ser entendido como uma arma política ao dispor da classe operária e dos seus aliados na sua luta pela construção do socialismo. Este caráter *instrumental* do direito – que identificava a justiça com a utilidade política conjuntural – foi sobretudo enfatizado durante o estalinismo (1924-1953; pós-estalinismo, 1954-1988), tendo sido teorizado pelo então procurador-geral do Estado soviético, A. Vychinski (1883-1954)[948], o principal responsável pela acusação pública nos trágicos processos políticos de Moscovo.

Quanto às alternativas no plano "da forma", a insistência no caráter burguês das características da generalidade e abstração da norma jurídica fez com que se tendesse para considerar o direito – que, na sua forma contemporânea, se caracterizava justamente por ser constituído por normas (e categorias doutrinais) gerais e abstratas – como um modelo burguês de regular a sociedade.

Em contrapartida, o direito socialista deveria ser mais atento à adequação às situações do que ao respeito pela exigência formal da igualdade, atribuindo deveres desiguais ("De cada um segundo as suas possibilidades"), bem como direitos desiguais ("A cada um segundo as suas necessidades")[949]. Isto explica a desconfiança dos regimes socialistas

---

[948] Sobre o pensamento jurídico soviético, v. Cerroni, 1969.

[949] Confronte-se, a este propósito, a parábola dos trabalhadores: "O reino dos céus é semelhante a um pai de família que saiu de madrugada, a fim de contratar trabalhadores para trabalhar na sua vinha; tendo acertado com os trabalhadores que eles teriam uma moeda por sua jornada, mandou-os para a vinha. Saiu ainda na terceira hora do dia, e tendo visto outros que estavam na praça sem nada fazer, lhes disse: Ide vós também, vós outros, para a minha vinha e eu vos darei o que for razoável; e eles para lá se foram. Saiu ainda na sexta e na nona hora do dia, e fez a mesma coisa. E tendo saído na décima primeira hora, encontrou outros que estavam sem nada fazer e lhes disse: Porque permaneceis aí durante todo o dia sem trabalhar? E disseram-lhe: Porque ninguém nos contratou; e ele lhes disse: Ide vós também, vós outros, para a minha vinha. A tarde tendo chegado, o senhor da vinha disse àquele que tinha a incumbência dos seus negócios: Chamai os trabalhadores e pagai-lhes, começando desde os últimos até os primeiros. Aqueles, pois, que não tendo vindo para a vinha senão quando a décima primeira hora estava próxima, receberam uma moeda cada um. Os que foram contratados primeiro, vindo a seu turno, creram que se lhes daria mais, mas não receberam além de uma moeda cada um;

perante qualquer formalização jurídica genérica e a preferência por uma regulação casuísta e decisionista, baseada em diretivas concretas, pontuais, provenientes da ponderação política de cada situação individual. A tantas vezes referida ausência de uma "legalidade socialista" explica--se, do ponto de vista teórico, por esta recusa de uma normação geral que foi associada pelos marxistas a um direito historicamente ultrapassado. Embora também se relacione com a conceção, já antes referida, de que o direito a existir nos Estados socialistas devia ter sempre um caráter puramente instrumental em relação à política, ao julgamento de oportunidade por parte do Estado. E, sendo assim, o facto de este julgamento ser feito casuisticamente – *i.e.*, sob a forma de uma diretiva política – ou de maneira genérica – *i.e.*, sob a forma de uma norma legal genérica e abstrata – constituía um detalhe pouco relevante.

7.5.6.2. O marxismo ocidental dos anos 60

O marxismo ocidental distanciou-se claramente, a partir dos finais da década de 60 do determinismo economicista que caracterizava o marxismo "oficial" da Terceira Internacional. O Estado e o direito seriam, decerto, quando globalmente considerados, instrumentos de classe servindo os interesses globais dos grupos dominantes. A sua funcionalização político-social não seria, porém, absoluta.

A sociedade era irremediavelmente complexa e mesmo contraditória. As classes dominantes não conseguiam estender o seu domínio a todos os recantos da vida social. Existiam sempre espaços sociais – quer no domínio das relações sociopolíticas, quer no domínio das representações e do imaginário social – espaços dominados por lógicas diferentes e contraditórias com

e, ao receber, eles murmuravam contra o pai de família, dizendo: Estes últimos não trabalharam senão uma hora e vós os tornais iguais a nós que carregamos o peso do dia e do calor. Mas em resposta, ele disse a um deles: Meu amigo, eu não vos fiz injustiça; não acertastes comigo uma moeda pela vossa jornada? Tomai o que vos pertence e ide; por mim quero dar a este último tanto quanto a vós. Não me é, pois, permitido fazer o que quero? e os vossos olhos são maus porque eu sou bom? Assim, os últimos serão os primeiros, e os primeiros serão os últimos, porque há muitos chamados e poucos escolhidos (São Mateus, cap. XX, v. de 1 a 16). Independentemente de outros sentidos, aborda-se aqui a crítica da desigualdade: o pai de família estava a tratar desigualmente os trabalhadores ao pagar igualmente trabalho desigual. No entanto, a sua resposta aponta para valores diferentes da mera igualdade: consideração das circunstâncias de cada caso (nomeadamente impossibilidade de alguns trabalhadores terem encontrado trabalho mais cedo); bem como o valor supremo que é a justiça distributiva face à simples justiça comutativa.

os interesses e mundividências dominantes. A própria existência de um movimento operário e das suas organizações políticas em plena sociedade capitalista aí estava a prová-lo. O mesmo se passaria com a cultura juvenil e *underground* (popularizada pelos grandes nomes da cultura *pop* contestatária dos anos 60, como James Dean, Jack Kerouac, Andy Warhol ou The Beattles, e bem expressa nos temas pacifistas, alternativos e solidários da geração *hippy*), com o movimento contestatário dos estudantes (Maio de 68), com os movimentos feministas. Ou, no plano da grande política internacional, com a existência de um bloco de Estados socialistas, mas, sobretudo, com os relativos êxitos do movimento dos países "não alinhados"; dos movimentos guerrilheiros e anti-imperialistas da América Latina (Che Guevara e Fidel Castro) e do Vietname; ou dos movimentos africanos anti-*apartheid* e de libertação, nomeadamente na África do Sul (Nelson Mandela), nas antigas colónias portuguesas (Amílcar Cabral, Agostinho Neto, Eduardo Mondlane e Samora Machel).

Do ponto de vista teórico, a existência deste relativo pluralismo político-social justificou-se por um entendimento novo da ideia de determinação da vida social pela lógica das relações económico-sociais (do modo de produção económico social). Autores marxistas como António Gramsci, Louis Althusser ou Nicos Poulantzas vêm relançar, com diversas apresentações teóricas, uma ideia que já aparecia nos "fundadores": a de que o "nível económico" apenas exerce uma determinação "em última instância", permitindo que, nos restantes níveis (como o político, o jurídico, o cultural, o da relação entre os sexos), se desenvolvam lógicas de organização ou imaginários sociais relativamente autónomos e, até, provisoriamente contraditórios com a lógica global do sistema. O sistema social global seria determinado pelo "económico", mas *sobredeterminado* (*i.e.*, suplementarmente, ulteriormente, localmente determinado) pelas relações sociais específicas que se desenvolveriam em cada um dos restantes níveis da prática humana.

Outros pegam na ideia de "modo de produção" – até aí reservada ao modo de produção económico – e aplicam-na autonomamente a cada um dos níveis específicos da produção social (produção jurídica, produção cultural, etc.). O resultado é uma imagem teórica do social como constituído por diversos sistemas de produção, cada qual dominado por uma lógica autónoma e interagindo todos uns com os outros no seio de um mesmo espaço social, embora o conjunto acabasse por ser dominado pela lógica do nível mais decisivo, aquele em que se produziam as relações económicas de poder (o modo de produção económica). Outros, ainda, explicam esta relativa autonomia e eficácia própria dos níveis antes designados de "supraestruturais" (entre os quais se encontra o direito) por efeitos de retorno (*feedback*), que fariam com que eles pudessem, por sua vez, agir sobre a infraestrutura, condicionando-a ou mesmo modificando-a.

As consequências da evolução do marxismo ocidental no domínio do pensamento social e das próprias práticas políticas foram muito importantes. De facto, ele:

(i) permitiu uma análise marxista da sociedade e do poder que não reduzia tudo ao "económico" ("antirreducionismo", "antieconomicismo"), permitindo dar conta da complexidade dos mecanismos de criação e de reprodução das relações de poder;

(ii) problematizou a ideia de um sistema rígido e monótono nas relações sociais, introduzindo não só a ideia de sistemas sociais com vários centros, abertos ao ambiente e à indeterminação, como a da importância da prática política concreta e individual ("ousar pensar, ousar vencer", "a imaginação ao poder", *slogans* do Maio de 68).

No domínio jurídico, esta corrente de ideias valoriza de novo o direito, permitindo encará-lo não apenas como um reflexo inerte das determinações económicas, mas como um nível autónomo, (i) que devia ser explicado em si mesmo (e não a partir das determinações sociais, políticas ou económicas) e (ii) a partir do qual se podia influir no desenho das relações sociais e políticas.

7.5.6.3. A "crítica do direito"

O primeiro aspeto leva a uma nova preocupação de compreender o modo como o direito cria sistemas de classificação e de hierarquização, normas e imagens, que condicionam ou até instituem, relações de poder na sociedade. Trata-se das escolas de "crítica do direito" (*critique du droit, critical legal studies, Rechtskritik*), que se desenvolvem sobretudo em França, nos Estados Unidos e na Alemanha a partir dos meados da década de 70[950].

---

[950] Sobre estas escolas, a melhor síntese é a dos artigos "Critique du droit" (Michel Miaille) e "Critical legal studies" (R. Abel), em Arnaud, 1988. Outras sínteses: sobre o ramo americano (talvez o mais interessante), "Critical legal studies symposium", *Stanford law review*, 36 (1-2), 1984; Unger, 1983; sobre o ramo francês, *Pour une critique du droit*, Paris, PUG-Maspéro, 1978. Revistas: *Procès, Kritische Justiz, Critica del diritto*.

Embora os movimentos da "crítica do direito" – sobretudo em França – tenham dependido muito da crítica marxista do direito, encontraram uma inspiração mais específica no pensamento da Escola de Frankfurt que, nos anos 60, empreendeu uma desmontagem bastante sistemática dos pressupostos ideológicos da cultura (entendida no seu sentido mais vasto, desde a música ao senso comum) do mundo ocidental. No plano mais especificamente político, a Escola de Frankfurt procurou identificar as raízes mais profundas do modelo ocidental das relações sociais e políticas, as categorias impensadas da convivência, tais como os sistemas básicos com os quais apreendemos e valoramos o mundo e a vida, as palavras com que falamos disso, as modalidades da comunicação, os modos de produção do saber, a geometria dos afetos interpessoais, a organização familiar, o sistema escolar, o sistema do gosto, os lugares-comuns sobre a felicidade, a vida boa, a justiça, os direitos e os deveres, etc.

Todos estes níveis de produção de imagens e de valores são considerados também como meios de produção de poder, como formas que disciplinam as cabeças para a aceitação de uma certa ordem da vida. Expande-se a ideia de que a própria sociedade, aparentemente inofensiva e desarmada, pode ser mais totalitária do que o mais feroz dos Estados. E de que a liberdade de cada um, antes de ser ameaçada do exterior, é ameaçada do interior, pelas ideias comuns que se infiltram na cabeça de cada um e que levam cada um a condicionar-se e a condicionar outros.

Também o direito é o resultado de uma produção arbitrária, local, histórica, de artefactos sociais deste tipo. Ele produz normas, que podem ser impostas coercitivamente pelos tribunais e pela polícia; mas, para além disso, ele é também um instrumento de construção de representações (o que é que gera direitos ou deveres, o que é que permite faltar aos deveres, o que é que torna injustos os direitos, porque é que e quando é que a propriedade é justa, o que é que o Estado pode ou não pode fazer em nome do interesse comum, quando é que um interesse é "comum") ou de uma série de categorias sociais vinculadas a certos valores positivos ou negativos (loucos, criminosos, mulheres, estrangeiros, empreendedores, vagabundos ou ociosos, etc.).

A função da crítica do direito seria, por um lado, a de desvendar os impensados sociais que estão na raiz das representações jurídicas, criticando o ponto de vista de que o direito é uma ordem racional, neutra e fundada objetivamente na realidade social (*i.e.*, na natureza das coisas).

Mas, por outro lado, competiria ainda à crítica do direito revelar os processos por meio dos quais o direito colabora na construção das relações de poder. De que modo, por exemplo, contribuiu para criar a imagem social da mulher – como ser fraco, menos capaz e subordinado – que fundamenta os processos sociais de discriminação sexual (Beleza, 1993). Ou de que modo contribuiu para criar a realidade social do "louco" ou do "criminoso" e os processos sociais da sua marginalização (M. Foucault)[951]. Ou, finalmente, de que modo a fixação da atenção na coerção jurídica e estadual (*i.e.*, a ideia da centralidade do direito e do Estado) ocultam a violência das formas "doces" de disciplinamento, como a família, os círculos de amizade, o envolvimento afetivo, o saber, a assistência pública[952].

7.5.6.4. O "uso alternativo do direito"

Como se viu, o neomarxismo insistiu no caráter complexo e relativamente pluricentrado do sistema sociopolítico. No domínio do direito, isso levou a pensá-lo como uma ordem não absolutamente vinculada aos interesses das classes dominantes, mas relativamente contraditória e, portanto, passível de vários usos políticos.

Este caráter contraditório do direito decorreria de dois aspectos.

Por um lado, o domínio das classes dominantes seria sempre "incompleto", pois os grupos dominados conseguiam fazer valer, em espaços limitados, pontos de vista próprios. A sociedade seria, assim, irredutivelmente contraditória, partilhada entre projetos e valores político-sociais divergentes, embora hegemonizados pelos das classes dominantes. O direito e o Estado – esses "resumos" da luta de classes, como lhes chamara K. Marx – seriam também caracterizados por essa natureza contraditória da sociedade. Embora globalmente dominados pelos poderes socialmente estabelecidos e funcionalizados aos seus interesses, não deixariam de refletir o caráter "incompleto" das relações de dominação e os compromissos a que os grupos dominantes tinham, por isso, sido obrigados. Exemplos disto seriam aqueles ramos do direito em que os movimentos progressistas tinham conseguido impor normas de proteção dos grupos mais fracos. Era

---

[951] Sobre a crítica do direito em Michel Foucault, v. Máiz, 1978; Serrano González, 1987b; Fitzpatrick, 1985. Sobre a valorização foucaultiana do direito e do Estado liberais, v. Goldstein, 1993; Caputo, 1993; Barry, 1996.

[952] Boa coleção de pontos de vista sobre uma desconstrução da modernidade, num âmbito de perspetivas mais alargado do que o invocado no texto, Fonseca, 2005a.

o caso, nomeadamente, do direito do trabalho e das garantias que ele tinha fixado a favor dos trabalhadores (horário de trabalho, descanso semanal, direito à associação sindical e à greve, etc.), fruto das lutas operárias, desde os finais do século XIX. Mas era também o caso das garantias e liberdades individuais, bem como das garantias jurídicas dos mais desprotegidos (crianças, mulheres, pobres, doentes e diminuídos, inquilinos, etc.) fixadas na legislação do Estado-providência (*wellfare State, Wohlfahrtstaat*), a partir dos anos 30. Todos estes casos davam exemplo dos compromissos existentes no seio do direito, impostos pela ousadia e combatividade dos grupos dominados, e contraditórios com os interesses das classes dominantes.

Este caráter *compromissório* do direito ainda seria mais forte pelo facto de a própria ideia de direito estar orientada para um ideal de igualdade, de equilíbrio (de "justiça"), de proscrição da violência aberta ou da opressão explícita de uns sobre os outros. E de, consequentemente, o jurista tender a imaginar o direito como a ponderação justa ("razoável") de interesses políticos contraditórios e a imaginar-se a si mesmo como o agente neutro dessa ponderação.

Acresce que, nessa tarefa de ponderação (em abstrato – doutrina; ou em concreto – jurisprudência) dos interesses em presença, o jurista dispõe de uma larga margem de liberdade (ou discricionariedade), dado o caráter genérico, ambíguo e frequentemente contraditório das proposições jurídicas. Liberdade que, então, devia ser utilizada para contradizer, corrigir e compensar[953], nos planos doutrinal e, sobretudo, jurisprudencial, os pressupostos classistas do direito (*maxime*, do direito legislado, oriundo do poder político).

São fundamentalmente estas ideias que estão na base da proposta de um "uso alternativo do direito", tal como foi feita em Itália no início da década de 70[954] e que inspirou duradouramente a doutrina crítica italiana, estando seguramente na origem do protagonismo que a magistratura ganhou em Itália, como agente de reformas da vida cívica e política, nas décadas de 80 e 90.

A ideia de um uso alternativo do direito é, em certa medida, mais recuada do que as propostas de criticismo radical, feitas pelas escolas críticas.

---

[953] Tal como o pretor, em Roma, auxiliava, corrigia e supria os defeitos do direito civil em vista da utilidade pública (*adjuvandi, corrigendi vel supplendi ius civile propter utilitatem publicam*).
[954] A expressão foi cunhada num congresso de 1972, em Catânia, na Sicília; atas, Barcelona, 1973.

Ela funda-se na ideia de que o uso do direito não é irremediavelmente repressor e favorável aos grupos dominantes, sendo possível levar a cabo, desde dentro do próprio direito e com instrumentos jurídicos, tarefas de sentido progressista e libertador. Para isso, no entanto, seriam necessárias certas condições, umas metodológicas, outras institucionais.

No plano metodológico, deveria, por um lado, ser favorecida a capacidade do jurista de ter uma visão menos mítica, mais esclarecida e mais crítica do direito, de modo a torná-lo consciente do funcionamento não neutro, comprometido ("parcial", "local") das instituições jurídicas, bem como do caráter "local" (*i.e.*, não "racional", "natural" ou "evidente") dos seus pressupostos ou do seu impensado (*i.e.*, da "ideologia espontânea dos juristas"). Isto seria favorecido pela inclusão na formação jurídica de disciplinas – como a sociologia, a antropologia ou a epistemologia crítica – que treinassem o futuro jurista numa atitude crítica (*i.e.*, não conformista, não pietista) em relação ao direito.

Mas, por outro lado, deveria ser cultivada uma metodologia do direito que aumentasse a liberdade do jurista perante a lei, dando-lhe espaço para construir de forma mais independente (do poder político estabelecido ao nível dos aparelhos legislativos de Estado) soluções doutrinais ou jurisprudenciais alternativas. Isto conseguir-se-ia insistindo nos pontos de vista antipositivistas – nomeadamente (i) combate ao método da subsunção e reivindicação da liberdade jurisprudencial e (ii) insistência sobre o caráter inelutavelmente individual da solução jurídica.

Este último ponto de vista valorizava decisivamente a função doutrinal e jurisprudencial, tal como o vinham fazendo algumas escolas jurídicas do pós-guerra. Em todo o caso, com alguma originalidade.

Na verdade, esta valorização do direito doutrinal e jurisprudencial (contra o direito legislativo) podia relacionar-se com dois pressupostos. O primeiro deles era a crença em que seria mais fácil impor pontos de vista progressistas no campo da doutrina e da jurisprudência do que no campo do poder político estadual (legislação). Isto prendia-se, por um lado, com as características muito especiais do contexto político italiano dos anos 70[955]. Mas decorria também de um novo entendimento de uma

---

[955] Em que, por um lado, as forças de esquerda (nomeadamente o Partido Comunista Italiano) viam bloqueado o seu acesso ao poder político pela hegemonia da Democracia Cristã e pelos constrangimentos da política internacional (a Itália era um pilar fundamental da OTAN). Mas em que, por outro, a esquerda hegemonizava o meio intelectual e universitário, podendo,

via democrática para a reforma das instituições. A democracia seria, essencialmente, o triunfo da igualdade, sem a qual não existiria liberdade. Ora, se nas democracias populares a insistência na igualdade comprometera inaceitavelmente a liberdade, nas democracias representativas, a preservação da liberdade política levara a que os interesses económicos e partidários subjugassem completamente o funcionamento das instituições, instituindo uma *nomenklatura* político-partidária (primeiro a Democracia Cristã, depois a coligação "pentapartidária", finalmente, o centro-direita liberal), económico-financeira e mediática (o "império Berlusconi") que governava sobretudo em favor de si mesma (a "*Roma latrona*"), sacrificando a igualdade (se não mesmo a liberdade) numa rede de corrupção política, de troca de favores e de violência (o "polvo").

No meio desta crise institucional, os juristas universitários e os juízes apareciam como um meio menos contaminado e menos contaminável pela corrupção das instituições (a "*mala vita*"). Menos contaminado, porque selecionado por processos internos, "corporativos" que, neste caso, tinham a vantagem de serem menos dependentes do poder político central (as provas académicas e os concursos para a magistratura). Menos contaminável, porque mais disperso, até regionalmente, tornando muito mais difícil o estabelecimento de uma rede de corrupção ou de domínio do que no caso da burocracia político-estadual ou partidária, hierarquicamente organizadas. Daí que se passasse a pensar que era justamente nestes juristas e juízes – mas sobretudo nos últimos, dado o seu poder institucional (magistratura) – que residia a única esperança de reforma política, institucional e cívica. Protegidos do governo pela sua independência estatutária, libertos – em virtude do sistema da sua designação segundo o sistema de governo da justiça vigente em Itália – das influências partidárias e dos compromissos eleitoralistas, dominados por um ideal de justiça como igualdade e formados num ambiente intelectual e universitário progressista, os juízes deveriam estar em condições de realizar um "direito igual", mesmo numa sociedade de classe[956].

por isso, condicionar as novas gerações de juristas e juízes. Acresce que os juízes italianos se distinguiram, durante os anos 80 e 90 – por vezes com sacrifício da própria vida – na luta contra a Máfia e a corrupção, o que os tornou heróis (*mani pulite*, mãos limpas) da opinião pública.

[956] Cf. Coturri, 1978. V. ainda, sobre este tema, do mesmo, Cotturi, 1974.

Ponto era que – e aqui aludimos brevemente aos condicionalismos institucionais a que antes nos referimos – (i) a independência da magistratura estivesse eficazmente garantida em relação ao poder governamental e mesmo parlamentar, nomeadamente no que respeita à independência (não governamentalização) dos órgãos de gestão da carreira dos juízes e magistrados do ministério público, e (ii) que os juízes e magistrados tivessem meios efetivos de realizar as suas tarefas (nomeadamente acesso à informação governamental e bancária, controlo da atuação policial). Daí a ênfase posta por esta corrente nas questões da sociologia da justiça e da organização judiciária, bem como a influência que teve nos movimentos profissionais e sindicais dos magistrados, sobretudo nos países da Europa do Sul.

Por sua vez, a insistência no caráter individualizado da solução jurídica permitiu a este projeto de "uso alternativo do direito" valorizar, também ele, a perspetiva de que o direito se colhe da observação da realidade, tal como tinha sido proposto pela ideia de "natureza das coisas". Porém, enquanto a ideia de natureza das coisas tinha levado, frequentemente, a propostas conservadoras, aceitando a realidade como um *dado estático*, o uso alternativo do direito veio propor que a solução jurídica fosse inspirada por uma análise *dinâmica e crítica* da realidade. Ou seja, que o jurista compreendesse a realidade social como algo de ainda imperfeito, percorrido por tensões e interesses conflituais, que importava regular em vista de objetivos politicamente libertadores e progressivos. E que fossem, justamente, estes objetivos, presentes na consciência mais crítica e mais libertadora da época, a dirigir a solução, mais do que os equilíbrios empiricamente observáveis, que, normalmente, tenderiam para a conservação do *statu quo*.

7.5.6.5. Uma "crítica ratificadora": a crítica "contramaioritária"

A questão da bondade de um direito prudencial (de juízes ou de jurisconsultos) relaciona-se não apenas com a questão da independência dos juristas face ao poder político do Estado, mas também com o tipo de relacionação que estes mantenham com outros poderes sociais, embora estas relações de poder sejam quase sempre ocultadas pela invocação que os próprios juristas fazem da independência que a sua própria autoridade técnica lhes garantiria. Realmente – já o vimos –, durante praticamente toda a história do direito ocidental foi atribuída aos juristas, com argumentos diversos, um especial capacidade para revelar as regras de direito, por saberem ler a "natureza das coisas", por serem peritos em descobrir o sentido profundo dos textos, por terem acumulado um precioso capital de experiência na resolução justa dos conflitos. Esta linha de argumentação faz parte de um filão mais vasto de legitimação aos saberes técnicos que tem conduzido à tecnocracia, enfraquecendo ou subvertendo o princípio do direito democrático. Tal como na matemática, na biologia ou na sociologia – diz-se –, a legitimidade do direito não se mede pelo padrão da democraticidade, mas pela autoridade "científica" – pela "racionalidade"/ /"razoabilidade" – das suas proposições. Esta ideia percorreu toda a história do direito ocidental, mas tornou-se mais agressiva desde que o princípio do direito democrático se estabeleceu, no período contemporâneo, dando preferência a um direito assente sobre a vontade popular, expressa pelos mecanismos da democracia representativa (um "direito maioritário"), em relação a um direito fundado num saber especializado de um grupo de letrados[957].

Estas ideias de um direito baseado na autoridade doutrinal assentam em concepções do direito e do saber jurídico bastante controversas: a de que existe uma natureza das coisas independente das situações e contextos concretos, a de que as normas têm sentidos fixos e herméticos e a de que os juristas se podem libertar das suas pré-compreensões e formações (ou deformações) profissionais e chegar a um saber neutro, objetivo e mais geralmente justo do que o dos representantes do povo. No entanto, o estado da arte no domínio da teoria dos saberes e dos discursos aponta, pelo contrário, para a ideia de que há muitos ingredientes no discurso dos juristas que traduzem convicções prévias (pré-compreensões) pouco refletidas ou apenas exprimem pontos de vista interessados e parciais e não perspetivas geralmente consensuais ou que respondam a interesses e expectativas neutrais e geralmente aceites. Para além disto, a ideia de que o direito corresponde a uma ordem consentida pela comunidade é incompatível com a conceção de que a declaração do conteúdo dessa ordem esteja monopolizada por uma elite, com um discurso frequentemente obscuro e pouco controlável por uma discussão acessível ao entendimento comum. Há séculos que se afirma como princípio jurídico que "o que toca a todos deve ser aprovado por todos" (*quod ad omnes tangit, ab omnibus approbari*

---

[957] Neste sentido, um direito "contramaioritário" (*counter-majoritarian*, na expressão de Alexander Bickel, *The least dangerous branch. The Supreme Court at the Bar of Politics*, Indianapolis, Bobbs-Merrill Inc., 1962).

debet); e isso implica um tipo de diálogo que todos dominem, para que o possam aprovar de forma refletida.

É também esta necessidade de um controlo generalizado sobre o processo de determinação do direito que justifica a crítica de propostas sobre a existência de princípios jurídicos, positivos, mas não necessariamente explicitados de forma completa na Constituição ou nas leis[958]. A questão que aqui se põe é dupla: não apenas a da necessidade de dar um conteúdo preciso, descritível, partilhável, controlável, a esta forma de "positivação" do direito, mas também a de compatibilizar a existência deste direito hermético, escondido no bojo de um saber só acessível a poucos, com o fundamento democrático que rege os modernos Estados constitucionais. Ou seja, de que modo é que estes princípios apenas implícitos podem ser legitimados pelo consenso popular, elemento legitimador básico do Estado democrático? A este propósito, há quem tenha considerado que atribuir aos juristas – como, em geral, aos tecnocratas – o poder para revelar – ou ponderar mutuamente – princípios jurídicos seria substituir o consenso alargado e inclusivo pelos consensos internos de um grupo corporativo[959], assentes nos seus pontos de vista particulares, egoístas ou não, sobre os equilíbrios de interesses desejáveis numa sociedade.

O efeito de fechamento sectário do discurso dos juristas é tanto mais provável quanto os especialistas – neste caso, os juristas – assumirem uma atitude intelectual mistificadora quanto à autoridade do seu próprio saber, apresentando-o como necessário, inacessível à compreensão dos leigos e à sua avaliação. O consenso alargado que se forme por influência de um saber deste tipo corresponde antes a manipulação do que a reflexão, contrariando os fundamentos de um paradigma democrático para o direito. Este é um risco muito presente na discussão pública acerca do direito e, até, do poder, com as opções normativas que daí decorrem. Frequentemente, a discussão pública de questões políticas acerca do modo de regular certos temas é interrompida pela invocação de argumentos autoritários de natureza jurídica ("isso é inconstitucional", "ofende direitos adquiridos", "não é juridicamente possível", "corresponde à aplicação retroativa da lei", "está em segredo de justiça", "já está fixado pelos tribunais").

---

[958] Como pretende R. Dworkin, numa posição que encontra ecos fortes na Europa; cf., para crítica ao cognitivismo de Dworkin, o meu livro *O caleidoscópio do direito [...]*, cit., 135 ss.
[959] Cf., por último, Karl-Heinz Ladeur, *Kritik der Abwägung in der Grundrechtsdogmatik*, Tübingen: Mohr, 2004.

Nenhum destes argumentos é definitivo, embora alguns deles possam ter um peso importante, mas nunca incomensurável com outros interesses que o direito – como arte prudencial – também tem de ter em conta. E o resultado dessa plurilateral ponderação terá de ser feita por um diálogo inclusivo, alargado, justo e isento de argumentos absolutamente decisivos ou de terrorismo argumentativo.

Por outro lado, a cultura jurídica especializada mostra uma grande deferência pelas opiniões dos jurisconsultos. Os quais, por sua vez, correspondem a esta deferência com uma grande autoconfiança e ousadia, antepondo, frequentemente, soluções doutrinais – muitas vezes importadas de contextos jurídicos estrangeiros muito diferentes, sem que isso seja suficientemente tido em conta; outras vezes, decorrentes das "modas" doutrinais; algumas vezes, também das particulares preferências filosóficas, religiosas ou ideológicas do autor, que as impõe às opções legislativas, emanadas de órgãos representativos e, presumivelmente, mais neutrais, inclusivas e atentas aos consensos comunitários. No contexto de um direito construído na base da sua legitimidade democrática ou orientado para obter consensos alargados e estabilizadores, este "ativismo doutrinário" levanta problemas delicados, pois tenderia a substituir aos consensos comunitários os de um grupo de especialistas.

Hoje, estes pontos de vista sobre o caráter enviesado do saber especializado na esfera do direito decorrem ainda da emergência de novos interlocutores nesta esfera de discussão. Referimo-nos às grandes sociedades de advogados, as quais incorporam, muito frequentemente, prestigiados membros da academia.

A grande modificação na estrutura da esfera da comunicação jurídica nos nossos dias relaciona-se com a importância crescente das sociedades de advogados, cada vez mais relacionadas com uma litigiosidade de médias, grandes e enormes empresas[960], acompanhada pelo declínio contínuo dos advogados individuais, que tradicionalmente cuidavam dos problemas jurídicos de indivíduos. Este facto é hoje considerado pelos sociólogos do direito como um dos factos decisivos em mudanças muito importantes nos padrões ético-deontológicos dos advogados, nas estratégias forenses e

---

[960] Em Portugal, existem (em 2011), mais de 150 sociedades de advogados, reunindo mais de 4000 advogados e cerca de 600 estagiários (cf. http://www.in-lex.pt/anuario/sociedades-em-numeros-2011/?pagina=6). O total de advogados anda pelos 27000.

também nos temas que suscitam interesse dogmático ou académico e que se entende deverem ser incluídas nos programas de estudo das Faculdades de Direito. Estudos feitos para os EUA[961] documentam uma centralidade das sociedades de advogados na vida jurídica americana a partir dos anos 60 do século XX. Segundo um estudo desse período, elas "não só tinham os maiores rendimentos, como serviam os melhores clientes e dispunham dos advogados mais experientes e tecnicamente mais qualificados"; e, ao mesmo tempo, a sua posição de destaque e de relativa independência em relação ao cliente permitia-lhes manter padrões deontológicos elevados[962]. Porém, este conúbio entre o espírito forense tradicional, a organização empresarial dos serviços jurídicos e o próprio mundo da clientela empresarial contribuiram, paradoxalmente, para uma diluição da ética tradicional da profissão, centrada na justiça, na defesa dos mais fracos e na devoção ao interesse público expresso pelo primado do direito. Os efeitos disto já tinham sido notados, no início do século XX, pelo grande escritor luso-americano John dos Passos (1844–1917): "From 'Attorneys and Counselors at Law' they became agents, solicitors, practical promoters, and commercial operators... Entering the offices of some of the law firms in a metropolitan city, one imagines that he is in a commercial counting-room or banking department"[963]. Progressivamente, foi-se tornando corrente a ideia de que a profissão de advogado consistia mais em torcer as leis do que em as aplicar[964]; ou, para usar uma expressão em voga, que os advogados constituíam um grupo notório de *spin doctors* (mestres em embustes).

[961] Outros estudos, para outros países, Y. Dezalay, "The Big Bang and the Law: The Intemationalization and Restructuration of the Legal Field", *Theory, Culture & Society*, 7 (1990), 279-93; Y. Dezalay, "Territorial Battles and Tribal Disputes", I, 54 (1991), 792-809; A. Tyrrell and Z. Yaqub, *The Legal Professions in the New Europe*, Blackwell, Oxford, 1993.
[962] Jerome Cariin, *Lawyer's Ethics – Study of the New York City Bar*, Russell Sage Foundation; New York, 1966, 168-9.; cit. por Marc Galanter e Thomas Palay, "Large Law Firms and Professional Responsibility", em in R. Cranston (ed.), *Legal Ethics and Professional Responsibility*, Oxford: Oxford University Press, 1995, pp. 189-202.(= http://marcgalanter.net/Documents/papers/LargeLawFirmsandProfessionalResponsibility.pdf). Muitos outros importantes textos de Marc Galanter sobre o tema em http://marcgalanter.net/Documents/lawyersandlawfirms.htm.
[963] J. dos Passos, *The American Lawyer: As He Was—As He Is—As He Can Be*, New York, The Banks Law Publishing Co., 1907, 46.
[964] John dos Passos observava que já não se falava de "grandes advogados", mas de "advogados de sucesso" (*ibid.*, pp. 130-1).

O DIREITO MODERNO

Esta imagem negativa da nova organização empresarial dos serviços jurídicos agravou-se ainda mais nos anos 80 do século XX, devido à ideia de que as sociedades de advogados, "para gerirem eficientemente grandes concentrações de talentos e de meios, colocados ao serviço dos atores economicamente poderosos que podiam pagar os seus honorários", agravavam as disparidades nas oportunidades de uso do sistema jurídico, fazendo de mais pelos ricos e de menos pelos pobres. Ao que se acrescentava algo que a prática confirmava – e que deu origem à condenação de algumas sociedades por faltas deontológicas: a proximidade das sociedades de advogados em relação a grupos poderosos e influentes criava uma forte tentação de cumplicidade e *lobbying* a favor dos interesses individuais ou de grupo desses clientes, mesmo quando eles não eram os seus clientes atuais[965]. Nos finais da era Bush (pai), esta imagem das *law firms* como elementos predadores e parasitas combinou-se com um liberalismo antirregulador e antijurídico que responsabilizava o direito, e também os seus operadores, pelos problemas da economia[966]. Mesmo quando as associações de advogados – como a *American Bar Association* – tentaram compensar as críticas de ganância, impondo aos seus membros quotas de serviço jurídico a favor dos pobres e da comunidade (*pro bono counseling*)[967], isto parece ter agravado ainda mais as críticas, vindas agora dos clientes ricos, que criam que estas atividades de solidariedade social repercutiam os seus custos nos honorários que eles pagavam.

Esta empresarialização da advocacia originou também uma drástica modificação do universo que efetivamente acedia à justiça, o qual foi progressivamente ocupado por empresas. Em Chicago, em 1975, a relação entre clientes organizações e clientes individuais era de 53% para 40%. Em 1995, já era de 61% para apenas 29%. Isto levou alguns autores a afirmarem que o sistema constitucional norte-americano se tinha convertido de um sistema de proteção de direitos individuais para um de garantia de prerrogativas de organizações (*maxime*, empresas). Tanto mais que estas últimas gozavam de regimes fiscais, penais, deontológicos e éticos mais favoráveis, para além de uma pronunciada complacência por parte da opinião pública, que transformava condutas censuráveis num particular

---

[965] Marc Galanter e Thomas Palay, "Large Law Firms [...]", 196 ss.
[966] "What do you call 60,000 lawyers at the bottom of the sea?" (Answer: a good start!) (cit. Marc Galanter e Thomas Palay, "Large Law Firms [...], cit., 195).
[967] Marc Galanter e Thomas Palay, "Large Law Firms [...], cit., 197.

em provas de audácia e de eficácia quando se tratava de uma empresa[968]. A primeira década da economia americana no século XXI foi dominada por um espírito nunca conhecido de ganância e imoralidade negocial; desregulados os setores-chaves da finança e da economia, muita da advocacia de negócios voltou-se para o *lobbying* de medidas de política legislativa que garantissem os seus clientes contra atos delituais ou civilmente danosos[969].

7.5.6.6. Uma justiça alternativa

Noutros países, sobretudo na Alemanha e nos Estados Unidos, a ideia de um uso alternativo do direito e da justiça combinou-se com a de inventar e pôr em prática formas alternativas de direito ou mesmo de criar alternativas ao direito e à justiça oficiais como instrumentos de normação social e de resolução de conflitos[970].

Esta proposta partiu da constatação da crise atual do direito e da justiça nos países do primeiro mundo. Crise que é tanto uma crise institucional como uma crise de legitimidade.

A crise institucional traduz-se na progressiva falta de eficácia da lei como instrumento de normação social, com o consequente aparecimento de zonas cada vez mais extensas que fogem ao controlo do direito oficial. Quer zonas de alegalidade, em que se prefere a regulação informal, como os acordos de cavalheiros, as formas de arbitragem privada, a negociação política. Quer zonas de ilegalidade, em que se foge ou se recusa a disciplina legal, como os mundos juridicamente submergidos do *racket*, da máfia, da corrupção, do trabalho ilegal, da economia paralela, da fraude fiscal. O fracasso das políticas repressivas de "aplicação da legalidade" (*law inforcement*), baseadas no reforço das medidas policiais (*law and order policies*), mostra até que ponto a crise é profunda e ultrapassa as possibilidades de terapêutica dentro do modelo estabelecido de direito e de justiça.

Também a justiça oficial, baseada na resolução de conflitos por tribunais estaduais clássicos, atravessa uma crise profunda, cujo sintoma mais evidente é o da lentidão da máquina judicial. Aparentemente, o aparelho

---

[968] Muitos exemplos interessantes em Marc Galanter, "Farther along. Do the «Haves» Still Come Out Ahead?", *Law & Society Review*, 33, nº. 4, (1999), pp. 1118 s.

[969] Strange, 1997; d'Arista, 1994; entrevista em http://www.youtube.com/watch?v=PNbgvyb0o-I; Callahan, 2004.

[970] Cf. Blankenburg, 1980; Cappelletti, 1984; Hespanha, "Lei e justiça: história e prospetiva de um paradigma", em Hespanha, 1993a, 7-58.

judicial – cujos custos estão já no limite das possibilidades de Estados com constrangimentos financeiros cada vez maiores – foi saturado pelo afluxo de litígios, gerado pela própria política de promoção do acesso à justiça ("democratização da justiça") – proposta nos anos 60 e 70 como parte integrante das políticas de democratização de bem-estar típicas do Estado-providência –, mas também pelo facto de a justiça ser um negócio para quase todos, menos para os que carecem dela. A quase completa corporatização do governo do judiciário, predominante no Sul da Europa, nos quadros de uma garantia da independência judicial raptada para fins alheios a isso, agravou ainda o problema. Rodeada por uma enorme máquina de produção de litigiosidade oficial, entregue a um governo "de pares", que realmente pouco governa, mas que garante a insindicabilidade do sistema em termos de eficiência, enredada em praxes processuais especiosas e sempre em mutação, a justiça vai produzindo pouco do que devia – soluções para os litígios – e muito do que não devia – denegação de justiça, atrasos, prejuízos económicos, prescrição de processos[971].

Mas a crise não é apenas institucional. É também uma crise de confiança, por parte dos cidadãos, nas instituições jurídicas e judiciais (crise de "legitimidade"). Os cidadãos não só ignoram massivamente o direito, como não se reconhecem nele, ou seja, não o reconhecem como meio idóneo de realizar os seus ideais de organização social ou de resolução dos conflitos. As leis e os regulamentos, elaborados por um mundo político cada vez mais fechado sobre si mesmo, envolvidos numa linguagem tecnicista e hermética, constituindo um mundo imenso e impossível de abarcar, aparecem como um universo normativo sem sentido, distante dos problemas reais das pessoas, monopolizado por uma clique de iniciados, suspeito de proteger interesses inconfessáveis. Quanto à justiça, a sua lentidão, o seu preço, a impenetrabilidade da sua linguagem, fizeram com que o recurso aos tribunais se tornasse um jogo caro e de resultados aleatórios[972].

A proposta de formas alternativas de direito e de justiça parte justamente destes sintomas de crise e procura outras formas, mais eficazes e mais aceites, de estabelecer normas de comportamento e de resolver os conflitos.

---

[971] Cf., para Portugal, Garoupa, 2011.

[972] Quanto a todos estes aspetos, v. o meu texto antes citado e os restantes artigos da coletânea, nomeadamente os de Marc Galanter e R. Auer.

No plano do estabelecimento de normas de comportamento, as propostas têm sido várias.

Para uns, a regulamentação do Estado deve dar lugar à autorregulação e à concertação privada.

Trata-se, tipicamente, da via proposta pelas correntes neoliberais, integradas numa estratégia de redução do papel de intervenção social do Estado. Note-se, em todo o caso, que a justiça das soluções obtidas por "concertação" supõe que as partes concertantes têm um idêntico poder negocial, que os pontos de vista de uma (*v.g.*, dos consumidores ou dos trabalhadores) não serão "naturalmente" esmagados pelos da outra (*v.g.*, das grandes empresas ou dos patrões). Sem isso, a livre contratação das normas de conduta, no seio da sociedade civil, conduzirá a um férreo domínio dos mais fortes sobre os mais fracos. O mesmo se diga da autorregulação, que pressupõe uma participação muito inclusiva de todos os interesses afetados. É por isso que parece muito indesejável que o Estado, como entidade encarregada de compensar as desigualdades da sociedade civil (concedamos, à falta de melhor), deixe de regulamentar matérias como as das relações de trabalho, da venda de produtos médico-farmacêuticos, da qualidade do ensino, da segurança dos consumidores, da defesa do ambiente, etc.[973]

Para outros, o estabelecimento de normas sociais poderá ganhar muito com a adoção de novas tecnologias da informação e com um uso adequado dos *media*. Nestas propostas – com alguns interessantes aspectos "futuristas" – as novas tecnologias (nomeadamente a criação de redes de comunicações muito poderosas, as chamadas "autoestradas da comunicação") permitiria uma direção eficaz, personalizada, interativa, quase "conversacional", das condutas sociais[974]. Mas, mais limitadamente, poderia tornar muito mais eficaz a publicitação dos normativos atuais, criando, por exemplo, bases de dados, facilmente consultáveis e permanentemente atualizadas, do direito em vigor.

---

[973] Para uma irónica crítica do modelo neoliberal de direito e de justiça, v. o excelente texto de Johnson, 1984.

[974] V., sobre isto, Toffler, 1990. Antecipações desta regulamentação "comunicacional" da sociedade são, por exemplo, as "informações" e "conselhos" da rádio sobre a situação do trânsito, as instruções e regras de funcionamento das ATM, os sistemas periciais de auxílio à decisão sobre aplicações financeiras, etc.

Para outros, finalmente, haveria que voltar a avaliar formas não coativas de direção de condutas, baseadas, por exemplo, nos laços afetivos, de solidariedade[975].

No domínio da composição de conflitos, tem-se criticado a absoluta concentração da decisão dos litígios em instituições estaduais e proposto a descentralização destas funções em organismos espontâneos, surgidos da própria sociedade civil, como os centros de justiça comunitária (*community justice centers*) experimentados nos EUA, as *Bürgerinitiativen*, ensaiadas na Alemanha, as comissões de moradores ou outras "organizações populares de base", previstas na Constituição portuguesa de 1976, ou, ainda, as instituições de justiça popular, *v.g.*, de Cabo Verde. Instituições deste tipo, surgidas da própria população e em permanente contacto com ela, poderiam resolver, desde que dotadas de meios e assessoradas por juristas e técnicos sociais, de uma forma mais rápida e socialmente aceitável, uma gama muito vasta de litígios, desde as questões de vizinhança até à pequena criminalidade[976]. Mas, por outro lado, tem vindo a ser destacado como estas instituições – de que o modelo mais clássico é ainda o júri nos tribunais oficiais – são extremamente vulneráveis ao condicionamento pelos poderes estabelecidos ou, ainda mais, pelos meios de comunicação de massa (*mass media*). Neste último caso, já foi realçado como os meios de comunicação: (i) antecipam o julgamento formal; (ii) condicionam decisivamente o seu resultado; e (iii) criam processos cognitivos – *i.e.*, esquemas de apreensão e análise – diferentes dos tradicionais[977].

A adoção de novas formas de normação e de composição de conflitos não se esgota em inovações de natureza institucional. Na verdade, estas novas instituições de realização do direito implicariam também não apenas novas formas de argumentar sobre o direito e de atingir a solução jurídica, como a relacionação do saber jurídico com outros saberes. Quanto ao primeiro aspeto, tem sido realçado que a realização do direito em meios menos rigorosamente profissionalizados e ritualizados do que os tribunais letrados oficiais aproximaria o discurso jurídico da linguagem comum e a discussão judicial da negociação (*bargaining*) corrente[978]. Quanto ao

---

[975] Cf. Hespanha, 1992a.
[976] Sobre estas instituições e as dificuldades da sua implantação em concorrência com a justiça oficial, v. Galanter, 1993.
[977] Refiro-me ao interessantíssimo livro de Richard K. Sherwin (Sherwin, 2000).
[978] Sobre a relacionação da retórica jurídica com o ambiente institucional de decisão, v. Santos, 1980b.

segundo aspeto, tem-se verificado que o tratamento de casos jurídicos em instituições comunitárias de justiça (*dispute institutions*) exige uma estreita cooperação entre juristas, sociólogos, psicólogos, assistentes sociais e, até, médicos, pois raro é o conflito cuja resolução não envolva aspetos que nada têm a ver com o direito.

7.5.6.6.1. As correntes críticas em Portugal e no Brasil

Em Portugal, os temas de uma justiça e direito alternativos estiveram especialmente em voga nos anos imediatos à Revolução dos Cravos (1974). Na verdade, a instauração da democracia e a denúncia da anterior ditadura originaram uma profunda crise de legitimidade das instituições e do direito[979] anteriores, que a opinião pública classificava frequentemente de "fascistas". Por outro lado, tinha-se gerado uma imagem nova acerca do modo de gerir os negócios públicos e decidir das questões sociais e políticas. Entendia-se agora que estas decisões deviam ser tomadas não "nos gabinetes", pelos "burocratas", mas "pelas bases", "perante o povo". A democracia representativa e a legitimidade que daí decorria para os órgãos do Estado não pareciam garantir suficientemente a prossecução dos autênticos interesses populares. Foi a época das assembleias e dos plenários (de operários, de estudantes, de soldados, de vizinhos)[980].

No domínio do direito e da justiça, isto teve consequências diretas, abrindo uma época de grande riqueza de experiências alternativas, quer no domínio da regulação, quer no da resolução de conflitos.

No domínio da regulação, estabeleceu-se a ideia de que as movimentações populares (manifestações de massa, assembleias, etc.), as formas pelas quais elas se institucionalizavam (organizações populares de base, comissões, grupos de trabalho) e as decisões que daí saíam (moções, restruturações, ocupações de fábricas, empresas e terras, ocupações de casas) gozavam de uma legitimidade primeira ("O povo é quem mais ordena"), que emanava diretamente de uma "legalidade revolucionária", uma espécie de "força das coisas" do processo revolucionário (a "dinâmica do processo

---

[979] Que, com exceção das disposições legais abertamente contrárias à ordem democrática, continuavam em vigor. Mantiveram, de facto, a sua vigência, *v.g.*, o Código Administrativo, o Estatuto disciplinar dos funcionários, as leis de organização judiciária e o Estatuto judiciário. A própria Constituição de 1933 não foi expressamente revogada.

[980] Sobre este assunto, v. Hespanha, 1986. Legislação ulterior e a própria Constituição de 1976 acabam por dar cobertura a uma parte destas "organizações populares de base".

revolucionário em curso", as "conquistas da Revolução"), de algum modo formalizada nos documentos-guia emanados do MFA ou do Conselho da Revolução[981]. Apesar de tudo isto carecer de reconhecimento por parte do direito oficial[982], instalou-se a ideia de que, pelo contrário, era o direito oficial que devia ser aferido, na sua legitimidade, pela sua conformidade com o novo direito revolucionário.

Este novo direito, que se revelava espontaneamente nas "ações de massas" e nas "lutas populares", exigia uma nova forma de ensino, ensaiado, nos anos de 1975 e 1976, pela direção maoista da Faculdade de Direito de Lisboa (ela mesma surgida de uma "luta popular" não reconhecida oficialmente), que "saneou" todos os antigos professores e assistentes, substituindo-os por trabalhadores, militantes políticos e juristas comprometidos nas lutas populares, e que estabeleceu um "curso popular" de direito, orientado para a aprendizagem do direito vivido, entremeado de testemunhos de casos e de estágios nos tribunais[983].

Mas exigia, também, uma nova forma de justiça que garantisse, por um lado, a participação popular e, por outro, a prevalência de um novo espírito de justiça dirigido pelos ideais da Revolução.

Quanto ao primeiro aspeto, a crítica corrente dirigida à justiça oficial era a de que, para além do seu conservadorismo político, os juízes constituíam um grupo fechado e corporativo, julgando segundo um direito incompreensível, cheio de subtilezas e formalismos, sem qualquer controle popular ou da opinião pública democrática. A resposta oficial a esta reivindicação de uma justiça mais próxima do povo foi a de reintroduzir o júri nas causas criminais (DL 605/75, de 3.11; Constituição de 1976, art.º 216º); de instituir juízes populares ("juízes de paz" nas freguesias, para o julgamento de questões módicas no domínio do arrendamento rural, direito dos menores, direito de trabalho) (L 82/77; Constituição de 1976, art.º 217º)[984]; inclusão (mitigada) de não juízes no Conselho Superior da Magistratura (L 85/77; Constituição de 1976, art.º 223º); e, finalmente, a criação do Provedor de Justiça (DL 212/75, de 21.4; Constituição de 1976,

---

[981] Cf., sobre este tema, Moreira, 1975; Miranda, 1975.

[982] Cf. Hespanha, 1986, 114 (com bibliografia sobre o tema).

[983] Na prática, a componente marxista-leninista era muito superficial; depois de uma algo monótona e vulgar introdução político-ideológica, entrava-se rapidamente na matéria, de acordo com as lições dos antigos mestres.

[984] V. *A participação popular na administração da justiça. Atas do colóquio*, Lisboa, 1980.

art.º 24º), como instituição desburocratizada e universal de recurso por parte dos cidadãos. Mas as reivindicações dos setores mais radicais iam muito para além disto. O que se pretendia era uma verdadeira alternativa à justiça oficial – considerada como cara, acessível a poucos, académica, afastada das massas populares e marcada pelo espírito de casta –, surgida das próprias organizações populares de base (como as comissões de bairro, as comissões de trabalhadores) e integrada por magistrados de carreira e elementos populares[985]. De alguma forma, este projeto teria suporte no *Documento-guia*, aprovado pelo Conselho da Revolução na primavera de 1975, que institucionalizava uma estrutura política constituída por uma pirâmide de organizações populares participativas, desde o âmbito da freguesia até ao nacional. Em todo o caso, a organização de uma "justiça popular" – suspeita a muitos juristas, mesmo de esquerda[986] – nunca foi levada a cabo[987].

Quanto à necessidade de infundir na justiça um novo espírito, a reivindicação era a de uma jurisprudência mais criativa na apreciação dos casos concretos, mais liberta em relação à lei e mais conforme com a nova ordem de valores (democrática e socializante) estabelecida pela Revolução. O tópico da "libertação antilegalista da jurisprudência" já vinha de antes da Revolução, tendo sido nomeadamente lançado, com muita ênfase, por António Castanheira Neves, nas suas lições (muito influentes na formação dos novos juristas) de "Introdução ao estudo do direito" na Faculdade de Direito de Coimbra. Mas agora torna-se uma palavra de ordem de uma camada mais jovem de juízes, muito ativa no repensamento e reestruturação da vida judicial[988], que a combinam com a ideia, importada de Itália, de um "uso alternativo do direito"[989].

---

[985] Cf. Amadeu L. Sabino, "Depoimento", *Revista da Ordem dos Advogados*, 1976, 191.

[986] Pode dizer-se que o projeto de uma "justiça popular" era ativamente apoiado apenas pelos grupos radicais de esquerda; os juristas comunistas permaneceram sempre muito indecisos quanto a este ponto.

[987] Realizaram-se muito poucos "julgamentos populares". O mais conhecido foi o "caso José Diogo", em que um trabalhador rural matara, na sequência de uma discussão, o proprietário das terras em que trabalhava. No dia do julgamento oficial, uma multidão ocupou o tribunal e, substituindo-se aos juízes (que decidiram adiar o julgamento, transferindo-o para outra comarca), constituiu um tribunal popular e condenou... o morto, classificando o homicídio como um ato de legítima defesa. Sobre a justiça popular em Portugal, nesse época, v. Santos, 1980a.

[988] Entre eles, Ferreira, 1972; Ferreira, 1974; Ferreira, 1978; Nascimento, 1979; Almeida, 1980.

[989] Cf. Ferreira, 1980, 114 ss.

O exemplo mais conhecido de tentativa de um "uso alternativo do direito", em que o juiz invertia a legalidade estabelecida em homenagem aos valores jurídicos revolucionários, foi o do "caso do juiz Dengucho". Este magistrado, então juiz na Marinha Grande, zona de fortes tradições anarco--comunistas, tentou introduzir uma prática de justiça menos distante da vida, mais comprometida com as realidades quotidianas e mais aberta à consideração dos projetos de mudança social estabelecidos pela Revolução. Reunia com a câmara, as comissões de trabalhadores e as comissões de moradores, oferecendo a colaboração do tribunal na resolução de assuntos de interesse geral; criou no tribunal um comité de apoio à reforma agrária e, depois da promulgação da Constituição de 1976, começou a indeferir *in limine* as ações de despejo, considerando-as contrárias à garantia do direito à habitação consagrado na Constituição. Acusado pelos setores conservadores, na imprensa e nos meios judiciais, de comprometido político, Celso Dengucho acaba por ser punido pela sua "ousadia"[990] ao ser demitido pelo Conselho Superior da Magistratura (apesar do reconhecimento da sua inteligência, saber e honestidade) por falta de "idoneidade moral", bem como do "bom senso, equilíbrio e sensatez" necessários para o exercício da magistratura[991]. No plano da teoria do direito – e mesmo da dogmática jurídica – o advento da democracia deu origem a literatura com novidade. O autor com maior divulgação, tanto em Portugal como, sobretudo, no estrangeiro, foi Boaventura de Sousa Santos, que prolongou e enriqueceu muito uma linha de reflexão que já vinha de trás, bastante original e influente, combinando contribuições das principais correntes da sociologia crítica, sobretudo norte-americana[992]. Paralelamente, foi coordenando vários estudos "nacionais" sobre o estado da justiça, com propostas muito

---

[990] Realmente, as decisões do juiz Dengucho não foram objeto de crítica jurídica interna, tendo sido apenas classificadas de "ousadas".
[991] Sobre este caso, v. Hespanha, 1986, 125 e 127 e bibliografia aí citada. Os processos existem no arquivo do Conselho Superior da Magistratura (1 – processo de inspeção ordinária à comarca da Marinha Grande nº 144/77; 2 – processo de sindicância ao Juiz de Direito Celso Dengucho nº 77/78).
[992] V. a sua *homepage*: http://www.boaventuradesousasantos.pt/pages/pt/homepage.php, [20/01/2012]. Obras de maior influência: *Introdução a uma Ciência Pós-moderna*. Porto: Afrontamento, 1989; *Um Discurso sobre as Ciências*, Porto: Afrontamento, 1988; *Toward a New Common Sense: Law, Science and Politics in the Paradigmatic Transition*. New York, Routledge, 1995; *A Crítica da Razão Indolente: Contra o Desperdício da Experiência*. Porto: Afrontamento, 2000; *Toward a New Legal Common Sense. Law, globalization, and emancipation*. London, Butterworths, 2002.

inovadoras[993]. Boaventura de Sousa Santos é o teórico do direito português, de longe, com maior visibilidade e impacto externos, e não apenas no meio dos juristas. No plano mais caracterizadamente dogmático, a grande obra inovadora foi o *Direito constitucional e teoria da Constituição*, de José Joaquim Gomes Canotilho[994]. Este constitucionalista – que publicou um primeiro comentário à nova Constituição democrática de 1976, em coautoria com Vital Moreira[995] – parte de bases muito sólidas na teoria constitucional alemã social-democrática dos anos 20 e do pós-guerra, tendo vindo a incorporar contribuições de outra proveniência, nomeadamente norte-americana. A sua obra – insistindo no caráter normativo, e não apenas programático ou simbólico, das constituições democráticas[996] – tem grande originalidade e tem criado uma vasta escola, não apenas em Portugal, como no Brasil, nas ex-colónias portuguesas, em Espanha e na América Latina.

Esboçar aqui a muito mais rica e variada situação brasileira é algo de muito arriscado, que apenas tentamos com um intuito de indicar umas pistas provisórias e problemáticas para ulteriores investigações, tanto mais que faltam ainda estudos de detalhe e de síntese[997].

[993] *A justiça popular em Cabo Verde*, Coimbra, Centro de Estudos Sociais, 1984; *A justiça e a comunidade em Macau: problemas sociais, a administração pública e a organização comunitária no contexto da transição*, Coimbra, Centro de Estudos Sociais, 1991; (em autoria com Conceição Gomes), *Macau: O Pequeníssimo Dragão*, Porto, Afrontamento, 1998; (com Carlet, Flávia), "The movement of landless rural workers in Brazil and their struggles for access to law and justice" em Ghai, Yash and Cottrell, Jill (Orgs.) *Marginalized Communities and Access to Justice*, Abingdon, Routledge, 2010, 60-82, ; Santos, Boaventura de Sousa; Gomes, Conceição; Pedroso, João (2004), "Organisation des tribunaux", *in* Fabri, Marco *et al.* (org.), *L'Administration de la justice en Europe et l'Evaluation de sa qualité*. Paris: Édition Monchrestien; Santos, Boaventura de Sousa e Trindade, João (org.), *Conflito e transformação social: uma paisagem das justiças em Moçambique*. Porto: Afrontamento, 2003; Santos, Boaventura de Sousa e Villegas, Mauricio Garcia (org.), *El Caleidoscopio de las Justicias en Colombia*. Bogotá, Ediciones Uniandes, Siglo del Hombre, 2001; Santos, Boaventura de Sousa (1993), "Introdução à Sociologia da Administração da Justiça", *in* Sousa Junior, José Geraldo e Aguiar, Roberto (org.), *Introdução Crítica ao Direito do Trabalho*. Brasília: Universidade de Brasília, 104-125.
[994] Almedina, 2011, 10ª reimpressão (1ª ed. 1983).
[995] Ambos colaboram de perto na redação do projeto apresentado à Assembleia Constituinte pelo Partido Comunista Português.
[996] Além dos trabalhos citados, destacam-se *Constituição Dirigente e Vinculação do Legislador – Contributo para a Compreensão das Normas Constitucionais Programáticas*, Coimbra, Coimbra Editora, 2001; *«Brancosos» e Interconstitucionalidade. Itinerários dos Discursos sobre a Historicidade Constitucional*, Coimbra, Almedina, 2008. Avaliação da evolução recente: Coutinho, 2005.
[997] De salientar, no entanto, o notável artigo de Fragale Filho, 2007.

A difusão de estudos jurídicos críticos no Brasil data dos anos 70, como uma parte do pensamento social e político "nacionalista", crítico do imperialismo e, mais tarde, da ditadura militar. Embora um dos principais nomes dos *critical legal studies* norte-americanos fosse brasileiro (Roberto U. Mungabeira, n. 1947)[998], o pensamento jurídico crítico brasileiro decorre muito mais do empenhamento dos intelectuais na política, que marcou as três últimas décadas do século XX.

Num país de cultura extensa e diversificada como o Brasil, mais do que apontar nomes de juristas que possam ser significativos de um pensamento de crítica ao formalismo jurídico[999], interessa destacar como uma parte significativa da cultura jurídica brasileira – tal como vem acontecendo noutros países latino-americanos, com destaque para a Colômbia – se vem destacando dos paradigmas correntes na Europa e nos Estados Unidos.

Na origem desta nova perspetiva crítica do direito está a ideia social e politicamente militante de que a dogmática jurídica e aqueles que a cultivam devem estar comprometidos com objetivos de política social, não interessando tanto o sentido em que estes são concretizados, mas o simples facto de se reconhecer que o direito e os juristas devem responder aos problemas da sociedade. Com o fim do regime militar e com a entrada em vigor da nova Constituição, muitos experimentaram como que uma refundação do papel social e político do direito e dos juristas, no serviço às políticas sociais humanistas (direitos humanos) e emancipadoras (direitos e políticas sociais).

[998] Cf. Unger Mungabeira *homepage*, [22/01/2012]; http://en.wikipedia.org/wiki/Roberto_Mangabeira_Unger.

[999] Em todo o caso, uma tentativa muito imperfeita. De entre os nomes mais influentes, há que citar os de José Eduardo Faria, que promoveu um diálogo entre o direito e os saberes sociais de sentido libertador; Luiz Fernando Coelho, por muitos considerado como um precursor do uso alternativo do direito; Roberto Lyra Filho, opondo ao direito hegemónico o pluralismo dos direitos subalternos; Luiz Alberto Warrat, que importa para o Brasil a análise crítica do discurso jurídico, como era feita pelas escolas da análise crítica dos discursos, de M. Foucault, P. Bourdieu e J. Derrida; Gilberto Bercovici e Marcelo Neves, que, de forma diversa, têm cultivado uma aproximação desmistificadora e alternativa da dogmática constitucional; e, com destaque, Antônio Carlos Wolkmer, com uma longa obra de crítica ao pensamento jurídico formalista, de propostas no sentido de metodologias de rutura e, sobretudo, de valorização das formas emancipatórias de pluralismo (Wolkmer, 2008). Também os historiadores do direito têm contribuído muito para uma crítica antiformalista do direito: cf., por todos, Fonseca, 2009, 2008, 2006, 2005, Lopes, 1997, 2000.

O contraste com a Europa[1000] passou a ser muito forte. Aqui, a teoria do direito e a dogmática jurídica tendem a ser naturalmente individualistas, liberais, formalistas, descomprometidas com os problemas sociais, neutras em relação às políticas sociais, complacentes com o autoritarismo do direito criado em instâncias sem vinculação democrática (Tribunal Europeu de Justiça, grandes firmas de advogados, elites académicas), hostil – em contrapartida – em relação ao "direito maioritário" dos Estados democráticos, sobretudo se este for portador de intenções interventoras, redistributivas, compensatórias das desigualdades efetivas entre os cidadãos. Longe de se esforçar por uma maior clarificação do direito[1001], a doutrina europeia parece viver bem num conveniente crepúsculo em que as escandalosas desigualdades que o direito permite passem despercebidas.

No Brasil, em contrapartida, a perceção das desigualdades sociais e de cidadania tornou-se tão forte e quotidiana que o senso comum deixou de achar suportável a neutralidade perante a tarefa de mudar as coisas. O ativismo político que caracteriza fortemente o Brasil criou um pan-ativismo social. Porque se tornou claro que o livre jogo das forças sociais estabelecidas não conseguirá corresponder à demanda social de justiça, de cidadanias de bem-estar. Foi sobretudo isto que atingiu a teoria jurídica, a dogmática jurídica, o ensino do direito e a ética dos que trabalham com o direito. Ao mesmo tempo, tudo isto vive num momento de euforia, de autoconfiança, de entusiasmo nacional, tanto mais que a imagem do primeiro mundo – e do seu direito – se coroa, cada vez mais, pela evidência da sua decadência e incapacidade de a inverter. A doutrina europeia e norte-americana continua a ser citada e usada, mas recebida de forma pragmática e "impura", usada de forma tópica, por vezes para obter resultado que não tem muito a ver com a sua lógica original[1002].

Na sequência da queda das ditaduras militares latino-americanas – mas também da queda do socialismo real –, a esfera pública latino-americana foi rapidamente ocupada por uma pluralidade de movimentos comunitários, sociais e, até, religiosos, com um forte poder de sugestão sobre a academia, que também tinha pagado um pesado tributo à ditadura das juntas militares.

[1000] Cf. Gessner, 1996a.
[1001] "Mais luz!", como pedia Goethe nos seus últimos momentos.
[1002] Diego Lopez Medina (Medina, 2004) destaca como este uso instrumental da doutrina, à primeira oportunidade, se explica não por oportunismo ou superficialidade, mas antes corresponde a uma leitura da doutrina orientada para problemas.

Numa sociedade percebida como estando dominada por grupos de hipercidadãos (Marcelo Neves), que reduzem os restantes à categoria de nanocidadãos, a ética dos juristas tende a assumir mais militantemente a causa dos interesses subalternos, do interesse público, da garantia da efetividade dos programas sociais e das políticas públicas. Este espírito de missão, uma missão que é entendida mais como nacional do que como social, contamina as melhores escolas públicas de direito, designadamente os seus estudantes. Uma vista de olhos pelas bancas de livros nos pátios das faculdades ou pelas estantes das livrarias dos campos universitários confirma o espírito que se percebe facilmente numa aula ou num curso: o direito ou responde às demandas sociais, ou não se justifica (pior, ou deve desaparecer). Ao jurista cabe não apenas aplicar neutralmente o direito, mas usá-lo de forma empenhada e proativa como instrumento de um supremo projeto comunitário. Isto explica também a proximidade entre direito, políticas cidadãs e participação popular, nos quadros de um modelo deliberativo e participativo da democracia.

Embora antigos e novos conservadores mantenham na academia posições importantes, a agenda universitária (concretamente nas escolas de direito)[1003] passou a pertencer a uma nova geração – professoras, estudantes de graduação e de pós-graduação, advogados *pro bono*, juízes que frequentam a universidade, como docentes ou doutorandos[1004]. Têm sido eles que trazem para os cursos e as atividades universitárias[1005] os novos temas da vida comunitária, com destaque para os da cidadania, da defesa democrática e progressista da Constituição, da proteção dos mais fracos, da erradicação da violência doméstica e do machismo, dos direitos humanos e sociais, do desenvolvimento econômico e social, da defesa das minorias étnicas, da ação afirmativa, da preservação do ambiente, da luta pelo primado do interesse público, do funcionamento justo e eficiente dos serviços e das políticas públicas, da luta contra a corrupção, da independência nacional, etc.

[1003] A nova vivência universitária tem, em geral, muito a ver com a influência de grandes pedagogos – como Ivan Illitch, Paulo Freire, Darcy Ribeiro –, muito influentes na reflexão sobre a missão cidadã e emancipadora da universidade nos países em desenvolvimento.
[1004] Atahualpa Fernandez e Marly Fernandez, "O ensino do Direito, a formação do jurista e as escolas superiores", *Jus Navigandi* (escrito em 06/2005).
[1005] Incluindo intervenção no foro: Lucas Borges de Carvalho, "Ideias para uma nova assistência jurídica de base estudantil: acesso à justiça e crise do ensino jurídico", *Jus Navigandi* (http://jus2.uol.com.br/doutrina/texto.asp?id=3501).

Neste contexto cultural, passa a existir uma enorme esperança no poder do Estado e do direito como fatores de resgate social, nestes países em que constituições novas e democráticas incluíram princípios avançados de promoção do bom governo. Neste quadro, o enfraquecimento da Constituição a qualquer tipo de desjurisdificação aparece como tentativa de reentregar a sociedade à ordem conservadora estabelecida. Gilberto Bercovici, um prestigiado constitucionalista de São Paulo, desqualificou assim o enfraquecimento do constitucionalismo brasileiro que resultaria do revisionismo europeu das doutrinas do primado da Constituição: "Os defensores de tais teorias no Brasil esquecem que a desjurisdificação no Brasil será entendida de forma diferente na Europa e nos Estados Unidos. Como tem sido muito bem sublinhado por Marcelo Neves, o nosso problema não é o da desjurisdificação, mas antes o da jurisdificação da realidade constitucional. Aqui, a desjurisdificação, bem como a desconstitucionalização, favorecem os privilégios e as desigualdades"[1006]. Outro constitucionalista de referência, Luís Roberto Barroso, segue a mesma linha de rejeitar a troca da constitucionalização por um novo direito pluralista, difuso e democraticamente deslegitimado: "[...] 4. O novo direito constitucional brasileiro, cujo desenvolvimento coincide com o processo de redemocratização e desinstitucionalização do país, foi fruto de duas mudanças de paradigma: a) a busca da efetividade das normas constitucionais, fundada na premissa da força normativa da Constituição; b) o desenvolvimento de uma dogmática da interpretação constitucional, baseada em novos métodos hermenêuticos e na sistematização de princípios específicos de interpretação constitucional. A ascensão política e científica do direito constitucional brasileiro conduziram-no ao centro do sistema jurídico, onde desempenha uma função de filtragem constitucional de todo o direito infraconstitucional, significando a interpretação e leitura de seus institutos à luz da Constituição. 5. O direito constitucional, como o direito em geral, tem possibilidades e limites. A correção de vicissitudes crónicas da vida nacional, como a ideologia da desigualdade e a corrupção institucional, depende antes da superação histórica e política dos ciclos do atraso, do que de normas jurídicas. O aprofundamento democrático no Brasil está subordinado ao resgate de valores éticos, ao exercício da cidadania e a um projeto generoso e inclusivo de país."[1007]

[1006] Gilberto Bercovici, *Canotilho e a constituição dirigente [...]*, cit., p. 18.
[1007] Barroso, 2001. "Conclusão", *in fine*.

Este novo ambiente académico tem usado massivamente a Internet como meio de difusão, inundando o universo de referências de milhares de textos, tratando os novos temas e, por vezes, ensaiando teorias ou dogmáticas apropriadas, frequentemente sugeridas pelas ciências sociais, pela literatura ou diretamente induzidas de referências diretas à realidade social[1008].

O ativismo social e político do novo constitucionalismo brasileiro contrasta hoje fortemente com a diluição do europeu, em que se tende, cada vez mais, a sujeitar a Constituição à "oportunidade", à "necessidade", aos "constrangimentos económicos e financeiros", aos "acordos de resgate financeiro", às "leis dos mercados". No Brasil, pelo contrário, os constitucionalistas têm desenvolvido uma série de instrumentos dogmáticos que fomentam a irradiação do "núcleo ideológico" da Constituição, como carta magna da cidadania[1009]:

(i) impondo os padrões de justiça e igualdade às relações entre privados[1010];
(ii) assinalando que os bens públicos constitucionalmente definidos limitam a liberdade contratual e de propriedade[1011];
(iii) defendendo a hierarquia superior dos direitos humanos e dos direitos sociais em relação a direitos de recorte meramente individualista e liberal[1012];
(iv) exigindo que o âmbito dos direitos constitucionais inclua a disponibilização dos meios processuais para os usar, com generalidade e igualdade, o que inclui a preocupação com o acesso à justiça,

---

[1008] Um dos repositórios mais importantes desta literatura é *Jus Navigandi* (http://jus.com.br/); mas muitas Faculdades de Direito (e movimentos sociais) mantém os seus próprios repositórios de doutrina jurídica emergente.

[1009] Cf. Estefânia Maria de Queiroz Barboza e Katya Kozicki, "Democracia procedimental e jurisdição constitucional" (disponível em http://www.conpedi.org.br/manaus/arquivos/anais/bh/estefania_maria_de_queiroz_barboza.pdf).

[1010] A questão, na Europa, aparece enredada nas restrições liberais ao princípio da eficácia horizontal da Constituição (*Drittwirking*, como se o mundo dos negócios privados fosse um "terceiro" em relação à ordem constitucional da comunidade...).

[1011] O que não é mais do que voltar à "doutrinal social de Igreja"...

[1012] Note-se alguma influência da civilista portuguesa Ana Prata, muito lida no Brasil, que continua a defender vigorosamente que a "vontade negocial não é um aspeto intrínseco e prioritário da liberdade humana" (*A tutela constitucional da autonomia privada*, Almedina, Coimbra, 1982).

mas também com a tutela da efetividade das políticas sociais do Estado por parte do Ministério Público[1013];

(v) criando uma doutrina compreensiva da inconstitucionalidade, denominada "inconstitucionalidade ideológica", que declara ferido de inconstitucionalidade "qualquer ato, norma, decisão ou interpretação jurídica tendente a, por meio dissimulado, impedir, desvirtuar, afastar ou sustentar o afastamento da incidência de preceito ou princípio constitucional, expresso ou implícito, em relação a certas situações, fatos, entes, grupos ou indivíduos, de maneira incongruente para com os valores e finalidades perseguidas pela Carta Maior";

(vi) defendendo a chamada "interpretação constitucional evolutiva dos direitos sociais", para a qual qualquer direito fundamental já recebido na Constituição goza de um caráter definitivo, da natureza de um inderrogável "*acquis civilizationnel*"[1014] e, por outro lado, deve ser interpretado de forma progressiva, de acordo com o processo de avanço social, tal como for reconhecido pela ordem internacional mais progressiva[1015].

Este entendimento do caráter diretivo da Constituição atribui ao judiciário um poder muito vasto para desenvolver a constituição. No entanto, este ativismo judiciário parece tender a assumir no Brasil um perfil

---

[1013] Luiz Alberto de Vargas, Ricardo Carvalho Fraga, "O papel da assistência judiciária para a eficácia dos direitos sociais", http://jus2.uol.com.br/doutrina/texto.asp?id=6120 (escrito em 12/2003); aplicação aos direitos sociais (saúde, educação, etc.); Hewerstton Humenhuk, "O direito à saúde no Brasil e a teoria dos direitos fundamentais", em *Jus Navigandi* (escrito em 02/2002.) (http://jus2.uol.com.br/doutrina/texto.asp?id=4839&p=2).

[1014] Também aqui o contraste com a Europa é enorme, estando as aquisições civilizacionais sujeitas a um juízo de viabilidade em face dos recursos de um modelo econômico que tem por aquisições civilizacionais a plena liberdade e os direitos adquiridos do capital (expressos na desregulação estadual, na inexistência de objetivos sociais ou comunitários [mesmo de sustentabilidade ambiental ou de boa gestão dos recursos], na redução da fiscalidade sobre as empresas ou titulares de rendimentos de capitais).

[1015] Cf., Marco Antônio Sevidanes da Matta, "Interpretação constitucional evolutiva dos direitos sociais. Apontamentos sobre a mutação constitucional, a reserva do possível e o trabalho escravo no Brasil", *Jus Navigandi*, (escrito em 06/2006) (http://jus.com.br/revista/texto/8839/interpretacao-constitucional-evolutiva-dos-direitos-sociais, [22/01/2012]); v. também Ingo Wolfgang Sarlet, *A eficácia dos direitos fundamentais*, Porto Alegre: Livraria do Advogado, 1998.

bastante diferente do que assume na Europa. Enquanto na Europa a doutrina e o foro tendem a alinhar por padrões de julgamento orientados para aspectos técnicos, geralmente alheios à impuras problemáticas humanas e sociais e favoráveis ao direito reconhecido por um *jet set* de juristas cosmopolitas, a judicatura brasileira está muito ligada ao ciclo contemporâneo da cultura política *pop* latino-americana, social e politicamente comprometida, confiante nas virtualidades das formas civilizacionais aí emergentes.

Este mesmo ativismo constitucional promove experiências de melhoria da qualidade da cidadania, bem como o seu acompanhamento e avaliação pelos juristas académicos. Tal é o caso das experiências de democracia participativa, de administração pelos administrados em comunidades de dimensão adequada, da facilitação da ação popular, de criação de foros não exclusivamente jurídicos para a acomodação de conflitos comunitários (semelhantes às *Comisiones de Justicia y Equidad*, na Colômbia[1016]), de formas de extensão comunitária do ensino e da pesquisa jurídicos[1017].

7.5.7. O antilegalismo

Já vimos como, no século XIX, o legalismo corresponde a um imaginário que estava em desenvolvimento na cultura política europeia desde há muito – o estadualismo – e como se reforçou com o advento da ideia de democracia representativa (cf., *supra*, 7.4.2)[1018].

Pode, no entanto, dizer-se que, mal se estabeleceu, o legalismo começou a ser objeto de contínuas críticas. Vindas, em primeiro lugar, dos críticos do estadualismo, que não reconheciam ao Estado (à vontade dos governantes) a legitimidade para definir, em termos absolutos, as normas da justiça. Vindas, depois, dos críticos da democracia representativa, que não

---

[1016] Como o de Caldas, Província de Oriente, na Colômbia (http://br.youtube.com/watch?v=ZzAqQgbIRa4); o conjunto do programa abrange um vasto leque de instituições, desde municípios a universidades (*v.g.*, the University of Miami, EUA), tendo dado origem a um Diplomado Internacional Justicia en Equidad y Culturas Urbanas, na Universidade Nacional de Colombia (http://www.unal.edu.co/eventos/eventos_083_20070924.htm). V. entrevistas vídeo sobre a justiça comunitária na Colômbia em http://br.youtube.com/watch?v=Lviry-MgVJc; http://br.youtube.com/watch?v=YStOL4fOIwQ; http://br.youtube.com/watch?v=GjQoA-_pxhI.

[1017] Cf. Aurélio Wander Bastos, "Pesquisa Jurídica no Brasil: diagnóstico e perspectivas", BuscaLegis.ccj.ufsc.br, Revista N.º 23, dezembro de 1991, pp. 11-24 (disponível em http://www.egov.ufsc.br/portal/sites/default/files/anexos/25099-25101-1-PB.pdf, [22/01/2012]).

[1018] Sobre o tema, uma das melhores sínteses é Zagrebelsky, 1992, *maxime*, cap. II, "Dello stato di diritto allo Stato costituzionale".

reconheciam ao Estado demoliberal (ao "voto", a uma "geração do povo") a legitimidade para falar em nome do "povo". Vindas, depois, dos críticos da "forma estatal" do direito (genérica e abstrata, coativa, centralizada, homogénea, fechada), que não reconheciam a virtualidade de regular de forma assim genérica e "automática" a inesgotável riqueza e variedade das situações e conflitos da vida.

7.5.7.1. Introdução. Do estadualismo ao pluralismo. Impacto na metodologia do direito

O método jurídico, tal como é correntemente exposto, tem a idade de uma dessas tartarugas bicentenárias. Na verdade, nas suas linhas gerais, ele constituiu-se no trânsito do século XVIII para o século XIX, tendo a sua expressão mais notável na obra de C. F. von Savigny (1779-1861). Era a época em que – depois de séculos de um mosaico político muito complicado, em que as grandes monarquias conviviam com pequenos Estados, umas e outros entre si ligados por laços e equívocos e complexos de independência política, e em que o direito do rei convivia com uma infinidade de direitos espontaneamente gerados na sociedade – a Europa se organizava em grandes unidades políticas que reclamavam para si o monopólio do poder (*Estados absolutos*). As formas políticas surgidas da Revolução Francesa mantiveram este ideal de um poder unificado e absoluto, ainda que, agora, a cabeça desse poder não fosse um *rei soberano*, mas o *povo soberano*. Isto não implicava, no entanto, o monopólio do direito pelo Estado – a equiparação entre direito e lei –, como o prova o facto de, em muitos destes grandes Estados, o direito continuar a poder provir da doutrina dos juristas, da tradição do direito romano ou, mesmo, dos ordenamentos de outros Estados.

Inicialmente, a soberania era identificada com a independência de qualquer poder, nomeadamente do Império ou da Igreja; mas, a partir da segunda metade do século XIX, a teoria política alemã (em especial, com Ph. Zorn, 1850-1928; G. Jellinek, 1851-1911; e P. Laband, 1838-1918) tinha recomposto esta definição, passando a considerar a soberania como a faculdade exclusiva de criar o direito[1019]. A soberania passa a ter, então, uma natureza normativa: um Estado soberano é aquele que pode produzir uma ordem jurídica autónoma e unificada. Dizendo de outro modo,

---

[1019] V., sobre esta evolução, muito informado e rigoroso, Cannizzaro, 2002.

é a unidade do direito – e não as relações políticas que este mantém com outras unidades políticas – que constrói a soberania do Estado[1020].

Esta recomposição do conceito de soberania marcou decisivamente a teoria do direito, bem como o método de o encontrar e de o desenvolver.

Desde logo, o direito passou doravante a ser o direito do Estado, ou seja, *a lei*. A lei tornou-se, por isso, a única fonte de direito (aquilo a que alguns chamaram o "totalitarismo da lei" ou o "absolutismo legislativo"). Qualquer outra fonte que se pudesse enumerar como relevante para o conteúdo do direito (nomeadamente o costume ou a equidade) tinha de o ser em virtude de uma concessão ou remissão da lei. Era também a lei que remetia, eventualmente, para outros ordenamentos jurídicos, nomeadamente ordens jurídicas estrangeiras, por meio das chamadas normas de conflito; por isso, estes ordenamentos jurídicos estranhos deviam a sua vigência exclusivamente à lei e não a uma decisão a que um intérprete chegasse, tida em vista a natureza das coisas.

As revoluções liberais dos finais do século XVIII reforçaram ainda mais este primado da lei. Na verdade, ao conferirem a soberania ao povo e ao estabelecerem que a vontade deste novo soberano se manifestava por meio das leis votadas pelos seus representantes, estabeleceram um vínculo muito forte entre democracia e primado da lei, fosse esta a lei constitucional, que estabelecia as bases do convívio republicano, fosse esta a lei ordinária. Em alguns modelos democráticos, a distinção entre Constituição e lei era pouco evidente, já que a Constituição era livremente alterável por novas votações parlamentares (constituições flexíveis); noutros, porém, a Constituição representava um pacto fundamental e dirigente (constituições rígidas), ao qual devia obedecer a lei ordinária, embora ambas fossem o produto da vontade popular[1021]. Em qualquer dos casos, porém, Constituição e

---

[1020] V. Cannizzaro, 2002; Ferrajoli, 1997. Crítica a este conceito tradicional, mostrando que o Estado foi sempre muito menos do que esse poder absoluto e livre, v. Krasner, 1999 (uma obra que se tornou de referência). Mas a crítica ao conceito de soberania – de cuja invenção se reclama, problematicamente em vários sentidos, Jean Bodin (1530-1596; *Les six livres sur la Republique* (1579), cap. 8; v. textos em http://agora.qc.ca/reftext.nsf/Documents/Souverainete--De_la_souveraineté_par_Jean_Bodin (já vinha do século XIX: cf., por exemplo, Léon Duguit, *Souveraineté et Liberté*,Paris: F. Alcan, 1922. Antes da Revolução Francesa, porém, não era esta a visão monista-estadualista que prevalecia – antes pelo contrário – cf. Hespanha, 1989 (algumas restrições: Quaglione, 2004).

[1021] V., sobre estes aspectos, Hespanha, 2004; Fioravanti, 1999.

lei representavam um fortíssimo núcleo de legitimação do sistema político, isto explicando a antipatia com que os juristas que aceitavam a legitimação democrática do poder olhavam todas as formas de manifestação do direito que não fossem de origem legislativa. Naturalmente, existiram durante todo o século XIX correntes que tenderam a desvalorizar o papel da Constituição, do parlamento e da lei. Em alguns casos (minoritários), tratava-se de correntes que entendiam que um modelo parlamentar era insuficiente, por defeitos inerentes quer aos sistemas eleitorais, quer às deformações plutocráticas e elitistas do modelo democrático liberal, para exprimir a autêntica vontade de todo o povo, reclamando, por isso, formas diversas de aprofundamento da democracia. Na maior parte dos casos, porém, a desconfiança em relação à Constituição e ao parlamentarismo eram o reflexo de uma desconfiança em relação à capacidade do povo comum para decidir dos negócios públicos, ou seja, de uma desconfiança quanto à validade do princípio democrático, entendido como participação de todos na formação das regras de convívio republicano. Por isso é que os substitutos para a democracia parlamentar propostos por estas correntes acabaram por inspirar decisivamente as formas de organização política antiparlamentar e antidemocrática que se desenvolveram no século XX[1022]. Ou, pelo menos, promoveram uma despolitização e tecnicização do direito de que resultava que os mais lídimos porta-vozes da vontade popular não eram já os cidadãos ou os seu representantes eleitos, mas os juristas, depositários de um saber multissecular sobre o que é que era bom e justo para o povo (*o Volksrecht*, direito do povo, transforma-se no *Professorenrecht*, direito dos professores)[1023].

Neste mundo do legalismo, o papel do intérprete – nomeadamente do juiz – teria de ser muito modesto. Em face do primado absoluto da lei, ao juiz não cabia senão aplicá-la, nem sequer a podendo afastar "a pretexto de ela lhe parecer injusta ou imoral" (como se dizia no *Estatuto Judicial* português em vigor entre os anos 30 e dos anos 70 do século XX [art.º 110º, depois 240º]). Quanto ao intérprete doutrinal, apenas lhe cabia aperfeiçoar o conjunto das leis (o "sistema jurídico"), extrair das várias leis os "princípios gerais" que as inspiravam e, eventualmente, utilizar este "espírito geral" do sistema legislativo para integrar cada uma das leis (elemento sistemático) ou para resolver casos nelas não previstos (lacunas da lei).

[1022] V., sobre estes aspetos, Hespanha, 1994.
[1023] V., sobre estes aspetos, Hespanha, 1994; e, antes, 7.4.10.2.

7.5.7.2. A reação antilegalista

É certo que o saber jurídico é uma atividade intelectual, sujeita a certas regras de método, também elas de natureza intelectual e que dependem da reflexão de especialistas. Por outro lado, a bondade (ou correção, ou acerto, ou justeza) das soluções jurídicas depende da sua aceitabilidade pela comunidade, da sua sintonia com os sentimentos de justiça nela dominantes. Ora, é bem claro que a observância dos processos democráticos, mesmo nas democracias sãs e consolidadas, não garante suficientemente a consonância entre lei, justeza e sentimentos comunitários de justiça. Apesar de a democracia representativa se ter vindo a aperfeiçoar – com melhores leis eleitorais, com a introdução de formas ricas e variadas de auscultação dos cidadãos (obrigatoriedade de audição de certos grupos especialmente interessados, introdução de vários tipos de referendo), com a regulação do financiamento dos partidos e com outras medidas tendentes a tornar mais transparente a vida política, com o estabelecimento de regimes de incompatibilidades para os eleitos, etc. –, o certo é que existem fatores, antigos e novos, a introduzir elementos de distorção nos regimes democráticos. Porventura, o fator mais visível é a possibilidade de manipulação da opinião pública por grupos organizados de interesses (*lobbies*), que usem os meios de comunicação social para promover os seus pontos de vista unilaterais e para condicionar, deste modo, a maioria. Mas não é menos efetiva a deterioração da democracia provocada pela multiplicação das normas, de grande complexidade técnica, cuja formulação mal se compatibiliza com a natureza não especializada das assembleias parlamentares ou com consultas populares pouco refletidas. Para não falar já da distância que normas com esta configuração criam em relação aos seus destinatários (que constituem, teoricamente, a comunidade cuja vontade legitima o direito nos Estados democráticos).

Este monismo legislativo – ou absolutismo legalista – foi denunciado quase logo desde o seu aparecimento. Várias correntes, de inspirações teóricas e filosóficas distintas, insistiram no caráter redutor do legalismo e na necessidade de uma conceção mais alargada, mais plural, do ordenamento jurídico. Uns insistiram em que a solução jurídica não era a que resultava mecanicamente da aplicação da lei, mas a que decorria dos princípios que a informavam (Locré de Roissy, logo em 1805)[1024]; outros que a melhor

---

[1024] V., *supra*, 7.4.10.1.

regulação era a que dava lugar a uma melhor composição dos interesses sociais em conflito (R. Jhering, 1818-1892; Ph. Heck, 1858-1943); outros proclamaram que o direito não era o conjunto das leis, mas antes a constelação das normas que regulavam espontaneamente da vida social ("Escola do Direito Livre", E. Ehrlich, 1862-1922; H. Kantorowicz, 1877-1940); outros, ainda, propunham que o direito não era um sistema de leis, mas a unidade orgânica das normas que regulavam, no dia a dia, as instituições sociais (Santi Romano, 1875-1947); outros entendiam que, abaixo do nível das leis, a vida se organizava por si mesma ("natureza das coisas", E. Maihoffer; mais tarde, a ideia de *everyday life law* ou a do primado das "leis do mercado", da "força das coisas" ou de coisas do género); outros, finalmente, entendiam que, por cima das leis, existiam certos princípios, naturais ou divinos, que condicionavam a sua validade ("jusnaturalismo")[1025]; outros retomavam, agora de uma perspetiva compatível com o modelo democrático, as críticas ao modelo exclusivamente representativo da democracia, que propunham aprofundar, não tanto na direção de uma "democracia popular", mas no sentido de uma "democracia deliberativa", em que o império do senso comum – que, por ser comum e, com isso, suscitar o acordo irrefletido, cada vez se torna "mais imperial", mais automático e menos consciente e, paralelamente, mais segregador das opiniões isoladas – fosse substituído pelo império de um sentido enriquecido pela reflexão. Um autor hoje muito influente, Cass Sunstein, falava expressivamente das "cascatas de senso comum" (mediáticas, eleitorais, parlamentares) e da necessidade da sua substituição por "cascatas de juízos deliberativos", produzidos no "espaço público"; ou seja, pela promoção, no espaço público (nos *media*, nos foros políticos, no espetro político, partidário ou não, dentro dos próprios partidos), de uma cultura da divergência e do contraditório, para fomentar a reflexão que crie consensos mais esclarecidos e mais firmes[1026].

[1025] Sintetizamos, aqui, telegraficamente, algumas das correntes de superação do legalismo, desde os finais do século XIX; algumas delas, antes ou adiante detalhadas.

[1026] Sobre o conceito, em geral, v. http://en.wikipedia.org/wiki/Deliberative_democracy. Outros *sites* de muito interesse, alguns com experiências de formas de organizar a deliberação democrática em diversos domínios: http://www.deliberative-democracy.net/; http://cdd.stanford.edu/; http://www.uoregon.edu/~ddp/; http://www.ssc.wisc.edu/~wright/deliberative.html; http://www.cpn.org/tools/dictionary/deliberate.html; Nino, 1886; para um debate sobre o tema, tentando reencontrar antigas formas de fazer política "cara a cara" em grandes espaços territoriais, v. Fishkin, 2003. Aplicação da ideia de foros públicos de

Perante estas novidades do governo e do Estado nos dias de hoje, têm surgido perplexidades diversas sobre a possibilidade de se manterem alguns dos princípios fundamentais do Estado democrático, tal como foi desenhado sob a forma de Estado-Nação. Nomeadamente, pode a Constituição continuar a ser um estatuto político regulador de grau eminente? Deve continuar a insistir-se no primado da lei sobre outras formas de regulação social? Ou, pelo contrário, deve admitir-se que certas esferas da vida comunitária se autorregulem a si mesmas, com grande autonomia em relação àquilo que o povo manifestou ter querido sobre a forma constitucional ou legal? Ou mesmo que, ao lado e em torno dessas formas antes privilegiadas de formalizar o consenso – a Constituição e a lei – que nos tinham sido legadas pelo Estado-Nação, se deva admitir que surgiu uma rede de foros em que a vontade popular pondera questões e delibera normas que, em certas circunstâncias, se impõem como direito à consciência jurídica da sociedade e do corpo especializado dos seus juristas e juízes, com a força redobrada do facto de surgirem, espontaneamente, de uma vasta ponderação e deliberação, envolvendo, porventura, mais gente e mais ponderação do que o sufrágio tradicional e mais participação do que o voto parlamentar? Para além disso, o legalismo continua a debater-se com questões aparentemente velhas: A soberania do povo pode querer o impossível? Com a diferença de que, agora, "o impossível" pode não se identificar com a impossibilidade forte, natural, física, mas com uma impossibilidade "construída", formada na consciência das pessoas, inculcada como realmente imperiosa, mas afinal decorrente de escolhas políticas ou civilizacionais: manter o Estado social, tributar os capitais voláteis, contrariar as leis dos mercados tal como certo sistema económico as entende, romper pactos, não corresponder às exigências dos credores internacionais, limitar a liberdade de comércio internacional, nacionalizar, etc.[1027]; tudo questões que se

---

deliberação ao mundo mediatizado de hoje, com referência aos perigos que representa a "insularização" do espectador-consumidor num mundo dos *media* que permita ao espectador tomar contacto apenas com as suas ideias, gostos e correligionários (TV interativa, TV *on demand*, "personalização" da Internet), v. Sunstein, 2002. Restrições ao conceito, introduzidas posteriormente pelo autor, Sunstein, 2006, 2007.

[1027] A estas impossibilidades poderiam juntar-se outras, que normalmente não constam do elenco: esgotar os recursos não renováveis; depredar o ambiente; provocar a fome massiva. Pelo contrário, tem-se ouvido afirmar que tomar cautelas ambientais, sociais, de gestão sustentada de recursos são impossíveis em face das leis da economia, da rentabilidade, da ordem estabelecida.

tornaram candentes depois da crise de 2008. Impossibilidades que, como a antiga "impossibilidade impossível" (*ad impossibilia nemo cogitur*, ninguém pode ser obrigado a coisas impossíveis) seria uma suprema lei, por cima das leis e das constituições pactícias (*necessitas suprema lex est*).

Ora bem. Numa conceção legalista do direito, as regras da metodologia jurídica que se ligam diretamente a questões como as do elenco das fontes de direito, da interpretação, da integração e dos conflitos de normas deviam estar estabelecidas na lei, como de facto o estão na generalidade dos ordenamentos jurídicos ocidentais, que procuram amarrar o intérprete à vontade do legislador, mesmo quanto ao desenvolvimento da sua atividade intelectual. Em contrapartida, os movimentos doutrinais e os sinais civilizacionais antes referidos propuseram que as regras do saber jurídico (ou diretamente a tal "natureza") – como essas que devem reger a interpretação, a integração, os conflitos de leis – não pudessem ser decididas autoritariamente pelo legislador. E, assim, apresentaram soluções alternativas relativamente à força da regulação legislativa destas questões.

Perante estas perplexidades, há basicamente três atitudes.

A daqueles que acham que o princípio democrático, como decisão política pelo povo da forma da República, deixou de valer... e ainda bem. A dos que acham que, para bem ou para mal, o mundo mudou, e que há que acatar a sua nova normatividade, mesmo que ela não tenha muito a ver com princípios basilares da antiga, nomeadamente a do caráter estadual – e estatalmente decidível – das questões comuns da República. E a dos que, reconhecendo que o mundo mudou e que o antigo também não era um paraíso de justiça e de liberdade para todos, se mantêm fiéis a "aquisições da democracia", sem as quais esta e o direito justo ficariam totalmente descaracterizados; e que, por isso, se deveriam manter como linha de rumo na reconstrução, sob o impacto das novas condições, da teoria política e jurídica. Pelo menos, sempre que não fosse certo e seguro que as novas formas de expressão de consensos garantissem a igualdade e a liberdade de todos os cidadãos e não refletissem, pelo contrário, os desequilíbrios de poder e as relações de domínio existentes na sociedade civil dos dias de hoje. E que as tais impossibilidades ou necessidades são das fortes e reais e não apenas reflexos de opções civilizacionais ou políticas contingentes e parciais. Perfilhamos esta última sensibilidade.

7.5.7.3. O legalismo, hoje

A fama de que o positivismo gozou, sobretudo nos últimos cinquenta anos, não foi brilhante, porque ele apareceu normalmente associado à conversão da vontade arbitrária de Estados autoritários em direito legítimo – ou seja, em direito a que se devia obedecer[1028]. E, por isso, muito se tem escrito contra esta conceção[1029].

Em face desta polémica, a primeira coisa que se deve observar é que o legalismo não foi, na Época Contemporânea, um atributo característico das políticas autoritárias do direito. Pelo contrário. Ele prevaleceu na fase inicial da Revolução Francesa, justamente aquela que correspondeu ao período de mais enfática afirmação da soberania popular. Já antes, nos Estados Unidos, se manifestara com um enorme vigor, logo no preâmbulo da Constituição Federal, de 1778 (21/6): *"We the people of the United States, in order to form a more perfect union, establish justice, insure domestic tranquility, provide for the common defense, promote the general welfare, and secure the blessings of liberty to ourselves and our posterity, do ordain and establish this Constitution for the United States of America"*[1030]. Constituição que, como já vimos, também declarava formal e enfaticamente que ninguém deveria ser tão ousado que se atrevesse a suspender ou deixar de executar as leis ["All power of suspending laws, or the execution of laws, by any authority, without consent of the representatives of the people, is injurious to their rights, and ought not to be exercised]". O mesmo aconteceu

---

[1028] Veja-se, ainda hoje, o art.º 8º do Código Civil português (sobretudo o seu nº 2). A sua genealogia ascende, em Portugal, ao Estatuto Judiciário do Estado Novo, nos anos 30 do século XX.

[1029] A vulgarização desta ideia da relação entre legalismo e totalitarismo deve-se a G. Radbruch (demitido pelos nazis em 1933: Gustav Radbruch, "Gesetzliches Unrecht und übergesetzliches Recht", *1 Süddeutsche Juristenzeitung*, 1945, 105-108). Mas o próprio Radbruch não afastava, de forma ligeira, estas leis de ascendência pouco respeitável (R. estabelecia certas condições para a legitimidade da não obediência a elas): "unerträgliche Ungerechtigkeit" bzw. "Gleichheit aller Menschen aus Sicht bewusst verleugnen" (*i.e.*, "injustiça insuportável, como negar conscientemente a igualdade de todos os homens"). Esta ligação necessária e sistemática entre legalismo e totalitarismo tem vindo a ser matizada: Stolleis, 1998; Joerges, 2003.

[1030] Elementos históricos básicos sobre o processo constitucional norte-americano, *v.g.*, em http://www.archives.gov/national-archives-experience/charters/constitution_q_and_a.html. Exaustiva indicação das fontes do princípio constitucional de que é a vontade do povo que deve decidir acerca da Constituição e do direito, que está na base da proclamação *"we the People [...]"*, em http://press-pubs.uchicago.edu/founders/tocs/v1ch2.html.

em Inglaterra, país considerado, desde o início da Época Contemporânea, como um modelo de liberdades e de democracia; aí, não só se prolongou até hoje o princípio da soberania do parlamento, como também a tradição jurídica inglesa tem sido, nos últimos duzentos anos, fortemente marcada pelo positivismo legalista (John Austin [1790-1859]; H. L. Hart [1907--1992], Joseph Raz [1939- ...][1031]. Em contrapartida, as posições antilegalistas têm constituído um sinal característico da política do direito de Estados autoritários, para os quais a lei (ou a Constituição) –, mesmo que sejam as *suas* leis e as *suas* constituições – podem ser sempre um embaraço para o arbítrio do poder. E, por isso, os líderes desses Estados frequentemente apelaram para normas ou valores supralegais (como o direito natural, o génio nacional, o interesse do povo ou da Nação, a tradição, a oportunidade política, a moral e os bons costumes, a religião), quando não para a simples vontade de chefes carismáticos, para ultrapassarem os limites rigorosos da lei ("decisionismo")[1032].

Mesmo que fosse certo que o império da lei serviu ou pode servir os regimes autoritários, hoje em dia[1033], muitos dos argumentos antilegalistas correntes no imediato pós-guerra podem ser revertidos ou acautelados.

[1031] Cf. uma breve síntese em http://en.wikipedia.org/wiki/Legal_positivism Legal_positivism_in_the_English_speaking_world.

[1032] Um exemplo: a Constituição do Estado Novo (1933) declarava que "a Nação portuguesa constitui um Estado independente, cuja soberania só reconhece como limites, na ordem interna, a moral e o direito [...]" (art.º 4º). Ora nem esta referência, logo preliminar à moral e ao direito – que os juristas de então tendiam a identificar com o direito natural – impediu o caráter autoritário e frequentemente arbitrário da ação do Estado ou a promulgação de leis primariamente ofensivas das liberdades de opinião e de expressão do pensamento. A importância da lei na salvaguarda contra os atos arbitrários do poder ainda foi mais clara nos totalitarismos nazi e bolchevista, em que a vontade do *Führer*, do partido único ou dos seus comissários políticos tinha força de lei. O decisionismo como fundamento do direito foi teórica e filosoficamente justificado por Carl Schmitt (Carl Schmitt, *Politische Theologie: Vier Kapitel zur Lehre von der Souveränität*, München, 1922), membro do Partido Nacional Socialista (*ab* 1933) e principal teorizador do direito nazi (cf. *Staat, Bewegung, Volk: Die Dreigliederung der politischen Einheit*, 1933), membro do Conselho de Estado da Prússia, e defensor de que o princípio constitucional fundamental do III Reich era a vontade do *Führer* ("*Führertum*") e não a mera legalidade ("*Der Wille des Führers ist Gesetz*"). Dito isto, não é justo ignorar como os valores "jusnaturalistas" (ou "supralegalistas") da justiça, da liberdade, da igualdade, etc., fundaram argumentos políticos muito importantes no combate às ditaduras.

[1033] Também hoje isso é tudo menos claro: pense-se nos Estados fundamentalistas (inspirados por qualquer religião), nos residuais regimes socialistas (ex., Coreia do Norte), nas ditaduras de tipo pessoal.

O DIREITO MODERNO

Em primeiro lugar, temos de constatar que a democracia política – normalmente na forma de democracia representativa – é a forma política largamente dominante no mundo cultural que constitui a nossa referência. E, por isso, todos os argumentos que se tiravam do caráter autoritário, arbitrário, ditatorial da lei (aquilo a que ironicamente já se chamou de *reductio ad Hitlerum*[1034]) constituem sobrevivências de um momento histórico que não existe mais.

Em segundo lugar, de acordo com o antilegalismo, a recusa do nome de direito às "leis injustas" teria a vantagem de lhes negar o caráter jurídico e, logo, cogente ou obrigatório. Ora, se estudarmos a história da resistência aos regimes totalitários dos anos 30 e 40 do século XX, constataremos duas coisas. A primeira delas é que a esmagadora maioria dos juristas – mesmo em países de brilhante tradição jurídica – raramente usou este argumento para justificar o direito (ou mesmo dever) de resistência às leis aberrantes; pelo contrário, elas foram invariavelmente aplicadas com o assentimento ou colaboração do corpo dos juristas e dos juízes. Mas, mais do que isso, a existência potencial deste argumento a favor de um "combate jurídico às ditaduras" não raramente constituiu uma diversão de formas mais eficazes de se lhes opor, desde as formas abertamente políticas (a começar pela crítica política da lei, que não lhe nega o valor de lei, mas a critica nos seus fundamentos políticos, morais ou religiosos) às formas de resistência ou de revolta, legal ou ilegal, passiva ou ativa, pacífica ou armada.

Hoje, em contrapartida, o contexto político é outro. E, sobretudo, outros são os riscos que ameaçam o princípio do direito democrático.

O primeiro risco é o de que alguém se substitua ao povo na tarefa de criar direito.

Isto pode acontecer de várias formas, algumas das quais bastante antigas na tradição jurídica ocidental. Com uma delas já nos defrontámos, neste livro: pressupondo (i) que existe um direito "natural", ou "racional", ou "certo" – ou seja, que existem respostas independentes da cultura, dos interesses ou das opiniões, para a pergunta "isto é ou não justo?"[1035] –, e (ii) que os juristas, pelo seu saber ou pelo seu treino, são capazes de descobrir essas respostas, a tentação é grande para substituir ao direito de raiz

---

[1034] Trata-se de um trocadilho com a expressão *reductio ad absurdum*, argumento que consiste em atacar uma proposição mostrando que ela conduz a resultados absurdos.
[1035] Que existe um direito "certo", na recente formulação de Ronald Dworkin (v. Dworkin, 1972, 1977, 1984). Outro texto interessante (agora num sentido positivista): Bulygin, 2004.

democrática um outro de raiz aristocrática, formulado por uma elite de especialistas. Passar-se-ia, pois, no direito aquilo que se passa em outros ramos do saber – como a matemática ou (em menor grau...) a medicina – em que as decisões sobre as "soluções certas" não dependem do voto. Daí que o direito – como "ciência do justo" – não pudesse ser dirigido por um princípio democrático, sendo, antes pelo contrário, um domínio próprio de um saber de autoridades (um saber "dogmático", *i.e.*, que devia ser *aprendido* de uma aristocracia de especialistas, e não estabelecido pela *vontade* dos cidadãos). Não é raro que esta argumentação seja reforçada, salientando as deficiências conhecidas do sistema democrático, nas suas várias versões, nomeadamente nas atuais democracias representativas, problematizando ainda mais a bondade, só por esta razão, de um direito democrático. Como bem se sabe, a ideia de que os juristas constituem um grupo socialmente neutro, dominando uma *ciência* e dotado de uma especial perspicácia axiológica ou de uma autoridade intelectual que torna as suas decisões indiscutíveis, é muito problemática mesmo só do ponto de vista teórico[1036]. Dadas estas dúvidas, parece a muitos que não há fundamentos bastantes para substituir um direito de raiz democrática, fundado na sensibilidade comunitária da justiça, expressa pelos processos democraticamente estabelecidos, por um outro de raiz aristocrática, baseado numa pretensão de sabedoria que nem a epistemologia, nem a sociologia, têm podido demonstrar.

O segundo risco para o princípio do direito democrático é o da substituição de um direito de raiz democrática por um outro baseado em normas pretensamente naturais, impostas pela própria natureza das relações humanas. A ideia é antiga. Em todas as épocas houve a tendência para crer, ingenuamente, que as normas de vida então aceites eram as normas ditadas pela natureza, das coisas, do homem, das relações sociais e humanas (das relações familiares, das relações amorosas, do exercício do poder, dos negócios, etc.). Abordaremos brevemente duas manifestações desta tendência.

Hoje, insiste-se muito na lógica das relações económicas – segundo os padrões do atual capitalismo hiperliberal – como um modelo forçoso de organização das relações, não apenas económicas, mas, em geral, das relações humanas. Nesta perspetiva, valores como os da rentabilidade económica, da expansão do mercado, da submissão de todos os juízos de valor

---

[1036] Cf., *supra*, 7.5.7.4.1.

(incluindo os do direito) a uma análise custos-benefícios, seriam tão incontornáveis que contra eles não poderia valer a soberania popular ou o princípio da decisão democrática do direito. Todavia, a observação das sociedades históricas, ou mesmo das atuais, mostra que a economia já prosseguiu de muitas formas o combate à escassez, a produção de bens, a otimização social das vantagens, a distribuição do produto, a ponderação dos custos e dos benefícios, a distribuição de uns e outros ou pelos particulares ou pela comunidade; de tal modo que alegadas leis naturais ou inevitabilidades, neste domínio, não são empiricamente comprováveis, podendo, pelo contrário, constatar-se a existência de postulados culturais e políticos subjacentes a todas as análises económicas[1037]. Sendo estes postulados produto de convicções ou de escolhas contingentes (civilizacionais, comunitárias ou apenas de certos grupos), não têm força bastante para se imporem às decisões comunitárias sobre o direito.

Uma outra manifestação de naturalização da cultura é algum do discurso que se faz em torno dos direitos naturais – ou "direitos fundamentais", consoante se adote uma formulação mais "americana" ou uma mais "europeia". O princípio do direito democrático não tem outro fundamento senão o de garantir os direitos mais eminentes dos membros da comunidade, a começar pelo direito de estabelecerem um direito como norma de vida comum, do qual decorrem, para todos, direitos e deveres. Naturalmente que este direito de estabelecer uma norma de vida comum – uma ordem ou forma da República – só se justifica enquanto vise, em última análise, o respeito dos direitos dos cidadãos. Mas, como a vida comum é impossível se os direitos pessoais, mesmo os mais eminentes, forem intangíveis, não pode haver direitos "incomensuráveis", ou seja, não pode haver direitos que escapem, no seu exercício, a um confronto, a uma ponderação, com os direitos dos outros (individuais ou de grupos[1038]) ou com os direitos da própria comunidade, como garante do conjunto dos direitos de todos.

[1037] É neste sentido que sociólogos, antropólogos e historiadores insistem em que o cálculo económico é "culturalmente embebido" (a expressão é de Karl Polanyi, 1866-1964, sobre o qual, v. http://en.wikipedia.org/wiki/Karl_Polanyi e a interessante nota, orientada justamente para a questão da desmistificação das "regras do mercado": http://www.fguide.org/Bulletin/polanyi.htm (transcrita a seguir).

[1038] Exemplos de direitos de grupos são o direito à identidade e sobrevivência cultural, o direito à paz e segurança coletiva, o direito a um ambiente são e acolhedor, o direito a um consumo seguro, o direito à preservação do património; estes direitos coletivos podem ser

Por isso, a defesa – hoje comum entre as mais radicais correntes ideológicas liberais – do princípio de uma prevalência absoluta dos direitos individuais" sobre o direito (como ordem compatibilizadora, ou ponderadora, ou reguladora) pode ser considerada uma ameaça grave ao princípio do direito democrático. Por um lado, sem uma positivação (ou incorporação objetiva, um reconhecimento seguro) desses direitos numa ordem jurídica, o que se instaura é o arbítrio quanto à sua identificação, quanto ao estabelecimento do seu âmbito e quanto ao seu peso relativo perante outros direitos. E, com isto, corre-se o risco de que cada um ou cada juiz defina, recorte e valore o catálogo de direitos segundo as suas convicções pessoais, impondo-as a todos como o princípio ou fundamento do direito. Por outro lado, mesmo os direitos mais fundamentais não são absolutos[1039], pois têm de se medir com os direitos dos outros ou, se se quiser, com os deveres criados pela convivência no seio da República. O problema não é, em suma, o de "tomar os direitos a sério" (R. Dworkin) ou não, pois todos quererão levar a sério os direitos seriamente estabelecidos e ponderados. O problema é, antes, por um lado, o de saber quem define séria e objetivamente esses direitos, sobretudo num mundo cultural e ideologicamente plural como o de hoje; e, em segundo lugar, se se podem levar a sério os direitos de uns sem igualmente se levarem a sérios os direitos dos outros, isto é, *sem se levar a sério a séria tarefa da sua ponderação.*

O terceiro risco que se coloca à democraticidade do direito é o da submissão do direito querido e positivado por uma comunidade a um direito real ou alegadamente querido por uma comunidade mais globalizada. Embora a constituição de espaços jurídicos mais vastos, correspondentes a espaços de interação humana também mais vastos, apareça como uma

protegidos por formas coletivas de reivindicação destes direitos, como a "ação popular" (art.º 52º da CRP; sobre ela v. Carlos Adérito Teixeira, *"Ação Popular – Novo Paradigma"*, em http://www.diramb.gov.pt/data/basedoc/FCH_19868_D.htm); alguns deles são sancionados penalmente: o caso mais patente é o da criminalização do genocídio pelo direito penal internacional e por muitos direitos nacionais; mas poder-se-ia apontar ainda a criminalização da guerra contrária aos princípios da Carta das Nações Unidas, como atentado ao direito coletivo à paz; ou, num círculo ainda mais vasto, os delitos contra o ambiente, contra o património cultural, contra as boas práticas nas relações com os consumidores, etc.

[1039] A vida cede, em certas ordens jurídicas, perante o direito de punir; como se entende dever ceder, em geral, pelo dever de defesa da República (em guerra justa); cede perante o estado de necessidade ou a legítima defesa, que excluem a ilicitude do ato de matar quando o agressor se encontre nessas situações de extrema inexigibilidade.

O DIREITO MODERNO

característica dos nossos dias, há sempre que verificar se a participação nesses espaços de direito mais globalizado foi realmente querida pela comunidade mais restrita, se em relação a essa integração houve um momento constituinte em que a comunidade decidiu, segundo as normas da sua Constituição, pelo menos aceitar como seu o direito instituído a um nível superior, de acordo com regras também predefinidas e aceites. Caso contrário, poderemos estar a submeter o direito constituído democraticamente a formas não democraticamente legitimadas de estabelecer direito[1040].

Dissemos que alguns dos argumentos contra o princípio do direito democrático são obsoletos, que os outros não têm fundamentos empiricamente comprováveis e que, por isso, o argumento antilegalista tem de ser encarado com muitas reservas.

7.5.7.4. Em busca de "valores"

Quaisquer que sejam as reservas a pôr ao argumento antilegalista, o certo é que ele tem provocado reações e respostas na cultura jurídica contemporânea.

Uma delas, a que nos referimos neste capítulo, é a de tentar referir o direito a valores substanciais, objetivos ou, pelo menos, "conversáveis" (*i.e.*, suscetíveis de discussão racional).

Ficou claro para muitos que o formalismo da pandectística oitocentista, com o relativismo axiológico que lhe andava ligado (cf., *supra*, 7.4.10.3), não armava suficientemente os juristas para, enquanto juristas, se oporem a projetos políticos e jurídicos que negassem os valores fundamentais da cultura europeia. A demonstração disto vinha da observação da realidade alemã, no período entre guerras. A Constituição e a cultura jurídica da República de Weimar eram filhas da ética formalista e axiologicamente neutral do kantismo e da pandectística. Qualquer que fosse a intenção teórica original, a teoria pura do direito ainda reforça este fechamento da dogmática a considerações de ordem política ou ética. A legitimidade do direito (e do poder) fundava-se exclusivamente no facto de ser estabelecido de acordo com os processos constitucionalmente prescritos. Os seus valores de referência eram desprovidos de conteúdo (uma ética, um sistema

---

[1040] A questão tem-se posto a propósito da supremacia de normas de direito europeias – agora, também, de decisões de lideranças informais europeias – em relação ao direito dos Estados-membros.

535

de valores, uma crença religiosa, um sistema filosófico, uma visão mundo) e apontavam apenas para a necessidade de observar certos procedimentos (constitucionalidade orgânica e formal). O nacional-socialismo subiu ao poder respeitando basicamente essa forma e, uma vez no poder, instaurou uma nova forma que, por sua vez, legitimava a sua ação política. Alguns juristas colaboraram com esta política e este direito porque concordavam com os seus valores subjacentes, nomeadamente com a sua orientação antidemocrática e antissemita[1041]. Outros, em contrapartida, ter-se-ão sentido manietados pelo formalismo. Uns raros, porém, recusaram a legitimidade de um direito que, progressivamente, se foi afastando, no plano internacional (direito internacional, direito da guerra) e no plano interno (direito constitucional, direito penal), das aquisições mais fundamentais da cultura jurídica e política europeia. Nos restantes países sujeitos a regimes totalitários ou autoritários, a situação foi semelhante, embora a situação alemã se apresentasse como mais dramática, em virtude do caráter monstruoso do nazismo, contraposto ao tradicional brilho da cultura jurídica germânica.

7.5.7.4.1. Os assertivismos axiológicos

No fim da guerra, gerou-se, portanto, um movimento espontâneo de refundamentação do direito em valores suprapositivos, indisponíveis para o legislador. Os grandes julgamentos dos criminosos de guerra (de Nuremberga

---

[1041] Carl Schmitt (1888-1985), por exemplo, organizou, em 1936, uma conferência sobre "A judiaria e o direito alemão", onde, para além de enaltecer o "magnífico combate" de Julius Streicher, delegado de Hitler para a questão judaica e condenado à forca por crimes de guerra no Tribunal de Nuremberga, fez aprovar uma moção no sentido de omitir qualquer referência a académicos judeus. Numa série de seis volumes destinados a identificar as nefastas influências da "judiaria" sobre o direito alemão, era expressamente assinalada a origem judaica de Hans Kelsen, o que explicaria o caráter abstruso da sua teoria pura. Quando a Faculdade de Direito de Colónia pediu, em 1933, que Kelsen fosse poupado à política de arianização do direito, Schmitt agiu em conformidade com o seu antissemitismo, tendo sido o único professor a recusar-se a assinar a petição (cf. Vagts, 2002, 2157 ss.). A sequência da vida de Kelsen sob o nazismo é assim contada por um seu biógrafo: "Temendo o resultado se a polícia o encontrasse em sua casa, o professor de direito envolveu o seu velho revólver do serviço militar numa casca de banana e deitou-o ao Reno. Fugiu com a família para Praga, onde, na sua primeira lição, fascistas apinhados no *hall* gritavam: "Tudo menos judeus e comunistas! Rua!" Ele continuou a ensinar, sob a proteção da polícia. No entanto, tendo sido descobertos planos para o assassinar [...] fugiu com a família para os EUA, em que lhe foi dada uma cátedra de ciência política, mas não de direito" (Stewart, 1990, 273).

e de Tóquio) já pressupunham a existência de um direito suprapositivo, em face do qual pudessem ser consideradas como criminosas ações permitidas pelas ordens jurídicas à sombra das quais tais ações tinham sido praticadas. Mas a Lei Fundamental (1949) da República Federal Alemã estipulava expressamente, nos seus §§ 20, II/III, a vinculação do legislador ao direito, tendo sido entendido, tanto pela doutrina como pela jurisprudência, que esse direito não era tanto o direito positivo (o que seria trivial e compatível com uma visão estritamente positivista), mas um direito não escrito depositado na consciência coletiva. Nem a Constituição escaparia a esta vinculação. Como se referiu numa decisão (de 1953) do Tribunal Constitucional da RFA, "o direito constitucional não consiste apenas nas proposições isoladas da Constituição escrita, mas também em certas proposições fundamentais e ideias condutoras, entre si internamente coerentes, que se impõem a ela"[1042]. Claro que isto podia não significar muito mais do que a submissão aos quadros dogmáticos de uma ordem jurídica positiva (como na pandectística), com o que o significado suprapositivo dos princípios ficava muito problemático[1043]. Mas podia também remeter para princípios claramente suprapositivos e supradogmáticos, presentes na consciência coletiva[1044].

Por outro lado, nos Estados Unidos da América, esta mesma revalorização de sentimentos imanentes de justiça (e de bom governo) – que, de facto, sempre estivera presente na teoria da interpretação da Constituição – recebeu um novo fôlego do pensamento dito "comunitarista". Um dos seus mais conhecidos representantes, Amitai Etzioni[1045], faz deste tema da existência de um direito imanente e não redutível ao direito do Estado um dos elementos daquilo que ele crê constituir o maior problema político-social dos nossos dias. Uma atitude individualista teria dissolvido a perceção dos laços comunitários e deformado os sentimentos éticos (nós diríamos: sentimentos jurídicos espontâneos) dos membros da comunidade, cujo ideal de bom governo se orientaria agora exclusivamente no sentido de uma reclamação – dirigida à justiça oficial – unilateral de direitos, sem uma

---

[1042] Cit. por Görlitz, 1972, II, 276; sobre as posições jusnaturalistas dos tribunais superiores alemães, v. síntese em Wieacker, 1993, 701 s.
[1043] O entendimento mais corrente – e não de todo arbitrário – da teoria pura do direito orienta-se neste sentido (cf. Stewart, 1990, 297 ss.).
[1044] Cf., *v.g.*, a posição de Ernst Bloch (1885-1977), Bloch, 1961.
[1045] Etzioni, 1995.

consciência dos deveres correspondentes. Por isso mesmo, a regulação dos deveres sociais teria entrado num estado de dependência em relação a uma definição legislativa das obrigações. O diagnóstico de um anterior livro de Mary Ann Glendon[1046], tecnicamente mais elaborado, vai no mesmo sentido. O liberalismo teria empobrecido a linguagem (e a sensibilidade política), reduzindo-a a um "discurso [paleio] reivindicativo" (*rights talk*), desconhecedora dos deveres e constrangimentos objetivos das relações sociais e obrigando, por isso, a um pouco económico esforço do Estado, no sentido de impor pelo direito oficial atitudes que deveriam decorrer de impulsos espontâneos. Um eco muito mais alargado teve a tese de Ronald Dworkin (n. 1931) de que o direito (e, antes de tudo, a Constituição) integra um património ético-jurídico implícito, progressivamente explicitado pelo conjunto da tradição jurídica constitucional, património esse que representa o casco mais autêntico e inamovível da ordem jurídica (*Law's empire*, 1986), perante o qual existe uma vinculação absoluta do juiz. Os princípios a que Dworkin se refere não são os velhos princípios do direito natural, incorporados na própria natureza das coisas, mas antes valores que uma comunidade aceita de forma sustentada e consistente como norma de vida coletiva, a partir das suas conceções profundas acerca dos valores que tem por supremos e do que eles exigem da prática. Mais do que isto, Dworkin defende que uma interpretação completa e consistente da ordem jurídica levará, em circunstâncias ideais, a uma única solução para cada caso; por muito competentes que sejam todos os juristas em desacordo sobre como resolver um caso, só um poderá chegar à resposta certa[1047].

O que não se tornava, em qualquer dos casos, muito fácil era fundamentar filosoficamente (ontologicamente ou apenas epistemologicamente: em que se fundava? como se conhecia?) este novo direito suprapositivo, cujo regresso se festejava[1048].

É certo que não faltavam as críticas ao formalismo da anterior filosofia do direito, de raiz kantiana, que se esgotava numa exigência de liberdade individual[1049]. Mas substituir esta referência formal ao simples respeito da liberdade pessoal por uma referência axiológica com conteúdo material

---

[1046] Glendon, 1991.
[1047] Dworkin, 1972; crítica: Street, 2012.
[1048] Cf. Leo Strauss, *Natural law and history*, 1953.
[1049] Cf. Kaufmann, 1921, 684; sobre a sua crítica ao formalismo ético de Kant, v. Wieacker, 1993, 684 ss.

era difícil, pois a cultura europeia – com exceção das correntes ligadas ao cristianismo, nomeadamente ao catolicismo (cf., *infra*, 7.5.7.4.3) – propendia para deixar de acreditar em sistemas religiosos ou filosóficos de validade geral. E, com isso, era reticente em reconhecer princípios jurídicos de valor absoluto e universal[1050]. A aceitação de que é possível fundar o direito em princípios objetivamente válidos e reconhecíveis não antecipa nada quanto ao conteúdo desses princípios: eles podem ser "progressistas" ou "conservadores". Mas, apesar disso, uma atitude cognitivista implica certas assunções sobre a natureza do mundo humano – ou seja, que é regulado por valores independentes das opiniões e das vontades – e sobre a natureza do conhecimento – ou seja, que este pode atingir esses valores.

Este novo assertivismo e cognitivismo axiológico tomou uma das seguintes orientações.

Uma delas (jusnaturalismo evolucionista) foi a de considerar que, nos termos de uma teoria evolucionista e progressista da história (inspirada em Hegel), existiriam aquisições ético-jurídicas irreversíveis da humanidade, ligadas, nomeadamente, a uma progressiva revelação da dignidade humana. E que essas aquisições não poderiam ser postas em causa pela lei positiva, constituindo antes uma medida da legitimidade desta[1051]. A atual tendência de criar um direito supraestadual, em matéria de direitos humanos ou de crimes contra a Humanidade, radica neste otimismo progressista. Do mesmo modo, a ideia de que há aquisições civilizacionais, no domínio do direito, que não podem retroceder tem a mesma genealogia.

Outra orientação (jusnaturalismo fenomenológico) foi a dos que apelavam para os ditames da consciência jurídica de cada um, que, perante situações concretas, não podia deixar de ditar uma solução justa[1052]. Ou, pondo a questão de outra maneira, apelavam para os valores de que as próprias

---

[1050] V., sobre isto, Wieacker, 1993, 712 (referindo, como exemplo, as perplexidades e discussões em torno do aborto, da esterilização, do auxílio ao suicídio, do divórcio, dos poderes parentais, das relações entre os sexos). V., ainda, Kaufmann, 2002, C.3.

[1051] Foi a posição defendida, nomeadamente, pelo jusfilósofo marxista Ernst Bloch (*Naturrecht und menschliche Würde* [Direito natural e dignidade humana], 1961). Há reflexos disto na ideia de conquistas constitucionais, que subjazia à teoria de não revisibilidade de certos artigos da Constituição portuguesa de 1976 (relativos às então chamadas "conquistas revolucionárias").

[1052] Neste sentido, já Max Scheler, *Der Formalismus in der Ethik und die materiale Wertethik*, 1927; v. W. Wieacker, 1993, 685 ss., 700 ss.; textos significativos dos propugnadores desta ética material em A. Kaufmann e W. Maihoffer, *Die ontologische Begründung des Rechts*, Darmstadt, 1965.

situações da vida eram em si mesmas portadoras. O direito decorreria, assim, da própria "natureza das coisas (*Natur der Sache*)"[1053], que tanto resistiria às intenções normativas "artificiais" (eventualmente, *contra naturam*) do legislador, como seria capaz de sugerir, positivamente, soluções jurídicas adequadas ("ajustadas", *gerechtige*, "justas", *richtige*)[1054]. As "coisas" tornam-se, assim, uma fonte de direito, de onde decorreria um "direito natural concreto". Em todo o caso, as coisas a que esta corrente se refere não são as realidades sociais empíricas observáveis nos termos da sociologia descritiva. Compreendem também uma dimensão não empírica, normativa: o apelo para uma certa ordenação, uma ideia condutora, uma "lógica" interna, uma expectativa de desempenho de certos papéis pelos agentes envolvidos. É isso que dá a estas "coisas" uma dimensão *normativa* e as transforma em elementos de ordenação (e não apenas de mera reprodução da ordem existente)[1055].

Outras correntes (otimismo axiológico logicista) defendiam que a pulverização e antinomia dos valores jurídicos se deve apenas a mal-entendidos provocados por "erros de linguagem", por formas pouco rigorosas ou "sofísticas" de expressão, já denunciadas por J. Bentham como usuais no discurso jurídico. Daí que a clareza dos princípios jurídicos pudesse ser estabelecida por um uso rigoroso da linguagem do direito. Esta era a proposta dos que, influenciados pela filosofia analítica da linguagem e pela lógica jurídica, apostavam num novo positivismo que reduzisse pretensas questões filosóficas ou metafísicas a questões de "polícia da linguagem". Embora a intenção destas escolas "positivistas" não seja reconstruir um "direito natural", elas acabam por instituir critérios (pelo menos formais) para validar as proposições jurídicas e, também, as proposições legislativas[1056].

[1053] *I.e.*, do homem concreto em situações existenciais de relação também concretas. Cf. Kaufmann, C., 2.2.4.4.3.

[1054] V. Arthur Kaufmann, *Analogie und Natur der Sache*, 1965; E. Maihofer, *Recht und Sein. Prolegomena zu einer Rechtsontologie*, 1954; *Vom Sinn menschlicher Ordnung*, 1929. Com um sentido ligeiramente diferente, outros autores (H. Welzel, *Naturrecht und materiale Gerechtigkeit*, 1962) falam de "estruturas lógico-materiais" (*i.e.*, de exigências de uma lógica objetiva dos valores jurídicos que se imporia a todo aquele que quisesse pensar ou falar sobre o direito); cf. Wieacker, 1993, 688 ss., 103 s., 226 ss.; Kaufmann, 2002, C., 2.2.4.4.3.

[1055] Esta observação pretende problematizar os pontos de vista daqueles que acham que o pensamento da "natureza das coisas" é, por natureza, conservador.

[1056] Sobre as escolas analíticas, v. Kaufmann, 2002.

7.5.7.4.2. Os consensualismos

Ainda outra orientação (axiologia consensual) foi a dos que, na impossibilidade de encontrarem valores certos e absolutos que limitassem o arbítrio do legislador, mas não querendo, por outro lado, deixar este completamente livre de estabelecer qualquer direito, consideraram que, na falta de valores "naturais" que legitimassem e limitassem o direito, deveriam valer como tal os valores "consensuais". Algumas das correntes consensualistas partem de uma renovação do contratualismo primo-liberal, propondo que os valores suprapositivos da ordem jurídica são o produto de um contrato estabelecido entre indivíduos racionais e que, pelo facto de o serem, têm de convir num catálogo de princípios racionais de convivência. Para garantir que este contrato não está viciado, nem enviesado por interesses particulares ou pela desigualdade real dos contratantes, estabelecem uma série de pressupostos processuais que devem presidir ao contrato: (i) ou que cada contraente desconhece a sua situação real em relação aos outros (o que o leva a decidir-se por princípios que não o possam prejudicar seja qual for essa situação – o famoso "véu de ignorância" proposto por John Rawls)[1057]; (ii) que o diálogo que precede o estabelecimento dos princípios de convivência seja "transparente e igualitário" (J. Habermas)[1058]; (iii) que a interpretação do sentido verdadeiro de uma norma é uma tarefa interminável, mas para a qual se tem sempre de tender (R. Dworkin[1059]); ou (iv) que não há valores "incomensuráveis" (*i.e.*, incomprimíveis, ilimitáveis) e que existe uma fórmula rigorosa para ponderar entre si os valores conflituais[1060]. Apesar destas cautelas, não é fácil escapar à crítica de que estes autores partem da hipótese idealizada de um indivíduo com uma racionalidade unidimensional, ideia que contende com a existência de uma pluralidade de visões do mundo e, portanto, de "racionalidades" que convivem no seio de uma mesma sociedade (mesmo de uma sociedade "nacional" – conflitos de valores geracionais, conflitos de valores relacionados com o género, com a oposição "urbano"/"suburbano"/"rural", etc.). Outras correntes consensualistas – teoricamente degradadas, ingénuas ou hipócritas

---

[1057] O consenso através de uma hipotética negociação em condições de "igualdade de oportunidades": Rawls, 1972.

[1058] O consenso ideal através de um hipotético "diálogo livre de domínio de todos com todos": Habermas, 1984.

[1059] Só atinge, porém, este sentido verdadeiro final um intérprete abstrato, um juiz hercúleo.

[1060] Alexy, 1983.

– simplesmente naturalizam o senso comum, tomando-o como algo que está aí e que deve ser aceite. Isto é típico de uma época em que a massificação da cultura e da informação – quer extensivamente, ao mundializar a comunicação[1061], quer intensivamente, ao incrementar brutalmente o impacto dos meios de comunicação de massa sobre os indivíduos – reduziu drasticamente os dissensos [1062], criando uma cultura de base, expressa pelo senso comum, suficientemente forte para poder servir de apoio a tecnologias disciplinares duras como o direito. A esta cultura cosmopolita superficial pertencem noções ingénuas de "direitos humanos", "democracia", "globalização", "multiculturalismo", "ambientalismo", "terrorismo", sobre as quais se pretende construir uma ordem indiscutida (e, frequentemente, considerada como indiscutível).

Embora os consensualismos partam de um relativismo de base, negando-se a afirmar o caráter absolutamente racional ou natural das suas opções axiológicas e normativas, tentam encontrar mecanismos de racionalização tendencial dos consensos, de modo a que se possa "viver consensualmente", já que temos de viver conjuntamente. O problema é que as necessidades práticas não geram automaticamente soluções teóricas corretas... E, porque isto não acontece, os consensualismos correm sempre o risco de fabricar formas de legitimar teoricamente consensos espúrios, mal construídos, pouco inclusivos, tingidos de violência, manipuladores.

Nesta crítica não incorre o pensamento neorrepublicano, para o qual o núcleo de princípios comuns de convivência consiste num conjunto mínimo – historicamente mutável e sem quaisquer pretensões ontológicas ou naturalistas – de regras comuns de vida, estabelecidas na Constituição (numa constituição formal ou numa constituição "aberta", sempre provisória e atualizável), cujos conteúdos teriam de ser encontrados, sempre arriscadamente, perante os casos concretos. Em diversas obras de grande profundidade e expressividade, o filósofo Zygmunt Bauman[1063] salienta o modo como se instaurou, por um processo continuado de atomização e individualização da sociedade, um enfraquecimento e final aniquilação (chama-lhe "liquefação") dos valores, um indiferentismo moral, que teriam fomentado o estabelecimento de formas despóticas de poder. Embora ele

---

[1061] Criando uma comunidade de comunicação e de cultura que tendencialmente abrangeria todo o mundo, a chamada "aldeia global" (M. McLuhan).
[1062] Culturas étnicas, culturas de grupo, idiossincrasias individuais.
[1063] Bauman, 2000, 2001, 2002.

se refira sobretudo à comunicação social, o diagnóstico pode fundamentar também o triunfo de um consensualismo sem limites, em que vale tudo aquilo sobre que parece haver acordo, seja ele qual for. Do que se precisaria, então, era de aumentar a capacidade de reflexão, de vigília e de crítica em relação ao senso comum (disseminado pelos códigos ou pelos *media*), de modo a restaurar a complexidade da realidade (neste caso, dos valores sociais conflituais, vigentes numa sociedade). E, redescoberta esta complexidade, seria necessário revalorizar as capacidades mais autênticas (menos manipuladas, menos liquefeitas) de julgar numa situação de diálogo e de abertura e aceitação dos pontos de vista alternativos[1064].

É neste sentido que se pode falar de uma revalorização da *tópica jurídica* ou de alguma da *teoria da argumentação*.

A tópica é, como já se disse, o nome dado pela antiga teoria do discurso (cf., *supra*, 6.9.3) à técnica de encontrar soluções no domínio dos saberes problemáticos, ou seja, dos saberes em que não existem certezas evidentes, como o direito, a moral, etc. Nestes casos, a legitimação da solução encontrada não decorre tanto da validade das premissas em que esta se baseia como no consenso que suscitou no auditório. Aplicada ao direito, esta ideia vem a colocar o juiz (ou o jurista) na primeira linha da atividade de achamento ou de declaração do direito, o qual, para decidir um caso concreto, lança mão de argumentos (tópicos) disponíveis (princípios doutrinais, precedentes, disposições legislativas, invocação de valores), no sentido de ganhar o assentimento (das partes, mas também do público em geral) para a solução. Neste contexto, a lei é apenas um dos argumentos, cuja eficácia argumentativa dependerá tanto da sua consonância com o sentido concreto de justiça vigente no auditório como do prestígio de que a forma "lei" (e, em geral, a entidade "Estado") aí goze[1065]. Para além de constituir uma crítica ao legalismo, a tópica constitui também uma crítica ao normativismo, ou seja, à ideia de que a norma geral e abstrata está no princípio de um processo de subsunção (cf., *supra*, 7.4.11) que conduzi-

---

[1064] Cf. Hespanha, 2007.
[1065] Obras clássicas da orientação tópica: Th. Viehweg, *Topik und Jurisprudenz*, 1953; J. Esser, *Grundsatz und Norm in der rechtlichen Fortbildung des Privatrechts* (Princípio e norma no desenvolvimento jurídico do direito privado), 1956. A teoria da argumentação deve muito, também, a Ch. Perelman (*Traité de l'argumentation*, 1958 [em colaboração]); cf., sobre a teoria da argumentação, no âmbito da teoria de aplicação das normas, Kaufmann, 2002, F.14. Para o mundo jurídico americano, v. as notáveis obras de James Boyd White (White, 1973, 1984, 1990) sobre o caráter argumentativo e retórico do direito.

ria ao achamento do direito. Pelo contrário, a tópica defende que é o caso, com o seu caráter concreto e situado, que sugere os argumentos ou pontos de vista relevantes, bem como é ele que os permite hierarquizar. Em todo o caso, colocar exigências metodológicas (deontológicas) – embora "locais" e dependentes dos contextos de argumentação – ao processo de debate exclui que qualquer consenso possa ser válido[1066].

Finalmente, há quem duvide dos consensos e prefira assumir claramente a existência de valores plurais irredutíveis na sociedade.

7.5.7.4.3. Os jusnaturalismos de fundo religioso

Como se viu (cf., *supra*, 7.3.1), a ideia de que existem componentes indisponíveis na organização social e política (e, logo, no direito) foi uma constante do pensamento cristão. Deus, ao criar a natureza e o homem, estabelecera uma ordem e um plano que não competiria ao homem refazer. O direito suprapositivo proposto pelo cristianismo é, assim, essa norma que provém dos desígnios de Deus[1067].

Na Época Medieval, o jusnaturalismo cristão baseava-se sobretudo na revelação (direito divino) e na autoridade eclesiástica (direito canónico), impondo-se, por isso, apenas aos crentes. Embora se tendesse a crer que, na *respublica christiana*, lhe devesse estar subordinado o direito temporal (cf., *supra*, 6.4.5). Na Época Moderna, a progressiva laicização da sociedade e do poder levou a que se tornasse progressivamente inadmissível uma tal subordinação. As Igrejas cristãs conformaram-se com esta separação entre o plano religioso e o plano temporal e, consequentemente, deixaram de insistir na subordinação do direito temporal ao direito e moral religiosos[1068].

[1066] *Hic sunt leones*... É neste ponto que se põem os problemas teóricos delicados, na separação entre um consensualismo complacente (sem valores, liquefeito) e um consensualismo que tenta aperfeiçoar o simples senso comum.

[1067] Encontrar inequivocamente valores relativos à vida social e política na Revelação e na tradição não é tarefa fácil. O próprio conteúdo de uma e outra são muito discutidos pelos teólogos (v., recentemente, a notável síntese das tradições teológicas, eclesiais e políticas, no seio do catolicismo, do conhecido teólogo católico Hans Küng, Küng, 2001). Igual dignidade de todos os homens, dignidade da mulher, dignidade do trabalho, separação entre religião e política, momento do início da vida, dignidade do sexo, liberdade religiosa e de consciência, eis uma série de questões para as quais pode haver, no seio da tradição cristã [ou mesmo católica; ou mesmo no magistério papal], várias respostas.

[1068] Com exceção das correntes "integristas" (que se conservaram até hoje, quer no mundo católico, quer no mundo protestante). Estas continuam a defender que a dimensão religiosa

Mas, em contrapartida, passaram a insistir em que o núcleo dos princípios religiosos tinha um caráter "natural", obrigando, por isso, todos os homens, independentemente das suas crenças.

A Igreja Católica, depois de ter tentado, durante a primeira metade do século XIX, combater frontalmente o "modernismo" (religioso) e o "liberalismo" (político) – ou seja, a laicização do poder político temporal (separação entre a Igreja e o Estado, liberdade religiosa, registo e casamento civis, aconfessionalidade do ensino)[1069] – acabou por adotar uma posição mais recuada, que se traduziu em sublinhar a ideia da subsidiariedade do Estado perante os direitos naturais da pessoa e da família. Na realização das finalidades humanas, o papel principal caberia à própria iniciativa da pessoa e à célula social básica que era a família. Ao Estado, *por direito natural*, apenas caberia proteger e apoiar o desenvolvimento pessoal e familiar, suprindo eventuais insuficiências destas células sociais básicas (princípio da subsidiariedade). Daí que as esferas de atuação da pessoa e da família fossem consideradas como zonas garantidas contra a intromissão do Estado, *garantidas por direito natural*. Fundamentalmente, o que a Igreja pretendia era salvaguardar para os católicos (no plano do ensino, da política da família, etc.) um "espaço livre" do império de um Estado que era, em princípio, laico e indiferente[1070].

cobre, *por inteiro, na íntegra*, a vida humana, nada lhe sendo alheio e, portanto, nada se podendo alhear do magistério divino. Daí que condenem todas as formas de "liberalismo" (*v.g.*, a liberdade religiosa, o caráter laico e aconfessional do Estado) e que considerem que o direito está limitado pelos princípios da religião.

[1069] O liberalismo foi condenado pelo *Syllabus* e pela encíclica *Quanta cura* (1864), de Pio IX, ratificados pelo Concílio do Vaticano I (1869-1870), o que não impediu o desenvolvimento de um movimento católico liberal (Lamennais, Lacordaire, Montalembert), que está na origem da democracia cristã. O modernismo – ou seja, tudo o que, desde a exegese bíblica até ao darwinismo e, em geral, o cientismo, passando pelo liberalismo, pela democracia e pela liberdade religiosa, fosse contrário ao ensinamento tradicional da Igreja, baseado no neotomismo – foi condenado na encíclica *Pascendi Dominici Gregis*, de PioX (8/9/1907), que o definiu como "a síntese de todas as heresias". A situação só se inverte com o Concílio do Vaticano II (1962-1965). Sobre o modernismo católico e a reação que suscitou, por parte da hierarquia, cf. Schoof, 1970; Daly, 1980.

[1070] Como a Igreja não reconheceu clara e abertamente a liberdade religiosa senão com o Concílio Vaticano II, a sua posição não era a mesma nas situações em que os poderes temporais eram católicos ou não. No primeiro caso, as concordatas não apenas outorgavam privilégios à Igreja como importavam frequentemente restrições à liberdade de outras confissões. V., sobre o tema da liberdade religiosa, Machado, 1996.

Este "renascimento do direito natural"[1071] baseava-se fundamentalmente na releitura que os teólogos oitocentistas tinham feito de S. Tomás de Aquino ("neotomismo"), releitura que sublinhava os seus aspectos personalistas (*i.e.*, centralidade da pessoa humana, na sua dupla dimensão física e espiritual, definida como ente aberto aos outros e ao sobrenatural). Esta dupla abertura à Humanidade e à Transcendência faria com que a dignificação da pessoa fosse inseparável da dignificação da Humanidade e da dignificação do Sobrenatural. Daí que, em nome da dignidade da pessoa, se deveriam corrigir os "excessos" do individualismo que pudessem pôr em causa o bem comum e a religião (católica). As principais linhas de força deste jusnaturalismo personalista foram as seguintes[1072].

Antes de tudo, a ideia de que o direito deve servir valores éticos superiores, decorrentes da dignidade da pessoa humana, da dignidade do género humano e da dignidade do sobrenatural.

No plano da liberdade pessoal, a doutrina social da Igreja defendia que ao Estado competia proteger a pessoa humana, nas suas dimensões física (incluindo proprietária) e espiritual. Os direitos pessoais inerentes à dignidade humana (direito à vida – incluindo a intrauterina[1073] –, à liberdade pessoal, à integridade física, etc.) foram definidos como direitos naturais, que se impunham ao Estado e ao seu direito. Também a liberdade do espírito, nomeadamente a liberdade de pensamento e da sua expressão, foi considerada como um direito natural, embora com as restrições acima apontadas. Dada a naturalidade da dimensão religiosa do homem[1074], aqui se incluía ainda (uma certa conceção da) liberdade religiosa, bem como a liberdade de ensino católico (incluindo o dever de o Estado laico o subsidiar). Em todo o caso, o aberto reconhecimento das liberdades políticas e culturais pelo pensamento católico foi muito retardado pelas já referidas condenações do liberalismo e do modernismo; e, frequentemente, enfraquecido pela constante insistência na ideia de que o gozo dessas liberdades estava naturalmente limitado pelo "bem comum", ideia que legitimava

---

[1071] A expressão é retirada do título de um livro que fez época, L. Chamont, *La renaissance du droit naturel*, 1910.

[1072] Sobre o jusnaturalismo protestante, cf. Wieacker, 1993, 695 ss.

[1073] Condenação do aborto. A Igreja também condena a eutanásia. Em contrapartida, não condena a pena de morte nem, em termos absolutos, a guerra.

[1074] Esta naturalidade fundar-se-ia na referida abertura da pessoa humana ao transcendente.

restrições muito importantes ao alcance prático do reconhecimento destes direitos naturais.

A mesma dignidade de direito natural teria a propriedade privada, posta em causa pelas correntes socialistas[1075], mas agora considerada como uma extensão da liberdade pessoal.

O jusnaturalismo católico insiste ainda no fundo natural da instituição familiar. Acima da lei estariam a indissolubilidade do casamento[1076], a liberdade de procriar[1077] e a de educar os filhos[1078].

Por outro lado, no plano do direito público, as ideias-força são três.

A primeira é a da já referida limitação do Estado e do seu direito pela moral e pelo direito natural. A segunda é a da função subsidiária do Estado, que o impede, nomeadamente, de se colocar a si mesmo ou à sociedade como o fim da vida política. Por isso, a Igreja condenou (embora com ritmos e ênfases diferentes) todas as formas de totalitarismo contemporâneo[1079], que subordinavam o destino pessoal a objetivos coletivos. A terceira é a de que a atividade do Estado deve estar orientada para o bem comum, por isso lhe cabendo não apenas limitar os excessos do individualismo, como desenvolver ações tendentes à proteção dos mais fracos. Neste sentido, a doutrina social da Igreja orientou-se na direção, contemporaneamente proposta por outras correntes, de um "Estado social" (ou "Estado-providência", *wellfare state*, *Wohlfahrtsstaat*).

[1075] Condenadas, em nome da "doutrina social da Igreja", pelas encíclicas *Rerum novarum* (1891), de Leão XIII, e *Quadragesimo anno* (1931), de Pio XI.

[1076] E, por isso, se condenava o divórcio, mesmo para os casamentos civis. Em Portugal, o divórcio "civil" não existiu, para os casamentos católicos, entre 1940 (*Concordata com a Santa Sé*) e 1975.

[1077] E, por isso, a ilegitimidade de quaisquer políticas públicas de planeamento da natalidade.

[1078] O que explica a contínua luta da Igreja pelo reconhecimento do direito ao ensino particular; mas, também, a sua reação contra as organizações de juventude de conteúdo ideológico totalitário ou dirigista (como as organizações de juventude nazis ou fascistas, condenadas por Pio XI, em 1931 (*Non abbiamo bisogno*) e 1937 (*Mit brennender Sorge*); em Portugal, a Igreja não viu com bons olhos a criação da Mocidade Portuguesa, em 1936.

[1079] Durante o pontificado de Pio IX. Mas foi muito menos nítida a oposição prática da Igreja aos regimes totalitários (fascismo, nazismo) e autoritários conservadores (nomeadamente franquismo e salazarismo), durante o longo pontificado de Pio XII. Alguns deles reclamavam-se abertamente da proteção e apoio da Igreja. Era o caso das ditaduras ibéricas e de muitas ditaduras conservadoras latino-americanas.

7.5.7.4.4. O jusnaturalismo católico em Portugal

Em Portugal, a doutrina social da Igreja teve uma forte influência – e, na verdade, mais de sentido integrista do que de sentido democrata-cristão – na ideologia do Estado Novo[1080]. No plano das limitações do direito, a Constituição de 1933 dispõe que o Estado reconhecia como limites "na ordem interna, a moral e o direito" (art.º 4º), embora este preceito nunca tivesse sido muito valorizado, em termos de eficácia normativa, pela doutrina das fontes de direito. É, porventura, no domínio do direito da família que as influências do jusnaturalismo católico foram mais longe. Embora não tendo posto em causa a laicidade do casamento, introduzida pelo Código Civil de 1867, nem a existência do divórcio para os casamentos civis, tal como resultava das leis republicanas da família, a Concordata de 1940 impôs o regime canónico (de casamento indissolúvel) a todos os casamentos celebrados canonicamente. Ou seja, depois da completa desvinculação em relação à Igreja, operada pelas leis republicanas da família, e da separação entre a Igreja e o Estado, a ordem jurídica portuguesa voltou a prescindir da sua autonomia, entregando a um ordenamento jurídico externo a regulação de importantes domínios da vida social e introduzindo uma distinção entre os cidadãos baseada nas suas crenças (o que contrariava a constituição laica do Estado e o conceito de liberdade religiosa).

Na doutrina jurídica, a inspiração do jusnaturalismo católico marca a obra de alguns juristas destacados, como Guilherme Braga da Cruz[1081] e Manuel Gomes da Silva[1082], mas também Marcelo Caetano, Cabral de Moncada e José de Oliveira Ascensão. Em todo o caso, ela não desempenhou um papel relevante na superação do positivismo legal do Estado Novo. De facto, uma vez que a hierarquia da Igreja apoiava o Estado Novo e que a maior parte dos juristas católicos se situava também na sua área ideológica, a invocação do direito natural foi mais utilizada para legitimar o direito do regime, como "expressão da tradição cristã" e da doutrina social da Igreja[1083], do que para o pôr em causa.

Muito mais influente e eficaz no sentido da correção dos excessos do legalismo foi, a partir dos finais dos anos 60, o antilegalismo proposto, em nome da justiça como valor regulativo suprapositivo, por António

---

[1080] V., sobre o tema, Cruz, 1992.
[1081] Cf. *Direitos da família, da Igreja e do Estado*, s.l., s.d.
[1082] *Esboço de uma concepção personalista do direito*, 1964.
[1083] Moncada, 1966.

Castanheira Neves, cuja influência foi muito grande sobre gerações de juristas[1084].

Já depois da Revolução de 1974, o jusnaturalismo teve uma voga algo inesperada. Perante as inovações, quer do período pré-constitucional, quer da Constituição de 1976, formou-se uma corrente doutrinal que defendia que os critérios do legislador não constituíam os únicos, nem porventura os decisivos, padrões de decisão jurídica. Por outras palavras, nem o Estado, nem a Revolução, eram donos da justiça. Esta pairava como uma ideia ou princípio regulador, de contornos algo indefinidos, mas portadora de exigências normativas concretas, que os juristas, como seus sacerdotes, deveriam explicitar nos casos concretos. Essas exigências eram, desde logo, as postas pela dignidade da pessoa humana, tal como era concebida na área cultural a que Portugal pertencia, a Europa Ocidental; mas também a dignidade e independência (em relação ao Estado e à sociedade) dos tribunais, a não retroatividade das leis, a garantia de um processo justo, etc.[1085] Este jusnaturalismo (de que comungavam alguns que eram legalistas convictos no período do Estado Novo) voltou-se mesmo contra a Constituição de 1976, que – com o seu projeto socialista – violaria uma "ordem de valores", a do Estado de direito euro-ocidental, considerada como civilizacionalmente adquirida. Alguns autores chegavam mesmo a pensar que, dada a sua carga social-marxista, a Constituição contrariava a natureza pacífica e doce do povo português...[1086] Foi neste contexto que se difundiu, em Portugal, a ideia de "constituição material" (não escrita) em face da qual a constituição positiva podia ser *inconstitucional*[1087]. Nos anos 90, estas referências doutrinais com origem no constitucionalismo de Bona foram progressivamente substituídas por remissões para as doutrinas principialistas de R. Dworkin.

[1084] O ensino de Castanheira Neves dirigiu-se, inicialmente, contra o legalismo dominante nos anos 60 e 70 (*Questão de facto e questão de direito*, Coimbra, 1976; *O papel do jurista no nosso tempo*, Coimbra, 1968); mas, depois, também contra a legalidade revolucionária (que considerava ofensiva de componentes do princípio da justiça: autoridade do Estado, competência responsável, estabilidade, objetividade, igualdade) e mesmo contra a constitucionalidade pós-revolucionária. Cf. Neves, 1976, 34 ss.
[1085] Cf. Neves, 1976, 14, 22 s., 34 s., 220.
[1086] Hörster, 1977, 124.
[1087] V., sobre o tema, Taylor, 1989, *maxime*, cap. III ("The affirmation of ordinary life"); Canotilho, 1978, 16 ss.

7.5.7.5. A democracia plural e o seu direito

Independentemente da questão de saber se, sim ou não, existem e é possível identificar valores jurídicos superiores aos estabelecidos na Constituição e nas leis, pode dizer-se que o monismo legislativo é, na ordem dos factos, uma ficção simplificadora. Qualquer sociedade tem mais normas do que as legais. Isto é uma aquisição antiga do "pluralismo jurídico", ou seja, da ideia de que o direito se pode encontrar em vários ordenamentos, de vários níveis, sem que entre eles exista um que determine a validade dos outros ou estabeleça a hierarquia entre eles[1088].

O tema do pluralismo jurídico surgiu, sobretudo a partir dos anos 50 do século XX, na antropologia jurídica, para descrever a situação do direito nas colónias e, mais tarde, nos Estados pós-coloniais, em que, ao lado do direito oficial do colonizador (do direito ocidental), se manifestava, com uma grande pujança, um variado complexo de direitos indígenas, os quais escapavam quase completamente à direção ou tutela do aparelho jurídico oficial. Mais tarde, foram os sociólogos a descobrir, mesmo nas sociedades do primeiro mundo, "ilhas" de direito não oficial (como o direito "das favelas" brasileiras, estudado, nos finais dos anos 60, pelo jus-sociólogo português Boaventura de Sousa Santos), regulando importantes setores da vida comunitária. Com a imigração massiva para a Europa e para os Estados Unidos e o consequente aprofundamento do caráter multicultural destas sociedades, o tema do pluralismo jurídico ganhou ainda maior importância, sendo hoje abundantíssima a literatura dedicada às relações entre o direito dos países de acolhimento e os direitos de origem das comunidades imigrantes. Mas, independentemente destes fenómenos de multiculturalismo, não tem faltado quem identifique, ao lado do direito oficial, um "direito do quotidiano" (*everyday life law*), que rege as nossas condutas mais comezinhas e correntes. Apesar da importância social e política destes temas, a comunidade jurídica mais tradicional continuou bastante ausente da sua discussão.

[1088] Em síntese, sobre o vasto movimento do pluralismo jurídico, v. Wolkmer, 2010; Tamanaha, 2008; A. Facchi, "Prospettive attuali del pluralismo normativo" (em www.tsd.unifi.it/juragentium/it/surveys/rights/facchi.htm – 30k); cf. ainda *Journal of legal pluralism* (www.jlp.bham.ac.uk); exemplo de projecto de investigação ("Project Group Legal Pluralism", do *Max Planck Institut f. Soziale Anthropologie*; em http://www.eth.mpg.de/dynamic-index.html; http://www.eth.mpg.de/research/legal-pluralism/index.html; [ago. 2006]).

Para além desta nova visibilidade de certas formas de regulação, a teoria social e política jogou também um papel importante na promoção deste novo pluralismo, ao conceber de forma mais complexa o fenómeno da regulação social.

Muito visível foi a influência da teoria sistémica de Niklas Luhmann (1927-1998) – a teoria de que os sistemas normativos, por meio dos quais a complexidade é reduzida, surgem espontânea e dispersamente na sociedade, reagindo ao aumento da complexidade social por sucessivos processos de diferenciação[1089]. Cada um destes sistemas constitui uma unidade reguladora autónoma, embora mantenha uma limitada abertura ao seu "ambiente". Esta tendência para a autodiferenciação, que explicou a separação do direito em relação à religião e à moral, continuaria a funcionar, autonomizando, agora, o direito do Estado de outros direitos particulares, como, nomeadamente, o direito da vida económica, o direito bancário, o dos negócios internacionais (*nova lex mercatoria*), o direito desportivo, o direito "deontológico" de certas profissões, ou o direito dos *media* ou da Internet, por exemplo, que antes eram ser direitos de feitura estadual, mas que, por razões de eficiência reguladora, teriam deixado de o ser.

Uma outra corrente da teoria social que contribuiu para lançar na arena académica o tema do pluralismo foi a teoria da ação comunicativa, desenvolvida por Jürgen Habermas (n. 1929)[1090]. Desde o início do seu percurso teórico que Habermas vinha salientando que a comunicação se desenvolve em distintas "esferas" e que os consensos obtidos nestas esferas são modelados pelas condições em que a intercomunicação (o diálogo) aí decorre. De entre estas esferas, Habermas estudou aquela em que se formam os consensos sobre a vida pública (*Öffentlichkeit*), esfera que se teria autonomizado nos finais do século XVIII, com a popularização da imprensa, dos jornais, das academias, dos *salons*, em que participavam todos os interessados na "coisa pública", expondo as suas ideias de forma livre e igualitária. Fora este o modelo de esfera comunicativa a partir do qual se formou o modo de decidir do Estado democrático. Que, na sua estrutura constitucional – nomeadamente pela instituição da liberdade e igualdade entre os cidadãos –, reproduziu os requisitos de uma ordem jurídica baseada

---

[1089] Síntese e avaliação, Hespanha, 2007c; entrevista sobre a aplicação da sua teoria ao direito: Arnaud, 2003; guia *on line* útil: http://www.luhmann-online.de/.

[1090] Cf. síntese e avaliação, nesta perspetiva, em Hespanha, 2007c; interessante: http://www.habermasforum.dk/, [22/01/2012]).

num consenso obtido por meio de um diálogo igualitário entre os cidadãos. Porém, a diversificação da sociedade e a consequente complexificação das suas esferas comunicativas terá feito com que esta única esfera pública se tivesse tornado inadequada para reproduzir a riqueza e variedade dos diálogos e consensos sociais. De tal modo que o direito do Estado, longe de refletir os consensos normativos da comunidade, os colonizava com uma regulação artificial e autoritária. Haveria, portanto, que recuar de novo da normação estadual para normações de nível mais disperso e particular, que correspondiam a arranjos espontâneos de grupos diversos dentro da comunidade. Para este ponto de vista, o consenso obtido através do sufrágio individual deve ser substituído por um diálogo de grupos, cuja regras não estão fixadas nas leis eleitorais, mas nas condições necessárias para a validade de um diálogo legítimo: a verdade, a sinceridade, a universalidade e a igualdade de condições dos grupos dialogantes. Não há dúvida de que – se as condições ideais de diálogo estivessem garantidas – esta forma de democracia seria muito mais real e perfeita do que aquela que é obtida por meio do sufrágio. Todo o problema, está, porém, em que as condições habermasianas estão muito longe de estar garantidas. De tal modo que, não sendo irrelevantes os consensos obtidos por esta forma, eles acabam por ser frequentemente muito mais mistificadores do que os imperfeitos consensos estabelecidos na base da democracia representativa. Nesta, pelo menos, procura-se que os participantes gozem de condições iguais de desempenho, que os interesses relevantes sejam apenas interesses públicos, que as regras de jogo estejam de antemão fixadas e que existam processos institucionais de verificar o seu cumprimento. O preenchimento das condições ideais de uma "democracia deliberativa", em contrapartida, é ainda matéria não suficientemente avaliada e dependente de opinião, sendo poucas as experiências controladas de funcionamento de foros de deliberação autenticamente igualitária e transparente e, em contrapartida, muitas as situações de foros manipulados e manipuladores.

Mas, porventura, a emergência desta nova vaga de interesse pelo pluralismo jurídico no centro da comunidade jurídica decorreu não tanto destas questões teóricas ou das questões político-culturais relativas ao direito dos colonizados, dos imigrantes, das minorias étnicas, das igrejas (*v.g.*, o caso do direito canónico, católico ou protestante, nos Estados europeus) ou do cidadão comum, mas sobretudo... da descoberta de que o tema do pluralismo podia ser útil para pensar a combinação das ordens jurídicas nacionais e comunitária no âmbito da União Europeia. Embora a exploração do tema "pluralismo" se mantenha intensa no estudo das questões da imigração e do multiculturalismo, ele entrou paradoxalmente na cidadela do direito bem pensante pela mão dos especialistas de direito comunitário ou, mais em geral, pela mão dos que pretendem encontrar uma teoria jurídica para a globalização.

Na verdade, os cultores do direito europeu têm necessidade de superar uma conceção estadualista e legalista do direito para explicarem a natureza e legitimidade do direito, já que este – em virtude dos desenvolvimentos nele provocados pela jurisprudência do Tribunal de Justiça da União Europeia, a que noutro lado nos referimos[1091], não se pode legitimar num ato fundador dos Estados signatários do Tratado de Roma, mas antes numa espécie de geração espontânea, a partir da jurisprudência de um órgão desprovido de competência formal para criar direito, com a cooperação ou cumplicidade de uma comunidade jurídica constituída por tribunais (superiores) nacionais, juristas especialistas em direito comunitário e particulares com interesse em invocar a jurisdição comunitária[1092]. Nestas circunstâncias, invocar o Estado como a fonte legitimadora do direito não é possível, porque, ainda que o instrumento constitutivo da comunidade tenha sido um tratado internacional subscrito pelos Estados-membros, nesse tratado não estava contemplada a criação, pelo Tribunal de Justiça, de direito com validade interna na ordem jurídica de cada Estado-membro. Assim, a única possibilidade de legitimar esta situação jurídica era a de recorrer aos tópicos pluralistas, nomeadamente quando eles negam o monopólio estatal da criação de direito e admitem que a comunidade, constituída por uma pluralidade de grupos autónomos, pode criar o seu próprio direito plural, correspondente a essa multiplicidade de interesses organizados, mas não hierarquizados ou harmónicos entre si, que coexistem no seu seio.

É por isso que esta oportuna apropriação, pelos juristas eurocomunitaristas, da teoria pluralista do direito tem bastante que se lhe diga. Por

[1091] Cf. Hespanha, 2007c.
[1092] Cf. Miguel P. Maduro, "As Formas do Poder do Europeu: O pluralismo constitucional europeu em ação", texto depois inserido em Miguel Poiares Maduro, *A constituição plural: constitucionalismo e União Europeia*, S. João do Estoril, Principia, 2006 (versão eletrónica consultada em http://www.estig.ipbeja.pt/~ac_direito/PoderEuro.pdf [agosto, 2006]). Sobre o ponto em discussão, v. logo as primeiras páginas da "Introdução" (pp. 7 e ss.).

um lado, trata-se de um pluralismo "de via estreita", já que não é comum vê-lo estendido pela mesma elite jurídica ao reconhecimento e à legitimação de outras ordens jurídicas particulares (a dos ciganos, dos imigrantes turcos ou chineses, das comunidades sexualmente dissidentes, das comunidades dos *bidonvilles*, das favelas ou dos bairros "de barracas", etc.). Por outro lado, a comunidade produtora deste direito não estatal tem características sociológicas completamente enviesadas, nada tendo que ver com a "comunidade discursiva racional e geral" de que fala J. Habermas ou com o "auditório geral" referido por Ch. Perelman: é uma comunidade de juízes de altos tribunais, de altos funcionários comunitários, de juristas especialistas em direito comunitário, de firmas internacionais de advogados e de particulares, em geral, seletos, com capacidade, nomeadamente económica, para litigar nas instâncias comunitárias. Por fim, a simples constatação da existência de múltiplos polos de criação de normas jurídicas e de processos contínuos de negociação e de transação entre eles – típica das situações de pluralismo e, por isso, reclamada para o direito europeu – não garante, só por si, a justeza dos resultados obtidos: (com alguma impaciência perante certos argumentos panglossianos...), diríamos que muitos centros de poder, fora e dentro do âmbito oficial, muita negociação e muitas transações existiram em sociedades mafiosas ou pouco respeitadoras dos direitos e da justiça; mas nem por isso a ordem aí em vigor, a tal que é "induzida de baixo para cima", será mais justa ou mais perfeita do que a ordem que o Estado se esforça por impor, a tal "de cima para baixo"[1093].

Seja como for, a orientação estratégica de reconstruir a teoria e metodologia do direito numa perspetiva pluralista está basicamente correta, por corresponder ao modo de ser das sociedades dos nossos dias. Porém, com uma reserva fundamental. Enquanto as conceções pluralistas não culti-

---

[1093] V., com idênticas reservas, a recensão de Paolo Grossi, um patriarca da denúncia do monismo legislativo, a um livro recente sobre o direito e a globalização: "Si deve aver contezza che il rischio per il diritto è di attuare la sua liberazione dall'autoritarismo politico per consegnarsi nell'abbraccio dell'autoritarismo economico, un autoritarismo arrogantissimo. A nostro avviso – considerate la plasticità, la mobilità, la mutevolezza delle forze economiche e considerato lo spazio universale di diffusione – è un rischio da correre e anche una scommessa da sottoscrivere, muniti tuttavia da una piena consapevolezza delle molte valenze di questo incisivo fenomeno storico-giuridico, con l'impegno totale di ogni giurista a trarre da esso il lièvito positivo per un costume nuovo e per una visione nuova delle fonti di produzione del diritto" (em www.grupposanmartino.it/GROSSI,%20Globalizzazione.htm).

varem um ecumenismo que lhes permita reconhecer, sem discriminação, todas as formas de manifestação autónoma de direito e de dar a todas elas a mesma capacidade de se exprimirem na comunidade jurídica, a garantia do um *pluralismo verdadeiramente pluralista* não está realizada. E, por isso, não estão garantidas nem a legitimidade, nem a justeza das soluções jurídicas que decorrem de um diálogo, que deveria ser igualitário, entre os vários ordenamentos jurídicos. Daí que, enquanto isto não acontecer, os ordenamentos jurídicos que garantam uma maior democraticidade e participação, como é o caso da ordem jurídico-constitucional (e, em geral, da própria ordem legal) dos Estados democráticos, deverão merecer, neste confronto de pontos de vista, uma particular atenção. Não no sentido de se lhes garantir o exclusivismo ou uma primazia automática e de princípio sobre as outras ordens jurídicas, nem no de se lhes atribuir a competência para decidir sobre a competência dos outros direitos; mas no sentido de se ter em conta que as suas soluções mereceram um maior consenso, avaliado por processos que, não sendo isentos de defeitos, são, pelo menos, os mais transparentes e participados que experiência política tem conseguido fazer funcionar, pelo menos em comunidades de grande dimensão, em que o diálogo equilibrado e *face to face* – ou algum seu substituto moderno – se mostra impossível, ineficiente ou mistificador.

À medida que a reflexão orientada neste sentido se for desenvolvendo, ver-se-ão os resultados desta mudança de um paradigma legalista para um paradigma pluralista na dogmática clássica do direito. Em geral, ela há de traduzir-se numa valorização da ponderação das várias perspetivas possíveis; numa recusa de soluções automáticas ou unidimensionais; numa busca da problematização e da complexificação, antes de se obter uma solução; na insistência na provisoriedade e precariedade destas soluções; e num seu contínuo contraste com as sensibilidades jurídicas da comunidade. Ao contrário do que muitos pensam, a certeza do direito, a sua estabilização em soluções mais consensuais e duradouras, passa justamente por aqui, por uma análise profunda e não superficial, apressada ou automática, dos interesses e sensibilidade jurídicas em jogo. Porém, neste esforço de complexificação da ponderação jurídica, a referência democrática, garantida por processos formalizados, transparentes e largamente participados – de que, até agora, o melhor exemplo, é, apesar de tudo o que sabemos, a criação do direito nos Estados democráticos avançados –, não pode ser submergida por uma referência a um pluralismo do qual esta alma democrática esteja ausente. Ou seja, o pluralismo deve ser um complemento para a democracia e não um seu substituto.

Um casamento recente é o da revalorização do pluralismo com a atribuição aos juristas da autoridade para definir os seus contornos e arquitetura: ou seja, para decidir sobre quais são as fontes de direito e as suas hierarquias. De algum modo, o problema é muito semelhante à conhecida questão da relevância dos "princípios constitucionais" – revelados pelos juristas... hercúleos – e da sua preeminência sobre a lei democrática.

A verdade é que – por técnicas e abstratas que pareçam, as duas questões estão carregadas de política, e de política muito concreta, embora de sentido variável com as circunstâncias. O que aqui se discute é, no fim de contas, quem (que grupo social) tem o poder de dizer o direito, uma questão que é politicamente central.

Nos Estados democráticos, este poder tem sido atribuído ao povo (qualquer que tenha sido o sentido desta palavra). Um problema permanente tem sido o de saber se a vontade popular é o critério último do bom governo e do bom direito ou se, pelo contrário, há saberes – neste caso, saberes normativos (filosofia do direito, teoria do direito, filosofia política, teologia do direito, ética, etc.), mas também saberes empíricos (sociologia, ciência política, técnica legislativa) – que possam disputar ao povo o seu poder soberano de dizer o direito[1094].

A necessidade desta partilha entre a soberania do povo e a autoridade dos "homens de ciência" tem sido justificada de muitas formas. Umas vezes, insistindo nos aspectos técnicos do direito (que reclamariam a mediação de um saber "especializado"); outras vezes, invocando – paradoxalmente e numa aparente fuga para a frente – a necessidade de ouvir o "espírito do povo", "os consensos valorativos de uma comunidade", sendo certo que esta "audição" deveria caber a um grupo de pessoas especializadas nisso (a elite dos juristas) e não às grosseiras técnicas de contar as maiorias.

Na verdade, é isto que H. L. Hart e R. Dworkin discutem, tendo como pano de fundo as tradições políticas dos respetivos países. Hart, escrevendo à sombra de uma velha e bem estabelecida tradição inglesa de supremacia do parlamento, tem menos dificuldade em admitir os consensos dos juízes e dos funcionários – ou mesmo da comunidade – como critério para a determinação do que é o direito, pois sabe que estes não ousarão

[1094] Cf., *supra*, 7.4.7.

desafiar a soberania do povo, expressa pelo parlamento. Enquanto Dworkin. vivendo numa democracia em que a soberania do povo se exprimiu, antes de tudo, numa Constituição escrita há mais de 200 anos, sob a influência de uma filosofia que opunha conceções ético-religiosas e direitos tradicionais ("naturais") ao direito "voluntário" (arbitrário...) da Coroa (inglesa, da Metrópole) ou, mais tarde, do "Governo".

Na Europa Continental, a generalidade dos Estados são hoje – como já antes se realçou – democracias constitucionais, com constituições elaboradas e reelaboradas pelos parlamentos, em épocas recentes. Do mesmo modo, as leis têm origem no parlamento ou em governos com maioria parlamentar. Nestes casos, a aceitação de uma segunda fonte de legitimidade do direito – a da autoridade técnica de um corpo de juízes ou de juristas, que identificam e desenvolvem princípios de forma quase autónoma – é muito mais problemática, porque não se percebe muito bem porque é que, cabendo ao povo um papel constituinte e legiferante inerente ao conceito de soberania, se lhe há de impor uma espécie de porta-vozes (ou tutores?), diferentes daqueles que constitucionalmente o representam mais diretamente (os membros do parlamento).

Ao acolherem o pluralismo, as democracias constitucionais visaram reconhecer a natureza compósita das sociedades contemporâneas, procurando proteger isso contra opções conjunturais e parciais – sejam elas as de uma maioria parlamentar "desorientada" ou de um grupo egoísta de interesses – e que não reflitam, portanto, a complexidade da constelação comunitária de valores. Por isso é que o reconhecimento do pluralismo visa criar uma democracia mais profunda, mais inclusiva e mais dinâmica, permitindo um desenvolvimento mais consensual e mais estabilizador dos princípios que a vontade constituinte ou legislativa do povo foi depositando na ordem jurídica. Os juristas aparecem aqui não como hermeneutas mais qualificados da vontade popular (que dela saberiam mais do que o próprio povo), mas apenas como técnicos especializados na descoberta de uma "'concordância prática' das discordâncias", de um arranjo harmónico das várias vozes (da polifonia), apoiados (tal como os técnicos do *music mixing*, ou arranjo musical) em instrumentos conceptuais desenvolvidos – alguns desde há muitos séculos – pelo seu saber especializado.

8. O direito da pós-modernidade

8.1. Os pós-modernismos

A ideia das inevitáveis limitações do direito estadual está também no centro desse estilo cultural do último quartel do século XX a que se tem chamado "pós-modernismo"[1095]. De alguma forma, o pós-modernismo jurídico podia resumir e dar um sentido comum a todos os movimentos de crítica do direito moderno, tal como ficaram descritos nos capítulos anteriores (antirracionalimos[1096], antiassertivismos axiológicos[1097], antilegalismo[1098]). Para tomar palavras alheias, representaria como que um assalto final à Verdade Jurídica[1099]. Neste sentido, esta última secção como que fecha um arco de evolução, o da formação, ascensão e decadência do paradigma moderno, bem como dos seus confrontos com modelos concorrentes de encarar o direito.

[1095] Sobre o pós-modernismo em geral, a bibliografia é, hoje, inabarcável. Texto fundador, Lyotard, 1979; panorama, Jencks, 1992; impacto nas ciências sociais, Rosenau, 1991; crítica, Callinicos, 1990 (de um ponto de vista marxista); Centore, 1991 (crítica dos fundamentos filosóficos); do ponto de vista da ética, Bauman, 1993. Em Portugal, v. Ribeiro, 1988; Hassan, 1988 (todo este número da revista se ocupa do pós-modernismo, tendo outros textos de interesse). Sobre o pós-modernismo político, v. Santos, 1994, 69-140. Sobre o pós-modernismo jurídico, v. Canotilho, 1991, 9-23; Santos, 1988a, 1988b, 1989, 2000; Gonçalves, 1988, Douzinas, 1991; Minda, 1995; Litowitz, 1997; Santos, 1995, 2000.

[1096] V. cap., 7.5.5.

[1097] V. cap., 7.5.6.

[1098] V. cap., 7.5.7.

[1099] Cf. o apocalíptico testemunho de Daniel A. Farber and Suzanna Sherry, *Beyond All Reason: The Radical Assault on Truth in American Law*, Oxford, UK, Oxford University Press, 1997.

O pós-modernismo representa, em geral, uma reação contra as tendências de uma modernidade que acreditava em valores certos e universais, baseados num conhecimento racional ou empírico, fundamentalmente coincidente com o que sustentava a cultura. Acreditava ainda que, com base nesse conhecimento e nesses valores, se podia construir uma sociedade universal bem organizada, independentemente dos contextos locais, e que o Estado e o direito eram os instrumentos básicos para levar a cabo esse projeto. Para isso, o direito tinha de ter um fundamento racional, objetivo, geral e abstrato, tinha de dispor de uma autoridade indiscutida em relação à realidade social e tinha de ter, portanto, como valores centrais a generalidade e a abstração, a racionalidade, a planificação e a heterodisciplina, a funcionalidade[1100].

A reação pós-modernista dirige-se contra tudo isto. Ao geral opõe o particular; ao gigantismo do "grande" opõe a beleza do "pequeno" (*small is beautiful*); à eficácia da perspetiva macro opõe a delicada subtileza da perspetiva micro; ao sistema opõe o "caso"; ao ativismo projetual opõe a indolência contemplativa; à heterorregulação, a autorregulação; ao funcional opõe o lúdico; ao objetivo opõe o subjetivo; à "verdade" opõe a "política" (o "testemunho", o "compromisso")[1101].

Neste "espírito de época" – que domina a cultura ocidental desde os inícios da década de 80 – confluem muitas influências, por vezes desencontradas.

De Friedrich Nietzsche, sobretudo através de Michel Foucault, o pós-modernismo herda um relativismo radical, em relação à validade quer do conhecimento, quer dos valores[1102]. No plano existencial, isto dá origem a uma atitude de espírito que se exprime mais sob a forma da crítica irónica ou de uma superficialidade provocadora do que sob a forma da angústia. Como não há a certeza de nada, mas como – apesar de tudo – se deve continuar a viver, o melhor é brincar com tudo, tratar o importante como se fosse banal.

No plano dos saberes sociais, este relativismo leva à recusa de teorias gerais que tenham a ambição de fundar universalmente os valores ou os métodos ("grandes narrativas, metanarrativas", J. Derrida), bem como à

[1100] V., *supra*, cap. 7.
[1101] Síntese da agenda pós-modernista: Litowitz, 1997, 7-19.
[1102] Sobre Nietzsche e o direito, Valadier, 1998; Litowitz, 1997, 42-64; sobre Foucault, Litowitz, 1997, 64-86; Hunt, 1994.

valorização do relativismo cultural, do pluralismo, da heterogeneidade, da conflitualidade de paradigmas e de valores. Mas leva também tanto a uma leitura política de todos os discursos (não podendo ser "verdade"... são acasos ou instrumentos de algum projeto subliminar), como à rejeição do vanguardismo, à valorização do lúdico, à reapreciação do quotidiano e do senso comum (*popular culture*) e a um certo conformismo com o que está.

Ainda a M. Foucault (mas também a Clifford Geertz), vai-se buscar a ideia, ligada estreitamente ao referido relativismo, de que os paradigmas culturais e epistemológicos têm um caráter histórico e aleatório, de que não são "regimes de verdade" (mas apenas, como dizem os lógicos ou engenheiros do conhecimento, "universos de crença").

Esta ideia de que os saberes, os discursos, constituem sistemas aleatórios de sentido, em que não existem relações necessárias entre os significantes e os significados é responsável por aquilo a que se tem chamado a "viragem linguística" (*linguistic turn*) e que tem caracterizado a cultura pós-moderna, do direito à história. Saberes, sistemas de valores, modelos de comportamento são encarados como discursos, obedecendo a códigos "locais", sujeitos apenas a uma lógica própria. Entendê-los é desvendar essa sua ordem escondida. Ou seja, toda a "construção" (de verdade, de rigor, de bondade, de justiça, de beleza) que, com essas práticas, se quis levar a cabo, todas as estratégias tendentes a que tais práticas aparecessem como sólidas e credíveis, devem ser sujeitas a uma crítica que vise pôr a nu o arbitrário que está na sua origem. É a esta intenção de crítica, desmitificadora (e desmistificadora) ligada à "viragem linguística" que se tem chamado "desconstrutivismo". Todas as imagens, intuições e conceitos que orientam o quotidiano e os saberes são tratados como figuras do discurso, como tropos literários, desprovidas de qualquer valor substancial, carregadas de mitos, de subentendidos, de intenções apenas "estéticas", que devem ser desmontados, para que se perceba algo das suas funções e intenções comunicativas. Privados de qualquer substrato ontológico e de qualquer referência à verdade, os saberes são devolvidos para a categoria de discursos de tipo literário, de narrativas; regulados, sim, mas por uma gramática objetiva dos próprios textos, embora esta se possa relacionar, de diversas maneiras, com a natureza da produção destes (cf., *supra*, cap. 3). Daí a tendência para aproximar todos os saberes de géneros literários: a história como literatura[1103], o direito como literatura[1104].

[1103] Cf. White, 1973.

[1104] Cf. White, 1973; sistematização e síntese, Minda, 1997.

No estudo das culturas, a viragem linguística teve um paralelo na insistência no caráter "local" – *i.e.*, não absoluto, não cosmopolita – dos valores culturais, ou seja, das representações, crenças, disposições emotivas ou categorias da sensibilidade. E, com isto, valorizou os estudos sobre o género, a etnia, as orientações sexuais, tudo como fatores que localizam a sensibilidade e que problematizam, portanto, o universalismo do sujeito-agente. Estes pontos de vista retiram qualquer necessidade ou universalidade aos valores de uma qualquer cultura, nomeadamente aos valores da cultura ocidental (*white, male, straight*); e torna-se, assim, uma crítica a todas aquelas leituras da história que veem esta como um processo de evolução das civilizações no sentido do modelo ocidental conhecido como "sociedade moderna" (como o faz, por exemplo, a "teoria da modernização", *Modernisierungstheorie*).

Finalmente, do ponto de vista sociológico[1105], tem-se dito que o capitalismo de consumo e o impacto das novas tecnologias da comunicação criaram uma cultura massificada, periférica ou autónoma em relação a qualquer tipo de dirigismo elitista ou vanguardista, autocentrada e dotada, para mais, de uma capacidade de influir na própria cultura das elites. Dito de outro modo, a cultura das elites, dependente de sistemas de consumo e de comunicação massificados (audiências, número de espetadores, *top ten*, massa de alunos inscritos num curso), tem de se adaptar às expectativas do público consumidor. Com o que se propõe que os fazedores de opinião (políticos, jornalistas, intelectuais) devam assumir os valores do senso comum, tal como eles resultam das sondagens e dos volumes de vendas dos produtos culturais (níveis de audiência televisiva e radiofónica, níveis de venda dos livros [*top-ten*], "bilheteira" dos espetáculos). Com isto, a cultura das elites deverá tender para a assunção dos valores da cultura popular. Funcionariam no plano da cultura os princípios de racionalidade da economia de mercado, tal como foram formulados pela escola liberal de F. Hayek: as escolhas do grande número criam uma racionalidade semelhante à da mão invisível do mercado económico. O bom, o belo e o verdadeiro têm de ser, ao mesmo tempo, o fácil, o popular, o esperado e o acessível. Ou, mais radicalmente, tudo o que é fácil, popular, esperado e acessível é, por isso mesmo, bom, belo e verdadeiro[1106]. Dada esta hegemonia da periferia

---

[1105] Cf., *v.g.*, Turner, 1991, 5 ss.

[1106] É contra este tipo de indiferença cultural que se dirige a crítica de Z. Bauman em *Community*, quando denuncia a nova *trahison des clercs*, que consistiria na indiferença (ou no quietismo)

sobre o centro, do recetor sobre o criador, a cultura pós-moderna – por um alegado (mais ou menos cínico) respeito democrático ou por uma crença na racionalidade que se exprime no irrefletido da vida de todos os dias – tende a criticar (ou a problematizar) tudo o que possa ser visto como uma imposição ao quotidiano e ao senso comum: uma mensagem cultural mais exigente, um efeito estético menos esperado, um projeto de reorganização ou de racionalização social. Um outro efeito desta dependência da cultura das elites em relação a um auditório de massas é o cultivo de expedientes emotivos capazes de suscitar a adesão. Com isto, a cultura pós-moderna aproxima-se da busca da emotividade excessiva que caracterizou, também, a cultura barroca (e, de certo modo, a cultura romântica)[1107].

Outras vezes, porém, o pós-modernismo apresenta-se como menos conformado e mais crítico em relação ao senso comum, procurando uma via crítica pelo exagero e pela caricatura do senso e gosto comuns (*kitsch*) ou por uma utilização brincalhona dos símbolos da vida e da cultura quotidianas. Por outro lado, se o senso comum representa uma adesão ingénua e acrítica a valores, a atitude pós-moderna reclama esse direito de criação arbitrária de valores também para os intelectuais: também eles terão legitimidade para afirmar e querer, sem ter de justificar racionalmente as suas opções. Com a vantagem ética e política de que, assumindo as suas opções como isso mesmo – meras opções – não caem no dogmatismo típico de alguns dos neorracionalismos contemporâneos, mesmo os mais liberais. É por isso que – por muito que isto irrite os seus opositores – o pós-modernismo nem sempre é sinónimo de niilismo, constituindo, em alguns autores, o fundamento de uma ética própria (*v.g.*, Bauman, 1993) ou de uma política (*v.g.*, Santos, 2000) (cf., cap. 4).

8.2. O direito na pós-modernidade

No domínio do direito, esta sensibilidade desdobra-se em diversas perspetivas, todas elas convergentes no sentido de desvalorizar o direito do Estado – o grande ordenador do mundo, o garante dos valores certos, o portador dos grandes projetos sociais, o ator das grandes narrativas da vida comum, o "colonizador" dos mundos locais[1108]. Projetos pós-modernos para

---

éticos, na demissão de um papel crítico do senso comum e orientador do diálogo sobre os valores na sociedade contemporânea (cf. Bauman, 2001).
[1107] Turner, 1991, 5-8.
[1108] Em vários sentidos: no de que aplana (torna plana, normalizada) a realidade; e também no de que a planifica (*i.e.*, lhe impõe fins, em nome de uma evolução racional).

o direito são, portanto, "desreificá-lo", destruir a sua identidade única e majestosa, pôr em dúvida todas as mitologias construídas em torno dos seus valores e das suas formas, valorizar, em contrapartida, como direito todas as formas dispersas, diferentemente estruturadas, vinculadas as distintos sentidos da ordem e dos valores, pelas quais a vida condiciona os nossos comportamentos.

Salientaremos algumas destas perspetivas[1109].

8.2.1. Direito do quotidiano

Característicos desta conceção sem *partis pris* e sem condições de sistema jurídico seriam os direitos do quotidiano[1110]. A vida quotidiana constitui, de facto, um mundo de múltiplos níveis e formas de organização; de uma organização ao mesmo tempo irrefletida (espontânea) e dada como assente (*taken for granted*). Para as conceções jurídicas tradicionais, cabia ao *direito* regular (racionalizar) este mundo dos *factos* (brutos). É certo que já tinha havido propostas de uma certa valorização jurídica desta dimensão "factual" da vida, nomeadamente pelas correntes da metodologia jurídica que insistiam em que os factos eram, em si mesmos, portadores de valores embebidos que não podiam ser ignorados pelo direito (*v.g.*, ideia de "natureza das coisas"; cf., *supra*, 7.5.7.4.2). Mas, agora, os pontos de vista são mais radicais. A vida quotidiana (*everyday life*) constitui o mais autêntico (justamente porque espontâneo, não mediado por projetos culturais heterónimos, enraizado nas condições concretas da existência) e mais real e efetivo dos mundos humanos. As normas que aí se produzem e enformam (melhor do que dirigem) os comportamentos constituem, por isso, o mais autêntico e efetivo direito, justamente porque é aproblemático (*taken for granted*), irrefletido e perfeitamente adequado às situações[1111].

Austen Sarat sintetiza muito expressivamente este novo modelo de transações entre o direito e o quotidiano: "Visto deste modo, o quotidiano é um domínio de ação tanto como de acontecimentos, tanto de produção como de consumo. Uma vez que ele é o palco de ação e de produção, podemo-nos voltar para o quotidiano para ver de que modo o direito é aí restabelecido e refeito, muito fora dos seus claramente reconhecidos e marcados

---

[1109] Para um útil panorama, com referência, sobretudo, à literatura americana, Schepelle, 1994; Douzinas, 1991.

[1110] Cf. Sarat, 1993.

[1111] Cf. Sarat, 1993, 2 ss. (conceito de quotidiano).

locais oficiais de elaboração. O direito procura colonizar o quotidiano e dar-lhe substância, capturá-lo e mantê-lo sob o seu domínio, amarrar-se a si mesmo à solidez do quotidiano e, ao fazê-lo, solidificá-lo ainda mais. Mas, uma vez que o quotidiano é uma força em movimento e um choque de forças que nunca se revelam totalmente, o direito nunca o pode capturar ou organizar completamente. O direito, muito simplesmente, não acontece *ao* quotidiano; ele é produzido e reproduzido nos encontros do quotidiano"[1112]. Como afirma Michel de Certeau (1925-1986), os cidadãos-consumidores fazem "dos rituais, representações e leis que lhes são impostas algo de muito diferente do que os seus autores tinham em mente"[1113].

Assim, o mundo do quotidiano é:

(i) Um mundo de produção de normas. Umas, completamente autónomas, surgidas dos mecanismos da vida de todos os dias (normas de comportamento familiar, nos grupos de amigos, no quotidiano profissional, nas relações entre os sexos, etc.). Outras, partindo de normas de direito oficial, mas transformando-as, adaptando-as, reagindo contra elas[1114]; outras embebidas nos próprios objetos com que lidamos (sinais de trânsito; avisos afixados; instruções escritas nos objetos)[1115].

(ii) Um mundo não coerente de normas, já que as práticas humanas se organizam numa infinidade de cenários – a família, a profissão, o lazer, as relações formais, as relações informais –, cada qual gerando padrões de comportamento autónomos e não transferíveis nem generalizáveis, cujas aceitação e adequação ao contexto são apenas "locais".

(iii) Um mundo de normas "não intencionais". Na vida quotidiana, de facto, o peso da rotina e do senso comum faz com que as pessoas se demitam da reflexão sobre as situações assim como de projetos bem claros de ação. Esta é sobretudo produto de automatismos. Mas a

---

[1112] Cita Yngevsson, quando este afirma: "o espírito do direito, embora corporizando as preocupações de uma elite profissional poderosa e dominante, não é simplesmente inventado neste topo, mas transformado, desfiado e reinventado em práticas locais".
[1113] "Editorial introduction", *Law in everyday life*, 7 s.
[1114] Referimo-nos aqui às múltiplas refrações que o direito oficial sofre na prática.
[1115] Cf. Ewick, 1998.

própria rotina e senso comuns que encaminham a ação também não são estruturas refletidas ou funcionais. Estão aí e são aceites como tal. As suas normas assemelham-se a regras aleatórias de jogo, a rituais, a acasos, a algo que funciona por e para si mesmo, como que cego a racionalidades e a finalidades.

Para além disso, neste nosso mundo contemporâneo de informação superabundante, também os *mass media* constituem "realidade". Através, nomeadamente, do cinema e da televisão, criam-se imagens ou representações da "realidade" que se transformam, para os espetadores-consumidores na própria realidade. O mundo e a vida são substituídos pelas imagens do mundo e da vida criadas pelos *media*. Com um impacto até agora desconhecido, pois as novas imagens em movimento podem ser repetidas e exportadas sem limites de tempo e de espaço. As suas potencialidades de modelar a perceção e o imaginário foram imensamente reforçadas, em relação ao que acontecia quando a comunicação era apenas escrita, ou mesmo apenas impressa. Para mais, como refere Richard Sherwin[1116], "a proliferação de imagens visuais [...] na sociedade contemporânea foi acompanhada por uma mudança cognitiva importante. O estilo linear de pensar (ou fluência interpretativa) característica da cultura baseada na imprensa compete agora com o que pode ser denominado de estilo cognitivo "associativo", um estilo característico da sociedade atual, saturada de imagens. Como escreve Richard Lanham, estamos mais habituados a vaguear na superfície dos *écrans*. Olhamos para os sinais e para os símbolos que fluem mais do que *através* das palavras impressas para os sentidos que elas possam oferecer [...]. Ou, como gostam de dizer certos pós-modernistas, se lá existe algum sentido, ele está todo na superfície: aparecendo e desaparecendo, sendo criado e recriado pelo produtores de imagens e pelos espetadores na medida em que vamos podendo controlar o fluir das imagens que vemos e a ordem pela qual as vimos."[1117] Esta tendência é-nos familiar. Todas as noites – *zapping* pelos canais da TV ou seguindo o estilo hiperquinético e fragmentário dos mais recentes estilos de narração fílmica (*v.g.*, nos filmes de Oliver Stone, como *JFK*, 1991, *The Doors*, 1991, ou *Natural Born Killers*, 1994; ou no filme de Wong Kar Wai, *Chumking Express*, 1994), em que os

---

[1116] Sherwin, 2000.
[1117] Sherwin, 2000, 6.

cortes rápidos substituíram a composição de sequências longas e explicadas usadas por realizadores mais tradicionais, como John Ford ou Otto Preminger[1118] –, habituamo-nos a uma visão do mundo caracterizada por (i) uma perceção fragmentada e pluralista da realidade, (ii) uma recusa de normas fixas, (iii) uma necessidade de "compreensão" (um processamento mental) instantânea (não refletida, "superficial") das imagens, (iv) um pensamento "associativo", que corresponda à natureza multilateral, paralela, da informação que nos é fornecida. Tudo isto criando uma "consciência mais aguda da contingência, do acaso, da incerteza, da multiplicidade (da verdade e da razão), bem como de nós próprios e da chamada realidade social" (Sherwin, 2000, 235) e reprimindo o pensamento dicotómico que caracterizou o Iluminismo (e o direito). Podemos seguramente falar de uma "queda do império" – como uma narrativa única e oficial feita de Verdade e de Direito[1119].

No livro que vimos citando, Richard Sherwin estuda o impacto desta civilização dos *media*, designadamente da TV e do cinema sobre o direito. Segundo ele, à atual "popularização do direito" corresponde uma adaptação não apenas das normas, mas também do próprio estilo judicial de formação da convicção, ao estilo de narrativa que domina os filmes e as séries televisivas, nomeadamente aquelas que se ocupam do mundo jurídico e judicial ou que o têm como ambiente. Jurados e júris tendem a compreender o caso jurídico de acordo com *clichés* e estereótipos aprendidos na cultura televisiva e fílmica mais popular. E, por isso, os próprios operadores jurídicos – advogados, promotores de justiça, juízes – tendem a expor os seus casos utilizando esses mesmos modelos.

8.2.2. O direito como universo simbólico

As correntes do pós-modernismo têm uma consciência muito forte de que a produção dos resultados dos saberes (e, também, a do saber jurídico) não é facilmente imputável, apenas, à reflexão ou às intenções dos seus cultores. Cada saber é o produto de uma prática específica (ou "local"), da qual fazem parte protocolos de manuseamento e de observação dos factos, tradições intelectuais, redes de comunicação, finalidades práticas, microconflitos simbólicos ou socioprofissionais e, também, muitos preconceitos[1120].

[1118] *Id., ibid.*, 19.
[1119] Cf. Austin, 1998.
[1120] Cf., para as "ciências duras", Latour, 1979.

Tudo isto lhe é específico e condiciona os seus resultados. É inútil, portanto, ver, por detrás dos conceitos, teorias e propostas de ação formuladas por um saber, uma qualquer racionalidade superior; como é inútil acreditar demasiado na eficácia externa (*i.e.*, sobre a realidade) das suas propostas.

Tudo isto se expressa na tendência para destacar, ao analisar o saber jurídico, as suas dimensões não refletidas e não funcionais. Os resultados da dogmática jurídica nem são fruto de uma razão jurídica universal, nem têm um grande impacto direto sobre a vida.

Esta perspetiva tem algumas consequências importantes.

Por um lado, o destaque dado aos aspetos meramente simbólicos ou *não regulativos* do direito. Ou seja, de que muitas normas ou conceitos jurídicos não têm qualquer eficácia regulativa, do ponto de vista da disciplina direta das relações sociais[1121]. Mas, em contrapartida, desempenham um importante papel simbólico, constituindo puras afirmações de valores ou instrumentos de modelação do imaginário social. Por vezes, este funcionamento simbólico do direito é consciente e procurado; outras vezes, já não o é, tendo mesmo efeitos contrários àqueles para que o seu conteúdo normativo apontava. Assim, as normas que, para a proteção de grupos marginalizados, lhes garantem certos privilégios (*v.g.*, a garantia de certas quotas de mulheres, de negros ou de deficientes nos empregos) contribuem para disseminar a ideia da inferioridade de tais grupos[1122].

Por outro lado, aplica-se ao direito a análise que já antes vimos aplicada ao quotidiano. O direito letrado (no saber jurídico dos juristas profissionais) é, também ele, "quotidiano"; *i.e.*, também ele autoproduzido, enraizado na prática, conflitual e aleatório. O que remete para um conceito de saber jurídico em que, na produção de resultados dogmáticos ou de propostas de política do direito, os "motivos nobres" (fins em vista, coerências teóricas, construções dogmáticas) correntemente afirmados pelos juristas jogam menos do que os acasos, as rotinas doutrinais, as lutas simbólicas internas ao grupo. Esta visão do saber jurídico não pode deixar de pôr em causa a missão racionalizadora do direito que era posta em destaque tanto pelas correntes jurídicas conservadoras como pelas correntes liberais (*v.g.*, os *critical legal studies*). O saber jurídico letrado nem pode racionalizar o

---

[1121] *V.g.*, a maior parte das leis que proíbem o aborto, a mendicidade, a prostituição; ou as que reconhecem um direito à habitação, à saúde, etc. Num caso, como no outro, a sua efetiva aplicação, no sentido diretamente regulativo, é nula.

[1122] V., ultimamente, Sarat, 1994.

quotidiano, porque este lhe resiste, nem tem virtualidades próprias para o fazer porque, ele mesmo, é fundamentalmente irrefletido e aleatório nas suas soluções. Assim, muitos dos autores que se alinham nesta corrente assumem uma atitude cética e desiludida quanto às virtualidades reformadoras do direito oficial ou doutrinário em relação à sociedade[1123].

Este último ponto de vista, se, por um lado, conduz à crítica do "instrumentalismo" – ou seja, à ideia ou pretensão de que o direito pode servir para modificar a sociedade –, também, por outro lado, obriga a considerar o sistema de transações entre o direito "refletido" (direito oficial, direito erudito) e o quotidiano de uma forma muito menos ingénua. Postas em causa, como o foram, as pretensões de o direito oficial/doutrinal constituir um instrumento de reforma do quotidiano, uma ferramenta de engenharia social, é necessário estudar que tipo de relações se mantêm entre estes dois níveis. O modelo que dá conta da natureza destas relações é complexo. Apesar de resistente aos projetos de reforma do direito oficial, o quotidiano não deixa de incorporar no seu imaginário elementos que provêm daí. Na verdade, o direito, se não é capaz de regular intencionalmente a vida de todos os dias (*i.e.*, de desempenhar uma função *instrumental*), regula-a indiretamente, ao constituir uma fonte das imagens do senso comum que orientam os nossos comportamentos (ou, para citar A. Sarat, que "fazem a vida parecer normal"). É a esta capacidade de modelar, subliminarmente, os nossos imaginários – ou seja, de contribuir para a nossa imagem da "mulher", da "sociedade civil", do "meu" e do "teu", do "sujeito", etc. –, de "inculcar", a níveis por vezes muito profundos, esquemas de construção da realidade, que é descrita como a função *constitutiva* do direito[1124].

8.2.3. Um direito flexível

A ideia de que o direito deve ser flexível tem sido, como vimos, um dos tópicos correntes do pensamento jurídico desde os meados do século passado. Há cerca de meio século, fez sucesso um livro de um célebre jurista francês, Jean Carbonnier, que enfatizava justamente esta necessidade de ultrapassar a rigidez que o normativismo abstrato do legalismo e do

---

[1123] Cf. a crítica de Adam Thurschwell ("Reading the law", *in* Sarat, 1994, 275 ss.) ao reformismo – que ele classifica de ingénuo ou contraditório – dos C.L.S.

[1124] Austin Sarat e Th. Kearns, "Beyond the great divide: forms of legal scholarship and everyday life", em Sarat, 1994, 21 ss.

conceitualismo tinham conferido ao direito[1125]. Há menos tempo, o mesmo sucesso teve o livro de um jurista italiano com um título e uma mensagem à primeira vista semelhantes[1126]. Hoje em dia, porém, a ideia de um direito flexível tem uma outra genealogia intelectual. Ela decorre do tópico, claramente pós-moderno (como já foi referido), do horror ao "macro" e ao "geral" e da busca da pequena dimensão, do particular e do flexível.

Confluem aqui, de facto, duas correntes centrais da sensibilidade pós-moderna.

Por um lado, o cuidado pela identidade particular, pela individualidade e pela diferença, a que corresponde a rejeição da massificação, da indiferenciação e da generalidade. Uma e outra coisa atingem em cheio a política do direito das últimas décadas. Esta era dominada pela ideia da generalidade das soluções. Por razões de economia, já que a definição genérica dos regimes jurídicos é mais económica do ponto de vista comunicacional, ao dispensar o estabelecimento de múltiplos regimes particulares. Mas, sobretudo, por razões político-ideológicas, nomeadamente por se entender que o regime democrático tinha como primeiro corolário a generalidade das leis, única forma de se garantir o tratamento igual e a não discriminatório.

Por outro lado, a proposta de um direito flexível relaciona-se também com o impacto que vêm tendo, na teoria das organizações, as ideias de substituir a estrutura burocrática por algo de mais maleável e produtivo – a organização flexível. O mais conhecido divulgador destas ideias tem sido o sociólogo Alvin Toffler que, numa série de *best-sellers* tem diagnosticado as grandes mudanças civilizacionais que acompanharam a transição das sociedades industriais (correspondentes ao que ele chama a "segunda vaga" da revolução industrial) para as sociedades "pós-industriais" ou "comunicativas" (da "terceira vaga") dos nossos dias[1127].

Sobretudo nos seus dois últimos livros (*The third wave*, 1981; *Powershift...*, 1991[1128]), Toffler salienta o papel central que, nos nossos dias, o conhecimento

---

[1125] Cf. Jean Carbonnier, *Flexible droit*, 1967.
[1126] *Il diritto mite*, de G. Zagrebelsky (1992).
[1127] As expressões "segunda vaga", para designar as estratégias "macroeconómicas" e "industrialistas" (*machine centered*) dos anos 50 e 60, e "terceira vaga", para designar as propostas "micro-organizacionais" e *knowledge-information centered* dos anos 80 e 90 foram cunhadas por Alvin Toffler em livros sucessivos (*Future schock*, 1971; *Third wave*, 1981; *Powershift. Knowledge, wealth and violence at the edge of the 21st century*, 1990).
[1128] Toffler, 1990.

e a sua comunicação têm na criação de riqueza e de poder. E, daí, a centralidade que também adquirem as questões tanto da gestão mais eficaz desse conhecimento, como da organização mais fluida da comunicação. Nas tradicionais organizações centralizadas e burocráticas, os problemas que se punham a este nível eram dois. Por um lado, o da perda de informação gerada pelo modelo geral-abstrato. Na verdade, quando se lida com as coisas ou situações em termos genéricos, perde-se a informação relativa a todas as suas particularidades, já que o conceito geral e abstrato prescinde delas. Por outro lado, a organização hierárquica faz com que toda a informação tenha de confluir num centro de decisão, produzindo, nos canais que levam a este centro e que dele decorrem um engarrafamento (entropia) que impede a comunicação.

A resposta ao padrão organizativo caracterizado pela generalidade, abstração e centralismo – de que o Estado e o direito legalista ou conceitualista são um bom exemplo – estaria numa nova estrutura organizativa caracterizada: (i) por uma arquitetura em rede, em que cada polo fosse gerido autonomamente, tendo em conta todas as particularidades das situações; (ii) em que a flexibilidade e adaptabilidade do conjunto fosse garantida pela inexistência de um polo central; (iii) e em que a comunicação fosse de um novo tipo, não baseada em modelos gerais e abstratos de informação, mas em descrições personalizadas, exaustivas e atentas às dimensões não puramente racionais das situações[1129]. É a isto que Toffler chama *flex-organizations*[1130].

Ora, o direito tradicional corresponderia, quase ponto por ponto, às tecnologias organizacionais das sociedades de "segunda vaga". Seria produto de uma organização hiper-hierarquizada – o Estado. Exprime-se em comandos de natureza genérica e abstrata, sejam eles as normas legais ou as proposições dogmáticas. Procuraria construir uma versão das situações purificada de todos os conteúdos emocionais, reduzida apenas aos seus elementos racionais. E, finalmente, desenvolveria técnicas de resolução de conflitos baseadas na intervenção, neutra e distante, de um terceiro que, na avaliação das situações, procuraria manter-se emocionalmente não envolvido.

[1129] Até porque, como Toffler salienta com base nas técnicas japonesas de organização (*dokhikai system*) e no modelo doméstico tradicional (cf., Toffler, 1990, 182 ss.), o envolvimento afetivo facilita e fluidifica a comunicação.
[1130] V., sobretudo, Toffler, 1990, 165 ss.

Em contrapartida, um direito para o novo tipo de organização teria de prescindir da generalidade e da abstração. Teria de ser produzido "localmente", nas periferias de estão mais em contacto com as situações a regular. Mas teria ainda de prescindir de características porventura mais profundas do nosso mundo jurídico, como o modelo da justiça adjudicatória (*i.e.*, garantida por um "terceiro", independente e neutro), fomentando formas de composição pactada. Na verdade, a justiça "neutra" não consideraria uma parte muito importante das situações, o plano da emoção e da afetividade. Com isto, perderia muita informação que seria indispensável para uma composição mais eficaz. Já a composição "amigável", que se desenvolveria em contacto com todos esses elementos não racionais, manteria uma informação suficientemente rica para garantir soluções adequadas ao caso concreto (e não, apenas, ao seu esqueleto conceitual, genérico e abstrato).

8.3. Como teorizar um percurso histórico complexo? O construtivismo autorreferencial

Com a voga dos temas da pluralidade das dimensões da prática, do caráter "local" dos valores e do conhecimento sobre eles, com a antipatia pelos sistemas globais e monocentrados, coincidiu (terá sido uma mera coincidência?) uma perspetiva teórica global que permitiu conferir uma assinalável solidez às anteriores análises setoriais. Trata-se da teoria dos sistemas autopoiéticos, inspirada pelos trabalhos dos biólogos chilenos Francisco Varela (1932-...) e Humberto Maturana (1928-...)[1131], e desenvolvida, para os domínios das ciências sociais e do direito, sobretudo por N. Luhmann (1927-2002)[1132].

Num plano geral, a teoria dos sistemas autopoiéticos tenta descrever o modo de funcionamento de todos aqueles sistemas que se produzem a si mesmos, ou seja, que (i) definem a sua identidade por oposição ao exterior (ambiente) e definem as regras das transações entre sistema e

---

[1131] V. entrevista vídeo com Humberto Maturana sobre a conceito de "sentido" e de "realidade" (c. 25 min.) em http://aragorn.reuna.cl:8080/ramgen/56/humbertomaturana56.rm.

[1132] A bibliografia sobre o tema é hoje vastíssima. Destacamos, em português, o prefácio (de José Engrácia Antunes) à obra de Teubner, 1993. As principais obras de Luhmann, para as perspetivas aqui abordadas, Luhmann, 1984, 1995. Uma boa introdução a esta corrente (e à crítica a ela dirigida) é Arnaud, 1993; ou Kerchove, 1988. V. ainda Hespanha, 2007c.

ambiente[1133]; (ii) constroem os seus próprios elementos; (iii) constroem a gramática do seu próprio ciclo de funcionamento; (iv) constroem a (meta) gramática que comanda as transformações da primeira, de ciclo para ciclo (*i.e.*, no plano do "hiperciclo"). Um exemplo de um destes sistemas são os seres vivos. É, em primeiro lugar, a gramática da vida de cada um deles que o distingue do mundo inanimado e dos outros seres vivos à sua volta e, bem assim, que define o modo como este ambiente externo se reflete internamente (ou seja, tem sentido interno; *v.g.*, é a fisiologia da visão de cada ser que define o que é que ele vê do mundo exterior). Por outro lado, é esta mesma regra de organização biológica que atribui funções aos vários órgãos, ou seja, que os define (que lhes dá sentido) do ponto de vista do organismo de que fazem parte. Finalmente, é também o código genético que determina o modo como estas funções orgânicas evoluem, quer, por exemplo, com a idade, quer com as transformações ambientais.

A ideia mais interessante neste modelo da autopoiésis é, como se vê, a ideia de fechamento (*closure*) sistémico. Ela desafia, por um lado, o senso comum, que tem dificuldade em conceber esta vertigem paradoxal de um sistema que se cria e regula a si mesmo, prescindindo de uma qualquer causa inicial externa. Este paradoxo reserva-o o senso comum para "mistérios" como o de Deus, criador não criado. Por outro lado, desafia um outro senso comum instalado no pensamento científico contemporâneo, o da "influência" ou "determinismo" do ambiente sobre cada indivíduo ou cada fenómeno. Claro que a ideia de fechamento não quer dizer que o sistema crie os seus elementos ou ambiente no sentido mais forte da palavra. O que se quer dizer é que tudo aquilo que o sistema recebe do exterior (*v.g.*, nos sistemas vivos, a energia), ao ser integrado no sistema, é redefinido, transformado, *recriado* em função da gramática do sistema. Assim, embora haja uma abertura no sistema (que permite que receba elementos "em bruto" do exterior), a própria existência de um sistema dotado de uma gramática própria implica o seu fechamento. Pode dizer-se, portanto, que a uma abertura infrassistémica corresponde um fechamento sistémico[1134].

[1133] Neste sentido, o sistema cria o ambiente (ou seja, define o ambiente que é relevante para ele e o modo como o é).

[1134] Assim, os sistemas vivos são energeticamente abertos (*i.e.*, recebem energia, que não é, no entanto, um elemento característico da vida), mas biologicamente fechados (*i.e.*, é a vida que define a vida). O direito, por sua vez, é cognitivamente aberto (*i.e.*, recebe elementos cognitivos, como, *v.g.*, a linguagem), mas normativamente fechado (só o direito é que define o direito).

Este modelo dos sistemas biológicos autopoiéticos ultrapassa em muito o domínio dos fenómenos biológicos. Pode aplicar-se, por exemplo, aos sistemas computacionais que, também eles, definem as regras pelas quais neles podem ser transcritos os objetos externos[1135], bem como as transformações dos "estados" do programa ou capacidade de este se autotransformar.

No domínio da análise da sociedade, não foi a perspetiva autopoiética que introduziu a ideia de sistema. Mas foi ela que, pela primeira vez, construiu o modelo de sistemas sociais autoproduzidos e autorreferenciais.

O seu ponto de partida é a consideração dos sistemas sociais como sistemas diferenciados *de produção de sentido (sistemas comunicacionais)*. A prática humana é, de facto, uma contínua comunicação. Só que esta comunicação não se produz no seio de um único sistema comunicacional, de uma só linguagem, mas de uma infinidade de sistemas (a economia, a política, o direito, a religião, a arte), de múltiplas linguagens, cada qual tendo como referente um certo nível de sentido (os valores económicos, os valores políticos, os valores jurídicos, os valores religiosos, os valores estéticos). E, embora haja quer uma "realidade" externa (e comum) a todos estes sistemas (as pessoas de carne e osso, as coisas materiais), quer âmbitos de comunicação estranhos uns aos outros[1136], cada sistema é autorreferencial na medida em que é no seu seio que são definidas as regras de comunicação que têm como referente os valores a que o sistema se refere. Ou seja, é o discurso artístico que define o que é "arte" e quais os critérios de avaliação dos objetos artísticos. O mesmo se diga do direito. É este que: (i) constrói o mundo dos factos jurídicos, definindo o que é que, da realidade antejurídica (de que o direito não se ocupa e que, portanto, é externa ao sistema), é relevante para efeitos de direito; (ii) estabelece quais são os valores jurídicos; (iii) estabelece os critérios de atribuição desses valores aos factos jurídicos; (iv) define os processos de formulação de novas regras jurídicas e da sua transformação.

Por este breve resumo, já se vê quão adequada se apresenta esta perspetiva em relação aos pontos de vista pós-modernos antes descritos, nomeadamente em relação às ideias de autonomia do direito em relação a outras

---

[1135] Por exemplo, a "realidade" exterior apenas pode ser transcrita num programa, sob a forma de variáveis (numéricas, alfanuméricas, lógicas, tabelas, etc.) admitidas pela linguagem de programação.

[1136] Os valores religiosos são (hoje) estranhos ao mundo da comunicação jurídica. O mesmo se diga dos valores estéticos ou políticos.

dimensões da prática social (antifuncionalimo) (cf., *supra*, 8.3), de capacidade autonormadora do quotidiano (cf., *supra*, 8.2.1), de pluralismo jurídico e de caráter "local" do saber jurídico (cf., *supra*, cap. 3).

Quanto ao primeiro aspeto, a teoria dos sistemas autopoiéticos permite construir teoricamente a resistência, de que se falou, que o direito apresenta em relação às intenções ou projetos oriundos de outros universos comunicacionais. Ou seja, porque é que tudo o que é economicamente ou politicamente vantajoso não pode obter, só por o ser, uma caução jurídica; ou porque é que o direito não assume como seus os valores morais, mesmo quando os valores jurídicos apresentam com aqueles um grande paralelismo ou porque é que os argumentos morais não são, como tais, recebíveis na argumentação jurídica. E, com isto, o sistemismo autopoiético é um bom antídoto para todas as perspetivas que dissolvem o direito numa lógica do social ou dos determinismos economicistas ou que o consideram como um mero instrumento, disponível e obediente, de engenharia social.

Quanto ao segundo aspeto (o das relações entre direito e quotidiano), a ideia de autopoiésis explica bem as resistências dos sistemas comunicacionais do quotidiano (afinal, a vida quotidiana é também um sistema de comunicação, ou melhor, um conjunto deles) em relação ao direito oficial. Este é ineficaz porque não é recebido pelos vários sistemas normativos da vida de todos os dias. Mas a teoria dos sistemas autopoiéticos não se limita a constatar este facto. Fornece ainda um diagnóstico que poderá, eventualmente, corrigir as políticas do direito. Na verdade, o sistema jurídico oficial crê facilmente que basta formular uma norma para que esta seja aceite e praticada. Como se pudesse diretamente determinar o conteúdo de normas que pertencem a outros sistemas normativos. Ora, a teoria da autopoiésis mostra que a causalidade intersistemática (entre sistemas diferentes e fechados entre si) nunca é direta, mas antes mediada. Um sistema apenas pode "irritar", "comprimir" outro, provocando nele reações internas que, segundo a sua lógica interna, responderão a estas "irritações". Tudo o que um sistema pode fazer é disparar um processo de reajustamentos internos de outro, cujas consequências finais lhe escapam todavia. Daí que, se a política do direito quiser provocar modificações, digamos, no sistema das relações entre os géneros, tem de ter em conta a gramática interna deste último sistema, procurando produzir-lhe as "irritações" que disparem um processo de reestruturação que tenha as consequências desejadas. Ou seja, a política do direito terá de ser duplamente reflexiva:

tem de ver as consequências de uma inovação jurídica sobre o exterior de um sistema diferente e, depois, tem de saber ver o resultado desta ação em face da arquitetura e gramática internas deste último.

Quanto ao último aspeto (o do "local" dos sistemas jurídicos), a ideia de autopoiésis explica bem: (i) porque é que não há, nem pode haver, um sistema jurídico global onde não haja um único sistema de comunicação jurídica; (ii) as dificuldades de transcrição de normas e conceitos de um sistema jurídico no seio de outro; (iii) a vinculação de um sistema jurídico aos dados fundamentais de uma cultura.

O primeiro ponto não precisa, aqui, de grandes explicações. Saliente--se, apenas, que os sistemas de comunicação jurídicos são definidos empiricamente (quem, na prática e de facto, comunica com quem em termos de direito) e não formalmente. Isto é, não é pelo simples facto de um sistema de direito oficial declarar que o direito se aplica igualmente a todos os cidadãos que, de facto, todos os cidadãos compartilham dos mesmos valores jurídicos, observam as mesmas práticas jurídicas, resolvem da mesma forma os seus conflitos; numa palavra, comunicam, de facto, juridicamente entre si. Na prática, tendem a formar-se diversos sistemas de comunicação jurídica (direito oficial, direitos populares, direitos das profissões, direitos das comunidades etnoculturalmente diferenciadas), fechados entre si.

O segundo ponto explica as dificuldades da "tradução" (no sentido mais lato do termo) das normas, institutos e conceitos de um sistema jurídico para outro. Por exemplo, do *common law* para o direito continental. Na verdade, cada uma daquelas entidades tem valores "locais"; e, ao ser transferida, não apenas os perde como é reinterpretada na lógica do sistema recetor.

As coisas ainda se complicam mais quando os sistemas jurídicos se integram em ambientes culturais diferentes. Como acontece, por exemplo, com a importação das normas e dogmática do direito ocidental por países como a China ou o Japão. Isto carece, porém, de uma explicação, dado o que foi dito sobre o fechamento do sistema jurídico. Na verdade, se o sistema jurídico é fechado em relação aos sistemas culturais, pode parecer indiferente se os sistemas do direito em contacto pertencem ou não a culturas diferentes. No entanto, recordamos que o fechamento normativo convive com uma abertura cognitiva. Ou seja, a comunicação jurídica é feita através de suportes infrajurídicos (como a língua ou o senso comum). Por isso, se estes são culturalmente muito diferentes, a comunicação cria, no plano cognitivo, ambiguidades e mal-entendidos que se repercutem no plano normativo. Alguns destes mal-entendidos já foram estudados, por exemplo, no que respeita à utilização de termos da linguagem corrente europeia (como "direito", "dever") nas línguas, como o chinês, onde não existem os termos correspondentes ou, existindo, evocam sentidos não especializados muito distintos, o que corrompe, depois, irremediavelmente as proposições jurídicas que se construam com tais falsos equivalentes.

9. As encruzilhadas do direito, hoje

Ao longo desta narrativa fomos constatando como a questão mais difícil da regulação da comunidade foi sempre a da acomodação de diferentes escalas de regulação. Se subia a escala da ordem, os grupos tornavam-se mais coesos e aumentava a segurança das expectativas. Mas, em contrapartida, a coesão ficava mais artificial e mais próxima da violência; e as expectativas, agora mais asseguradas, também correspondiam menos bem àquilo que cada um gostaria de poder esperar e mais àquilo que cada um era obrigado a esperar. Em contrapartida, se se baixava o âmbito de alcance das normas, estas eram mais reconhecidas nesses circunscritos âmbitos de vigência, mas surgiam problemas de acomodação entre estes microcosmos normativos.

Ou seja, tal como nas línguas, um meio cosmopolita de comunicação traz a vantagem de permitir âmbitos mais alargados de convivência. Mas a convivência na pequena escala supõe sempre veículos de comunicação adequados aos contextos locais de convivência – os vernáculos. Sendo, por outro lado, certo que, quando falamos em contextos locais de convivência, não estamos a referirmo-nos apenas a entidades espaciais ou geográficas, mas também a outras particularidades da vida comum traçadas sobre identidades ocupacionais, etárias, de género, culturais, linguísticas, religiosas, etc.

A Europa – mesmo apenas a Ocidental – esteve sempre cheia de diversidades e, portanto, de intrincados sentidos de identidade e de alteridade. Por isso, esta narrativa fala de "culturas jurídicas europeias" e não de uma "cultura europeia". Justamente porque a mãe de todos os mitos identitários e cosmopolitas que têm pesado sobre a história europeia – e também sobre a sua história do direito – tem sido justamente a criação de duas malditas entidades cósmicas – a de "cultura europeia" e a de "cultura jurídica", qualquer que tenha sido o conteúdo que lhes tenha sido dado à medida que cada um dos mitos se ia esboroando e refazendo.

Lembro brevemente os últimos episódios da saga.

A pandectística oitocentista[1137] tinha nascido no bojo das teorias românticas dos sistemas jurídicos nacionais. Era, neste sentido, um cosmopolitismo de sangue pouco limpo, cujos antepassados tinham sido antes atraídos para direitos embebidos em tradições e culturas locais, mal distintos das sensibilidades não jurídicas "do povo". Porém, a ideia cosmopolita de uma elaboração sistemática rapidamente deglutiu estas origens vernaculares. Os juristas, esses, ficaram desaliviados de hipotecas folclóricas e históricas, a celebrar um sistema jurídico cosmopolita que a saga civilizadora ia tornando cada vez mais efetivamente global.

O êxito universal desse sistema era creditado, basicamente, à perícia intelectual dos juristas de formação filosófica (*Unterwegs zu Kant...*) aplicada à bela massa romana de conteúdos jurídicos (*zurück zu Savigny!*). A sua extensão geográfica – da Argentina ao Japão – certificava a sua consistência racional, embora o estudo dos resultados a que levara o afã de implantação, fora da Europa, do modelo pandectista oscilasse entre o caricato e o trágico; de facto, os especialistas mais conscientes ganhavam a consciência de que a transferência das tecnologias jurídicas da área europeia para áreas culturais diferentes levantava problemas socioculturais (e, até técnico-jurídicos) muito complexos. Os surtos fundamentalistas de certas culturas não europeias – durante décadas submetidas a processos intensivos de "cosmopolitização", também jurídica – aí estavam a provar os resultados (não imaginados e muito menos queridos) de se perder de vista a especificidade, a alteridade e a resistência dos modelos culturais próprios do direito e da justiça de cada sociedade.

Na Europa, o projeto cosmopolita levantou outro tipo de problemas. Por um lado, a criação de um direito doutrinal cosmopolita aceitável por um conjunto de culturas jurídicas vernaculares ainda muito diversas conduziu este projeto a um formalismo extremo (pandectística, jurisprudência dos conceitos), em que comuns eram quase apenas os quadros conceitos abstratos. O que fez com que o sistema de direito global fosse tão vazio de

---

[1137] Cf. cap. 7.4.10.3.

conteúdos daqueles que têm realmente a ver com a vida concreta das pessoas que não oferecia qualquer garantia contra normas jurídicas de conteúdos chocantes, desde que formalmente cumprissem com os requisitos formais do direito doutrinal cosmopolita. Isto aconteceu, nomeadamente, com os direitos de países desse centro da Europa que constituía o núcleo da cultura jurídica académica do Continente; mas que, apesar disso, admitiram normas que, do ponto de vista dos conteúdos, equivaliam à barbárie.

Perante isto, tentou-se construir um direito fundado em valores fortes, que pudessem ser impostos ao mundo[1138]. Ou, pelo menos, em processos seguros e comuns de achamento da solução jurídica[1139]. A crise do jusnaturalismo e de outras formas de cognitivismo axiológico tem prejudicado muito o êxito da primeira empresa. A crise dos logicismos (depois, também nas escolas analíticas, o neopositivismo lógico) tem prejudicado a segunda. Mesmo aquelas correntes que tentavam incorporar no método jurídico formas de raciocínio não estritamente lógico – como a "teoria da argumentação" –, ficaram presas no dilema seguinte: ou formalizavam muito a sequência argumentativa e se aproximavam perigosamente da lógica, ou concediam muito aos momentos argumentativos, probabilísticos, do raciocínio jurídico e acabavam por falhar o objetivo de conseguir um método de invenção jurídica de validade, geral.

Nos dias de hoje, como vimos, o impulso no sentido de um direito cosmopolita à escala mais elevada corresponde àquilo que, com muita simplificação e unilateralismo, se tem designado pela emergência de uma "sociedade global". Como esta sociedade não corresponde nem a nada de institucionalizado, nem sequer a nada que tenha reduzido os localismos (e os consequentes vernáculos), as tensões entre o cosmopolitismo jurídico e direitos vernaculares de diversas escalas agravaram-se ainda mais.

Para começar, o direito cosmopolita, que reivindica valores e normas com conteúdo é, na verdade, o direito de uma comunidade que tenta fazer passar os seus valores próprios, locais, por valores necessários, inevitáveis, racionais, gerais, universais. A inevitabilidade é, para os cosmopolitas, o modo como as coisas estão estabelecidas. Mas o modo como as coisas estão estabelecidas não tem, para muitas ordens locais de valores (para muitas culturas, para muitos grupos sociais, para muitas esferas de reflexão), nada

[1138] V. 7.5.7.4.1.
[1139] V. 7.5.7.4.2.

de inevitável. Trata-se apenas de um estado de facto, provavelmente de um estado de facto provocado intencionalmente, talvez mesmo apenas de um estado imaginado; mas, de qualquer maneira, nunca de um estado de facto que todos desejem ou devam desejar.

Em segundo lugar, como quase sempre aconteceu com os direitos com pretensões cosmopolitas – a exceção é, porventura, a dos Estados nacionais democráticos – está apenas fundado na opinião de "peritos" que pretendem saber ler ou a justiça das coisas, ou os valores éticos da convivência, ou a utilidade geral, ou as leis dos mercados. Não havendo, porém, o menor consenso sobre essas capacidades demiúrgicas.

Não obstante, muitos grupos locais, compondo, no conjunto, vastos setores da sociedade humana real, estão a ser sujeitos a medidas reais de vário impacto em nome desta falsa ordem cosmopolita, apresentada como inevitável.

Todos estes grupos em vias de subalternização jurídica perguntarão porque é que os seus padrões de vida boa e justa haverão de deixar de valer. Até porque, em alguns deles, os Estados democráticos, há processos estabelecidos e transparentes para testar a consensualidade das suas regras de vida em comum, processos bem mais regulados e verificáveis do que alguma vez o foram os do tal alegado direito cosmopolita. Por isso é que são hoje fortíssimas as tensões entre as exigências de direitos globalizados e os consensos jurídicos de comunidades particulares, nomeadamente os consensos obtidos pelos processos de fazer o direito nos Estados democráticos. Um exemplo típico é o do direito comunitário europeu. Na verdade, a "constituição económica" da União Europeia (cujos princípios estão consagrados, nomeadamente, nos art.os 2 e 3 do Tratado de Roma) tem apenas uma débil legitimação democrática, tal como é débil a democraticidade dos ulteriores tratados que modificaram a natureza, âmbito e atribuições da União. A urgência ou mesmo o perigo da sua não ratificação sempre levaram a que se evitasse cuidadosamente a sua ratificação popular, mesmo quando esses tratados importaram manifestas restrições a princípios constitucionais democraticamente estabelecidos à escala dos Estados-membros. Daí que tenha surgido, nas cenas jurídicas nacionais, um direito sem qualquer *pedigree* democrático, quer no sentido tradicional (de correspondência com a vontade do povo expressa nos termos da democracia representativa), quer no novo sentido de correspondência com consensos jurídicos da comunidade.

Alguns afirmavam, no entanto, a sua esperança em que este alargamento dos espaços da regulação introduzisse pontos de vista que corrigissem o "paroquialismo" das comunidades mais pequenas, obrigando-as a confrontar-se com perspetivas que, sendo subalternas ou dominadas internamente, podiam ter uma expressão mais forte em comunidades mais alargadas: seria o que se passa, por exemplo, com os direitos dos estrangeiros, dos imigrantes, com aspetos localmente menos reconhecidos dos direitos fundamentais ou das exigências da dignidade humana. Realmente, o curso da vida internacional nos últimos anos aponta justamente no sentido contrário – as relações hegemónicas internas vêm a ser reforçadas por políticas globais gizadas por uma espécie de coalizão espontânea dos interesses locais mais fortes e mais globalizados. Em nome da globalização da regulação laboral exigida pela igualdade de competição das empresas, reduzem-se os direitos, garantias e condições de trabalho dos trabalhadores em direção aos mínimos globalmente conhecidos; em nome da mesma competitividade, o direito fiscal internacional – uma coisa acertada autonomamente pelos tributados e tornado efetivo por mecanismos de deslocalização, de paraísos fiscais e de engenharia financeira – reduz a fiscalidade sobre as empresas e sobre os acionistas, dispensando-os de contribuir para as despesas nacionais (e internacionais, naturalmente). A desamarragem do direito da âncora estadual cria dinâmicos e convenientes direitos arbitrais, em que as normas são escolhidas *à la carte* pelos interessados, ainda quando tem efeitos sobre terceiros. A recente crise das dívidas externas europeias levou esta deslocação jurídica e constitucional ao ponto de que muitos constitucionalistas já abdicaram de qualquer papel dirigente ou hegemónico das Constituições democráticas nacionais, considerando que estas nada podem quanto à "força dos factos" ou à "suprema urgência", podendo ser desativadas, mesmo sem a tradicional declaração de estado de exceção. É assim que os "acordos" com as entidades financiadoras têm vindo a ser considerados como mais vinculantes do que os princípios constitucionais, transformando-se eles mesmos em verdadeiros princípios constitucionais de natureza supralocal. A desvalorização da importância constituinte das comunidades concretas leva a que mesmo interesses fundamentais concretos das pessoas concretas – por exemplo, o direito à vida ou à saúde em casos extremos – possam ser racionados em função de parâmetros impostos globalmente.

Uma outra ilustração das tensões entre direito cosmopolita e direitos vernaculares diz respeito à consideração "local" de direitos humanos "globais". Aqui, o formato das tensões é um pouco diferente nas suas consequências. A centralidade da soberania constituinte do povo – centralidade política e jurídica da Constituição – convive com algo que também pode ser encarado como um património do Estado democrático: a valorização dos direitos humanos como uma ordem jurídica autónoma, decorrente de um valor irrenunciável – a dignidade humana – e superior à própria vontade popular; vontade, por isso, limitada, e não soberana. Se atendermos a que o conceito de dignidade humana é – por muito que nos custe – também local, não podendo ser definido de forma unívoca, pois está ligado a valores culturais, a sensibilidades grupais, entendemos facilmente que, na tradição constitucional e política ocidental, e ainda nos dias de hoje, o primado da vontade constituinte do povo e a garantia dos direitos humanos não tenham sido e não sejam ainda, frequentemente, valores facilmente acomodáveis. Nisso se traduz a conhecida polémica oitocentista entre "democratas" (partidários da vontade geral como supremo critério de justiça: liberdade = participação) e "liberais" (defensores dos direitos humanos como esfera "natural" de proteção de cada um contra a vontade das maiorias: liberdade = garantia). Somar "primado da soberania popular" com o "primado dos direitos humanos" pode, por isso, ser uma soma de valores de sinal contrário, em que ambos mutuamente se anulam. Pode, de facto, acontecer que uma cartilha universal de direitos não coincida com aquilo que uma comunidade acha que deve ser reconhecido como prerrogativas ligadas à dignidade humana. Ou, numa situação em que valores orientadores têm de ser confrontados uns com os outros, pode acontecer que localmente se entenda que os direitos têm de ser confrontados com deveres (de solidariedade, de salvaguarda do bem comum, de direitos de outras pessoas, etc.) que podem limitar o seu alcance concreto. Pode dizer-se que, posta a questão num plano ideal, não é muito difícil comprovar que existe consenso sobre o facto de as pessoas serem portadoras de direitos inerentes à sua personalidade. Todavia, se se passar de um plano meramente formal, para um plano substancial, este consenso desaparece rapidamente, pois falta uma enumeração verdadeiramente universal de "direitos humanos". Se compulsarmos a Declaração Universal dos Direitos do Homem, proclamada em 1948 pela Assembleia Geral da ONU, e testarmos a probabilidade de cada um dos direitos aí evocados ter uma aceitação universal, surgem-nos dúvidas de que isso aconteça em muitos artigos. Sendo também certo que, sem exceção, todos estes direitos se formaram na tradição política ocidental, não deixando de ser insólito que as culturas políticas não europeias não tenham conseguido introduzir no catálogo nem um único valor político próprio – desde a solidariedade familiar e comunitária e o respeito pelos mais velhos ou mais cultos, da tradição confuciana, à caridade e hospitalidade, da tradição muçulmana, à resistência pacífica, da tradição política hindu, ou à propriedade coletiva da terra, de tantos povos africanos e americanos.

A forma de compatibilizar as duas grandezas é reduzi-las a um denominador comum – e esse dominador comum é constituído pela verificação de qual foi o concreto catálogo de direitos humanos que foi concretamente recebido como consensual na comunidade "local". O que se pode verificar pela sua constitucionalização ou por outra forma inequívoca de receção pelas instâncias jurisdicionais locais. Se um catálogo de direitos tiver sido efetivamente recebido ele é, de facto, direito "local", legitimado em termos democráticos. Se não o tiver sido, então, por muito lamentável que isto nos pareça ser, não o é; e o seu efetivo reconhecimento vai depender da capacidade de o tornar consensual na esfera de diálogo jurídico local.

De alguma forma, este requisito de apropriação "local" de catálogos universais de direitos corresponde àquilo a que se tem chamado "glocalização": o mais provável é que o direito funcione mal – que dê origem a maus resultados (insatisfatórios, perturbadores ou pouco estabilizadores das relações sociais) – quando é estendido artificialmente, autoritariamente, para fora do seu "ambiente" de origem. Por isso é que as operações de importação ou exportação imatura de soluções jurídicas (*legal transfers*) não conduzem, geralmente, a bons resultados. O mesmo se passa com decisões de adotar direitos "globais"; nunca é certo que produzam os resultados esperados, pois há fatores do ambiente "local" que distorcerão os modelos jurídicos "globais", dando-lhes "um tom" local. O mais certo é que os projetos de globalização do direito acabem por dar origem a um direito "glocal", ou devam mesmo transformar-se nisso para serem localmente aceitáveis. Isto quer dizer que, em nome de um direito democraticamente enraizado na cultura local – medido isto pela sua adoção pela malha institucional e procedimental dos Estados democráticos –, pode ser que direitos humanos cosmopolitas tenham de ser suspensos, enquanto eles não conseguirem conquistar consensos nas "casamatas da sociedade civil", como diria Gramsci.

Alguns juristas, sobretudo os mais impressionados pelo monopólio que a lei vinha tendo na constituição do direito contemporâneo desde da Revolução Francesa, encaram de uma forma otimista esta perda do poder normativo exclusivo do Estado, assim como põem em destaque o papel que advirá aos juristas na seleção, hierarquização e concretização do direito, na tal ordem jurídica constituída não em pirâmide, mas em rede. De novo, como já tinha acontecido no período do direito comum medieval e moderno, as normas voltariam a surgir, de baixo, da prática, da experiência, cabendo aos juristas, como corpo longamente treinado numa técnica especializada – a sua característica atividade *prudencial, i.e.*, de aferição prático-concreta –, a tarefa de medir a validade dessas normas – quanto à fonte e quanto à sua justeza intrínseca –, de ponderar a sua hierarquia face às normas estaduais (constitucionais ou legais), de as afinar em função dos casos concretos, já que o seu modo de positivação – sob a forma de princípios não necessariamente escritos – exigiria um trabalho suplementar de apuramento e de interpretação. Esta é a mensagem fundamental de R. Dworkin ou de Gustavo Zagrebelsky, no seu manifesto em favor de um direito "mole" (*diritto mite*). Apesar de compartilhar ideias semelhantes quanto às insuficiências estruturais do legalismo, Paolo Grossi não deixa de apontar os riscos que esta entrega da revelação do direito aos juristas pode comportar: "Mas não esqueçamos quais são as forças históricas protagonistas e quem são os autores primários. Mais do que uma *praxis* feita por um povo composto de *homines oeconomici*, trata-se de uma realidade económica determinada por quem, até aos dias de hoje, reclama e orienta o mercado global, ou seja, pelas *transnational corporations*, as grandes empresas multinacionais, muitas das quais – como já antes revelámos – são de origem norte-americana. E aqui começamos a entrar num terreno equívoco; aqui, a globalização mostra a sua dupla face ao jurista; de ocasião, grande ocasião, de maturação e de abertura, mas também de grande risco. E o risco está na arrogância do poder económico, que não é menor do que a temida arrogância do poder político. O risco de instrumentalização da dimensão jurídica em relação à satisfação de interesses económicos, frequentemente concentrados – num clima de capitalismo desenfreado – em alcançar, de qualquer maneira e a qualquer preço, o maior lucro possível. Perante esta arrogância, as grandes *law firms*, os grandes especialistas que servem de suporte técnico à globalização, podem descer ao nível de servir de "mercadores de direito", com a assunção de um papel desprezível em relação à modesta mas honesta exegese dos tempos passados, por estar manchado por uma espécie de simonia [...]".

O problema principal deste novo direito "global e mole" nem parece ser sobretudo este. A corrupção da justiça pelo poder é de todos os tempos, se é que não pertence mesmo à natureza de uma coisa e de outra. As principais dificuldades provêm, antes, do facto de este novo direito ser um direito "sem pátria e sem texto".

O facto de ser um direito "sem pátria" quer dizer que é um direito *sem povo*. Direito cuja legitimidade democrática se perdeu, portanto; que, se representa alguma vontade, não é seguramente a dos seus destinatários.

O facto de ser um direito "sem texto" quer dizer que é um direito sujeito ao arbítrio de quem o declara – juristas, árbitros, tribunais públicos ou privados, de primeira ou de última instância. Esta situação não é desconhecida na história da cultura jurídica europeia. Foi contra isso que se fez, justamente, a Revolução Francesa; foi contra esta omnipotência e insindicabilidade de juristas e juízes, os primeiros entrincheirados nas universidades, os segundos abrigados nas *cours souveraines* e nos *parlements*. Por causa da insindicabilidade de uns e de outros, bem como do caráter dificilmente validável dos seus saberes, o direito tornou-se incerto, arbitrário, opinativo, e a justiça tornou-se imprevisível e lenta. Esta viscosidade do meio jurídico e judicial era caldo de cultura para o exercício das pressões dos mais poderosos e, em última análise, o ambiente propício à corrupção. Poder-se-á dizer – como o faz Paolo Grossi, respondendo a uma objeção deste tipo – que estes efeitos perversos podem ocorrer no plano do juiz – ou de um tribunal – isolado, mas que não resistem ao debate aberto da comunidade dos juristas. Mesmo não querendo antecipar futuros incertos, sabemos já que, na tradição jurídica europeia, estes efeitos se produziram, mesmo existindo uma comunidade jurídica eloquente, prolixa, altamente tecnicizada e dotada de um elevado grau de autoconsciência.

Daí que a este direito debilmente formulado, a este direito dúctil (pouco rígido, pouco rigoroso) na sua formulação, se deva exigir um reconhecimento alargado por parte dos juristas, mas sobretudo por parte da generalidade dos cidadãos e das instituições que forjam e dão vida aos quadros de valores de cada sociedade, que reconhecem o bom e o mau governo, que distinguem as boas das más práticas, que aferem os *standards* a que devem obedecer as condutas exemplares e que, finalmente, decidiram sobre a Constituição das suas maiores ou menores Repúblicas.

Estas questões, que continuam em aberto, têm afinal tudo a ver com as linhas de reflexão que orientaram este livro sobre a história das culturas jurídicas da Europa. Esperamos que nele tenham ficado expressas todas as contradições e todas as lutas que aqui se manifestaram acerca das escalas a que as comunidades devem ser reguladas e, também, acerca de quem tem autoridade para definir o bom e o justo a cada uma dessas escalas. Ter--se-á notado que ambas as questões sempre foram controversas e sempre traduziram lutas pela hegemonia, não pela hegemonia científica ou intelectual, mas, mais cruamente, pela hegemonia política. Porque é que hoje as coisas hão-de ser diferentes?

BIBLIOGRAFIA

A bibliografia que se segue é constituída, apenas, pelas referências completas de obras citadas no texto ou em notas.

Uma bibliografia mais completa pode ser encontrada, desde logo, nas seguintes recolhas: John Gilissen (ed.), *Introduction bibliographique à l'histoire du droit et à l'ethnologie juridique*, Bruxelles, 1963-... e *Repertorium bibliographicum institutorium et sodalitatum iuris historiae* [repertório bibliográfico dos institutos e associações de história do direito], Leiden, 1980, 2ª ed. A pesquisa pode ser completada pelo recurso a um índice de periódicos jurídicos (*v.g.*, *European legal journal index*, Hebden Bridge, 1993-...; *Index to foreign legal periodicals*, London, 1960-...; *Legal journal index*, Hebden Bridge, 1986-...); ou pela pesquisa em catálogos informatizados de boas bibliotecas (*v.g.*, Orbis/Yale; Morris/Yale; Hollis/Widener Library/Harvard; Biblioteca do Congresso/Washington), todos eles disponíveis pela Internet, por exemplo, através do endereço da Yale University Library Research Workstation: http://www.library.yale.edu-pubstation/workstat.html. Também existem vários *sites* de história do direito; dado o caráter por vezes efémero dos endereços, mais vale fazer pesquisas por palavras-chave na Internet, utilizando motores de busca como o Google.

Pode encontrar-se uma primeira lista das principais revistas internacionais de história do direito em Robinson, 1994, 327. Aí, também, uma bibliografia básica, por períodos e por países (327-339; seleção discutível, como todas).

AA.VV. (1991), *Itinera iuris. Studi di storia giuridica dell'età moderna*, Napoli, 1991.

AA.VV. (1982), *Curso de introdução ao pensamento político brasileiro*, vols. I a X, Brasília, Editora Universidade de Brasília, 1982.

AA.VV. (1983), *Dominar o compartir*, Paris, UNESCO, 1983.

ABREU (1988), Sérgio Adorno, *Os aprendizes do poder*, São Paulo, Paz e Terra, 1988.

AFONSO (2002), Ângela, *Ideias em Movimento: a geração 1870 na crise do Brasil-Império*, São Paulo, Paz e Terra, 2002.

AJELLO (1976a), Raffaele, *Arcana iuris. Diritto e politica nel settecento italiano*, Napoli, Jovene, 1976.

AJELLO (1976b), Raffaele, "La rivolta contro il formalismo giuridico", *Arcana iuris. Diritto e politica nel settecento italiano*, Napoli, Jovene, 1976.

ALBUQUERQUE (1968), Martim de, *O pensamento político no Renascimento português*, Lisboa, I.S.C.S.P.U., 1968.

ALBUQUERQUE (1974), Martim de, *A sombra de Maquiavel e a ética tradicional portuguesa*, Lisboa, Instituto Histórico Infante D. Henrique, 1974.

ALBUQUERQUE (1978), Martim de, *Jean Bodin na Península Ibérica. Ensaio de história das ideias políticas e de direito público*, Lisboa, Centro Cultural de Paris, 1978.

ALBUQUERQUE (2002), Martim de, *Um percurso da construção ideológica do Estado*, Lisboa, Quetzal, 2002.

ALEXY (1983), Robert, *Theorie der juristischen Argumentation. Die Theorie des rationalen Diskurses als Theorie der juristischen Begründung*, Frankfurt/Main, Suhrkamp, 1983.

ALMEIDA (1927), F. P. Lacerda de, "O direito civil e a sua codificação", em *Livro do Centenário dos Cursos Jurídicos (1827-1927)*, Rio de Janeiro, Imprensa Nacional, 1928, 99-122.

ALMEIDA (1980), João Alcides, *Por uma justiça democrática*, Lisboa, 1980.

ALMEIDA (2006), Pedro Tavares de, *et al.*, *Quem governa a Europa do Sul? O recrutamento ministerial, 1850-2000*, Lisboa, ICS, 2006.

ALVAREZ-ALONSO (1999), Clara, *Lecciones de historia del constitucionalismo*, Madrid, Marcial Pons, 1999.

AMARAL (1996), Maria Lúcia, "Carl Schmitt e Portugal – o problema dos métodos em direito constitucional português", em *Perspetivas constitucionais nos 20 anos da Constituição de 1976*, Coimbra, Coimbra Editora, 1996.

AMARAL (1998), [Pinto Correia] Maria Lúcia, *Responsabilidade e dever de indemnizar do Estado*, Coimbra, Coimbra Editora, 1998.

AMARAL (2002), Maria Lúcia, "Sociedade civil e Constituição ou do uso jurídico da noção de sociedade civil", *Themis* III.5(2002) 5-18.

AMARO (1994), Ana Maria, "Eleições para o Leal Senado de Macau em 1842 e os homens bons da terra", *Revista de cultura*, 2ª série, 19(1994).

ANCONA (2003), Elvio, "La struttura del ragionamento giuridico tra contesto della scoperta e contesto della giustificazione. Il modello della quaestio disputata", em *l'ircocervo*, 2(2003) (=http://www.lircocervo.it/index/?p=176).

ANDRADE (1949), Manuel de, "O Visconde de Seabra e o Código Civil", *Boletim da Faculdade de Direito Coimbra*, 32(1946), 284 ss.

ANDRADE (1966), Alberto Banha de, *Verney e a cultura do seu tempo*, Coimbra, Acta Universitatis Conimbrigensis, 1966.

ANSART (1983), Pierre, *La gestion des passions politiques*, Paris, L'age d'homme, 1983.

ANTUNES (2004), Álvaro de Araújo, *O espelho de cem faces. O universo relacional de um advogado setecentista*, São Paulo, Annablume, 2004.

ANZOATÉGUI (1992), Víctor Tau, *Casuismo y sistema*, Buenos Aires, Instituto de Investigaciones de Historia del Derecho, 1992.

ARABEYRE (2007), Jean-Louis, e Krynen, Jacques (eds.), *Dictionnaire historique des juristes français (XIIe-XXe siècle)*, Paris, PUF, 2007.

ARBLASTEN (1984), Anthony, *The rise and decline of western liberalism*, Oxford, Basil Blackwell, 1984.

ARISTA (1994), Jane, *The evolution of US Finance (vol. II: The Evolution of US Finance: Volume II: Restructuring Institutions and Markets)*, 1994.

ARMOGATHE (1988), Jean-Robert, Vincent Carraud, e Robert Feenstra, "La licence en droit de Descartes, un placard inédi dc 1616", *Nouvelles de la république des lettres*, 2(1988), 125-145.

ARNAUD (1969), André-Jean, *Les origines doctrinales du Code civil français*, Paris, L.G.D.J., 1969.

ARNAUD (1973), Andrée-Jean, *Essai d'analyse structurale du Code Civil français. La règle du jeu dans la paix bourgeoise*, Paris, 1973.

ARNAUD (1981), André-Jean, *Critique de la raison juridique. 1. Où va la sociologie du droit*, Paris, L.G.D.J., 1981.

ARNAUD (1988), André-Jean (dir.), *Dictionnaire encyclopédique de théorie et de sociologie du droit*, Paris, L.G.D.J. e E. Story-Scientia, 1988.

ARNAUD (1991), André-Jean, *Pour une pensée juridique européenne*, Paris, PUF, 1991.

ARNAUD (1993), André-Jean e P. Guibentif (coords.), *Niklas Luhmann, observateur du droit*, Paris, L.G.D.J., 1993.

ARNAUD (2003), André-Jean, e Lopes Jr., Dalmir (eds.), *Niklas Luhmann: do sistema social à sociologia jurídica*. Traduções de Dalmir Lopes Jr., Daniele Andréa da Silva Manão, Flávio Elias Riche. Rio de Janeiro, Lumen Juris (em http://www.reds.msh-paris.fr/heberges/gedim/luhmann-tm.htm, 22.01.2012).

ASCENSÃO (2005), José de Oliveira, *O direito. Introdução e teoria geral*, Coimbra, Almedina, 2005 (13ª ed.).

ASCHERI (1989), Mario, *Tribunali, giuristi e istituzioni. Dal Medioevo all'età moderna*, Bologna, Il Mulino, 1989.

ASCHERI (1996a), Mario, "Eine mittelalterliche Rechtsordnung — für heute?", *Rechtshistorisches Journal*, 15(1996), 51-65.

ASCHERI (1996b), Mario, "Un ordine giuridico senza Stato? Tra miti e disconoscimenti", *Rechtshistorisches Journal*, 15(1996), 360-372.

ASCHERI (2009), Mario, "Les crises du *ius commune* et la codification", em D. Deroussin et F. Garnier, F., *Passé et présent du droit*, nº 5. *Compilations et codifications juridiques*, II, Paris, Le Manuscrit, 2009, 15-36.

AUSTIN (1998), Arthur, *The Empire Strikes Back. Outsiders and the struggle over legal education*, New York, NYU Press, 1998.

AVELLINI (1990), Luisa et al. (org.), *Sapere e/è potere. Discipline, dispute e professioni nell'Università medievale e moderne. Il caso bolognese a confronto*, Bologna, Commune di Bologna, 1990, 3 vols.

AZEVEDO (1890), António Emilio d'Almeida, *As communidades de Goa. Historia das instituições antigas*, Lisboa, Viuva Bertrand, 1890.

AZEVEDO (2010), Elciene, *O direito dos escravos*, Campinas, Unicampo, 2010.

AZEVEDO (2010), Elciene, *O direito dos escravos. Lutas jurídicas e abolicionistas na província de São Paulo*, Campinas, Unicamp, 2010.

BAKHTIN, M. M. (1981), *The Dialogic Imagination: Four Essays*. Ed. Michael Holquist. Trad. Caryl Emerson e Michael Holquist. Austin and London, University of Texas Press. Escrito nos anos de 1930.

BARATTA (1959), Alessandro, "Natura del Fatto", em *Riv. Int. Fil. Dir.*, 1959.
BARBERA (1997), A. (ed.), *Le basi filosofiche del costituzionalismo*, Bari, Laterza, 1997.
BARBERIS (1999), *Libertà*, Bologna, Il Mulino, 1999.
BARCELLONA (1973), Pietre (ed.), *L'uso alternativo del diritto*, Roma-Bari, Laterza, 1973, 2 vols.
BARROSO (2001), Luís Roberto, "Fundamentos teóricos e filosóficos do novo direito constitucional brasileiro (Pós--modernidade, teoria crítica e pós--positivismo)", *Revista Diálogo Jurídico*, Salvador, CAJ – Centro de Atualização Jurídica, v. I, nº 6, setembro, 2001, 1-32; disponível em: http://www.direitopublico.com.br
BARRY (1996), Andrew, *et al.* (eds.), *Foucault and political reason. Liberalism, neo-liberalism and rationalities of government*, Chicago, The University of Chicago Press, 1996.
BAUMAN (1987), Zygmunt, *Legislators and interpreters. On modernity, post-modernity and intelectuals*, Cambridge, Polity Press, 1987.
BAUMAN (1993), Zygmunt, *Postmodern ethics*, London, Blackwell, 1993.
BAUMAN (1997), Zigmunt, *Legislators and interpreters – On Modernity, Post-Modernity, Intellectuals*. Ithaca, N.Y., Cornell University Press, 1997.
BAUMAN (2000), Zygmunt, *Liquid Modernity*, Cambridge, Polity Press, 2000.
BAUMAN (2001), Zygmunt, *Community. Seeking safety in an insecure world*, Cambridge, Polity Press, 2001.
BAUMAN (2002), Zigmunt, *The individualized society*, London, Polity Press, 2002.
BEIGNIER (1999), Bernard, "La conscience du juge dans l'applicaton de la loi au début du XIXe. Siècle. La jurisprudence ai temps de l'Exégèse", em Carbasse, Jean-Marie, e Depambour-Tarride, L., (eds.), *La conscience du juge dans la tradition juridique européenne*, Paris, PUF, 1999, 277-292.
BELEZA (1993), Teresa Pizarro, *Mulheres, Direito, Crime ou a Perplexidade de Cassandra*, Lisboa, Associação Académica da Faculdade de Direito de Lisboa, 1993.
BELLOMO (1979), Manlio, *Saggio sull' Università nell'età del diritto commune*, Catania, 1979.
BELLOMO (1988), Manlio, *L'Europa e il diritto romano*, Losanna, 1988.
BENEDICTIS (1990), Angela de, "Una 'nuovissima' storia costituzionale tedesca. Recenti tematiche su stato e potere nella prima età moderna", *Annali dell' Istituto italo-germanico in Trento*, 16(1990), 265-301.
BENEDUCE (1990), Pasquale, *La volontà civilistica. Giuristi e scienze sociali in Italia tra '800 e '900*, Newprint, Napoli, 1990.
BENEDUCE (1996), Pasquale, *Il corpo eloquente. Identificazione del giurista nell'Italia liberale*, Bologna, 1996.
BENTON (2000), Lauren, "The Legal Regime of the South Atlantic World, 1400-1750: Jurisdictional Complexity as Institutional Order", *Journal of World History*, 11.1(2000) 27-56.
BENTON (2002), Lauren, *Law and Colonial Cultures: Legal Regimes in World History, 1400-1900*. Cambridge, Cambridge University Press, 2002.
BERMAN (1983), Harold J., *Law and revolution. The formation of the Western law tradition*, Harvard, Harvard Univ. Press, 1983.
BERNUZ BENEITEZ (2006), María José, *François Gény y el derecho. La lucha contra el método exegético*, Universidade Externado de Colombia, 2006.
BERTELLI (1990), S., *Il corpo del re. Sacralità del potere nell'Europa medievale e moderna*, Firenze, 1990.

BETTI (1991), Emilio, *Diritto, metodo, ermeneutica*, Milano, Giuffrè, 1991.

BIANCHINI (1989), Mario, "La tassazione nella seconda scolastica e negli scritti politici dell'Italia cinque-seicentesca", em H. Kellenbenz e P. Prodi, *Fisco, religione, Stato nell'età confessionale*, Bologna, Il Mulino, 1989, 43-62.

BICALHO (2001a), Maria Fernanda; Fragoso, João; Gouvêa, Fátima, *et al.*, *O Antigo Regime nos trópicos. A dinâmica imperial portuguesa (séculos XVI-XVIII)*, Rio de Janeiro, Civilização Brasileira, 2001, 163-188.

BICALHO (2001b), Maria Fernanda, "As Câmaras Ultramarinas e o Governo do Império", em Fragoso, João; Bicalho, Maria Fernanda; Gouvêa, Maria de Fátima Silva (org.), *O Antigo Regime nos Trópicos. A dinâmica imperial portuguesa. Séculos XVI-XVIII*, Rio de Janeiro, Civilização Brasileira, 2001, 189-221.

BICALHO (2003a), Maria Fernanda, "O que significava ser cidadão nos tempos coloniais", em Soihet, Rachel; Abreu, Martha. (Org.), *Ensino de História. Conceitos, Temáticas e Metodologia*, Rio de Janeiro, Casa da Palavra, 2003, 139-151.

BICALHO (2003b), Maria Fernanda, "Conquête, Privilèges et Administration de L'Empire Portugais: Les Chambres Municipales D'Outre-Mer", em Carreira, Ernestine; e Santos, Idelette Muzart-Fonseca (org.), *Éclats d'Empire: du Brésil à Macao*, Paris, Maisonneuve & Larose, 2003, 152-183.

BICALHO (2003c), Maria Fernanda, *A cidade e o Império: o Rio de Janeiro no século XVIII*, Rio de Janeiro, Civilização Brasileira, 2003.

BICALHO (2003d), Maria Fernanda, "Cidades e Elites Coloniais. Redes de Poder e Negociação", em *Varia História*, Belo Horizonte, 29(2003), 17-38.

BICALHO (2005a), Maria Fernanda, "Conquista, Mercês e Poder Local: a nobreza da terra na América portuguesa e a cultura política do Antigo Regime", *Almanack Braziliense (on line)*, 2(2005), 21-34.

BICALHO (2005b), Maria Fernanda, "Elites coloniais. A nobreza da terra e o governo das conquistas. História e historiografia", em Monteiro, Nuno Gonçalo; Cardim, Pedro; Cunha, Mafalda Soares da. (org.), *Optima Pars. Elites Ibero-Americanas do Antigo Regime*, Lisboa, Imprensa de Ciências Sociais, 2005, 73-98.

BICALHO (2005c), Maria Fernanda; Ferlini, V. L. A. (Org.), *Modos de Governar. Ideias e prática políticas no Império português*, São Paulo, Alameda Editorial, 2005.

BIGONGIARI (1981), Dino, *The Political Ideas of St. Thomas Aquinas Representative Selections*, New York, Hafner Books, 1981.

BLANKENBURG (1980), E. Klaus, e H. Rottleuthner, *Alternative Rechtsformen und Alternativen zum Recht* (= Jahrbuch f. Rechstsoziologie und Rechtstheorie), Opladen, 1980.

BLOCH (1924), Marc, *Les rois thaumaturges. Étude sur le caractère surnaturel attribue à la puissance royale particulièrement en France et en Angleterre*, Strasbourg/Oxford, Istra/Oxford, 1924.

BLOCH (1961), Ernst, *Naturrecht und menschliche Würde*, Frankfurt/Main, Rowohl, 1999 [Original 1961].

BLOCKMANS (1993), Wim, "Les origines des États modernes en Europe, XIIIe.-XVIIIe. siècles: état de la question et perspectives", em Wim Blockmans e Jean-Philippe Genet, *Visions sur le développement des États européens. Théories et historiographies de l'État moderne*, Rome, École Française de Rome, 1993.

BOBADILLA (1597), Jerónimo Castillo de, *Politica para corregidores y señores de vasallos, en tiempo de paz y de guerra*, Madrid, 1597.

BOBBIO (1979), e Bovero, Michelangelo, *Società e stato nella filosofia politica moderna: modello giusnaturalistico e modello megelo-marxiano*, Milano, Il Saggiatore, 1979.

BOISEVAIN (1978), J., *Friends of friends. Networks, manipulators and coalitions*, Oxford, 1978.

BOLTANSKI (1991), Luc, *De la justification. Les économies de la grandeur*, Paris, Gallimard, 1991.

BOLTANSKI (2000), Luc, e Eve Chiapello, *Le nouvel esprit du capitalisme*, Éditions Gallimard, NRF, 2000.

BONCIANI (2010), Rodrigo Faustino. *O dominium sobre os indígenas e os africanos no Atlântico. Da colonização das ilhas à política de ultramarina de Filipe III*, São Paulo, 2010 (disp. em: www.teses.usp.br/teses/.../8/.../2010_RodrigoFaustinoniBonciani.pdf, em 2.2.2012).

BOORSTIN (1941), Daniel J., *The mysterious Science of law. An essay on Blackstone's Commentaries*, Chicago, Chicago University Press, 1941 (nova ed., 1996).

BOUCHER (2003), David, e Kelly, Paul (org.), *The social contract from Hobbes to Rawls*, Oxford, Oxford University Press, 2003.

BOURDIEU (1979), Pierre, *La distinction. Critique sociale du jugement*, Paris, Minuit, 1979.

BOURDIEU (1984), Pierre, "Espace social et genèse des classes", *Actes de la recherche en sciences sociales*, 52/53(junho 1984), 3-15.

BOURDIEU (1986), Pierre, "La force du droit. Éléments pour une sociologie du champ juridique", *Actes de la recherche en sciences sociales*, 64(1986.11), 3-19.

BOXER (1965), Charles R., *Portuguese society in the tropics. The municipal councils of Goa, Macao, Bahia and Luanda. 1510-1800*, Madison and Milwaukee, Wisconsin Univ. Press, 1965.

BOXER (1990), Charles Ralph, *Fidalgos no Extremo Oriente*, Macau, Fundação Oriente/I.C.M., 1990 (ed. orig. 1968).

BROOKS (1986), Christopher, *Pettifoggers and Vipers of the Commonwealth: The Lower Branch of the Legal Profession in Early Modern England*, Cambridge, Cambridge University Press, 1986.

BRUBAKER (1992), Rogers, *Citizenship and nationhood in France and Germany*, Harvard University Press, 1992.

BRUGI (1915), Biagio, "Le dottrine politiche dei glossatori", em B. Brugi, *Per la storia della giurisprudenza e delle università italiane*, Torino, 1915.

BRUNDAGE (2008), James A., *The medieval origins of the legal profession: canonists, civilians, and courts*, Chicago, Chicago University Press, 2008.

BRUNNER (1939), Otto, *Land und Herrschaft. Grundfragen der territorialen Verfassungs-geschichte Oesterreichs im Mittelalter*, Wien, 1939 (trad. it. da 5ª ed. reelaborada, *Terra e potere*, intr. P. Schiera, Giuffré, Milano, 1983).

BRUNNER (1968a), Otto, "Adeliges Landleben und europäischer Geist [...]", *Neue Wege der Verfassungs- und Sozialgeschichte*, Göttingen, 1968 (2ª ed.).

BRUNNER (1968b), Otto, "Das ‚ganze Haus' und die alteuropäische ‚Ökonomik'", *Neue Wege der Verfassungs- und Sozialgeschichte*, Göttingen, 1968 (2ª ed.).

BULYGIN (2004), Eugenio, "Objectivity of Law in the View of Legal Positivism", *Analisi e diritto*, 2004, a cura di P. Comanducci e R. Guastini (=http://www.giuri.unige.it/intro/dipist/digita/filo/testi/analisi_2004/15bulygin.pdf).

BURGESS (1992), Glenn, *The politics of the ancient constitution. An introduction to english political thought. 1603-1642*, Pennsylvania, The Penn. State Univ. Press, 1992.

BURNS (ed.) (1988), J. H., *The Cambridge history of medieval political thought, c. 350- c. 1450*, Cambridge, 1988.

BURNS (ed.) (1997), J. H., *Histoire de la pensée politique moderne, 1450-1700*, Paris, PUF, 1977.

CABEDO (1601), Jorge de, *Practicarum Observationum sive Decisionum Supremi Senatus Regni Lusitaniæ*, Ulysipone, 1601.

CAENEGEM (1999), Raoul C. Van, "Le rôle de la conscience du juge dans l'histoire du droit anglais", em Carbasse, Jean-Marie, e Depambour-Tarride, L., (eds.), *La conscience du juge dans la tradition juridique européenne*, Paris, PUF, 1999, 263-276.

CAETANO (1941), Marcelo, *História do direito português (1940-1941)*, Lisboa, 1941.

CAETANO (1951), Marcelo, *Tradições, princípios e métodos da colonização portuguesa*, Lisboa, A.G.U., 1951.

CALASSO (1954), Francesco, *Medio Evo del diritto*, Milano Giuffrè, 1954.

CALASSO (1957), Francesco, *I glossatori e la teoria della sovranità*, Milano, Giuffrè, 1957.

CALASSO (1965), Francesco, "Diritto (Partizioni). Le Base Storiche", em *Enciclopedia del Diritto*, também recolhida em *Annali di Storia del Diritto*, IX(1965).

CALASSO (1970), Francesco, *Introduzione al diritto comune*, Milano, Giuffrè, 1970 (reimpressão inalterada).

CALLAHAN (2004), David, *The Cheating Culture: Why More Americans Are Doing Wrong to Get Ahead*, Orlando, Harcourt Books, 2004.

CALLINICOS (1990), Alex, *Against Post Modernism: A Marxist Critique*, New York, Palgrave Macmillan, 1990.

CANNING (1987), Joseph, *The political thought of Baldus de Ubaldis*, Cambridge, Cambridge University Press, 1987.

CANNIZZARO (2002), Enzo, "Il pluralismo dell'ordinamento giuridico europeo e la questione della sovranità", *Quaderni fiorentini per la Storia del pensiero giuridico moderno*, 31.1(2002), 245-271 (versão eletrónica em www.unimc.it/web_9900/prov_dip/internaz/doc/pluralismo.pdf, 08.2006).

CANOTILHO (1978), Joaquim J. Gomes (com Vital Moreira), *Constituição da República Portuguesa Anotada*, 4.ª ed., revista, vol. I, Coimbra, Coimbra Editora, 2007 (1ª ed.; Coimbra, Coimbra Editora, 1978).

CANOTILHO (1983), Joaquim J. Gomes, *Direito constitucional e Teoria da Constituição*, Coimbra, Coimbra Editora, 1983 (11ª ed., Coimbra, Almedina, 2011).

CANOTILHO (1991), Joaquim J. Gomes, *Direito constitucional*, Coimbra, Almedina, 1991.

CAPPELLETTI (1984), M. (coord.), *Accès à la justice et État-providence*, Paris, Economica, 1984.

CAPUTO (1993), John, e Yount, Mark (eds.), *Foucault and the critique of institutions*, Philadelphia, The Pannsylvania State University Press, 1993.

CARAVALE (1978), Mario, *Lo Stato pontificio. Da Martino V a Pio IX*, Torino, 1978.

CARAVALE (2005), Mário, *Alle origini del diritto europeo. Ius commune, droit commun, common law nella dottrina giuridica della prima età moderna*, Bologna, Nomduzzi, 2005.

CARDIM (2000), Pedro, *O poder dos afetos. Ordem amorosa e dinâmica política no Portugal do Antigo Regime*, Lisboa, 2000 (tese de doutoramento na Faculdade de Ciências Sociais e Humanas da Universidade Nova de Lisboa, ed. limitada).

CARDIM (2004), Pedro, "O governo e a administração do Brasil sob os Habsburgo e os primeiros Bragança", *Hispania. Revista del Consejo Superior de Investigaciones Científicas*, Madrid, vol. LXIV/i, no 216 (Enero-Abril 2004) 117-156.

CARLYLE (1960), R.-W e A., *A history of medieval political theory in the west*, Edinburgh, 1960-1962.

CARNEIRO (1851), Manuel Borges, *Direito civil de Portugal*, Lisboa, 1851, 3 vols.

CARRIVE (1994), Paulette, *La pensée politique anglaise de Hooker à Hume*, Paris, PUF, 1994.

CARVALHO (1980), José Murilo de, *A construção da ordem: a elite política imperial*. Rio de Janeiro, Campus, 1980.

CARVALHO (1988), José Murilo de, *Teatro de sombras: a política imperial*. São Paulo, Edições Vértice, 1988.

CASTELLANO (2008), Carolina, "«Despots of the Tribunals» to «Notable Functionaries». The Judicial Function in the Kingdom of Naples from the Napoleonic Era to the Restoration", em P. Becker et al., *Figures of authority: contributions towards a cultural history of governance from the seventeenth to the twentieth century*, Brussels, Peter Lang, 2008, 177-200.

CASTRO (1867), Afonso de, *As possessões portuguesas na Oceania*, Lisboa, Sociedade de Geografia, 1867.

CATROGA (1977a), Fernando, "A importância do positivismo na consolidação da ideologia republicana em Portugal", *Biblos*, 53(1977), 285-326.

CATROGA (1977b), Fernando, "Os inícios do positivismo em Portugal. O seu significado político-social", *Revista de história das ideias*, 1(1977).

CATROGA (1982), Fernando, *Positivismo e republicanismo no pensamento e na ação de Manuel Emídio Garcia*, Coimbra, 1982.

CATROGA (1991), Fernando, *O republicanismo em Portugal. Da formação ao 5 de Outubro de 1910*, Coimbra, Faculdade de Letras, 1991.

CATROGA (1996), Fernando, "Alexandre Herculano e o historicismo romântico", em Torgal, Luís Reis, et al., *História da história em Portugal. Sécs. XIX-XX*, Lisboa, Círculo dos Leitores, 1996.

CATTANEO (1966), Mario, *Iluminismo e legislazione*, Milano, 1966.

CAVANNA (1982), Adriano, *Storia del diritto moderno in Europa. Le fonti e il pensiero giuridico* (reimpressão inalterada), Milano, 1982.

CENTORE (1991), F. F., *Being and Becoming: A Critique of Post-Modernism (Contributions in Philosophy)*, Westport, Conn., Greenwood Publishing Group, 1991.

CERDÀ Y RUIZ-FUNES (1985), Joaquin, e Pablo Salvador-Coderch (orgs.), *I Seminario de historia del derecho y derecho privado. Nuevas técnicas de investigación*, Barcelona, Universidad Autónoma de Barcelona, 1985.

CERRONI (1962), Umberto, *Marx e il diritto moderno*, 1962.

CERRONI (1976), Umberto, *Il pensiero giuridico sovietico*, Roma, Ed. Riuniti, 1969 (trad. port., *O pensamento jurídico soviético*, Lisboa, Europa-América, 1976).

CHARTIER (1987), Roger (dir.), *Les Usages de l'imprimé*, Paris, Fayard, 1987.

CHECHINNI (1968), Aldo, "Impero papato e comunità particolare nelle dottrine dei glossatori", em *Atti del covegno di studi accursiani*, tomo I, Milano, 1968.

CHEVALIER (1978), Jacques, e Loschak, I., *Science administrative. Théorie générale de l'institution administrative*, Paris, L.G.D.J., 1978, 2 vols.

CHIBA (1986), Masaji (ed.), *Asian Indigenous Law in Interaction with Received Law*, London, New York, 1986.

CLANCHY (1983), Michael, "Law and Love in the Middle Ages," em Bossy, John (coord.), *Disputes and Settlements, Law and Human Relations in the West*, Cambridge, Cambridge University Press, 1983, 47-67; trad. port. "Lei e amor na Idade Média", in A. M. Hespanha, *Justiça, litigiosidade. História e prospetiva*, Lisboa, Gulbenkian, 1993, 139-166.

CLAVERO (1979), Bartolomé, *Temas de historia del derecho: derecho comum*, Sevilha, 1979.
CLAVERO (1982), Bartolomé, "Hispanus fiscus, persona ficta. Concepción del sujeto político en el ius commune moderno", *Quaderni fiorentini per la storia del pensiero politico moderno*, 11/12(1982-1983), 142 ss.
CLAVERO (1982), Bartolomé, "Lex Regni vicinioris. Indicio de España en Portugal", *Boletim da Faculdade de Direito de Coimbra*, 58(1982), I, 239-298 (= *Estudos em homenagem aos Profs. Doutores Manuel Paulo Merêa e Guilherme Braga da Cruz*, I).
CLAVERO (1985), Bartolomé, "Historia y antropología. Por una epistemología del derecho moderno", em Cerdà y Ruiz-Funes, 1985.
CLAVERO (1986), Bartolomé, *Tantas personas como estados. Por uma antropologia política da história europea*, Madrid, Tecnos, 1986.
CLAVERO (1990), Bartolomé, "Origen constitucional de la codificación civil en España (entre Francia y Norteamérica)", em Petit, Carlos (org.), *Derecho privado y revolución burguesa*, Madrid, Marcial Pons, 1990, 53-86.
CLAVERO (1991a), Bartolomé, *Antidora. Antropología católica de la economía moderna*, Milano, Giuffrè, 1991.
CLAVERO (1991b), Bartolomé, *Razón de Estado, razón de individuo, razón de historia*, Centro de Estudios Constitucionales, Madrid, 1991.
CLAVERO (1993), Bartolomé, *Derecho indígena y cultura constitucional en América*, Madrid, Siglo XXI, 1993.
CLAVERO (1997), Bartolomé, *Happy constitution. Cultura e lengua constitucionales*, Barcelona, Trotta, 1997.
CLAVERO (2000), Bartolomé, *Ama llunku, Abya Yala. Constituyencia indígena y código ladino por América*, Madrid: Centro de Estudios Políticos y Constitucionales, 2000.
CLAVERO (2007), Bartolomé, *El Orden de los Poderes, Historias Constituyentes de la Trinidad Constitucional*, Madrid, Trotta Editorial, 2007.
CLAVERO (2012), Bartlomé, "Gracia y Derecho entre Localización, Recepción y Globalización (Lectura Coral de las Vísperas Constitucionales de António Hespanha)", *Quaderni fiorentini per la Storia del Diritto Privado Moderno*, 41(2012).
COATES (1967), Austen, *City of Broken Promises*, Hong Kong, Oxford University Press, 2ª ed., 1987.
COATES (1968), Austen, *Myself a Mandarin*, London, Frederick Muller, 1968.
COBO (1995), Rosa, *Fundamentos do patriarcado moderno, Jean Jacques Rousseau*, Valencia, Ediciones Cátedra, 1995.
Código dos usos e costumes dos chins de Macau, Macau, 1909.
COELHO (1999), Edmundo Campos. *As Profissões Imperiais: Advocacia, Medicina e Engenharia no Rio de Janeiro, 1822-1930*. Rio de Janeiro, Editora Record, 1999.
COELHO (2010), Maria Filomena, *A justiça d'além-mar: lógicas jurídicas feudais em Pernambuco (Século XVIII)*, Recife: Ed.Massangana/Fundação Joaquim Nabuco, 2010.
COING (1964), Helmut, "Signification de la notion de droit subjectif", *Arch. Phil. Droit*, 9(1964).
COING (1967), Helmut, "Die europäische Privatrechtgeschichte der neuren Zeit als einheitliches Forschungsgebiet", *Ius Commune*, Frankfurt/Main, 1967.
COING (1973), Helmut (dir.), *Handbuch der Quellen und Literatur der neueren europäischen Privatrechtsgeschichte*, München, Beck, 1973.
COING (1985), Helmut, *Europäisches Privatrecht. 1500 bis 1800. Band I: Älteres*

gemeines Recht. Band I: 19. Jahrhundert, München, C.H.Beck, 1985-1989, 2 vols.

COISSORÓ (1965), Narana, "O regime de terras em Moçambique", separata de *Moçambique. Curso de extensão universitária. Ano lectivo de 1964-1965*, Lisboa, ISCSPU, 1965.

COLAÇO (2003), Thais Luiza, "Legislação indigenista no Brasil: uma relação de poder unilateral", *Instituto Histórico e Geográfico do Brasil*, Rio de Janeiro, n. 421(2003), 77-85.

COLAÇO (2011), Thais Luiza, "O direito nas missões jesuíticas da América do Sul", em Wolkmer, Antônio Carlos (org.), *Fundamentos de história do direito*, Belo Horizonte, Del Rey, 2011, 6ª ed., 393-426.

COLEMAN (1991), Janet, "The relation between Ockham's intuitive cognition and his political science", *Théologie et droit dans la science politique de l'État moderne*, Rome, École Française de Rome, 1991, 71-88.

Collecção de leis peculiares das communidades agricolas das aldeias dos concelhos das Ilhas, Salsete e Bardez, Nova Goa, 1852-1853 (2 partes).

CONDORCET (2011), Marquês de, *Dichiarare i diritti, costituire i poteri. Un inedito sulla dichiarazione dei diritti dell'uomo*, introd. Gabriele Magrin, Milano, Giuffrè, 2011.

CORNI (1998), Gustavo, "Storia sociale e «Begriffsgeschichte». Riflessione a margine", *Società e storia*, 80(1998), 343-348.

CORREIA (1955), Eduardo, "Prof. Doutor José Beleza dos Santos (alguns aspectos da sua obra de criminologista)", *Boletim da Faculdade de Direito Coimbra*, 31(1955), 412 ss.

CORREIA (1963), Eduardo, *Direito criminal*, Coimbra, Almedina, 1963.

COSANDEY (2002), Fanny, e Descimon, Robert, *L'absolutisme en France. Histoire et historiographies*, Paris, Seuil, 2002.

COSTA (1999), Judith Martins, "O sistema na codificação civil brasileira: de Leibniz a Teixeira de Freitas", *Revista Del Centro de Investigaciones de Filosofía*, Rosario, Argentina, 23(1999), 89-108, (disp. em http://www.cartapacio.edu.ar/ojs/index.php/centro/article/viewFile/550/436, [7.1.2012]).

COSTA (1960), Mário Júlio de Almeida, *Romanismo e bartolismo no direito português*, Coimbra, 1960.

COSTA (1966), Mário Júlio de Almeida, "La présence d'Accurse dans l'histoire du droit portugais", *Boletim da Faculdade de Direito de Coimbra*, 41(1966).

COSTA (1969), Pietro, *Iurisdictio. Semantica del potere politico medievale (1100-1433)*, Milano, Giuffrè, 1969.

COSTA (1974), Pietro, *Il Progetto giuridico. Ricerche sulla giurisprudenza del liberalismo classico. Vol. I: Da Hobbes a Bentham*, Milano, Giuffrè, 1974.

COSTA (1986), Pietro, *Lo Stato immaginario. Metafore e paradigmi nella cultura giuridica fra Ottocento e Novecento*, Milano, Giuffrè, 1986.

COSTA (1999), Pietro, *Civitas. Storia della cittadinanza in Europa. 1. Dalla civiltà comunale al setecento*, Baris, Laterza, 1999-2001, 4 vols.

COSTA (2005), Pietro, *Cittadinanza*, Bari, Laterza, 2005.

COSTELLO (1974), Frank Bartholomew, "The Political Philosophy of Luis de Molina, S.J. (1535-1600)", *Bibliotheca Instituti Historici S.I.*, 38(1974).

COTURRI (1974), G., *Stato e giuristi*, Bari, De Donato, 1974.

COTURRI (1978), G., *Diritto eguale e società di classi*, Bari, 1978.

COUTINHO (2005), Jacinto Nelson (org.), *Canotilho e a Constituição Dirigente*, Rio de Janeiro, Renovar, 2005.

CRESCENZI (1992), Victor, "Linguaggio scientifico e terminologia giuridica nei glossatori bolognesi: "interpretari", "interpretatio", Olga Weijers (ed.), *Vocabulaire des écoles et des méthodes d'enseignement au moyen âge. Actes du colloque. Rome, 21-22 octobre 1989*, Brepols, Turnhout Belgique, 1992, 110-129.

Crimes (os) dum juiz ou as atrocidades praticadas pelo Sr. João Ferreira Pinto em Macau, Hong Kong, 1869, 16 pp.

CRUZ (1955), Guilherme Braga da, *Formação histórica do moderno direito privado português e brasileiro*, Braga, 1955.

CRUZ (1975), Guilherme Braga da, *A Revista de Legislação e Jurisprudência. Esboço da sua história*, Coimbra, Coimbra Editora, 1975, 2 vols.

CRUZ (1981), Guilherme Braga da, "O Direito Subsidiário na História do Direito Português", *Revista Portuguesa de História. Homenagem ao Doutor Paulo Merêa*, Tomo 14, vol. III, Faculdade de Letras da Universidade de Coimbra, Coimbra, 1975, 177-316 (=*Obras Esparsas: Estudos de História do Direito. Direito Moderno*, vol. II, 2.ª Parte, Coimbra, 1981, 245-436).

CRUZ (1982), Manuel Braga da, "O Integralismo Lusitano nas origens do Salazarismo", *Análise social*, vol. XVIII, 70(1982), 143-147.

CRUZ (1988), Manuel Braga da, *O Partido e o Estado no Salazarismo*, Lisboa, Presença, 1988.

CRUZ (1989a), Sebastião, *Direito romano*, Coimbra, Almedina, 1989.

CRUZ (1989b), Sebastião, "Actualidade e utilidade dos estudos romanísticos", *Direito romano*, Coimbra, Almedina, 1989, 113-124.

CRUZ (1992), Manuel Braga da, "O Estado Novo e a Igreja", em Fernando Rosas (dir.), *Portugal e o Estado Novo (1930-1960)*, em A. H. Oliveira Marques e Joel Serrão, *Nova história de Portugal*, vol. XII, 1992.

CUNHA (1951), Joaquim da Silva, "O sistema português de política indígena no direito positivo desde 1820 até à última revisão constitucional", *Rev. Faculdade de Direito de Lisboa*, 8(1951), 110-148.

CUNHA (1987), Manuela Carneiro da, *Direito dos Índios*, São Paulo: Brasiliense, 1987.

CURTO (1994), Diogo Ramada, *A cultura política em Portugal (1578-1642). Comportamentos, ritos e negócios*, diss. doutoramento na FCSH, UNL, 1994.

CURTO (1988), Diogo Ramada, *O discurso político em Portugal (1600-1650)*, Lisboa, Universidade Aberta, 1988.

DALY (1980), Gabriel, *Transcendence and Immanence: A Study in Catholic Modernism and Integralism*, Oxford, Clarendon Press, 1980.

DE VINCENTIIS (2002), Amedeo, "Papato, stato e curia nel XV secolo: il problema della discontinuità", *Storica*, 24 (2002), 91-115 (= www.retimedievali.it; http://centri.univr.it/rm/biblioteca/scaffale/Download/Autori_D/RM-DeVincentiis-Papato.pdf).

DENZER (1972), H., *Moralphilosophie und Naturrecht bei Samuel Pufendorf. Eine geisteis- und wissenschaftsgeschchitliche Untersuchung zur Geburt des Naturrechts aus der Praktischen Philosophie*, München, 1972.

DEPLANQUE (2004), Catherine, "Origins and impact of the French Civil Code", em http://www.afhj.fr/ressources/french-code-civil.pdf.

DERRIDA (1998), J., *Deconstruction in a nutshell: A conversation with Jacques Derrida*. J. D. Caputo, ed. New York, Fordham University Press, 1998.

DIAS (2002), João José Alves, *Ordenações manuelinas. Livros I a V : Reprodução em fac-símile da edição de Valentim Fernandes (Lisboa, 1512-1513)*, Lisboa, Centro de Estudos Históricos da Universidade Nova de Lisboa, 2002, 5 volumes.

DIAS (1973), José Sebastião da Silva, *Os descobrimentos e a problemática cultural do séc. XVI*, Coimbra, Universidade de Coimbra, 1973.

DIAS (1982), José Sebastião da Silva, "Pombalismo e teoria política", *Cultura. História e filosofia*, 1(1982), 45-114.

DICEY (1885), Albert Venn, *An Introduction to the Study of the Law of the Constitution*, London Macmillan and Co., Limited, 1885.

DIOS (1994), Salustiano de, *Graça, merced y patronazgo real. La Cámara de Castilla entre 1474-1530*, Madrid, C.E.C., 1994.

DOLCINI (1983), Carlo (ed.), *Il pensiero politico del basso medioevo*, Bologna, 1983.

DOLEZALEK (2000), Gero, "Wie studierte man bei den Glossatoren", em F. Theisen/W. E Voss (Orgs.), *Glosse, Summe, Glosse, Kommentar*, Osnabrück, Universitätsverlagen Rasch, 2000.

DOMINGUES (2000), Ângela, *Quando os índios eram vassalos. Colonização e relações de poder no Norte do Brasil da segunda metade do século XVIII*, Lisboa, Comissão Nacional para as Comemorações dos Descobrimentos Portugueses, 2000.

DOMINGUES (2006), Beatriz Helena, "As missões jesuíticas entre os guaranis no contexto da Ilustração", *História*, São Paulo, 25.1(2006), 44-69, (disp. em www.scielo.br/pdf/his/v25n1/a03v25n1.pdf).

DOMINGUES (2009), José, *As Ordenações Afonsinas. Três Séculos de Direito Medieval (1211-1512)*, Sintra, Zéfiro, 2009.

DOMINGUES (2012), José, *Códices Medievais de "Ius Proprium" em Portugal. Nos 800 anos das leis das Cortes de Coimbra [1211-2011]*, Lisboa, FCT, 2012 (em edição).

DONDORP (2000), Harry, "De iustitia facit iniustitiam. Die wirkung der Dekretale *Ut debitus*", em F. Theisen/ W. E Voss (Orgs.), *Glosse, Summe, Glosse, Kommentar*, Osnabrück, Universitätsverlagen Rasch, 2000.

DONNELLY (1998), Dorothy, *Patterns of order and utopia*, New York, St. Martins' Press, 1998.

D'ORS (1973), Álvaro, *Derecho privado romano*, Pamplona, EUNSA, 1973.

DOUZINAS (1991), Costas, et al., *Postmodern jurisprudence. The law of the text in the texts of law*, London, Routledge, 1991.

DUGUIT (1922), Léon, *Souveraineté et Liberté*, Paris, F. Alcan, 1922.

DUMÉZIL (1967), G., *La religion archaïque romaine*, Paris, PUF, 1967.

DUMONT (1966), Louis, *Homo hierarchicus. Essai sur le système des castes*, Paris, Gallimard, 1966.

DUSO (1999), G., *Il potere. Per la storia della filosofia politica moderna*, Milano, Carocci, 1999.

DUVERGER (1966), Maurice, *Droit public*, Paris, Thémis, 1966.

DWORKIN (1972), Ronald, "Objectivity and Truth: You'd Better Believe it". *Philosophy and Public Affairs*, Vol. 25, No. 2. (Spring, 1996), 87-139.

DWORKIN (1977), Ronald, "No right answer?", em *Law, Morality and Society, Essays in Honour of H. L. Hart*, P. M. S. Hacker e Joseph Raz (ed.), Clarendon Press, Oxford, 1977, 58 ss.

DWORKIN (1984), Ronald, "Is There Really No Right Answer in Hard Cases", em *A Matter of Principle*, Harv. Univ. Press, Cambridge (Ma.), 1984, 119 ss.

DWORKIN (1986), Ronald, *Law's Empire*. Cambridge, MA, Harvard University Press, 1986.

EISENBERG (1970), José, "A escravidão voluntária dos índios do Brasil e o pensamento político moderno", *Análise Social*, vol. XXXIX (2004), 7-35 (disp. http://analisesocial.ics.ul.pt/documentos/1218704648R7vGO3gi9Rk66BF2.pdf).

ELLIOTT (2006), John, *Empires of the Atlantic World. Britain and Spain in América, 1492-1830*, New Haven, Yale Univ. Press, 2006.

ELLUL (1956), Jacques, *Histoire des institutions*, Paris, Thémis, 1956.

ERMINI (1946), G., *Corso di diritto commune*, Milano, 1946.

ESSER (1956), Josef, *Grundsatz und Norm in der rechtlichen Fortbildung des Privatrechts* (Princípio e norma no desenvolvimento jurídico do direito privado), Tübingen, Mohr Siebeck, 1956.

ETZIONI (1995), Amitai, *The spirit of community. Rights, responsibility and the communitarian agenda*, New York, Fontana Press, 1995.

EWICK (1998), Patricia, e Silbey, Susan S., *The common place of law: stories from everyday life*, Chicago, Chicago University Press, 1998.

FABRIS (2008), Paulo R., "Um Debate Acerca da História do Município no Brasil", *Ciências Sociais*, Vitória: CCHN, UFES, junho 2008, 71-95.

FASOLD (1987), Constantin, "Conring on History", em *Supplementum Festivum: Studies in Honor of Paul Oskar Kristeller*, eds. J. Hankins, J. Monfasani, F. Purnell. Medieval and Renaissance Texts and Studies, 1987, 563-87.

FAZIO (1992), Ida, "Piccola scala per capire i mercati", *Meridiana*, 14(1992).

FERRAJOLI (1997), Luigi, *La sovranità nel mondo moderno*, Laterza, Roma-Bari, 1997.

FERRARESE (2000), Maria Rosario, *Le istituzioni della globalizzazione. Diritto e diritti nella società transnazionale*, Bologna, Il Mulino, 2000.

FERRARESE (2002), Maria Rosaria, *Il diritto al presente. Globalizzazione e tempo delle istituzioni*, Bolonha, Il Mulino, 2002.

FERREIRA (1972), Flávio, *Uma abordagem sociológica da magistratura*, Porto, 1972.

FERREIRA (1978), Flávio, *O estatuto da magistratura e as perspetivas futuras do direito*, Coimbra, 1978.

FERREIRA (1980), Flávio, "Reflexões sobre o uso alternativo do direito", *Fronteira*, 3.10(1980), 114 ss.

FERREIRA (1974), Flávio, e de Figueiredo, J. Roseira, *O poder judicial e a sua independência*, Lisboa, 1974.

FERREIRA (2011), Roquinaldo, "Tribunal de Mucanos: Escravidão e Liberdade em Angola entre os Séculos XVII--XIX", em *Atas do Seminário internacional Novos rumos da historiografia dos PALOP. New directions of the historiography of the PALOP.* IICT, Palácio dos Condes da Calheta, Lisboa, 21 e 22 de junho de 2011 (em publicação).

FIORAVANTI (1999), Muarizio, *Costituzione*, Bologna, Il Mulino, 1999.

FISHKIN (2003), James S., e Laslett, Peter, *Debating deliberative democracy*, Oxford, Blackwell, 2003.

FITZPATRICK (1985), Peter, "A criação do sujeito de direito nas genealogias de Michel Foucault", *Revista do Ministério Público*, 30(1985), 7-24.

FLORES (2006), Alfredo, "O papel de Teixeira de Freitas no contexto do pensamento jurídico do séc. XIX", *Journal of Legal Studies*, 1.1(2006).

FONSECA (2001), Ricardo Marcelo, "Dal diritto coloniale alla codificazione: appunti sulla cultura giuridica brasiliana tra settecento e novecento", *Quaderni Fiorentini per la Storia del Pensiero Giuridico Moderno*, n.º 33/34, 2004/2005, 963-983 (versão portuguesa: "A cultura jurídica brasileira e a questão da codificação civil no Século XIX", em http://www.egov.ufsc.br/portal/sites/default/files/anexos/32391-39035-1-PB.pdf).

FONSECA (2005), Ricardo Marcelo, "A formação da cultura jurídica nacional e os cursos de direito no Brasil: uma análise preliminar (1854-1879)", *Cuadernos del Instituto Antonio de Nebrija*, Madrid, 8(2005), 97-116.

FONSECA (2005a), Ricardo Marcelo (org.), *Crítica da modernidade. Diálogos com o Direito*, Florianópolis, Boiteux, 2005.

FONSECA (2006), Ricardo Marcelo. "Os juristas e a cultura jurídica brasileira na segunda metade do século XIX", *Quaderni fiorentini per la storia del pensiero giuridico moderno*, Milano, Giuffrè, XXXV, 2006.

FONSECA (2008), Ricardo Marcelo (coord.), *História do direito em perspetiva. Do Antigo Regime à Modernidade*, Curitiba, Juruá, 2008.

FONSECA (2009), Ricardo Marcelo, *Introdução Teórica à História do Direito*, Curitiba, Juruá, 2009.

FONTANA (1995), Biancamaria (ed.), *Constant. Political writings*, Cambridge, Cambridge Univ. Press, 1995, 311.

FORTE (2010), Angelo, "Mixing and remixing Scotts law", em Sunde (2010), Jørn Øyrehagan, e Skodvin, Knut Einar (eds.), *Rendezvous of European cultures*, Bergen, Fagbokoflaget, 2010, 133-148.

FOUCAULT (1969), Michel, *L'archéologie du savoir*, Paris, NRF, 1969.

FOUCAULT (1975), Michel, *Surveiller et punir*, Gallimard, NRF, 1975.

FOUCAULT (1978), Michel, *Microfísica del poder*, Madrid, La Piqueta, 1978 (ed. fr., *Microphysique du pouvoir*, 1977).

FOUCAULT (1980), Michel, *La verdad y las formas jurídicas*, Barcelona, Akal, 1980.

FOUCAULT (1997), Michel, *Il faut défendre la société. Cours au Collège de France*, 1976, Paris, Hautes Études, Gallimard, Seuil, 1997.

FRAGALE FILHO (2007), Roberto e Alvim, Joaquim Leonel de Rezende, "O movimento 'critique du droit' e seu impacto no Brasil", *Revisões de Direito GV*, 6.3(jul.-dez. 2007), 139-164.

FRAGOSO (1641), Bento, *Regimen Reipublicae Christianae*, Ulysipone, 1641, 3 vols.

FRAGOSO (2000), João, "A nobreza da República: notas sobre a formação da elite senhorial do Rio de Janeiro (séculos XVI e XVII)". *Topoi Revista de História do Programa de Pós-Graduação em História da UFRJ*, Rio de Janeiro, v. 1, n. 1(2000), 45-123.

FRAGOSO (2001) João; Bicalho, Maria Fernanda; Gouvêa, Maria de Fátima, *O Antigo Regime nos trópicos. A dinâmica imperial portuguesa (sécs. XVI-XVIII)*, Rio de Janeiro, Civilização brasileira, 2001.

FRAGOSO (2003), João, "A nobreza vive em bandos: a economia política das melhores famílias da terra do Rio de Janeiro, século XVII". *Tempo. Revista do Departamento de História da UFF*, Niterói, v. 8, n. 15(2003), 11-35.

FRAGOSO (2007), João et al., *Conquistadores e negociantes: histórias de elites no Antigo Regime nos trópicos. América Lusa, séculos XVI a XVIII*, Rio de Janeiro, Civilização Brasileira, 2007.

François Gény e la Scienza Giuridica del Novecento, número especial de *Quaderni fiorentini per la storia del pensiero giuridico moderno*, 20(1991).

FREITAS (2005), Pedro Caridade de, *Um Testemunho na Transição para o Século XIX: Ricardo Raimundo Nogueira*, Coimbra, Almedina, 2005.

FREITAS (1625), Serafim de, *De iusto imperio lusitanorum asiatico*, Valladolid, 1625. Edição moderna (prefácio de Marcelo Caetano), Instituto Nacional de Investigação Científica, Lisboa, 1983.

FREYRE (1933), Gilberto, *Casa grande e sanzala*, Rio de Janeiro, 1933 (ed. cons. [35a.], S. Paulo, Record, 1999).

FRIEDMANN (1973), Lawrence, *History of American Law*, Touchstone, 1973 (ed. cons.: 2ª ed. 1985).

FRIGO (1985a), Daniela, *Il padre di famiglia. Governo della casa e governo civile nella tradizione dell'«oeconomica» tra Cinque e Seicento*, Roma, 1985.

FRIGO (1985b), Daniela, "La dimensione amministrativa nella riflessione politica (secoli XVI-XVIII)", em C. Mozzarelli (ed.), *L'amministrazione nella Italia moderna*, Milano-Giuffrè, 1985, I, 21-94.

FRIGO (1991), Daniela, "'Disciplina rei familiariae': l'*oeconomia* come modello amministrativo d'ancien régime", *Penélope*, 6(1989), 47-62.

FURTADO (1999), Júnia Ferreira, *Homens de negócio: a interiorizarão da metrópole e do comércio nas minas setecentistas*, São Paulo, Hucitec, 1999.

FURTADO (2007), Júnia F., et al., *Encontro Brasil-Portugal: sociedades, culturas e formas de governar no Mundo Português – sécs. XVI a XVIII*, São Paulo, Annablume, 2006.

GALANTER (1993), Marc, "A justiça não se encontra apenas nas decisões dos tribunais", em Hespanha, António Manuel (coord.), *Justiça e litigiosidade. História e prospetiva*, Lisboa, Gulbenkian, 1993, 59-117.

GARCÍA (1872), José Ignacio de Abranches, *Archivo da Relação de Goa: contendo varios documentos dos seculos XVII, XVIII e XIX até a organisação da nova relação pelo decreto de 7 dezembro de 1836*, Lisboa, Imprensa Nacional, 1872.

GARCIA Y GARCIA (1967), Antonio, *Historia del derecho canonico. 1. El primer milenia*, Salamanca, Calatrava Libreros, 1967.

GAROUPA (2011), Nuno, *O Governo da Justiça*, Lisboa, Fundação Francisco Manuel dos Santos, 2011.

GEERTZ (1963), Clifford (ed.), *Old societies and new States*, New York, 1963.

GEERTZ (1973), Clifford, "Thick description: toward an interpretative theory of culture", em Geertz, C., *The interpretation of cultures. Selected essays*, New York, 1973.

GEERTZ (1983), Clifford, *Local knowledge. Further essays in interpretative anthropology*, New York, Basic Nooks, 1983 (versão francesa: Geertz (1986a), Clifford, *Le savoir local, savoir global. Les lieux du savoir*, Paris, PUF, 1986).

GEERTZ (1986b), Clifford, "Du point de vue indigène sur la nature de la compréhension anthropologique", em Geertz, C., *Le savoir local, savoir global. Les lieux du savoir*, Paris, PUF, 1986.

GESSNER (1976) Volkmar, *Recht und Konflikt: Eine Soziologische Untersuchung Privatrechtlicher Konflikte in Mexiko*, Tübingen, Mohr Siebeck, 1976.

GESSNER (1996), Volkmar Hoeland, Armin; Varga, Casba, *European legal cultures*, Dartmouth, 1996.

GESSNER (1996a), Volkmar, "The transformation of European legal cultures", em Gessner (1996), Volkmar; Hoeland, Armin; Varga, Casba, *European legal cultures*, Dartmouth, 1996, 513 ss.

GESSNER (2007), Volkmar (coord.), *European Ways of Law: towards a European Sociology of Law*, Oxford, Hart Publishing, 2007.

GIDDENS (1990), Anthony, *The consequences of modernity*, London, Polity Press, 1990; trad. port., *As consequências da modernidade*, Oeiras, Celta, 1992.

GIERKE (1868), Otto, *Das deutsche Genossenschaftsrecht*, Berlin, 1868-1913.

GILISSEN (1985), John, *La coutume*, Turnhout, Brepols, 1985.

GILISSEN (1988), John, *Introdução histórica ao direito*, Lisboa, Fundação Calouste Gulbenkian, 1988.

GILISSEN (1988), John, *Introdução histórica ao direito*, Lisboa, Gulbenkian, 1988.

GILLESPIE (2008), John, "Towards a discursive analysis of legal transfers into developing East Asia", *New York University Journal of International Law and Politics*, vol. 40, issue 3(2008), New York University School of Law, USA, 657-721, disp. em http://www.law.nyu.edu/ecm_dlv/groups/public/@nyu_law_website__journals__journal_of_international_law_and_politics/documents/documents/ecm_pro_058874.pdf, [2012.01.31].

GILMORE (1941), Piper, *Argument from Roman law in political thought, 1220-1600*, Cambridge (Mass.), 1941.

GIULIANI (1961), A., *Il concetto di prova*, Milano, 1961.

GLENDON (1991), Mary Ann, *Rights talk. The impoverishment of political discourse*, New York, The Free Press, 1991.

GOLDSTEIN (1993), Jan, e Laura Engelstein, "Framing discipline with law: problems and promises of the liberal State", *American historical review*, 98.2(1993), 364-381.

GOMES (1992), Olivinho J. F., *Village Goa (A study of goan social structure and change)*, New Delhi, S. Chand & Company, 1987.

GONÇALVES (1923), Luís da Cunha, *Direito hindu e mahometano. Comentário ao decreto de 16 de dezembro de 1880, que ressalvou os usos e costumes dos habitantes não cristãos do distrito de Goa na Índia Portuguesa*, Coimbra, 1923.

GONÇALVES (1950), Luís da Cunha e Nascimento, Jacinto José, "Dois estudos acerca do direito consuetudinário em Timor", *Adatsrechtbundel*, 39(1937), série T, nº 26, La Haya.

GONÇALVES (1950), Luís da Cunha, *Usos e costumes dos habitantes não cristãos do distrito de Goa na Índia Portuguesa*, Lisboa, 1950.

GONÇALVES (1988), Maria Eduarda, "Ciência e direito: de um paradigma a outro", *Revista crítica de ciências sociais*, 24(1988), 89-113.

GOODY (1977), Jack, *The domestication of savage mind*, Cambridge, England, Cambridge University Press, 1977.

GORDO (1792), Joaquim José Ferreira, *Fontes próximas da compilação filippina, ou índice das ordenações, e extravagantes de que proximamente se derivou o Código Filippino*, Lisboa, Academia Real das Sciencias de Lisboa, 1792.

GÖRLITZ (org.) (1972), Axel, *Handlexikon zur Rechtswissenschaft*, Hamburg, Rowohl, 1972, II, 276.

GOUVÊA (2002), Maria de Fátima, "Poder, autoridade e o Senado da Câmara do Rio de Janeiro, ca. 1780-1820", *Tempo*, 13(2002). Niterói, UFF, 111-155.

GRACIAS (1907), Ismael, *As communidades de Goa: registo bibliográfico*, Bastora, Typ. Rangel, 1907.

GRANDI (1982), Renzo, *I monumenti dei dottori e la scultura a Bologna (1267-1348)*, Bologna, Communi di Bologna, 1982.

GREENE (1992), Jack, "Negotiated authorities: The problem of governance in the extended polities of the Early Modern Atlantic World" [1992], em *Negotiated authorities. Essays on Colonial Political and Constitutional History*, Charlottesville and London, Virginia Univ. Press, 1994, 2 ss.

GREIMAS (1991), A., et al., *Sémiotique des passions*, Paris, Seuil, 1991.

GROSSI (1968), Paolo, *Le situazione reali nell'esperienza giuridica medievale. Corso di storia del diritto*, Padova, 1968.

GROSSI (1992), Paolo, *Il dominio e le cose. Percezione medievali e moderne dei diritti reali*, Milano, 1992.

GROSSI (1995), Paolo, *L'ordine giuridico medievale*, Bari, Laterza, 1995.

GROSSI (1998), Paolo, *Assolutismo giuridico e diritto privato*, Milano, Giuffrè, 1998.
GROSSI (1999), Paolo (dir.), *Continuità e trasformazione: la scienza giuridica italiana tra fascismo e repubblica* (= *Quaderni fiorentini per la storia del pensiero giuridico moderno*, 28/29[1999]), Milano Giuffrè, 1999.
GROSSI (2000), Paolo, *Scienza giuridica italiana. Un profilo storico*, Milano, Giuffrè, 2000.
GROSSI (2003), Paolo, *Dalla società di società alla insularità dello Stato fra Medioevo ed età moderna*, Napoli, Ist. Univ. Suor Orsola Benincasa, 2003.
GROSSI (2006), Paolo, *La proprietà e le proprietà nell'officina dello storico*, Napoli, Scientifica, 2006 [versão port., *A propriedade e as propriedades*, Rio de Janeiro, Renovar, 2006].
GROSSI (2011), Paolo, "A identidade do jurista hoje", em *Doutorado honoris causa a Paolo Grossi* (org. Ricardo Marcelo Fonseca), Curitiba, Universidade Federal do Paraná, 2011, 24-53.
GUASTINI (1972), Ricardo, "Il lessico giuridico di Marx", *Materiali per la storia della cultura giuridica moderna*, II(1972), III(1973).
GUREVICH (1983), A. J., *Le categorie della cultura medievale*, Torino, Einaudi, 1983 (trad. ital.; ed. orig., Moscovo, 1972).
GUTMANN (1999), Daniel, "Michel Villey, le nominalisme et le volontarisme", *Droits. Revue française de théorie juridique*, 28(1999) 89 ss.
HABERMAS (1984), Jürgen, *Vorstudien und Ergänzungen zu einer Theorie des kommunikativen Handelns*, 1984.
HALPÉRIN (1992), Jean-Louis, *L'impossible code civil*, PUF, «Histoires», 1992.
HAMZA (2007), Gábor, *Wege der Entwicklung des Privatrechts in Europa. Römischrechtliche Grundlagen der Privatrechtsentwicklung in den deutschsprachigen Ländern und ihre Ausstrahlung auf Mittel- und Osteuropa*, Passau, Schenk Verlag, 2007 (trad. francesa da 1ª versão do livro: Hamza, Gábor, *Le développement du droit privé européen. Le rôle de la tradition romaniste dans la formation du droit privé moderne*, Budapest, Biblioteca Iuridica of Eötvös Loránd University, 2005).
HARRISON (1965) (ed.), Wilfrid, *Sources in British political thought (1593-1900)*, New York, The Free Press, 1965.
HASSAN (1988), Ihab, "Fazer sentido: as atribulações do discurso pós-moderno", *Revista Crítica de Ciências Sociais*, 24(1988), 47-77.
HAUAGGE (2005), Vinicius Elias, "Visconde de Seabra e a codificação civil brasileira", em http://www.estig.ipbeja.pt/~ac_direito/Visconde_Seabra_ViniciusHauagge.pdf, [20.12.2011].
HEIJL (1978), Peter, e W. Köck, *Wahrnehmung und Kommunikation*, Frankfurt/Main, 1978.
HERBERGER (1981), Maximilian, *Dogmatik. Zur Geschichte von Begriff und Methode in Medizin und Jurisprudenz*, Frankfurt/Main, Klostermann, 1981 (=http://rw22linux8.jura.uni-sb.de/mhhabil/).
HERZOG (2002a), Tamar, "Citizenship and Empire: The Meaning of Spanishness in the Eighteenth Century," em Julius Kirshner e Laurent Mayali (eds.), *Privileges and Rights of Citizenship: Law and the Juridical Construction of Civil Society*, Berkeley, University of California Press, 2002, 147-167.
HERZOG (2002b), Tamar, *Defining Nations: Immigrants and Citizens in Early Modern Spain and Spanish America*, New Haven, Yale University Press, 2003.
HERZOG (2003a), Tamar, "Identidades modernas: estado, comunidade e nação no império hispânico", em *Brasil: formação do estado e da nação*, São Paulo, Editora Hucitec, 2003, 109-122.

HESPANHA (1972), António Manuel, "Recomeçar a Reforma Pombalina", *Revista de direito e estudos sociais*, Coimbra, 19(1972), 5-34.

HESPANHA (1978a), António Manuel, *A história do direito na história social*, Lisboa, Livros Horizonte, 1978.

HESPANHA (1978b), António Manuel, "O materialismo histórico na história do direito", em Hespanha, António Manuel, *A história do direito na história social*, Lisboa, Livros Horizonte, 1978.

HESPANHA (1981), António Manuel, "L'histoire juridique et les aspects politico-juridiques du droit (Portugal 1900-1950)", *Quaderni fiorentini per la storia del pensiero giuridico*, 10(1981), 423-454; versão portuguesa: "Historiografia jurídica e política do direito (Portugal, 1900-1950)", *Análise social*, vol. XVIII, 72-74(1982), 795-812.

HESPANHA (1982a), António Manuel, "O projecto institucional do tradicionalismo reformista", em *O liberalismo na península ibérica na primeira metade do século XIX*, Lisboa, 1982, I, 63-90.

HESPANHA (1982b), António Manuel, *História das instituições. Épocas Medieval e Moderna*, Coimbra, Almedina, 1982.

HESPANHA (1983) António Manuel, "Savants et rustiques. La violence douce de la raison juridique", *Ius commune*, Frankfurt/Main, 10(1983) 1-48; versão portuguesa (resumida): *Revista crítica de Ciências Sociais*. 25/26(1988) 31-60.

HESPANHA (1984), António Manuel, *Poder e instituições na Europa do Antigo Regime*, Lisboa, Gulbenkian, 1984, 541 pp., prefácio (89 pp.) e seleção de textos.

HESPANHA (1984a), António Manuel, "Représentation dogmatique et projets de pouvoir. Les outils conceptuels des juristes du *ius commune* dans le domaine de l'administration", em E.-V. Heyen (org.), *Wissenschaft und Recht seit der Ancien Régime. Europäische Ansichten*, Frankfurt/Main, V. Klostermann, 1984, 1-28 (versão castelhana *in* Hespanha, 1993b).

HESPANHA (1984c), António Manuel, "L'espace politique dans l'ancien régime", em *Estudos em homenagem aos Professores Manuel Paulo Merêa e Guilherme Braga da Cruz*, Coimbra, 1984, 58 pp.

HESPANHA (1986), António Manuel, "Discours juridique et changement politique: l'exemple de la révolution portugaise de 1974", *Historische Soziologie der Rechtswissenschaft*, Frankfurt, Klostermann, 1986, 107-131.

HESPANHA (1986a), António Manuel, "Pour une nouvelle histoire du droit", em P. Grossi (ed.), *Storia sociale e dimensione giuridica. Strumenti d'indagine e ipotesi di lavoro. Atti dell'Incontro internazionale di studi*, Firenze, 1986, 3315-340. Versão portuguesa, *Vértice*, 470-472(1986), 17-33.

HESPANHA (1986b), António Manuel, "História e sistema: interrogações à historiografia pós-moderna (a propósito de José Mattoso, *Identificação de um país...*)", *Ler história*, 8(1986), 65-84.

HESPANHA (1986c), António Manuel, "A história das instituições e a 'morte do Estado'", *Anuario de filosofia del derecho*, Madrid, 1986, 191-227.

HESPANHA (1986f), António Manuel, "Centro e periferia no sistema político português do Antigo Regime", *Ler história*, 8(1986), 35-60.

HESPANHA (1987), António Manuel, *As vésperas do Leviathan. Instituições e poder político. Portugal – século XVII*, Lisboa, 1987, 2 vols.

HESPANHA (1988a), António Manuel, "Histoire du droit", em A. J. Arnaud (dir.), *Dictionnaire encyclopédique de théorie et de sociologie du droit*, Paris-Bruxelles, 1988.

HESPANHA (1988b), António Manuel, "Da 'iustitia' à 'disciplina'. Textos, poder e política penal no Antigo Regime", *Anuario de história del derecho español* (Madrid, 1988); versão portuguesa, *Estudos em homenagem do Prof. Eduardo Correia*, Coimbra, Faculdade de Direito de Coimbra, 1989; versão francesa muito modificada, "Le projet de Code pénal portugais de 1786. Un essai d'analyse structurelle", *La "Leopoldina". Criminalità e giustizia criminale nelle riforme del Settecento europeo* (a cura di Luigi Berlingueri), vol. 11, Milano, Giuffrè, 1990, 387-447. Versão resumida em F. Tomás y Valiente *et al.*, *Sexo barroco y otras transgresiones premodernas*, Madrid, Alianza, 1990, 175-186.

HESPANHA (1989), António Manuel, *Vísperas del Léviathan. Instituciones y poder político (Portugal, siglo XVII)*, Madrid, Taurus, 1989 (versão, modificada, portuguesa, Coimbra, Almedina, 1994).

HESPANHA (1990a), António Manuel, "A emergência da história", *Penélope*, 5(1990), 9-26.

HESPANHA (1990b), António Manuel, "La revolución y los mecanismos del poder (1820-1851)", em Carlos Petit (coord.), *Derecho privado y revolución burguesa*, Madrid, Pons, 1990, 15-52; adaptação portuguesa, "A consolidação da ordem estatalista (1851-1910)" (de colaboração com J.-M. Scholz), em António Reis (coord.), *Portugal contemporâneo*, Lisboa, Ed. Alfa, 1988.

HESPANHA (1990c), António Manuel, "Justiça e administração entre o Antigo Regime e a Revolução", em *Hispania. Entre derechos propios y derechos nacionales. Atti dell'incontro di studi*, Milano, Giuffrè, 1990.

HESPANHA (1992), António Manuel, *Poder e instituições no Antigo Regime. Guia de estudo*, Lisboa, Cosmos, 1992.

HESPANHA (1992a), António Manuel, "O poder, o direito e a justiça numa era de perplexidades", *Administração. Revista da administração pública de Macau*, 15(1992), 7-21 (também em A. M. Hespanha, 1993b).

HESPANHA (1992c), António Manuel, e Subtil, José Manuel, "Portugal", F. Ranieri (Orgs.), *Gedruckte Quellen der Rechtsprechung in Europa (1800-1945)*, Frankfurt/Main, 1992, 787-809.

HESPANHA (1993a), António Manuel (coord.), *Justiça e litigiosidade. História e prospetiva*, Lisboa, Gulbenkian, 1993.

HESPANHA (1993b), António Manuel, *La gracia del derecho*, Madrid, Centro de Estudios Constitucionales, 1993.

HESPANHA (1993c), António Manuel, "As faces de uma «Revolução»", *Penélope*, 9-10(1993), 7-16.

HESPANHA (1993e), António Manuel, *O Antigo Regime (1620-1810)*, volume IV da *História de Portugal*, dirigida por José Mattoso, Lisboa, Círculo dos Leitores, 1993.

HESPANHA (1993f), António Manuel, "Les autres raisons de la politique. L'économie de la grâce", em J.-F. Schaub (ed.), *Recherches sur l'histoire de l'État dans le monde ibérique (15e.-20e. siècles)*, Paris, Presses de l'École Normale Supérieure, 1993, 67-86; também em Pierangelo Schiera (a cura di), *Ragion di Stato e ragione dello Stato (secoli XV-XVII)*, Napoli, Istituto Italiano di Studi Filosofici, 1996, 38-67. Versão castelhana: A. M. Hespanha, *La gracia del derecho*, Madrid, Centro de Estudios Constitucionales, 1993; versão portuguesa: A. M. Hespanha, *A política perdida. Ordem e governo antes da modernidade*, Curitiba, Juruá.

HESPANHA (1993g), António Manuel, "Carne de uma só carne: para uma compreensão dos fundamentos histórico-

-antropológicos da família na Época Moderna", *Análise social*, 123/124.I (1993), 951-974.

HESPANHA (1994a), António Manuel, *As vésperas do Leviathan. Instituições e poder político (Portugal, séc. XVIII)*, Coimbra, Almedina, 1994.

HESPANHA (1994b), António Manuel, "O estatuto jurídico da mulher na época da expansão", em *O rosto feminino da expansão portuguesa. Congresso internacional*, Lisboa, Comissão da Condição Feminina, 54-64.

HESPANHA (1994c), António Manuel, "Li Va Sam não era leproso", em Scholz, J.-M., *Fallstudien zur Spanischen und portugiesischen justiz 15 bis 20. Jahrhundert (Rechtsprechung)*, Frankfurt/Main, Klostermann, 1994, 793 ss.

HESPANHA (1995), António Manuel, *História de Portugal moderno. Político-institucional*, Lisboa, Universidade Aberta, 1995, 302 pp. Acompanhado de 6 vídeos ilustrativos; ed. Brasileira atualizada e ampliada, *O direito dos letrados*, Florianópolis, Fundação Boiteux, 2006.

HESPANHA (1996), António Manuel, "Linhas de força da cultura jurídica chinesa contemporânea", *Administração. Revista da administração pública de Macau*, Macau, 9.31(1996), 1 ss.

HESPANHA (1996), António Manuel, *Panorama da história institucional e jurídica de Macau*, Macau, Fundação Macau, 1995 (edição em chinês, Ye Shi Peng, *Ao Mem Fa Zhi Shi Gai Lun*), Macau, Fundação Macau, 1996.

HESPANHA (1997), António Manuel, "La senda amorosa del derecho. *Amor y iustitita* en el discuso jurídico moderno", em Carlos Petit (ed.), *Pasiones del jurista. Amor, memoria, melancolia, imaginación*, Madrid, Centro de Estudios Constitucionales, 1997, 23-74. Trad. port.: em

Carlos Petit, *As paixões do jurista. Amor, memoria, melancolia*, Curitiba, Juruá, 2011 (texto refundido). Rec.: Emanuele Conte, *Rechtshistorisches Journal*, 17(1998), 53-59.

HESPANHA (2001), António Manuel, "Qu'est-ce que la 'constitution' dans les monarchies ibériques de l'époque moderne?", *Themis. Revista da Faculdade de Direito da U. Nova de Lisboa*, 4(2001), 5-18.

HESPANHA (2001a), António Manuel, "Luís de Molina e a escravização dos negros", *Análise Social*, 157(2001), 937-990.

HESPANHA (2001b), António Manuel, "Os juristas como couteiros", *Análise Social* 161 (2001), 1183-1209.

HESPANHA (2001q), António Manuel, "O foral novo de Évora no contexto da reforma dos forais de D. Manuel I", em *Foral Manuelino de Évora*, Câmara Municipal de Évora e Imprensa Nacional Casa da Moeda, 2001, 41-66.

HESPANHA (2001r), António Manuel, "Portuguese constitutional history", em *Handbuch der europäischen Verfassungsgeschichte im 19, Jh.*, (dir. Martin Kirsch, Peter Brandt, Arthur Schlegelmilch), Humboldt-Universität de Berlim.

HESPANHA (2002), António Manuel, "Early modern law and the anthropological imagination of old European culture", em Marino, John A. (ed.), *Early modern history and the social sciences. Testing the limits of Braudel's Mediterranean*, Truman State Press Univ., 2002; versão portuguesa: "A imaginação legal nos primórdios da Época Moderna", *Novos estudos* (CEBRAP), 59(março 2001), 137-153.

HESPANHA (2004), António Manuel, *Guiando a mão invisível. Direitos, Estado e lei no liberalismo monárquico português*, Coimbra, Almedina, 2004.

HESPANHA (2004), António Manuel, *História militar de Portugal*, dir. por Gen. Themudo Barata e Doutor Nuno Severiano Teixeira, Lisboa, Círculo dos Leitores, 2004.

HESPANHA (2006), António Manuel, "Portugal", em *Handbuch der europäischen Verfassungsgeschichte im 19, Jh.. I (c. 1800)*, (dir. Martin Kirsch, Peter Brandt, Arthur Schlegelmilch), Humboldt-Universität de Berlim, Bonn, Dietz, 2006.

HESPANHA (2006a) António Manuel,"The everlasting return of orality", paper presented to *Readings Of Past Legal Texts. International Symposium in Legal History in Tromsø, 13th and 14th June 2002*, em Dag Michalsen (ed.), *Reading past legal texts*, Oslo, Unipax, 2006, 25-56; versão portuguesa em *Sequência. Revista do Curso de Pós-Graduação em Direito da UFSC*, Santa Catarina (Brasil), 25(2005)47-107.

HESPANHA (2006b), António Manuel, "O direito administrativo como emergência de um governo ativo (c. 1800 - c. 1910)", *Revista de história das ideias*, IHE, FL-UC 26(2005) 119-159.

HESPANHA (2006c), António Manuel, "As cores e a instituição da ordem no mundo de Antigo Regime", em *Philosophica. Filosofia da Cultura*, 27(2006), 69-86.

HESPANHA (2007), António Manuel, "Que espaço deixa ao direito uma ética da pós-modernidade?", *Themis*, VII.14 (2007); versão francesa: "Le droit face à une éthique post-moderne" (a publicar em *Studi in ommaggio di Paolo Prodi*, Bologna); também em *Phronesis. Revista do Curso de Direito da FEAD*, 4(jan.-dez., 2008), 9-26.

HESPANHA (2007a), António Manuel, "Form and content in early modern lawyers' books. Bridging material bibliography with history of legal thought", *Portuguese Studies Review*, 6.1(2007) também, com algumas modificações formais, em *Rechtsgeschichte*, 12 (March, 2007); versão italiana ("Cultura giuridica; libri dei giuristi e techniche tipografiche") em Maria Antonietta Visceglia (ed.), *Le radice storiche dell'Europa. L'étà moderna*, Roma, Viella, 39-68.

HESPANHA (2007b) António Manuel, "Depois do Leviathan", *Almanack Braziliense*, nº 5 (2007) – revista eletrónica (http://www.almanack.usp.br/neste_numero/index.asp?numero=5); republicado em *O caleidoscópio do Antigo Regime*, São Paulo, Alameda, 2011.

HESPANHA (2007c), António Manuel, *O caleidoscópio do direito. O direito e a justiça nos dias e no mundo de hoje*, Almedina Editora, 2007, 674 pp.: 2ª ed. 2009 (muito modificada e aumentada; é a aqui citada).

HESPANHA (2007d) António Manuel, "O direito penal e o seu ensino (c. 1800-c. 1910)", em A. M. Hespanha e Cristina Nogueira da Silva, *Fontes para a história do direito penal em Portugal (c. 1800-c.1910)*. DVD. Faculdade de Direito da Universidade Nova de Lisboa, 2006. (=*Quaderni Fiorentini per la Storia del Pensiero Giuridico*: ("Principio di legalità e diritto penale"), 36(2007), 420-503).

HESPANHA (2008a), António Manuel, "Um poder um pouco mais que simbólico. Juristas e legisladores em luta pelo poder de dizer o direito", em Ricardo Marcelo Fonseca e Airton C. Leite Seelaender (coords.), *História do direito em perspetiva, Do Antigo Regime à modernidade*, Curitiba, Juruá, 2008, 143-202.

HESPANHA (2008b), António Manuel, "Sob o signo de Napoleão. A Súplica constitucional de 1808", em *e-Legal History Review*, 7(jan. 2009; http://www.iustel.com/v2/revistas/detalle_revista.asp?id=15); pub. no Brasil, *Revista Brasileira de Direito Comparado. Instituto de Direito Comparado*

Luso-Brasileiro, 34(2010), 47-80; versão digital, http://www.almanack.usp.br/PDFS/7/07_Artigos-02.pdf.

HESPANHA (2009), António Manuel, *Hércules Confundido – Sentidos Improváveis e Incertos do Constitucionalismo Oitocentista: o Caso Português*, Curitiba, Juruá, 2009.

HESPANHA (2009b), António Manuel, "Ideias sobre a interpretação", em *Liber amicorum de José Inácio de Sousa Brito*, Coimbra, Coimbra Editora, 2009; em versão eletrónica: site do Instituto de Investigaciones Jurídicas, Universidade Nacional do México (UNAM), http://biblio.juridicas.unam.mx/libros/7/3015/4.pdf

HESPANHA (2010), António Manuel, *Imbecillitas. As bem-aventuranças da inferioridade nas sociedades de Antigo Regime*, São Paulo, Annablume, 2010.

HESPANHA (2010a), António Manuel, "Razões de decidir na doutrina portuguesa e brasileira do século XIX", *Quaderni fiorentini per la storia del pensiero giuridico*, 39(2010), 109-151.

HESPANHA (2012), António Manuel, "Tomando a história a sério. Os exegetas segundo eles mesmos", em Fonseca, Ricardo Marcelo (org.), *As formas do direito: ordem, razão decisão – experiências jurídicas antes e depois da modernidade*, Curitiba, Juruá, 2012.

HIMMA (1999), K. E, "Judicial Discretion and the Concept of Law", 19 *Oxford Journal of Legal Studies* 71 (1999).

HINTZE (1962), Otto, "Der Comissarius und seine Bedeutung in der allgemeinen Verwaltungsrecht", em *Staat und Verfassung*, Gottingen, 1962, 262 ss. (trad. esp. O. Hintze, *Historia de las formas politicas*, Madrid, 1968, 174 ss.)

HOMEM (1999), Armando L. Carvalho, "Estado Moderno e Legislação Régia: Produção e Compilação Legislativa em Portugal (séc. XIII-XV)", *A Génese do Estado Moderno no Portugal Tardo-Medievo (séculos XIII-XV)*, Ciclo temático de conferências organizado pela Universidade Autónoma de Lisboa no ano lectivo de 1996/97, coord. Maria Helena da Cruz Coelho e Armando Carvalho Homem.

HOMEM (1999), Luís de Carvalho, Universidade Autónoma Editora, Lisboa, 1999, pp. 111-130.

HOMEM (1987), Pedro Barbas, *Iluminismo e direito em Portugal o reinado de D. José I*, Lisboa [s.n.], 1987.

HOOKER (1975), M. B., *Legal pluralism: an introduction to colonial and new colonial law*, Oxford, Oxford U.P., 1975.

HÖRSTER (1977), H.E., "O imposto complementar e o Estado de Direito", *Revista de direito e economia*, 3.1(1977).

HUNT (1994), Alan e Wickham, Gary, *Foucault and the law: towards a sociology of law as governance*, London, Pluto Press, 1994.

ISAACMAN (1958), Allen, "The «prazos» da Coroa, 1752-1830. A functional analysis of the political system", *Studia*, 26(abril de 1968), 194-277.

JARBAS (2004), Avelino, "A influência da Escola do Recife Sobre a atuação literário-jurídica dos bacharéis Piauienses nos inícios do século XX. O caso da revista *Litericultura* (1912-1913)" (em http://www.revistapersona.com.ar/Persona78/78Jarbas.htm, [12.1.2012].

JENCKS (1992), Charles (Editor), *A Post-Modern Reader*, New York, John Wiley & Son Ltd, August 1992.

JOERGES (2003), J., e Singh Ghaleigh (eds.), *Darker Legacies of Law in Europe: The Shadow of National Socialism and Fascism over Europe and its Legal Traditions. With a prologue by Michael Stolleis and an epilogue by JHH Weiler*, Hart Publishing, 2003.

JOHNSON Jr. (1984), Earl, "Comment la justice sera administrée demain: quatre scénarios possibles au XXIe. siècle", em Cappelletti, 1984, 210 ss.

JORGE (2009), Fonseca, "As Leis Pombalinas Sobre a Escravidão e as Suas Repercussões em Portugal", em *Atas do Seminário Internacional Escravos, libertos e trabalho forçado na era das abolições*, Lisboa, Faculdade de Direito da Universidade Nova de Lisboa, 19 e 20-11-2009.

KAGAN (1981), R. L., *Lawsuits and litigants in Castille, 1500-1700*, Chapel Hill, 1981.

KANT (1996), Immanuel, *Practical philosophy* (em *The Cambridge edition of the works of*) ed. Mary J. Gregor, Cambridge, Cambridge Univ. Press, 1996.

KANTOROWICZ (1957), Ernst H., *The king's two bodies. A study in medieval political theology*, Princeton, 1957.

KASER (1959), Max, *Das römisches Privatrecht*, München, 1959 (existem traduções inglesa, Durban, 1968; e espanhola, Madrid, 1968).

KAUFMANN (1921), Erich, *Kritik der neokantischen Rechtsphilosophie*, 1921.

KAUFMANN (1994), Armin, e Hassemer, Wilfried, *Einführung in Rechtsphilosophie und Rechtstheorie der Gegenwart*, Heidelberg, C. F. Müller, 1994 (trad. port.: Kaufmann (2002), Armin, e Hassemer; W., (orgs.), *Introdução à filosofia do direito e à teoria do direito contemporâneas*, trad. port. da 6.ª edição alemã, Lisboa, Gulbenkian, 2002).

KELLEY (1988), Donald, "Jurisconsultus perfectus. The lawyer as Renaissance man", *Journal of the Warburg and Courtlaud Institutes*, The Warburg Institute, University of London, 51(1988), 84-102.

KELSEN (1960), Hans, *Pure Theory of Law*, M. Knight, trad ingl., Berkeley: University of California Press, 1960/1967; a melhor trad. portuguesa é a de João Baptista Machado, Kelsen, H., *Teoria Pura do Direito*, Coimbra, Arménio Amado, 1984; São Paulo, Martins Fontes, 2002 (=http://www.slideshare.net/Marina-Lopes1/kelsen-hans-teoria-pura-do-direito, [02.02.2012].

KENNEDY (2001), Duncan, "Legal formalism", em Smelser, Neil J. e Baltes, Paul B., *Encyclopedia of the Social & Behavioral Sciences*, Amsterdam, Elsevier, 2001 (http://duncankennedy.net/documents/Legal%20Formalism.pdf).

KERCHOVE (1988), M. van der e François Ost, *Le système juridique entre ordre et désordre*, Paris, PUF, 1988.

KOSELLECK (1975), Reinhardt, *Geschichtliche Grundbegriffe*, Stutttgart, 1975.

KRASNER (1999), Stephen D. Krasner, *Sovereignty. Organized hypocrisy*, Princeton, Princeton University Press, 1999.

KRETZMANN (1993), Norman e Stump, Eleonore, *The Cambridge Companion to Aquinas*, (Cambridge Companions to Philosophy), Cambridge, Cambridge Univ. Press, 1993.

KRYNEN (1993), J., *L'empire du roi. Idées et croyances politiques en France, XIIIe.-XVe. siècles*, Paris, 1993.

KRYNEN (2009), J., *L'État de justice en France XIII-XXe. Siècle. L'idéologie de la magistrature ancienne*, Paris, Gallimard, 2009.

KUHN (1962), Thomas, *The structure of scientific revolutions*, Chicago, Chicago University Press, 1962.

KÜNG (2002), Hans, *O Cristianismo. Essência e história* [1994], trad. port., Lisboa, Circulo de Leitores, 2002.

LANGFORD (1989), P., *The writings and speeches of Edmund Burke*, Oxford, Oxford University Press, 1989.

LANGHANS (1957), Franz-Paul de Almeida, "História das instituições de direito público. Fundamentos jurídicos da monarquia portuguesa" *Estudos de direito*, 225-356, Coimbra, Acta Universitatis Conimbrigensis, 1957.

LARA (2005), Sílvia Hunold, "Conectando historiografias: a escravidão africana e o Antigo Regime na América portuguesa", em Bicalho, Maria Fernanda; Ferlini, Vera Lúcia Amaral (Org.). *Modos de governar: ideias e práticas políticas no império português – séculos XVI-XIX*. São Paulo, Alameda, 2005, 21-38.

LARA (2006), Sílvia Hunold e Mendonça; Nunes, Joseli Maria, *Direitos e Justiças no Brasil*, Editora Unicamp, 2006.

LARA (2007), Sílvia Hunold, *Fragmentos setecentistas: escravidão, cultura e poder na América Portuguesa*, São Paulo, Companhia das Letras, 2007.

LATORRE (1978), Angel, *Introdução ao direito*, Coimbra, Almedina, 1978.

LATOUR (1979), Bruno e Woolgar, Stève, *Laboratory life: the construction of scientific facts*, New York, Sage Publications, Thousand Oaks, 1979.

LE BRAS (1955), G., *et alii, Histoire du droit et des institutions de l'Église en Occident*, Paris, 1955-... (6 vols., até agora).

LEGENDRE (1974), Pierre, *L'amour du censeur. Essai sur l'ordre dogmatique*, Paris, Seuil, 1974.

LEGENDRE (1976), Pierre, *Jouir du pouvoir. Traité de la bourgeoisie patriote*, Paris, Minuit, 1976.

LEGENDRE (1982), P., *Paroles poétiques du texte*, Paris, Seuil, 1982.

LEGENDRE (1983), P., *L'empire de la vérité: introduction aux espaces dogmatiques industriels*, Paris, Fayard, 1983.

LEGENDRE (1992), P., *Trésor historique de L'État en France. L'Administration classique*, Paris, Fayard, 1992.

LEIBNIZ (1667), Gottfried Wilhelm, *Nova methodus discendae docendaeque iurisprudentiae*, Frankfurt, 1667; ou em Duttens, Louis, God. Guil. Leibnitii, *Opera omnia*, Tournes, Genève, 1768, IV.

LENOBLE (1972), J., e Ost, F., "Prolégomènes a une lecture épistémologique des modèles juridiques" em *Domination ou portage?* em AA.VV., *Dominar o compartir...* (versão original, 1972).

LESSA (1970), Almerindo, *Anthropologie et anthroposociologie de Macau. L'histoire et les hommes*, Tese apresentada à Fac. Toulouse, Sciences, Toulouse, 1970 (versão port., *A história e os homens da primeira república democrática do Oriente. Biologia e sociologia de uma ilha cívica*, Macau, Imprensa Nacional, 1974).

LEVI (1985), Giovanni, "I pericoli del geertzismo", *Quaderni storici*, 20.1(1985) 269-277.

LEVI (1989), Giovanni, *Le pouvoir au village. Histoire d'un exorciste dans le Piémont du XVIIe siècle*, Paris, Gallimard, 1989.

LEVI (1998), Giovanni, "The Origins of the Modern State and the Microhistorical Perspective", em Jurgen Schlurnbohrn (ed.), *Mikrogeschichte — Makrogeschichte: komplementär oder inkommensurahel?*, Göttingen, Wallstein-Verl., 1998.

LEVI (2000), Giovanni, "Reciprocidad mediterránea", *Hispania* 60/1(2000), 103-126.

LIMA (2008), Augusto César Moreira, "A Brazilian Perspective on Jurisprudence: Miguel Reale's Tridimensional Theory of Law", *Oregon revue of international law*, 10.1(2008), 77-148 (=http://www.law.uoregon.edu/org/oril/docs/10-1/Lima.pdf)

LITOWITZ (1997), Douglas E., *Postmodern philosophy & law*, Kansas, University Press of Kansas, 1997.

LOBÃO (1828), Manuel de Almeida e Sousa de, *Tratado das acções recíprocas [...] I. Dos pais para com os filhos [...]. I. Dos filhos para com os pais [...]*, Lisboa, 1828.

LOMBARDI VALLAURI (1975), Luigi, *Saggio sul diritto giurisprudenziale*, Milano, Giuffrè, 1975.

LOPES (1997), José Reinaldo Lima, *Direito e transformação social. Ensaio multidisciplinar das mudanças no direito*, Belo Horizonte, Ciência Jurídica, 1997.

LOPES (2000), José Reinaldo Lima, *O Direito na História*, São Paulo, Max Limonad, 2000.

LOPES (2002), Nei, *Novo Dicionário Banto do Brasil*, Rio de Janeiro, Pallas, 2002.

LOPES (2011), Araujo Erica, *De golpe a golpe: a política e a administração nas relações entre a Bahia e Portugal (1641-1667)*, Niterói, 2011 (disp. em http://www.historia.uff.br/stricto/td/1503.pdf).

LOSURDO (2005), Domenico, *Controstoria del liberalismo*, Roma-Bari, Laterza, 2005.

LUHMANN (1982), Niklas, "Autopoiesis handlung und kommunikative Verstāndig-ung", *Zeitschrift f. Soziologie*, 11(1982), 366-379.

LUHMANN (1984), Niklas, *Soziale System. Grundriss einer allgmeienen Theorie*, Frankfurt/Main, Suhrkamp, 1984.

LUHMANN (1990), Niklas, *Essays on self-reference*, New York, Columbia Univ. Press, 1990.

LUHMANN (1995), Niklas, *Das Recht der Gesellschaft*, Farnkfurt/Main, Suhrkamp, 1995.

LUZ (1952), Francisco Paulo Mendes da, *Livro das Fortalezas que a Coroa de Portugal tem nas partes da Índia e das Capitanias e mais cargos que neles há e importância dellas*, Lisboa, C.E.H.U., 1952.

LYOTARD (1979), Jean-Francois, *La condition postmoderne*, Paris, Minuit, 1979; versão inglesa, 1984.

LYOTARD (1984), Jean-Francois, e Massumi, Brian, *The Postmodern Condition: A Report on Knowledge* (Theory and History of Literature, Vol. 10), Minneapolis, Univ. Minnesota Press, 1984.

MACDONELL (1914), John, e Manson, Edward, *Great Jurists of the World (Continental Legal History Series)*, Boston, Little, Brown, and company, 1914, (on line: http://www.archive.org/details/greatjuristsofwo00macdiala).

MACHADO (1996), Jónatas Eduardo Mendes, *Liberdade religiosa numa comunidade constitucional inclusiva – Dos direitos da verdade aos direitos dos cidadão*, Coimbra, Studia Iuridica, Coimbra Editora, 1996.

MACHADO (2002), Lourival Gomes, *Tomás Antônio Gonzaga e o Direito Natural*, São Paulo, Edusp, 2002.

MACPHERSON (1962), C. B., *The political theory of possessive individualism*, Oxford, Clarendon Press, 1962.

MACQUEEN (1995), Hector L., "'Regiam Majestatem', Scots Law, and National Identity", *The Scottish Historical Review*, 74.197 (Apr., 1995), 1-25.

MAGALHÃES (1994a), Joaquim Romero de, "Os concelhos", em *História de Portugal* (dir. J. Mattoso), III, Lisboa, 1994, 175-184.

MAGALHÃES (1994b), Joaquim R., *Uma estrutura do Império Português: o município*, Lisboa, Fundação Oriente, 1994.

MAITLAND (1938), F. W., "Introduction" à trad. de O. v. Gierke, *Political theories of middle age*, Cambridge, 1938.

MÁIZ (1987), Ramon (ed.), *Discurso, poder, sujeto. Lecturas sobre Michel Foucault*, Santiago de Compostela, 1987.

MALDONADO (1960), M., *Alguns aspectos da história da criminologia em Portugal*, diss. Faculdade Direito da Universidade de Coimbra, Coimbra, 1960.

MANNORI (2001), Lucca, e Sordi, Bernardo, *Storia del diritto amministrativo*, Laterza, 2001.

MANSO (2009), Maria de Deus Beites, *A Companhia de Jesus na Índia (1542-1622). Atividades Religiosas, Poderes e Contactos Culturais*, Macau: Universidade de Macau; Évora: Universidade de Évora, 2009.

MARCOCCI (2011), Giuseppe, *L'invenzione di un impero. Politica e cultura nel mondo portoghese (1450-1600)*, Roma, Carocci, 2011.

MARCOS (1990), Rui Manuel, "A legislação pombalina", *Boletim da Faculdade de Direito [de Coimbra]*, Supl. vol. 33(1990) 1-315.

MARCOS (2001), Rui Manuel, "O "ius politiae" e o comércio. A idade publicista do direito comercial", em *Estudos em homenagem ao Prof. Doutor Rogério Soares*, Coimbra, Coimbra Editora, 2001.

MARIANO (1990), José Gabriel, "A procuratura dos Negócios Sínicos (1583-1894)", *O direito*, 2(1990), 18-22.

MARQUES (1987), Mário Reis, *O liberalismo e a codificação do direito civil em Portugal. Subsídios para o estudo da implantação em Portugal do direito moderno*, Coimbra, Faculdade de Direito, 1987.

MARQUES (1991), Mário Reis, "Ciência e ação: o poder simbólico do discurso jurídico universitário no período do ius commune", *Atas do Congresso "História da Universidade (no 7º Centenário da sua Fundação")*, Coimbra, 1990, V, 25-37.

MARTIN (1992), Luther H. et alii (orgs.), *Un seminario con Michel Foucault. Technologie del se*, Torino, Bollati, 1992.

MARTINS (1989), José Fazenda, "A jurisprudência dos interesses em Portugal", *Revista jurídica. AAEFDL*, 11-12(1989).

MARTINS (2008), Tarcísio José, *Quilombo do Campo Grande – A História de Minas Roubada do Povo*, Contagem-MG,Santa Clara Editora, 2008.

MARTYN (2000), Georges, *Het Eeuwig Edict van 12 Juli 1611. Zijn genese en zijn rol in de verschrifteking van het pprivaatrecht*, Brussel, Algemeen Ruksarchief en Ruksarchief in de Provincien, 2000.

MATOS (1974), Artur Teodoro de, *Timor Português (1515-1769), Contributos para a Sua História*, Instituto Infante D. Henrique, Faculdade de Letras, Lisboa, 1974.

MATOS (1982), Artur Teodoro de, *O Estado da Índia nos anos de 1581-1588, Alguns Elementos para o seu Estudo*, Ponta Delgada, Universidade dos Açores, 1982.

MATURANA (1979), Humberto, e Varela, Ricardo, *Autopoiesis and cognition*, Boston, Reidel, 1979.

MAZZA (1998), Mario, "I «Geschchtliche Grundbeggriffe». Note per una discussione su *Begriffsgeschichte, Neue Sozialgeschichte* e *storicismo*", *Società e storia*, 80(1998), 349-370.

MAZZACANE (1997), Aldo, "El jurista y la memória", em Petit, Carlos (coord.), *Las pasiones del jurista. Amor, memoria, melancholia, imaginación*, Madrid, Centro de Estudios Constitucionales, 1997 (versão portuguesa, *As paixões do jurista. Amor, memória, melancolia, imaginação*, Curitiba, Juruá, 2011).

MCKENZIE (1997), Donald Francis, *Bibliography and the Sociology of Texts*, Cambridge University Press, 1997.

MCKENZIE (2002), Donald Francis, *Making Meaning: "Printers of the Mind" and Other Essays*, (Peter D. McDonald, Michael F. Suarez, eds.), Mass. Univ. Press, 2002.

MCLUHAN (1962), Marshall, *The Gutenberg Galaxy*, Univ. of Toronto Press, 1962.

MECCARELLI (1998), Massimo, *Arbitrium. Un aspetto sistematico negli ordinamenti giuridici in età di diritto comune*, Milano, Giuffrè, 1998.

MEDICK (1984), Hans, "'Missionare im Ruderboot'? Ethnologische Erkenntnisweisen als Herausforderung an die Sozialgeschichte", *Geschichte u. Gesellschaft*, 10(1984), 259-319; éd. française abrégée, *Genéses*, 1(1990), 24-46.

MEDINA (2004), Diego Lopez, *Teoría impura del derecho*, Bogotá, Ediciones

Universidad de los Andes, Universidad Nacional de Colombia, 2004; *Teoría impura del derecho. La transformación de la cultura jurídica latinoamericana*, Bogotá, Legis, 2009.

MEIRA (1990), Sílvio, *Clóvis Beviláquia. Sua Vida. Sua obra*, Edições, 1990.

MEIRELES (1990), Henrique, *Marx e o direito civil (para a crítica histórica do "paradigma civilístico")*, Coimbra, Almedina, 1990.

MELÍA (1977), A. M., *Iglesia y Estado en el siglo de oro español: el pensamiento de Francisco Suarez*, Valencia, Universidad de Valencia, 1977.

MELLO (2005), Christiane Figueiredo Pagano de, "A disputa pelos 'principais e mais distintos moradores'. As Câmaras Municipais e os Corpos Militares", em *Vária História*, 33(2005), 219-233 (disp. em http://www.fafich.ufmg.br/varia/admin/pdfs/33p219.pdf).

MELO [Freire](1789), Pascoal [José] de, *Institutiones iuris civilis lusitani*, Ulysipone, 1789.

MENDES (1886), Antonio Lopes, *A India portugueza: breve descripção das possessões portuguezas na Asia*, Lisboa, Imprensa Nacional, 1886.

MENDONÇA (1972), Marcos Carneiro, *Raízes da formação administrativa do Brasil*, Rio de Janeiro, Instituto Histórico e Geográfico Brasileiro, Conselho Federal de Cultura, 1972.

MENDONÇA (1981), Luís Correia de, "As origens do Código Civil de 1966: esboço para uma contribuição", *Análise social*, 72-74(1981), 829-868.

MERÊA (1925), Manuel Paulo, *Resumo de história do direito português*, Coimbra, 1925.

MERÊA (1939), Manuel Paulo, "Direito romano, direito comum e boa razão", *Boletim da Faculdade de Direito*, 1939-40.

MERÊA (1941), Manuel Paulo, "O liberalismo de Herculano", *Biblos*, 17(1941).

MERÊA (1943), Manuel Paulo, "Escolástica e jusnaturalismo: o problema da origem do poder civil em Suarez e Pufendorf", *Bol. Fac. Dir. Coimbra*, 19(1943) 289-306.

MERRYMAN (2007), John Henry, e Pérez-Perdomo, Rogelio, *The civil law tradition*, Stanford University Press, 2007.

MIGLIORINO (2004), Francesco, "Rileggendo Francisco Suarez", em *Amicitiae Pignus. Studi in ricordo di Adriano Cavanna, a cura di A. Padoa Schioppa-G. Di Renzo Villata-G.P. Massetto*, vol. II, Milano, 2004, 1453-1475.

MINDA (1995), Gary, *Postmodern legal movements*, New York, New York Univ., 1995.

MINDA (1997), Gary, "Law and Literature at Century's End.", *Cardozo Studies in Law and Literature*, 9.2(1997), 245-258.

MIRANDA (1975), Jorge, "A revolução de 25 de Abril e o direito constitucional", *Boletim do Ministério da Justiça*, 242(1975), 5 ss.

MITCHELL (1969), J. Clyde, "The concept and use of social networks", em *idem* (org.), *Social networks in urban situations*, Manchester, 1969, 1-50.

MITCHELL (1973), J. Clyde, e J. Boisevain (eds.), *Network analysis in human interaction*, The Hague, 1973.

MOLINA (1593), Luís de, *Tractatus de iustitiae et de iure*, Cuenca, 1593-1600.

Moncada (1937), Luís Cabral de, "Subsídios para uma história da filosofia do direito em Portugal", *Boletim da Faculdade de Direito de Coimbra*, 14(1937-1938) 105-159; 15(1938-1939), 25 ss.

Moncada (1948), Luís Cabral de, "O 'século XVIII' na legislação de Pombal", em *Estudos de história e direito*, I, Coimbra 1948.

Moncada (1948), Luís Cabral de, *Estudos de historia do Direito*, s/l [Coimbra], s/d [1948-1950], 3 vols.

MONCADA (1949), Luís Cabral de, "Origens do moderno direito português.

Época do individualismo filosófico e crítico", *Estudos de história do direito*, 55-178, Coimbra, Acta Universitatis Conimbrigensis, 1949.

MONCADA (1960), Luís Cabral de, "Subsídios para a história da filosofia em Portugal no século XX", *Boletim da Faculdade de Direito de Coimbra*, 36(1960), 1-15.

MONCADA (1966), Luís Cabral de, "Estado e pessoa humana", *Pontos de doutrina*, Coimbra, União Nacional, 1966, 91-111.

MONTEIRO (1998), Nuno Gonçalo Freitas, *O crepúsculo dos grandes (1750-1832)*, Lisboa, Imprensa Nacional, 1998.

MORAES (1989), Evaristo de, *Reminiscências de um Rábula Criminalista*, 2ª ed., Rio de Janeiro, Briguiet, 1989.

MORATO (1933), Francisco Manuel Trigoso de Aragão, *Memórias de Francisco Manuel Trigoso de Aragão Morato, começadas a escrever por ele mesmo em princípios de janeiro de 1824 e terminadas em 15 de julho de 1835*, revistas e coordenadas por Ernesto de Campos de Andrada, Coimbra, Imprensa da Universidade, 1933.

MOREIRA (1952), Adriano, "Administração de justiça aos indígenas", *Revista do Gabinete de Estudos Ultramarinos*, 5-6(1952).

MOREIRA (1975), Vital, "Constituição e revolução", *Vértice*, 374.5(1975), 161 ss.

MORTARI (1954), Vincenzo Piano, "L'argumentum ab auctoritate nel pensiero dei giuristi medievali", *Riv. It. Sc. Giur.*, 7(1954).

MORTARI (1958), Vincenzo Piano, "Il problema dell'interpretatio iuris nei commentatori", em *Annali di Storia del Diritto*, 1958.

MOURA (1982), José Barata, *Para uma crítica da "Filosofia dos valores"*, Lisboa, Horizonte, 1982.

MUSI (1979), Aureliano, *Stato e pubblica amministrazione nell'ancien régime*, Napoli, Guida, 1979.

MUSSON (2001), Anthony, *Medieval law in context: the growth of legal consciousness from Magna Carta to the peasants' revolt*, Manchester, Manchester University Press, 2001, maxime 55-84.

NASCIMENTO (2002), Maria Filomena, "Olhar medieval sobre o Brasil Colônia", *Revista Múltipla*, VII. nº 12(2002), 113-130 (=http://www.upis.br/revistamultipla/multipla12.pdf).

NASCIMENTO (2007), Maria Filomena, "A dimensão espiritual das relações sociais no feudalismo (Leão, séculos XII-XIII)", em Fonseca, C., Ribeiro, M.E., *Instituições, cultura e poder na Idade Média Ibérica. Atas da VI Semana de Estudos Medievais – I Encontro Luso-brasileiro de História Medieval*, Brasília, PEM-UnB, 2007, 177-212 (= http://www.mariafilomenacoelho.com/feed/).

NASCIMENTO (1979), N., "Subsídios para compreender a conduta e a mentalidade do juiz", *Fronteira*, 1.5(1979), 133 ss.

NELKEN (2011), David, "Towards a European sociology of law", em http://www.iisj.net/iisj/de/report-david-nelken.asp?nombre=2992&cod=2992&sesion=1 [25.11.2011].

NEVES (1968), António Castanheira, *O papel do jurista no nosso tempo*, Coimbra, 1968.

NEVES (1968), António Castanheira, *Questão de facto e questão de direito*, Coimbra, Atlântida, 1976.

NEVES (1976), António Castanheira, "A revolução e o direito", *Revista da Ordem dos Advogados*, 1976.

NEVES (2009), Cylaine, *A retrospetiva histórica do direito natural e o campo jurídico do Tribunal da Relação do Rio de Janeiro e seus documentos (1751-1808)*, Tese de doutoramento na Faculdade de Filosofia e Letras da Universidade de São Paulo, 2009 (em www.teses.usp.br/teses/.../CYLAINE_MARIA_DAS_NEVES.pdf).

NEWITT (1973), M.D.D., *Portuguese settlement on the Zambesi*, London, Longman, 1973.

NICOLINI (1952), Ugo, *La proprietà, il principe e l'espropriazione per publica utilità. Studi di dottrina giuridica inermedia*, Milano, Giuffrè, 1952.

NINO (1996), Carlos Santiago, *The constitution of deliberative democracy*, New Haven, Yale University Press, 1996.

NOGUEIRA (1990), José Artur Duarte, "A Sé de Braga e a receção do direito romano-canónico em Portugal", *IX Centenário da Dedicação da Sé de Braga – Atas do Congresso Internacional*, vol. I (O Bispo D. Pedro e o Ambiente Político-Religioso do Século XI), Braga, 1990, 557-563.

NOGUEIRA (1994), José Artur Duarte, *Sociedade e Direito em Portugal na Idade Média. Dos primórdios ao século da Universidade (contribuição para o seu estudo)*, Lisboa, Faculdade Direito da Universidade de Lisboa, 1994 (suplemento da *Revista da Faculdade de Direito / UL*).

NOGUEIRA (2001), José Artur Duarte, "Municipalismo e direito: considerações histórico-jurídicas sobre o direito local", em Dias, Jorge de Figueiredo *et al.*, *Estudos em homenagem a Cunha Rodrigues*, Coimbra; Coimbra Editora, 2001.

NOGUEIRA (2006), José Artur Duarte, *Lei e Poder Régio I. As Leis de Afonso II*, Associação Académica da Faculdade de Direito de Lisboa, Lisboa, 2006.

OESTREICH (1982), G., e Koenigsberger, H. G. (ed.), *Neostoicism and the early modern State*, Cambridge, Cambrige University Press, 1982.

OLIVEIRA (2012?), Luís Pedroso de Lima Cabral de, "A consagração dos 'naturais'. Considerações em torno das dinâmicas das elites goesas de oitocentos" (em publicação).

OLIVEIRA (1982), António Resende de, "Poder e sociedade. A legislação pombalina e a antiga sociedade portuguesa", em *O Marquês de Pombal e o seu tempo*, Coimbra, 1982, I, 51-89.

OLIVEIRA (1978), Hiltomar Martins, "Augusto Teixeira De Freitas: Monumento jurídico das Américas e do mundo". Disponível em: http://www.revistapersona.com.ar/Persona78/78Hiltomar.htm, [17/10/2010].

OLIVEIRA (2011), Luís Pedroso de Lima Cabral de, "Direito, literatura e prática judicial na Goa de outrora: o caso dos advogados provisionários", I parte, em *Via Atlântica. Publicação da área de estudos comparados de literaturas de língua portuguesa*, Faculdade de Filosofia, Letras e Ciências Humanas USP, S. Paulo, nº 19/2011.

ONG (1958), Walter, *Ramus, Method, and the Decay of Dialogue*, Cambridge, Massachusetts, Harvard University Press, 1958.

ORESTANO (1961), Riccardo, *Introduzione allo studio storico del diritto romano*, Torino, 1961.

OURLIAC (1957), V. P., e Malafosse, J. De, *Droit romain et ancien droit. Les obligations*, Paris, Thémis, 1957.

OURLIAC (1961), V. P., e Malafosse, J. De, *Histoire du droit et des faits sociaux. Les biens*, Paris, Thémis, 1961.

PADOA-SCHIOPA (1995), Antonio, *Il diritto nella storia d'Europa. Il medioevo*, Milano, CEDAM, 1995.

PADOA-SCHIOPPA (1999), Antonio, "Sur la conscience du juge dans le *ius commune* européen", Carbasse, Jean-Marie, e Depambour-Tarride, L., (eds.), *La conscience du juge dans la tradition juridique européenne*, Paris, PUF, 1999, 95-130.

PAGDEN (1982), Anthony, *The fall of the natural man and the origins of comparative ethnology*, Cambridge, 1982.

PAIM (1968), Antônio, *Cairu e o liberalismo económico*, Rio de Janeiro, Tempo Brasileiro, 1968.

PAIM (1981), Antônio, *Plataforma política do positivismo ilustrado*, Brasília, Câmara dos Deputados, 1981.

PAIM (1990), Antônio, *A Escola do Recife. Estudos complementares à História das Ideias Políticas no Brasil*. Vol. V, Londrina, Eduel, s/d (1990?) (em http://www.institutodehumanidades.com.br/arquivos/escola_do_recife.pdf, [12.1.2012]).

PAIM (s/d), Antônio. "Os ciclos da Escola do Recife" (em http://www.cdpb.org.br/os_ciclos_da_escola_do_recife.pdf, [12.1.2012]).

PALMER (2007), Vernon Valentine, *Mixed Jurisdictions Worldwide: The Third Legal Family*, Cambridge University Press, 2007.

PEGAS (1669), Manuel Alvares, *Commentaria ad Ordinatões Regni Portugalliae*, Ulysipone 1669-1703, 12 tomos + 2.

PENIZ (1816), Ignacio da Rocha, "Da influência do foro sobre a felicidade pública", em *Elementos de prática formulária*, 1816.

PENNINGTON (1993), Kenneth, *The prince and the law. 1200-1600. Sovereignty and rights in the Western legal tradition*, Berkeley, California University Press, 1993.

PEREIRA (1964), Isaías da Rosa, "Livros de direito em Portugal na Idade Média", em *Lusitania Sacra*, 7(1964/6).

PEREIRA (2001), Rui, "A Missão Etognósica de Moçambique: a codificação dos "usos e costumes indígenas" no direito colonial português: notas de investigação", *Cadernos de Estudos Africanos*. Lisboa: ISCTE, 2001, 125-177.

PEREIRA (2008), Luis Fernando Lopes, "Ambivalências da sociedade política do Antigo Regime: Cultura político-jurídica no Brasil do Século XVIII", *Revista de Humanidades. UFRN*, Caicó (RN), v. 9. n. 24, set/out. 2008. Disp. em www.cerescaico.ufrn.br/mneme/anais.

PEREIRA (1954), Carlos Renato Gonçalves, *História da administração da justiça no Estado da Índia. Século XVI*, 2 vols., 1954-1955.

PEREIRA (1982), José Esteves, "A polémica do 'Novo Código'", *Cultura. História e filosofia*, 1(1982), 289 ss.

PEREIRA (1983), José Esteves, *O pensamento político em Portugal no século XVIII. António Ribeiro dos Santos*, Lisboa, INCM, 1983.

PÉREZ-MARTIN (1980), Antonio, "Importancia de las universidades en la recepción del derecho romano en la Península Ibérica", *Studi sassaresi*, 8, sér. III(1980), 255-332.

PERRONE-MOISÉS (1992), Beatriz, "Índios Livres e Índios escravos. Os princípios da legislação do período colonial (séculos XVI a XVIII)" em Cunha, Manuela Carneiro da (org.), *História dos índios no Brasil*, 2ª ed., São Paulo, Cia. das Letras/Secretaria Municipal de Cultura//FAPESP, 1992, 115-132.

PETIT (1990), Carlos, "Amos, servientes y comerciantes: algo más sobre el primer modelo constitucional", em Petit, Carlos (org.), *Derecho privado y revolución burguesa*, Madrid, Marcial Pons, 1990, 53-86. 87-122.

PETIT (1992), Carlos, "Oralidad y escritura. O la agonia del metodo en el taller del jurista americano", *Historia. Insittuciones. Documentos*, 19(1992), 327-379.

PETIT (1994), Carlos, e Vallejo, Jesús, "La categoria giuridica nella cultura europea del Medioevo", Ortalli, G. (ed.), *Storia d'Europa. Il Medioevo*, III, Torino, Einaudi, 1994.

PETIT (1997), Carlos (coord.), *Las pasiones del jurista. Amor, memoria, melancholia, imaginación*, Madrid, Centro de Estudios Constitucionales, 1997 (versão portuguesa, *As paixões do jurista. Amor, memória, melancolia, imaginação*, Curitiba, Juruá, 2011).

PETIT (2000), Carlos, *Discurso sobre el discurso. Oralidad y escritura en la cultura jurídica de la España liberal*. Huelva, Publicaciones de la Universidad, 2000.

PINTO (1994), Paulo Jorge Corino de Sousa, *Portugueses e malaios. Malaca e os sultanados de Johor e Adém. 1575-1619*, Dissertação de mestrado na Faculdade de Ciências Sociais e Humanas da Universidade Nova de Lisboa, 1994; resumos: "Melaka, Johor and Aceh: A bird's eye view over a Portuguese-Malay Triangular Balance (1575-1619)". *Atas do Colóquio Nouvelles Orientations de la Recherche sur l'Histoire de l'Asie Portugaise (Paris, 3-4 junho 1994)*. Paris, Centre Culturel Calouste Gulbenkian, 1996; *Portugueses e Malaios – Malaca e os Sultanatos de Johor e Achém (1575-1619)*, Lisboa, Sociedade Histórica da Independência de Portugal, col. "Memória Lusíada", (1997).

PINTO (2011), Paulo Jorge de Sousa, *The Portuguese and the Straits of Melaka, 1575-1619: Power, Trade and Diplomacy*. Singapura, Singapore University Press, 2011.

PINTO (1989), António Costa, "O fascismo e a crise da I República (1923-1925)", *Penélope*, 3(1989), 43-62.

PINTO (2001), Ricardo Leite, "Neo-republicanism: A Critical introduction", *Análise Social*, 136(2001), 158-159.

PISSAVINO (1988), Paolo, "Il De Officiis del Della Casa e alcuni raffronti metodologici", em C. Mozzarelli (ed.), *"Famiglia" del prncipe e famiglia aristocratica*, Roma, Bulzoni, 1988, 2 vols.

PLUCKNETT (1956), Theodore, *A concise history of the common law*, Boston, Little, Brown and Company, 1956; Jersey, The Lawbook Exchange, 2001.

POCOCK (1957), John Greville Agard, *The Ancient Constitution and the Feudal Law: a study of English Historical Thought in the Seventeenth Century*, Cambridge, Cambridge University Press, 1957, remodel. 1987.

POCOCK (1972), J. G. A., *Politics, language and time: essays on political thought and history*, London, Methuen, 1972.

POLANYI (1944), Karl, *The great transformation: the political and economic origins of our times*, New York, 1944.

PORTILLO VALDÉS (1987), José Maria, *Los poderes locales en la formación del régimen foral, Guipúzcoa, 1812-1850*, Bilbao, Universidad del País Vasco, 1987.

PORTUGAL (1673), Domingos Antunes, *Tractatus de donationibus regiis jurium & bonorum regiae coronae*, Ulysipone, 1673, 2 vols.

POST (1964), Gaines, *Studies in medieval legal thought. Public law and the State*, Princeton, 1964.

POUMARÈDE (1992), Jacques, "Exploitation coloniale et droits traditionnels", em *Pouvoirs publics et développement en Afrique*, Toulouse, SEDUSS, 1992, 141-148.

POUMARÈDE (1999), Jacques, "Droit romain et rédaction des coutumes dans le ressort du parlement de Bordeaux", em *Droit romain, Jus civile et Droit français* (J. Krynen dir.), Toulouse, Presses de l'Université des Sciences Sociales de Toulouse, 1999, 331-345.

POUMARÈDE (2004), Jacques, "De la fin des coutumes à la survie de usages locaux, le code civil face aux particularismes", em *Bicentenaire du Code civil, Colloque du Sénat*, nov. 2004, 156-168.

Pound (1921), Rescoe, *The spirit of common law*, Marshall Jones Company, Francestown, New Hampshire, 1921 (existe versão eletrónica).

PRAÇA (1880), José Joaquim Lopes, *Estudos sobre a carta constitucional*, Lisboa, 1880, 3 vols.

PRADO Jr. (2000), Caio, *Formação do Brasil contemporâneo*, São Paulo, Brasiliense, 2000.
PREST (1981), William (coord.), *Lawyers in early modern Europe and America*, London, Croom Helm, 1981.
PRODI (1982), Paolo, *Il sovrano pontefice. Un corpo e due anime: la monarchia papale nella prima età moderna*, Bologna, Il Mulino, 1982.
PRODI (1992), Paolo, *Il sacramento del potere. Il giuramento politico nella storia costituzionale*, Bologna, Il Mulino, 1993.
PRODI (1999), Paolo, *Una storia della giustizia*, Il Mulino, Bologna, 2000.
PROSPERI (1996), Adriano, *Tribunali della coscienza. Inquisitori, confessori, missionari*, Torino, Einaudi, 1996.
QUAGLIONE (2004), Diego, *La sovranità*, Roma, Laterza, 2004.
QUAGLIONI (1989), Diego, *"Civilis sapientia". Dottrine giuridiche e dottrine politiche fra medioevo ed età moderna. Saggi per la storia del pensiero giuridico moderno*, Rimini, Maggioli, 1989.
RADBRUCH (1945), Gustav, "Gesetzliches Unrecht und übergesetzliches Recht", *1 Süddeutsche Juristenzeitung*, 1945, 105-108.
RADBRUCH (1999), Gustav, "5 Minuten Rechtsphilosophie", em *Gustav Radbruch: Rechtsphilosophie, Studienausgabe*, Heidelberg, 1999, S.209 f., 210.
RAMOS (1971), Luís de Oliveira, "Pombal e o esclavagismo", em *Revista da Faculdade de Letras da Universidade do Porto*, 1971, 169-178: em http://ler.letras.up.pt/uploads/ficheiros/3108.pdf, [6.01.2012].
RANIERI (1988), Filippo, "De corpo a profissão", *Penélope*, 1(1988), 32-63 (=http://www.penelope.ics.ul.pt/indices/penelope_01/01_06_FRanieri.pdf)
RAO (2003), Velcheru Narayana; Nārāya'arāvu, Vēlcēru; Shulman, David Dean ; Subrahmanyam, Sanjay, *Textures of time: writing history in South India*, London, Other Press, L.L.C, 2003.
RAPACZYNISCKI (1987), Andrzej, *Nature and politics. Liberalism in the philosophies of Hobbes, Locke and Rousseau*, Ithaca, Cornell Univ. Press, 1987.
RAU (1966), Virgínia, *Feitores e Feitorias "Instrumentos" do Comércio Internacional Português no Século XVI*, Lisboa, Edições Brotéria, 1966.
RAVNA (2010), Øyvind, "Sámi legal culture", em Sunde (2010), Jørn Øyrehagan, e Skodvin, Knut Einar (eds.), *Rendezvous of European cultures*, Bergen, Fagbokofrlaget, 2010, 149-166.
RAWLS (1972), John, *A theory of justice*, 1972; trad. port., *Uma teoria da justiça*, Lisboa, Presença, 1993.
REBELO (1608), Fernando, *De obligationibus iustitiae et charitatis*, Lugduni, 1608.
Rego (1940), António da Silva, *Le Patronat Portugais de l'Orient – Apercu historique*, [Edition commemorative du double centenaire de la fondation et de la restauration du Portugal], 1940.
REGO (1959), António da Silva, *Portuguese colonization in the 16th century. A study on the royal ordinances (regimentos)*, Johannesburg, 1959.
REGO (1967), António da Silva, *O ultramar português no século XVIII*, Lisboa, A.G.U., 1967.
REICH (1972), N. (coord.), *Marxistische und sozialistische Rechtstheorie*, Frankfurt/Main, Athenäum, 1972.
RENAULT (1999), Alain (ed.), *Histoire de la philosophie politique. Las critiques de la modernité politique*, Paris, Calman-Lévy, 1999.
REVEL (1989), Jacques, "L'histoire au ras du sol", préface à ed. franc. de Levi, Giovanni, *Pouvoir au village Histoire d'un exorciste dans le Piémont du XVIIe siècle*, Paris, Gallimard, 1989 (ed. ital. original, 1985).

RIBEIRO (1951), Álvaro, *Os positivistas. Subsídios para a história da filosofia em Portugal*, Lisboa, 1951.
RIBEIRO (1988), António Sousa, "Modernismo e pós-modernismo. O ponto da situação", *Revista crítica de ciências sociais*, 24(1988), 23-46.
RILEY (1988), Patrick *Leibniz. Political writings*, Cambridge, Cambridge University Press, 1988.
RIVARA (1870), Joaquim Heliodoro da Cunha, *Brados a favor das communidades das aldeias do Estado da Índia*, Nova Goa, 1870.
ROBINET (1994), André, *G. W. Leibniz. Le meilleur des mondes par la balance de l'Europe*, Paris, PUF, 1994.
ROCHA (1996), Antônio Penalves, *A economia política na sociedade escravista*, São Paulo, Hucitec, 1996.
ROCHA (2001) (org.), Antônio Penalves, *Visconde de Cairu*, Rio de Janeiro, Editora 34, 2001.
ROCHA (1973), Leopoldo da, *As confrarias de Goa (sécs. XVI-XX). Conspecto histórico-jurídico*, Lisboa, C.E.H.U., 1973.
ROCHA (1852), Manuel António Coelho da, *Instituições de direito civil português*, Lisboa, 1852.
RODRIGUES (1998), Maria Eugénia, "Municípios e poder senhorial nos Rios de Sena na segunda metade do século XVIII", em *O Município no Mundo Português*, Funchal, Centro de Estudos de História do Atlântico e Secretaria Regional do Turismo e Cultura, 587-608.
RODRIGUES (2002), Eugénia, *Portugueses e Africanos nos Rios de Sena. Os prazos da Coroa nos séculos XVII e XVIII*, Universidade Nova de Lisboa, Dissertação de Doutoramento em História, 2002.
RÖHL (1959), V., *Fremde Einflüße im japanischen Recht*, Frankfurt-Berlin, 1959.

ROSAS (1994), Fernando (dir.), *O Estado Novo*, em J. Mattoso (dir.), *História de Portugal*, Lisboa, Círculo de Leitores, 1994.
ROSEN (1983), Frederic, *Jeremy Bentham and representative democracy: a study of the Constitutional code*, Oxford, Clarendon Press, 1983.
ROSENAU (1991), Pauline Marie, *Post-Modernism and the Social Sciences: Insights, Inroads, and Intrusions*, Princeton Univ. Press, 1991.
ROTTELLI (1971), Ettore, e P. Schiera, *Lo Stato moderno*, Bologna, Il Mulino, 1971, 3 vols.
ROULAND (1991), Norbert, *Anthropologie juridique*, Paris, PUF, 1996.
ROULAND (1998), Norbert, *Introduction historique au droit*, Paris, PUF, 1998.
RUFFILLI (1979), Roberto (org.), *Crisi dello Stato e storiografia contemporanea*, Bologna, 1979.
RUIZ (2007), Rafael, "Duas perceções da justiça nas Américas: Prudencialismo e Legalismo", *Anais Eletrônicos do VIII Encontro Internacional da ANPHLAC* Vitória, 2008 (disp. em http://www.estig.ipbeja.pt/~ac_direito/rafael_ruiz.pdf)
RUSSELL-WOOD (1981), A. J., *Fidalgos e Filantropos: A Santa Casa da Misericórdia da Bahia, 1550-1755*, Brasília: Editora Universidade de Brasília, 1981.
RUSSELL-WOOD (1998), A. John, "Centro e periferia no mundo luso-brasileiro, 1500-1808", *Revista Brasileira de História*, 18.36(1998), São Paulo, 187-250.
RUSSELL-WOOD (2000a), A. John (ed.), *Local Government in European Overseas Empires, 1450-1800*, London, Variorum, 2000.
RUSSELL-WOOD (2000b), A. John (ed.), *Government and Governance of European Empires, 1450-1800*, London, Ashgate Publishing, 2000.

RUST (2010), Leandro Duarte. *"Colunas vivas de São Pedro": concílios, temporalidades e reforma na história institucional do Papado medieval (1046-1215)*, São Paulo, Annablume, 2011.

SADOUN (2011), Mohamed, *Paul Magnaud, le « bon juge »*, Paris, Riveneuve Éditions, 2011.

SALDANHA (1986), António Vasconcelos de, *As capitanias e o regime senhorial na expansão ultramarina portuguesa*, Dissertação apresentanda ao Curso de Mestrado de Ciências Histórico-Jurídicas da Faculdade de Direito da Universidade de Lisboa, Lisboa, 1986; impresso: Funchal, Secretaria Regional do Turismo, Cultura e Emigração, 1992.

SALDANHA (1998), António Vasconcelos de, *Vincere reges et facere. Dos tratados como fundamento do império dos portugueses no Oriente. Estudo de história do direito internacional e do direito português*, Lisboa, Lisboa, Fundação Oriente, 1998.

SAMPAIO (1973), Francisco C. de Sousa, *Preleções de direito pátrio, público e particular*, Lisboa, 1973.

SANTANA (2008), Alencar, "O poder político do município no Brasil Colônia", *Revista Brasileira de Direito Constitucional – RBDC*, n. 12 – jul./dez. 2008 (disp. em http://www.esdc.com.br/RBDC/RBDC-12/RBDC-12-169-Alencar_Santana_Braga_(municipio).pdf, [2.2.2012])

SANTOS (1854), J. D. C. dos, *Manual do juiz de paz [...]*, Macao, Typ. Manuel de Cordova, 1854, iv+53 pp.

SANTOS (1844), António Ribeiro dos, *Notas ao plano do Novo Codigo de direito publico de Portugal [...]*, Coimbra, Imp. Univ., 1844.

SANTOS (1980a), Boaventura Sousa, "Justicia popular, dualidad de poderes y estrategia socialista", *Revista de sociologia*, 13(1980), 256 ss.

SANTOS (1980b), Boaventura Sousa, *O discurso e o poder. Ensaio sobre a sociologia da retórica jurídica*, Coimbra, 1980.

SANTOS (1988b), Boaventura Sousa, "Droit: une carte de lecture déformée. Pour une conception post-moderne du droit", *Droi et société*, 10(1988), 363-390.

SANTOS (1988c), Boaventura Sousa, "Uma cartografia simbólica das representações sociais: prolegómenos a uma conceção pós-moderna do direito", *Revista crítica de ciências sociais*, 24(1988), 139-172.

SANTOS (1989), Boaventura Sousa, "Towards a post-modern understanding of law", *Legal culture and everyday life. Oñati proceedings*, Oñati, Internt. Int. for the Sociology of law, 1989, 113-126.

SANTOS (1994), Boaventura Sousa, *Pela mão de Alice. O social e o político na pós-modernidade*, Porto, Afrontamento, 1994.

SANTOS (1995), Boaventura Sousa, *Toward a new common sense. Law, science and politics in the paradigmatic transition*, London, Routledge, 1995.

SANTOS (2000), Boaventura de Sousa, *Crítica da razão indolente. Contra o desperdício da experiência*, Porto, Afrontamento, 2000.

SANTOS (2011), Boaventura de Sousa, *Portugal. Ensaio contra a autoflagelação*, Coimbra, Almedina, 2011.

SANTOS (2005), Catarina Madeira, "Entre deux droits: les Lumières en Angola (1750-v. 1800)", *Annales. Économies. Sociétér. Civilisations*, 2005.4, 817-848.

SANTOS (2006), Catarina Madeira, e Tavares, Ana Paula, *A Apropriação da Escrita pelos Africanos*, Lisboa, IICT, 2006.

SANTOS (2009), Catarina Madeira, "Écrire le pouvoir en Angola Les archives ndembu (XVIIe -XXe siècles)", *Annales. Économies. Sociétés. Civilisations*, 2009.4.

SARAIVA (1977), António José, *Herculano e o liberalismo em Portugal*, Lisboa, 1977.

SARAT (1993), Austin, e Thomas R. Kearns, *Law in everyday life*, Ann Harbor, Univ. Michigan Press ("The Amherst Series in Law, Jurisprudence and Social Thought"), 1993.

SARAT (1994), Austin, e Th. R. Kearns (ed.), *The rhetoric of law*, Ann Harbor, The Michigan Univ. Press, 1994.

SARAT (1996), Austin, e Th. R. Kearns (ed.), *Legal rights: historical and philosophical perspectives*, Ann Harbor, The Michigan Univ. Press, 1996.

SBRICOLLI (1969), Mario, *L'interpretazione dello statuto. Contributo allo studio della funzione dei giuristi nell'età comunale*, Milano, 1969.

SCHANK (1977), Roger C., et al., *Scripts, plans, goals, and understanding: an inquiry into human knowledge structures*, New York, Halsted Press Division of John Wiley and Sons, 1977.

SCHAUB (1995), Jean-Frédéric, "La Penisola Iberica nei secoli XVI e XVII: la questione dello Stato", *Studi storici*, 36.1(1965), 9-49.

SCHAUB (1996), Jean-Frédéric, "Le temps et l'État: vers un nouveau régime historiographique de l'Ancien Régime français", *Quaderni fiorentini per la storia del diritto*, 25(1996), 127-181.

SCHEPELLE (1994), Kim Lane, "Legal theory and social theory", *Annual review of sociology*, 20(1994), 383-406.

SCHIAVONE (2005), Aldo, *Ius. L'invenzione del diritto in Occidente*, Torino, Einaudi, 2005.

SCHIERA (1968), Pierangelo, *Dall'Arte di governo alle Scienze dello Stato: il Cameralismo e l'Assolutismo tedesco*, Milano, Giuffré, 1968.

SCHIERA (1985), Pierangelo, "Lo Stato moderno e il rapporto disciplinamento/ legittimazione", *Problemi del socialismo*, 5(1985), 111-134.

SCHINGS (1987), J. H., *Melancholie und Aufklärung. Melancholicher und ihre Kritiker in Erfahrungsseelenkunde und Literatur des 18. Jahrhundert e Nestore Pirillo, L'uomo di mondo fra morale e ceto*, Bologna, Il Mulino, 1987.

SCHLAG (1996), Pierre, "Rights in the postmodern condition", em Sarat, 1966, 263-304.

SCHMIDT (1988), Siegfried J. (ed.), *Der Diskurs des radikalen Konstrutiivismus*, Frankfurt/Main, 1988.

SCHOLZ (1976), Johannes-Michael, "Legislação e jurisprudência em Portugal nos sécs. XVI a XVIII. Fontes e literatura", *Scientia iuridica* (Braga) 25(1976), 512-587.

SCHOLZ (1977), Johannes-Michael, "Historische Rechtshistorie. Reflexionen anhand französischen Historik", em Scholz, J.-M. (coord.), *Vorstudien zur Rechtshistorik*, Frankfurt/Main, V. Klostermann, 1977, 1-175.

SCHOLZ (1979), Johannes-Michel, "Penser les Institutes hispano-romaines", *Quaderni Fiorentini per la storia del pensiero giuridico moderno*, 8(1979), 157-178.

SCHOLZ (1982), Johannes-Michael, "Portugal", em Coing (1973), Helmut (dir.), *Handbuch der Quellen und Literatur der neueren europäischen Privatrechtsgeschichte*, München, Beck, 1982, Band I-III, 1982.

SCHOLZ (1985), Johannes-Michael, "Éléments pour une histoire du droit moderne", em Cerdà y Ruiz-Funes, 1985.

SCHOOF (1970), T. M., *A Survey of Catholic Theology, 1800-1970*, Paulist, 1970.

SCHWARTZ (1935), A. B., "Einflüße deutscher Zivilistik in Ausland", *Symbolae Fribburgensis in hon. O. Lenel*, 1935, 425 ss.

SCHWARCZ, Lilia, *O Espetáculo das raças: cientistas, instituições e questão racial no Brasil 1870-1930*, São Paulo, Companhia das Letras, 1993.

SCHWARTZ (1973), Stuart B., *Sovereignty and Society in Colonial Brazil: The High Court of Bahia and Its Judges, 1609-1751*, Berkeley: University of California Press, 1973.

SCHWARTZ (2008), Stuart, *All Can Be Saved. Religious Tolerance and Salvation in the Iberian Atlantic World*, New Haven, Yale University Press. 2008.

SCOTT (1998), James C., *Seeing Like a State: How Certain Schemes to Improve the Human Condition Have Failed*, Yale University Press, 1998.

SEELÄNDER (2003), Airton, *Polizei, Ökonomie und Gesetzgebungslehre: ein Beitrag zur Analyse der portugiesischen Rechtswissenschaft am Ende des 18. Jahrhunderts*, Frankfurt/Main, V. Klostermann, 2003.

SEELÄNDER (2008), Airton, "A polícia e o rei-legislador: notas sobre algumas tendências da legislação portuguesa no Antigo Regime", em Bittar, C. B., *História do direito brasileiro: leituras da ordem jurídica nacional*, São Paulo, Atlas, 91-108.

SERRANO GONZÁLEZ (1987a), Antonio, "Poder sub species legis y poder pastoral", em Máiz, 1987, 115-135.

SERRANO GONZÁLEZ (1987b), Antonio, *Michel Foucault. Sujeto, derecho, poder*, Zaragoza, Universidade de Zaragoza, 1987.

SERRANO GONZÁLEZ (1992), Antonio, *Como lobo entre ovejas. Soberanos y marginados. Bodin, Shakespeare, Vives*, Madrid, Centro de Estudios Constitucionales, 1992.

SÈVE (1991), René, "La politique moderne: rupture et continuité", *Théologie et droit dans la science politique de l'État moderne*, Rome, École Française de Rome, 1991, 63-70.

SHAPIRO (1975), Barbara, "Law Reform in the Seventeenth Century England", *The American Journal of Legal History*, 19.4(1975), 280-312.

SHAPIRO (1980), Barbara, "Sir Francis Bacon and the Mid-Seventeenth Century Movement for Law Reform", *The American Journal of Legal History*, 24.4(1980), 331-362.

SHERWIN (2000), Richard K., *When law goes pop. The Vanishing Line between Law and Popular Culture*, Chicago, The University of Chicago Press, 2000.

SIGMUND (2001), P. E., "Aquinas: Moral, political, and legal theory", *Philosophical Review*, 110.1(2001), 129-132.

SIGMUND (1988), E. P. (trad. e intr.), *St. Thomas Aquinas on politics and ethics*, New York, Norton, 1988.

SILVA (2004), Cristina Nogueira da, "«Missão civilizacional» e Codificação de usos e costumes na doutrina colonial portuguesa (séculos XIX-XX)", *Quaderni Fiorentini per la Storia del Pensiero Giuridico Moderno*, nºs 33-34, t. II, 2004-2005, pp. 899-921.

SILVA (2009), Cristina Nogueira da, *Constitucionalidade e Império: a cidadania no Ultramar português*, Coimbra, Almedina, 2009.

SILVA (1780), José Veríssimo Alvares da, *Introdução ao novo codigo ou dissertação crítica sobre a principal causa da obscuridade do nosso codigo authentico*, Lisboa, 1780.

SILVA (1964), Nuno Espinosa G. da, *Humanismo e direito em Portugal no século XVI*, Lisboa, 1964.

SILVA (1991), Nuno Espinosa Gomes da, *História do direito português. Fontes de direito*, Lisboa, Gulbenkian, 1991; nova ed., muito reelaborada, Lisboa, Gulbenkian, 2000.

SINGH (1986), Chhatrapati, *Law from anarchy to Utopia: an exposition of the logical, epistemological, and ontological foundations of the idea of law, by an inquiry into the nature of legal propositions and the basis of legal authority*, Delhi, Oxford University Press, 1986.

SMAIL (1997), Daniel Lord, "Telling tales in Angevin courts", *French Historical Studies*, 20.2(1997), 183-215.(http://dash.harvard.edu/bitstream/handle/1/3716639/smail_tales.pdf?sequence=2: [acedido 21.11.2011])

SOLARI (1959), V. G., *Individualismo e diritto privato*, Torino, 1959.

SOROS (2000), George, *Open Society: Reforming Global Capitalism*, Public Affairs, 2000.

SOROS (2002), George, *George Soros on Globalization*, Public Affairs, 2002.

SOUSA (1991), George Bryan de, *A sobrevivência do Império: Os Portugueses na China (1630-1754)*, Lisboa, 1991.

SOUZA (1870), António José da Silva e, *Polémica (A) acerca da Procuratura dos Negócios Sínicos de Macau*, Macau, Typ. Popular, 1870, 186 pp.

SOUZA (2006), Laura de Mello e, *O sol e a sombra. Política e administração na América portuguesa do séc. XVIII*, São Paulo, Companhia das Letras, 2006.

SOUZA (2007), Laura de Mello e; Bicalho, M. Fernanda, e Furtado, Júnia F., *O Governo dos Povos*, São Paulo, Alameda Editorial, 2007.

SOUZA FILHO (2006), Carlos Frederico Marés de, *O Renascer dos Povos para o Direito*, Curitiba, Juruá, 2006.

SPITTLER (1980), Gerd, "Streitregelung im Schatten des Leviathans. Eine Darstellung und Kritik rechtsethnologischer Untersuchung", *Zeitschrift für Rechtssoziologie*, 1(1980), 4 ss.

SPITTLER (1980a), Gerd, "Abstraktes wissen als Herrshaftsbasis. Zur Entsehungsgeschichte Bürokratischer Herrschaft im Bauernstaat Preussen", *Kölner Zeitschrift fur Soziologie und Sozial-psychologie*, 32 (1980), 574-604.

STERN (1914), J., *Thibaut et Savigny*, 1914.

STEWART (1990), Ian, "The Critical Legal Science of Hans Kelsen", *Journal of Law and Society* 17(3), 273-308.

STOLLEIS (1985), Michael, *Geschichte des öffentlichen Rechts in Deutschland*, vol. I, 1600-1800, Munich, C.H. Beck, 334-394.

STOLLEIS (1988-1999), Michael, *Geschichte des öffentlichen Rechts in Deutschland, vol. I: Reichspublizistik und Policeywissenschaft 1600-1800*, 1988; vol. II: *Staatsrechtslehre und Verwaltungswissenschaft 1800-1914*, 1992; vol. III: *Staatsrechtswissenschaft und Verwaltungsrechtswissenschaft in Republik und Diktatur 1914 – 1945*, München, C. H. Beck, 1999.

STOLLEIS (1995), Michael, *Juristen. Ein biographisches Lexikon. Von der Antike bis zum 20. Jahrhundert*, C. H. Beck Verlag, 1995.

STOLLEIS (1998), Michael, *The Law under the Swastika: Studies on Legal Histoy in Nazi Germany*, Chicago: University of Chicago Press, 1998.

STRANGE (1997), Susan, *Casino Capitalism*, 1997.

STREET (2012), Sharon, "Objectivity and Truth: You'd Better Rethink It", https://files.nyu.edu/jrs477/public/Sharon%20Street%20-%20Objectivity%20and%20Truth.pdf (proposto a *Philosophy & Public Affairs*.

STUMP (2001), Eleonore, e Kretzmann, Norman, *The Cambridge Companion to Augustine*, (Cambridge Companions to Philosophy), Cambridge, Cambridge Univ. Press, 2001.

SUBTIL (1996), José Manuel, *O Desembargo do Paço (1750-1833)*, Lisboa, Universidade Autónoma de Lisboa, 1996.

SUBTIL (2007), José Manuel, *O Terramoto Político (1755-1759) – Memória e Poder*, Lisboa, UAL, 2007.

SUBTIL (2012), José Manuel, "O Direito de Polícia nas vésperas do Estado liberal em

Portugal", Comunicação ao V Congresso Brasileiro de História do Direito, *Ordem, Razão, Decisão: experiências jurídicas antes e depois da modernidade* (Curitiba, 29 de agosto a 2 de setembro de 2011; a publicar em Curitiba, Juruá, 2012).

SUNSTEIN (2002), Cass, *Republic.com*, Princeton, Princeton University Press, 2002.

SUNSTEIN (2006), Cass, *Infotopia: How Many Minds Produce Knowledge*, Oxford, Oxford University Press, 2006.

SUNSTEIN (2007), Cass, *Republic.com 2.0*, Princeton, Princeton University Press 2007.

TAMANAHA (2008), Brian Z., *"Understanding Legal Pluralism: Past to Present, Local to Global"*, em http://www.austlii.edu.au/au/journals/SydLRev/2008/20.pdf [13.09.2011].

TAMMASIA (1967), N., *Scritti di storia giuridica*, II, Padova, 1967.

TARELLO (1976), Giovanni, *Storia della cultura giuridica moderna. Assolutismo e codificazione del diritto*, Bologna, Il Mulino, 1976.

TAU ANZOATEGUI (1992), Vitor, *Casuismo y sistema*, Buenos Aires, Instituto de Investigaciones de Historia del derecho, 1992.

TAVARES (2002), Ana Paula, e Santos, Catarina Madeira, *Africae monumenta: a apropriação da escrita pelos africanos*; edição, introdução, glossário e textos por, vol. I: Arquivo caculo cacahenda, Lisboa, Instituto de Investigação Científica Tropical, 2002.

TEIXEIRA (1959), António Braz, "A filosofia jurídica portuguesa atual", *Boletim do Ministério da Justiça*, 89(1959).

TEIXEIRA (1983), António Braz, *O pensamento filosófico-jurídico português*, Lisboa, Biblioteca breve ICLP, 1983.

TEUBNER (1993), Günther, *O direito como sistema autopoiético*, Lisboa, Gulbenkian, 1993.

THÉVENOT (1992), Laurent, "Jugements ordinaires et jugements de droit", *Ann. Écon.Soc.Civ.*, 47(1992), 1279-1293.

THOMAZ (1985), Luís Filipe, "A estrutura política e administrativa do Estado da Índia no século XVI", *II Seminário Internacional de História Indo-Portuguesa*, Lisboa, Centro de Estudos de História e Cartografia Antiga, Instituto de Investigação Científica e Tropical, 1985, 511-541.

THOMAZ (1990) Luís Filipe, "L'idée impériale manueline", *La découverte. Le Portugal et l'Europe. Actes du Colloque*, Paris, Gulbenkian, 1990, 35-103.

THOMPSON (1971), E. P., "The Moral Economy of the English Crowd in the 18th Century". *Past & Present*, 50 (1971), 76-136.

THOMPSON (1993), E. P., *Customs in Common: Studies in Traditional Popular Culture* (New Press, 1993).

TOCQUEVILLE (1835-1840), Alexis, *De la démocratie en Amérique*, Paris, 1835 (ed. cons., dir. G. Candeloro, *La democrazia in America*, Milano, Rizzoli, 1982).

TOFFLER (1990), Alvin, *Powershift. Knowledge, wealth and violence at the edge of the 21st century*, London, Bantam, 1990.

TOMÁS Y VALIENTE (1980), Francisco, *Manual de historia del derecho español*, Madrid, 1980-1982.

TOMÁS Y VALIENTE (1990), Francisco, Clavero, B., Hespanha, A.M., Bermejo, J.L., Gacto, E., Alvarez, Clara, *Sexo barroco y otras transgresiones premodernas*, Madrid, Alianza, 1990.

TORGAL (1981), Luís Reis, *Ideologia política e teoria do Estado na Restauração*, Coimbra, Biblioteca Geral da Universidade, 1981-1982, 2 vols.

TORGAL (1996), Luís Reis, "Sob o signo da «Reconstrução Nacional»", em Torgal, Luís Reis, et al., *História da história em Portugal. Sécs. XIX-XX*, Lisboa, Círculo dos Leitores, 1996, 219 ss.

TROJE (1970), Hans-Erich, "Arbeitshypothesen zum Thema «Humanistische Jurisprudenz»", *Tijdschrift voor Rechtsgeschiedenis*, 38(1970).

TUCK (1979), R., *Natural rights theories: their origins and development*, Cambridge, Cambridge University Press, 1979.

TULLY (1980), R., *A discourse on property: John Locke and its adversaries*, Cambridge, Cambridge University Press, 1980.

TULLY (1992), J., *John Locke. Droit naturel et propriété*, Paris, PUF, 1992.

TURCHINI (1985), Angelo, e Mazzone, Umberto (coords.), *Le visite pastorali*, Bologna, Il Mulino, 1985.

TURNER (1921), Frederick Jackson, *The Frontier In American History*, New York, Henry Holt and Company, 1921.

TURNER (1991), Bryan S., *Theories of modernity and postmodernity*, London, Sage, 1991, 5 ss.

TURRINI (1991), Miriam, *La coscienza e le leggi. Morale e diritto nei testi per la confessione della prima étà moderna*, Bologna, Il Mulino, 1991.

UNGER (1983), Roberto, "The critical legal studies movement", *Harvard law review* 96(1983), 561 ss.

VAGTS (2002), Detlev F., "Carl Schimitt in context. Reflections on a symposium", *Cardozo Law Review*, 23.6(2002), 2137-2163.

VALADIER (1998), Paul, *Nietzsche. Cruauté et noblesse du droit*, Paris, Michalon, 1998.

VALASCO (1588), Álvaro, *Consultationum ac rerum judicatarum in regno Lusitaniae*, Ulysipone, 1588 (ed. cons. Conimbricae, 1730).

VALLEJO (1992), Jesús, *Ruda equidad, ley consumada. Concepción de la potestad normativa (1250-1350)*, Madrid, Centro de Estudios Constitucionales, 1992.

VALLEJO (1995), Jesus, "Paratonia de la historia jurídica", *Mélanges de la Casa de Velázquez*, XXXI-2, 1995, 109-141.

VANDERLINDEN (1967), J., *Le concept de code en Europe Occidentale du XIIIe. au XIXe. siècles*, Bruxelles, 1967.

VANDERLINDEN (1989), Charles, *La coutume*, Bruxelles, De Boek Université, 3 vols., 1989-1991.

VERGNIÈRES (1993), Solange, *Montesquieu. La nature, les lois, la liberté*, Paris, PUF, 1993.

VIEHWEG (1953), Theodor, *Topik und Jurisprudenz*, München, 1953, (trad. italiana, *Topica e Giurisprudenza*, Milano, 1962).

VIEIRA (1992), Benedicta Maria Duque, *O problema político português no tempo das primeiras cortes liberais*, Lisboa, Sá da Costa, 1992.

VILLARI (1987), Rosario, *Elogio della dissimulazione. A lotta política nel Seicento*, Bari, Laterza, 1987. AA.VV (1991), *Itinera iuris. Studi di storia giuridica dell'età moderna*, Napoli, 1991.

VILLEY (1961), Michel, *Cours d'histoire de la philosophie du droit*, Paris, Les Édtions Monschrestien, 1961-1964.

VILLEY (1968), Michel, *La formation de la pensée juridique moderne*, Paris, Sirey, 1968; nova ed. Paris, Montchretien [i.e. Montchrestien], 1975; nov. ed. revista, Paris, PUF, 2003.

VINCENTIIS (2006), Amedeo de, "La sopravvivenza come potere. Pai e baroni di Roma nel XV secolo", S. Carocci (ed.), *La nobiltà romana nel Medioevo*, Roma, École Française de Rome, 551-613.

VIOLANTE (2001), Rafaele, *Il sistema contrattuale del diritto commune classico. Struttura dei fatti e individuazione del tipo. Glossatori e ultramontani*, Milano, Giuffrè, 2001.

VIROLLI (2002), Maurizio, *Republicanism*, New York, Hill & Wang Pub, 2002.

WALD (2009), Arnoldo, "A obra de Teixeira de Freitas e o Direito Latino-Americano". *Brasília: Revista de Informação*

Legislativa, a. 41 n. 163 jul./set. 2004 (também em http://www.buscalegis.ufsc.br/revistas/index.php/buscalegis/article/viewFile/22188/21752, em [26-08-2009]).

WALZER (1994), Michael, *Thin and thick. Moral argument at home and abroad*, New York, Notre Dame Univ., 1994.

WEBER (1956), Max, *Wirtschaft und Gesellschaft. Grundriss einer verstehenden Soziologie*, Köln-Berlin, 1956.

WEHLER (1975), Hans-Ulrich, *Modernisierungstheorie und Geschichte*, Göttingen, 1975.

WEHLING (2004), Arno, e Wehling, Maria José, *Direito e Justiça no Brasil colonial. O Tribunal da Relação do Rio de Janeiro – 1751/1808*. Rio de Janeiro/São Paulo/Recife: Editora Renovar, 2004.

WEIMAR (1973), P., "Die legistische Literatur der Glossatorenzeit", em Coing, 1973, I, 129-260.

WEISER (1966), (ed.), M., *Modernization: the dynamics of growth*, New York, Basic Books, 1966.

WELZEL (1962), Hans, *Naturrecht und materiale Gerechtikeit. Problemgeschichtliche Untersuchungen als Prolegomena zu einer Rechtsphilosophie*, Göttingen, 1962.

WESEL (1997), Uwe, *Geschichte des Rechts. Von den Frühformen bis zum Vertrag von Maastricht*, München, Verlag C. H. Beck, 1997.

WESENBERG (1999), Gehrard, e Wesener, Günter, *Storia del diritto privato in Europa. Il medioevo*, (a cura di Cappellini, Paolo, e Dalbosco, Maria Cristina), Milano, CEDAM, 1999.

WHITE (1973), Hayden, *Metahistory: The Historical Imagination in Nineteenth-Century Europe*. Baltimore: The John Hopkins University Press, 1973.

WHITE (1978), Hayden, *Tropics of discourse. Essays in cultural criticism*, 1978.

WHITE (1987), Hayden, *The content of the form. Narrative and historical representation*, 1987.

WHITE (1973), J. Boyd, *The Legal Imagination. Studies in the Nature of Legal Thought and Expression*, Little, Brown and Co., Boston, 1973.

WHITE (1984), James Boyd, *When Words Lose Their Meaning: Constitutions and Reconstitutions of Language, Character, and Community*, Chicago, University of Chicago Press, 1984.

WICKI (1969), José, *O livro do "Pai dos Cristãos"*, Lisboa, C.E.H.U, 1969.

WIEACKER (1967), Franz, *Privatrechtseschichte der Neuzeit* [...], Vandenhoeck & Ruprecht, 1967. Trad. port. da 2ª ed., Lisboa, Gulbenkian, 1993.

WIEACKER (1993), Franz, *História do direito privado moderno*, Lisboa, Gulbenkian, 1993 (2ª ed.).

WIEDERKEHR (1965), G., "Éléments de philosophie dans les manuels contemporains de droit civil", *Arch. Phil. Droit*, 10(1965).

WIJFFELS (1992), Alain, *Late sixteenth-century lists of law books at Merton College*, Cambridge, LP Publ., 1992.

WOLKMER (2008), Antônio Carlos, *Introdução ao Pensamento Jurídico Crítico*. Saraiva, 6ª ed., São Paulo, 2008.

WOLKMER (2010), Antônio Carlos et al., *Pluralismo jurídico. Os novos caminhos da contemporaneidade*, São Paulo, Saraiva, 2010, 139-172 (http://www.4shared.com/folder/RELC0Jd8/Livros_rea_Jurdica.html) (ou http://docs.google.com/document/d/1Yrtv5HV8YdUpLImT4Iz_hPRZ2xQKbgX0W0mCYKkkIsM/edit?hl=en_US#).

WOOLF (1901), Cecil N. S., *L'opera di Baldo. Per cura del Università di Perugia nell V centenario* [...], Perugia, 1901.

WOOLF (1913), Cecil N. S., *Bartolus of Sassoferrato. His position in the history of medieval political thought*, Cambridge, 1913 (trad. italiana, Milano, 1962).

WYDUCKEL (1979), Dieter, *Princeps legibus solutus. Eine Untersuchung zur frühmodernen Rechts- und Staatslehre*, Berlin, 1979.

WYDUCKEL (1984), Dieter, *Ius publicum. Grundlagen und Entwicklung des oeffentlichen Rechts und der deutschen Staatsrechtsissenschaft*, Berlin, 1984.

XAVIER (1993), Ângela Barreto, e A. M. Hespanha, "A representação da sociedade e do poder", em *História de Portugal*, IV("O Antigo Regime", dir. A. M. Hespanha), Lisboa, Circulo de leitores, 1993, 121-145.

XAVIER (2008), Ângela Barreto, *A invenção de Goa: poder imperial e conversões culturais nos séculos XVI e XVII*. Lisboa, Imprensa de Ciências Sociais, 2008.

XAVIER (1840), Filipe Nery, *Collecção de bandos e outros differentes providencias [...] para o governo económico e social das Novas Conquistas*, Nova Goa, 1840-1850, 2 vols. [BNL SC 1849- 50 V; SG 147-B-48]

XAVIER (1852a), Filipe Nery, *Bosquejo historico das communidades agricolas das aldêas dos concelhos das Ilhas, Salcete e Bardez, dividido em quatro partes*, Nova Goa, 1852 [SG 22-H-31].

XAVIER (1852b), Filipe Nery, *Collecção das leis peculiares das comunidades agrícolas das aldeias dos concelhos das Ilhas, Salcete e Bardez*, Nova Goa, 1ª parte, 1852. 2ª parte, 1855 [SG 22-H-33/22-H-34 (índice, em Miscelânea)].

XAVIER (1856), Filipe Nery, *Defensa dos direitos das gancarias*, Nova Goa, 1856 [SG 14-F-89].

XAVIER (1861), Filipe Nery, *Códigos dos usos e costumes das Novas Conquistas*, Nova Goa, 1861 [SG 22-H-34].

ZAGREBELSKY (1992), Gustavo, *l diritto mite*, Torino, Einaudi, 1992.

ZARKA (1995), Yves-Charles, *Hobbes et la pensée politique moderne*, Paris, PUF, 1995.

ZENHA (1948), Edmundo, *O município no Brasil: [1532-1700]*, São Paulo, Instituto Progresso Editorial S.A., [1948].

ZIMMERMANN (2000), Reinhard, *Roman law, contemporary law, European law. The civilian tradition today*, Oxford, Oxford University Press, 2000.

ZOLO (1987), Danilo, *Democracy and complexity: a realist approach*, Cambridge, Polity Press, 1987.

ZYMA (1976), Peter V. (coord.), *Textsemiotik als Ideologiekritik*, Frankfurt/Main, Suhrkamp, 1976.

ZYMA (1980), Peter V., *Textsoziologie. Eine kritische Einführung*, Stuttgart, Metzler, 1980.

ÍNDICE TEMÁTICO

Absolutismo legislativo, 523
Abstração, 134
Abuso de direito, 486
Actiones praetoriae, 118, 122
Acúrsio, 195, 273, 350, 359
Advogados, 275, 403, 472, 503 s., 516, 554
Aequitas, 33, 151, 152
Aequitas canonica, 151
Alvará, 186
Amizade, 26, 45, 57 s., 94, 149, 496
Amor, 57 s., 62, 64, 65, 139, 149, 150, 496
Angola, 299 e ss..
Anticonceitualismos e antiformalismos, 452 ss.
Antigo Regime, direito, 31, 33
Antilegalismo, 128, 411, 521, 531, 548
    antiparlamentarismo, 521 e ss..
    Escola Histórica Alemã, 409 ss..
    século XXI, 605 ss..
Antinaturalismo, Portugal e Brasil, 482 ss..
Antiparlamentarismo, 385, 524
Antirracionalismo, 478
Antissociologismo
    Portugal e Brasil, 482 ss.
Antitotalitarismo, 523, 529
    pensamento católico, 546
Antivoluntarismo, 376
Antropologia histórica
    história do direito, 52, 53, 55, 66, 72, 75, 79, 80, 83

Apparatus, 189, 213
Aquino, S. Tomás de, 105, 111, 148, 150, 211, 212, 301, 306, 546
Arbitragem, 44, 90, 143, 259, 506
Arbitrium iudex, 152, 164
Argumentos, 87, 135, 152, 190, 214, 215 ss., 408, 482, 543
Ars inveniendi, 208, 212
Artes liberales, 195
Assentos, 184, 185, 187, 350, 359, 426, 472, 484
Assertivismos axiológicos, 536
Attorneys, 504
Auctoritas (autoridade dos juristas), 90, 92, 122, 125, 130, 135, 154, 172 ss., 224 s., 229, 235, 260, 338, 355, 373 s., 404, 427, 500, ss., 532, 556 s..
Augustinianismo jurídico, 204, 209, 303
Autopoiésis, 74, 573, 575, 576
Bartolismo tardio, 236
Bill of rights, 253, 382
Boa razão, 156, 251, 271 s., 302ss. 350, 359, 426 ss..
Bom governo, 184, 332 ss..
Brasil, 358 ss., 428 ss., 473ss., 482 ss., 510 ss..
    direito dos colonos, 278, 285, 297
    direitos indígenas, 285 ss., 297
Breviário de Alarico, 136
Brocarda, 33, 68, 190, 213
Bula da Ceia, 145, 146

Burocracia, 384, 392, 499
Câmara Geral (das tanadarias de Goa), 293
Cameralística, 334, 358
Canonística, influência da, 143
Capitão das aldeias, 286
Cartesianismo jurídico, 308 ss.
Casa grande, 372
Casuísmo, 119, 128, 130, 134, 461
Causae secundae, 164
Centralização, 44, 58, 139, 231 s., 265
Cinema, televisão e direito, 566, 567
Civilian lawyers, 174
Civiltà della carta bollata, 32
Cláusulas gerais, 451, 486
Code civil, 338 s., 401, ss.
Codex iuris canonici, 141
Codificação, 233, 293, 299, 333 ss., 342, 363, 401, 406, 411
  Portugal e Brasil, 40 ss., 478 s.
Código Civil alemão 377, 396, 419
  BGB, 396, 420
Código criminal da Toscana (*Leopoldina*, 1786), 339
Código da Áustria, *Allgemeines bürgerliches Gesetzbuch, A.B.G.B.*, 1811, 339, 436
Código da Prússia, 339, 430
Código de Justiniano, 134, 136, 196, 232
Cognitivismo, 502, 539, 581
Collectio hispana, 140
Colonização, 86, 95, 115, 256, 265, 277 ss., 550
Common law, 86, 170, 171, 233, 234, 237, 252, 253, 576
Compositio, 294
Comtismo, 461 ss..
Comunidades de Goa. *Ver* tanadarias, 293
Concertação, 41, 43, 387, 508
Conciliaristas, 197
Concílios, 140, 144, 148
Concordantia discordantium canonum, 141
Conduta racional, 386
Conflitos, 48, 88, 259, 506 ss., 571
Consenso, teorias do, 17, 70, 80, 152, 220, 322, 377, 396, 502 s., 527 s., 543, 551, 555 s., 582

Consensualismo neorrepublicano, 542
Constitucionalidade, 385, 397, 398, 536, 549
Constitucionalismo, 16, 48, 90, 252, 382, 425, 518, 519, 549, 553
Constituição, 15, 102, 113, 252, 343, 375, 380, 392 ss., 424, 541, 518 ss., 523 ss., 529, 537 s., 542, 549
Constituição (*Verfassung*), 391
  Konstitution, 397
Constituição inglesa, 237, 252, 253
Constituições diocesanas, 147
Constituições imperiais, 132, 133, 162
Constituições pontifícias, 140
Constitutiones principum, 119
Continuidade, 17 ss., 48 ss., 126
Contramaioritário, princípio, 500 ss.
Contrarreforma, 248, 306
Contrato
  centralidade (na modernidade), 341
Contrato de trabalho, 490
  crítica marxista, 490, 495
Contrato social, 316, 324
Contratos
  direito canónico, 143
Contratualismo (anti-)hegelianismo, 392
Contratualismo absolutista, 114
Contratualismo liberal, 114
Controlo judicial da constitucionalidade das leis, 385, 397, 398, 536, 549
Corporativismo, 111, 177, 370, 468, 476
Corpos intermédios, 383
Corpus iuris canonici, 141, 142
Corpus iuris civilis, 120, 123, 229
Correctio fraterna, 294
Correntes críticas
  Portugal e Brasil, 510
Cosmopolitismo, 341, 580
Costume, 17, 122, 155, 181, 233, 238, 250, 263, 300, 374, 402, 411
  Escola Histórica Alemã, 411
  Portugal (séculos XII-XVIII), 181, 273
Costume e lei, 158, 163
  direito da modernidade, 374

ÍNDICE TEMÁTICO

Court of Admiralty, 171, 233, 239
Court of Chancery, 171
Criados
 direitos eleitorais, 389
Cristãos e catecúmenos, direitos dos,
 Ultramar, 290, 291, 292
Critério do pecado, 145, 153, 163, 272
Crítica "contramaioritária", 500
Crítica do direito, 23, 29, 452, 485, 487,
 488, 494, 495, 496, 498, 515, 559
Cruzada, 289 ss.
Cultura jurídica brasileira, 515
 compromisso social, 516 ss.
Cultura jurídica letrada, 52, 87, 160, 267,
 301, 432, 435, 456, 477
Cultura jurídica popular, 255
Cultura popular (*pop culture*), 562
Culturas jurídicas populares, 87
Curialistas, 197
Débito, 110, 321
Decisionismo, 425, 470, 530
Decretais, 140, 141, 142, 143, 145, 195, 230
Decretum Gratiani, 141
Definição, 221
Democracia, 584
 tradição, autoridade, carisma, 374
Democracia deliberativa, 526, 552
Democratas, e liberais, 343
Democraticidade e autoridade científica,
 501
Democrático, princípio, 373, 374, 375, 384,
 393, 396, 524, 528, 532
Democratização da justiça, 507
Desconstrutivismo, 561
Descontinuidade, 7, 18, 29, 30, 125
Desigualdade, 104, 105, 342, 345, 470, 471,
 492, 518, 541
Despotismo, 18, 317, 318, 326, 328, 333,
 349, 359, 374, 384, 438
Despotismo democrático, 328
Despotismo iluminado, 317, 318, 326, 333,
 438
Dialética, 190, 214, 217, 218, 219, 225, 227,
 243, 244

Dictatus Papae, 144
Digesto, 100, 120, 123, 124, 133, 156, 157, 190,
 191, 216, 229, 236, 240, 242, 246, 303,
 315, 431
Direito
 como universo simbólico, 567
 direitos naturais, 114, 159, 270, 316 ss.,
 322 s., 343, 382, 383, 462, 468, 533, 545,
 546, 547
 "economia moral" (católica), 72, 75
 imaginário espontâneo, 33
 mercado, 532
 modernidade, 26, 40, 42, 43, 91 ss., 199,
 231 s., 270, 301, 340, 341 s., 351, 364 s.,
 454, 496, 559, 560, 563
 violência "doce", 43, 61, 264, 496
Direito anterior, 159, 401
 direito posterior, 159
Direito bizantino, 117, 196
Direito canónico, 139, 142, 143, 146, 152,
 272, 350, 359
Direito comum (*ius commune*), 19, 177 ss.,
 153 ss., 156, 232, 252 ss., 266 ss., 268, 350
 arquitetura, 148
 cultura jurídica "europeia", 267 s.
 direito prudencial, 269
 hierarquia das ordens normativas, 151 ss.
 imaginário jurídico e social, 267
 legado histórico, 266
 letrados, 137 s.
 Ultramar, 277 ss.
Direito comunitário, 19, 582
Direito criminal, 232, 233, 286, 467
Direito de polícia, 358, 363
Direito democrático, princípio do, 383,
 501, 531, 532, 533, 534, 535
Direito divino, 32, 110, 113, 143, 151, 212,
 373, 544
Direito do quotidiano (*everyday life law*),
 550
Direito dos reinos, 155, 157, 230, 232
Direito dos rústicos, 70, 86, 148, 255, 261,
 264
Direito em sociedade, 24, 27, 82

Direito feudal, 176, 179, 180, 181, 199
Direito flexível, 569, 570
Direito global, 90, 368, 580
  controle democrático, 373
  e Constituição, primado da, 518
Direito inglês, 170, 174, 236, 238, 252, 253, 254
Direito internacional privado, 287
Direito jurisprudencial, 375, 402, 407
  desconfiança (século XIX), 375
Direito letrado, 119, 174, 255, 263, 266, 568
Direito local, 117, 119, 120, 133, 136, 158, 172, 173, 188, 233
Direito moderno, 231, 269, 270, 307, 333, 344, 366, 455, 559
Direito natural, 33, 79, 89, 100, 102, 110, 128, 149, 158, 165, 205, 228, 229, 242, 247, 263, 289, 301, 302, 303, 304, 305, 306, 307, 309, 310, 311, 312, 315, 316, 317, 318, 322, 324, 328, 330, 331, 333, 339, 343, 349, 350, 352, 355, 356, 360, 362, 371, 399, 405, 406, 427, 431, 436, 439, 441, 448, 460, 475, 476, 481, 530, 538, 539, 540, 545, 546, 547, 548
  tomismo, 306
Direito natural racionalista, 242, 310
Direito popular, 86, 260, 266, 271, 381
Direito por princípios, 586
Direito próprio, 115, 118, 132, 134, 137, 160, 232, 235, 236, 237, 252, 254, 274, 294
Direito prudencial, 184, 500
  incerteza, 349
Direito público, séc. XIX (2ª metade), 394
Direito público e direito privado, 162
Direito racionalista, 340, 358
Direito régio, 46, 137, 157, 183, 237, 252, 254, 275, 296
Direito romano
  economia mercantil, 134, 276
  receção, 114, 131 ss., 160 ss., 173, 236, 249, 274
  súmula das suas épocas históricas, 121 ss.
Direito romano clássico, 117, 119, 120, 237, 247, 248, 249

Direito romano na história do direito português, 137
Direito romano vulgar, 117, 119, 136, 137
Direito romano, interesse atual do,
Direito romano, perfeição do, 124, 136
Direito subjetivo, 50, 125, 318, 319, 463, 464, 469, 483
Direito subsidiário, 133, 134, 147, 154, 181, 232, 234, 272, 339, 341, 363, 434, 448, 474
Direito visigótico, 175, 176
Direito vivido, *Lebendiges Recht*, 381
Direito, função poética ou criadora, 96
Direito, textura do, 61
Direitos europeus, 117, 119
Direitos humanos, 90, 143, 159, 343, 365, 515, 517, 519, 539, 542, 584, 585
Direitos individuais, 21, 315, 318, 347, 348, 377, 382, 383, 384, 391, 395, 396, 465, 505, 534
Direitos locais, Índia, 293
Direitos naturais, 114, 159, 270, 316, 318, 319, 320, 322, 323, 343, 382, 383, 462, 468, 533, 545, 546, 547
Direitos particulares, 15, 58, 115, 133, 155, 157, 159, 279, 358, 383, 551
Direitos próprios, 131, 133, 148, 154, 155, 157, 174, 180, 198, 235, 236
Direitos sociais, 385, 519, 520
Direitos subjetivos públicos, 394, 434
Direitos tradicionais, 142, 234, 557
Discurso jurídico, 17, 24, 28, 47, 75, 117, 122, 126, 207, 216, 239, 243, 244, 246, 255, 259, 398, 430, 452, 484, 509, 515, 540
  analogia, 154, 217, 223, 224, 226, 229, 439, 445, 448
  compêndio, 244, 245, 362
  lugares-comuns, 240, 258, 495
  método, 227, 244
  opinio communis, 15, 117, 224, 226, 228, 244, 251, 350
  tópicos ou lugares (*topoi, loci*), 163
Discurso jurídico medieval, 207, 216
Discussões quodlibéticas, 215

ÍNDICE TEMÁTICO

Dispensa da lei, 166
Dissimulação, 70, 101
Ditadura do proletariado, 491
Dogmas jurídicos, 51, 53, 63
Dogmática jurídica, 7, 54, 90, 128, 208, 209, 266, 319, 395, 420, 435, 444, 513, 515, 516, 568
Dogmengeschichte, 53, 63
Dominium. Ver Propriedade, 54, 64, 105, 125, 161, 202, 203, 204, 205
Dominium directum, 202
Dominium utile, 203
Doutrina. 33, 89, 117, 129, 193, 214, 226, 268, 344, 373, ss., 395, 401 ss., 412, 419, 498, 502, 521, 543
Due process, 253, 382
Duplex interpretatio, 276
Economia moral e constrangimentos práticos, 72
Edictum perpetuum, 118, 121, 122
Elitismo social, 387
Empirismo, 315, 453
 Ensino jurídico, 124, 189, 212 ss., 237 s., 247, 250, 350, 359 s., 427, 434, 475, 517
Equidade, 33, 126, 136, 143, 154, 167, 168, 169, 170, 171, 204, 230, 233, 270, 284, 285, 310, 523
Equity, 170, 171, 254
Escalas de regulação, 579
Escola culta ou humanista, 245 ss.
Escola da Exegese, 401, 404, 405, 406, 407, 408
Escola de Chicago, 386
Escola do Direito Livre, 457, 458, 526
Escola dos Comentadores, 198, 199
Escola dos Glosadores, 46, 188 s., 199, 275
Escola Histórica Alemã, 16, 381, 409, 410, 413, 428, 429
Escola Ibérica de Direito Natural, 306
Escolas analíticas, 540, 581
 neopositivismo, 581
Escolas críticas, 487, 497
Escolas jurídicas medievais, 85
Escolas realistas, 476

Escolástica, 97, 104, 111, 114, 189, 199, 200, 201, 209, 210, 212, 214, 217, 218, 246, 288, 306
Escolástica franciscana, 111, 199
Escravização, 290, 292, 297, 299
Escrita, 6, 27, 54, 65, 115, 136,
Espírito do povo (*Volksgeist*), 381, 411
Espírito nacional, 16
Espiritualismo, 466, 477
Estado,
 historicidade do conceito, 40 ss., 51, 55 ss.
 modernismo, 40 ss., 51, 55 ss.
Estado constitucional, 397
Estado ético, 392
Estado mínimo, 383 s.
Estado moderno, 58, 74, 181, 365
Estado nacional, 406, 409
Estado Novo, 470, 471, 476, 477, 484, 485, 487, 529, 530, 548, 549
Estado social, 470, 527, 547
Estado, comtismo, 461, 462, 463
Estado, ideia de, 391 ss.
Estado, intervencionismo, 334, 391 ss.
Estados, 105 ss.
Estadualismo, 58, 369, 391, 463, 468, 521, 522
Estatutos da Universidade, de 1772, 350
Estatutos diocesanos, 140
Estilos do tribunal, 15, 104, 132, 183, 250, 251, 350, 426, 566
Estoicos, 99, 111, 304, 305, 309
Estudantes, privilégios, 132, 161, 192, 194, 195, 238, 253, 258, 267, 354, 362, 436, 493, 510, 517
Estudos romanísticos, interesse dos, 124
Everyday life law, 381, 526, 550
Exemptio imperii, 133, 237
Expansão colonial europeia, 86, 400
Extraordinaria potestas, 151, 166, 279
Extravagantes comuns, 141, 142
Extravagantes de João XXII, 141
Faculdades de Cânones, 116
Faculdades de Direito, 14, 23, 50, 88, 97, 124, 127, 214, 349, 361, 403, 404, 427, 504, 519

635

Faculdades de Leis, 116
Família
 direito comum, 151
Felicidade
 jusracionalismo, 315
Feudalismo e direito feudal, 176
Fideicomissos, 161
Fidelidade, 283
Filosofia dos valores, 480
Flexibilidade, 164 ss.
Flex-organizations, 570 ss.
Fontes de direito, 143, 212, 232, 321, 350, 374, 426, 472, 548, 556
Formalismo, modernidade, 341, 365 ss.
 pandectística, 418 s.
Formula, 118, 121, 197
Gancares, 282, 293
Generalidade e abstração, 231, 396
 crítica marxista, 490 ss.
Globalização, 82, 257, 366, 367, 542, 553, 554, 583 ss.
 défice democrático,
 desconstitucionalização, 518
 desjuridificação 583 ss.,
 direitos humanos, 90, 143, 159, 343, 365, 515, 517, 519, 539, 542, 584 ss.
Glosa, 100, 155, 179, 192, 204, 225, 274
Glosa de Acúrsio, 134, 189, 195, 273
Glosadores, método, 188 ss.
Goa, 175, 282, 286, 287, 291, 293, 294, 295, 296, 359
Governação desconcentrada, 366 ss.
Governo de assembleia, 384
Graça, 164 ss.
 como virtude política, 59, 99, 106, 112, 125, 164
 limitações, 167
Graça régia, 197
Gratidão, 32, 33, 59, 60, 149, 167
Guerra contra os infiéis, 289, 290
Guerra justa, 288 s.
Habitus jurídico, 29, 68
Hiperliberalismo, 367
História crítica do direito, 23, 29

História do direito
 discurso legitimador, 14
 formação dos juristas, 13, 117, 124, 234
 função crítica, 13
 "historicização", 50
Honestidade, 101, 513
Honra, 101
Horizontes de leitura, 74
Humanismo jurídico. Escola culta ou humanista, 236, 246, 249, 274
Igreja, direito, 139 ss.
Igreja, doutrina social da, 546, 547, 548
Igreja Católica, 58, 545
Igualdade, 370 ss.
Igualdade (formal), 367
Igualdade dos cônjuges, 471
Imaginários políticos e jurídicos, 96
 cidades italianas, 191, 198
Imperador, poderes, 196
Império carolíngio, 131
Império colonial, 277 ss.
 autogoverno, 282
 estrutura compósita, 280
 estrutura política e espacial, 279 ss.
 magistraturas extraordinárias, 283
 módulos institucionais, 281 ss.
Imperium, 118, 205
Índia
 direito colonial, 293
Índios bravos
 Brasil, 292
Individualismo, 313 s., 417s.
 pandectística, 417 s.
Individualismo possessivo, 371
Inns of court, 173
Institucionalismo, 321, 460, 466, 473
 argumento sistemático, 420
Interdicta, 118, 121, 122, 206
Interesse público, 393 s.
 porta-vozes, 393
Interpretação, teoria da, 227 ss., 351 ss., 435 ss., 452 ss.
 objetivista, 421, 460
Interpretação autêntica, 230, 357, 376

Interpretação densa, 97
Interpretação subjetiva, 376
Intérprete, 96, 200 ss., 226, 230, 244, 317, 438, 440, 441, 442, 445, 447, 485, 523, 524, 528, 541
   pré-modernidade, 96
Inversão, método da, 459
Irnerius, 188, 189
Irracionalismo,
Irritações, teorias sistémicas autorreferenciais, 575
Iudicium, 21, 121, 283
Iura propria, 115, 156, 160, 198, 232
Iurisdictio, 204 ss.
Iurisdictio delegata, 205
Iurisdictio ordinaria, 205
Ius civile, 118 ss.
Ius commune, 19, 52, 115, 116, 152, 153, 155, 156, 157, 162, 163, 174, 182, 184, 197, 198, 227, 232, 236, 238, 239, 243, 252, 253, 254, 266, 267, 268, 269, 270, 271, 350, 403
Ius Europaeum, direito comunitário europeu, 582
Ius praetorium, 118 ss.
Ius sanguinis, 286
Jacobinismo, 373, 438
Judicial review, 385
Juízes
   auctoritas, 122
Juízes "idiotas", 173
Juízes locais, 132, 174, 182
Juízes ordinários, 172, 175, 299
Juízes populares, 265, 266, 511
Juízes, desconfiança nos, 174 ss.
Jurisprudência dos conceitos (*Begriffsjurisprudenz*), 396, 413, 457
Jurisprudência dos interesses (*Interessenjurisprudenz*), 457 ss.
Jurisprudência teleológica, 456, 459
Juristas,
   animosidade social, 174 ss.
   auctoritas (séc. XXI), 122
   auctoritas, 82, 122, 260, 373, 556, 586

   como sacerdotes, 89
   dogmatismo, 502
   habitus, 29, 68
   imagem social, 496
   lutas simbólicas, 568
   racionalização social, 418, 463, 563
   uso alternativo do direito, 128, 496, 497, 500, 506, 512, 513, 515
Juristas e burocratas
   definição do "interesse público", 392
Juristas e tecnocratas
   enviesamento, 502
Juristas eruditos, 198, 258
Juristas letrados, 5, 116, 136, 173, 174, 175, 234, 258, 274, 275, 276, 288, 377, 406, 408
Juristas populares, 258 ss.
Jusnaturalismo, 301 ss.
   Cícero, 218 ss.
   Escola da Exegese, 401 ss.
Jusnaturalismo católico, 466, 481, 547, 548
Jusnaturalismo fenomenológico, 539
Jusnaturalismo tomista, 306
Jusracionalismo, 307 ss.
   modernidade jurídica, 301
Jusracionalismo objetivista, 330 ss.
Justiça
   ordem, 110
Justiça alternativa, 506
Justiça material, 535
Justiça oficial, 40, 41, 44, 506, 509, 511, 512, 537
Justiça, centralidade da
   Antigo Regime, 32
Justiça, crise da, 506
Justiça, democratização da, 507
Justiniano I, 121
King's council, 171
Laicização, 311
   pensamento católico, 477
Law in action, 381, 467
Legal transfers, 277, 368, 585
Legal facts, 25, 43
Legalidade revolucionária, 510, 549

Legalidade socialista, 492
Legalismo, 369, 373
  e autorregulação, 527
  estadualismo (século XX), 529
  estadualismo, século XIX (2ª metade), 269 s., 373, 391 ss.
  jusracionalismo, 355
  pombalismo, 427
  século XXI, 506
Legis actiones, 118, 121, 122, 254
Legislação extravagante, 186
Legislador, 93 s.
Lei
  Antigo Regime, 110
  e regras de arte do saber jurídico, 528
  inflação legislativa, 396
Lei como vontade geral, 41, 113, 207, 327, 407
Lei da Boa Razão, 156, 350, 359, 426, 430, 432
Lei das XII Tábuas, 118, 121, 122
Lei Fundamental da RFA, 1949, 537
Lei Mental, 179, 180, 181
Leis fundamentais, 102, 113
Leitura "densa", 62
Lex Aebutia de formulis, 118, 121, 122
Lex mercatoria, 135, 155, 551
Lex regia, 156
Liber sextum, 141, 142
Liberalidade, 32, 33, 59, 60, 125, 149
Liberalismo, 370, 384 ss.
  como "governo doce", 62 s., 384 ss.
  jusracionalismo, 319
  modernidade, 346
Liberalismo proprietário, 370
Liberalismo totalitário, 79
Liberalismo, e elitismo, 386, 387
Liberdade, 370 s.
Liberdade contratual, 161, 342, 343, 345, 387, 418, 519
Liberdade dos modernos, 378, 379
  liberdade dos antigos, 379
Liberdade religiosa, 343, 544, 545, 546, 548

Linguistic turn, 561
Literatura jurídica, 57, 60, 88, 174, 212, 230, 246, 258, 276, 363, 364, 428, 430
Litigiosidade, 32, 55, 260, 503, 507
Livros jurídicos, 245
Localismo, 42
Lógica, 200 ss.
Lógica nova, 201
Macau, 277, 281, 286, 287, 295, 296, 514
Magistratura, e democracia, 121, 403, 404, 497, 499, 500, 511, 513
Magna Glosa, 189, 195
Mandarins, 287
Marxismo, 27, 381, 419, 487, 488, 492, 494
Marxismo clássico, 419, 487
Marxismo ocidental, 492, 494
Mass media e direito, 509, 566
Mecanicismo, 73
Mercês, 166
Merum imperium, 184, 196, 205
Método, 244 ss., 308 ss.
Método jurídico, 434, 483, 522, 581
Milando, 298
Missionação, teoria da, 298
Missiones in possessionem, 206
Mixtum imperium, 206
Moçambique, 281, 298, 514
Modelo "jurisdicionalista", 103, 282, 358
Modelos de representação, 70
Modernidade, 91 ss., 231 ss., 301 ss., 340 ss., 364 ss.
  alta (sécs. XVI-XVII), 231, 232
Modernidade central, 301, 340, 454
Modernidade tardia, 364
  pensamento católico, 546
Modernismo católico, 545
Modernismo jurídico, 426, 455
Modernização, teoria da, 20, 257, 277, 562
Monarkisches Prinzip, 392
Morgados, 161, 180, 186
Mos gallicus, 235, 245
Mos italicus, 114, 226, 246
Mucanos, 299, 300
Mulheres, 151, 294

ÍNDICE TEMÁTICO

Mundo doméstico, 59
Nação, 381, 410
Nativos, 285 ss., 389
Naturalismo jurídico, 452 ss., 466, 472 ss.
Natureza das coisas, 101, 330, 381, 460, 540, 564
Natureza e cultura, ciências da, 478, 480
Neoliberalismo, 385, 386
Neotomismo, 545, 546
Nominalismo, 308, 314, 322
Norma fundamental (*Grundnorm*), 424
Novelas, 120, 123
Novo Código, 339, 360, 404, 426, 431, 460
Officium, 107, 110, 184, 220, 240
Omnes populi, 133, 156, 157, 158, 205
Opinio communis doctorum, 15, 117, 224, 228, 251, 350
Ordem universal (*cosmos*), 98, 242
Ordoliberalen, 386
Organicismo, 417, 429, 435, 451, 452, 461, 462, 470, 473, 474
Pactismo, 103
Pactum societatis, 316
Pactum subjectionis, 316
Pai dos Cristãos, 295, 296
Pandectas, 120, 123, 236, 249, 413, 419
Pandectística (*Pandektenwissenschaft*), 394 ss., 413 ss.
Pandectística, difusão mundial, 400
Papa, jurisdição do, 139, 237
Parlamentarismo, 524
Participação política, 371, 388, 389
Pascendi Dominici Gregis, 545
Patrimonialização dos direitos políticos, 162
Persona, 204
Personalidade do direito, 287
Pessoa (*persona*), 108, 546
Philia, 99
Plenitude lógica do ordenamento jurídico, 420
Pluralismo jurídico, 25, 42 ss., 109, 397, 550 ss.
 Antigo Regime, 148
 poder dos juristas, 89, 395

Poder
 "microfísico", 26
Poder absoluto, 166
Poder constituinte, 378, 391, 397
Poder de vontade (*Willensmacht*), 318, 320, 323, 452, 469
Poder real, 157, 258, 272
Poiesis ou criação jurídica, 97, 169, 208
Polícia (*Police, Policey*), 186, 286, 288, 333, 334, 335, 336, 358, 363, 473, 495, 536, 540
Políticas públicas, 81, 366, 393, 517, 547
Pombalismo jurídico, 358
Pop culture e direito, 86, 556
Pós-estatalismo, 42
Pós-modernidade, 91, 559, 563
Pós-modernismo, 26, 96, 559, 560, 563, 567
Pós-modernismo (ética e política), 26, 96, 559, 560, 563, 567
Pós-modernismo jurídico, 559
Positivismo
 tradicionalismo, conservadorismo, 361, 428, 456
Positivismo conceitual, 130, 208, 394, 399
Positivismo jurídico, 40, 113
Positivismo legal (*Gesetzpositivismus*), 402, 440, 459, 506, 548
Positivismo sociológico, 399, 462 ss.
Posturas, 146, 172, 182, 183, 184, 188, 265, 266, 269
Potestas extraordinaria, 167
Praxística, 230, 236, 250, 251, 430
Pré-modernidade, 40, 91 ss.
Present mind approach, 22
Pretor, 118, 119, 121, 122, 127, 170, 444, 497
Primado da lei, 44, 125, 334, 343, 344, 359, 360, 373, 377, 403, 523, 527
Princípio da legalidade, 326, 343, 385, 394, 395
Princípio democrático, 373, 374, 375, 384, 393, 396, 524, 528, 532
Princípio do direito democrático, 383, 501, 531
 riscos contemporâneos, 531 ss.

Princípios
  aspectos políticos da discussão sobre, 556
  pandectística, 415
Princípios e regras, 538
Princípios, desenvolvimento judicial dos legitimidade democrática do direito, 502
Privilegia remuneratoria, 159
Privilégio de foro, 139, 144
Privilégios, 158
Processo inquisitório, 143, 239
Procuradores, 173, 175
Professorenrecht, 412, 419, 524
Progressismo, 92, 399, 469
Progresso, ideia de, 30
Propriedade, 54, 161 ss., 202, 345
Propriedade privada
  pensamento católico, 546
Providencialismo, 113, 114
Prudentes, 94, 103, 119, 154
  jurisprudentes, 227
Prudentia, 10, 130, 173, 214, 269, 333, 353, 402
Quaestio, 142, 149, 150, 168, 190, 211, 263, 275
Quanta cura, 545
Questão social, 372
Quilombos, 298
Rábulas, 174, 258, 432
Racionalismo, 169, 246, 307, 323, 342, 358, 458
Racismo, 470, 471
Ratio iuris, 52, 133, 136, 152, 156, 317
Ratio legis, 143, 217, 445
Ratio scripta, 63, 133, 229, 275
Rational choice model, 385
Razão individual, 211, 310
Razão jurídica, 6, 17, 50, 51, 52, 152, 209, 326, 377, 391, 568
Realismo jurídico, 203, 341, 424, 463 ss., 476
Receção, teoria da, 28, 48
Receção de ordens jurídicas, 162

Receção do direito romano, 188 ss.; (Alemanha), 249, 275
Recta ratio, 33, 167, 212, 302, 304
  jusnaturalismo tomista, 306
Référé legislatif, 349, 350, 357, 376, 403
Reforma do ensino jurídico, 247, 350, 360, 427, 475
Regalia, 177, 205, 281
Regulae, 78, 83, 130, 190, 213, 309
Relativismo, 52, 53, 77, 78, 79, 80, 424, 535, 542, 560, 561
Repúblicas índias, 59, 298
Restitutiones, 118, 121, 122
Restitutiones in integrum, 118, 121, 122
Richterstaat, 375, 419
Romantismo, 341, 381, 408, 410, 427, 428, 430, 435, 440, 477
Romantismo alemão, 381, 410, 428, 430
Rústicos, 70, 86, 95, 106, 148, 174, 191, 255, 259, 261, 262, 263, 264, 265, 280, 291, 347, 372
  privilegia rusticorum, 263
Rústicos, direito dos, 70, 86, 148, 255, 261, 264
Saber jurídico, 215 ss.
  juristas académicos (direito comum), 214
  opinião, 211
Secularização, 169, 418
Segunda Escolástica, 288, 306
Sensibilidade jurídica (*Rechtsgefühl*), 13, 27, 270, 455, 458
Senso comum (e pós-modernismo), 33, 63, 77, 80, 243, 255, 458, 495, 516, 526, 542, 543, 544, 561, 562, 563, 565, 569, 573, 576
Sentimentos de justiça, 175, 268, 270, 525
Separação dos poderes, 375, 422
Separação, ideia da
  Trennungsdenken, 14, 53
Sextum, 141, 142
Sexualidade, 151
Sínodos, 140
Sistema, 247

Escola Histórica Alemã, 412
pandectística, 414
teorias sistémicas autorreferenciais, 573
Sistema jurídico, 247
Sistema representativo, 379, 388, 429
Soberania nacional, 465
Socialismo catedrático, 470
Sociedade de estados, 109, 161
Sociedades de advogados, 503 ss.
Stipulationes praetoriae, 118, 121
Suam litem facere, 173
Súbditos territoriais, 286
Subsunção, teoria da (*Subsumptionslehre*), 171, 420, 498, 543
Sucessão das leis no tempo, 159
Sufrágio, 40, 270, 371, 387, 465, 468, 470, 527, 552
Syllabus, 545
Teologia moral, 67, 70, 71, 112, 290
Teoria da ação comunicativa, 551
Teoria da argumentação, 219, 482, 543, 581
Teoria da imprevisão, 486
Teoria da modernização, 20, 257, 277, 562
Teoria da separação e independência dos poderes, 383
Teoria da vontade, *Willenstheorie*, 321, 327, 370
Teoria das causas segundas, 112
Teoria estatutária, 89, 204, 287
Teoria pura do direito (*reine Rechtslehre*), 422, 423, 425, 426, 482, 535, 537
Teoria tridimensional do direito, 486
Textualismo, 358
Tirania, 102, 103, 347, 374
Tópica, 218, 219, 220, 221, 228, 516, 543, 544
Totalitarismo da lei, 128, 523
Tradição
    texto e contexto, 28, 63
    vontade popular, 380
Tradição canonística, 139
Transferências jurídicas, limitações, 580
Translatio imperii, 131, 249

Trento, Concílio de, 147, 148, 166
Tres libri, 123, 232
Tribonianismos, 246
Tribunal de Cassação, 349
União Europeia
    constituição económica, 582
União Europeia, direito da, (continuidade histórica), 19
    querela dos, 100
Universidades, 131, 134, 136, 173, 175, 214, 215, 237, 247, 248, 250, 268, 271, 274, 288, 306, 521, 587
Uso alternativo do direito, 128, 496, 497, 500, 506, 512, 513, 515
Usus modernus pandectarum, 156, 236, 252, 267, 358, 412
Utilitarismo, 333, 481
Valores "incomensuráveis", 541
Valores consensuais, 78, 397
Valores, indiferença em relação aos, 82
Valores, referência a
    século XXI, 535
Verfassungsstaat, 397
Vergonha, 149
Véu de ignorância, 541
Viragem linguística, 561, 562
Virtudes, 21, 32, 67, 111, 149, 260, 302
Volksgeist, 16, 256, 381, 411
Voluntarismo, 207, 321 s.
Vontade geral, 41, 113, 207, 269, 312, 319, 326, 327, 328, 342, 343, 374, 375, 392, 407, 489, 584
Vontade, princípio da, 416, 469
Vontade, teoria da (*Willetheorie*), 321, 327, 370
Vulgarrecht, 119, 131, 137
Writs, 170, 171, 237, 238, 252, 254

ÍNDICE SISTEMÁTICO

INTRODUÇÃO	5
1. A história do direito na formação dos juristas	13
1.1. A história do direito como discurso legitimador	14
1.2. A história crítica do direito	23
1.2.1. A perceção dos poderes "periféricos"	25
1.2.2. O direito como um produto social	27
1.2.3. Contra a teleologia	29
2. A importância da história jurídico-institucional como discurso histórico	31
3. Linhas de força de uma nova história política e institucional	35
3.1. O modelo estadualista e a sua crise	39
3.2. O pós-estadualismo: diferenciação, localismo, pluralismo e micro-história	42
3.3. A "textura" da comunicação política	46
3.4. Produção, receção, reutilização, tradição dos discursos jurídicos	47
3.5. A ideia de continuidade e a subordinação da história à política	48
3.6. A ideia de rutura e a recuperação da alteridade do direito do passado. Algumas ilustrações	51
3.7. A via para o conhecimento da alteridade – uma leitura densa das fontes	62
3.8. A educação da alma como fonte de um direito antes do direito	67
3.9. Economia moral e constrangimentos práticos	72
4. Uma nota sobre "relativismo metodológico" e "relativismo moral"	77
5. Âmbitos cronológico, territorial e temático	85
6. Modernidade, pré-modernidade, pós-modernidade. A pré-modernidade jurídica	91
6.1. O imaginário pré-moderno da sociedade e do poder	96
6.1.1. Imaginários políticos	96
6.2. A conceção corporativa da sociedade	98
6.2.1. Ordem e Criação	98
6.2.2. Ordem oculta, ordem aparente	100
6.2.3. Ordem e vontade	102
6.2.4. Ordem e desigualdade	104
6.2.5. Ordem e "estados"	106

643

6.2.6. Ordem e pluralismo político 109
6.2.7. A dissolução do corporativismo e o advento do paradigma
       individualista 111
6.3. A receção do direito romano e a formação do "direito comum" . . . 114
6.4. Fatores de unificação dos direitos europeus 117
   6.4.1. A tradição romanística 117
      6.4.1.1. Direito romano clássico, direito bizantino e direito romano
               vulgar 117
         6.4.1.1.1. Súmula cronológica da evolução do direito romano . . 121
         6.4.1.1.2. Súmula das épocas históricas do direito romano 122
         6.4.1.1.3. Sistematização e método de citação do *Corpus iuris
                    civilis* 123
      6.4.1.2. Os estudos romanísticos no quadro da formação dos juristas 124
      6.4.1.3. A receção do direito romano 131
      6.4.1.4. A influência do direito romano na legislação local 136
      6.4.1.5. O direito romano na história do direito português 137
   6.4.2. A tradição canonística 139
   6.4.3. Sistematização e método de citação do *Corpus iuris canonici* . 142
   6.4.4. O lugar do direito canónico no seio do direito comum 142
   6.4.5. O direito canónico como limite de validade dos direitos temporais 143
      6.4.5.1. O direito canónico na história do direito português 146
6.5. Resultado: uma ordem jurídica pluralista 148
6.6. Uma constelação de ordens normativas 150
   6.6.1. Direito canónico e direito civil 153
   6.6.2. Direito comum e direitos dos reinos 153
   6.6.3. Direitos dos reinos e direitos dos corpos inferiores 156
   6.6.4. Direito comum e privilégios 158
   6.6.5. Direito anterior e direito posterior 159
   6.6.6. Direito recebido e direito tradicional 160
   6.6.7. Normas de conflito de "geometria variável" 163
   6.6.8. Uma ordem jurídica flexível 164
      6.6.8.1. Flexibilidade por meio da graça 164
      6.6.8.2. Flexibilidade por meio da equidade 168
         6.6.8.2.1. A equidade (*equity*) no direito inglês 170
   6.6.9. Juristas e saber jurídico numa ordem jurídica pluralista . . . 171
      6.6.9.1. Direito do reino em Portugal. Épocas Medieval e Moderna 175
         6.6.9.1.1. Direito visigótico 175
         6.6.9.1.2. Feudalismo e direito feudal 176
         6.6.9.1.3. O costume 181
         6.6.9.1.4. A legislação 182
6.7. A unificação pela "cientificização". As escolas da tradição jurídica medieval 188
   6.7.1. A Escola dos Glosadores 188
   6.7.2. A Escola dos Comentadores 198

ÍNDICE SITEMÁTICO

    6.8. O modelo discursivo do direito comum europeu ... 207
    6.8.1.   Génese do modelo do discurso jurídico medieval ... 207
      6.8.2. Fatores filosóficos ... 209
      6.8.3. Fatores ligados à natureza do sistema medieval das fontes de direito ... 212
      6.8.4. Fatores institucionais ... 214
    6.9. A estrutura discursiva ... 215
      6.9.1. A oposição do "espírito" à "letra" da lei ... 216
      6.9.2. A interpretação lógica ... 217
      6.9.3. A utilização da dialética e, especialmente, da tópica ... 218
      6.9.4. Conclusão ... 226
      6.9.5. Uma aplicação: a interpretação na teoria jurídica do *ius commune* ... 227
7. **O direito moderno** ... 231
    7.1. A modernidade jurídica ... 231
    7.2. A alta modernidade: a transição: a crise do século XVI e as orientações metodológicas subsequentes ... 231
      7.2.1. Uma nova realidade normativa ... 232
      7.2.2. O desenvolvimento interno do sistema do saber jurídico ... 239
      7.2.3. O "método" e o "compêndio" ... 244
      7.2.4. As escolas jurídicas da transição ... 245
      7.2.5. *Ius commune* e *common law* ... 252
      7.2.6. A cultura jurídica popular ... 255
      7.2.7. O legado histórico do *ius commune* ... 266
      7.2.8. O caso português (Épocas Medieval e Moderna): a doutrina jurídica medieval e moderna; direito popular e direito culto ... 271
      7.2.9. O caso português (Épocas Medieval e Moderna): o direito nos territórios coloniais ... 277
      7.2.10. A estrutura política do império ... 278
      7.2.11. O direito e a justiça ... 284
    7.3. A modernidade central ... 301
      7.3.1. O jusnaturalismo tradicional ... 301
      7.3.2. O jusracionalismo moderno e os seus temas nucleares ... 307
        7.3.2.1. O individualismo ... 314
        7.3.2.2. A teoria dos direitos subjetivos ... 318
        7.3.2.3. O voluntarismo ... 322
        7.3.2.4. O cientismo e a ideia de um direito natural objetivo ... 328
      7.3.3. A engenharia social: ciência de polícia e codificação ... 333
      7.3.4. O direito racionalista da modernidade central: elementos de rutura e legados para o futuro ... 340
      7.3.5. A prática jurídica ... 348
      7.3.6. Uma aplicação: a interpretação na teoria jurídica do jusracionalismo ... 351
        7.3.6.1. O conceito de direito ... 351
        7.3.6.2. Interpretação ... 355
      7.3.7. O direito racionalista em Portugal e no Brasil ... 358

7.4 O direito da modernidade tardia (a Época Contemporânea) 364
    7.4.1. O contexto político 369
    7.4.2. Entre vontade e razão. O primado da lei parlamentar (jacobinismo) 373
    7.4.3. "Razão jurídica" *vs.* "razão popular" 377
    7.4.4. Tradição 380
    7.4.5. Direitos individuais, limitação do poder, governo mínimo – o modelo político liberal 382
    7.4.6. Elitismo social 387
    7.4.7. A superação do contratualismo: o direito como saber, o direito como interesse público 390
    7.4.8. O formalismo jurídico: positivismo legalista e positivismo conceitual 394
    7.4.9. Positivismo e cientismo 398
    7.4.10. As escolas clássicas do século XIX 400
        7.4.10.1. A Escola da Exegese. Entre jusnaturalismo e legalismo 401
        7.4.10.2. A Escola Histórica Alemã. A vertente organicista e tradicionalista 409
        7.4.10.3. A Escola Histórica Alemã. A vertente formalista ou conceitualista. A jurisprudência dos conceitos (*Begriffsjurisprudenz*) ou pandectística (*Pandektenwissenschaft*) 413
    7.4.11. Os dogmas do conceitualismo 420
    7.4.12. O apogeu do formalismo modernista. A Teoria Pura do Direito 422
        7.4.12.1. O modernismo jurídico português e brasileiro no século XIX 435
    7.4.13. Uma aplicação: a interpretação na teoria jurídica dos formalismos legalista e conceitual 435
        7.4.13.1. O jovem Savigny 435
            7.4.13.1.1. Conceito de direito 436
            7.4.13.1.2. Interpretação 438
        7.4.13.2 O Savigny da maturidade 439
            7.4.13.2.1. Conceito de direito 440
            7.4.13.2.2. Interpretação 441
        7.4.13.3. O progresso do conceitualismo (Portugal, Guilherme Moreira) 446
            7.4.13.3.1. Conceito de direito e de interpretação 446
        7.4.13.4. Os dias de hoje 449
            7.4.13.4.1. Conceito de direito e de interpretação 449
        7.4.13.5. Conclusão 451
7.5. A primeira crise do modernismo. Naturalismo, vitalismo e organicismo. As escolas anticonceitualistas e antiformalistas. A crítica do direito 452
    7.5.1. A jurisprudência teleológica 456
    7.5.2. A Escola do Direito Livre 457
    7.5.3. A jurisprudência dos interesses 459
    7.5.4. O positivismo sociológico e o institucionalismo 460
        7.5.4.1. Positivismo sociológico e institucionalismo em Portugal e no Brasil 473

7.5.5. O antirracionalismo. Valores e emoções	478
7.5.5.1. A reação antissociologista em Portugal e no Brasil	482
7.5.6. A crítica política do formalismo modernista. As escolas de crítica substantiva do direito	487
7.5.6.1. O marxismo clássico no domínio do direito	487
7.5.6.2. O marxismo ocidental dos anos 60	492
7.5.6.3. A "crítica do direito"	494
7.5.6.4. O "uso alternativo do direito"	496
7.5.6.5. Uma "crítica ratificadora": a crítica "contramaioritária"	500
7.5.6.6. Uma justiça alternativa	506
7.5.6.6.1. As correntes críticas em Portugal e no Brasil	510
7.5.7. O antilegalismo	521
7.5.7.1. Introdução. Do estadualismo ao pluralismo. Impacto na metodologia do direito	522
7.5.7.2. A reação antilegalista	525
7.5.7.3. O legalismo, hoje	529
7.5.7.4. Em busca de "valores"	535
7.5.7.4.1. Os assertivismos axiológicos	537
7.5.7.4.2. Os consensualismos	541
7.5.7.4.3. Os jusnaturalismos de fundo religioso	544
7.5.7.4.4. O jusnaturalismo católico em Portugal	548
7.5.7.5. A democracia plural e o seu direito	550
8. O direito da pós-modernidade	559
8.1. Os pós-modernismos	559
8.2. O direito na pós-modernidade	563
8.2.1 Direito do quotidiano	564
8.2.2 O direito como universo simbólico	567
8.2.3 Um direito flexível	569
8.3. Como teorizar um percurso histórico complexo? O construtivismo autorreferencial	572
9. As encruzilhadas do direito, hoje	579
BIBLIOGRAFIA	589
ÍNDICE TEMÁTICO	631
ÍNDICE SISTEMÁTICO	643